1 Haus Rothenbaumchaussee 26
2 Parteihaus der NSDAP
3 Deutsch-Israelitische Gemeinde
4 Curiohaus
5 Provinzialloge
6 Wilhelm-Gymnasium
7 »Schinkenkrug«
8 Universität
9 Dammtorbahnhof
10 Litfaßsäule Rothenbaumchaussee
11 Moorweide
12 Wahnschaff-Realschule
13 Ruderclubhaus an der Alster
14 Sekretariat Warburg
15 Röntgeninstitut Dr. Hirsch
16 Reiterverein Rotherbaum
17 Völkerkundemuseum
18 Pension Hoppe
19 Frauenklinik Dr. Calmann
20 Bornpark
21 Jüdisches Kulturhaus
22 Talmud-Tora-Schule
23 Bornplatz-Synagoge
24 Neue Dammtor-Synagoge
25 Thalia-Lichtspiele
26 Heinrich-Hertz-Realgymnasium
27 Wohnung Louise Campe
28 Jüdischer Grindelfriedhof
29 Zoo
30 Alte Friedhöfe
31 76er Denkmal
32 Stadt-Theater / Staatsoper
33 Colonnaden 50/58 im Besitz von Yves Saget
34 Musikhalle
35 »Heine-Haus«
36 Alsterpavillon
37 Kaufhaus Tietz
38 Fußklinik Lieb & Lieb
39 Modehaus Gebr. Hirschfeld
40 Paul Levys erste Bankadresse
41 Stadthaus / Gestapo
42 Büro Dr. Magnus
43 Börse
44 Barclays Bank, Hamburg Branch
45 Stammhaus Hoffmann & Campe
46 »Alster-Hôtel«
47 HAPAG-Hauptgebäude
48 Bankhaus M. M. Warburg & Co.
halia Theater
Barkhof / Heine-Denkmal
Hamburger Kunsthalle
Konsulat Bolivien
Hauptbahnhof
Paul Levys zweite Bankadresse

Das
Haus
des
Paul
Levy

Michael Batz

Das Haus des Paul Levy

Rothenbaumchaussee № 26

Dölling und Galitz Verlag

Bibliografische Information der Deutschen Nationalbibliothek
Die Deutsche Nationalbibliothek verzeichnet diese Publikation in der Deutschen Nationalbibliografie; detaillierte bibliografische Daten sind im Internet über http://dnb.d-nb.de abrufbar.

Impressum

E-Mail: dugverlag@icloud.com
www.dugverlag.de
Schwanthalerstraße 79, 80336 München, Tel. 089/23 23 09 66
Friedensallee 26, 22765 Hamburg, Tel. 040/389 35 15
Umschlagabbildung hinten: Haus Rothenbaumchaussee 26, Frühjahr 1923; vorne: Eingangstür, um 1923
(© Hamburgisches Architekturarchiv, Fotos: Gebr. Dransfeld)
Gestaltung und Grafiken: Annalena Weber, Hamburg
Lektorat: Sabine Niemann, Hamburg; Christian Wöhrl, Hoisdorf
Satz: Christian Wöhrl, Hoisdorf
Schrift: TT Nooks, Sabon LT Pro, Futura PT
Papier: 90g EOS naturweiß 1,3 (FSC-zertifiziert)
Druck: Beltz Grafische Betriebe GmbH, Bad Langensalza
ISBN 978-3-86218-146-9
1. Auflage 2021

Anhang

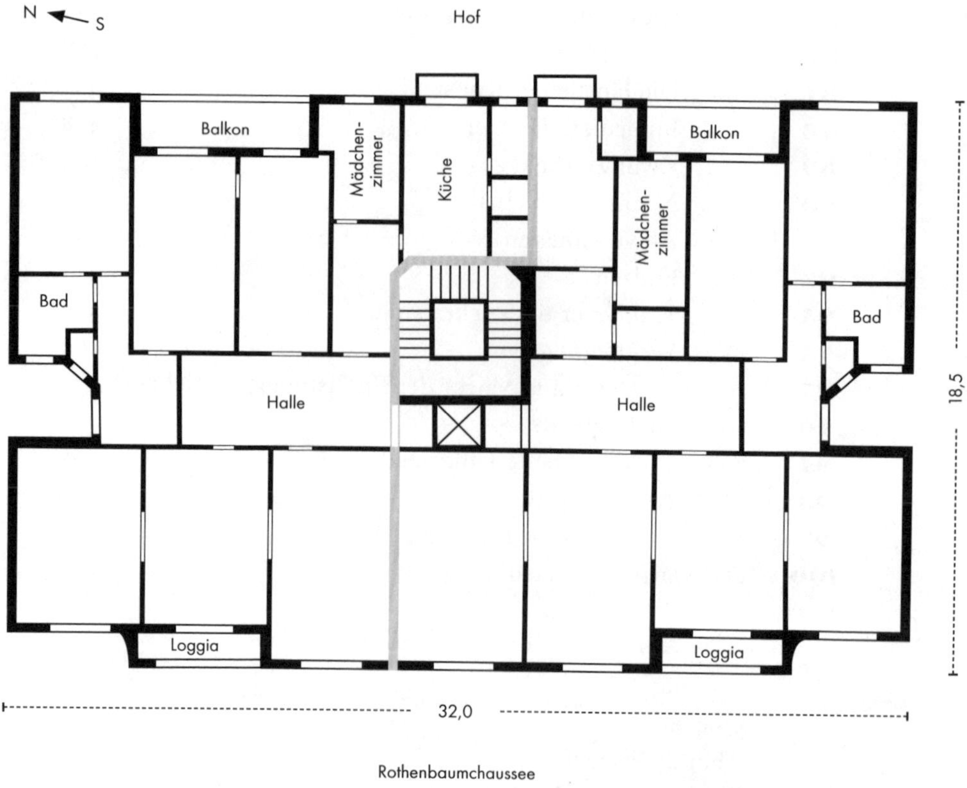
N
S
Hof
Balkon
Mädchen-
zimmer
Küche
Balkon
Mädchen-
zimmer
Bad
Bad
Halle
Halle
Loggia
Loggia
18,5
32,0
Rothenbaumchaussee

Vorwort

Die Biographie eines Wohnhauses ist die Geschichte seiner Erbauer und Bewohner, aber in diesem Fall viel mehr. Das Haus Rothenbaumchaussee 26, Baujahr 1922, dunkler Rotklinker zwischen weißen Jugendstil-Tortenstücken, ist *deutsche* Geschichte – das fünfstöckige Gebäude als steingewordene Metapher für das »Zwölfjährige Reich«.

Seine Architekten, die Gebrüder Hans und Oskar Gerson, Erbauer weltbekannter Kontorhäuser in der Hamburger Innenstadt, blieben auch in der Harvestehuder Nobelstraße ihrem Werkstoff Klinker treu. Die Anwohner versuchten den dunklen Kasten mit allen Mitteln zu verhindern. Bürgerinitiativen gab es auch schon in den zwanziger Jahren des letzten Jahrhunderts. Ohne Erfolg.

Der »neue Realismus« hielt Einzug. Das war freilich nicht das einzig Neue an diesem Haus. Einzigartig war auch sein Bauherrenmodell. Die Anteilseigner zahlten einen bestimmten Betrag in die Kapitalgesellschaft ein, entrichteten eine jährliche Nutzungsgebühr für die Heizung und erhielten dafür ein unkündbares Wohnrecht. Die »Wohnhaus Rothenbaum GmbH« kam ganz und gar ohne jede staatliche Mitfinanzierung aus – und das wenige Jahre nach dem verlorenen Krieg. In das fünfstöckige, sehr bürgerliche Großwohnhaus zogen vornehmlich einigermaßen wohlhabende Juden ein: Ärzte, Prokuristen, Anwälte, Bankiers. Auch die Witwe des Sohnes des Heinrich-Heine-Verlegers Julius Campe bezog eine Wohnung, und für einen Künstler gab es unterm Dach ein Atelier.

Wenn Wände Ohren hätten … Michael Batz hat diese Wände zum Reden gebracht. Er hat atemberaubende historische Detektivarbeit geleistet, den Bewohnern und ihren Familien nachgespürt – vom Einzug zum Auszug. Er hat die Flucht in andere Länder nachverfolgt, bis nach England, Nord- und Südamerika, ja selbst nach Shanghai. Bis zum Tod. Die Leser sind verblüfft und gefangen. Auf fünf Stockwerken mit zehn Wohnungen und einem Luftschutzkeller tut sich ein ganzer Kosmos von Leid und Leistung, Musik und Malerei, Sport und Politik auf – über einen Zeitraum von nur 25 Jahren. Ein Haus als Geschichte von der Weimarer Republik über die Nazizeit bis zur Gründung der Bundesrepublik. In diesen Jahren sind die fürchterlichsten Erschütterungen über die Menschen gekommen: erst die Verwüstung von Leib und Leben durch den mörderischen Rassismus, dann durch den Bombenkrieg.

Das Rotklinkerhaus hat den Krieg gut überstanden, die meisten seiner ursprünglichen Bewohner und Anteilseigner nicht. In Batz' Buch entfaltet sich ihr Leben und Leiden: bürgerliche Sicherheit, dann Entrechtung, Raub, Vertreibung, Deportation. Die Heimat als Auftakt zur Heimatlosigkeit. Wohnung um Wohnung wechseln die Besitzer. Juden raus!, jetzt kommen die PGs und SS-Leute. Zum Beispiel ein Klinikdirektor, der zu den ersten Unterzeichnern des »Bekenntnisses der Professoren an den deutschen Universitäten und Hochschulen zu Adolf Hitler und dem nationalsozialistischen Staat« gehörte. Seit 1934 war er förderndes Mitglied der SS. Hernach war er für eugenische Sterilisationen zuständig. Nach Kriegsende blieb er unbehelligt.

Die Nr. 26 ist nicht bloß ein Haus, sondern ein Spiegel deutscher und hamburgischer Geschichte. Stadt-, Kriegs- und Weltgeschichte in einem einzigen Gebäude.

Wie alles miteinander verwoben ist, zeigt das Schicksal des Yves Saget, Urenkel des Heine-Verlegers Julius Campe. Großmutter Campe vererbte dem französischen Enkel ihre Wohnung und noch andere Immobilien in Hamburg. Dazu gehörte auch das Stammhaus des Verlegers, das mit den Einnahmen aus Heinrich Heines »Reisebildern« und dem »Buch der Lieder« finanziert worden war. Nach 1933 wird das Haus in der Schauenburgerstraße 59 Sitz der Ausrüstungsstelle der NSdAP für parteiamtliche Uniformen und Accessoires. Es wird in »Braunes Haus« umbenannt, und die Gedenktafel für Heinrich Heine wird verschwinden. Saget lebte als Künstler in Paris. Diente während der deutschen Besatzung im französischen Widerstand und wurde ganz in der Nähe seiner Großvaterstadt im KZ Neuengamme als sogenannter »Nacht und Nebel«-Häftling, als Mitglied der Résistance umgebracht.

Die Chronik des Hauses beruht auf einem historischen Zufall. Bei Renovierungsarbeiten im Dachgeschoss wurde unter einer Holzdiele eine Klarinette gefunden. Sie wurde in Indiana/USA gebaut, wem sie gehörte, hat der detektivische Autor bis heute nicht ermitteln können. Aber sie setzte einst seine Neugierde und die Riesenrecherche in Gang. Auch historische Ironie ist im Spiel. Bis heute thront über dem Hauseingang ein geschnitzter Löwe, der Löwe von Juda. Der erste Käufer und Bezieher einer der Wohnungen war Paul Levy, der das jüdische Symbol gewiss erkannt hatte. Die Naziärzte, die später das Haus bewohnten, all die Gestapo-Schergen, die zu Hausdurchsuchungen der jüdischen Bewohner kamen, haben ihn nicht erkannt. Sonst wäre er bestimmt in den bitteren zwölf Jahren entfernt worden. Er prangt noch immer über der Eingangstür.

Heute ist das Rotklinkerhaus kein Stein des Anstoßes. Es beherbergt einige Praxen, auch eine Castingagentur, Künstler sind nicht dabei, auch keine Bankiers oder Anwälte. Alle sind froh, in der Tiefgarage ihr Auto parken zu können, auf den Ost- wie Westbalkonen Blumentöpfe aufzustellen und mitten in der Stadt überall ins Grüne zu schauen. Die Chaussee ist gesäumt von Bäumen, die immer noch fast ein Dach bilden, auf den Grünstreifen blühen verwilderte Rosensträucher, und nach Osten schauen die Mieter in die grüne Hölle aus Kastanien, Birken und Ahorn, die sich in den Gärten zwischen der Rothenbaumchaussee und der Feldbrunnenstraße breitmachen. Gegenüber steht wie einst das Curiohaus, und im Keller ist immer noch der Schuhmachermeister Klapper samt medizinischer Fußpflege zu finden. An die Juden, die hier allenthalben lebten, erinnern bestenfalls die vielen Stolpersteine. Vor der Nr. 26 gibt es seit 2018 auch einen.

Wir haben ahnungslos ob seiner Geschichte im fünften Stock des Hauses fast 20 Jahre gewohnt. Wir wussten immer, dass es ein architektonisches Juwel der übrigens auch rassisch verfolgten Gerson-Brüder war; dass es eine traurige Biographie hatte, haben wir erst durch Michael Batz' Szenische Lesung »Das Haus des Paul Levy« erfahren. Gebannt hörte das Publikum zu; es wäre gewiss noch zwei weitere Stunden geblieben, um den Aufzeichnungen und Briefen der einstigen Bewohner zu lauschen. Man hätte die sprichwörtliche Nadel fallen hören können. Jetzt kann jeder das Schicksal der Verschwundenen nachlesen. Ein einziges Haus als deutsche Geschichte.

J. und J. Joffe
Hamburg, im Frühjahr 2021

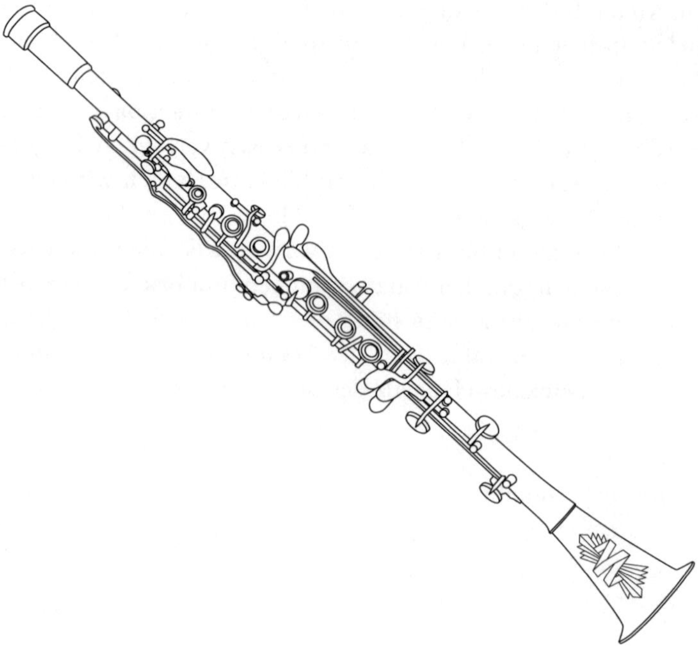

Prolog

Ein Versteck

Beim Ausbau des Dachbodens in der Hamburger Rothenbaumchaussee 26 nehmen Handwerker Dielen auf und finden darunter ein schmales, staubiges Paket, es ist dort offensichtlich sehr lange versteckt gewesen. Grund für die Entdeckung ist ein Eigentümerwechsel, der Investor plant eine bessere Ausnutzung des Obergeschosses, helle Maisonettewohnungen sollen hier entstehen.

Bei Tageslicht ausgewickelt, kommt aus dem Stoffbündel eine Klarinette zum Vorschein. Sie ist aus Metall, bestimmt für den Einsatz unter freiem Himmel und bei jedem Wetter, wird in der Griffweise des »Böhm-Systems« gespielt, das bei Jazz-Musikern üblich ist, und stammt aus der Instrumenten-Manufaktur »Harry Pedler« aus Elkhart, Indiana, USA. Das Instrument trägt die Seriennummer 46308 und ist »custom built«, eine Spezialanfertigung. Die Werkstatt für hochwertige Musikalien »Harry Pedler« existierte bis 1930. Durch einen Brand wurden sämtliche Unterlagen des renommierten amerikanischen Werks vernichtet, mit ihnen auch alle Angaben über Seriennummern und Käufer.

Im Hinblick auf die früheren Hausbewohner, von denen es im Laufe der Jahrzehnte sehr viele gab, lässt sich keinerlei Vermutung über die Eigentümerschaft der Klarinette belegen. Nirgends finden sich Hinweise auf den Besitzer oder die Besitzerin des Instruments, genauso wenig wie auf das Motiv oder den Zeitpunkt, das kostbare Stück zu verbergen. Irgendjemand hat sein Wissen über ihr Versteck mitgenommen und ist nie zurückgekehrt, um das Instrument wieder an sich zu bringen.

Merkwürdigkeiten wie diese wirken nach wie ein Rätsel, das gelöst werden will. Da die Geschichte der Klarinette trotz intensiver Suche nicht zu entschlüsseln war, wird hier stellvertretend eine Erzählung ihres Aufbewahrungsortes versucht, eine Geschichte des Hauses Rothenbaumchaussee Nr. 26 – beginnend mit seiner Entstehung und fortgeführt durch jene Zeit, die im Nachhinein als die lauteste, aber gleichzeitig verschwiegenste des vergangenen Jahrhunderts angesehen werden kann.

26
19
22

Ein eigentümliches Wohnhaus

Am 5. Mai des Jahres 1922 protestiert der Pöseldorfer Bürgerverein bei der Baupflege-Kommission Hamburg vehement gegen die Ausführung eines geplanten Neubaus in der Rothenbaumchaussee. Der Entwurf der jüdischen Architektenbrüder Hans und Oskar Gerson, der für die Nummer 26 eine bezirksunübliche dunkelrote Klinkerfassade vorsieht, wird als das Geschmackloseste bezeichnet, was überhaupt gebaut werden könne. Solche Häuser, die nach Auffassung des Vereins Gefängnisbauten, Fabriken und Kasernen gleichen, passten nicht in die gehobene Wohngegend vor dem Dammtor und verunzierten den ganzen Stadtteil.

Tatsächlich erscheint in der Bildfolge der hellen, gefälligen Gründerzeitfassaden der Rothenbaumchaussee der Auftritt des nahezu fertiggestellten Etagenhauses brachial anders, merkwürdig schmucklos und auf nachbarschaftliche Eingliederung in die vornehme Selbstdarstellung einer bürgerlichen Oberschicht keineswegs bedacht. Dabei rüde auch die bisherigen Konventionen des geschützten »Grünen Bezirks« – im Sinne des Baupflegegesetzes – missachtend, nach dem Erscheinungsformen industrieller Nutzbauten mit ihrem belästigenden Geschäftsbetrieb verboten sind. Kurz, der Bau ist ein Affront.

Doch der Protest kommt zu spät. Die Baupflege-Kommission in Person des Büro-Obersekretärs Robert Gondesen weist den Einspruch zurück. Expressionismus in Backstein sei an der Zeit. Man notiert zur Ausführung in Stichworten: Fassade rotbraun, Dach rote holländische Pfannen, Fenster weiß. Und das Haus wird fertiggestellt.

Ohne Widerspruch, weil in anderer und unstrittiger Umgebung, laufen zeitgleich am Hamburger Messberg zwei Projekte an, für die dasselbe Baumaterial vorgesehen ist. Das Chilehaus von Fritz Höger – »Hamburgs Wolkenkratzer« – und das Ballinhaus der Gersons werden ebenfalls in dunklem Klinker gestaltet. Ihr Baugrund südlich der Steinstraße ist das ehemalige Gängeviertel der Hamburger Altstadt, es wurde planmäßig um die Jahrhundertwende niedergelegt. Nur der

Erste Weltkrieg hat bislang eine Neubebauung verhindert. Als diese nun ansteht, preschen die Gebrüder Gerson vor, besorgen schon vor endgültiger Vertragsunterzeichnung durch den Salpeter-Kaufmann Henry Brarens Sloman – er ist der neue Eigentümer des ersteigerten Areals zwischen Niedernstraße und Pumpen – reichlich Klinkermaterial dritter Wahl aus preisgünstigen Bränden. Doch Sloman entscheidet sich gegen Wohnungsbau und die Gersons als Architekten, er bevorzugt ein geschlossenes Kontorgebäude und einen anderen Architekten, Fritz Höger.

Widerwillig übernimmt der Mann mit dem großen schwarzen Hut die Partie Gebranntes für die Fassade des Chilehauses. Angesichts ihrer überraschend changierenden Lichtwirkung vollzieht er wenig später eine Kehrtwendung und beginnt, die anfangs ungeliebten rauen Formklötze als das Material eines Genies zu bejubeln.

Die expressionistische Ästhetik des dunkelroten Klinkers und der schmucklosen Fassade wenden die Gersons auf das gegenüberliegende Ballinhaus an und übertragen sie zur gleichen Zeit auf die Rothenbaumchaussee. Dort brechen sie, von den Zeitumständen begünstigt, mit den bisher geltenden Regeln großbürgerlicher Repräsentation.

Ländlich-großzügige Lebensqualität bei nahezu innerstädtischer Lage charakterisiert das Quartier am Rotherbaum, das seinen Namen einem Zollschlagbaum mit rotem Anstrich verdankt, der die Chaussee einst zu den Dörfern Eimsbüttel, Eppendorf und Winterhude hin sperrte. Schon um das Jahr 1800, so erzählt es der Gelehrte und Aufklärer Jonas Ludwig von Heß in seiner Topographie der Stadt Hamburg, sei die Westseite der Chaussee mit Sommerwohnungen und Gärten belegt gewesen, die auf ihrer Rückseite an den Grindel stießen. Da ein großer Teil der Häuser von jüdischen Familien bewohnt werde, höre man nicht selten die Bezeichnung »Juden-Gasse«. Der Name »Grindel«, führt von Heß aus, verdankt sich dem altplattdeutschen Wort für »Riegel«, weil man die ganze Gegend vor dem Dammtor gegen den Einfall von Feinden unter Wasser setzen konnte, indem man einen Bach des Diebsteichs staute.

Mit den Verkehrsmitteln der Moderne hat sich der Dammtorbahnhof als Durchgangsraum vor dem Eingang zur Stadt etabliert. Nördlich davon öffnet sich entlang einer Reihe von Kastanienbäumen eine weite Grünfläche, die Moorweide, dem alten Wallring einst als Gänsewiese und Exerzierplatz für das Hamburger Bürgermilitär vorgelagert. Portalhaft bilden Kastanien und Pappeln den Auftakt einer langen, geraden Straßenflucht stadtauswärts bis zum Klosterstern, sie säumen das Pflaster mit sich hallenartig wölbenden Ästen. Es spaziert sich dort wie in einem Kirchenschiff aus Bäumen.

Seit Öffnung der Hamburger Stadttore 1860 hat es viel Zuzug vor die Stadt gegeben, gründerzeitliche Stadtvillen und Mehrfamilienwohnhäuser stehen in einer dichten Baulinie und reihen sich nahezu geschlossen aneinander.

Nicht nur Christen haben mehr Platz und sauberere Luft gesucht. Die Quartiere Rotherbaum, Harvestehude und Grindel gelten seit Ende des 19. Jahrhunderts als Zentren des jüdischen Hamburg, geprägt teils von einer eher liberalen Oberschicht, teils vom orthodoxen Kleinbürgertum, das sich nach und nach ein eigenes »Klein-Jerusalem« schafft in jenem an die Rothenbaumchaussee angrenzenden Karree. Dessen Bezeichnung »Rapp-Dill-Rutsch« entlehnt sich dortigen Straßennamen.

Sobald es glückt, zieht man weg aus der eng gewordenen Neustadt, auch wenn der Gang zum alten, von Salomon Heine geförderten Tempel in der Poolstraße für Mitglieder der liberalen Gemeinde unbequem weit ist. Denn westlich der Alster zu wohnen, in arrivierter Umgebung und Gewässernähe, ist angenehm und beweist sozialen Aufstieg.

Im vornehmen »Grünen Bezirk« hat sich eine bürgerliche Szene von Kaufleuten, Beamten, Juristen und Ärzten niedergelassen, in einer Welt aus Vorgärten und Alleen. Ihren Interessen dienen das Curiohaus des »Lehrerbundes« und das Völkerkundemuseum. Auch das Kolonialinstitut ist in den Tagen der Nachrevolution 1919 zu einer wissenschaftlichen Volluniversität erweitert worden, begrüßt von aufstrebenden Hamburger Juden, die ihre Emanzipationshoffnungen eng an den Erwerb von Bildung knüpfen. Seit sie die Ghettos des Mittelalters verlassen haben, ist die »bürgerliche Verbesserung der Israeliten« durch Unterricht der Jugend, Erwerb von Wissen und Engagement in Kulturvereinen eines der wichtigsten Anliegen moderner assimilierter Juden geworden. Die Rothenbaumchaussee – das ist die prominente Straße mit der höchsten Dichte an Instituten von öffentlicher Bedeutung. Kultur, Sport und Wissenschaft sind hier gleichermaßen und erstklassig vertreten.

Striktes territoriales Klassen- und Standesbewusstsein unterteilt das Hamburg jener Tage, und selbst innerhalb der gehobenen Quartiere Rotherbaum und Harvestehude zieht das Selbstverständnis ständischer Exklusivität noch Grenzen. Wenn es etwa um den sozialen Rang der Anwohner geht, konkurriert die Rothenbaumchaussee mit dem parallel verlaufenden Mittelweg. Während in der westlicher gelegenen Chaussee die Straßenbahn der Linie 18 verkehrt, ist es im Mittelweg die Linie 9. Nach Auffassung der Zeitgenossen markieren beide Ziffern Welten – und mögliche Grenzübertritte. »Stell dir vor«, heißt es keineswegs ironisch, »die Tochter Meyer-Diercks heiratet doch tatsächlich von der 9 an die 18!« Immerhin gilt dieser Wechsel als eine gewisse Verschlechterung.

Der Stadtteil Uhlenhorst auf der gegenüberliegenden Ostseite der Außenalster wird eher bewitzelt, er liegt gefühlt so weit weg wie Shanghai in Übersee.

Gepflegte behagliche Ruhe, auch tagsüber, ist dem großzügig angelegten Quartier diesseits der noch jungen Eisenbahnlinie am Dammtor eigen. Noch rumpeln Pferdegespanne und handgeschobene Schott'sche Karren dahin wie ehedem, sie ziehen ungerührt vorbei an dem vom erregten Bürgerverein gescholtenen Skandal.

Doch der ist jetzt von Dauer.

Das Projekt

Paul Levy | Martin E. Friedburg | Harry Meyer | Adolf Laspe | Clara Thomann | Olga von Löbbecke | Stephanie Nordheim | Dr. Rudolf Magnus

Für das Hausprojekt in der Rothenbaumchaussee 26/28 haben sich einige wohlhabende Damen und Herren zusammengetan. Sie sind aufgeschlossen für die Idee einer Kapitalgesellschaft, die ihren Anteilseignern und -eignerinnen die Benutzung einer Wohnung in erstklassiger Lage garantiert. Die Interessenten kennen sich bereits weitläufig, mehrheitlich verbinden sie gemeinsame jüdische Wurzeln und die liberalen und kulturellen Ideale des gebildeten deutschen Bürgertums; sie sind fortgeschrittenen Alters, verfügen über Goldmark in ausreichender Menge und suchen ein gehobenes Domizil. Ein aufgeklärtes, gesellschaftlich assimiliertes, vaterländisches Judentum leben zu können, ist die Idee dieses modern konzipierten Hauses.

Die Privatbankiers Paul Levy – er ist Initiator und treibende Kraft – und Martin Eduard Friedburg sowie der Kaufmann Harry Meyer werden Gründer der Gesellschaft. Ihrem Vorhaben schließen sich an der nichtjüdische Kaufmann Adolf Laspe in Firma »Arnold Otto Meyer«, gleichermaßen die Witwen Clara Thomann und Olga von Löbbecke sowie Stephanie Nordheim, auch sie mosaischen Glaubens. Sie alle entscheiden sich für die Wohnbeteiligung an einem neuen Etagenhaus mit mehreren Parteien und gegen den Erwerb einer eigenen Immobilie in Form eines individuellen Stadthauses.

Im März 1921 wurden an den jüdischen Hausmakler Henry Cohn freihändig zwei unbebaute Grundstücke aus dem Nachlass des Spirituosengroßhändlers Siegfried Wedells verkauft, gelegen an der Rothenbaumchaussee neben den bestehenden Nummern 24 und 30, weswegen als Lagebezeichnung zunächst die Doppelnummer 26/28 vergeben wird. Wedells, ursprünglich Wedeles, jüdisch, später christlich getauft, erfolgreich und kultiviert, hatte jahrelang in Paris gelebt und eine wertvolle Gemäldesammlung alter Meister zusammengetragen, die er der Stadt Hamburg vermachte. Sein Nachlass umfasste darüber hinaus wertvolle Grundstücke, auch um sie hatte sich Henry Cohn gekümmert.

Geschäftsführer der eigens als Bauträger gegründeten »Wohnhaus Rothenbaum GmbH« wird der jüdische Rechtsanwalt Dr. Rudolf Magnus, er ist juristischer Ideengeber für das Projekt. Bereits mit seiner Familie in der Rothenbaumchaussee, in Nr. 77, ansässig, widmet sich der Mann mit der als Kneifer getragenen randlosen Brille intensiv möglichen Modellen neuzeitlicher Baugenossenschaft. Als Kenner internationalen Eherechts und nationaler Steuergesetzgebung ist er, neben seiner Kanzleitätigkeit, für Vorträge gefragt.

An den »Hohen Senat der Freien und Hansestadt Hamburg« geht das förmliche Schreiben, in dem die unterzeichnende Gesellschaft ihr Vorhaben kundtut, auf dem Grundstück Rothenbaumchaussee 26/28 – eingetragen im Grundbuch von Rotherbaum Band 15, Blatt 725 und 731 – ein Großwohnhaus nach Bauskizzen der Architekten Hans und Oskar Gerson zu errichten. Vorgesehen seien Keller, Erdgeschoss und fünf Obergeschosse. Das Dachgeschoss sei nicht für Wohnungen bestimmt, sondern lediglich als Bodenraum gedacht.

Dem Bauantrag hat Dr. Magnus einen Plan des Bodens beigefügt. Der darin rot schraffierte Teil soll an einen Kunstmaler als Atelier vermietet werden. Hieran bestehe ein erhebliches Interesse, zumal der Bau ohne Zuhilfenahme von Staatsgeldern errichtet werde und daher darauf geachtet werden müsse, die Einnahmen nach Möglichkeit zu erhöhen. Ein Bewohnen des Raumes komme nicht in Frage und würde kontraktlich ausgeschlossen. Dr. Magnus bittet daher im Namen der Gesellschaft ergebenst um die Genehmigung zur Einrichtung und Vermietung des aus der Zeichnung ersichtlichen Bodenraumes als Maleratelier unter Ausschluss von Wohnzwecken. Einen ernsthaften Reflektanten auf den Raum habe man bereits.

Es werden Kredite aufgenommen, bei der Bank »M. M. Warburg & Co.«, dem jüdischen Kaufmann Anton May und der »Hamburger Sparcasse von 1827«, zu Zinssätzen von fünf bzw. sechs Prozent. Anton May ist die Gegend geschäftlich wohlvertraut, beim Verkauf von Staatsgrund im Jahr 1896 haben er und Maklerkollege Julius Kallmes bereits mehrere Grundstücke in der Rothenbaumchaussee und in der angrenzenden Moorweidenstraße erworben. Auch die Universität hat nicht gezögert und gerade Grundstück und Gebäude in der Nr. 21 für das Mathematische und Geographische Seminar angekauft.

Am 5. Juli 1921 erklärt Dr. Magnus gegenüber der Handelskammer Hamburg, dass die »Wohnhaus Rothenbaum GmbH« ausschließlich den Zweck verfolge, den Gesellschaftern gegen Erstattung der tatsächlich aufgewendeten jährlichen Unkosten Wohnungen zur Verfügung zu stellen, dass aber jedwede Handelsgeschäfte nicht in Betracht kämen. Die Gesellschafter unterzeichnen nach und nach unkündbare und unverzinsliche Darlehensverträge und zahlen ihre Anteile ein. Da es sich um den Beitritt zu einer Kapitalgesellschaft handelt, werden die Anteile nicht grundbuchamtlich eingetragen, auch nicht bei zukünftigen Veräußerungen. Eine Stammeinlage von nominell 620,- Goldmark in das Stammkapital der Gesellschaft in Gesamthöhe von 8 000,- Goldmark berechtigt zur Nutzung einer Wohnung in dem der Gesellschaft gehörenden Haus.

Dieses Wohnrecht macht den eigentlichen Wert aus.

Es besteht für die Anteilseigner die Verpflichtung zur Entrichtung einer Nutzungsgebühr und eines anteiligen Beitrags zu den Kosten für Zentralheizung und Warmwasserversorgung. Die monatlichen Unkosten von etwa 120,- RM schwanken je nachdem, ob gerade Kohlen zu kaufen oder Reparaturen zu bezahlen sind.

Im September 1921 genehmigt der Senat den Einbau des Malerateliers. Während der Bauzeit erschüttern heftige revolutionäre Turbulenzen auf der anderen Seite des Dammtorbahnhofs die innere Stadt. Auch nach den großen Tagen des Arbeiter- und Soldatenrats wird viel und oft agitiert in der Hansestadt, sei es für Einigung und Wiederaufbau oder für das Ende der deutschen Republik. Die Belegschaften in den Betrieben stellen weiterhin und immer wieder spontan die Arbeit ein, viele Geschäfte bleiben wegen der Demonstrationen geschlossen. Die leidenschaftlich geführten Auseinandersetzungen der politischen Gegner schüren die Befürchtung, am Ende auf einen gefährlichen Hexenkessel zuzutreiben.

Im Windschatten der heftigen politischen Stürme entsteht das Haus, denn ganz in der Nähe liegt die Moorweide, eine Art Freigelände des revolutionären Geschehens. Große Gruppen von Demonstranten strömen je nach politischem Anlass und jeweiliger Überzeugung auf die ausgedehnte Grünfläche, riesige Menschenmengen besetzen das Feld vor den Kastanien. Noch auf der Baustelle sind die aus den Lautsprechern schallenden erregten Ansprachen und chorisch wiederholten Parolen vernehmbar, doch die Tatsache, Arbeit und Verdienst zu haben, hält die Handwerker am Platz. Der Bau der »Wohnhaus Rothenbaum GmbH« wird im gesteckten Zeitrahmen fertiggestellt.

Im September 1922 beendet Maurermeister Ferdinand Usinger die Arbeiten am neuen Backsteingebäude, es gilt als das erste große Wohnbaugenossenschaftsprojekt Hamburgs.

Was – nüchtern kalkuliert – bei der Fassade an dekorativem Aufwand gespart wird, geht in die moderne und hochwertige Ausstattung im Inneren. Die Etagen haben eine Tiefe von rund 19 Meter, das Haus eine Gesamtbreite von 32 Meter; die Wohnungen zu beiden Seiten des zentralen Treppenhauses mit Personenaufzug der Firma »Carl Flohr AG«, Berlin, weisen eine Größe von jeweils fast 240 Quadratmetern auf. Alle Einheiten verfügen über Halle, Küche, Pantry, Mädchenzimmer, Bad, sechs Zimmer, Balkon zum Hof und Loggia zur Straße. Verschmutzungen durch Kohlenstaub oder Asche in den Wohnungen entfallen, das Haus hat Zentralheizung.

Grundsätzlich ist für die zukünftigen Nutzer die Entscheidung für links oder rechts zu treffen, die Trennlinie zwischen den Wohnungen verläuft versetzt entlang dem Treppenhaus. Fast alle Wohnungen auf der von der Straße aus betrachteten linken Seite des Gebäudes haben ein Zimmer weniger nach vorn, dafür eins mehr nach hinten zum Hof. Die Deckenhöhe im Erdgeschoss beträgt 3,74 Meter, im 1. und 2. Stock 3,57 Meter, in den restlichen Geschossen 3,40 Meter. Selbstverständlich hat man bereits in der Bauphase individuelle Wünsche berücksichtigt: Es werden zum Beispiel die Breite von Durchgängen und die Zahl von Strom- und Wasseranschlüssen angepasst oder die Verlegung von Parkettboden, der Einbau eines Wandschranks, Safes oder Bidets vorgenommen. Zusätzliche Gasöfen für das Bad können bestellt werden, ebenso Rollläden oder Jalousien sowie Glocken, die das Personal in die entfernter liegenden Räume rufen. Je nach vorrangiger Nutzung des Telefons erfolgt der Anschluss der Leitung mal im Arbeitszimmer, mal in einem Wohnzimmer.

Im näheren Umfeld sind die Belange des täglichen, praktischen Bedarfs gut abgedeckt. Dem Haus direkt gegenüber liegt die Werkstatt eines Schuhmachermeisters, und im Verlauf der Chaussee befinden sich Läden in fußläufiger Entfernung, ein Schlachter, ein Grünhöker, ein Fisch- und ein Lebensmittelladen, eine Heißmangel, eine Reinigung, ein Klempner. Das Dienstpersonal hat kurze Wege und keinen Grund, lange fortzubleiben.

1921, eineinhalb Jahre vor Fertigstellung, als das Projekt eigentlich noch in der Schwebe ist, meldet Paul Levy, Inhaber des gleichnamigen Hamburger Bankgeschäfts, sich als zukünftiger Bewohner an. Noch vor allen anderen Anteilszeichnern erscheint sein Name als erster im Hamburger Adressbuch für die Rothenbaumchaussee Nr. 26, geplanter Einzugstermin: 1. April 1922.

Ob als Altenteil oder einfach als verkehrsgünstig gelegene Wohnung in repräsentativer, vornehmer Gegend genutzt – alle Herrschaften ziehen ein in das neue große, dunkle Haus. Und sie betreten es unter einem Türsturz mit stilisierter Tora-Krone, dem holzgeschnitzten Bild des Löwen von Juda und der Jahreszahl 1922.

Bel Étage

Stephanie Nordheim

Zügig nach Bereitstellung des Neubaus im September 1922 bezieht Stephanie Nordheim geb. Rubinstein die 1. Etage links. Sie ist in Warschau geboren, Witwe des ein Jahr zuvor verstorbenen Kaufmanns Louis Lazarus Nordheim, dessen alteingesessene Firma »Moritz Nordheim jr.« Handel mit Häuten, Haaren und Fellen sowie Import von Wildhäuten betreibt. Sie wechselt von einer eleganten weißen, zweistöckigen Stadtvilla in der Neuen Rabenstraße 27/28 in sechs Zimmer hinter Backstein, altersgerecht bequem erreichbar per Aufzug. Mehr Raum braucht sie nicht für ihren Lebenskreis, denn gesundheitlich muss die energische Dame sich etwas zurücknehmen. Zudem geht es in ihrer früheren Bleibe inzwischen recht lebhaft zu, der neue wirtschaftliche Aufbruch macht sich bemerkbar.

Ihre bisherige Adresse in der Neuen Rabenstraße, die Geschäftsstelle der Detaillistenkammer beherbergend, ist geradezu ein Taubenschlag geworden; soeben hat man dort die Anmeldefrist für den Schaufensterwettbewerb im Rahmen der »Übersee-Woche« der Hamburger Exportagenten verlängert. Die Zeiten wilden Zwischenhandels in Läden und auf Märkten sollen vorbei sein, die hohe Zahl der Anmeldungen beweist den allgemeinen Wunsch nach geordneten Verhältnissen.

200 Schaufenster sind zu schmücken, darunter Konfitüren- und Delikatessengeschäfte, Tierhandlungen und Läden mit fotografischen Apparaten, Apotheken, Drogerien, Geschäfte für Leuchten und Lampen und sogar ein Beerdigungsverein. In der Kunsthalle werden Vorträge über Städtebau gehalten, die Vorführung eines Fliegerfilms in der Universität wird buchstäblich überrannt, der technische Fortschritt im Wandel der Zeiten löst Begeisterung aus.

Vom Dammtorbahnhof tönt das Paffen und gelegentliche Pfeifen vorbeifahrender Lokomotiven herüber in die 1. Etage der Nr. 26. Nach dem großen Krieg ist allerdings noch kein fahrplanmäßiger Eisenbahnverkehr wieder möglich, es gibt Verspätungen, zeitweise muss der

1923*

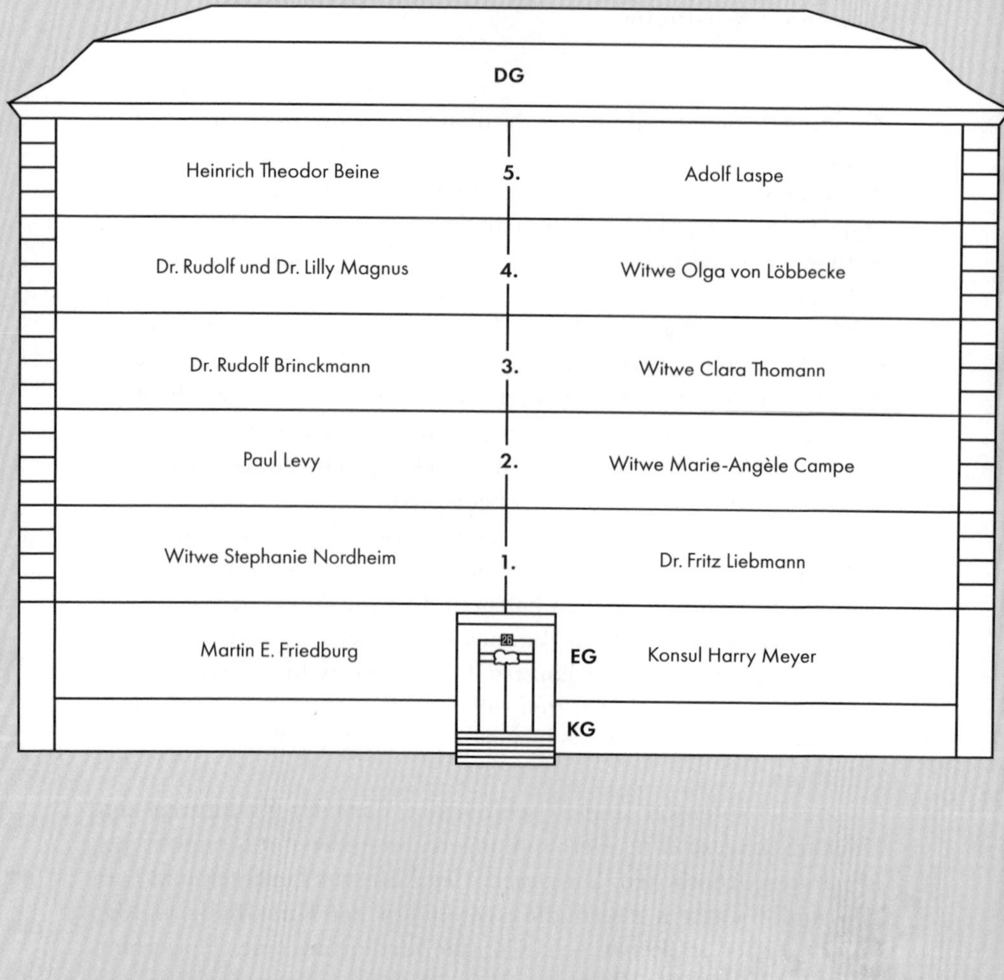

* Bei den Erstbezieher:innen des Hauses handelt es sich um Anteilseigner:innen an der »Wohnhaus Rothenbaum GmbH«. Die vom Bankhaus »M. M. Warburg & Co. KG, Hamburg« vorgehaltenen drei Prokuristen-Wohnungen werden genutzt von den Familien Dr. Fritz Liebmann, Heinrich Theodor Beine und Dr. Rudolf Brinckmann.

Hauptbahnhof sogar schließen, und die quälende Kohlenfrage bleibt ein Problem. In den ungeheizten Schuppen der Reichsbahn sind während des vergangenen Winters die Wasserreste in den Rohren gefroren und haben sie zum Teil zum Platzen gebracht.

Es ist die Zeit, in der die Damen weiterhin knöchellange, fließende Mäntel mit breitem Revers, aber nicht mehr die großen Hüte mit Feder- oder künstlichem Blumenschmuck und schwarzgetupftem Schleier tragen; jetzt sind Kappen und Glocken mit Tressengarnitur in Mode. Immer noch sind Scharen von Boten und Lieferanten unterwegs, alte Höflichkeitsformen haben noch Bestand, ebenso althergebrachte Arbeitsverhältnisse. Die Zahl der Kinder mit rappelnden Sammelbüchsen in der Hand hat allerdings enorm zugenommen.

Lastwagen einer Spedition fahren an den herbstlich bunt gewordenen Kastanien der Moorweide entlang, halten vor dem Gebäude, das seiner ungewöhnlichen Breite und roten Dunkelheit wegen so leicht zu finden ist. Frau Stephanie Nordheim zieht ein.

Großbürgerliches Inventar, angeschafft in der Belle Époque der Kaiserzeit, ist aus der Neuen Rabenstraße zu holen, in beseufzter aussortierter Restauswahl, Mobiliar ohnehin, dazu Teppiche, Kristallvasen, Porzellan, Kleider mit hellem Rüschenbesatz, Hüte mit Straußenfedern, alles verpackt in schier endloser Zahl der Transportkisten. Unter matronenhafter Überwachung durch die alte Dame haben die Träger der Spedition tagelang damit zu tun, die Einrichtungsgegenstände treppauf zu manövrieren, während die Köchin, »das Mädchen«, in Haube und weißer Schürze im hinteren Teil der Wohnung die Küche einrichtet.

Der Spediteur wird persönlich vorstellig. Noch bevor alles ausgeladen wird, ist der Rechnungsbetrag – so sehen es die Geschäftsbedingungen des Gewerbes vor – zu begleichen. Der Transport von Flügelinstrumenten und Geldschränken schlägt besonders zu Buche, da hilft auch der – enge – Personenaufzug nicht. In sanfter Fahrt emporgetragen werden hingegen die Etuis mit Stephanie Nordheims Auszeichnungen. Die füllige Dame ist Trägerin des französischen »Ordre des Palmes Académiques«, Klasse »Officier«, der vom Kaiser verliehenen Rote Kreuz-Medaille sowie des preußischen Frauen-Verdienstkreuzes in Silber, somit der höchsten für Frauen bestimmten Ordensauszeichnungen.

Als sehr bekannte und auch anerkannte Hamburger Persönlichkeit hat Stephanie Nordheim Zugang zu den besten Kreisen. Die Nordheims bewegen sich in der Gedankenwelt deutsch-jüdischer Patrioten, ihre Wohltätigkeit ist legendär. Als Schlachter und Häutehändler waren Marcus Nordheim, geboren als Marx Nordheimer, und sein

Bruder Jacob einst nach Hamburg gekommen, wo sie es verstanden, ein Unternehmen mit hohem Ansehen aufzubauen. Ihre »Nordheim-Stiftung« hat namentlich den Bau der Israelitischen Töchterschule in der Karolinenstraße und eines Seehospitals an der Nordsee für erholungsbedürftige Kinder unterstützt.

Da beide jüdischen Firmengründer kinderlos blieben, führte Louis Lazarus Nordheim, der zum protestantischen Christentum konvertierte Neffe, die Geschäfte in der hafennahen Katharinenstraße fort. Er wirkte als Erster Vorsitzender des »Vereins der am Wildhäutehandel beteiligten Firmen« und als Handelsrichter, bekleidete zahlreiche Ehrenämter in Wohlfahrtsvereinen, so im »Miethilfe-Verein« und im »Hamburger Asyl-Verein für obdachlose Männer und Frauen«. Bei seiner Beerdigung im Februar 1921 hat Dr. med. Moritz Nordheim, der älteste Sohn, nach alter Tradition das Gebet gesprochen. Umfangreiche Blumenspenden am Sarg seines Vaters bestätigten, dass sich der Mann mit dem spitzen Kinnbart als Mensch und Kaufmann größter Achtung erfreut hatte.

Kaum eingerichtet in dem wegen Baumängeln noch nicht offiziell abgenommenen Haus Rothenbaumchaussee 26 und noch nicht gewöhnt an die neue Hängung ihrer Bilder, verstirbt Stephanie Nordheim nach schwerem Leiden im Alter von 72 Jahren am 23. März 1923, in einem Jahr heftiger deutscher Krisen. Winterlicher Kohlenrauch zieht noch durch die Luft, als der schwarze Wagen des Bestatters losfährt, neben den Schienen der Straßenbahn Linie 18, unter den Bogenlampen und Zweigen der Alleebäume hindurch, nur ab und zu anhaltend, wenn ein langsameres Liefervehikel den Weg versperrt. In dieser schneller und rücksichtsloser werdenden Zeit kommen immer häufiger Unfälle vor, zu viele sind es schon.

Eine große Trauergemeinde versammelt sich auf dem Ohlsdorfer Friedhof. Die Trauerfeier findet im Krematorium statt. Der Hauptpastor von St. Katharinen, D. Theol. Curt Stage, das Kinn über die gestärkte Halskrause hebend, um den Nasenkneifer in Position zu halten, wartet den Eingangschoral ab, dann wendet er sich um und hält die Gedächtnisrede.

Man nehme jetzt Abschied von Stephanie Nordheim.

Eine Dame von Welt sei die Dahingegangene gewesen, mit starkem Talent, Menschen für ein gemeinsames wohltätiges Ziel zusammenzubringen, durchsetzungsfähig und nicht zum Gefühlsüberschwang neigend, eine nimmermüde Königin der karitativen Basare und Gesellschaftstees, wie seinerzeit im gerade eröffneten »Hotel Atlantic«, wo sie hohe Spenden für ihr besonderes Herzenswerk, die »Zentral-Leih-Bibliothek für Blinde« in Hamburg, gesammelt habe.

Dem Gedanken folgend, dass Frauen der begüterten Stände das Gemeinwohl werktätig fördern sollten, hat sie im Frauenverein zur Unterstützung der Armenpflege mitgearbeitet und war unter anderem Mitbegründerin des Borsteler Kinderheims sowie des »Schlump-Hospitals«. Auch die Kinderfürsorge verdankt der getreuen Helferin eminent viel Gutes. Als deutsche Patriotin hat sie sich nach Kriegsausbruch eifrig engagiert, Bahnhofsdienste geleistet, Kriegshilfen organisiert und sich an der »Schwesternspende« für die Frauen stillen Heldentums beteiligt. Junge Damen der Hamburger Gesellschaft hat sie angehalten, in ihrem Haus, das zeitweise eine Fabrik war, aus den von ihr gestifteten Tabakvorräten Zigaretten herzustellen und so ihre freie Zeit durch Betätigung im Dienste der feldgrauen Soldaten auszufüllen. Mit beachtlichem Fleiß ist dort gearbeitet worden, sodass 100000 Schachteln als »Liebesgabensendungen« an das Rote Kreuz geschickt werden konnten, 60000 weitere Schachteln gingen an die Marine.

Mit Blick auf die Söhne Edmund, Moritz und Robert kommt Hauptpastor D. Theol. Stage zum Ende. Würdig und segensreich sei das Wirken der großen Wohltäterin gewesen, sodass ihrem Namen Dauer gewiss sei. Und er schließt mit dem Wunsch, Gott gebe Friede den Lebenden. Unter den letzten Akkorden der Musik senkt sich der Sarg langsam in die Tiefe.

Argentinien

Harry Meyer + Gretchen Meyer | Dr. Martin E. Benjamin + Roberta Benjamin + Alfred Benjamin + Otto Benjamin

In das Bild der kondolierenden, unter leisen Verabschiedungen langsam davonschreitenden Trauergäste fügen sich zwei weitere Hausbewohner ein: Harry Meyer, Kaufmann und Konsul von Bolivien, und seine Frau Gretchen geb. Plaut, auch sie mosaischer Religion. Sie sind Mitglieder der Deutsch-Israelitischen Gemeinde, gehören zu den Erstbeziehern der Rothenbaumchaussee 26. Die auffallend gewählt gekleideten Herrschaften sind auf den Aufzug nicht angewiesen, bewohnen sie doch die Räume im Parterre rechts, schräg unter der Nordheim'schen Etage, und sie wissen, wenn an diesem Abend die Söhne Nordheim das Haus verlassen haben, wird es in der Wohnung über ihnen sehr still sein.

Wie die Altvorderen Marcus und Jacob Nordheim entstammt auch Harry Meyer dem Elternhaus eines jüdischen Schlachtermeisters, aus dem Ort Berne im Oldenburger Land. Seinen dort im Personenstandsregister aufgeführten Vornamen »Joseph« ersetzen Vater Bernhard und Ehefrau Marianne geb. Schwabe durch den bevorzugten Namen »Herri«, was für das jüdische »Haim« steht. Herris Geburt am 25. Dezember 1868 hatte dem Standesbeamten wie üblich Gemeindevorstand Leopold Koopmann angezeigt. Die jüdische Gemeinschaft in Berne umfasste zu jener Zeit zehn Familien, die überwiegend »Koopmann« oder »Meyer« hießen.

Anders als seine Brüder zog Herri Meyer es vor, nicht Schlachter oder Viehhändler im Herzogtum Oldenburg zu werden. Er schlug eher nach seinem Namensvetter, dem 1822 ebenfalls in Berne gebürtigen Kaufmann Harry Koopmann, dessen Detailgeschäft für Putz-, Seiden- und Modewaren sehr zentral in der Bremer Obernstraße lag. Der junge Herri entschied sich für die Konfektion und absolvierte eine Lehre.

Die Oldenburger Provinz gegen das ferne, verheißungsvolle Argentinien tauschend, war Herri nach seiner Lehrzeit in der zupackenden Welt der »Überseer« angekommen, jener Gattung wagemutiger Typen, die ihr Glück jenseits der großen Meere suchten, suchen mussten. Das Land der großen Geschichten, Paradies für Rinder und Schafe und riesiges Schlachthaus, dazu eine schier unendliche Kornkammer, stellte sich in Zeitungsartikeln und Propaganda dar als boomender Schmelztiegel und als Eldorado für »comerciantes«. Nicht nur arme jüdische Einwanderer aus Osteuropa erreichte der Ruf sagenhaften Reichtums, auch für verarmte Italiener, Franzosen, Deutsche hatte das südamerikanische Land einen verlockenden Klang. Der buchstäbliche Tanz ums goldene Kalb schien sie dort zu erwarten.

Herri Meyer hatte sich was getraut, auch wenn der Schlachtersohn aus norddeutscher Gegend nicht in ein Land mit ausschließlich Fremden reiste. Viele junge Leute wie er begannen als Volontäre auf einer der riesigen Viehfarmen, den »estancias«, immer darauf bedacht, sich irgendwann selbstständig zu machen. In den Handelshäusern und Agenturen der argentinischen Republik wies der überwiegende Teil der Angestellten deutsche Herkunft auf, in den Büros wurde sehr viel deutsch gesprochen. Firmen wie »Harris Brothers & Co. Ltd«, »Louis Dreyfus & Co.«, »Brauss, Mahn & Co.«, »Hardy & Mühlenkamp« oder »Huni & Wormser« beschäftigten deutsche Manager, viele von ihnen jüdisch. Die Platzhirsche im Getreidehandel, die 60 Prozent der argentinischen Exporte kontrollierten, waren »Bunge & Born« und »Weil Hermanos«, sie hatten jüdische Inhaber.

Buenos Aires, die Hauptstadt jüdischer Kultur unter den Städten Lateinamerikas, war spätestens mit der massiven Einwanderung aus Russland zum Zentrum des geschriebenen jüdischen Wortes geworden, hier existierten Übersetzungen des Talmud, Gebetbücher und Zeitungen in erstaunlicher Zahl. An diese Kreise hatte Herri Meyer bald Anschluss gefunden. Buenos Aires, diese Gründung an der La-Plata-Bucht mit schachbrettartigem Grundriss und riesiger Ausdehnung, in der Fläche dreimal so groß wie Paris, war zur größten, wichtigsten und modernsten Stadt Lateinamerikas aufgestiegen. Hier lernte man sich zu bewegen, in mehreren Sprachen, auf den Märkten, zwischen den Mentalitäten, bei den verschiedensten Gelegenheiten. Diese für alles Große und Gefährliche bestens geeignete Metropole, wo Massen von Menschen, Wagen und Tieren die Straßen verstopften, machte aus dem deutschen Provinzler Herri Meyer den kosmopolitischen Geschäftsmann Harry Meyer.

Überwältigend, ruhelos vital wie ein junger Gigant gab sich das viel besungene Buenos Aires, dabei geschäftig und luxuriös wie New York, fröhlich und genussliebend wie Paris und sich selbst zelebrierend in einer endlosen Kette aus Banketten und Gesellschaften in Klubs und Salons. Die Stadt wies eine heiße, lebendige und überaus internationale

Urbanität auf, mit Plätzen, Parks und Promenaden im europäischen Stil, nur größer und von Palmen gesäumt. Sie verfügte über prachtvolle Architekturen, eine Kathedrale mit griechischen Säulen, Palasthotels, Schauspielhäuser, ein »Teatro Colón« als Oper, Universalkaufhäuser, vor denen abendliche Schaukorsos stattfanden, und das alles unter den zahllosen Lichtern der Großstadt.

Lang sind sie jetzt her, Meyers argentinische Jahre, die ihn reich gemacht, aber auch strapaziert haben. Schlagartig hatte das Eintreffen englischer Kriegsschiffe im Hafen von Buenos Aires sein Leben als Bonarenser zum Zeitpunkt seiner Lebensmitte beendet. Durch den Panamakanal und über New York erfolgte seine Rückkehr nach Deutschland. Für den Fortgang des Lebens und der Geschäfte war Hamburg seine erste Wahl, die Stadt der Passagen mit den großen Schifffahrtslinien, mit ihrem Hafen, den Banken. Ein guter Ruhesitz würde sich hier auch finden.

Nach seiner Ernennung zum Konsul und der Bestätigung durch den Hamburger Senat im April 1922 sucht Harry Meyer nach einem Etablissement, das auch für Tagesbesucher geeignet ist. Er lässt sich durch Makler Henry Cohn von dem Projekt in der Rothenbaumchaussee überzeugen und sagt mit Frau Gretchen und Tochter Charlotte der Heilwigstraße 39, seiner ersten Hamburger Adresse, Adieu.

Dass die »Übersee-Woche« gerade in diesem Jahr stattfindet – sogar die Turnhalle am Millerntor wird eigens für die Ausstellung von Exportartikeln hergerichtet –, passt gut zu Harry Meyers Interessen. Die hanseatische Betriebsamkeit kommt ihm entgegen, dabei bleibt er in mancherlei Hinsicht zurückhaltend, unterlässt es zum Beispiel auch, Mitglied im renommierten »Überseeclub« zu werden. Dessen Vorträge und Veranstaltungen im Haus der »Patriotischen Gesellschaft« vor mehr als 800 Mitgliedern aus angesehenen Hamburger Wirtschaftskreisen sind außerordentlich gut besucht. Aufgrund von Parteizugehörigkeit, Beruf und Weltanschauung zwar sehr verschieden orientiert, setzt sich der Club offen für die Erhaltung des kolonialen Gedankens ein, unterstützt die Herausgabe der Zeitschriften »Der Kolonialdeutsche« und »Koloniale Rundschau«.

Deutlich in der Minderzahl sind die jüdischen Teilnehmer am Clubleben, auch Harry Meyer bleibt fern und beschränkt sich auf seine Tätigkeit als Konsul, die darin besteht, kulturelle und soziale Projekte zu fördern, Veranstaltungen zu organisieren und bei offiziellen Empfängen zu repräsentieren.

In der Wohnung der Stephanie Nordheim über den Meyers bleibt es nun nicht lange still, die umfangreiche Einrichtung wird aufgelöst, Orden und Verdienstkreuze fahren mit dem Aufzug wieder nach unten.

Die Erbengemeinschaft der drei Nordheim-Söhne beschließt, den Anteil ihrer verstorbenen Mutter an der »Wohnhaus Rothenbaum GmbH« mit Wohnrecht zu verkaufen. Man muss sich beeilen in diesem Jahr der rasenden Inflation unter Reichskanzler Dr. Wilhelm Cuno, alle Preise befinden sich im freien Fall eines manchmal im Minutentakt erfolgenden Wertverlusts.

Dr. Moritz Nordheim ist Kinderarzt, Mitglied der »Patriotischen Gesellschaft«, in Hamburger Kunstkreisen bekannt als Kenner. Seinen Vorschlägen, Künstler zu unterstützen, war Stephanie Nordheim immer gern gefolgt. Edmund, Mitglied des Vereins für Hamburgische Geschichte, übernimmt die Firma mit Sitz in der Katharinenstraße. Robert, der Jüngste, verheiratet mit der aus adeligem Hause stammenden Erika von Daum, geht gleichfalls dem Kaufmannsberuf nach. Gemeinsam geben sie eine Anzeige auf: Eine Besichtigung der Wohnung durch die Hausmakler »Wentzel & Hirsekorn« sei möglich, die Versteigerung erfolge am 8. Mai 1923, nachmittags, in der Börse, Saal Nr. 127. Das Haus sei nach dem Kriege erbaut und daher beschlagnahmefrei, der Einsatz für den Anteil an der »Wohnhaus Rothenbaum Gesellschaft m.b.H.« betrage 100 000 000,- RM.

Die Nachfrage nach Wohnraum ist stark, die Auktion wird lebhaft, der Hammer fällt, das Wohnrecht hat gewechselt. Neue Eigentümerin und Anteilseignerin wird Frau Roberta Benjamin geb. Goldtree, von vielen beglückwünscht und beneidet. Unterschriften sind zu leisten, wenige Tage darauf halten wieder Speditionsfahrzeuge vor dem Haus, sie bringen die Möbel der Familie Benjamin aus der Haynstraße 9 herüber.

Mit ihrem Mann, dem jüdischen Rechtsanwalt Dr. Martin Edmund Benjamin, übernimmt Roberta Benjamin die Wohnung von Stephanie Nordheim. Über ihre Mutter Helene Goldtree geb. Liebes hat sie polnische Wurzeln. Die Goldbaums gehörten zu jenen aschkenasischen Juden, die nach Choleraepidemien ihr Schtetl Kepno in der preußischen Provinz Poznan verließen, um in Guatemala einen Neuanfang zu wagen.

Kinderstimmen werden laut. Und aufs Neue richtet Roberta Benjamin die Räume ein, als Erstes das Kinderzimmer für die kleinen Söhne Otto und Alfred, zwei und sechs Jahre alt.

Es wird Herbst. Die Rosskastanien vor dem Dammtor lassen ihre stacheligen Früchte etwas später, aber zahlreich fallen in diesem Jahr. Nach altem Glauben der Landbevölkerung sind die Bäume zuverlässige Wetterpropheten, ein strenger Winter ist zu erwarten. Ein Luftumschwung von spätsommerlicher Milde zu Winterkälte hat sich vollzogen, es liegt Reif auf den Bäumen. Bei wolkenlosem Sternenhimmel sinken die Temperaturen unter null, bis minus vier Grad. Und schon im November liegt die Moorweide da als großes überschneites Feld.

Im Alter von nur 33 Jahren, nicht lange nach seinem Einzug in die Rothenbaumchaussee, stirbt Dr. Martin Edmund Benjamin, an der Schwelle des Jahres 1924, am 8. Januar. Er wird in Ohlsdorf bestattet, an diesem Tag finden zwei weitere Beerdigungen auf dem Israelitischen Friedhof statt. Und wieder schreiben Hausbewohner ein paar Zeilen, um ihrer Anteilnahme Ausdruck zu geben.

1 Das von den Architekten Hans und Oskar Gerson entworfene Mehrfamilienhaus mit dunkelroter Klinkerfassade in der **Rothenbaumchaussee Nr. 26** nach der Fertigstellung, Aufnahme im Frühjahr 1923 durch das Photographenatelier Gebr. Dransfeld. Der von Bäumen gesäumte Bürgersteig erscheint aufgeräumt und sauber, breitgefahrener Pferdemist auf dem Kopfsteinpflaster der Straße neben den Straßenbahnschienen dokumentiert traditionelles Transportwesen noch zu Beginn des 20. Jahrhunderts.

2 Ein geschnitztes Bild des »Löwen von Juda« bildet das zentrale **Eingangsmotiv des Hauses**. Mit dem Schild an der Eingangstreppe zeigt **Harry Meyer**, Konsul von Bolivien, die Vertretung des südamerikanischen Landes im Haus an, Aufnahme um 1923. Trotz einer Vielzahl von Ein- und Auszügen im Verlauf eines Jahrhunderts mit erheblichen Mengen an Mobiliar, inklusive Konzertflügeln und großen gerahmten Bildern, ist die Haustür bis heute im Original erhalten geblieben.

3 **Quartiersansicht des Viertels Rotherbaum** mit Edmund-Siemers-Allee, Dammtorbahnhof und Universität, Luftbild um 1935. Die von dichtem Baumbestand gesäumte Rothenbaumchaussee führt an der Moorweide vorbei (rechts am Bildrand). Das Haus Nr. 26 ist markiert. Die Nähe zu Instituten und Sportanlagen sowie eine gute verkehrstechnische Anbindung zur Innenstadt und zur Fernbahn zählen zu den Vorteilen der Lage.

4 **Rothenbaumchaussee, Ecke Moorweidenstraße** mit Blick stadtauswärts im Jahr 1904: eine großzügig gestaltete, gehobene Wohngegend mit hohem Bedarf an Kutschen.

5 Der wilhelminische Prachtbau des **Dammtorbahnhofs**, errichtet 1903 als architektonisches Panorama am Eingang zum Rothenbaumquartier. Noch heute ist die Litfaßsäule in Betrieb.

6 Im Jahr 1927 wölbt sich noch dichtes Astwerk über der langen, geraden Strecke der Rothenbaumchaussee, auf der die Straßenbahn der Linie 18 verkehrt.

7 Das dem Haus gegenüberliegende Curiohaus, errichtet für die »Gesellschaft der Freunde des vaterländischen Schul- und Erziehungswesens«, Ansicht um 1915.

8 Die **Grindelallee** 1927 mit Blick stadteinwärts von der Kreuzung Hallerstraße, Ecke Beim Schlump, ein lebendiges Quartier mit vielen Läden und Geschäften.

9 Die nach der Eisenbahnstrecke zwischen Hamburg und Altona benannte Straße **Verbindungsbahn**, 1904. Die Mauer links begrenzt den alten jüdischen Grindelfriedhof.

10 Kriegsende, Dezember 1918: Hamburger Einheiten werden begrüßt von einer großen Menschenmenge. Das **Reserve-Infanterie-Regiment Nr. 76** marschiert über den **Jungfernstieg**. Auch jüdische Frontsoldaten kehren heim.

11 Zu den Einrichtungen für das sportbegeisterte bürgerliche Publikum in Rotherbaum zählt auch ein großes **Reitinstitut** mit Stallungen, Turnierplatz und Halle, um 1910.

12 Das **Uhlenhorster Fährhaus**, ein Restaurationsgebäude mit Festsälen und Ballhaus an der Außenalster, ist beliebter Ausflugsort und Treffpunkt der Gesellschaft, Aufnahme 1927.

13 Straßenbild mit Limousinen vor der Hamburger Börse am Adolphsplatz, dem traditionellen Zentrum der hanseatischen Kaufmannschaft, 1927.

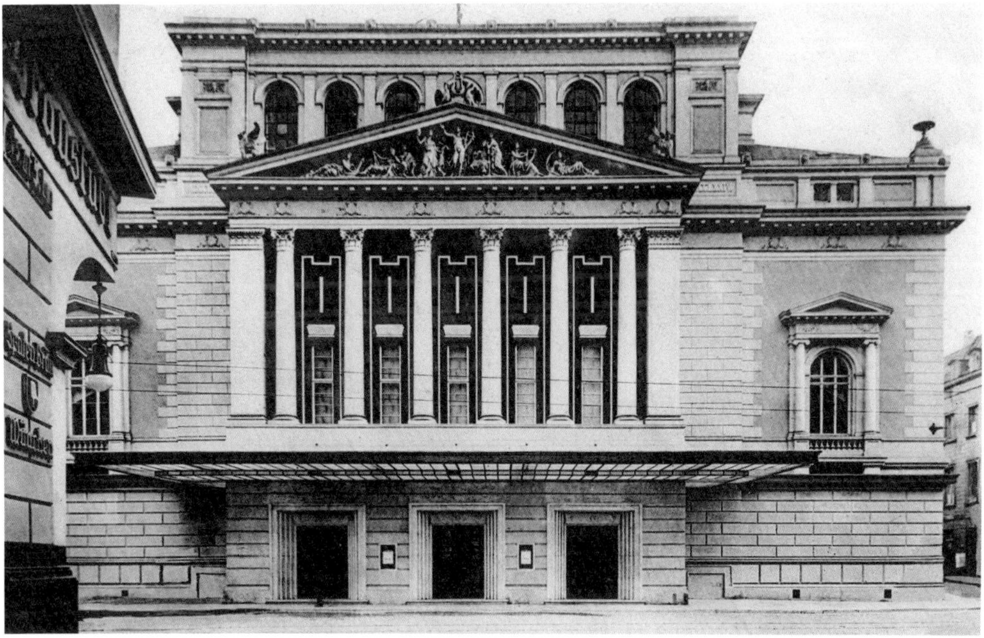

14 Das Hamburger Stadt-Theater, ab 1934 als Staatstheater und Oper bezeichnet, mit seiner klassizistischen Fassade und Attika, gestaltet von Martin Haller.

15 **Dammtorstraße**, 1926, rechts die Oberpostdirektion am **Stephansplatz**, im Hintergrund die Finanzbehörde am Gänsemarkt, links davor das säulengeschmückte Stadt-Theater.

16 Straßenbahnen und Busse dominieren die **Mönckebergstraße**, 1927. Im Barkhof (rechts in der Mitte) stand das Heine-Denkmal der Kaiserin Elisabeth von Österreich.

17 Der geschmückte Innenraum der im maurischen Stil errichteten Neuen Dammtor-Synagoge im Grindelviertel der 1930er-Jahre. Im November 1938 wird auch diese Synagoge stark verwüstet.

18 Vor der »Gleichschaltung« der deutschen Presselandschaft 1933 empört sich die liberale, der »Deutschen Demokratischen Partei« nahestehende Tageszeitung »Hamburger Anzeiger« noch offen über nationalsozialistische Umtriebe wie die Schändung des jüdischen Grindelfriedhofs (6.1.1932).

19 Im typischen Jargon berichtet das nationalsozialistische »Hamburger Tageblatt« über den Abriss der Bornplatz-Synagoge, die im November 1938 verwüstet worden war (14.7.1939).

Nationalsozialistische Grabschänder.

Phot.: Niemitz.

Wir berichteten gestern, daß auf dem israelitischen Friedhof an der Rentzelstraße zwei Nationalsozialisten als Grabschänder wüst gehaust haben. Unser Bild zeigt einen kleinen Teil von dem, was diese Kulturträger des dritten Reiches angerichtet haben: zwei Grabsteine, aus dem Erdreich gedrückt und umgeworfen. Wird so der Weg zum dritten Reich geebnet?

Die Synagoge am Bornpark fällt endgültig Aufn.: Frege

Die Synagoge am Bornpark wird — wie bereits angekündigt — in diesen Tagen abgebrochen. Wo heute noch ein paar traurige Trümmerreste stehen, wird bald ein freundlicher Grünplatz allen Volksgenossen Freude machen.

20 Der »Schinkenkrug« in der Grindelallee 1 – seit 1925 das Sturmlokal der ersten NSDAP-Ortsgruppe Hamburgs im jüdisch geprägten, bürgerlichen Rothenbaum-Viertel.

21 16. März 1936: Vertreter von Staat, Partei und Wehrmacht enthüllen das Denkmal für das Infanterie-Regiment Nr. 76. Der jüdische Schüler Julius Hirsch berichtet davon zu Hause.

22 Die Moorweide als inszenierter Schauplatz für die Maifeier der NSDAP im Jahr 1937. Im Hintergrund links der Dammtorbahnhof.

23 Anlässlich der **Reichstagswahl** am 10. April 1938, die zugleich eine Volksabstimmung über die Wiedervereinigung Österreichs mit dem Deutschen Reich beinhaltet, versammelt sich vor dem **Curiohaus** eine Gruppe von Zivilisten zum Flaggenappell mit Hitler-Gruß. Mit gestellten Bildern wie diesem sollte vor allem die demonstrative Geschlossenheit der »Volksgenossen« propagandistisch dokumentiert werden.

24 Versorgung auf der Moorweide nach dem »Feuersturm«, 1943.

25 Rothenbaumchaussee, Ecke Moorweidenstraße, ca. 1945.

26 Das Hauptgebäude der Universität, 1945.

27 18. März 1945: »Grünlandaktion« an der Rothenbaumchaussee.
Im Hintergrund die Universität mit dem Wissmann-Denkmal.

28 Die Rothenbaumchaussee im Winter 1947, die Chausseebäume sind abgeholzt.
Im Hintergrund der Dammtorbahnhof, links der Zombeck'sche Rundbunker.

29 Auch die »Cap Arcona« – 1927 als »Palacio flotante«, schwimmender Palast, für Passagen nach Südamerika in den Dienst gestellt – wurde von jüdischen Emigranten genutzt. Am 3. Mai 1945 versenken britische Bomber das Schiff mit Tausenden von KZ-Häftlingen aus Neuengamme an Bord in der Ostsee.

30 Die »Veendam«, ein Passagierschiff im Nordatlantikdienst der »Holland-America Line«. Am 12. November 1938 gehen in Rotterdam Dr. Fritz und Anna Liebmann für die Passage nach New York an Bord.

31 Die »Cap Norte«, ein Dampfer der Reederei »Hamburg Süd«. Am 14. Juli 1939 belegt die Witwe Gretchen Meyer eine Kabine der Mittelklasse bei ihrer Emigration nach Argentinien.

Sal. Heine Testament

Dr. Fritz (Friedrich Jakob) Liebmann + Anna Liebmann + Lotte (Lieselotte) Liebmann | Stephanie Nordheim | Paul Levy | Heinrich Beine | Dr. Rudolf Brinckmann

Für Sonnabend, den 25. Februar 1922, nachmittags 3 Uhr, war in der Stahlkammer der Firma »M. M. Warburg & Co.« eine Sitzung anberaumt, an ihr nahmen teil der Bankvorstand Max M. Warburg und sein Syndikus Dr. Fritz Liebmann. Die Besprechung dauerte eine Stunde und behandelte Fragen, die das »Sal. Heine Testament« betrafen. Noch immer befanden sich alte Papiere aus dem Nachlass des 1844 verstorbenen großen Hamburger Bankiers bei den Warburgs im Depot, ungarische Gold- und Kronen-Renten. Es wurde beschlossen, dass Dr. Liebmann diese Werte bei der Reparations-Commission wegen der Kriegsschulden des ungarischen Staates anmelden sollte. Das wegen der Auslieferung der Effekten nicht mehr benötigte Stahlkammerfach wurde aufgehoben; die große Kiste mit Büchern aus Salomon Heines Bibliothek verblieb noch auf dem Boden, im Archiv der Materialverwaltung.

Die Arbeit des Nachmittags war getan, der jugendlich-schlanke Dr. Liebmann nahm den gewohnten Weg von der Bank in der Ferdinandstraße über den Jungfernstieg. Zu Fuß ging es am Binnensee der Alster vorbei, über die Esplanade zum Dammtorbahnhof und unter der Bahnbrücke hindurch weiter zur Rothenbaumchaussee 26. Ziel war der Neubau, der hinter Meister Usingers Holzgerüsten gerade Form annahm. Er wollte sehen, wohin er mit seiner Familie ziehen würde.

Bereits 1917, während er im Feld war, war der Marburger Doktor juris »magna cum laude« Fritz Liebmann zum Amtsrichter in Frankfurt am Main ernannt worden. Max M. Warburg, der den Juristen mit dem schmalen Gesicht und den großen Augen außerordentlich schätzte, hatte ihn als Leiter seiner Rechtsabteilung und Prokuristen gegen eine jährliche feste Vergütung eingestellt. Daneben hatte er ihm das

Recht eingeräumt, selbstständig eine allgemeine Anwaltspraxis zu betreiben. Warburg bezeichnet den Kenner sowohl des internationalen als auch des Steuer- und Devisenrechts als das juristische Gewissen der Firma.

Ein paar Monate muss Dr. Liebmann warten, bis er in das von der Bank mitfinanzierte Haus einziehen kann. Dann erfolgt ein fröhliches Entrée in die Nr. 26 zusammen mit seiner Ehefrau Anna Liebmann geb. Oppenheimer und der gemeinsamen Tochter Lieselotte, genannt »Lotte«. Die Heimatstadt ist Wiesbaden, Annas Vater war der Bankier Adolf Oppenheimer. Worte der Begrüßung klingen durch das Haus. Beim Einzug der Liebmanns in die vorzügliche 1. Etage lebt die gegenüber wohnende Witwe Stephanie Nordheim noch, und natürlich stellt man sich bei ihr vor. Höfliche Aufmerksamkeit und diskrete Anteilnahme sind allen Wohnparteien wie selbstverständlich eigen, zumal wenn Feste anstehen, deren religiöser Hintergrund geteilt wird.

Gut bekannt, aufgrund der Umstände des Hausprojekts, aber auch der gemeinsamen Branche wegen, ist Dr. Liebmann mit Paul Levy. Gesprächsstoff ist reichlich vorhanden, wenn auch nicht immer erfreulicher. Dr. Liebmann weiß, das Bankgeschäft Levy hat Verluste abzuschreiben, die Märkte der Nachkriegszeit agieren chaotisch, und an der Notwendigkeit, seitens der Reichsbank neben der Reichsmark auch eine Rentenmark einzuführen, zweifeln beide Herren keinen Augenblick. Levy hat soeben die Geschäftsführung der »Bergbau-Gesellschaft Heidland mbH« abgegeben, die er im August 1918 übernommen hatte, er muss und will sich in seinen Aktivitäten beschränken.

Ein weiterer Angestellter der Warburg-Bank ist unter derselben Adresse ansässig geworden: Heinrich Theodor Beine, auch er ist Prokurist und schon etwas länger in der Firma. Beine kommt aus dem 4. Stock die Treppe herunter und klingelt bei den Liebmanns, man hat in der Sache Heine-Testament miteinander zu tun, will aber auch die Redebeiträge für die Feier zum 125-jährigen Jubiläum der Bank am 6. Januar 1923 absprechen. Beine, ein lebhafter Typ mit Schnurrbart im rundlichen Gesicht, genannt »Heinerle«, ist der Rasensportbewegung leidenschaftlich verschrieben und aktives Mitglied des »SC Victoria Hamburg von 1895 e.V.«, vornehmlich in den Stadtteilen Eppendorf und Hoheluft. In seiner aktiven Zeit soll Beine Torhüter beim Fussballklub »Holstein Kiel« gewesen sein, doch nach einer schweren Verwundung im Weltkrieg beschränkt er sich nun auf muntere Beredsamkeit und sein Geschick in Verhandlungen, weshalb er als ausgezeichneter Kundenberater in der privaten Vermögensverwaltung gilt. Für den Sommer steht seine Wahl zum Vorsitzenden des Vereins an, der sich um eine Handballsektion erweitern und darüber hinaus sogar eine literarische Abteilung einrichten möchte. Als erste Maßnahme allerdings wird »Heinerle« in diesem Amt 200 Mitglieder wegen Rückstands ihrer Beiträge ausschließen. Banker ist Banker.

Anna Liebmann serviert Tee.

Zunächst kalkulieren die Herren die zu erwartenden inflationären Zahlungen für die nächste Kokslieferung. Der Kohlenmarkt hat in den letzten Wochen eine Preissteigerung erlebt wie noch nie, und die Zentralheizung eines Hauses mit zehn Parteien und jeweils fünf Zimmern verbraucht im Laufe eines Jahres mindestens vier Waggonladungen Koks. Denn da gibt es ja auch noch das Atelier, oben unter dem Dach.

Im Hinblick auf das Jubiläum der Warburg-Bank beginnen die Herren zu reimen. Dr. Liebmann malt die Situation aus, wie Napoleon von Ägypten aus per Telefon um einen Kredit bei »M. M. Warburg« nachsucht, was an der Vorverhandlungsprovision und schließlich an Lord Nelson scheitert, der das Telefonkabel zerschießt. Heinrich Beine belässt es nach diesem Einstieg doch lieber bei Prosa und verfasst eine Glosse über die liebe Kundschaft, die goldene Berge von der Bank erwartet; er schildert Sonderlinge und alltägliches Straßenbahnpublikum, welches je nach Marktsituation heute ein- und morgen wieder aussteigt, dabei nervös auf jedes Klingelzeichen achtend; und er führt aus, dass es bei Nachfragen nach Stock-Aktien manchmal besser wäre, den Stock auf der Innenseite des Schalters zu haben. Auch jene erhabenen Handelsherren, die einen monatelangen Sängerkrieg um den Einführungskurs ihrer Aktien entfachen, am Tage nach der Einführung aber mit Betrübnis feststellen müssen, dass niemand vor seinem Tode glücklich zu preisen ist, nimmt er in seine Betrachtung auf, ebenso jene Gewinnbeladenen und Steuerbedrückten, die sich mühsam zur 3. Etage der Firma »M. M. Warburg & Co.« emporschleppen, von dort prophetische Worte wie das Evangelium heimtragen, nur um bei abendlicher Zeitungslektüre festzustellen, dass man auch das absolute Gegenteil hätte sagen können.

Die Herren sind's zufrieden, Beine eilt wieder nach oben.

Am Abend der Jubiläumsfeier selbst hält auch Max M. Warburgs Sohn Erich M. Warburg eine Rede. Man sei stolz darauf, eine internationale Bank zu sein, das widerspreche nicht der vaterstädtischen, nicht der vaterländischen Tradition. Man sei stolz darauf, eine hamburgische, eine deutsche Firma zu sein mit einer internationalen Aufgabe.

Dann sagt er Sätze mit ungeahnter Tragweite. Undeutsch sei es, nur deutsch zu sein. Je unglücklicher das Land, so seine Worte, desto größer sei die Liebe zu ihm.

Unter den Anwesenden befindet sich der nichtjüdische Kaufmann Dr. Rudolf Brinckmann. Auch er ist Prokurist bei »M. M. Warburg & Co.«, und auch er hat eine Wohnung in dem Haus Rothenbaumchaussee 26 bezogen. Von den drei Prokuristen wird er als Einziger sehr lange dort wohnen bleiben. Der Bank wird er verbunden sein in Zeiten, die sehr deutsch sein wollen und sehr unglücklich werden.

Deutsches Wesen

Clara Thomann | Dr. Rudolf Magnus

Ein völlig anderes Verständnis des deutschen Wesens bringt im April 1924 der »Deutsche Kolonialtag« zum Ausdruck, mit einer Kundgebung ganz in der Nähe des Hauses in der Rothenbaumchaussee. Das Bronzedenkmal des Kolonialkriegers Hermann von Wissmann, errichtet einst am Strand von Bagamoyo im deutschen »Schutzgebiet Ostafrika«, hat auf einem drei Meter hohen roten Granitsockel vor der Hamburger Universität, dem früheren Kolonialinstitut, inmitten des grünen vorgelagerten Rasens, eine zweite Heimat gefunden. Die linke Hand auf den Degen gestützt, steht Deutschlands Afrika-Held und -Pionier lebensgroß da, den bronzenen Blick in die Ferne großmächtiger Zukunft richtend. Unter ihm lagert ein mächtiger Löwe, während ein Askari, ein einheimischer Hilfssoldat, treue Wacht hält.

In der Feierstunde im großen Hörsaal der Universität rühmen nach dem »Largo« von Georg Friedrich Händel Vertreter aus Politik und Kaufmannschaft den deutschen Kolonialgedanken sowie die einstige väterliche Fürsorge Wissmanns für die eingeborene Bevölkerung, sinnfällig dargestellt in eben dieser Figur des nach oben vom Sockel aus aufblickenden Askari. Kein Ort scheine für die Aufstellung des Wissmann-Denkmals geeigneter als Hamburg, kein Platz passender als die Universität, diesen Ausführungen folgt männlicher Jubel. Das Orchester der Ordnungspolizei, Orpo, intoniert die Nationalhymne und den Armeemarsch Nr. 7. Am Fuße des Denkmals werden prachtvolle Kränze niedergelegt, in angeregter Unterhaltung ziehen die Kolonialisten in Richtung Dammtor davon.

An der Haltestelle vor dem Dammtorbahnhof fährt die Straßenbahn der Linie 18 los, im regelmäßigen 25-Minuten-Takt biegt sie ein in die Rothenbaumchaussee. Die Witwe Clara Thomann – sie bewohnt den 3. Stock der Nr. 26 – meidet Straßenbahnfahrten grundsätzlich und auch, wenn sie ihre Tochter in der Sierichstraße besuchen will. In die Richtung würde die 18 ja fahren, aber zu unbequem und laut erscheint ihr dieses Massentransportmittel.

1924*

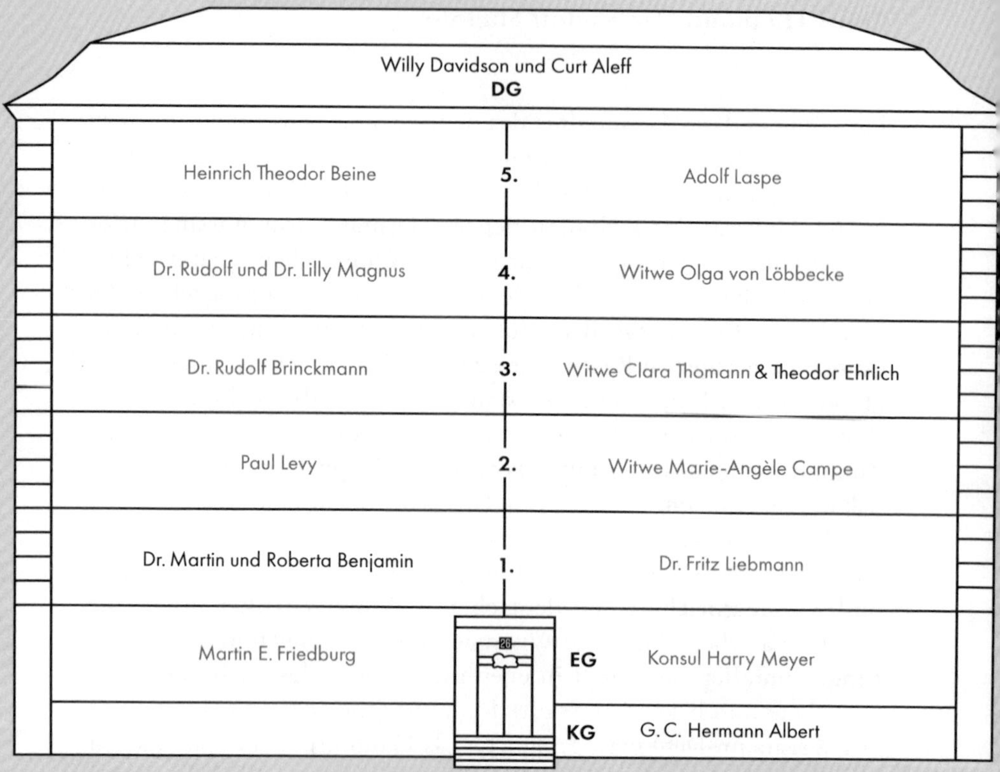

* Neu eingezogene Bewohner:innen schwarz

Die berauschende, triumphale Welt der großen, schweren Limousinen, chauffiert von salutierenden Fahrern wie beispielsweise für den Herrn Direktor der »Hapag« Julius Thomann und Frau Gemahlin, ist gleichzeitig mit der Episode der deutschen Kolonien und Schutzgebiete untergegangen. Vergangen auch die Zeit üppiger Bankette im »Hotel Atlantic« in Anwesenheit von Bürgermeistern, Ministern, Generalkonsuln, hervorragenden Vertretern der Hamburger Wirtschaft und der Handelskammer, vorüber vor allem die reich beflaggten und bewimpelten Tage, in denen die volle Sonne kaiserlicher Gunst über der größten Schifffahrtslinie der Welt ihren spendablen Glanz verbreitete.

Mit Ehrerbietung und viel beschworener Treue hatten sich die Hamburger »Koofmichs« dem Monarchen aus preußischem Hause mit seinen Weltmachtphantasien angedient. Fast regelmäßig wurden im Gegenzug die maßgebenden Angehörigen der »Hamburg-Amerika-Linie« und die verlässlichen Lieferanten imperialer Schiffbautypen in die kaiserlich-königlichen Ordensfeste einbezogen, allen voran Generaldirektor und »Kaiserjude« Albert Ballin, in Abstufung immer aber auch Direktor Julius Thomann.

Das langjährige Vorstandsmitglied Thomann war Träger des Roten Adlerordens 4. Klasse, des Königlichen Kronenordens 3. Klasse und des Ordens der Württembergischen Krone Ritterkreuz mit Löwe. Durchaus willig und alter hanseatischer Gepflogenheit eher weniger entsprechend, hatten die patriotischen Herren der Imperator- und Vaterlandklassen des Adels feudale Ehrungen mit Stolz empfangen.

Zwischen Kiel, Brügge und oftmals New York pflegte Julius Thomann unterwegs zu sein, in Geschäften und Gesprächen mit dem belgischen König, mit amerikanischen Businessleuten, Berliner Spediteuren, mit Vertretern der Presse, mit aller Welt.

Clara Thomann durfte 1905 selbst eine viel beachtete Dampfer-Schiffstaufe vollziehen, auf der Krupp'schen »Germania-Werft« in Kiel. Ballins »Hapag« war immer wieder aufgefordert worden, größere Truppentransporte zu übenehmen, für die es speziell ausgerichtete Schiffe nicht gab. Also ließ man einen Dampfer derart aufbauen, dass er 1500 Mann aufnehmen konnte. Frau Direktor Julius Thomann war vorgetreten, hatte eine immer glückliche Fahrt gewünscht, die Flasche geworfen, die unter dem Jubel der Anwesenden zerplatzt war. Die Kapelle schmetterte los, und der Truppentransportdampfer »Borussia« war seiner Bestimmung übergeben, als erstes deutsches Schiff ausschließlich diesem militärischen Zweck zu dienen. In Erfüllung ihrer Aufgabe brachte die »Borussia« bald danach das kaiserliche III. Seebataillon in das Chinesische Meer, als Ablösung für die Truppen der deutschen kolonialen Pachtzone Kiautschou.

Die deutschen Kolonien, sie sind Geschichte, und so ganz anders fühlt sich nach der blühenden Vorkriegszeit die Gegenwart für schroff enttäuschte, durch Niederlage gedemütigte Menschen wie Clara Thomann an, eine Gegenwart mit all den unausweichlichen Veränderungen, der neuen Schnelligkeit, den häufiger werdenden Verkehrsunfällen an den Kreuzungen des Quartiers und einer Ungewissheit, die selbst die Farben des Himmels anders wirken lässt und den Horizont so eng.

»Versetzen« ist seit Kriegsende ein häufig zu hörendes Wort, Leihhäuser machen satte Geschäfte mit Wertgegenständen aus goldenen Vorzeiten, Konkurse gehören zum Alltag, im Hafen blüht der Schmuggel. Zollbeamte aus der früheren Hauptstadt Deutsch-Ostafrikas Bagamoyo müssen sich daran gewöhnen, dass sie nicht mehr kleine Könige sind, sondern in kalten Nächten hinter dem Zollkanal der Hamburger Speicherstadt triste Wache schieben müssen.

Auch bei den Thomanns wurden Hoffnungen zerstört. Zu sehr hatte sich der fähige, ehrgeizige Julius Thomann in Hoheitsbereiche des legendären Generaldirektors Albert Ballin eingemischt, zu viel Opposition an den Tag gelegt, sodass er im Dezember 1915 zum Rücktritt gezwungen wurde. Aus dem preußischen Staatsdienst warb Ballin den Beamten Dr. Wilhelm Cuno ab und bestimmte ihn im Winter 1917 zu seinem Nachfolger. Julius Thomann hingegen suchte zu seiner weiteren Betätigung ein neues, nicht belastetes Umfeld und fand es in den »Hanseatischen Flugzeugwerken« der »Carl Casper AG«. Es blieb eine kurze Episode, Thomann starb 1920.

Für seine Witwe Clara Thomann ist die Wohnung in der Rothenbaumchaussee groß genug, um einen Untermieter zu suchen. Der diskrete Herr, der viel unterwegs ist für seine Firma, heißt Theodor Ehrlich, ist Direktor und Generalmanager der Firma »Steinway & Sons« und von seiner Frau geschieden. Großartig waren für ihn die Zeiten, als Albert Ballin und sein Vorstand Julius Thomann für ihre Ocean-Liner zahlreiche Flügel aus Hamburger Produktion orderten. Schlimm sind die Zeiten nach dem Weltkrieg und während der großen Weltwirtschaftskrise geworden, alles teure Klangwerk ist gleichsam auf Moll gestimmt und die gesamte Klavierindustrie in eine katastrophale Notlage versetzt. Gleichwohl wird die Repräsentanz am Jungfernstieg aufrechterhalten, und zum Glück gibt es noch den Export ins Ausland. Devisen bleiben eine feste Währung, bei aller albtraumartigen deutschen Inflation.

Dass der Absatz der Edelinstrumente aus dem Bahrenfelder Werk, welches er gerade hat fertigstellen lassen, zurückgegangen ist, liegt für Direktor Ehrlich nicht zuletzt an der nach allem Technischen verrückten Moderne. Denn das Klavier, die »Drahtkommode« der höheren

Töchter, hat Konkurrenz durch das Radio bekommen, und die höheren Söhne Hamburgs geben ohnehin Hockeyschlägern, Ruderblättern und neuerdings Automobilen unbedingten Vorzug. In bunten Korsos rasen die jungen Herren über die Kopfsteinpflaster, Kinder beim Schlagballspiel müssen schreiend von der Fahrbahn springen. Dazu werden Klagen von Anwohnern laut über das wilde Fahren der schweren Fernlastzüge, die bei raschem Tempo die umliegenden Häuser in Fugen und Festen erschüttern.

Einer der repräsentativsten Straßenzüge Hamburgs ist die Rothenbaumchaussee, und mit ihrem prachtvollen alten Baumbestand zur Sommerzeit auch einer der schönsten. Seit aber elegante Luxusautos und kleinere Mietwagen die ganze Strecke entlang stadtaus und stadtein jagen, zudem wachsende Menschenströme ins Zentrum streben, ist sie viel diskutierter Schauplatz einer neuen, ruhelosen Verkehrsepoche. Bald wird sogar über den Verlauf einer Untergrundbahn spekuliert, die die überfüllten Straßenbahnen entlasten soll.

Für Menschen wie Frau Direktor Thomann, die es gewohnt waren, sich von einem Taxi abholen zu lassen, bietet die »Elektrische« eine unangenehme Erfahrung des gesellschaftlichen Abstiegs, die sie nur zu machen bereit ist, wenn – leider, leider – der Autoruf im Grindelhof 52 besetzt und keine Mietdroschke zu haben ist. Gehetzt, bleich und japsend drängt sich das arbeitende Volk frühmorgens in die überfüllten »Armesünderkarren«, die Straßenbahnen, um zu seinen Arbeitsplätzen in Büros, Kontoren und Lagerhäusern zu gelangen. Es kommt vor, dass Jugendliche draußen als blinde Passagiere auf den Stoßpuffern hocken. Durch die Rothenbaumchaussee mit ihren hellen Fassaden geht die gefährliche Freifahrt, vorbei am Museum für Völkerkunde mit seinen von Kindern als Kletterturm genutzten steinernen Löwen, vorbei an den weitläufigen Sportanlagen des Tennis-Clubs, die im Winter für den exklusiven »Eisbahn-Verein vor dem Dammtor« unter Wasser gesetzt werden, und vorbei an der »Reitschule Rotherbaum« und der Freiluftarena des HSV, in der der Boxweltmeister im Schwergewicht Jack Dempsey im Folgejahr 1925 einen gefeierten Auftritt haben wird.

Auf Clara Thomann warten in der Sierichstraße bei Tochter Käthe Blunck Kaffee und Kuchen. Als Fräulein Tochter hat auch sie einmal ein Schiff taufen dürfen, auf der Stettiner »Vulkanwerft« den für den Seebäderdienst Hamburg–Helgoland–Norderney und Sylt bestimmten Passagierdampfer »Königin Luise«. Nach angemessener Verlobungszeit hat sie den Rechtsanwalt Dr. Max Blunck geheiratet, Mitglied der Burschenschaft »Corps Franconia« und der »Liga zum Schutze der deutschen Kultur«, einer Kultur, die der agile Jurist durch

Weltanschauungen wie Bolschewismus, Kommunismus, Spartakismus gefährdet sieht.

Die Auffassung, dass man nach dem Krieg nun Führer und den deutschen Gedanken brauche, wie von den Nationalsozialisten propagiert, spielt in der geruhsamen Kaffeestunde zwischen Mutter und Tochter jedoch keine Rolle. Umso mehr Clara Thomanns geplante Reise erster Klasse auf dem »Hapag«-Linienschiff »Tanganjika« nach Genua.

Wenigstens in der Namensgebung lebt die Kolonialzeit fort.

Als Ersatz für deutsche Weltreichträume dienen literarische Sehnsuchtshorizonte, wie sie etwa die packenden Erzählungen des amerikanischen Schriftstellers Jack London bieten. Sie haben außerordentlich Konjunktur, seit sie von dem Berliner Journalisten Erwin Magnus ins Deutsche übersetzt werden. Hilfe bei seiner Arbeit, etwa bei der Übertragung der »Südseegeschichten«, erhält er von seinem Bruder Dr. Rudolf Magnus, dem Hamburger Rechtsanwalt im 4. Stock der Rothenbaumchaussee 26. Und er bedankt sich dafür bei ihm mit einer handschriftlichen Widmung.

Husaren und Ulanen

Olga von Löbbecke | Dr. Rudolf Magnus | Adolf Laspe

Rothenbaumchaussee 26 – Wohnungen mit Stuckengeln unter der Decke, mit Konzertflügeln, Bibliotheken, Teppichen an Teppichen, Ölgemälden, Tee- und Mokkaservicen, silbernem Spargelbesteck, Operngläsern, edler Sommergarderobe, Wintermänteln mit Skunkpelzkragen, Abonnements des »Hamburgischen Correspondenten«, des »Hamburger Fremdenblatts« und des Pariser »Gil Blas«.

Vor dem Haus wiederholen sich die Szenen. Die Herren mit Gehstock ziehen die Hüte, die Damen mit Regenschirm blicken würdevoll. Der Revierpolizist patrouilliert, der Postbote kommt morgens, pünktlich, Lieferanten klingeln an der Haustür, das Dienstpersonal rauscht den ganzen Tag rauf und runter durchs Treppenhaus. Es gilt, Besorgungen, Einkäufe, Benachrichtigungen zu erledigen, Müll wegzubringen, Kücheneimer zu leeren. Ziehen althamburgische Pankokenkapellen mit ihrer Blasmusik durch die Straße, müssen die Kökschen, die Köchinnen, den obligaten Groschen zuwerfen, denn nicht nur in den Gassen und Twieten der Gängeviertel, auch in den Villenvororten außerhalb des Dammtors sind die Musikanten seit jeher populär.

Zwar verfügen alle Wohnungen über ein Mädchenzimmer, doch den Hausangestellten werden zusätzlich kleine Bodenkammern zugewiesen, wo sie ihre persönliche Habe, Kleider, Taschen, Winterzeug lagern können. Die Kammern erfreuen sich häufiger, wenn auch unauffälliger Besuche der Bediensteten für ein Schwätzchen. Vor dem Aufzug der Firma »Carl Flohr«, Berlin, beim Warten oder Aussteigen, grüßt man sich stets freundlich, dabei auch hier immer etwas förmlich.

Es passiert selten, dass Olga von Löbbecke eine der anderen Damen oder auch einen Herrn antrifft, wenn sie morgens ihre angenehm helle Wohnung im 4. Stock verlässt. Meist ist es zu früh selbst für die pflichtbewussten Warburg-Prokuristen oder den Rechtsanwalt und

Geschäftsführer der »Wohnhaus Rothenbaum GmbH« Dr. Rudolf Magnus; seine Familie lebt gleich nebenan.

Frau von Löbbecke, Tochter des Bankiers Alwin Münchmeyer des Älteren und seiner Ehefrau Therese Cäcilie geb. Albert, ist die Schwester des derzeitigen Firmenchefs Hermann Münchmeyer des Jüngeren, sie hat vier Kinder und ist Hamburgs bekannteste Sportreiterin. Auf dem Erbwege ist die gertenschlanke Dame zu einem Kommanditisten-Anteil am Bankhaus »Münchmeyer & Co.«, Handelshaus mit internationalen Verbindungen, gekommen und auf dem Heiratswege in den dekorativen Kleinadel. Letzteres gilt auch für ihre Schwester Gertrud Luise von Willich geb. Münchmeyer und ihre Nichte Therese von Malaisé geb. Münchmeyer.

Die Münchmeyers, Merchantbanker mit Geschäftsbeziehungen vor allem zu deutschstämmigen Unternehmen in Südamerika, dort überwiegend mit Holz und Kaffee handelnd, sind Teil der Hamburger Oberschicht, die sich in hanseatisch herkömmlicher Kaufmannschaft als nahezu geschlossene Standesgemeinschaft begreift. Zugang finden Außenstehende nur als Schwiegersohn.

Soeben ist Olgas Bruder Hermann Münchmeyer zum Vorsitzenden der Hamburger Handelskammer gewählt worden, in Nachfolge des Ostasienkaufmanns Franz Heinrich Witthoeft aus dem Handelshaus »Arnold Otto Meyer«. Witthoefts Partner und Mitinhaber der Firma, Adolf Laspe, ist Olga von Löbbeckes Wohnungsnachbar zwei Treppen höher, er hat sich im 5. Stock des Hauses Rothenbaumchaussee 26 eine Bleibe gesichert. Fast wäre es für Frau von Löbbecke anders gekommen, denn zunächst war die Wohnung im 4. Stock auf den Namen der bekannten jüdischen Firma »Bleichröder, Versicherungsmakler und Havarie-Vertreter«, vorgemerkt. Doch Teilhaber und Schwiegersohn Dr. Arnold Herzfeld, verheiratet mit Hertha Herzfeld geb. Bleichröder, überlegte es sich anders. In den Kreisen der Frau von Löbbecke kennt und verschwägert man sich, sodass sich – so drückt Neffe Alwin Münchmeyer der Jüngere es aus – das Namensverzeichnis dieser Handelsaristokraten liest wie der Hamburger Stadtplan.

Man ist Hamburg.

Ihren zwischen den Firmen wechselseitig zur Ausbildung transferierten Söhnen ist es selbstverständlich, im exklusiven »Club an der Alster« Hockey zu spielen und zu rudern sowie die damit verbundenen Konventionen und Gepflogenheiten lässig-mondän, aber doch peinlich genau einzuhalten. Nach Hamburger Art sehen und sich sehen lassen, das ist Pflichtprogramm – in der Musikhalle beim philharmonischen Konzert als Nachweis des kulturellen Interesses oder bei Wohltätigkeitsveranstaltungen im Hinblick auf das soziale Gewissen. Frühstücke vor oder nach der Börse, Aufsichtsratssitzungen, Bridge- und Dinnerabende, Besuche und Gegenbesuche, Teilnahme an Familienfeiern – das gesellschaftliche Zusammenleben könnte enger kaum sein.

Jagdreiten in Gruppen hat gesellschaftlich und sportlich einen sehr hohen Stellenwert. Alle bedeutenden, alteingesessenen Hamburger Familien und Großgrundbesitzer pflegen elitäre Netzwerke, und die meisten von ihnen sind Mitglied im »HSJV«, dem »Hamburger Schleppjagdverein«. Für viele strikt kaufmännisch orientierte Herren gehört es im wilhelminischen Kaiserreich trotz hanseatischer Prinzipien zum guten Ton, an ökonomisch sinnlosen Traditionen der Kavallerie und schlagenden Verbindungen teilzunehmen. So pflegte Olga Karolines Bruder Albert Münchmeyer dienstags und freitags bei so mancher Schleppjagd adeliger Husaren zusammen mit anderen Hamburger Herren einer acht Koppeln starken Hundemeute nachzuhetzen, über Knicks, Ackerfurchen und Gräben der Feldmarken Schiffbek, Jenfeld und Barsbüttel hinweg, bei herbstlichem Wetter.

Zu den großen Galopprennen erscheint Hamburgs gute Gesellschaft in corpore, die Frauen in neuen Sommertoiletten, entzückende Moden zur Schau tragend, duftige, helle Kostüme, teilweise mit Spitzen oder Pelzwerk besetzt, dazu farblich passende Hüte. Die Damen lassen sich malerisch umringen von zackig bis launig auftretenden Uniformierten. Bei solch einer Gelegenheit war Olga Münchmeyer dem Herrn Leutnant von Löbbecke ins Blickfeld geraten.

Den Adjutanten des Wandsbeker Husarenregiments Nr. 15 Ernst-Gustav Max Karl von Löbbecke, Stallbesitzer und passionierter Herrenreiter, hatte sie geheiratet und in der Folge seine Leidenschaft zum Pferdesport uneingeschränkt geteilt. Jeden Morgen in der Frühe arbeitete sie mit den Rennpferden seines Stalls, trainierte »Irony II«, »No Mistake« und »The Gun« auf Form, Kondition und Schliff.

Schier pausenlos befand sich der junge Ehemann im Sattel, wenn auch ein Pferde schindender Distanzritt, wie ihn der weitläufig verwandte Leutnant Siegfried von Löbbecke von Insterburg nach Straßburg und zurück unternommen hatte, nicht zu seinen Triumphen zählte. Aber die Zeitungen berichteten trotzdem viel auch über seine Erfolge bei Reitturnieren.

In den letzten Jahren vor dem Weltkrieg infolge zunehmenden Körpergewichts vom Rennreiten zurückgezogen, war der zu den 9. Ulanen versetzte und zum Major beförderte von Löbbecke, Ritter des »Eisernen Kreuzes« 1. Klasse, dem Ruf ins Feld gefolgt, zur »attaque à cheval«. Mit gefällter Lanze stürmte man belgischen Eskadrons entgegen, suchte in den blutigen Knäueln aus Menschen- und Pferdeleichen nach feindlichen Standarten, um sie als Trophäen einzubringen. Einer der letzten mörderischen Schlachten bei Ypern in Flandern war der Angehörige des Reserve-Infanterie-Regiments Nr. 202 schließlich zum Opfer gefallen, und Familie Münchmeyer erhielt die Nachricht seines Heldentodes. Es war die zweite solche Nachricht, denn auch der jüngere Sohn Albert Münchmeyer, Olgas Bruder, war bereits auf dem Feld der Ehre verblieben.

Die Nähe des Hauses zum »Reiterverein Rotherbaum« ist einer der Gründe, weshalb die Husaren-Witwe Olga Karoline von Löbbecke geb. Münchmeyer hierhergezogen ist; außerdem wohnte sie gewissermaßen schon um die Ecke, im Stadthaus ihrer Mutter Therese in der Tesdorpfstraße 22. Ihre Mutter ist die Witwe Alwin Münchmeyer des Älteren, weshalb sie zuweilen »Alwine« genannt wird. Dort soll die alte Dame eines der gastlichsten Häuser der Stadt vor dem Krieg geführt haben, als Vorstandsfrau der Deutschen Krankenanstalten vom Roten Kreuz hatte sie 1905 beim Verbandstag gleich hundert Delegierte zum Souper geladen. Einen ähnlich herzlichen Empfang bereitete ihnen bei derselben Gelegenheit der Herr Direktor der »Hamburg-Amerika-Linie« Julius Thomann auf dem im Hafen liegenden Schlachtkreuzer »Moltke«. »Hurra«-Rufe schallten durch die Räume des Kriegsschiffes, Freiherr von Richthofen toastete lebhaft auf Thomann und seine Gattin, die Kapelle spielte »Muss i denn zum Städtele hinaus«.

Es waren glanzvolle Zeiten.

Bei seinem Besuch in Hamburg Ende Juni 1914, kurz vor Beginn des Krieges, hatte sich Kaiser Wilhelm II. an den Landungsbrücken mit der Rot-Kreuz-Dame Alwine Münchmeyer unterhalten, die passend und auffällig einen Korb mit wunderschönen roten Nelken präsentierte. Er sei, gab der Monarch darauf zum Besten, vor den Auswandererhallen bereits regelrecht überfallen worden von jungen Mädchen, die für das Rote Kreuz gesammelt hätten, Postkarten habe man ihm zugeworfen, da seien sogar nackte Jungen drauf. Die Herren Bürgermeister bestaunten des Kaisers unverblümten Humor.

Seit einem Jahrzehnt war es der deutsche Monarch gewohnt, jedes Jahr drei Tage lang an die Elbe zu kommen, um sich von den Fahnen begrüßen zu lassen, die von den Kirchtürmen wehten, und von jubelnden Menschenmassen. Dieses Mal hatte er den Hafen besucht und die Gartenbauausstellung in Altona, wo sein Automobil mit einem platten Reifen liegen blieb. Die Uniform der Königs-Ulanen tragend, war Wilhelm in einem Ersatzautomobil zur Horner Rennbahn gefahren worden, um eine Parade vorbeireitender Offiziere abzunehmen und das Kaiserin-Auguste-Victoria-Jagd-Rennen zu verfolgen. Aufregende Renntoiletten der Damen wurden gesichtet bei diesem Festival des devoten Händeküssens, bis zum Knie geschlitzte gewagte Röcke, sehr gelbe Kleider mit Uniformknöpfen und Perlgehängen, große Hüte, Schleier mit gestickten Riesenspinnen auf der linken Wange.

Die Kaiserloge hatte wie ein wahrer Schmuckkasten ausgesehen, in dunklem Purpur gehalten, überdacht von einem Baldachin in altgoldfarbenem Plüsch. Goldornamente bedeckten die Brüstung, der Blumenschmuck leuchtete in Lila. Wunderschön anzusehen waren auch die sehnigen Herrenreiter in ihren kleidsamen Uniformen, einer von ihnen stürzte allerdings, sein sportliches Pferd dagegen lief das Rennen allein bis zum Ende mit. Um Punkt 5 Uhr hatte der Kaiser die Rennbahn verlassen, unter dem Ruf »Auf Wiedersehen im nächsten Jahr«.

Olga von Löbbecke wischt die Erinnerungen beiseite, zieht die Lederhandschuhe fester, drückt den Knopf für das Erdgeschoss und fährt abwärts, ihre Gedanken bereits dem Programm des Tages und den Pferden des Vereinsstalls zuwendend. Der Fahrstuhl hält an. Im Parterre angekommen, stets den jeweils rechten Durchgang im Hausflur neben dem Aufzug nehmend, verlässt Olga von Löbbecke das Haus Rothenbaumchaussee 26. Edle Tiere lässt man nicht warten, auch nicht in einer Republik. Außerdem ist im Reitstall Vorsorge zu treffen für die Zeit ihrer Abwesenheit, die geplante See- und Urlaubsreise nach Madeira steht an, mit dem Passagierschiff »Wadai« der Woermann-Linie.

1925 — **Kapitel 8**

Heine-Haus

Marie-Angèle Campe

Am Abend sitzt Marie-Angèle Campe am Fenster der Wohnung Rothenbaumchaussee 26, 2. Stock rechts, im Licht der versinkenden Sonne, deren wärmende Wirkung in den unteren Etagen deutlich früher abnimmt. Zurückgelehnt im Fauteuil, liest sie Briefe ihrer beiden Töchter. Am Mittag war Briefpost aus Paris für Madame Campe gekommen, ab und zu schreiben Gabrielle Louise und Angèle Oliva noch an die chère Maman, obwohl man bereits häufiger die Errungenschaft des Telefons nutzt. Manchmal wird es dabei etwas lauter, es existieren auch Meinungsverschiedenheiten, sie betreffen Erbschaftsangelegenheiten.

Die zierliche alte Dame liest die Zeilen mit den schönen Grüßen von den Enkeln Jules, Elise und Yves Jean, hält die schmalen Bögen noch etwas länger in der Hand, bevor sie sie zu den anderen Couverts in die Vitrine legt, ohne Sentimentalität. Dafür gab es im Leben der als Marie-Angèle Lunot in Le Mesnil in der Normandie geborenen und in bescheidenen Verhältnissen aufgewachsenen Floristin keinen Platz. Weder in ihrer Jugend, als sie sich durch Fleiß und Arbeit selbst ernähren musste, noch in der Ehe mit Julius Heinrich Wilhelm Campe, dem Erben von »Hoffmann & Campe«, Sortimentsbuchhandlung und Verlag, Eigentümer zahlreicher Immobilien, Spekulant, Kaufmann, Kunstsammler, Ehebrecher.

Mit der Heirat einhergegangen war der Verlust des französischen Heimatsrechts für die mit Medaillen bei Ausstellungen in Paris und Köln ausgezeichnete Meisterin der Blumenkunst. Die Hamburger Töchter Gabriele, geboren 1875 – erst später in Frankreich schrieb sie sich »Gabrielle« –, und Oliva, geboren 1876, erblickten als deutsche Staatsbürgerinnen das Licht der Welt.

Seit Campes Beziehung zu Elisabeth Hoffmann, der Sittenpolizei bekannt als vordem für das Bordell eingeschriebenes Mädchen mit diversen Gefängnisaufenthalten, Stadtgespräch geworden war, spöttelte man in bürgerlichen Kreisen, die alte Firma »Hoffmann & Campe«

habe sich wiedervereinigt. Der Verleger zeigte sich, sogar noch als Mitglied der Bürgerschaft, mit ihr und anderen »Cocotten« des Milieus im »Circus Renz« oder fuhr sonntags mit ihr in der offenen Kutsche spazieren. Campe hatte für die Hoffmann als seine Mätresse garantiert, ihr hohe Geldsummen zur Verfügung gestellt und mit ihr des Öfteren Berlin, Leipzig, Wiesbaden oder Bad Ems besucht. In Bad Pyrmont hatte er sie als seine Ehefrau ausgegeben und in die Kurliste eingetragen: »J. Campe und Frau aus Verden«.

Unter Mitnahme ihrer Kinder, etlichen Silber- und Leinenzeugs hatte Angèle Campe schließlich wütend das berühmte Verlagshaus in der Schauenburgerstraße 59 verlassen, um anschließend jahrzehntelang wie eine Löwin zu kämpfen, für ihre Töchter, für ihre Ehre, für ihr gutes Auskommen. Frankreich, gab sie Dr. Ruben Leopold Oppenheimer, ihrem ersten Rechtsanwalt, mit, schütze seine Frauen, und sie hoffe, dass auch das Hamburger Recht sich ihrer Sache annehmen werde.

Ein erbitterter Scheidungskrieg durch die Instanzen hatte im Februar 1881 nach langwierigen Vergleichsverhandlungen schließlich die Trennung von Tisch und Bett gerichtlich bestätigt, und es brauchte einen zweiten Rechtsanwalt, Dr. John Israel, um angemessene Ansprüche auf Unterhalt durchzufechten. Schließlich hatte sie mit Campe in alter hamburgischer Gütergemeinschaft gelebt, und standesgemäß wollte sie, die sie die Ehe nicht gebrochen hatte, sich versorgt wissen.

Dr. Israel, Sohn eines aus London eingewanderten jüdischen Kaufmanns, Vorsitzender zahlreicher Ausschüsse, kannte den beklagten Ehemann der Frau Campe aus eigenem Erleben in der Hamburgischen Bürgerschaft. Die Grundeigentümer des 10. Wahldistrikts hatten auf Grundlage des hamburgischen Wahlrechts, das nur vereidigten Bürgern zustand, Campe als einen der Ihren in die politische Vertretung der Hansestadt gewählt. Doch anders als der wegen seiner Gerechtigkeitsliebe und vornehmen Gesinnung hochgeschätzte Dr. Israel fehlte Campe bei den Sitzungen oft unentschuldigt und trat nur gelegentlich in Erscheinung, etwa bei Themen wie der Revision des Feuerkassengesetzes. Selbst für eine Wahl in den wenig begehrten Ausschuss betreffend die Verbesserung der Gassenreinigung und Müllabfuhr mangelte es dem politischen Hinterbänkler an Stimmen. Seinen eigenen Projekten gab Campe schon bald den Vorzug und kehrte der ihm wenig einbringenden profanen Stadtpolitik wieder den Rücken.

Erschöpft und bei angegriffener Gesundheit, war Marie-Angèle Campe nach dem zermürbenden Schlagabtausch nach Paris gezogen, um erst viele Jahre später, nachdem Campe einem Herzschlag erlegen war, zurückzukehren. In seinem Testament vom 10. Februar 1909 hatte Campe die bestehende Gütergemeinschaft auf seine Todesstunde aufgehoben und die Herren Dr. Hermann Kleinschmidt, Rechtsanwalt, und Julius Kallmes, Hausmakler, zu seinen Testamentsvollstreckern erklärt.

Aus dem Erbe wurden Frau und Töchter mit einem gesetzlichen Pflichtteil bedacht, das Erbteil sollte Vorbehaltsgut sein, nicht in die Gütergemeinschaft fallen und somit der Verwaltung und Nutznießung ihrer Ehemänner entzogen bleiben. Anspruch auf den Nachlass zu je halbem Anteil hatten die Campe'schen Erben und die noch zu errichtende »Campe'sche Historische Kunststiftung« zu Hamburg. Aus den Pflichtteilen erbten die mittlerweile verheirateten Töchter Angèle Oliva Bouchard geb. Campe und Gabrielle Louise Saget geb. Campe jeweils drei Sechzehntel des Nachlasses aus dem »J. H. W. Campe'schen Testament«. Fräulein Juliane Riebeling, Campes letzte Affäre, erhielt 240 000,- RM in bar ausgezahlt und 360 000,- RM in mündelsicheren Anlagen als Rente zum lebenslänglichen Zinsgenuss.

Da drei Sechzehntel des Gesamtguts aus dem Pflichtteil einem Wert von über einer Million Reichsmark entsprechen, ergänzt um Mieteinnahmen aus wertvollem Grundbesitz in bester Lage im Stadtinneren, verbleibt die Witwe Campe zwar nicht mittellos. Solange aber das Gesamtvermögen zwischen den im Testament aufgeführten, durchaus im Streit liegenden Parteien nicht auseinandergesetzt ist, führt sie den Kampf um ihre und ihrer Töchter Rechte an den noblen Hamburger Immobilien mit aller Konsequenz weiter. Und jetzt ist sie aus Paris zurück.

Als ihre Hamburger Adresse gibt sie bald nach Campes Tod im November 1909 »Jungfernstieg 34, Heine-Haus« an, gelegen zwischen den beiden Hotels »Hamburger Hof« und »Streit's Hotel«. Einst hatte Bankier und Philantrop Salomon Heine an dieser Stelle das Frauenwohnstift »Heine'sches Asyl« eingerichtet; nach dessen Abbruch ließen Julius Heinrich Wilhelm Campe und Julius Kallmes den Architekten Ricardo Bahre in die Baulücke ein Kontorhaus setzen in eleganter Jugendstilausführung. Der Glaspalast mit vorgesetzten Erkern gilt als wertvollster Teil des 20 Grundstücke zählenden Campe'schen Vermögens, das Liegenschaften unter anderen in den Colonnaden 50/58, Rathausstraße 7, Großer Burstah 10 und 34, Alter Wall 40, Neuer Wall 11 und 52 sowie in der Mellin-Passage zwischen Neuer Wall und Alsterarkaden umfasst.

Im Heine-Haus ist das »Testament Julius Campe« mit Räumen für seine Vollstrecker untergebracht. Da die Frage der Verteilung des Gesamtguts noch nicht entschieden ist, müssen die Herren Dr. Kleinschmidt und Kallmes in Hinblick auf die Einrichtung der Campe'schen

Kunststiftung vorerst warten. Mit der sehr fordernden Witwe Campe stehen sie sich nicht gut.

Für Marie-Angèle Campe ist die Entscheidung, in Hamburg zu bleiben und hier vor Ort für ihre Rechte zu prozessieren, durchaus eine Reise in die Vergangenheit. Im Herbst 1878 war sie mit den kleinen Töchtern aus der Schauenburgerstraße in das in Sichtweite zum Jungfernstieg liegende »Alster-Hôtel« der Witwe Lamarche geflohen. So wie damals sucht die Zurückgekehrte jetzt wieder den Neuen Wall und die Alsterarkaden auf, wo sie seinerzeit, um ihre Mädchen weiterhin manierlich aussehen zu lassen, auf Rechnung Campes eingekauft hatte: bei »Hartz & Gutmann«, »Lazarus Jacobsen & Söhne« und »Adolph Meinecke, Confection für Damen«. Hübsche Samt- und Taillenbänder, Schuhe, seidene Paletots, Kashmir-Ware – alles Passende hatte sie ins Hotel bringen lassen.

Natürlich auch Blumen. Blumen hatten sie nie betrogen, anders als Campe, über den sie zu ihrem Rechtsanwalt Dr. Oppenheimer sagte, der Knicker habe ihr falschen, wertlosen Schmuck geschenkt, sie in der Ehe finanziell äußerst knappgehalten und ihr sogar einen Blumenhandel eingerichtet, damit sie sich selbst etwas verdienen könne. Bei Wünschen seiner Ehefrau habe Campe sich nicht gescheut zu erklären, er brauche sie nicht, er könne sich für Geld genug Ersatz beschaffen. Was er auch tat, indem er die Hoffmann als luxuriöse Mätresse unterhielt – zum Entsetzen der Familie und zur hellen Empörung von Louise Campe, seiner Mutter.

Brutal direkt hatte Campe sich geäußert. Das Fräulein Lunot habe er damals kennengelernt, als sie noch in einem niedrigen Kämmerlein hauste, ein Mädchen ohne einen Schilling Vermögen, ohne Anspruch auf Jungfräulichkeit, diesen moralischen Flecken habe er ihr allerdings großmütig nachgesehen. Nun sei sie abscheulich undankbar gegen ihn mit ihrer Forderung nach standesgemäßer Unterhaltung, was nichts anderes bedeute als der Versuch, ein ihr angenehmeres, unabhängiges Wohlleben aus ihm, dem überhaupt nicht reichen Mann, herauszupressen.

Dieser Argumentation mit dem angestrengten Versuch des Millionärs, sich arm zu reden, war allerdings kein besonderer Erfolg bei den hochlöblichen Mitgliedern des Niedergerichts beschieden. Zu gut kannte man sich in Hamburg, daher war es um Campes Glaubwürdigkeit nicht gerade günstig bestellt. All diese Erniedrigungen waren nicht vergessen, und keine ihrer Töchter hatte Marie-Angèle trotz Campes massiver Forderung hergegeben.

Das Heine-Haus hält sie fest im Blick, seit sie wieder in Hamburg ist, dieses schlanke architektonische Schmuckstück an der Hamburger

Prachtstraße Jungfernstieg mit dem weiten Blick über die Binnenalster, bis hin zur breiten Lombardsbrücke, vor der die kleinen Dampfboote kreuzen. Das Haus ist ein Juwel, und sein »Austernkeller«, den Wilhelm und Selma Schümann geb. Cohn im Erdgeschoss führen, ist berühmt. 1884 hatte Wilhelm Schümann unter »Streit's Hotel« sein Etablissement gegründet, und da es bei Hamburger Kaufleuten üblich war, mit Geschäftsfreunden ein Frühstück zu nehmen oder nach Konzert und Theater noch behaglich einzukehren, war »Schümann's« bald zu einer Institution geworden. Im Jahre 1903, nach Fertigstellung des neuen Heine-Hauses, zog der »Austernkeller« um in die Nr. 34.

Witwe Campe weiß seine kulinarischen Angebote zu schätzen. Tagsüber erklingen neben dem Schlemmerlokal Potpourris vom Piano, wenn Georg Aleff, Repräsentant von »Steinway & Sons«, im Verkaufsmagazin der Firma wohlhabende Väter und ihre herausgeputzten Haustöchter vor die teuren Drahtkommoden komplimentiert. Und auch im Obergeschoss des Heine-Hauses ist immer was los. Die vielfach prämierte Lichtbildnerei des Porträtfotografen Rudolf Dührkoop und seiner Tochter Minya Diéz-Dührkoop bildet einen beliebten Treff für Kunden und Künstler, für echte Prominente und Personen des eher kleinen Feuilletons. Mit Momentaufnahmen von 1/30 Sekunde Belichtungsdauer hat die neue Farbfotografie Einzug ins Heine-Haus gehalten; die Schaukästen des Ateliers neben dem Eingang sind dicht umdrängt von Neugierigen, die die ausgestellten Bilder bestaunen.

Ereignisreiche Abschnitte deutscher Geschichte haben sich in den Jahrzehnten seit der Flucht der Frau Campe ins »Alster-Hôtel« auf dem Hamburger Jungfernstieg abgespielt, mit eindrucksvollen Bildern von Soldaten in langen Kolonnen hinter donnernden Kapellen, zum Bahnhof abmarschierend oder vom Bahnhof zurückkommend, mit Plakaten, roten Fahnen und Maschinengewehren, rasenden Automobilen, wild gestikulierenden revolutionären Rednern. Und schier unübersehbar war die Menge an Menschen gewesen, als Tonnen entsetzlich stinkenden Inhalts aus einer Sülzefabrik vor dem prächtigen Alsterpavillon ausgekippt wurden. Soldaten mit Fotoapparaten hatten sich auf die Dächer der angehaltenen Straßenbahnen gestellt und die Szenen fotografiert, bis schließlich Angestellte der Straßenreinigung anrückten, die ekelhafte Masse auf kleine Handkarren schaufelten und abfuhren wie eine kurze, schlechte Erinnerung.

Nach dem Standpunkt der deutschen Behörden ist Frau Marie-Angèle Campe geb. Lunot, durch die Ereignisse des Weltkriegs bedingt, staatenlos. Sie selbst hält an diesem Status der Staatenlosigkeit fest im Interesse der Freigabe von in England beschlagnahmten Wertpapieren; im britischen Königreich dagegen schreibt man ihr weiterhin die deutsche Staatsbürgerschaft zu, um die Herausgabe zu verhindern. Die Situation ist verzwickt.

Da sie als Staatenlose eine Genehmigung des Hamburger Staats zum Erwerb von Grundbesitz nicht erhält, bleiben ihre Klagen auf Auseinandersetzung des gesamten Nachlasses mit Verteilung der Grundstücke erfolglos. Im Hinblick auf die weiter andauernden rechtlichen Kämpfe braucht sie einen ständigen Wohnsitz in Hamburg, daher beteiligt sie sich an einem passenden Projekt, dem Neubau eines Etagenhauses in der Rothenbaumchaussee 26. Hausmakler Henry Cohn kann ihr bei der Vermittlung der Gelegenheit zur Seite stehen. Sie beabsichtigt, ihren Lebensabend in Hamburg zu verbringe, dort, wo sie auch Steuern zahlt.

Marie-Angèle Campe zeichnet den Gesellschaftsanteil, der keinen unmittelbaren Erwerb von Grundbesitz bedeutet, und geht durch die dunkle Holztür des Hauses hinein in die Nr. 26 wie in eine Schatzkammer der letzten Lebenserwartungen, in eine Burg der Besitzenden. Und sie lässt sich eintragen in das Melderegister der Freien und Hansestadt Hamburg als »Witwe Julius Campe«.

Am Grindel

Martin E. Friedburg | Harry Meyer

Die im Erdgeschoss des Hauses liegende zweite Wohnung, gegenüber von Konsul Harry Meyer, besitzt der im Ruhestand befindliche Privatbankier Martin Eduard Friedburg. Beide Herren sind jüdischer Herkunft, und als passionierte Schachspieler kennen sie sich bereits. Wenn im Café »Jalant« in der Mönckebergstraße eine Versammlung des »Hamburger Schachklubs« oder eine Turnierbegegnung mit Bremer Schachfreunden stattfindet, ist der Wohnungsnachbar dabei.

Man zieht die Hüte, wenn man sich in der Öffentlichkeit antrifft, auch in der kalten, rauchigen Luft des Spätherbstes: Harry Meyer lüftet den Hut als Erster, denn er ist deutlich jünger. Bei Einzug in das neue Haus am Rotherbaum Ende 1922 war Martin E. Friedburg schon fast 80 Jahre alt. Sein Anteil an der »Wohnhaus Rothenbaum GmbH« beträgt elf Prozent.

Seine Jugendzeit hat der Pensionär mit weißem Schnauz- und Kinnbart, Senior der Firma »Martin Friedburg & Co.«, Bankhaus mit Kreditvermittlung und Handel in Wertpapieren, im Grindelviertel verbracht. Bereits Großvater Salomon Meyer Friedburg, Mitglied in der Hochdeutsch-Jüdischen Gemeinde und Angehöriger der Hamburgischen Bürgergarde, hatte als Makler und Wechselagent vor dem Dammtor in der sich für Juden nur zögerlich öffnenden Hansestadt geschäftlich Fuß fassen dürfen. Einer seiner Söhne, James, war als Wechselagent nach England ausgewandert, wodurch sich für die Firma am Platz eine beträchtliche Ausweitung ihres Betätigungsfeldes ergab, in einer Zeit, als Hamburger Kaufleute die Welt in Übersee erst neu für ihre Geschäfte entdeckten.

Zu Schulzeiten hatte Martin Friedburg den noch jungen Johannes Brahms erlebt. Er hatte eine kaufmännische Lehre im Bankhaus »L. Behrens & Söhne« angetreten und die obligatorischen Auslandsreisen absolviert, die vom angehenden Nachfolger des Seniorchefs erwartet wurden, bevor er die väterliche Bank übernahm. In der Führung des privaten Geldinstitutes war ihm viel Erfolg beschieden, sodass er, als die Zeit gekommen war, das Geschäft nach und nach seinem Sohn Victor Leopold übergeben konnte, einem sportbegeisterten Jollensegler und Erster Vorsitzender der »Gesellschaft der Bücherfreunde zu Hamburg«, der auch die Professoren Aby Warburg und Ernst Cassirer angehören. Er macht dem Vater Freude.

Martin Eduard Friedburg, bis vor Kurzem zurückgezogen lebend in einem Haus auf Falkenstein bei Blankenese, hatte das Ableben seiner Frau Auguste geb. Lasart miterleben müssen, und in den letzten Wochen des Weltkrieges war auch noch sein Sohn Siegfried gefallen. Das waren für ihn hinreichende Anlässe gewesen, in die Stadt zu wechseln.

Der hochbetagte Herr weiß, dass die Wohnung in der Rothenbaumchaussee seine letzte sein wird. Sein jüngerer Bruder John Friedburg – ein Liebhaber des Pferdesports, auch er führt ein Bankgeschäft für Wechsel und Fonds – wohnt in fußläufiger Nähe und serviert bei Besuchen gerne launige Anekdoten über den »Hamburger Renn-Club« und die Herren aus dem Vorstand.

Gelegentlich steht für die Brüder ein Gang an zum jüdischen Grindelfriedhof am Durchschnitt neben der Verbindungsbahn, es ist die nahe gelegene traditionelle Begräbnisstätte namhafter jüdischer Persönlichkeiten. Zu finden ist dort beispielsweise das Grab der Betty Heine geb. van Geldern, der verehrten Mutter Heinrich Heines, die deutsch, hebräisch, französisch und englisch gesprochen, aus Angst vor der schädlichen Wirkung der Poesie dem Sohn jeden Roman entrissen und ihm die Teilnahme an Volksspielen verboten hatte. Während ihre Kinder zum evangelischen Christentum übertraten, war sie dem jüdischen Glauben der Väter treu geblieben.

Eine ehrwürdige Stätte ist dieser jüdische Friedhof vor dem Dammtor. Um das Jahr 1700 aus Not eilig angelegt, zu Zeiten, als Hamburg von einer Seuche heimgesucht wurde, die viele Todesopfer forderte und die drohte, auf Altona überzugreifen. Die Nachbarstadt verfügte eine strenge Sperre gegen Hamburg, Soldaten überwachten die Grenzen und Tore, damit niemand ohne Erlaubnis von Hamburg nach Altona gehen oder fahren konnte. Selbst Verstorbene durften nicht wie sonst üblich auf den Friedhof in Altona überführt werden. In dieser Zeit des Unglücks wies der Hamburger Senat den jüdischen Bewohnern zur Bestattung ihrer Toten Grund und Boden nahe beim Eingang zur Stadt zu, und dort wurden sie dann auch begraben.

Als umgekehrt – so erzählt es die Überlieferung weiter – im Jahre 1713 die Pest unter dem Namen der »schwarzen Krankheit« die Stadt Altona heimsuchte und die königlich-dänische Regierung, eine weitere Verbreitung befürchtend, den Verkehr zwischen Hamburg und dem jenseitigen Gebiet untersagte, sah der Senat sich veranlasst, sowohl den hiesigen portugiesischen als auch den deutschen Juden einen erweiterten Begräbnisplatz »bei dem Grindelfriedhof« zuzuweisen. Seitdem erhob sich in der Mitte des Feldes ein kleiner Hügel, unter welchem die an der Pest Verstorbenen, Arme und Fremde ruhten. Nach der Trennung der drei Gemeinden Hamburg, Altona und Wandsbek und seitdem der »Hamburger Teil« auf dem Altonaer Friedhof voll belegt war, wurde der Grindelfriedhof die eigentliche Begräbnisstätte der hamburgischen Gemeinde, Ruheplatz auch für die angesehensten Familien und Alleinstehenden der Hamburger Juden in sieben Generationen.

Ein Besuch auf dem Friedhof war weniger ein Gang in die Geschichte als eine Besinnung auf die jüdische Identität, so empfinden es auch die Friedburgs. »Der Gerechte«, lautet die Inschrift an der Kapelle, »geht in den Frieden ein, wo sie ruhen auf ihren Lagerstätten.« John Friedburg begleitet bei diesen Ausflügen seinen älteren Bruder bis zurück vor das Haus in der Rothenbaumchaussee, wo sich eine kleine Höflichkeitsszene abspielt zwischen Martin E. Friedburg und Adolf Laspe, dem Bewohner des 5. Stocks rechts.

Laspe lässt dem älteren Nachbarn grüßend und entschuldigend den Vortritt, räumt auch einen Koffer aus dem Weg; er hat großes Gepäck vorbereitet, das gleich abgeholt werden soll. Der stämmige Mann mit dem ausgeformten Schnurrbart ist jemand, der in Ruhe und mit Übersicht Dinge auf sich zukommen lässt, er hat ein weltläufiges, großzügiges, vielsprachiges Leben gelebt in Zonen mit deutlich wärmerem Wetter, weißen Anzügen, großer einheimischer Dienerschaft und gekühlten Drinks, die in Rohrsesseln genossen wurden. Gerade hat er wieder eine Reise vor, mit dem erst kürzlich in Dienst gestellten »Hapag«-Amerikadampfer, der »Albert Ballin«, ab Cuxhaven, Destination New York.

Laspe, einer der Seniorpartner der Firma »Arnold Otto Meyer«, bis zum Krieg größtes deutsches Handelshaus in Singapur, zählt zu Hamburgs klassischen »Überseern«. Nach drei Jahren in Südamerika war er als junger Mann nach Singapur gegangen, in das damalige, nach risikoreicher Frühzeit aber schon bedeutende Stammhaus »Behn, Meyer & Co.«. Lange bleibt ihm das Bild der dort einlaufenden vielen Frachter aus Europa vor Augen, der Vollschiffe und Barken unter geblähten Segeln, die bald den Dampfschiffen der Hamburger »Kingsin-Linie« weichen mussten. (Weil sie recht viele Schiffe verlor, nannte man sie auch die »Sinking Line«.)

Des Produktengeschäfts hatte Laspe sich mit Engagement angenommen, regionale Erzeugnisse expediert wie Tabak aus Sumatra, China-Zimt, Tee, Kaffee, Gewürze, Indigo, Manilahanf, auch Porzellan und Seide. Stürme, Fieber, englische Konkurrenten, Ereignisse und Katastrophen liegen hinter ihm, zusammen mit ihm erreichten Gruppenfotos der Firma aus Singapur das Hamburger Haus, dazu exotische Gegenstände und leicht kitschige Andenken, Dufthölzer, Seidenschals und starke Getränke. Ein Teil des Dachbodens, an Fläche immerhin in der gesamten Tiefe des Gebäudes, dient dem welterfahrenen Handelsmann als »Godown«, Lagerhaus, seiner privaten Schätze und Vorratskammer.

Im europäischen Hauptkontor von »Behn, Meyer & Co.«, der Hamburger Zentrale der Firma »Arnold Otto Meyer«, hatte Laspe es bis zum Teilhaber gebracht. Um kurze Wege zu den Kontoren zu haben und weil er zusätzlich als Handelsrichter tätig war, hatte er sich im Harvestehuder Weg eingerichtet. Bei der Gartenbauausstellung 1905 errang er sogar einen Ersten Preis mit dem Blumenschmuck seines Balkons. Zuletzt hatte er aber doch nach einer komfortableren Stadtwohnung mit Aufzug gesucht.

Von der Rothenbaumchaussee war es nicht weit zur Abteilung I von AOM, »Arnold Otto Meyer« am Alsterdamm 1, Import von Ostasien, Export nach Java, Straits Settlements, Philippinen und Indien. Auch die Abteilung II am Jungfernstieg 30, Export nach China, Südafrika und Südamerika, lag in erreichbarer Entfernung. Das Unternehmen hatte die Ereignisse des Weltkriegs mit seinen schweren Erschütterungen verhältnismäßig gut überstanden. Beim »Ostasiatischen Liebesmahl« im Uhlenhorster Fährhaus, in Anwesenheit von Vertretern des Senats, der Handelskammer, des Auswärtigen Amtes in Berlin, der Generalkonsuln, prominenter Führer der bedeutendsten Ostasien-Häuser und der Schifffahrt, blickte man, die Zukunft wortreich beschwörend, optimistisch nach vorn.

Wie zahlreiche Hamburger Persönlichkeiten ist Laspe geachtetes Mitglied der »Versammlung eines Ehrbaren Kaufmanns«, ermöglicht im Zusammenspiel mit weiteren Partnern der Kunsthalle Ankäufe, kurz, ist Förderer und Stifter. Und Reisender ohnehin.

Der Taxifahrer kommt angelaufen, um Laspes schweres Gepäck abzuholen. Der Senior ist guter Dinge, er weiß, am Silvestertag 1926 wird er an Bord der »Albert Ballin« sein. Er wird durch die blauwandige Halle mit dem Silberschmuck gehen, im großen Speisesaal mit den schwarzen, goldgeschmückten Säulen speisen und vom offenen Veranda-Café am Heck auf das dunkle Meer blicken.

Die Brüder Martin und John Friedburg verabschieden sich voneinander vor dem Hauseingang, mit dem Versprechen, bald wieder zusammenzukommen. Dann löst sich das Bild der drei Herren vor dem Haus Nr. 26 auf.

1926 — Kapitel 10

Beschleunigungen

Clara Thomann

Kohlenrauch liegt über dem Viertel. Wenn der Wind dreht, riecht die Luft über dem Rothenbaum brenzlig. Aus zahllosen Schornsteinen und Schloten steigen schwarze Säulen auf über dem weißen Quartier in seiner gesättigten Stille. Viele Kohleöfen brennen hinter den hübschen Stuckfassaden.

Die Tatsache, dass Kohlenlieferungen nicht nur wegen der allgemeinen schlechten Versorgungslage, sondern über die Kellergeschosse auch infolge der monatelangen Sperrung der Chaussee für den Untergrundbahnbau erschwert sind, macht die Stimmung bei vielen Quartiersbewohnern nicht besser. Bis weit ins Jahr 1927 ziehen sich die Arbeiten hin. Unzufriedenheit macht sich in der Bevölkerung zwischen Mittelweg, Hallerstraße und Grindelberg breit; die ausgedehnten Buddeleien und das gnadenlose Fällen alter, vertrauter Chausseebäume mit ihrem dichten, sich über der Fahrbahn wölbenden Astwerk setzen dem Heimatgefühl zu.

Die gewohnte Straßenbahn der Linie 18 fährt umgeleitet über den Grindel; die ersatzweise für den Pendelverkehr eingerichtete Linie R verfügt über keine geschlossenen Plattformen, ihre Wagen sind durch eine schwer schiebbare Mitteltür in Raucher- und Nichtraucherabteil getrennt. Ärger staut sich auch auf wegen der Arbeit des Greiferbaggers, der wie ein Riesenmaulwurf Baumstümpfe und alte Siele hochreißt. Fahrgäste der Autobusse und fluchende Fußgänger mit gelbem Lehm an den Stiefeln werden laut. Leute aus der feinen Gegend müssen den Umweg über den »koscheren« Grindel machen, wo die weniger bemittelte jüdische Einwohnerschaft lebt, auch der Zugang zum viel besuchten Curiohaus ist erschwert. Rücksichtslose Unordnung herrscht in den Vorgärten der Rothenbaumchaussee, seit die Siele aus der Straße dort abgelegt werden, wo sonst Rosen blühen.

»Es hilft nichts«, lässt sich die Hochbahngesellschaft vernehmen, die moderne Mobilität erschließt sich ihre Wege, die allgemeine Beschleunigung braucht Platz. Unterirdisch gräbt sich die U1 der

»Kell-Jung-Linie« durch, sie verbindet die Haltestelle Kellinghusenstraße mit dem Jungfernstieg. Der Tennisplatz am Rothenbaum ist um einige Hundert Quadratmeter verkleinert worden, um die Station Hallerstraße anlegen zu können, riesige Erdmassen liegen abschnittsweise aufgehäuft, bestaunt von den Kinderscharen der umliegenden Villen, Möbelwagen kommen auf der verengten Straße kaum noch durch.

Clara Thomann vermisst die Straßenbahn nicht, sie lässt sich von den Taxifahrern immer bis zur Ecke Tesdorpfstraße bringen. Natürlich hat sie es sich zur Gewohnheit gemacht, die Wagen rechtzeitig vorzubestellen. Keineswegs lässt sie sich weiter konfrontieren mit schockierenden Alltagsereignissen haarscharf an einem Unfall vorbei. Gedankenlose Jungs, die vom Kantstein plötzlich loslaufen, um sich durch zwei Straßenbahnen kurz vor deren Begegnung hindurchzuzwängen, dabei ein verdecktes Auto übersehen – solchen Leichtsinn muss sie nicht miterleben.

Oder die vielen »Außenseiter«, meist junge Männer, die auf die fahrenden Bahnen aufspringen, obwohl auf der Perronwand in großen Buchstaben zu lesen ist: »Achtung! 60 Unglücksfälle durch Auf- und Abspringen während des Monats November«. Und dann erst die Radfahrer! Schrecklich viele sind es geworden, unhörbar nähern sie sich, betätigen die Klingel, wenn überhaupt, erst im allerletzten Moment, rauschen mit üblen Frechheiten auf den Lippen vorbei. Für den Rest des Tages will das Gefühl nicht nachlassen, in einer gemeinen, rücksichtslosen Zeit zu leben.

Doch auch solche Empfindungen lassen sich vergessen. Mit der Silvesterfeier im Curiohaus verabschiedet sich das Jahr gleich vor der Tür, das »Original-Broadway-Kabarett des Thalia Theaters« tritt auf. Dort, am Broadway, erinnern sich ehemalige Amerika-Besucher wie Clara Thomann, wussten sich die Leute zu benehmen. Jedenfalls auf der Straße.

Mit der Schmelze des Schnees vollzieht sich wieder die uralte Abfolge der Jahreszeiten, neu ist die Zunahme des Autoverkehrs, des grellen künstlichen Lichts, das sich im Winter über die Schneedecke legt, und des rußigen Rauchs der Lokomotiven. Die erste der beiden Rosskastanienreihen an der Moorweide bekommt es besonders zu spüren, ihre Stämme bleiben im Verhältnis zu den hinteren im Wachstum zurück.

Vom Frühjahr an verkünden Warntafeln, dass der Aufenthalt auf dem frischen Grün Kindern nur in Begleitung von Erwachsenen gestattet ist, obwohl seit 1918 immer wieder Massenkundgebungen das Gras ruinieren. Zehntausende von Personen nehmen jeweils teil an den Märzfeiern im Gedenken an die Revolution von 1848 mit Trommlern, Pfeifern, Männerchören, an den Fackelzügen und Protestveranstaltungen der Kriegsopfer und Invaliden, an den Demonstrationen von Erwerbslosen oder an Maifeiern der Deutschen Arbeiterschaft.

Fahnenmeere aus Reichsbannern wechseln sich ab mit Standarten einer Sozialistenkonferenz, Stahlhelm-Spielmannszüge intonieren Militärmärsche und Choräle, »Hanseatentage« erleben riesige Zusammenkünfte kameradschaftlicher Vereinigungen. Das protestantische Kampflied »Und wenn die Welt voll Teufel wär« erklingt, ein Doppeldecker zieht über der gewaltigen Festgemeinde seine Kreise und wirft rote Rosen ab.

Das »Friedenskartell Groß-Hamburg« demonstriert »Nie wieder Krieg!«. Trotz schlechten Wetters versammelt sich das ehemalige Regiment der 76er, um seiner Toten zu gedenken, vaterländische Verbände demonstrieren für ein Gefallenen-Denkmal auf der einstigen Gänseweide.

Während die Mehrheitssozialisten der SPD für ihre stark besuchten Kundgebungen den Stadtpark bevorzugen, bringen die Kommunisten ihre zahlenmäßig geringere Anhängerschaft auf der Moorweide zusammen. Rednerbühnen werden aufgestellt, Agitationsreden gehalten, rote Fahnen, Wimpel, Schilder und Plakate hochgereckt mit Aufschriften, die zum gewaltsamen Sturz der Bourgeoisie auffordern. Die wohnt hier schließlich in Sichtweite.

Sezession

Willy Davidson + Curt Aleff

Rothenbaumchaussee 26, milde Helligkeit sinkt herab ins Treppenhaus, ein schwarzer Handlauf seitlich über den Stufen zieht sich hoch durch alle Etagen bis zum Oberlicht.

Das mit Sondergenehmigung des Senats unter dem Dach des Hauses unter Ausschluss von Wohnzwecken zur Steigerung von Einnahmen für die »Wohnhaus Rothenbaum GmbH« eingerichtete Atelier nutzen der jüdische Kunstmaler, Grafiker und Bühnenbildner Willy Davidson und sein Lebensgefährte, der Innenarchitekt Curt Aleff. Dessen Vater, Georg Aleff, ist außer für »Steinway & Sons« im Heine-Haus am Jungfernstieg noch als Kantor in St. Georg tätig und steht der Gesellschaft Hamburger Tonkünstler vor.

Seine bisherige Werkstatt hatte der Künstler und Kriegsteilnehmer Davidson unter dem Dach des Staatlichen Technikums am Berliner Tor. Die Schwalbennest-Räume des dunkelroten Klinkerhauses verwandelt er in ein Labor ebenso hintergründiger wie dekorativer Imaginationen. Davidson arbeitet altmeisterlich gekonnt, manchmal mit Ölfarben auf Aquarellpapier, dann wieder in Lasur- und Deckfarbentechnik, erzielt Pastellwirkungen, kratzt, schabt, wischt und reißt.

Der Kunstkritik gilt der Maler von Bildern ganz eigener Schwermut, der die spanischen Meister Goya und Zuloaga sehr verehrt, als Wanderer zwischen Spanien, Italien, Belgien und Hamburg, gepackt von der radikalsten Verkörperung der Zeitgeschichte, der Großstadt mit ihren Industrien. Moloche sind diese urbanen Erscheinungen für Davidson, gebacken aus Ruß und Schlacke, erfüllt von der Herrschaft der Maschinen, grüne Wiesen vernichtend durch kahlschmutzige Fabriken, überqualmt von schwarzen Schloten. Er tituliert Bilder mit »Wallonische Kaschemme«, »Brüssel Vorstadt« und »Hof in einem Eisenwerk«, zeigt fiebernd entzündete Himmel, vergewaltigte Natur, Frauen vor einem Fabriktor, aber auch »Pappeln an der holländischen Grenze«.

Im Februar 1919 hatte sich die Hamburger Kunsthalle den bildenden Künstlern, die seit 1914 vom Heeresdienst betroffen waren, zu einer juryfreien Ausstellung geöffnet, auf stürmisches Verlangen des revolutionären Künstlerrats; Namen alten und neuen Klangs waren vertreten. Im Sommer schloss sich Davidson als Gründungs- und Vorstandsmitglied der 33 Personen starken Künstlergruppe »Hamburgische Sezession« an, die im Herbst in den unteren Räumen der alten Kunsthalle ihre erste Ausstellung präsentierte, in ihrem Selbstverständnis einem leuchtenden Horizont entgegensegelnd, wie das Katalogbild zeigte. Nicht mit einem neuen künstlerischen Programm trete man an, doch in unduldsamer Ablehnung leichtfertigen Schlendrians, geistlos herabgeleierten Handwerks, gewissenlosen Sich-gehen-Lassens.

Allen Beteiligten an dieser neuen, expressionistisch geprägten Avantgarde, die Kunst, Wahrheit und Schicksal zusammendenken will, war der Ernst der Zeit deutlich anzumerken.

Das an Manet erinnernde Gemälde »Aus dem Café Lion d'or in Brüssel« und das herbe, strenge Straßenbild »Aus einer belgischen Grenzstadt« Davidsons fielen unter den Exponaten wegen ihrer gestalterischen Kraft am stärksten auf. Auch in der nächsten Ausstellung, 1920 im Kunstverein, blieb er ein »Sonderling«, der jenseits von Zeitereignissen und Konjunktur seinen eigenen Weg gehe, von sozialem Mitleid getrieben, befähigt, noch in den gleichgültigsten und hässlichsten Dingen der Gegenwart, etwa tristen Brandmauern und Mietskasernen, Schönheit zu sehen.

Die von Wilhelm Suhr betriebene namhafte »Galerie Commeter« in der Bergstraße wurde auf ihn aufmerksam, präsentierte seine »Häuser in Winterhude«, »Fischer im Wattenmeer«, dazu Bildnisse in schweren, sonoren Tönen, aber auch die »Scene aus Preciosa«, ein in leuchtenden Farben prangendes Bühnenbild von stark dekorativem Charakter. Für seine sämtlichen Grafiken und Studien übernahm Suhr den Verkauf.

Die »Übersee-Woche« 1922 brachte Davidson und Aleff einen willkommenen Auftrag, zwar nicht bei dem groß angelegten Wettbewerb zur Gestaltung Hamburger Schaufenster, aber bei der Qualitätsausstellung des Hamburger Modeverbandes. Davidson und Aleff durften zusammen die großen Hallen der Sagebiel'schen Säle zu dekorativen Ausstellungsräumen umarbeiten und erzielten dabei ganz intime Wirkungen. Überraschend schöne Lichteffekte, notierte ein Beobachter beglückt, verwandelten die Bühne in einen märchenhaften Guckkasten. Damit war für Davidson ein interessantes Tätigkeitsfeld erschlossen.

Aus München kommend, hatte der jüdische Designer des Jugendstils und des Art déco Friedrich Adler, Oberlehrer für ornamentale Kunst an der Staatlichen Kunstgewerbeschule am Lerchenfeld, die

Idee von Kunstfesten in seine Klasse hineingetragen. In Carl Bans' Gesellschafts-Haus am Besenbinderhof präsentierten Adlers Schüler kleine Kostümschauen, die sich zu einem Fest der gesamten Schule entwickelten.

Die Hamburger Künstlerschaft wurde auf den jungen, leuchtenden Farbenwirbel der Kunstgewerbeschule aufmerksam. Protagonisten von Bühne und Podium, Architekten und Poeten schlossen sich der Idee an, sahen eine Möglichkeit finanzieller Selbsthilfe und der Unterstützung notleidender Kollegen. Mit der Gründung des »Vereins Künstlerfest« wechselten sie in das geräumige Curiohaus.

Errichtet für die »Gesellschaft der Freunde des vaterländischen Schul- und Erziehungswesens« und benannt nach dem Gründer der Gesellschaft Johann Carl Daniel Curio, war auch dieser Gebäudekomplex bei seiner Entstehung umstritten: Zu groß, zu untypisch für das Quartier sei sein Äußeres und ganz sicher zu wenig weiß, nämlich gar nicht.

Im Curiohaus, in den Veranstaltungssälen und im Restaurant, ist seit seiner Eröffnung im Jahre 1911 immer etwas los. Familienfeste, Vorträge, Meisterschaftsfeiern, Kabaretts, Konzerte, gesellige Abende, Firmenversammlungen und Feiern. Eingerichtet sind Bibliotheken, Zeitschriftensammlungen, Übungsräume für Musik, ein Restaurant. Kaum ein Tag oder Abend vergeht ohne Publikumsverkehr. Aber nichts ist vergleichbar mit dem, was bei den Künstlerfesten wie ein karnevalistisches Naturereignis explodiert.

An Zuspruch und rauschhaftem Erleben stellen die mehrtägigen phantastischen Künstlerfeste in allen Räumen des Curiohauses spießige Hamburger Feste wie Presseball oder Kolonialfest völlig in den Schatten. Die ständische Gesellschaftsgarderobe – Frack und Smoking, Reifrock und Stilkleid – ist hier verpönt, steifes Verhalten ebenso, es regiert aufbrausender, schrankenloser Übermut.

Unter den einpeitschenden Klängen unaufhörlich jazzender Tanzkapellen drängen sich Scharen kostümierter Besucher durch furiose Walpurgisnächte. Sie ziehen in dichten Rudeln treppauf, treppab durch Säle und Gänge, bilden ein allgemeines Gewimmel von tanzenden, trinkenden, essenden, schäkernden, lebenshungrigen Glückseligen, die in bunter Freude möglichst freizügig feiern.

Schnell wird der organisierte Künstleraufstand gegen Not, Mangel, Tristesse des Nachkriegslebens legendär, und durch die mit den Jahren jeden Freigeist unrettbar in die Wohlanständigkeit zwingende kulturelle Mottenpulverluft – so empfinden es Hamburger Zeitgenossen – zieht eine frische Brise. Der Überschwang einer aufbegehrenden Jugend nach dem Fall des militaristischen Kaiserreichs tobt sich aus mit dem

Bekenntnis zu Kunst und Klamauk. Bisschen »doll nackedei« geht es zuweilen zu, und manchen Besuchern ist nicht recht anzusehen, ob sie vom Baden kommen oder zum Baden wollen.

Phantasievolle Raumgestaltungen, an denen auch Willy Davidson Anteil hat, und Revuen knallrot gefärbter Bubiköpfe unterstützen die dreitägige Seelenwanderung in das Faschingsreich bizarrer, glühender Illusionen. Um elf Uhr geht das Fest der schönen Tanzbeine richtig los, wer um neun nicht da ist, bekommt keinen Tisch mehr. Morgens um vier ist Polizeistunde, sehr zur Trübsal der meisten Gäste, denn die Straßenbahnen fahren noch nicht, und Taxen kann sich beileibe nicht jeder leisten. Wer das Glück hat, noch zur Nachfeier in ein nahes Atelier eingeladen zu werden – wie in das Separée des Willy Davidson im Haus gegenüber –, braucht nicht zum Dammtorbahnhof zu stolpern und dort zu warten, bis um fünf Uhr der erste Frühzug in den sehr ernüchternden Alltag geht wie in einen kalten Abgrund. Die Züge sind überfüllt, mit blassen, müden Menschen auf dem Weg zu einer Arbeitsstelle, für die sie dankbar sind.

Davidson, der Mann aus Bromberg, fungiert im »Verein Künstlerfest« zeitweilig als Schatzmeister. Er lernt dort auch den Künstler und Dichter Hans Leip kennen, der smarte Hamburger entwickelt sich zu einem prominenten Mitglied der Kommission der Künstlerfeste.

Im Anschluss an das zweite Fest, »Die Gelbe Posaune der 7«, dessen Ertrag dazu vorgesehen ist, Geld für ein Ausstellungsgebäude zu sammeln, wird für denselben Zweck in der Neuen Kunsthalle eine Lotterie veranstaltet. Alle stilistischen Richtungen sind vertreten, Realismus, Naturalismus, Impressionismus, Expressionismus, Symbolismus, Kubismus. Die Fülle der Beiträge zeigt nicht allein, wie vielfältig das künstlerische Leben in Hamburg sich entwickelt hat, sondern reizt zum Kauf von Losen an. Den Ersten Preis, eine kraftstrotzende Landschaft, stellt der Expressionist Karl Schmidt-Rottluff, den Zweiten Preis, eines seiner schwermütigen Gemälde aus früherer Zeit, Willy Davidson. Er ist auf dem Weg, einer der bekanntesten Hamburger Künstler zu werden.

Für die »Neue Hamburger Zeitung« rezensiert er die »Juryfreie Kunstschau Berlin 1920«, aus der Sicht eines Kenners und Könners. Qualitätsarbeiten seien an zwei Händen abzuzählen, es gäbe Naturalismus ärgster Sorte und Friedrichstraßen-Kitsch in allen Formaten. Handwerklich tüchtig seien immerhin die Nach-Impressionisten. In der Frühjahrsausstellung der »Hamburgischen Sezession«, 1923 im Kunstverein, bleibt Davidson der düstere Melancholiker, mit virtuosen Ansichten aus Venedig und Palermo, die nicht in sonnenheller Wirklichkeit, sondern wie in Angstträumen gemalt erscheinen.

Vereinzelt wird die fragwürdige Kommerzialisierung der überrannten Künstlerfeste zum öffentlichen Thema. Es gibt Kritik am Verein und der Verwendung der Einnahmen, trotz eines Gewinns von Zehntausenden von Mark würden notleidende Künstler nichts von den Überschüssen sehen. Helfer und Arbeiter, zum Teil minderbemittelte Schüler der Kunstgewerbeschule, bekämen Freibillets und Sektbons, namhafte Maler erhielten nur die Materialkosten ersetzt. Die Vorhaltungen ändern nichts, die Feste gehen weiter.

1925 posieren – barbusig oder im Teufelskostüm – Macher und Teilnehmer des Festes »Der siebente Krater« für ein Gruppenbild. Klaus Mann, nackt, und Erika Mann, Thomas Manns Kinder, werden dabei flankiert von den abgefeimt unschuldig dreinschauenden Willy Davidson, Maler, und Gustaf Gründgens, Schauspieler.

Saxophone und Klarinetten, natürlich fehlen sie bei den wilden Jazznächten des Curiohauses nicht. Und auch wenn das Atelier in der Nr. 26 für Wohnzwecke keineswegs vorgesehen ist, es lässt sich durchaus darin wohnen, eine andere Meldeadresse hat Davidson zu dieser Zeit auch nicht, und feiern kann man hier prima. Dann schwebt in der Nacht auch das aasige Lächeln eines Gustaf Gründgens im Aufzug.

Eine orthodoxe Familie

Roberta Hirsch, verwitwete Benjamin + Otto Benjamin + Alfred Benjamin + Dr. Henri Hirsch + Edgar Hirsch + Julius Hirsch + Pauline Frank

Auch um ihre Söhne Otto und Alfred nicht ohne Vater zu lassen, hat sich die Witwe Roberta Benjamin, 33 Jahre alt, wiederverheiratet. Ihr zweiter Mann ist Dr. Henri Hirsch, ein Chirurg und bekannter Facharzt für Strahlentherapie mit eigenem Röntgeninstitut in der Alten Rabenstraße, wo er Blutbilder diagnostiziert, Erkennungs- und Therapiemethoden entwickelt. Viele Jahre war Dr. Hirsch der leitende Arzt der Röntgentherapeutischen Abteilung des »Städtischen Krankenhauses Altona« gewesen, zuletzt in unentgeltlicher Tätigkeit. Die ihm gehörenden Apparate überließ er bei seinem Weggang dem Krankenhaus zu zwei Dritteln ihres Wertes.

Die Familien Hirsch und Benjamin sind bereits länger miteinander bekannt. Dr. Hirsch, Sohn des Kaufmanns Esaias Hirsch und seiner Ehefrau Schewa Charlotte geb. Wolff, ist seit Juni 1924 ebenfalls verwitwet und hat fünf Söhne aus seiner ersten Ehe mit Minna Hirsch geb. Frank. Orthodoxen jüdischen Glaubens, humanistisch geprägt, Violine spielend, ein begeisterter Patriot, ehemaliger Stabsarzt im Feld-Artillerie-Regiment Nr. 18 und Träger des Eisernen Kreuzes aus dem Weltkrieg, teilt er die Überzeugung vieler ehemaliger Frontkämpfer, nach Kultur und Vaterland Deutscher, nach Glaube und Abstammung Jude zu sein.

Als sich Mitte September 1925 die Mitglieder des »Vaterländischen Bundes jüdischer Frontsoldaten« auf dem jüdischen Friedhof in Ohlsdorf versammelten, zählte Dr. Hirsch zu den Anwesenden. Die Kapelle der Sicherheitspolizei spielte den Trauermarsch von Chopin, der »Jüdische Chorverein« intonierte einen stimmungsvollen Gesang. In Anwesenheit von Bürgermeister Dr. Carl Petersen sprach Rabbiner Dr. Schlomo Friedrich Rülf vom »Tempelverband«, Dr. Siegfried Urias erinnerte daran, dass die Gefallenen bis in den Tod ihrem deutschen Vaterland die Treue gehalten hätten, ein Kranz wurde niedergelegt, die Klänge des »Niederländischen Dankgebets« schlossen die Gedächtnisfeier.

Gegenüber seinen leiblichen Söhnen Hermann, Ludwig, Werner, Edgar, Julius und den beiden Stiefsöhnen Alfred und Otto Benjamin versteht und tituliert Dr. Henri Hirsch sich als Vater und Freund. Die beiden ältesten Hirsch-Söhne, Dr. Hermann Hirsch, Arzt in Berlin, und Ludwig Hirsch, Prokurist der Hamburger Weinhandlung »Johannes C. Petersen & Co.« der Herren Samuel und Gerson Cohn, stehen bereits auf eigenen Füßen. Werner Hirsch, der dritte, ist Kaufmann in der gleichnamigen Firma und beschäftigt sich in der Altonaer Königstraße mit dem Handel von Chemikalien, nicht immer erfolgreich. Er spielt wunderbar Cello.

Mit Edgar und Julius Hirsch sowie Alfred und Otto Benjamin bevölkern jetzt vier muntere »Flöhe« die einstige Wohnung der Stephanie Nordheim. Die beiden Söhne des verstorbenen Dr. Martin Edmund Benjamin werden die »amerikanischen« Söhne genannt, weil Roberta, ihre Mutter, in San Francisco geboren ist. Nach dem Wegzug aus Kepno im damaligen Preußen war ihr Vater Michael Goldbaum zum Golden Gate an der Westküste der USA gegangen und hatte sich den Namen Morris Goldtree zugelegt. Zusammen mit seinem ebenfalls jüdischen Schwager León Liebes hatte er in der boomenden Stadt San Salvador die Firma »Casa Goldtree Liebes y Cia.« gegründet, schnell zu einem bekannten Handels- und Warenhaus entwickelt und war zum größten Kaffee-Exporteur des Landes El Salvador geworden.

Der Ehe mit der Schwester seines Partners, Helene Liebes, entstammten zwei Kinder, Roberta und Otto. 1895 waren die Goldtrees nach Europa zurückgekommen, um von der Straße Große Bleichen in Hamburg aus die Firma »Goldtree & Liebes, Import & Export«, zu betreiben und einiges an Kapital in Grundstücken anzulegen. In der St. Benedictstraße 5 nahe dem Klosterstern fanden die Goldtrees ihr Hamburger Domizil.

Wie Siegfried Friedburg fiel auch Robertas Bruder Otto Goldtree, gerade 19 Jahre alt, in den letzten Tagen des Weltkriegs, zum großen Schmerz von Morris und Helene Goldtree. Roberta gibt ihrem zweiten Sohn den Namen des Bruders.

Von den Großeltern väterlicherseits lebt beim Einzug der Hirschs in die Rothenbaumchaussee 26 noch Großmutter Charlotte Hirsch geb. Wolff, gleich nebenan in der Moorweidenstraße 7. Großvater Esaias Hirsch ist bereits im September 1914 verstorben.

Für Edgar und Julius, Otto und Alfred, die bei den Eltern leben, beginnen schöne Hamburger Jugendjahre in der großen Wohnung mit dem geräumigen Balkon zum Hof, auf den frühmorgens die ersten Lichter des Tages fallen. Freitagabends nehmen die Brüder mit den Eltern und der Großmutter Platz zum Essen und singen fröhlich. Das Leben der Hirschs entspricht dem wohlhabend-großbürgerlichen Habitus des übrigen Hauses. Sie hören die Oberrabbiner Dr. Samuel Spitzer und Dr. Joseph Carlebach. Sie halten den Sabbat ein, besuchen die Bornplatz-Synagoge, sind Mitglieder des Deutschen Kulturbundes, sie haben ein sehr engmaschiges Familienleben und eine Menge Spaß. Es wird viel Musik gemacht, Violine, Klavier, Cello, Flöte. Opern werden geliebt, das Radio läuft oft, besonders bei Übertragungen klassischer Konzerte. Als Kinder lesen die Hirsch-Söhne bunte Comics in der Kinderzeitschrift »Der heitere Fridolin«, dessen Titelfigur Abenteuer erlebt mit seinen Freunden »Laatsch« und »Bommel«. Vater Hirsch bringt ihnen die Hefte mit.

Am schönsten ist, mit dem Sonnenuntergang beginnend, der Sederabend vor dem Pessachfest. Es geht lebhaft und feierlich zu, die Familie mit Freunden versammelt sich, bis zu 25 Personen, und gedenkt des israelitischen Auszugs aus Ägypten. Es gibt ungesäuertes Brot, Salzwasser, bitteren Meerrettich und den Sederteller mit Mandeln und Nüssen. Dr. Hirsch weist seine jungen Freunde jedes Mal auf den Sinn des Festes hin und sagt: »Nächstes Jahr in Jerusalem.«

Das Lied »Chad gadjo« wird angestimmt, jenes Märchen von dem Lamm, das die Katze frisst, dem Hund, der die Katze zerreißt, dem Stab, der den Hund schlägt, dem Feuer, das den Stab verzehrt, dem Wasser, das das Feuer löscht, dem Rind, das das Wasser säuft, dem Schlachter, der das Rind schlachtet, dem Todesengel, der den Schlachter hinwegnimmt, dem Heiligen, gelobt sei er, der den Todesengel hinwegrafft. Bis zu seinem Lebensende wird Julius Hirsch die Bildfolge dieses Liedes in Holzschnitten aus der Unterhaltungsbeilage der »Jüdischen Bibliothek« behalten und durch alle Lebenswendungen mit sich führen.

Auch Alfred Benjamin wird sich noch sehr viel später an die Rothenbaumchaussee erinnern, an das Postamt am Klosterstern und an den Ohrenarzt in der Binderstraße. Er hört schwer, das Hören ist ein Problem und soll es lebenslang bleiben. Zum Glück aber vernimmt er den berühmten dänischen Heldentenor Lauritz Melchior, dessen klare, strahlende Stimme aus dem Curiohaus nach draußen dringt, wenn er für seine Auftritte in einer der Wagner'schen Opern für das Stadt-Theater, die Hamburger Oper, übt. Auch die lebhaften Künstlerfeste gegenüber sind unüberhörbar.

Dr. Hirschs Klinik, Alte Rabenstraße 4, läuft gut, es fehlt nicht an Patienten und Zuspruch. Der Röntgenarzt behandelt Hunderte von Menschen, viele in diesen elenden und schwierigen Zeiten auch umsonst. »M-P« nennt er diese Fälle, Mitzwa-Patienten, und meint damit eine karitative Hilfe nach mosaischem Gebot.

Mangels Personal hilft Roberta Hirsch in der Klinik aus. Eine alte Patientin, die wieder mal eine Bestrahlung bekommen hat, bleibt in der Tür stehen und schaut erwartungsvoll. Der Herr Doktor gebe ihr doch immer noch das Fahrgeld. Als Roberta ihr 20 Pfennige für die Straßenbahn gibt, meint die Alte, beim Herrn Doktor seien es aber immer 5 Mark, denn bei ihrer Krankheit könne sie doch nicht mit der Tram fahren. Dr. Hirsch, in seiner enormen Wohltätigkeit ertappt, fängt sofort an, sich vor seiner Frau zu rechtfertigen, der Fall sei »M-P« …

Stütze der vielköpfigen jüdischen Familie Dr. Hirsch ist Schwester Grete Weise, genannt »Deda«. Sie ist Witwe, nichtjüdisch und nicht mehr jung. Schon bei der Geburt des Sohnes Julius war sie zur Stelle. Sie wohnt in Barmbek im »Laubenganghaus Heidhörn«, einem Siedlungsbau der 1920er Jahre. Auch für sie ist die Anfahrt beschwerlicher geworden, seit die Rothenbaumchaussee untertunnelt wird.

Otto Benjamin ist eingeschult in der Privat-Realschule für Knaben des Dr. Theodor Wahnschaff in der Neuen Rabenstraße gegenüber dem Dammtorbahnhof, einem von jüdisch-liberalen Eltern bevorzugten Institut, deren Söhne vorzugsweise den kaufmännischen Beruf wählen sollen. Man zieht diesen Schultyp in Verbindung mit praktischen Lehrjahren und einem Aufenthalt in Übersee einer schöngeistigen Gelehrtenschule vor.

Auf seinem Schulweg kommt Otto Benjamin an der Moorweide vorbei, jener so vielgenutzten Rasenfläche vor dem Dammtorbahnhof mit den Reihen prächtiger Kastanien zur Straßenseite. Nichts Schöneres gibt es im Herbst, als kleine Stöcke nach den stacheligen Kugeln oben in den Bäumen zu werfen und fröhlich die braun glänzende Beute einzusammeln.

Julius und Alfred, beide Jahrgang 1916, gehen zunächst in die Talmud-Tora-Schule im Grindelhof, Esskastanien mit großen Blättern stehen dort, dann in Parallelklassen des Heinrich-Hertz-Realgymnasiums beim Schlump, Ecke Bundesstraße. Morgens fahren sie mit der Straßenbahn durch die Grindelallee zur Schule, mittags schlendern die beiden Jungen zu Fuß heim, meist an der neoromanischen Synagoge am Bornplatz 8 vorbei, manchmal reicht die Zeit aber auch für einen Umweg über die etwas weiter entfernt liegende Bundesstraße, vorbei am »Asyl für obdachlose Frauen, Mädchen und Kinder«, dem »Samuel Levy-Stift«, dem »Warburg-Stift« und der großen

Polizeikaserne. Vor der Kellerkneipe »Schinkenkrug« in der Grindelallee Nr. 1 stehen gelegentlich Männer, die braunes Hemd und Lederriemen tragen und herausfordernd um sich schauen. So wie andere SA-Sturmlokale, etwa die Kneipe von Fritz und Emmi Balszuweit am Eppendorfer Weg 175, besetzt der »Schinkenkrug« eine strategische Straßenecke, von der aus das Vorgelände und wichtige Querstraßen kontrolliert werden können.

Der aus anfangs vier Personen bestehende Zusammenschluss der »Rothenbaumer«, früher Anhänger der Hitler-Bewegung – nach eigener Auffassung mit einem Bein im Grabe, mit einem Bein im Gefängnis stehend –, trifft sich hier im ersten NS-Parteilokal Hamburgs. Tatkräftig von Wirt und Parteigenossen Strobe unterstützt, hat der ehemalige Schiffsoffizier und Ladungskontrolleur Walter Gloy mit seinen Kampfgenossen Leichsenring, Reinke und Haller am 16. März 1925 das Banner ihres Führers ausgerollt und damit das Nazi-Lokal in voller Absicht mitten ins jüdisch geprägte Grindelviertel platziert.

Kriegsteilnehmer Gloy, wohnhaft in der Heinrich-Barth-Straße 32, zählt zu den ersten Hamburger Nationalsozialisten, der Aufbau des NS-Kreises Rotherbaum ist sein Werk.

Direkt gegenüber, in der Grindelallee 10, befindet sich das Café des Konditors Hans Timpe, es ist die Stammkneipe von Linksintellektuellen mit regelmäßigen Kunstrunden, Ausstellungen, Lesungen, Diskussionen. Der Schriftleiter der »Weltbühne«, Carl von Ossietzky, war hier oft Gast, bevor er nach Berlin wechselte. Er brauchte nur die Straße zu überqueren, denn auch er wohnte bis 1919 in der Grindelallee 1.

Die Schüler Julius Hirsch und Alfred Benjamin gehen weiter, zwei jüdische Jungs, die sich langsam entfernen, ohne sich umzuschauen. Vor dem Haus in der Rothenbaumchaussee, in das sie nach der Schule zurückkehren, stehen des Öfteren Männer, die fremd aussehen und auf das Schild neben der Treppe zeigen. Offensichtlich wollen die Herren mit den modischen, engen Anzügen und den sehr schwarzen Haaren zu Don Meyer, dem Konsul von Bolivien. Dieses Bolivien muss eine Gegend sein, die für die beiden Hamburger Jungs eigentlich nur neben dem El Salvador der Großeltern Morris und Helene Goldtree liegen kann.

Konsul Meyer

Harry Meyer + Gretchen Meyer | Martin E. Friedburg | Adolf Laspe

Don Harry Meyer, seit April 1922 zum Konsul der Republik Bolivien ernannt und vom Hamburger Senat in dieser Eigenschaft bestätigt, nimmt die dem Amt obliegenden Pflichten mit Sorgfalt wahr, als Mitglied des Konsularkorps erscheint er im Rathaus bei Empfängen oder zu Beileidsbesuchen, etwa anlässlich des Todes von Bürgermeister Dr. Arnold Diestel, der in Valparaiso in Chile geboren war.

Das Bolivianische Konsulat hat seine Kanzlei in der Ernst-Merck-Straße 12/14, 3. Stock, die Etage ist voll vermietet an Viehversicherer, die »Harburger Hobelwerke«, die »Orient Im- und Export-Compagnie.« Herr Meyer geht auf seinem Dienstweg nach oben vorbei an einem Ingenieurbüro, den Kontoren eines Steinkohlenmaklers, einer Fettwarengroßhandlung, einer Filmproduktionsgesellschaft. Generalkonsul der Republik Bolivien ist während Konsul Meyers Amtszeit zunächst Señor Gustavo Ríos Bridoux, Pädagoge und Soziologe mit Studium an der Pariser Sorbonne, er ist einer der Gründer der Republikanischen Partei. Anlässlich der geplanten Gründung des »Centro ibero-americano in Hamburg« hatte Ríos Bridoux im März 1922 im Universitätsgebäude einen Vortrag über das derzeitige Bolivien gehalten, in dem er sich besonders der Geschichte der uralten Kultur des Landes widmete, aber dabei nicht vergaß, auf die immensen Bodenschätze und die überaus liberale Einwanderungspolitik hinzuweisen. Die Ausführungen des Redners in spanischer Sprache fanden begeisterte Aufnahme, nicht zuletzt bei Harry Meyer, der sich für das Amt als Konsul umgehend zur Verfügung stellte.

Nach dem Weggang von Ríos Bridoux – er wird Unterrichtsminister der bolivianischen Republik – tritt Napoleón Roca dessen Nachfolge an.

Zusammen mit den Generalkonsuln repräsentiert Harry Meyer ein Land, das so groß wie Deutschland, Großbritannien, Frankreich und Portugal zusammen ist, in dem aber kaum zwei Millionen Menschen leben. Deutschen Auswanderern hat sich Bolivien bereitwillig geöffnet, die Organisation seines Heeres einem deutschen Offizier anvertraut, deutsche Lehrer und deutsche Ingenieure zum Aufbau des jungen Staates herangezogen. In der ehemaligen Hauptstadt Sucre, einem gepflegt ruhigen Kolonialort vorwiegend altspanischer Nachfahren, liegt der Handel zum großen Teil in deutschen Händen.

Im Dezember 1923 hatten auf Veranlassung Ecuadors sämtliche Konsulate Lateinamerikas beim Hilfsfest für notleidende Kinder Deutschlands im »Hotel Atlantic« teilgenommen, unter dem Protektorat des Bürgermeisters Otto Stolten. Die gesamte Organisation lag in den Händen von Generalkonsul Napoleón Roca und dem jüdischen Kaufmann Isidoro Weil aus der Familie der gleichnamigen Import-Export-Firma. Natürlich war auch Konsul Harry Meyer tatkräftig mit von der Partie.

Er ist den Umgang mit der »guten Gesellschaft« gewohnt; 1924, im Urlaubsort Meran, hatte sich der Schlachtersohn wie selbstverständlich zwischen Grafen, Rittergutbesitzern, Prinzessinnen und Universitätsprofessoren bewegt. Bei der Jahrhundertfeier der bolivianischen Unabhängigkeitserklärung im August 1925 begrüßte Konsul Meyer Prominente aus der Hamburger Handelswelt sowie südamerikanische Vertreter und Residenten aus dem Land des Kondors, dem seit dem Salpeterkrieg mit Chile der Zugang zum Meer schmerzlich fehlt. Seine freundliche, weltläufige Art aufzutreten bringt dem stets tadellos gekleideten Herrn viel Sympathie ein.

Zu seinen laufenden Tagesgeschäften gehört, Studenten oder Kaufleute des Landes zu empfangen und zu beraten, doch abends lässt Harry Meyer gern amtliche Aufgaben hinter sich, besonders wenn wieder eine Partie Schach ansteht; in einer Art Rochade wird sie mit Martin Friedburg gespielt, abwechselnd in der jeweils gegenüberliegenden Wohnung im Erdgeschoss. Eine Zeit lang haben die beiden Grübler die erstaunlichen Züge nachgestellt, die der erst achtjährige Wunderknabe Samuel Rzeschewski aus dem polnischen Lodz bei seinem grandiosen Simultankampf in »Sagebiels Theatersaal« am Gänsemarkt gegen zwanzig Hamburger Schachkoryphäen vorgelegt hatte. Keiner von ihnen konnte dem blassen Kind in dem etwas zu großen Matrosenhemd auch nur eine Partie abnehmen. Jetzt spielen die beiden Herren jüdischer Herkunft doch lieber wieder nach eigenen Ideen, Friedburg zuweilen auf Fortüne, Meyer eher etwas vorsichtiger.

Wie Friedburgs Sohn Victor ist Konsul Meyer Mitglied im »Hamburger Schachklub«, er ist 1916 beigetreten, Anfang Oktober 1925 hat gerade wieder eine Vereinssitzung im Klublokal »Jalant« stattgefunden. Der polnische Großmeister Akiba Rubinstein hat sich angesagt, danach stehen die Winterturniere an, sie werden in vier Klassen gespielt.

Auf seinem weißen Königsflügel schiebt Konsul Meyer einen Bauern aus der Deckung vor. Ein bisschen spielt er mit dieser Figur sich selbst.

Martin Friedburg zieht, nach einigem Nachdenken, einen schwarzen Springer. Er mag diesen liebenswürdigen, weit gereisten Nachbarn und Brettgegner mit seiner überlegten, geduldigen Art der Spielführung, sie meidet allzu große Überraschungen. Harry Meyer verliert einen zu kühnen weißen Bauern, die Partie endet, nicht zu spät, Remis. Für den morgigen Tag werden Handwerker erwartet, der Herr Konsul verabschiedet sich, tritt noch einmal vor die Haustür und hustet.

Der Bau der U-Bahn-Trasse Rotherbaum stört auch ihn, doch er kennt solche gewaltigen Erdbewegungen bereits aus seiner Zeit im boomenden, sich immer stärker ausdehnenden Buenos Aires, wo 1912 die erste Untergrundbahn Lateinamerikas entstand. Noch mehr aber stören ihn, besonders nachts, die Leiden der Lunge und Atemwege, der Husten, den er seit seinen Anfangstagen in der oft feucht-tropischen Metropole nicht loswerden kann.

Früh am Morgen erscheinen Bauarbeiter im Haus, nehmen wie beauftragt einen Durchbruch in der Wohnung der Meyers vor, nach statischen Berechnungen der Architekten Gebrüder Gerson. Obwohl Harry Meyer aus gesundheitlichen Gründen sein Amt als Konsul offiziell bereits seit Ende 1926 ruhen lässt, stellen sich nach wie vor zahlreiche Besucher ein, was einen größeren Empfangsraum wünschenswert macht. Eine Weile müssen alle Hausbewohner mit der Baustelle im Parterre, mit Staub und Hammerschlägen leben. Schnell gehen die Hirsch-Söhne auf ihrem Weg zur Schule vorbei, das weibliche Dienstpersonal gibt vor, die Zurufe der Handwerker nicht zu bemerken.

Starker Frost hat in den letzten Monaten die Untergrundarbeiten in der Rothenbaumchaussee verzögert, vor dem Haus war etwas Ruhe eingekehrt, dann wurden die Arbeiten mit Hochdruck Tag und Nacht fortgesetzt. Doch alles dauert noch an, erst Anfang März 1928 soll die Rothenbaumchaussee wieder freigegeben werden, die Straßenbahn der Linie 18 muss dann nicht mehr den Umweg über Mittelweg und Hallerstraße nehmen. Das wird es einfacher machen, ins Schach-Café »Jalant« zu kommen.

Zahlreich erscheinen die Mitglieder des Klubs, um Herrn Jacques Mieses aus Leipzig zu hören. Sein zweistündiger Vortrag über die Weltmeisterschaftskämpfe zwischen Alexander Aljechin und José Raúl Capablanca fesselt die Herren ungemein, Konsul Meyer umso mehr, als der Kampf in Buenos Aires, seiner zweiten Heimat, stattgefunden hat. In den Abendstunden, vor dem Einschlafen, durchblättert Harry

Meyer Prospekte von Kurbädern am Mittelmeer, dazu Reisebeschreibungen berühmter Orte an der Côte d'Azur und der Riviera. Auch Gretchen Meyer weiß, ein wenig Erholung wäre jetzt angebracht. Es muss ja nicht immer Meran sein.

Lange schaut sie am nächsten Tag aus dem Fenster, verfolgt den Auszug des Herrn Adolf Laspe mit seinen zahllosen Kisten und Paketen, die vom Dachboden geholt werden. Man hört, der korpulente Herr wolle es fürstlich haben, ziehe um zum Alsterufer 28, in die großartige Villa Rée, von Martin Haller entworfen, mit weitem Blick über das Wasser, durch das im Sommer die schönen Segelboote ziehen. Wenn schon Boote, dann im Süden, denkt die Frau Konsul. Sie kurbelt das Grammophon an und setzt die Nadel auf eine der aus Buenos Aires mitgebrachten Schellackplatten auf. Und aus dem Trichter ertönt »Cómo te va, amigo?«.

Abendessen mit Damen

Clara Thomann | Prof. Dr. Theodor Heynemann + Marie Tannrath

Die gesammelte Geschichte der »Hapag« in Bildern ihrer stolzen Schiffe verlässt das Haus, Möbelpacker schleppen Fotografien und Ölgemälde der »Bismarck«, »Vaterland« und »Deutschland« durch den Vorgarten zum parkenden Lastwagen, Bildbände, gerahmte Widmungen und kaiserliche Huldschreiben, zum Schluss heben sie noch ein eingewickeltes Modell der »Imperator« hinein, nachdem sie kurz staunend die Decke geliftet haben. Kein »Muss i' denn«, wie bei Schiffsausfahrten üblich, ertönt.

Ein Jahr nach ihrer Reise mit Ziel Genua ist Nachbarin Clara Auguste Thomann geb. Eversbusch, Witwe des ehemaligen Direktors der »Hapag«, der Hamburg-Amerika-Linie, Julius Thomann, im Oktober 1928 verstorben. Die Beisetzung findet auf Wunsch der Entschlafenen in aller Stille auf dem Ohlsdorfer Friedhof statt.

Seit der Eröffnung dieses großen Totenparks im Jahr 1877 werden die alten Friedhöfe der Hamburger Kirchspiele St. Petri, St. Katharinen und St. Michaelis im Bereich des ehemaligen Festungsgürtels, der die Altstadt umgab, und vor dem Dammtor nach und nach geschlossen; noch vorhandene Gebeine aus den Gräbern sind nach Ohlsdorf überführt. Ein Teil des aufgehobenen Geländes auf der Stadtseite des Dammtors an der Jungiusstraße ist für den Zoo freigegeben. Bei Ostwind ziehen schwarze, flüchtige Rauchfiguren aus paffenden Lokomotiven der Deutschen Reichsbahn über dessen Wege, viel zu enge Tierkäfige und imitierte Ritterburgen. Sobald der Wind dreht, fegt schwarzer Qualm stoßweise über die Edmund-Siemers-Allee, hinüber zur Universität.

Der Möbelwagen hat sich eingefädelt, vorsichtig setzt er seine Fahrt fort, verschwindet zwischen schwarzen Limousinen im Verkehr der Stadt.

Zum Tag des Rektoratswechsels wehen Flaggen vor der Hamburger Universität. Der Tropenmediziner Prof. Dr. Bernhard Nocht gibt Amt und goldene Amtskette in ehrwürdiger Tradition weiter. Beim Fahnenaufmarsch der studentischen Korporationen erscheinen die Chargierten in vollem Wichs, in feierlichen Talaren steigen die Professoren auf das Podium. Grün sind die Barette der Mathematiker und Naturwissenschaftler, blau die der Philosophen, weinrot die der Juristen, scharlachrot leuchtet es von den Köpfen der Mediziner. Unter ihnen befindet sich Prof. Dr. Theodor Heynemann, Direktor der Universitäts-Frauenklinik Eppendorf und Ordinarius für Gynäkologie.

Geboren 1878 in Lemgo, als Student Mitglied beim schlagenden »Corps Nassovia« und bekannt als guter Fechter, Feldchirurg im Weltkrieg, war er nach Hamburg gekommen, als Oberarzt der Gynäkologischen Abteilung des Allgemeinen Krankenhauses Barmbek, wo er sich, allerdings verbal, mit den damals mächtigen kommunistischen Krankenhausräten herumschlug. Durch Arbeiten über Krampfanfälle bei der Geburt und über Kindbettfieber bekannt geworden, wurde er, als es Zeit war, mit dem Eppendorfer Lehrstuhl betraut; seit März 1919 hat er sich als Spezialarzt für Frauenkrankheiten und Geburtshilfe niedergelassen.

Der Nachfolger von Rektor Prof. Dr. Bernhard Nocht, der Mathematiker Prof. Dr. Wilhelm Blaschke, beehrt sich recht bald, freundlichst zu einem Abendtee im »Uhlenhorster Fährhaus« einzuladen. Neben den Ordinarien, den Honorarprofessoren, den Extraordinarien und den Privatdozenten werden mit ihren Frauen zum Erscheinen gebeten zahlreiche Hamburger Prominente, unter ihnen Reichskanzler a.D. Geheimrat Wilhelm Cuno, der Bankier Max M. Warburg mit Sohn Erich M. Warburg, der Schriftsteller und Künstler Hans Leip, der Kaufhausbetreiber Rudolph Karstadt, Hamburgs Oberbaudirektor Prof. Fritz Schumacher, der Philosoph Dr. Ernst Cassirer, der Kunsthistoriker Dr. Erwin Panofsky, die Germanistin Dr. Agathe Lasch, der Kaffeekaufmann Arthur Darboven und der Architekt Fritz Höger. In Gesellschaftskleidung und mit gesetzter Höflichkeit verbringt man den Abend, zur Konversation gibt es Lieder von Schubert und Schumann, Frau Vilma Mönckeberg-Kollmar erzählt nordische Volksmärchen, meisterhaft vorgetragen.

Rechtzeitig stehen Wagen vor dem berühmten Fährhaus an der Außenalster bereit, die Gesellschaft löst sich auf.

Der einzige Herr, der keine Einladung für weibliche Begleitung erhalten hatte, ist der unverheiratete Prof. Dr. Theodor Heynemann. (Die anwesende, ihren Mann, den Geheimrat, begleitende Martha Cuno geb. Wirtz, sie ist bei der »NORAG«, der »Norddeutsche Rundfunk

GmbH«, als Sängerin beschäftigt, wird in Heynemanns Leben erst Jahre später eine Rolle spielen.) Seit seinen Zeiten als Oberarzt in Halle, gleich nach dem Weltkrieg, begleitet Auguste Marie Tannrath den Herrn Doktor Heynemann Jahrzehnte hindurch als treue Haushälterin. Kontinuität und strikte Regelmäßigkeit kennzeichnen beider Leben. Es gelten die durch Pünktlichkeit und schematische Planung gekennzeichneten Routinen des Tagesablaufs und der Gewohnheiten.

Marie Tannrath organisiert Heynemanns privates Leben, auch im derzeitig noch bewohnten Haus Nr. 3, schräg gegenüber. Die Rothenbaumchaussee, die im Unterbau der Souterrains und in den Erdgeschossen der langen Straßenflucht durchaus auch gewerblich geprägt ist, bietet alles Wünschenswerte für den alltäglichen Einkauf.

Den Schuhmacher Ivens hat Marie Tannrath gleich im Parterre, links und rechts gibt es Grünwaren, bei Herrn Kludas und Frau Blümel, an die sich die Fischhandlung Michelson anschließt, gefolgt von Schuhmachermeister Klapper und der Milchhandlung Wiegrefe. Im Curiohaus befindet sich außer dem Restaurant von Henry Giele die Konditorei Bufe, jenseits der Johnsallee die Brothandlung der Frau Grambow, die Chemische Reinigung Brandt, die Drogerie Neff und die Zigarrenhandlung von Fräulein Hokamp. Wenn Marie Tannrath die Binderstraße überquert hat, folgen in Laufrichtung das Blumengeschäft Eggers, die Milchhandlung der Witwe Preisler, die Wirtschaft der Witwe Isenbart und das Kaffeehaus Luise Kleist.

Auf der gegenüberliegenden Straßenseite sieht sie von hier aus den Kuppelbau des Museums für Völkerkunde, in dessen Bestände die Sammlungen viel gereister ehemaliger Kolonialkaufleute und -krieger eingegangen sind. Nach dem Schuhmacher Krischanowski kommt in Richtung Klosterstern das Feinkostgeschäft Brügmann, dahinter liegt eine Filiale der Chemischen Färberei Dependorf. Und wieder bieten sich Grünwaren an, diesmal bei Buschmann, und Papierwaren bei Schapers. Friseur Hagemann, die Zigarrenhandlung Schwinkendorf, Feinkost Weis und die Bäckerei Julius Busch sind noch vor der Hartungstraße, also bequem zu erreichen. Blumen, Früchte, Milch, Schuhe, Feinkost bekommt man Richtung Klosterstern in weiteren Geschäften. Bis zum Schlachter Maack allerdings ist auch noch die Hartungstraße zu überqueren. Mit der Hallerstraße erreicht Prof. Heynemanns Haushälterin eine Grenze, die im westlichen Verlauf das Grindelviertel von der Gegend um Hansastraße und Parkallee trennt, ab dort wird es noch deutlich vornehmer.

Mit vollen Taschen geht Marie Tannrath wieder zurück. Auf der Straße rennen kleine Gestalten vorbei. Der Sohn des Gemüsehändlers Kludas ist Mitglied einer Straßenbande Rothenbaumer Jungs. Der lange Hans Hirschfeld, Sohn von Benno Hirschfeld, einem Teilhaber des bekannten Damentextilhauses »Gebr. Hirschfeld« am Neuen Wall, Ecke Alsterarkaden, hat sie im Viertel um sich geschart. Hauswart Wettläufer aus der Schlüterstraße nebenan hat sie auf dem Kieker. Doch die Bande weiß ihr Revier zu verteidigen, sie ist einfach schneller als Herr Wettläufer, der nicht wettlaufen kann.

Die einsame Träne

Marie-Angèle Campe | Paul Levy | Stephanie Nordheim | Harry Meyer | Martin E. Friedburg | Adolf Laspe | Dr. Rudolf Magnus

Marie-Angèle Campe – die Witwe Julius Campe im 2. Stock – bekommt Besuch. Aus Paris sind die französischen Anwälte Professor Brunet und Madame Sée aus der verzweigten jüdischen Familie Sée eingetroffen, um sie zu beraten. Weil die Liquidierung des zu erbenden Gesamtgutes noch immer nicht erfolgt ist und auch die Pflichtteilansprüche der Campe'schen Töchter und der Witwe Campe noch nicht erfüllt sind, haben die Töchter Gabrielle und Oliva die Vollstrecker des »Testaments Julius Campe«, Dr. Kleinschmidt und Julius Kallmes, und – im Nachgang zum Versailler Vertrag – auch gleich das Deutsche Reich vor dem deutsch-französischen Schiedsgerichtshof auf namhafte Beträge verklagt. Das hat beträchtlich Staub aufgewirbelt und den deutschen Staatsvertreter am Schiedsgerichtshof zu einer Anfrage an den hamburgischen Staat veranlasst, ob man sich nicht mit den Campe-Erbinnen per Vergleich auf eine noch zu verhandelnde Geldzahlung einigen könne, sofern sie auf alle Ansprüche an dem Gesamtgut aus dem Testament verzichteten. In der Hoffnung auf den Erwerb der wertvollen Grundstücke ohne Gegenleistung hatte der Senat sein grundsätzliches Einverständnis zu diesem Vorschlag erklärt, doch dann nahmen die Dinge einen anderen Verlauf.

Um die Abfindung zahlen zu können, müssten Grundstücke beschleunigt verkauft werden. Die französischen Rechtsbeistände raten darum von einem Vergleich per Geldzahlung dringend ab. Madame Campe solle die ihr zufallende Hälfte des Gesamtgutes möglichst in Gestalt der vorhandenen Grundstücke übernehmen, weil bei einer Geldauseinandersetzung und der damit verbundenen baldigen Veräußerung der Grundstücke keine günstigen Preise erzielt würden. Mit Komplimenten und Höflichkeiten und unter Überreichung ihrer Kostennote mit der Bitte um gelegentlichen Ausgleich verabschieden sich Professor Brunet und Madame Sée.

Madame Campe ruft Henry Cohn, ihren Hamburger Vertrauten, an und lädt den Hausmakler zu einem Besuch bei ihr auf den Nachmittag.

Das Mädchen serviert Tee.

Sieh an, sieh an, meint Henry Cohn, die Geschichte des Hauses Rothenbaumchaussee 26 sei doch ein Erfolg. Das Äußere, so von der Straße betrachtet, habe er sich damals auch anders vorgestellt, nachdem er das brache Grundstück des Herrn Wedells ersteigert hatte, doch die Herren Architekten ohne Diplom Gerson, stur und eigenwillig, frei im Umgang mit Stilen und Bauelementen, sich jede Kritik an ihrer Auffassung hanseatischer Moderne verbittend, mussten sich ja durchsetzen, und die Idee der »Wohnhaus-Gesellschaft« sei, wie man sehe, durchaus tragfähig.

Cohn erinnert sich noch gut an die ersten Treffen mit den Gründern, mit Paul Levy, der nicht früh genug einziehen konnte, Stephanie Nordheim, Harry Meyer, Martin Friedburg, ja, auch Adolf Laspe, und später natürlich Madame Campe. Dr. Magnus habe außerordentlich geschickt agiert, und ein exzellenter Mathematiker sei er auch gewesen. Man stelle sich vor, sagt Cohn, das erste bürgerliche Großwohnhaus Hamburgs, so kurz nach dem Krieg, ohne jede staatliche Mitfinanzierung hinzubekommen, das war eine Leistung. Und, das müsse man einräumen, ein Sieg des Architekten Hans Gerson, des Leutnants bei den 76ern, ausgezeichnet mit dem EK I, der seine Bauweise gegen schärfsten Widerstand durchgesetzt habe. Man wisse ja, was das hierzulande bedeute. Jedenfalls habe dem persönlich bescheidenen Mann dieser Erfolg Mut gemacht zu seinen nachfolgenden Werken, die geradezu Weltruhm erlangt hätten.

Beim Portwein besprechen Frau Campe und Henry Cohn die zu regelnden Dinge. Ihr Kristallgläschen erhebend, lässt Marie-Angèle ihre Gedanken in die Vergangenheit schweifen …

In schäbiger Weise verletzend, hatte der Immobilienkaufmann und Buchhändler mit dem großen Namen Campe seine Frau nach ihrem Weggang als Alkoholikerin beschimpft, sie habe sich im »Alster-Hôtel« eines besonderen Konsums an Wein, Bier, Grog und sonstigen Spirituosen befleißigt. In seinem eigenen Verbrauch war er kein bisschen bescheidener gewesen, aber ihre Ausgaben hatten ihn empört.

Sie kommt zum Thema.

Ihr gehe es um das geliebte Heine-Haus am Jungfernstieg. Ob es nicht eine Möglichkeit gebe, den Anteil der Campe'schen Testamentsverwaltung an diesem schönen Haus zu erwerben? Dann würde die Preziose doch ganz in französische Hand gelangen, in ihre und die ihrer Töchter. Sie wisse, sagt sie, wie der Herr Julius Kallmes über sie denke. Er sei nicht nur der damalige vertraute Partner von Julius H. W. Campe gewesen, sondern nehme bis in die Gegenwart immer noch uneingeschränkt für ihn Partei.

Kallmes nennt sie eine Querulantin schlimmster Art, die seit vierzig Jahren Prozesse führe, fast ausschließlich ohne jeden Erfolg vor allen Gerichten, speziell Landgericht, Oberlandesgericht und Reichsgericht. In ihrer notorischen Prozesssucht würde sie das Nachlassgericht seit mehr als zehn Jahren mit zahllosen Anträgen überaus stark belästigen, ohne bisher auch nur ein Verfahren zu gewinnen. Weiter meint er, sie dürfe auf keinen Fall Grundeigentümerin in Hamburg werden, sie würde alle Mieter schikanieren, die Mieten, soweit es irgend ginge, höherschrauben, obwohl sie als alleinstehende Frau bereits eine Einnahme von mindestens 100 000 Goldmark per anno habe. So wie sie mit ihrem verstorbenen Mann Streit gemacht habe, habe sie nun Krach mit ihren Töchtern und den Testamentsverwaltern, beantrage mal die Absetzung von Herrn Dr. Kleinschmidt, dann die von Herrn Kallmes, sodass sie, wenn sie nicht schon zu alt wäre, eigentlich sofort als lästige Ausländerin ausgewiesen werden müsste.

Das sei empörend, erklärt Marie-Angèle Campe, und sie habe nun mal einen anderen Gerechtigkeitssinn.

Hausmakler Henry Cohn, dem nichts Menschliches fremd ist – schließlich war er als junger Makler bereits einmal steckbrieflich gesucht wegen angeblicher Unterschlagung –, überlegt. Er kennt Kallmes seit Jahren, beide sind sich oft begegnet, beide haben in Kriegszeiten viel gespendet, für die »Hamburgische Kriegshilfe«, die »Liebesgaben für die Deutsche Flotte«, den »Hamburgischen Landesverein des Roten Kreuzes«.

Man könnte, sagt er, beim Amtsgericht, Abteilung für Zwangsversteigerung, den Zwangsverkauf der Grundstückshälfte des Campe'schen Testaments beantragen und damit erreichen, dass das Grundstück lediglich unter den Teilhabern, also Frau Campe und der Campe'schen Testamentsverwaltung, versteigert werde. Da der Testamentsverwaltung, wie die Herren selbst immer betonten, nur geringe Barmittel zur Verfügung stünden, Frau Campe aber über erhebliche Summen verfüge, könne eine Versteigerung durchaus zum Erfolg führen.

Marie-Angèle Campe nickt, ihr sagt dieser Vorschlag zu.

Bei der Gelegenheit, fügt sie hinzu, möchte sie erwähnen, dass sie noch im Besitz von Papieren aus Heinrich Heines eigener Hand sei, und aus Respekt und Liebe habe sie unbeirrt auf die von Hasselriis gefertigte Statue des Dichters Anspruch erhoben. Eben jene Darstellung Heines mit dem nach unten geneigten Haupt, in der Hand das Blatt mit der zu Herzen gehenden Strophe haltend:

»Was will die einsame Träne?
Sie trübt mir ja den Blick –
Sie blieb aus alten Zeiten
In meinem Auge zurück.«

Marie-Angèle Campe schaut wieder hoch. Der Platz der Statue draußen in Altona, in diesem windigen Park, Donnerspark, sozusagen an den Rand gedrängt, der sei für die Erinnerung an Henri Heine zu gering, sie gehöre in die Mitte der Stadt. Campes eigentliche Testamentsvollstreckerin sei in Wahrheit sie, denn auf die Meldungen in den Pariser Zeitungen »Le Figaro« und »Gil Blas«, dass die Statue vom Hamburger Senat abgewiesen worden sei, damals im August 1910, habe sie sofort in einem Schreiben, das die Ortsangabe »Heinehaus, Jungfernstieg 34« im Briefkopf trug, angekündigt, die Statue werde durchaus aufgestellt, und zwar im Barkhof, an zentraler Stelle, so wie es ihr verstorbener Ehemann vorgesehen habe. Unterschrieben hatte sie als »Witwe Julius Campe«.

Und als »Witwe Julius Campe« wünsche sie, dass ihre Beisetzung in Hamburg zu erfolgen habe, auf dem Ohlsdorfer Friedhof, beim Campe'schen Mausoleum, um ihre Treue auf ewig unter Beweis zu stellen. Makler Cohn hört zu, verabschiedet sich und wünscht noch einen schönen Abend, bevor er die Wohnung verlässt.

Auf der Straße begegnet er einer Gruppe Mädchen, die braune Kleider tragen und ein schwarzes Barett. Sie sind auf dem Weg zum Parteihaus der Nationalsozialisten in der Moorweidenstraße, um für SA-Männer, die in Straßenschlachten Blessuren erlitten haben, Hosen zu flicken und Strümpfe zu stopfen.

Henry Cohn nimmt die andere Straßenseite.

Mentone

Harry Meyer + Gretchen Meyer + Lotte (Charlotte) Meyer

Im Zimmer seines palmenumstandenen Hotels am Rande der pastellfarbenen Altstadt von Menton, Côte d'Azur, Frankreich, an der Grenze zu Italien, die Vorhänge vor den Fenstern sind bis auf einen Spalt zugezogen, liegt Konsul Harry Meyer unter schweren Decken im Bett. Ab und zu klopft es an der Tür, jemand schaut herein, fragt leise, ob Monsieur etwas brauche, betritt aber nicht das Zimmer.

Es bleibt, bis auf den Husten, still.

Vor der Nacht wird wieder der Arzt kommen, nach dem Schlafmittel sehen, der Zimmerservice bringt eine Wärmflasche und zieht die Vorhänge ganz zu. Dann tickt nur noch die Uhr.

Um Erholung von seinen Leiden zu finden, ist Harry Meyer am Ende des Jahres 1928 in den Süden gereist, an die blaue Küste Frankreichs, in das Seebad Menton am Mittelmeer, einen der meistbesuchten Kurorte Europas mit palastähnlichen Hotels. Speziell für ein jüdisches Publikum, das auf ein rituelles Speisehaus angewiesen ist, gibt es Einrichtungen wie das »Hotel de Plaisance« in der Avenue du Verdun, das auch von der Deutsch-Israelitischen Gemeinde zu Hamburg empfohlen wird. Harry Meyer hat das »Balmoral« gewählt, das ehemalige »Victoria« in der Avenue Félix Faure, ein Haus der gehobenen Klasse im Stil der Belle Époque, in erster Reihe gelegen an der Promenade du Midi, mit Garten, Stuckdekor im Speisesaal und, zum Süden hin, mit Blick auf das Meer.

Der ursprüngliche Name »Mentone« ist für die kleine, einst in monegassischem Besitz befindliche Stadt der sonnenverwöhnten Zitronenbäume an den atemberaubenden Höhenstraßen immer noch in Gebrauch. Ein buntes Häusermosaik im italienischen Stil liegt vor der Bucht, überragt von der barocken Kirche St. Michel, durchzogen von gewundenen Treppen und kleinen Plätzen.

Lungenkranke und schwindsüchtige Engländer wie der Grafiker Aubrey Beardsley und der Schriftsteller Robert Louis Stevenson, Flüchtlinge vor den feuchtkalten Wintern des heimischen Nordens, zählten zu den ersten Besuchern des kleinen Ortes, eine vergnügungsfreudige Aristokratie war den Winteremigranten nur zu bereitwillig gefolgt und hatte die Suche nach Heilung mit elitärem Tourismus überzogen. Die Kurverwaltung hat keine Investition gescheut, inklusive Tennisklub, Casino und Operettenmusik für das mit den Jahren überwiegend deutsche Publikum.

Mentone ist *der* internationale Ort zum Abhusten.

Die Gemeinde der Überwinternden, der »Hivernants« aus ganz Europa, ringt im größten Sanatorium des Kontinents um Luft, reihenweise fallen die blassen Kurgäste dem sehr ungewohnten feuchten und milden Klima zum Opfer, machen den örtlichen Friedhof, den Cimitière du Vieux Château, zur Ruhestätte von Literaten und Künstlern, von russischen Prinzen und englischen Generälen.

In dieses Exil ist auch Harry Meyer gekommen, aus der windigen Elbestadt, in der Hoffnung auf Besserung seines körperlichen Zustandes, vielversprechenden Inseraten von Tageszeitungen folgend, die diätische Kuranstalten in staubfreier Lage mit Zentralheizung zugesichert hatten. Alle amtlichen Geschäfte lagen schon zu Jahresbeginn in den Händen seines Nachfolgers Franz Guido Caulier-Eimbcke, Vorsitzender des »Zentralverbandes Deutscher Schiffsmakler«. Der Durchbruch in der Wohnung in der Rothenbaumchaussee für die vielen erwarteten Besucher wäre eigentlich gar nicht mehr nötig gewesen, er hatte sehr viel bösen Dreck gemacht.

Schon seit einiger Zeit hatte Harry Meyer amtliche wie private Aktivitäten einschränken müssen, wenngleich er an wichtigen Ereignissen weiter teilgenommen hatte. Zwei Jahre zuvor, im Oktober 1926, aus Anlass der Fiesta de la Raza, hatte sich ein illustres Publikum im Festsaal des Rathauses versammelt. Vertreten waren die Prominenz und die Spitzen öffentlicher und privater Körperschaften Hamburgs; Damen in festlicher Gewandung belebten das Bild. Sechs Generalkonsuln überreichten dem Hamburger Senat eine Bronzebüste des ibero-amerikanischen Nationalhelden Simón Bolívar. Vor dem Sockel der Büste wurden farbige Kränze niedergelegt, und auf der Empore des Saales intonierte das »Philharmonische Orchester« die zur festlichen Stunde passende Musik aus »Carmen«.

Und mit Benjamin Mujia war wieder ein neuer bolivianischer Generalkonsul in Erscheinung getreten.

Noch im November, aus Anlass der Vermählung des argentinischen Generalkonsuls Don Juan Oyhanarte mit Fräulein Maria Luisa del Carril, hatte ein Festessen im »Hotel Vier Jahreszeiten« stattgefunden. Hamburgs Konsularkorps hatte gratuliert und dem durch Europa tourenden Tangotänzer Casimiro Aín aus Buenos Aires und seiner deutschen Partnerin Edith Peggy bei ihren koketten Schrittfolgen applaudiert.

Dann war Don Meyer, nach Entschuldigung für Abwesenheit beim Schachklub, gereist. Das erste »Hamburger Weihnachtslicht« war ausgerufen worden, getragen von den Wirtschaftskammern, dem Fremdenverkehrsverein, den Gas- und Elektrizitätswerken. Licht, das Symbol des Lebens, sollte Mitte Dezember 1928 in artifizieller Form in den Dienst von Werbung und Fremdenverkehr gestellt werden. Die Bezeichnung »Lichtwoche« hatte man vermieden; sie erschien nach Erfahrungen in Berlin mit allzu schreiender Reklame diskreditiert. Hunderte von »Bestrahlern« wurden auf Pfählen installiert, allein 260 rund um die Binnenalster, dann lagen Gebäudefassaden am Jungfernstieg, die Türme der Hauptkirchen, die Alsterarkaden, das Rathaus, die Lombardsbrücke und das Bismarck-Denkmal in den stürmischen Lichtfluten mächtiger Scheinwerfer, im zauberischen Schimmer von Gasfackeln oder in den Farbspielen von Haus zu Haus kreuzweise gerichteter Lichter wie am Alten Wall. Das Bild des leuchtenden, Leute lockenden Hamburg hatte Harry Meyer auf seiner Fahrt in das Licht des Südens mitgenommen. Nicht schnell genug konnte es ihm gehen, dorthin zu kommen. Den Namen berühmter Mentonisten – Franz Liszt, Gustave Flaubert, Friedrich Nietzsche, Edvard Grieg, eine endlose Reihe wäre aufzuzählen – galt sein Interesse nicht. Er hatte dringend vorgehabt, auf der Promenade ohne dicken Wintermantel spazieren zu gehen, aufzuleben in südlicher Atmosphäre, sorgenfrei im Hotelgarten unter Eukalyptus und Mimosen zu sitzen, Zeitung zu lesen, den Geräuschen aus den Straßen zu lauschen, eine gute, stärkende Zeit mit leichter mediterraner Kost unter ärztlicher Aufmerksamkeit zu haben.

Doch tatsächlich war das Bild der in Prospekten dargestellten unberührten Idylle, in die Eva, dem örtlichen Mythos zufolge, nach der Vertreibung aus dem Paradies einen goldenen Apfel ewiger Jugend geworfen hatte, schnell der Erkenntnis einer ungehemmt vermarkteten Wirklichkeit gewichen und der enttäuschenden Erfahrung, dass der Tourismus alle Paradiese frisst. Im viel gepriesenen Land am blauen Meer mit den zum Sterben schönen Gärten konnte man sich in den engen Straßen vor Kraftwagen kaum noch bewegen, Staub und Abgase verbreiteten sich zunehmend in der reinen Luft der bella città, in der ab Weihnachten kaum noch Zimmer in den Luxushotels und Pensionen zu haben waren.

Zur Mittagsstunde drängen sich die Gäste in den Cafés fast wie im Hamburger Alsterpavillon, mit einer erdrückenden Majorität der Generation über vierzig; kein Mensch dagegen ist auf der Promenade und in den botanischen Gärten zu sehen, verständlicherweise, denn dieser Februar 1929, den Harry Meyer zur Linderung seiner Leiden gewählt hat, ist der kälteste Monat seit wohl 200 Jahren. Bezeichnet als eindrucksvolle Anomalie der Luft- und Druckverhältnisse und der Zyklonenwirbel, hat eine grimmige Eiseskälte ganz Europa in ihrem brutalen Griff, mit enormem Frost, wochenlangem Schneefall bis tief in die Regionen des Mittelmeers. In Venedig wird ein Eisbrecher in Dienst gestellt, um Kanäle frei zu machen, die Stadt Triest ist vom Eis blockiert. Leitungen zerbersten, Telegrafen- und Telefonverkehr sind eingeschränkt, die traditionelle Segelregatta vor Mentone findet nicht statt. Auch daheim sind nicht nur die Flüsse, sondern ist auch die Nordsee so stark vereist, dass alle Inseln zu Fuß erreicht werden, im fernen Berlin fällt das Gaslicht aus, die Innenstadt, das Regierungsviertel und die angrenzenden Straßenzüge liegen in Dunkel gehüllt.

Die Kälte ist apokalyptisch und hat Harry Meyer aufs Zimmer gezwungen. Selbst unter der Decke wird es nicht warm. Keine seiner Passagen nach Buenos Aires, auf den Dampfern der Reederei »Hamburg Süd« über den offenen Atlantik, mal über Cherbourg und Vigo nach La Plata, mal über Boulogne-sur-Mer, La Coruña und Lissabon, hatte er jemals als so kalt empfunden, weder als junger, sein Glück suchender Mensch aus dem Provinzort im Großherzogtum Oldenburg noch auf der Abschiedsfahrt, bei Kriegsbeginn, von dem riesigen Land, das ihn wohlhabend gemacht hatte.

Stets war der Sohn eines koscher arbeitenden Schlachters Erster Klasse gefahren zu den Korn- und Fleischkammern des südlichen Kontinents, natürlich auch auf der Hochzeitsreise mit Gretchen, der Tochter des Harburger Ladenbesitzers Sally Plaut, die er, nach Verlobungsanzeigen sogar in Berliner Tageszeitungen, als »Harry Meyer, Buenos Aires« geheiratet hatte, in der Art überseeischer Kaufleute, die sich eine Braut in der alten Heimat suchen und stracks wieder zurückkehren. Für Gretchen Meyer bedeutete die Heirat nicht nur den Wegzug aus Deutschland, sondern auch eine neue Staatsbürgerschaft, denn Harry Meyer war als Nutznießer der Naturalisationskampagnen am Ende des 19. Jahrhunderts bereits Argentinier.

Sie ließen sich nieder in der Straße Amenábar 1440, im nordöstlichen Stadtteil Belgrano, einem angenehmen Wohnviertel der oberen Mittelschicht, bevorzugt von vielen deutschen, schweizerischen und englischen Geschäftsleuten und bessergestellten Auswanderern. Juden aus Deutschland und Österreich hatten sich mit Vorliebe in den Vierteln Once und Belgrano angesiedelt, die Quartiere nach und nach auf ihre Weise geprägt und ein ihnen passendes Umfeld geschaffen.

Wie in den meisten Wohnvierteln waren auch die Straßen in Belgrano baumbestanden, die Wohnhäuser glichen oft Villen, eingefasst von Vorgärten. In Behälter auf den Dächern wurde filtriertes Wasser aus dem Plata-Fluss gepumpt, es musste auf jeden Fall abgekocht werden. Lebensmittel waren billig, Orangen, Trauben, Pfirsiche und selbst ein Kilo Fleisch schon für wenige Centavos zu haben. Nach Speiseeis, »helado«, war die Stadt verrückt, bis spät in die Nacht hinein zogen die Eisverkäufer mit ihren Wagen durch die Straßen.

Als »comerciante«, Kaufmann, war Harry Meyer verzeichnet gewesen im »La Rural, Guia general de Estancieros«, dem Katalog und Adressbuch für Viehzüchter, Farmer und ländliche Gesellschaften. Nach vielen Jahren des Eingewöhnens, der Anpassung und des Vorwärtskommens hatte er schließlich die »Camisería San Martin« in der exklusiven Calle Esmeralda 274 betrieben, ein Geschäft für Bekleidung, Konfektion, Drogerie- und Parfümerieartikel. Der Laden war ortsüblich gestaltet, mit schräg zur Straße verlaufender Front, die einen besseren Blickfang ermöglichte und es dem Publikum erlaubte, vor dem Schaufenster stehen zu bleiben, ohne den Verkehr zu stören.

Mit dem Erwerb von Immobilien wusste Harry Meyer sich ein weiteres lohnendes Geschäftsfeld zu sichern; geschont hatte er sich nicht, bis der Weltkrieg Gretchen und ihn zur Rückkehr nach Deutschland veranlasste. Pläne und Geschäfte nahmen einen anderen Verlauf, und erst Jahre später konnte er sich von Hamburg aus mit dem Journalisten, Komödienschreiber und Geschäftsmann Eduardo Facio Hébequer über den Zwangsverkauf seiner Stadtvilla in der Mendozastraße auseinandersetzen.

Die Jahrzehnte in der Fremde, die ihm zur neuen Heimat geworden war, hatten seine Konstitution angegriffen. Dr. James Henry Bennet, der Leibarzt der englischen Königin Victoria und früher Apostel der Heilkraft des Ortes an der einstigen italienischen Riviera, hatte einen Winter, den er in Mentone verbracht hatte, als den Inbegriff des Lebens bezeichnet. Ungefähr im Februar, konnte er beobachten, beginne aber die Gemeinde der Heilung Suchenden zu leiden, und manche der Invaliden kämpften vergeblich um Gesundheit und Leben; Klimagunst, medizinische Versorgung, die ergebene Zuneigung und zärtliche Fürsorge von Freunden stellten sich dem Engel des Todes ohne Erfolg entgegen. Seine Annäherung sei zwar langsam, aber sicher, sodass dieses Leben für ein besseres aufgegeben werden müsse.

Seinem Engel begegnet Harry Meyer im kältesten Februar seit Menschengedenken, im Traum folgt er einem Eisverkäufer durch unbekannte Straßen, die immer breiter werden. Er geht ihm nach, doch kann er ihn nicht erreichen, sosehr er auch die Hand nach ihm ausstreckt.

Am 4. Februar 1929 stirbt der Argentinier aus Berne im Oldenburger Land, eine hochgeschätzte, beliebte Persönlichkeit, Kaufmann, Schachspieler, früherer Konsul von Bolivien, in Mentone. Über Marseille werden seine sterblichen Überreste nach Hamburg zurückgebracht. Frau Konsul Gretchen Meyer, mit der Tochter Charlotte in tiefer Trauer, lässt eine Anzeige in die Zeitung setzen, dass die Einäscherung nach erfolgter Überführung stattfindet am Sonntag, den 17. Februar 1929 um 2 Uhr nachmittags im Krematorium Ohlsdorf. Die liberale jüdische Gemeinde erlaubt diesen Vorgang. Das »Gemeindeblatt der Deutsch-Israelitischen Gemeinde zu Hamburg« erwähnt in seinem Protokoll der Beerdigungen auf dem Friedhof in Ohlsdorf Harry Meyers Ableben mit keinem Wort.

Zur Trauerfeier kommen aus Berne und aus Bremen »Herris« Geschwister, die Brüder Julius Isaak und Eduard Meyer und die Schwester Ida Jette Koopmann mit ihrem Mann Albert. Sie alle hören dem Harmoniumspiel in der Halle des Krematoriums zu, dann folgen sie der Urne hinaus.

Auch in Hamburg ist es bitterkalt, über die Eisbahnen der zugefrorenen Alster schlittern fröhliche Menschen in dicken Mänteln, auf der weißen Moorweide hinter den Kastanienbäumen türmen sich riesige Schneeberge im Schmuck des Raureifs. Kinder rodeln schon vormittags auf der großen Freifläche vor dem Dammtor, die Schulen bleiben bis in den März hinein geschlossen, infolge von Verkehrsschwierigkeiten unterbleiben Lieferungen von Kohlen, obwohl sie seit Wochen bestellt sind.

Es gibt Kälteferien.

1929 —— **Kapitel 17**

Moorweide

Paul Levy + Anna Levy + Richard Levy + Karla Levy + Heinz (Heinrich Bernhard) Levy + Alfred Levy

Ein Krankenwagen fährt langsam auf der eisglatten Rothenbaumchaussee an den aufgeschobenen Schneemassen am Straßenrand vorbei. Das gelobte Land eines geruhsamen Lebensabends nicht mehr erreichend, stirbt nach kurzer Krankheit der jüdische Privatbankier Paul Levy im Alter von 52 Jahren im Marienkrankenhaus Hamburg. Die dortige Verwaltung setzt einen blau-violetten Stempel auf die Sterbeurkunde mit der Nummer 250. Mit Levy verlässt am 20. Februar 1929, zu einem besseren Leben, ein vierter Bewohner das Haus Rothenbaumchaussee 26, allein zwei in diesem Monat der überwältigenden Kälte.

In Lüneburg war er am 20. März 1876 als zweitältester Sohn des Kaufmanns Louis Levy und seiner Frau Julie geb. Hesse zur Welt gekommen; der Erstgeborene, David, hatte nur einen Monat gelebt. Louis Levy gehörte bereits jener Generation von Harburger Juden an, die nicht mehr biblische Vornamen trugen, wie noch Abraham und Isaac Levy, die sich, aus der Mindener Gegend kommend, in dem wirtschaftlich aufstrebenden Vorort Harburg niedergelassen hatten. Als Händler von Manufaktur- und Modewaren, Wäsche und Galanterieartikeln oder als Auktionatoren, Lotterie-Kollekteure, Haus- und Geldmakler eroberten sie sich hier Existenzen, legten einen Friedhof an und richteten eine großzügige Synagoge im romanisierenden Stil ein.

In der Altstadt von Lüneburg, im zentral gelegenen Haus Brodbänken Nr. 10, verbrachte Paul Levy seine Jugend und kaufmännische Lehrzeit, um ab 1900 ein Bankgeschäft unter eigenem Namen in Hamburg zu betreiben. Unter dessen Adresse Ellernthorsbrücke 14/16 firmierte auch die Zigarettenfabrik der griechischen Gebrüder Sossidi. Nach Art Hamburger Lotterie-Kollekteure, die ganze Bezirke mit ihren Avisen überfluteten, inserierte Levy regelmäßig den An- und Verkauf von Wertpapieren an allen Börsenplätzen zu »coulanten« Bedingungen und versandte Börsenberichte zu Effekten- und Kuxenmärkten, auf Wunsch kostenfrei.

Schon ein Jahr nach Geschäftseröffnung heiratete der Privatbankier Paul Levy Anna Kahn, die Schwester seines späteren Prokuristen Heinrich Kahn. Sie bekamen vier Kinder, Richard, Karla, Heinrich Bernhard und Alfred. Bereits in jungen Jahren erfolgreich, konnte er sein Kontor in die noble Kaiser-Wilhelm-Straße verlegen und eine Wohnung in der Hochallee 23 im Stadtteil Rotherbaum beziehen, ein Haus, das von verschiedenen vermögenden Lotterie-Kollekteuren bewohnt war.

1911 ließ er sich mit seinem Geschäft in der Gerhofstraße 3/5 nieder. Die Umsätze erlaubten es, zusätzlich eine Zweigniederlassung in Hannover zu eröffnen. Gleich in der ersten Weltkriegswoche hatten sich die Mitglieder der Neuen Dammtor-Synagoge zu einer weihevollen Gebets- und Andachtsstunde versammelt. Vorbeter und Gemeinde rezitierten Psalm 91, »Wer in dem Schatten des Höchsten weilt«, Rabbiner Dr. Abraham Loewenthal pries diejenigen glücklich, die zur Verteidigung des Vaterlandes berufen seien. Gemeindemitglied Paul Levy hatte seine Uniform angezogen, regelmäßig hatte er für die Kriegshilfe gespendet, die betont deutsch-patriotische Einstellung vieler assimilierter Juden bewiesen. 1922 nahm er seinen Schwager und Prokuristen Heinrich Kahn als Teilhaber in das Bankgeschäft auf; gleichzeitig wurde die Zweigniederlassung Hannover in eine Hauptniederlassung umgewandelt unter der Firmenbezeichnung »Paul Levy & Co.«.

Den Gremien der Neuen Dammtor-Synagoge angehörend, führte ihn der Weg regelmäßig in den engen Hof in der Beneckestraße zu den Gottesdiensten des als gemäßigt konservativ geltenden Kultusverbandes. Seine Fähigkeiten als Finanzfachmann einsetzend, engagierte er sich besonders in der Depositenkasse milder Stiftungen.

Doch in den Tumulten und Turbulenzen der frühen 1920er-Jahre fielen die Geschäfte ins Bodenlose, in der Firma wechselten die Prokuristen, Kapital ging verloren. Ein sicherer Rückzugsort in Eigentum erwies sich als erforderlich, und das Wohnhausprojekt in der Rothenbaumchaussee erschien ideal, um dort ein geordnetes, ruhiges, etabliertes Leben in einem jüdisch geprägten, liberalen Umfeld zu führen, gehobene Hamburger Kulturangebote wahrzunehmen und hin und wieder Reisen zu unternehmen. Postkarten mit Grüßen aus den 1920er-Jahren belegen Aufenthalte der Levys in Bad St. Moritz, Schweiz, und in Venedig, Italien; eine mitgebrachte Fotografie zeigt das lächelnde Paar, Anna mit einem weißen Sonnenschirm in der Hand.

Der alltägliche Gang in das Büro seines Bankgeschäftes führte Paul Levy in das Rappolt-Haus in der Mönckebergstraße 11. Für die jüdischen Gebrüder Rappolt, Unternehmer für Herrenbekleidung, vornehmlich Regenmäntel, hatte der Architekt Fritz Höger ein Kontorhaus entworfen, das sich mit seiner Fassade stilprägend und augenfällig, aber doch eher zurückhaltend, in die lange Geschäftsstraße eingliederte. Auch hier betrat Levy eine Backsteinumgebung, oberhalb des Portals versehen mit figürlichem Bauschmuck; er durchquerte das Treppenhaus mit den allegorischen Medaillons, stieg ein in den Kreislauf des Paternosters und ließ sich ohne Hast hochtragen in die 1. Etage. Rechtsanwälte, ein Hausmakler, Im- und Exportfirmen teilten sich die weiteren Räume auf beiden Seiten des Flures.

Jedes Mal, wenn die Tagesgeschäfte es zuließen oder erforderten, trat Levy an ein Fenster und schaute hinunter auf die belebte Straße und den gegenüberliegenden Mönckebergbrunnen, dessen Wasser im Sommer unentwegt flossen.Im Repräsentanten-Kollegium der Deutsch-Israelitischen Gemeinde zu Hamburg betreute Paul Levy das Jugendamt, alle fürsorgerischen Maßnahmen bündelten sich dort; der Aufgabenbereich betraf das Kindererholungsheim »Wilhelminenhöhe«, die Kindergärten, den Nachhilfeunterricht, Schulspeisungen und Bildungskurse. Bei der Wiedereröffnung der Neuen Dammtor-Synagoge nach ihrer Renovierung im Oktober 1927, am Vorabend von Rosh Hashana, dem Neujahrsfest, entzündete Rabbiner Dr. Paul Holzer das Licht, es schloss sich die Wiedereinbringung der Torarollen an. Unter den üblichen Gesängen und Gebeten wurden sie, unter Vortritt des Synagogen-Vorstandes, von den Mitgliedern der Verwaltung und des Repräsentanten-Kollegiums, unter ihnen Paul Levy, zur Lade getragen und eingestellt.

Tief traf ihn die Nachricht, dass in der Nacht zum 19. November 1927 die Synagoge in Lüneburg in widerwärtigster Weise beschädigt und beschmutzt worden war. Fünf junge Nationalsozialisten hatten Hakenkreuze an Türen und Fenster gemalt und auf einen Stein vor dem Eingang mit Ölfarbe das Wort »Jude« geschmiert. Zwar wurden die Täter zu Freiheitsstrafen verurteilt, doch schockierte bereits im Oktober 1928 ein weiterer Vorfall. Nach einem Einbruch fanden sich sämtliche Schränke aufgebrochen, zwei vor den Laden hängende Vorhänge waren gestohlen, das Innere der Synagoge war auf gemeinste Weise verunreinigt.

Eine Zeit lang wurde der bürgerliche Bankier aus der Rothenbaumchaussee wegen der Namensgleichheit mit einem der Vorsitzenden der KPD, Paul Levi, von spitzen Zungen ironisch aufgezogen. Das hat sich nun erledigt, denn am Marienkrankenhaus fährt der schwarze Wagen vor.

Zur Beerdigung kommen aus Lüneburg die Brüder Ernst und Otto Levy, natürlich sind auch die Schwestern Martha Levy und Anna

Neumark geb. Levy anwesend. Auch Anna Levys Schwester Paula und ihr Ehemann, der Hamburger Arzt Dr. Julius Lewinnek, stellen sich ein. Zusammen mit seiner Witwe Anna Levy geb. Kahn und den Kindern fahren sie der Limousine des Bestattungsinstitutes hinterher zum Friedhof Ohlsdorf. Eine große Trauerversammlung hat sich am Begräbnisplatz der Deutsch-Israelitischen Gemeinde eingefunden, um der Beisetzung des allseits verehrten Mannes beizuwohnen. Die Trauerrede hält amtsgemäß Rabbiner Dr. Holzer. Er feiert den Dahingeschiedenen als einfachen und schlichten Mann, dessen Kern Güte und Freundlichkeit gewesen seien. Paul Levy sei ein bescheidener Mann gewesen, der auf dem Felde der Arbeit und der Pflichterfüllung gestanden habe, ohne viel Worte zu machen. Darum habe man ihn allseitig geschätzt, in der Verwaltung der Neuen Dammtor-Synagoge wie auch in der »Henry-Jones-Loge«. In seinen Kindern, schließt Dr. Holzer seine Ansprache, werde Paul Levy das Ziel des Psalmisten, dauerhaft zu wirken, erreichen, wenn sie seine durch die Taten seines Lebens ausgedrückte Forderung erfüllten, es ihm gleich zu tun.

Dem Krematorium nach beendeter Zeremonie und endgültigem Abschied den Rücken zuwendend, kehrt die trauernde Familie Levy zurück in das Haus mit der so bedeutungsvoll gestalteten Tür, in das Haus, das Paul Levy 1922 so gerne als Erster hatte beziehen wollen. Und sie bleiben eine Weile in ihrem Schmerz zusammen.

Promenade des Anglais

**Sophie Heinemann | Marie-Angèle Campe |
Martin E. Friedburg + Auguste Friedburg**

Auf die dunkle Spur des Handlaufs, der alle Etagen im Treppenhaus der Rothenbaumchaussee Nr. 26 durchzieht, fällt weiches Licht. Zwei Damen betreten das Foyer. Einzug in die Wohnung der Witwe Clara Thomann hält die Witwe Hermann Heinemann geb. Sophie Alexander. Der Werksdirektor der Firma »Steinway & Sons« Theodor Ehrlich, Clara Thomanns Untermieter, hat sich bereits verändert, das Objekt im 3. Stock links ist frei, die elegante alte Dame, Ende November 1928 aus München eingetroffen, braucht sich und ihren sehr umfangreichen, überaus kostbaren Hausstand nicht einzuschränken. Was die Möbelpacker an Arbeit zu leisten haben, übertrifft noch die Treppensteigerei beim Einzug der Stephanie Nordheim, die großen Pakete, Truhen und Etuis wollen nicht aufhören.

Rechtzeitig genug bezieht Frau Sophie Heinemann das Haus Nr. 26, um noch die zierliche Nachbarin mit dem französischen Timbre, die Witwe Julius Campe, kennenzulernen. Schnell geht man über zum »Bonjour«, es ist kein Problem, auf Französisch miteinander zu plaudern. Sophie Heinemann war oft in Nizza, unzählige Male auf der Promenade des Anglais, sie hat ihren Mann bei seinen Aufenthalten selbstverständlich begleitet, die international berühmte Galerie Heinemann unterhielt dort ihren eigenen »Palais des Beaux Arts«. Das Münchner Kunsthaus galt als exzellent.

Hermann Heinemann war der zweitälteste Sohn des Porträtmalers und Kunsthändlers David Heinemann, der sein Verkaufsetablissement zunächst am Promenadeplatz, dann in der Prinzregentenstraße und schließlich am Lenbachplatz führte. Paris, sicher, verbindet die beiden alten Damen, doch über Hermanns frühe Jahre in Paris spricht die in die Heimatstadt Zurückgekehrte nicht, und eine Geschichte aus dem Jahr 1882 wäre sogar etwas peinlich. Heinemann, das bayerische

Subjekt, war verhaftet worden, nachdem er sich in Künstlerateliers hatte Bilder aushändigen lassen, für freihändigen Verkauf. Als er nicht mehr auftauchte, fanden die düpierten Künstler schnell heraus, dass er eine falsche Adresse hinterlassen hatte. Nur durch ein zufälliges Zusammentreffen auf dem Platz Saint-Germain-l'Auxerrois konnte man seiner habhaft werden.

Er überstand das Malheur, und danach war der glänzende Makler vorzugsweise französischer Künstler und Förderer der »Münchner Schule« solide geblieben, hatte 1885 den Lenbachprozess – es ging um gefälschte Bildsignaturen – unbeschadet hinter sich gebracht, 1905 vom Prinzregenten Luitpold den schmückenden Titel eines »Königlich Bayerischen Geheimen Kommerzienrates« erhalten, hatte Tulpen-Stillleben der Groß-Herzogin Victoria Melita von Hessen, genannt Ducky, Enkelin der englischen Königin Victoria, ausgestellt, eine bürgerliche konservative Klientel mit allerlei Kitsch versorgt und sich an Projekten der Stadt als großzügiger Spender und Preisrichter beteiligt. Alle Anforderungen an einen gewieften Kunsthändler hatte Heinemann glänzend erfüllt, im Münchner Ladenfenster stand gleich vorn ein Porträt des Kaisers, ein französischer Besucher meinte, der Imperator sehe aus wie ein Tenor, und im Hinblick auf gute Kunden in Finanzkreisen fehlte es in Heinemanns Salon nicht an dekorativen Bronzen, die sich bestens als Briefbeschwerer eigneten.

Aber natürlich gab es auch sehr viel Erstklassiges unter Heinemanns Beständen, zu sehen etwa in einer großen Ausstellung altspanischer Meister, und als im Juni 1913 Werke aus der Sammlung des als Moses Klein geborenen ungarischen Finanziers und Kunstsammlers Marcell Nemes versteigert wurden – immerhin 12 Grecos, 4 Goyas, 6 Cézannes, 10 Courbets, 2 Degas, 1 Gauguin, 4 Manets, 6 Renoirs –, hatte Heinemann einen Corot und einen Sisley erwerben können. Deutsche Landschaften gingen darüber hinaus auch immer gut. In London und Amsterdam veranstaltete das »Kunsthaus Heinemann« Ausstellungen, in New York hatte es eine Filiale, wohlhabende Privatsammler zählten zum Kundenkreis.

Die Frau Geheimrat, wie sich die Dame aus jüdischer Hamburger Familie ansprechen lässt, hat im commoden Süden diesseits und jenseits der Alpen manche mondäne Lebensart übernommen. Im Alter von zwanzig Jahren, 1881, hatte die Tochter des Immobilienkaufmanns Isaac Jacob Alexander den Lotterie-Kollekteur Julius Emanuel geheiratet und war an die Hoheluftchaussee gezogen. Doch ihr geliebter Ehemann starb bereits nach fünf Jahren, und in ihr ereignisloses Witwendasein trat der schwungvolle Kunsthändler Heinemann. Er holte sie 1894 als aparte Begleitung an die Isar, in das Reich der Bilder und zu den »Grandes Saisons« der eleganten Welt.

Jetzt, nach so vielen »Expositions«, hat sie ihren eigenen, kleinen »Palais des Beaux Arts« am Rothenbaum bezogen, zurückgekehrt ist sie in die alte Heimat, denn in der Hamburger Grindelallee ist sie aufgewachsen. Bewusst hat sie sich für das dunkle, sachliche Haus mit der gediegenen Wohnkultur entschieden, für sein jüdisches, im Zusammenleben mit christlich getauften Menschen liberales Projekt, dessen vornehmer Bereich bewohnt ist von den Meyers, Liebmanns, Friedburgs, Levys und Hirschs, und beim Eintrag in das Adressverzeichnis der Stadt Hamburg achtet sie darauf, dass als ihre Anschrift neben der Nummer 26 der Rothenbaumchaussee ausdrücklich auch die Nummer 38 aufgeführt wird, Sitz der Deutsch-Israelitischen Gemeinde.

Das Jahr ihres Entrées ist ein Jahr der Wetterkapriolen, der September 1929 bringt eine schier afrikanische Hitze in das Häusermeer der Stadt, die Asphaltdecken der Straßen fangen an zu schwimmen, erst in den späten Abendstunden frischt die Luft etwas auf. Im Viertel hat das Dienstpersonal alle Fenster auf Durchzug geöffnet, glühend verabschiedet sich die Sonnenscheibe, lange noch bleibt ihre Wärme zurück. So, erinnert sich Frau Geheimrat Heinemann mit dem Fächer in der Hand, ist es entlang der Promenade in Nizza gewesen, die Fenster der vielen Hotels und Villen am Meeresstrande blieben noch nachts weit geöffnet und deren Bewohner standen in hellen, leichten Kleidern auf den Balkonen, an die Brüstungen gelehnt, und schauten in der Dämmerung aufs Meer, wie auf einem Bild der Impressionisten. Hier blickt man aufs Curiohaus und alle zwanzig Minuten auf die Straßenbahn, und wenn Wind vom Meer kommt, ist er nicht warm.

Vielleicht würde sie einmal mit dem kleinen Herrn Davidson oben im Haus sprechen, sie hat gehört, er sei Maler, es gebe Bilder von ihm zu sehen in der bekannten Bücherstube von Hans Götz. Und der gewandte, überaus höfliche junge Franzose, der Monsieur Yves Saget, Enkel der Madame Campe und ab und zu bei ihr zu Besuch, der von sich sagt, er diene gleichfalls der Kunst – vielleicht bittet sie ihn einmal auf einen Tee, sofern er die Konversation mit einer alten Dame aushält, mit Sicherheit aber sollten ihn die Gemälde interessieren, die, nach Format, Sujet und Tageslichteinfall angeordnet, die neu tapezierten Wände bedecken.

Die Wärme klingt ab, der Winter rückt allmählich näher. Wieder werden, fast schon erwartungsgemäß, Karten mit schwarzem Rand verteilt. Von der lauten Kulisse politisch bewegter Massen in kurzem Abstand zum Haus Nr. 26, auf der staubigen Moorweide, und von den leisen, aber unaufhaltsamen Schlägen der Standuhr im Wohnzimmer hat sich der Senior der Bank »Martin Friedburg & Co.« für immer entfernt. Martin Eduard Friedburg, als fünfter Todesfall des Hauses, segnet im hohen Alter von 86 Jahren das Zeitliche, dessen Aufregungen, Anfechtungen und Abstürze, am Dienstag, dem 10. Dezember 1929, vier Monate nach dem Ableben seines Bruders John. Schweigend wird der Sarg durch die offene Tür getragen.

Im alten Krematorium zu Ohlsdorf findet die Trauerfeier für ihn statt, in einem Meer von weißen Dahlien und Chrysanthemen und einer Fülle von Kränzen ist der Sarg aufgebahrt. Familienangehörige, Verwandte, viele Vertreter der hamburgischen Bankenwelt und Großkaufmannschaft haben sich versammelt. Das zarte Geigenspiel – ein Adagio von Franz Schubert – einer nahen Verwandten leitet die Feier stimmungsvoll ein. Die Gedächtnisrede hält einer der Enkel des Entschlafenen, der Rechtsanwalt Dr. Adolph Heinichen. Ein feinsinniges Lebensbild des Großvaters wird gezeichnet, und Heinichen schließt mit den Worten, allen, die ihm nahestanden, sei Martin Eduard Friedburg ein leuchtendes Vorbild gewesen. Von der Empore herab erklingt der »Reigen sel'ger Geister«, von Geige und Harmonium gespielt, dann versinkt der Sarg.

Tochter Auguste Friedburg entschließt sich, vom Falkenstein in die Stadt zu kommen und nach der Wohnung in der Rothenbaumchaussee zu sehen. Sie hat viel zu regeln und zu betrauern.

Und natürlich kondoliert auch die jüdische Witwe Sophie Heinemann. Sie selbst wird den Grindelfriedhof aufsuchen, um auf dem Grab der anderen Sophie Alexander, der Frau des berühmten Adolph Alexander, des langjährigen Vorstehers der Deutsch-Israelitischen Gemeinde, einen kleinen Stein zu hinterlassen.

Briefe und Annoncen

Henri Hirsch + Roberta Hirsch verwitwete Benjamin + Alfred Benjamin + Ludwig Hirsch + Charlotte Hirsch + Werner Hirsch | Martin E. Friedburg + Auguste Friedburg + Lina Friedburg | Edward F. Butler | Adolf Laspe | Harry Meyer

Wegen seiner Fachkenntnisse als Röntgenfacharzt sehr gefragt, reist Dr. Henri Hirsch zu verschiedenen medizinischen Kongressen, er hält Vorträge und trifft Kollegen aus aller Welt. Seine Frau Roberta begleitet ihn. Aus den Grandhotels der Kongress- und Kurorte Karlsbad, Wiesbaden, Baden-Baden schicken die besorgten Eltern Hirsch – Briefpapier mit dem Adressaufdruck »Rothenbaumchaussee 26« verwendend – ihre Grüße und Anweisungen nach Hause. Roberta wundert sich, dass das Treppenhaus daheim schon wieder gestrichen wird, und beruhigt ihren Stiefsohn Alfred Benjamin, sein Hörproblem werde sich schon bessern, er möge nur Geduld haben.

Besonders der Vortrag in Dresden verläuft sehr gut, und darum will sich das Ehepaar ein wenig Erholung gönnen. Dr. Hirsch erwägt eine Reise nach Menton, doch es ergibt sich anders, sie bleiben weiterhin im Kurhaus-Parkhotel »Weißer Hirsch«.

Wissenschaftliche Tagungen haben einen hohen Stellenwert für den jüdischen Arzt, und gern denkt er zurück an seine Teilnahme am Kongress der »Balneologischen Gesellschaft«, als die »Hamburg Südamerikanische Dampfschifffahrts-Gesellschaft« an Bord des Dampfers »Cap Finisterre« ein Frühstück gab. Sein Vortrag über physikalische Heilmethoden in der Hand des praktischen Arztes war mit lebhaftem Beifall aufgenommen worden.

Täglich schreibt die Familie Hirsch Briefe hin und her mit Berichten über schulische Ereignisse und die Wetterlage. Vater Henri mag weder Regen noch Hitze, er rät zur Vorsicht beim Schwimmen, bekräftigt seine Freude über das Wohlergehen der Söhne. Alles der Gesundheit

1930*

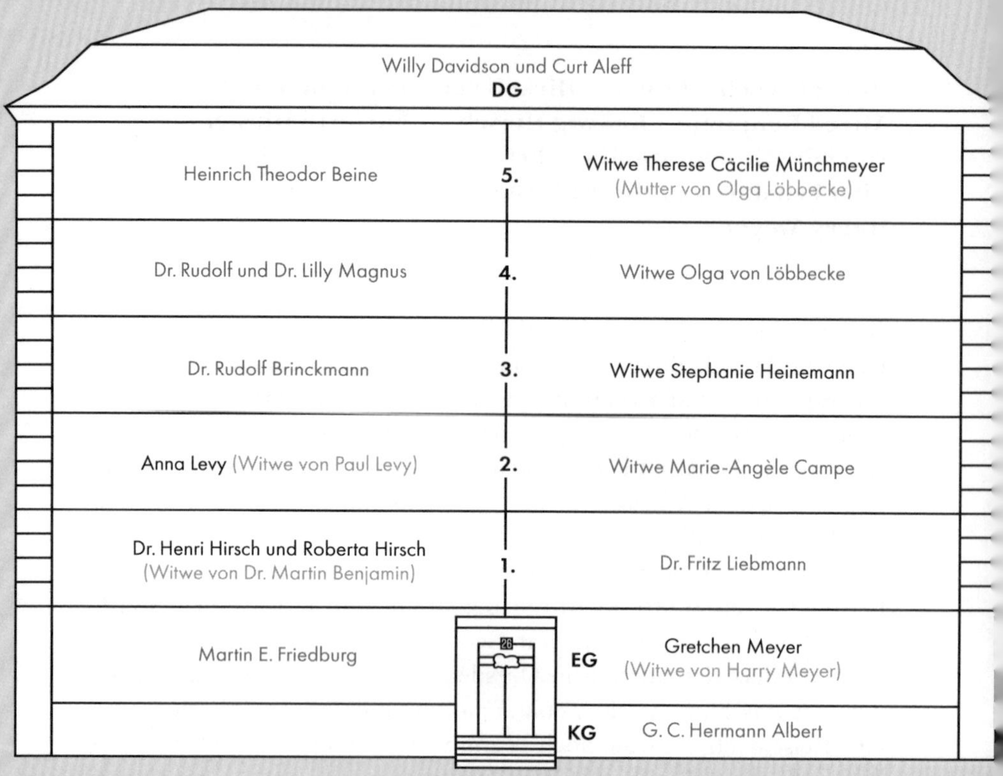

* Das »Hamburger Adressbuch« bezeichnet den 1. Stock in manchen Jahren als »Obererdgeschoss« , sodass die Nummerierung der Etagen darüber entsprechend variiert. Dadurch wechselt die dort verzeichnete Stockwerkzuordnung der gemeldeten Personen. In diesem Buch wird die zuerst erfasste Zuordnung der gemeldeten Personen beibehalten und weicht darum in Einzelfällen vom »Adressbuch« ab.

Zuträgliche – wie Ausflüge in den Sachsenwald – findet seine ungeteilte Zustimmung, und weiterhin möge man gute Bücher aus der Schulbibliothek ausleihen. Roberta setzt innige, handschriftliche »Schabbesküsse« unter die Grüße.

Am schulischen Religionsunterricht lässt Dr. Hirsch seine Söhne allerdings nicht teilnehmen, da er mit Dr. Alfred Veis, dem zweiten Tempelprediger der liberalen jüdischen Gemeinde, wohnhaft in der Bornstraße, als Lehrer nicht einverstanden ist. Für den privaten, häuslichen Religionsunterricht kommt für ihn nur Dr. Paul Holzer aus der Brahmsallee 12 in Frage. Dr. Holzer, aus Breslau stammender Rabbiner, ist seit März 1923 im Amt an der Neuen Dammtor-Synagoge, jenem 1895 erbauten Gebäude im maurisch-orientalischen Stil, das Paul Levy zu Lebzeiten regelmäßig aufgesucht hatte. Dr. Holzer gilt als jemand, der einen Mittelweg zwischen dem liberalen Tempelverband und dem orthodoxen Synagogenverband beschreitet. Am Heinrich-Hertz-Realgymnasium führt er den Religionsunterricht für jüdische Schüler ein, der vorher nicht angeboten wurde. Auch dem von einer Auslandstätigkeit in Buenos Aires zurückgekehrten quirligen Sohn »Lusch«, Ludwig Hirsch, davon ist Vater Hirsch überzeugt, wird die Stunde bei Dr. Holzer guttun.

Wieder in Hamburg, kümmert sich Roberta um die Pflege ihrer Mutter Helene Goldtree in der St. Benedictstraße. Großmutter Charlotte Hirsch hingegen geht es besser, sie sitzt gern in ihrem Stuhl im kleinen Zimmer der Wohnung Rothenbaumchaussee. So vergehen die Tage ... Roberta Hirsch eilt zwischen den Adressen der noch lebenden Großeltern hin und her, Dr. Holzer kommt zum Unterricht, Dr. Hirsch praktiziert in seiner Klinik, die Söhne gehen zur Schule.

Sohn Werner macht seinen Führerschein, fährt die Eltern schon mal spazieren. Seine kaufmännischen Geschäfte laufen nun zum Glück etwas besser. Im Sommer, wenn Dr. Hirsch auswärts auf Kongressen weilt und Roberta ihn begleitet, bereiten die Hausangestellten Frieda und Resi, die »Mädchen«, Tee für die Jungen, mit Zitrone und Zucker.

Im Erdgeschoss der Rothenbaumchaussee Nr. 26 sind Möbelpacker beschäftigt; die Wohnung des verstorbenen Martin Eduard Friedburg bezieht seine Tochter, Fräulein Auguste Friedburg, genannt »Gusti«, von Beruf technische Assistentin. Ihr Bruder Victor Leopold Friedburg, der das väterliche Bankgeschäft in der Mönckebergstraße weiterführt, hat eine christliche Frau geheiratet. Die Kinder der Friedburgs, namentlich die Söhne Rudolf, Helmut und Günter, betrachten und fühlen sich als Protestanten.

Gusti Friedburg, schon über 50 Jahre alt, bleibt unverheiratet. Dem »Verein Öffentliche Bücherhalle« in Blankenese ist sie fördernd verbunden, um Schmutz- und Schundliteratur durch gute Lektüre zu verdrängen und unentgeltlich Bücher zur Ausleihe anzubieten. Der »Gesellschaft zur Förderung der Amateur-Photographie zu Hamburg« hat sie für einen Wettbewerb mit Ausstellung einige Falkensteiner Aufnahmen geschickt, die einen Ehrenpreis erhielten. Das Fotografische liegt ihr, und die bildnerische Arbeit ist nicht allein ein Hobby: Im Weltkrieg hat sie als Röntgenschwester gearbeitet.

Laut Erbfolge steht der technischen Assistentin ein Drittel der Anteile der Erbengemeinschaft Friedburg zu. Martin Friedburgs Schachspiel bleibt am Platz, doch stattet sie die Wohnung mit zahlreichen Bildern aus, zum Beispiel vom Falkensteiner Ufer. Und sie holt ihre kranke Schwester Lina Friedburg zu sich in die Wohnung, um sie zu pflegen.

Ihre Vorliebe für das Fotografieren wird geteilt vom jungen Alfred Benjamin, dessen Ohrenleiden – Ursache unklar – seinen Sinn für alles Visuelle bestärkt. Er tritt eine Lehre in dem Hamburger »Fotoatelier Arnold Mocsigay« am Neuen Wall an. Seinem Stiefvater Dr. Henri Hirsch geht Alfred im Röntgeninstitut in der Alten Rabenstraße zur Hand, er lernt die Technik der Röntgenaufnahme und Filmentwicklung in der Dunkelkammer.

Mit seiner »Agfa Billy« dokumentiert er den Hafen und die Stadt, Familienfeste und Konzertveranstaltungen, Jubiläen und die Mitglieder des jüdischen Jugendbundes »Esra«. Seine Stiefmutter Roberta Hirsch fotografiert er im Gespräch mit Oberrabbiner Dr. Joseph Carlebach durch das Autofenster: Der bärtige Brillenträger schaut von draußen ins Innere des Wagens. Sorgfältig sammelt Alfred seine Aufnahmen in Kisten und Kartons.

Der Herbst schreitet fort, schon wieder ist der Winterdom mit seinem mächtig anschwellenden Getön zahlloser Domorgeln eröffnet worden. In langen Strömen zieht eine Völkerwanderung zu der glitzernden Budenwelt mit den Abertausenden von elektrischen Glühbirnen, die so schwer fotografisch abzubilden sind wie fast alles in künstlichem Licht Befindliche. Die gleißenden Namen der großen Fahrgeschäfte »Hugo Haase« und »Schippers & van der Ville« leuchten in den Himmel, es duftet nach Schmalzkuchen und Kartoffelpuffer, und Alfred erinnert sich an jenen Nachmittag, den er als Kind mit seinem leiblichen Vater Dr. Martin Benjamin zwischen all den käuflichen Verheißungen verbracht hat. Sein jetziger stiefväterlicher Freund, Dr. Henri Hirsch, würde wohl kaum den Weg zu den Glücksrädern, Karussells und gar nicht koscheren heißen Würstchen finden.

Neue Zeilen der Anteilnahme werden geschrieben. Lina Friedburg stirbt am 8. Mai 1930 in der Rothenbaumchaussee 26, Victor Leopold

Friedburg unterzeichnet die Todesanzeige in den »Hamburger Nachrichten« mit dem schwarzen Rand im Namen der tief trauernden Familie. Direkt darunter erscheint die größere Annonce des Gauführers Karl Kaufmann; sie vermeldet, dass plötzlich und unerwartet Pg. Willi Burat, Geschäftsführer der Nationalsozialistischen Deutschen Arbeiterpartei, Gau Hamburg, an den Folgen seiner schweren Kriegsverletzung gestorben sei. Die Beisetzung sei bei der von der Partei bevorzugten Kapelle 5 des Ohlsdorfer Friedhofs vorgesehen.

Die braune Bewegung ist ganz nah herangerückt.

Auguste Friedburg mag bald nicht mehr in der Rothenbaumchaussee bleiben, schaut sich nach einem Wohnstift um. Die große, hallende Wohnung wird vermietet an Mr. Edward Francis Butler, Joint Manager der »Barclays Bank, Dominion, Colonial & Overseas, Hamburg Branch«. Bis 1925 trug dieses Tochterunternehmen der Barclays Bank den Namen »The Colonial Bank, Hamburg Branch«.

Die Bank, die zu den »Big Five« im britischen Bankwesen zählt, ist nach dem Willen ihres Präsidenten, Mr. Frederick Craufurd Goodenough, auf dem Weg zu einer umfassenden »Empire-Bank«, und die hohe Kapitalausstattung deutet auf die Größe der Aufgabe hin, die englischen Überseeinteressen noch enger mit dem Finanzzentrum London zu verknüpfen. Zusammen mit Frank Eliot Bettis, Hugo Gustav Adolph Haverlandt und Adam Friedrich Vossen hat Mr. Butler Gesamtprokura der Zweigniederlassung erhalten. Die Herren berichten an Direktor Walter Osborne Stevenson zu Ashburn Elm Park, Pinner, Middlesex. Das Spektrum der Tätigkeiten reicht von allgemeiner Kreditgewährung bis zur Finanzierung von Geschäften mit Landesprodukten wie Jamaika-Piment. Mr. Butler ist ein kleiner, untersetzter Herr, sein Taschentuch passt stets tadellos zu seiner Krawatte, und selbstverständlich verfügt er über ausgesucht gute Manieren, vor allem gegenüber Damen.

Im Haus der ehemaligen Privatbanker Levy und Friedburg und der drei Prokuristen der Warburg-Bank sind Mr. und Mrs. Butler bestens aufgehoben. Lilian Gladys Butler ist eine geborene Brunette, mit Herkunft Cape Town, beide Gatten haben die Staatsangehörigkeit der Südafrikanischen Union. Mr. Butler hat sich seine ersten Sporen als Banker verdient bei der »National Bank of South Africa«, im Nachgang an die 1915 erfolgte Übernahme der »Deutsche Afrika-Bank«. Jenes Finanzinstitut für die deutschen Schutzgebiete in Südwestafrika mit Hauptsitz in Hamburg, getragen von der »Norddeutschen Bank«, der Handelsfirma »C. Woermann« und der Berliner »Disconto-Gesellschaft«, unterhielt Zweigsitze in Lüderitz, Swakopmund und Windhoek, die zu prägenden Stationen im Leben des Südafrikaners werden sollten.

Fünf Jahre musste er als Buchhalter in der trostlosen, aber diamantreichen Stadt Lüderitz verbringen, wo Süßwasser so kostbar war wie eben jene begehrten Steine; und wenn der Kondensator, der das Meerwasser entsalzte, ausfiel, war es notwendig, sich mit importiertem Sodawasser zu rasieren.

1925 hatte er es beruflich zum Manager gebracht, fünf weitere Jahre verbrachte er in Windhoek. Nach insgesamt fünfzehn Jahren Aufenthalt in der ehemaligen deutschen Kolonie südlich der Walfischbucht hielt man ihn für ausreichend qualifiziert, nach Hamburg zu wechseln.

Mühelos findet er Anschluss in lokalen Handels- und Bankenkreisen. Natürlich ist die Übersee-Firma »Arnold Otto Meyer« des ehemaligen Bewohners Adolf Laspe Mr. Butler ein Begriff, schließlich ist Laspes Partner Franz Heinrich Witthoeft Aufsichtsratsvorsitzender der Commerzbank.

Auch bekommt er bald mit, dass im Etagenhaus Rothenbaumchaussee 26 harmoniebetonter Wohlklang gepflegt wird, durch oft geübte Hausmusik und Einsatz großformatiger Grammophone, besonders in den akademischen Familien Dr. Hirsch, Dr. Magnus und Dr. Liebmann, aber auch bei Konsul Meyer. Die Beliebtheit solcher Geräte hat Folgen; Grammophonwerte geraten auf dem Aktienmarkt in Bewegung, und die Unternehmen »Columbia Grammophone« und »His Master's Voice« fusionieren. Fusionen, besonders auf dem Geldmarkt, finden des »Barclays«-Bankers waches Interesse. Viel Englisch wird jetzt im Haus gesprochen, und immer wieder hört man Mr. Butlers schallendes, anhaltendes Lachen.

Die letzte Campe

Marie-Angèle Campe + Yves Saget

In der Frühe nimmt Witwe Julius Campe den Aufzug und verlässt die Rothenbaumchaussee Richtung Dammtorbahnhof, eine Kraftdroschke wartet bereits, die Moorweide liegt noch leer, gleichwohl ist schon viel los auf den Straßen. Vom Fenster ihres Zugabteils wirft sie einen Blick auf Speicherstadt und Elbe, die letzte Ansicht der Stadt auf der Fahrt nach Westen. Danach lehnt sich die alte Dame zurück, denn die Reise ist lang, sie weiß es genau, oft genug hat sie sie gemacht.

Die Zugfahrt verläuft ruhig. Nach vielen Stunden kommt sie in Paris an, der ville lumière, der Stadt der Städte, es wird Sommer, viel Volk sitzt auf den Rasenflächen, möglichst am Wasser. Fremde strömen in Massen aus den Bahnhöfen herein, Werbeplakate für Luxusartikel füllen Wände neben den Metrostationen, Gemüsekarren kreuzen die Straßen, zahllose Vehikel lärmen auf den Boulevards vorüber.

Frankreich, hat sie einst ihrem ersten Anwalt Dr. Oppenheimer geschrieben, schützt seine Frauen, und diesem Schutz hat sie ihre Töchter anvertraut, die durch Heirat französische Staatsbürgerinnen geworden sind. Gabriele Louise, die ältere – die Julius Heinrich Wilhelm Campe besitzergreifend zunächst dazu bestimmt hatte, bei ihm zu bleiben, obwohl er das damals zweieinhalbjährige Mädchen durch Dritte erziehen lassen wollte – hat vor dem Notar Maître Bonon einen Ehevertrag mit dem Bildhauer Guillaume Marie Joseph Saget unterschrieben, eine damals übliche Prozedur vor der eigentlichen Hochzeit. Ihr Sohn Jean Guillaume Yves Saget wurde 1903 geboren.

Die Campe-Tochter, sie nennt sich inzwischen Gabrielle und bezeichnet sich als Kunstmalerin, hat in Paris schnell Zugang zu vornehmen Kreisen gefunden, sich in literarischen und künstlerischen Zirkeln bewegt, unter denen der »Saphir Royal« des Grafen Camille de la Houssaye besonders von sich reden machte. Die landläufige Annahme in den Salons, ihr Vater – und nicht der Großvater – sei der Verleger des berühmten Henri Heine, hatte ihren Ambitionen durchaus nicht im Wege gestanden. Im März 1898 ging die Mitteilung ihrer

Verlobung mit dem Grafen durch alle großen Gazetten der Hauptstadt, still und ohne Klatsch wurde die kapriziöse Liaison wieder beendet.

Die Verbindung mit Guillaume Saget ist gesellschaftlich weniger spektakulär. Ihr Ehemann ist der bildenden Kunst abhandengekommen und beteiligt sich in Neuilly-sur-Seine, im noblen Westen der Stadt Paris, an einem Autohaus. Angegliedert an die Kette »Splendid Garage«, bietet er im Etablissement des Garagisten Joseph Danic geräumige Parkplätze mit Service und Werkstatt an für die vielen neuen Luxuskarossen des arrivierten Bürgertums im Quartier und für reiche Liebhaber schneller Maschinen.

Oliva Angèle Campe ist die Ehe eingegangen mit dem wohlhabenden Theaterleiter Edmond Arthur Dénise Bouchard, ihre Kinder heißen Jules Edmond Alphonse und Elise Angèle Oliva. Zu den von Edmond Bouchard betreuten Unterhaltungsbetrieben in Paris und seiner Heimatstadt Toulon zählen das einst von dem Komponisten Jacques Offenbach gegründete »Théâtre des Bouffes-Parisiens« und das »Théâtre des Folies dramatiques«.

Auch Madame Campes Urenkel Myrian ist da, und es freut sie, dass der inzwischen 26-jährige Yves sich zur Vaterschaft seines unehelichen Sohnes bekennt und die Mutter, die Haushälterin der Familie Saget, Jeanne Robert, nicht allein mit dem Kind sitzen lässt.

Wegen der schwierigen Erbschaftsangelegenheiten in Hamburg ist einiges zu besprechen, doch dann gilt es endgültig Abschied zu nehmen. Im Kreise ihrer Familie stirbt, noch vor dem Sommer, Marie-Angèle Campe geb. Lunot im Alter von 79 Jahren in Paris, der Stadt, die das Leben feiert. »Les Heures de Paris«, die Tagesempfehlungen des »Figaro«, schlagen an diesem 1. Juli 1930 Tee im »Ritz« und Abendessen im »Viking« vor, man tanze und amüsiere sich dort in eleganter Umgebung. Die Familien Saget und Bouchard hingegen tragen Trauer und respektieren Marie-Angèles letzten Wunsch nach Bestattung auf dem Ohlsdorfer Friedhof in Hamburg.

In Kapelle 8 in Ohlsdorf wird inmitten ungewöhnlich üppiger Blumenpracht der mit roten Rosen geschmückte Sarg der letzten Trägerin des berühmten Verlegernamens Campe aufgebahrt. Die Presse nimmt wahr, dass die beiden Töchter, Enkel und Urenkel gekommen sind, um der Entschlafenen die letzte Ehre zu erweisen. Als Vertreter des französischen Generalkonsulats ist Herr André Mandeville erschienen, im Auftrage des Altonaer Magistrats legt Museumsdirektor Prof. Dr. Otto Lehmann einen Kranz mit weißer Schleife nieder. Die Feier wird eingeleitet mit Robert Schumanns »Träumerei«, unter den Klängen der »Matthäus-Passion« wird der Sarg hinausgetragen.

Professor Lehmann ist taktvoll genug, um die Sprache nicht auf das Heine-Denkmal zu bringen, das 1927 in den Besitz der Stadt Altona übergegangen ist. Er kennt die Vorgeschichte und weiß, dass die Verstorbene um die Aufstellung des Monuments in Hamburg seinerzeit geradezu wie eine Löwin gekämpft hatte. Aber da die Gelegenheit nicht wirklich passend erscheint, grüßt und entfernt er sich, die beiden französischen Familien fahren zurück in die Stadt.

Mit ihren Kindern und Männern spazieren Oliva und Schwester Gabrielle durch das Grindelviertel zur Schröderstiftstraße, wo sie einst – im Anschluss an ihre Flucht ins »Alster-Hôtel« – Aufnahme bei Großmutter Louise gefunden hatten. Die hatte ihre Schwiegertochter Marie-Angèle vehement gegen den eigenen Sohn in Schutz genommen, er bewege sich in entsetzlicher Umgebung. Von dort waren die drei Frauen damals in den 1. Stock einer Wohnung in der Grindelallee gezogen, danach in den 2. Durchschnitt, an die Ecke des alten jüdischen Grindelfriedhofs mit dem Grab der Betty Heine. Etliche Jahre ihrer Hamburger Jugend verbrachten sie oft kränkelnd, bis sie als junge Damen nach Frankreich zogen.

Bei aller Veränderung des Grindelquartiers wird doch das eine und andere wiedererkannt und die Straßen allgemein als recht schmal empfunden, besonders im Vergleich mit Paris, alle drei Enkel sehen das ohnehin so. Als teilweise elegante Meile hatte der Grindelhof in jenen Tagen gegolten, koschere Läden gab es mit feinsten Delikatessen, aber auch Modegeschäfte und Cafés. Und sehr viel ruhiger war es damals.

Die Wohnung in der Rothenbaumchaussee betreten sie im Wissen, dass manches aufzuheben, vieles aufzulösen ist, gehen durch die verlassenen Räume, rühren zunächst wenige Dinge an, schauen aus den Fenstern, wenden sich um, sehen ihre gerahmten Kinderbilder auf der Kommode stehen, finden die Briefe, die sie geschickt haben. Die Nacht werden sie lieber in einem Hotel verbringen, es steht ihnen bevor, was sie alles zu erledigen haben in den kommenden Tagen.

Da nur die Ehemänner der Töchter von der Nutznießung ausgeschlossen sind, kann Gabrielle Sagets Sohn Yves ein Hamburger Erbe antreten, er erhält die Grundstücke mit Mietshäusern in den Colonnaden 50/58, in der Wexstraße 31, Vorsetzen 1 und der Schauenburgerstraße 59, dem ehrwürdigen Stammhaus des Verlags »Hoffmann & Campe«. Heinrich Heine hatte dort in alter Zeit seinen Verleger Campe aufgesucht, Yves' Mutter und seine Tante Oliva sind dort geboren worden. Zum Erbe gehört nicht zuletzt die Wohnung seiner Großmutter in der Rothenbaumchaussee 26. Jean Guillaume Yves Saget, der, den Interessen seiner Eltern folgend, in Pariser Künstlerkreisen verkehrt – bei Ausstellungen im Wintersalon haben seine Landschaftsbilder Erwähnung gefunden –, lässt sich einschreiben in das Buch der Hamburger Adressen, auch er mit der Berufsbezeichnung »Kunstmaler«.

Bevor sie Hamburg wieder verlassen, sind noch zwei Dinge zu regeln. Es ist zu besprechen, wie man sich zum Heine-Denkmal stellen solle. Dieses Erbe ist durchaus ein Problem, die beiden französischen Familien diskutieren lebhaft ihre gegensätzlichen Ansichten. Gabrielle und ihr Mann Guillaume haben kein Interesse an dem Klotz, was bei Oliva und ihrem Mann Edmond auf Unverständnis stößt: Das sei unbedingt ein Affront gegen die Mutter, findet die jüngere Tochter. Und es sei kein Klotz, sondern ein Kunstwerk, geschaffen von dem dänischen Bildhauer Ludvig Hasselriis, im Auftrag von Kaiserin Elisabeth von Österreich für ihren Besitz auf der griechischen Insel Korfu, Achilleion genannt. Gabrielle Saget hält dagegen. Nicht aus fehlender Liebe zu Henri Heine, sondern aus Kenntnis dessen, was seinem Abbild seit der Aufstellung in Hamburg an Hass, an Besudelung, an Diffamierung entgegengeschlagen sei, sei sie bereit, jeglichen Anspruch auf die Statue des Loreley-Dichters aufzugeben. Aber gerade das, erwidert die kämpferische Oliva Bouchard, sei Grund genug, den deutschen Fanatikern nicht nachzugeben, sondern das Ebenbild des Meisters der Schändung zu entziehen, ganz im Sinne der geliebten Mutter, die stets unnachgiebig und bis zum Äußersten gestritten habe für das, was sie als ihr Recht ansah.

Der Abend bricht an, ohne dass man sich verständigt hat. Man ist bei der Diskussion durch die Wohnung gelaufen, hat sich hingesetzt, ist wieder aufgestanden, die Gläser in der Vitrine, man hat sie wiedererkannt und benutzt, zwischendurch wurde es auch still.

Zum Beweis, dass sie keineswegs herzlos und egoistisch ist und auch nicht vergessen habe, wem sie was verdanke, geht Gabrielle am kommenden Tag noch einmal los. Es ist ihr ein persönliches Anliegen, bei der Auflösung der alten Friedhöfe vor dem Dammtor, die seit einiger Zeit stattfindet, das Grab ihres Großvaters, des wahren Heine-Verlegers, mit den fünf schlichten, eisernen Kreuzen nicht einfach einebnen zu lassen. Sie veranlasst bei der Hamburger Friedhofsverwaltung, dass die Gebeine von Julius Johann Wilhelm Campe und seiner Ehefrau Louise Friederike geb. Giese von dem ehemaligen St. Petri-Begräbnisplatz nach dem Ohlsdorfer Friedhof überführt werden.

Reitervereinigungen

Olga von Löbbecke + Asta von Löbbecke + Ilse Selma von Löbbecke + Erika Olga von Löbbecke

Zur Begeisterung der Sportreiterin und Kavalleristenwitwe Olga von Löbbecke bietet sich Ende April 1931 ein besonders imposantes Bild. Das Karree auf der Moorweide ist von der Polizei nach bewährtem Muster mit langen Haltetauen abgesperrt, ein Wall aus neugierigen Menschen verharrt am Rand wie eine Mauer, graue, regenschwere Wolken hängen am Himmel beim Durchmarsch der Reichswehr-Kavallerie mit Heerlager. Auf Kommando sitzen alle Reiter synchron ab, errichten Gewehrpyramiden und versorgen die Pferde mit Wasser, während aus dem Publikum Liebesgaben in Form von Zigaretten überreicht werden.

Noch wird es von der Polizei als Provokation und Störung der Veranstaltung empfunden, dass das sichtbar in der Nähe liegende Parteibüro der Nationalsozialisten, Moorweidenstraße 10, zu Ehren der Reiter die Parteifahne über dem Balkon ausgebreitet hat; oft ist es in der Gegend schon zu heftigen Rempeleien mit politisch Andersdenkenden gekommen. Die Fahne wird durch die Polizei entfernt. Die Kavallerie sitzt wieder auf und lässt aufgewühlte Erde zurück.

Hamburg, so sehen es die Mitglieder der noblen Reitervereinigungen Rotherbaum, Uhlenhorst und Flottbek, war schon immer Pferdehochburg. Beim exklusiven »Reitbahnverein Rotherbaum«, in dem sich deutschnationale Hanseaten, Wehrmachtsoffiziere und Angehörige des Adels treffen, ist Olga von Löbbecke als bedeutende Unterstützerin in allen Bereichen stets mit Rat und Tat zur Stelle. Den jüngeren Mitgliedern des Reitervereins, der später als »Turnier- und Jagdreitklub am Rothenbaum« geführt wird, gilt sie wegen ihres phantastischen Könnens als absolute Respektsperson, vor der Haltung anzunehmen ist. Die schlanke Dame reitet sturzfrei, im Damen- wie im Herrensattel, hat geglänzt bei Turnieren, ist Meisterin der Dressur, nimmt teil an rasanten Schleppjagden, getreu dem Motto der berühmten Verdener Jagden: »Alle Hindernisse sind fliegend zu springen.«

Der zum Verein gehörende Handelsstall bei der »Reitschule Rotherbaum GmbH« wird betreut von Gustav C.H. Schlüter, der zahlreiche Reit-, Jagd- und Turnierpferde besitzt. Etwa 70 Pensionspferde sind hier untergestellt. Zu ihren Besitzern zählen Kaffeeröster Cäsar Darboven, Verleger Kurt Broschek, der Neurologe und Psychiater Prof. Dr. Max Nonne, natürlich Olga von Löbbecke selbst und ihr Neffe, der Bankier Alwin Münchmeyer der Jüngere. Auch über den Reitsport hinaus unternimmt man gelegentlich gemeinsame Aktivitäten, etwa bei einer Vergnügungsfahrt mit dem Schiff »Ubena« der »Deutschen Ost-Afrika Linie«.

Die vier Löbbecke-Kinder werden selbstverständlich früh ans Pferd herangeführt. Sohn Gerhard gerät indes weniger nach den Husaren als nach den Apothekern der verzweigten Löbbecke-Sippe. Er hat Chemie studiert, als Dr. Ing. war er zunächst im Laboratorium der »Dynamit Nobel AG« in Krümmel bei Geesthacht tätig. Zum Ausgang des Winters 1930 dann hat er nach Boizenburg an der Elbe zu den »Duensing-Bicheroux-Werken« gewechselt, führend in der Herstellung von hochwertigen Platten, Fliesen und Kacheln. Dr. von Löbbecke wird verantwortlicher Leiter der Gütekontrolle im Duensing'schen Werk und widmet sich der ständigen Verbesserung der Produktqualität, um den Weltruf der Boizenburger Fliesen aufrechtzuerhalten. Die Jugendstilmotive der Fliesenfabrik sind berühmt und weit verbreitet, sie schmücken zahllose Hamburger und Berliner Hausflure. Der aus Bremen stammende Geschäftsmann Hans Duensing, Sohn eines Porzellanhändlers, hatte seine Werksgründung äußerst erfolgreich an einem Haltepunkt der Zugstrecke zwischen Hamburg und Berlin mit direkter Anbindung an die Elbe betrieben. Vom Hamburger Architekten Fritz Höger ließ sich Duensing eine Kantine und ein Mädchenheim für ledige Fabrikarbeiterinnen planen.

Die Frau des Inhabers ist die erfolgreiche Turnierreiterin Rica Duensing. In Boizenburg ist es Werksgespräch, dass die attraktive Ungarin einen aufwendigen Lebensstil pflegt und als Dressurreiterin einen kostspieligen Reitstall direkt neben dem Fabrikgelände unterhält. Dort lässt sie ihre Pferde von dem Berufsreiter Karl Lietz, einem ehemaligen Offizier am Militär-Reit-Institut Hannover, ausbilden. Lietz wechselt als Privat-Reitlehrer an den Tattersall Rotherbaum in Hamburg, Frau von Löbbecke reitet bei Prüfungen Rica Duensings Pferde.

Olga von Löbbeckes älteste Tochter Asta Gertrud, drei Jahre jünger als ihr Bruder Gerhard, wird Lehrerin. Die jüngere Tochter Ilse Selma bleibt bei ihrer dominierenden Mutter. Sie wohnt mit ihr zusammen in der Rothenbaumchaussee und ist für sie da, ihr Leben lang. Die jüngste Tochter Erika Olga wird später in die Familie Eversbusch einheiraten und nach Mexiko ziehen.

Olga von Löbbeckes Cousin ist Carl Vincent Krogmann, Sohn einer alteingesessenen Hamburger Familie von Reedern und Bankiers. In zwei Jahren, zu Beginn der Zeit des Nationalsozialismus, dessen Ideale und Lehren er auch nach dem Zusammenbruch und bis zu seinem Tode unbeirrt vertritt, wird er zum Ersten Bürgermeister der Stadt Hamburg unter Reichsstatthalter und Gauleiter Karl Kaufmann ernannt werden.

Auch staatspolitisch ist man dann Hamburg.

Die Untergrundbahn hat den Betrieb aufgenommen, fährt zuverlässig und ist inzwischen zu einer gewohnten Einrichtung geworden. Für die in der Straße spielenden Jungs der Umgebung ist es ein großer Spaß, von oben die U-Bahn-Wagen vorbeisausen zu sehen. Man schaut durch die Roste der Entlüftungsschächte und stellt physikalische Experimente an, fragt sich zum Beispiel, wie lange wohl ein fallen gelassener Kieselstein braucht, bis es unten »Klack!« auf dem Waggondach macht. Hans Hirschfeld gibt den jungen Forschern das Zeichen, der Stein fällt… In den Waggons heben sich kurz die Blicke von den Zeitungen.

Die Fahrt endet am Jungfernstieg. Musiker spielen auf vor dem »Alsterpavillon«, zwei Geigen ertönen, eine Mundharmonika, eine Ansammlung von Menschen umgibt sie, man summt die bekannten Melodien mit. Plötzlich bricht das Trio ab, rennt davon, Polizei ist aufgetaucht, um gegen das Betteln, verboten selbst bei Kunstdarbietung, einzuschreiten. Doch es sind – bei allem Reichtum der Reichen – elende Zeiten, die Not zwingt Erwerbslose dazu, sich auf diese Weise ein bisschen Geld zu verdienen, die wöchentliche Unterstützung geht fast weg für die Miete, und wovon soll man leben?

Auf der anderen Straßenseite werden die Schaufenster des eleganten Warenhauses »Tietz« umdekoriert, für die »Wohlfeilen Wochen« und den »Saisonausverkauf«. Blicklos lächeln Wachspuppen in den Fenstern vor knallig korrigierten Preisschildern. Junge Dekorateurinnen heften mit Stecknadeln grelle gelbe und rote Pfeile an, die auf die sensationellen Angebote hinweisen. Vom Ladeninneren aus schauen sie durch die großen Fensterscheiben nach draußen, auf Bettler und Musikanten, den endlosen Strom der unbekannten Menschen im Gegenlicht, ein zeitloses Bild, in dem auch die Familien Dr. Magnus und Dr. Liebmann, Roberta Hirsch mit den »amerikanischen Jungs« und das Ehepaar Heinrich und Marie Beine ihre flüchtigen Momente haben.

1931 —————————————— **Kapitel 22**

Der neue Tempel

Gretchen Meyer + Lotte Meyer | Dr. Rudolf Magnus + Eva Magnus | Olga von Löbbecke

Gretchen Meyer, die Frau Konsul im Erdgeschoss, bleibt mit Tochter Charlotte zurück in der großen Wohnung mit dem Wanddurchbruch. Die wohlhabende Dame, im Besitz von Wertpapieren und diversen Hypotheken, entrichtet der Deutsch-Israelitischen Gemeinde weiter pünktlich ihre Kultussteuern, allerdings von Jahr zu Jahr in unterschiedlicher Höhe. Mit steilen Buchstaben schreibt sie sorgsam ihre Summen von Hand auf die Rückseite des Briefpapiers der »Banco Germanico«, Zweigniederlassung Hamburg. Das Schild vor dem Haus mit dem Hinweis auf die bolivianische Vertretung durch ihren verstorbenen Mann ist bereits entfernt worden.

Im Rothenbaumquartier gibt es Neuigkeiten: Der alte Israelitische Tempel in der Poolstraße hat seinen letzten Gottesdienst erlebt. Bis auf den letzten Platz gefüllt war das festlich erleuchtete Gotteshaus, sogar Rabbiner Dr. Cäsar Seligmann aus Frankfurt war aus diesem Anlass an seine frühere Wirkungsstätte zurückgekehrt. Dr. Leo Baeck, Vorsitzender des »Allgemeinen Rabbinerverbandes in Deutschland«, führte den neuen Rabbiner Dr. Bruno Italiener in sein Amt ein. Die Gemeinde der liberalen Juden zieht um.

Der Tempel-Verband sah sich genötigt, einen neuen Tempel zu errichten, da das bisherige Gebäude in der Poolstraße nicht mehr den Anforderungen der Gemeinde entsprach. Viele Mitglieder, die vordem in der Neustadt gewohnt hatten, waren in andere Stadtteile gezogen, vor allem nach Rotherbaum, Harvestehude und Eppendorf. In der Oberstraße ist daher im August 1931 der Neubau eines Israelitischen Tempels fertig geworden, mit flachen Dächern und einer breit ausladenden Freitreppe, die zum Eingang führt. An der Stirnseite des Tempels ist wieder Platz für ein großes Schmuckfenster, das den siebenarmigen Leuchter als Wahrzeichen in Stein zeigt. Statt des für Synagogen üblichen runden Grundrisses haben die Architekten Felix Ascher und Robert Friedmann aus der rechtwinkligen Anlage heraus eine streng kubische Form entwickelt. Das Gotteshaus gilt als »Orgel-Synagoge«, Predigt und Chorgesang sind in der liberalen Gemeinde dem protestantischen Gottesdienst vergleichbar angelegt. Niemals wird man die orthodoxe Familie Dr. Hirsch hier sehen, sie besucht die Synagoge am Bornplatz. Als Ludwig Hirsch Anfang September 1931 Hilde Oettinger-Cohn heiratet, ist es selbstverständlich, dass ihr Weg dorthin führt.

Irdische Probleme beschäftigen den Rechtsanwalt Dr. Rudolf Magnus. Vertraut mit den Krisen der Bausparkassen und beunruhigt zugleich über skandalträchtige Auswüchse der Branche, eilt er aus seinem Büro im Neuen Wall 54 zurück in seine Wohnung in der Rothenbaumchaussee. Einer der größten Bauskandale, die Affäre um die »Devaheim«, die »Deutsche Evangelische Heimstätten GmbH«, erschüttert im Sommer 1931 die Weimarer Republik. Die Bausparkasse bricht nach Unregelmäßigkeiten bei der Verwaltung von Geschäfts- und Spargeldern zusammen. Kapital wurde fehlgeleitet, etwa Mittel der christlichen »Inneren Mission« und des deutschen Ex-Kaisers Wilhelm. Vorstandsmitglieder des Konzerns haben ihre Rettung vergeblich in betrügerischen Handlungen gesucht, Schmier- und Schweigegelder an erpresserische Zeitungsverlage gezahlt. Sieben Personen werden angeklagt, unter ihnen zwei Pastoren. Pastor Paul Cremer, Geschäftsführer des Zentralausschusses der »Inneren Mission« und Träger des theologischen Ehrendoktortitels, erklärt sich für völlig unschuldig, er sei kein Organ der Kirche im rechtlichen Sinne, sondern ein Exponent der freien Liebestätigkeit. Die ihn, wie der Vorsitzende Richter während des Prozesses feststellt, derart beanspruchte, dass er in fünf Jahren sechs Autos, darunter einen Horch-Luxuswagen, verschliss.

Dr. Magnus zieht seine Lehren aus dem spektakulären Zusammenbruch und veröffentlicht einen Zeitungsartikel, um dem wachsenden Misstrauen gegenüber der Bausparbewegung zu begegnen, denn auf sie setzt er seine persönlichen Hoffnungen als Jurist. Es handele sich bei dem Fall um das typische Bild von Unterschlagungen, die bei einer Bausparkasse so gut möglich seien wie bei jedem anderen Unternehmen, dem das große Publikum Geld anvertraue. Es seien falsche Versprechungen auf kurzfristige Erfolge gemacht worden, man solle daher in Zukunft die leitenden Herren genauer unter die Lupe nehmen. Veruntreuungen derartigen Umfangs gingen nach seiner Auffassung fast immer auf einen verhältnismäßig kleinen Anfang zurück, dessen Verschleierung unweigerlich neue Straftaten zur notwendigen Gefolgschaft habe. Er greift zum Zitat von der bösen Tat, die fortzeugend Böses gebären muss. Ausdrücklich zu begrüßen sei daher die Einrichtung einer Aufsicht der privaten Bausparkassen Deutschlands durch das »Reichsaufsichtsamt für Privatversicherung«. An der grundsätzlichen Idee des Bausparens hält Dr. Magnus mit voller Überzeugung fest, und in dieser Haltung erlebt ihn auch der Vermieter seines Büroraums in der Rechtsanwaltskanzlei am Neuen Wall, Dr. Henry Minden. Beide Herren sind außerdem über die »Nehemia-Nobel-Loge« miteinander verbunden, deren Präsident Dr. Minden ist und die laut »Hamburger Adressbuch« im Jahr 1928 in der Wohnung von Dr. Magnus eine ihrer Meldeadressen hatte.

Zwei Monate später, am 11. November 1931, oben in ihrer Wohnung in der Rothenbaumchaussee, liest Olga von Löbbecke den »Frauenspiegel«, eine Beilage der »Hamburger Nachrichten«. Sie studiert den großen und sogar mit Bildern versehenen Artikel über ihre Tochter Asta mit Stolz, obwohl ihr selbst und ihrer Karriere eine derartige Aufmerksamkeit der Presse noch nie zuteilwurde. Asta von Löbbecke hat sich vom angesehenen Atelier Emil Bieber fotografieren lassen, sie zeigt Figuren einer »schwedischen Gymnastik«, die sie nach zweijährigem Aufenthalt in der Universitätsstadt Lund als diplomierte »schwedische Gymnastin« jetzt in Hamburg vorstellen will. Ihrem selbst verfassten, mehrseitigen Bericht schickt sie voraus, dass sie keine Künstlerin sei noch jemals sein werde und dass es sehr zu wünschen sei, über eine einheitliche deutsche Gymnastik zu sprechen in dieser Zeit der »Zersplitterung«. Mit der Darstellung von Rumpfdrehungen, Standübungen auf dem Holm, dem Sprung vom Kasten demonstriert sie Beispiele einer »sozialen Gymnastik«, die sich auf das »Volk« einstellt. Musik und Rhythmus kommen für sie als wertvolle Hilfsmittel zu ihrem Recht, und mit Genugtuung liest die Dressurreiterin Olga von Löbbecke, dass Gleichgewichtsübungen eine erstaunliche physische und psychische Beherrschung des Körpers ermöglichten. Nichts anderes hat sie, offensichtlich erfolgreich, ihren Kindern vermittelt.

Astas Artikel schließt mit dem Lob der Disziplin und des hohen ethischen Wertes der Sportgymnastik, die zudem bestrebt sei, pathologische Veränderungen und ungünstige erbliche Veranlagung gründlich zu heilen. Auch gegen solch eugenische Zielsetzung hat Frau von Löbbecke keine Einwände.

Politisch verläuft das Jahr 1931 unruhig, wirtschaftlich bleibt die Lage schwierig, die Not grassiert unter den Arbeitslosen. Und alltäglich gibt es neue Aufregung im Quartier: Der Dammtorbahnhof, zu dem die Straßenbahnen der Linie 18 monoton ihre Bahn ziehen, präsentiert sich Pendlern und Reisenden immer schmutziger; an der Ecke Hallerstraße scheut ein vor einen Milchwagen gespanntes Pferd und geht durch, galoppiert in der Rothenbaumchaussee auf den

Bürgersteig und reißt einen Pfahl um, erst an der Moorweide kommt das Fuhrwerk zum Stehen.

Erheblich aufregender allerdings findet es Eva Magnus, wenn ihr Vater, an ihrem Bett sitzend, von der wunderbaren Perle der Südsee erzählt, bevor er das Buch in der Hand wieder schließt und ihr eine gute Nacht wünscht.

Plejaden

Sophie Heinemann | Harry Meyer + Gretchen Meyer | Dr. Henri Hirsch | Olga von Löbbecke + Therese Münchmeyer | Heinrich Beine

Beunruhigt sind die Bürger nicht allein aus Angst vor dem sozialen Abstieg. Häufig sind dreiste Einbrüche in die Etagenwohnungen zu beklagen, mit Brillanten besetzte Halsketten, silberne Perlenhandtaschen, goldene Damenuhren verschwinden über Nacht. Ganz legal und in erstaunlicher Fülle bringen Versteigerer Wertsachen und Einrichtungsgegenstände aus Häusern in prominenter Lage in andere Hände. Schätzer und Auktionator Carl F. Schlüter inseriert die freiwillige Privatauktion eines hochkünstlerischen Haushalts in der Abteistraße, Ecke Rothenbaumchaussee, mit Abgabe eines Prunkzimmers von höchster Klasse. Der Versteigerer Carl A. Rüdemesser gibt bekannt, dass er seine Kunst- und Auktionssäle, die größten und modernsten in Norddeutschland, gelegen in der Rothenbaumchaussee 19, neben dem Curiohaus, nach umfänglicher Neugestaltung wiedereröffnet.

Am 21. November 1931, vormittags, segnet Frau Sophie Heinemann geb. Alexander im Alter von 70 Jahren das Zeitliche. Die Bestattung der gebürtigen Hamburgerin findet in München statt; die Auflösung ihres Nachlasses aber verursacht in ihrer letzten Wohnstätte einen Andrang von Schaulustigen. Auktionator Theodor Adolph Elsas in Firma »Adolph L. Elsas« annonciert im Auftrag der Herren Testamentsvollstrecker die freiwillige Versteigerung des Eigentums der verstorbenen Frau Geheimrat in der Rothenbaumchaussee 26, 3. Stock, auf Montag, den 21. Dezember 1931. Für Kunstinteressenten, teilt Elsas mit, sei dies eine seltene Gelegenheit. Und tatsächlich übertreibt er nicht.

Nicht anders als die meisten anderen Bewohner des Hauses, nur noch weit exquisiter, hat Sophie Heinemann in einem reich bestückten Privatmuseum gelebt, dem Abbild von Jahrhunderten abendländischer und morgenländischer Kultur. Ungläubig staunend ist Elsas, der schon viel Außergewöhnliches unter dem Hammer hatte, mit dem Notizblock von Raum zu Raum durch die Wohnung geschritten, um die

Fülle des Inventars aufzunehmen. Sein Beruf hat ihn in manch kleine Wunderkammer der Dinge gebracht; oft waren es die Hinterlassenschaften von Witwen, über die wenig Auskunft einholbar war, anders als über ihre Männer. Doch selbst bei »Commeter«, zu Wilhelm Suhrs besten Zeiten, hat er so etwas noch nicht gesehen.

In seiner Liste notiert er hochwertige Gemälde alter und neuerer Meister, etwa von Ruysdael, van Goyen, Honthorst, Dirck Hals und den beiden Kaulbachs, Orientteppiche, darunter welche mit alter, seltener Provenienz aus Täbris, Shiraz, Feraghan, auch gotische Holzplastiken in herrlicher Erhaltung, Stilmöbel der italienischen Renaissance und des Barock, einen großen Wandgobelin aus dem 16. Jahrhundert, französisches Kristall, Meißener und Nymphenburger Porzellane, dazu sehr viel Hausstandssilber, eine umfangreiche Hausbibliothek und eine wertvolle Briefmarkensammlung. Aufgeregt verlässt Elsas das Haus und eilt in sein Büro, um die Annonce aufzusetzen. Am Sonntag, den 20. Dezember, sei in der Zeit von 15 bis 19 Uhr eine Besichtigung möglich, sofern man sich vorher Eintrittskarten dafür besorgt habe. Es fehlt nicht der Hinweis, dass auch die schöne, große, herrschaftliche Wohnung zu vergeben sei.

Sophie – oder auch »Sofie«, wie sie manchmal geschrieben wird – Alexanders Ehe mit Hermann Heinemann ist kinderlos geblieben. »Im Namen Gottes! Bei der Ungewissheit der menschlichen Todesstunde« – so hatten ihr erster Gatte Julius Emanuel und sie jenes Testament eingeleitet, in dem sie sich gegenseitig zu Universalerben einsetzten. Jetzt jedoch, ein halbes Jahrhundert später, ist kein Pflichtteilberechtigter mehr zu bedenken. Da die »Galerie Heinemann« nach des Geheimrats Tod im Februar 1920 von dessen Bruder Theobald fortgeführt wurde, hatte Sophie sich zurückgezogen und schließlich »ihre Kaulbachs« und viel Münchner Ladenpracht mit an die Elbe getragen.

Doch abseits von den Dingen: Nichts konnte die leibhaftige Erfahrung des Südens übertreffen, der Anblick von Nizza, der überrannten Solitude, Europas Blumenstadt mit den zwei Gesichtern – einerseits Zauberort an der Küste der unvergänglichen Erinnerung und Schönheit, betörend zwischen Palmen und duftenden Orangenbäumen; andererseits erschreckend schroff, wenn das winterliche Meer sich brausend aufgewühlt gegen die Promenade warf, Kioske, Laternenpfähle und eingemauerte Bänke auf Hunderten von Metern zerbrach und wegriss. Nicht vergessen waren auch die Eiseskälte des Jahres 1929, an der ganzen blauen Küste, und der Tod des Herrn Konsul aus dem Erdgeschoss, nach dem seiner Witwe Gretchen Meyer die Trauer so deutlich anzusehen gewesen war. Doch die Verheißung des Südens scheint unzerstörbar, immer wieder kommen sie zurück, die ausgehaltenen Göttinnen steinreicher Engländer und Russen; die Promenade des Anglais ist eigentlich eine Promenade des Dames, genauer de *ces* Dames, gekleidet à merveille, bei allen Premieren und Jour-fixe-Empfängen im »Cercle de la Méditerranée« dabei. Sterne, Planeten und Trabanten des internationalen, mondänen Lebens kommen in diesem Klub und in anderen zusammen, in Sternbildern der Lebenslust, der Freude und der Eitelkeit, wie irdische Plejaden.

Da Sophie Heinemann nun die Promenade ihres Lebens verlassen hat, wird mit einer Hamburger Verkaufsausstellung der Frau Geheimrat gedacht. Ihr Anteil an Erworbenem und Gehütetem aus einem langen Leben, ihr Sternbild aus Preziosen europäischer Kunstgeschichte zerfällt bei der Versteigerung in alle Himmelsrichtungen, die Liebhaberstücke wechseln ihre Liebhaber. Doch, bei aller Pracht, die Verkaufspreise gestalten sich erschreckend bodenlos, stehen meist im argen Missverhältnis zum Anschaffungspreis. Gebrauchswerte gehen noch halbwegs, Kunst und Luxuswerte allerdings finden nur eine ungenügende Käuferschicht, und auch die Händler halten sich trotz vorteilhafter Occasion lange zurück angesichts des Mangels an kaufkräftigen Kunden auf dem Markt. Beglückt wie Eroberer steigen die Schnäppchenjäger die Treppen aus dem 3. Stock hinunter und verschwinden draußen in der Dezemberdunkelheit; erst gegen Abend legt sich langsam der betriebsame Lärm. Zum Abendbrot atmen die übrigen Bewohner auf, das unappetitliche Spektakel des Preisekitzelns ist überstanden.

Der folgende milde, aber sonnenlose Winter bringt bis hinein ins Frühjahr 1932 reichlich Grippefälle und Erkältungen mit sich, Ärzte machen sich in den Zeitungen Gedanken über einen möglichen Sieben-Jahres-Rhythmus von Epidemien. Die Erinnerung an den verheerenden Krankheitsausbruch der »Spanische Krankheit« genannten Seuche 1918/19 ist noch frisch, 1925 gab es neue Fälle zu beklagen, und infolge der Arbeitslosigkeit ist der gegenwärtige Ernährungszustand großer Bevölkerungskreise ohnehin sehr schlecht. In Dr. Hirschs Institut häufen sich wieder die »M-P-Fälle«, alte Menschen sind aufgerufen, besonders vorsichtig zu sein.

Frau von Löbbecke hat, nachdem Sohn Gerhard und Tochter Asta anderweitig wohnen, ihre Mutter Therese Cäcilie Münchmeyer bei sich aufgenommen. Die in Rio de Janeiro geborene alte Dame, Witwe Alwin Münchmeyers des Älteren, Mitinhabers des Privatbankhauses »Münchmeyer & Co.«, überlebt ihren Ehemann um 36 Jahre. Am 6. März 1932 stirbt sie oben im 5. Stock der Rothenbaumchaussee 26. Im Namen der Hinterbliebenen teilt Firmenchef Hermann Münchmeyer der Jüngere das Ableben seiner Mutter per Anzeige mit. Wieder erhöht sich die Zahl der Abschiede im Haus, wieder bleiben Türen pietätvoll geschlossen.

Doch schnell sind die schwarzen Wagen vergessen, ebenso der Winter mit seinen Gefahren; der allerorts schlechten Nachrichten ist man müde, dankbar wird wahrgenommen, dass der Straßenraum der Rothenbaumchaussee als Bühne für durchziehende, lärmende Ereignisse ständig neue Abwechslung bietet. Die Chaussee ist gesäumt von Menschenmassen, auf dem Bürgersteig drängelt sich Prokurist und Sportsmann Heinrich Beine nach vorne, um die Läufer seines »SC Victoria« anzufeuern, die bei der Alsterstaffel 1932 gegen die Mannschaften der Polizei, des Turnerbundes und der Rothosen des HSV antreten. Auf den letzten Metern der Strecke überholt der in Blau-Gelb laufende Schlussmann der Victorianer alle Favoriten, zerreißt das Zielband mit zwanzig Metern Vorsprung und holt damit den Senatspreis. Heinrich Beine jubelt.

Erstmals fallen bei dem friedlichen Wettkampf Umtriebe von Nationalsozialisten auf, die, in brauner Hose und mit schlecht verdecktem Parteiabzeichen, selbst Startnummern hergestellt haben und offensichtlich nicht bereit waren, das Startgeld zu bezahlen. Immerhin finden ihre Schlägereien und Schießereien fast nur in anderen Stadtteilen statt.

Himmel auf Zeit

Willy Davidson + Curt Aleff

Nicht mehr im Dachgeschoss anzutreffen, obwohl dort noch gemeldet, ist der Maler Willy Davidson. Im November 1932 betritt Kriminalsekretär Schwichtenberg das Haus, nimmt den Aufzug nach oben und klopft an die Tür des Ateliers. Als sich nichts rührt, fährt er im Aufzug wieder nach unten. Frau Albert, Ehefrau des Boten und Amtsgehilfen Georg Carl Hermann Albert, Sohn eines Ewerführers und Aufsehers im Hafen, beide wohnen im Keller und werden als Hausmeister angesehen, gibt knappe Auskunft: »Davidson? Schon im März verzogen. Nach Altona.«

Intensive Jahre liegen hinter Willy Davidson. Der Weg vom Atelier in der Rothenbaumchaussee hinüber zum Stadt-Theater, vorbei am Dammtorbahnhof und unter der Bahnbrücke hindurch, war immer angenehm kurz und stets motivreich. Die Moorweide, umstanden von der Allee der Kastanien, mal blühend, mal kahl, mal übersät mit braunen, glänzenden Kugeln und stacheligen Schalen, zeigte sich als Theater vor dem Theater, als Bühne heftiger Zeitereignisse, und nur wenige Schritte weiter lärmte die Moderne verkehrsreich über der Dammtorkreuzung.

Neben freier künstlerischer Arbeit und umfangreichen Entwürfen für die Feste im Curiohaus hatte Davidson ein Engagement am Hamburger Stadt-Theater angenommen, wo er 1926 von Intendant Leopold Sachse als künstlerischer Beirat für kostümliche und dekorative Ausstattung verpflichtet worden war. 1928 starb sein Vater Moritz. Ohne sein Atelier in der Rothenbaumchaussee aufzugeben, zog Davidson zu Mutter Margarethe in deren Wohnung in Hohenfelde. Im selben Jahr gestaltete er Ausstattung und Plakat für die Aufführung der burlesken Operette »Der Mikado« im Stadt-Theater; die Titelrolle sang der vielseitige, stimmlich füllige Bariton Josef Degler. Nach wie vor blieb sein Partner, der Innenarchitekt Curt Aleff, im Dachgeschoss der Rothenbaumchaussee gemeldet. In schier pausenloser Folge und mit viel Phantasie und Schwung entwarf Davidson für die Opernproduktionen an der Dammtorstraße farbenfrohe Bühnenbilder und Ausstattungen, zuweilen luxuriös üppig wie für »Turandot«, »Samson und Dalila« und »Der Rosenkavalier«. Nach dreijähriger gefeierter Tätigkeit aus dem Stadt-Theater ausgeschieden, lieferte er als freier Mitarbeiter noch weitere Bühnenbildentwürfe. Trotzdem zerrann das Geld. Im Dezember 1930 zeigte Wilhelm Suhr noch einige seiner neuen Arbeiten in der »Galerie Commeter«, dann wurde es stiller um Willy Davidson.

Kriminalsekretär Schwichtenberg ermittelt in der Sache weiter aufgrund einer Anzeige gegen Willy Davidson, in Konzession anvertraute Bilder unterschlagen und widerrechtlich an die »Galerie Commeter« verkauft zu haben. Er stellt fest, dass Davidson, am 13. Februar 1890 in Bromberg, Polen, geboren als Willi Daniel Davidsohn, Sohn von Moritz und Margarethe Davidsohn geb. Sachs, ledig, laut eigener Aussage mittlerweile wohnhaft ist in Altona in der Ziethenstraße 17, bei Aleff. Unter dieser Adresse eingetragen sei freilich keine Wohnung, sondern eine Gartenlaube.

Bei den fraglichen Bildern gehe es zum einen um ein altes, aus dem Besitz der Freifrau Agnes Priscilla von Humboldt-Dachroeden stammendes Gemälde, darstellend eine griechische Landschaft mit Meer und Küste im Hintergrunde und eine Opferszene im Vordergrunde, von der Hand des Malers Gottlieb Schick, dessen Wert von dem Leiter der Kunsthalle, Prof. Gustav Pauli, auf 350,- RM geschätzt worden sei. Nach Erhalt des Bildes habe Davidson, der nebenher auch mit Bildern handele, nichts mehr von sich hören lassen. Mehrfach sei er, auch von anwaltlicher Seite, aufgefordert worden, das Bild zurückzugeben, ohne überhaupt jemals auf die Briefe reagiert zu haben, sodass die Ehefrau Bernhard von Humboldt-Dachroedens, eines Urenkels von Wilhelm von Humboldt, sich nun an ihren Rechtsbeistand wende.

Im folgenden Zivilprozess erklärt Davidson, das Bild sei nicht mehr da, er wisse nicht, wo es sich befinde. Bei einer erneuten Vernehmung durch Kriminalsekretär Wolff bestreitet er eine Unterschlagung, sagt aus, er habe in seinem Atelier in der Rothenbaumchaussee stets auch Bilder in Kommission gehabt, erklärt sich aber bereit, den Schaden zu tragen, sobald er wieder einen Verdienst gefunden habe. Er sei immer noch ohne jedes feste Einkommen, und seine Mutter erhalte von der Wohlfahrt pro Woche nur 6 Mark. Das habe nicht mehr gereicht für die Wohnung in Hohenfelde, weshalb sie umgezogen sei in das »Mendelson-Israel-Stift« am Kurzen Kamp 6.

Es kommt zu einer Strafanzeige und weiteren Ermittlungen. Kriminalsekretär Wolff ist misstrauisch geworden, weil Margarethe Davidsohn, die Mutter des Künstlers, ihm an der Haustür im »Mendelson-Israel-Stift« zuerst erklärt habe, ihr Sohn sei nicht zu sprechen und nicht im Hause. Als er darauf bestand, ihre Wohnung zu sehen, fand er den Beschuldigten dort vor. Durch das Gebaren der Mutter sieht Polizist Wolff seinen Verdacht erhärtet.

In einem weiteren Fall soll Davidson der »Galerie Commeter« Bilder aus holländischem Besitz zum Kauf angeboten haben, Bilder, die er von dem Amsterdamer Kunsthändler Pieter de Boer nur vorläufig zur Ansicht und Schätzung durch Wilhelm Suhr bekommen habe, darunter eine Landschaft des niederländischen Barockmalers Salomon van Ruysdael. Bezüglich des Verbleibs dieses Gemäldes und weiterer Bilder, die Davidson in Kommission genommen habe, steht die Aussage Wilhelm Suhrs der Aussage Willy Davidsons gegenüber.

Am 1. Dezember 1932 wird gegen den Kunstmaler Willy Daniel Davidsohn – das Protokoll schreibt den Namen in Ausweisversion – das Hauptverfahren eröffnet, weil er hinreichend verdächtig sei, durch zwei selbstständige Handlungen sich fremde bewegliche, ihm anvertraute Sachen rechtswidrig zugeeignet zu haben. Er wird für den Januar wieder zur Staatsanwaltschaft vorgeladen.

Das letzte Künstlerfest im Curiohaus vor Beginn des NS-Regimes, angesetzt für den 27. Januar 1933, trägt den Titel »Himmel auf Zeit«. An ihm nimmt der Maler der gedämpften, erlesen dunklen Farben, der zeitweise wetterleuchtenden Himmel und der Neigung zu wuchtiger Linienführung nicht mehr teil. Auch seine Verhandlungen mit Berliner Bühnen und seine filmischen Pläne finden ein plötzliches Ende. Am 4. Februar 1933, noch während des laufenden Strafverfahrens, stirbt der jüdische Künstler Willy Davidson im Alter von 42 Jahren an Versagen des Herzens. Die Verwaltung des Allgemeinen Krankenhauses Barmbek zeigt das Ableben des Bühnenbildners und Kunstmalers »Willy Davidsohn« schriftlich an. Die Staatsanwaltschaft vermerkt, das Verfahren sei durch den Tod des Angeklagten erledigt, die Akte wegzulegen.

Die 12. Jahresausstellung der »Hamburgischen Sezession«, an der Willy Davidson maßgeblich auch als Vorstandsmitglied beteiligt war, wird im Haus des »Hamburger Kunstvereins« eröffnet, die Vernissage fällt mit dem Volkstrauertag zusammen. Geplant ist ein »Tag zum Besten der Künstlernothilfe« mit einer Lotterie auf tausend Lose zu je 1,- RM. Die ausgestellten Arbeiten beschränken sich auf die Technik der Ölmalerei, Grafik und Aquarell sind ausgeschlossen, um einen einheitlichen Maßstab für Vergleiche zu haben. Schon länger sieht sich die »Sezession« heftigen Angriffen ausgesetzt, sie wird bezichtigt, intellektuelle, undeutsche Kunst für eine verwöhnte Elite zu sein. Nach Ansicht der neuen Machthaber gibt es dafür keinen Platz. Der Hamburger Bürgermeister Carl Vincent Krogmann ruft in einer Rundfunkansprache dazu auf, artfremde Kunst nicht kritiklos nachzuäffen. Sich auf die »Verordnung zum Schutz von Volk und Staat« vom 28. Februar 1933 berufend, verfügt der Polizeipräsident die sofortige Schließung der Ausstellung der »Sezession« im Interesse der öffentlichen Ordnung, da die Ausstellungsobjekte in ihrer überwältigenden Mehrzahl zur Förderung des Kulturbolschewismus geeignet seien. Wenig später löst sich die Künstlervereinigung »Hamburgische Sezession« auf.

Risse

Dr. Henri Hirsch | Dr. Fritz Liebmann + Anna Liebmann + Lotte Liebmann | Dr. Rudolf Magnus | Yves Saget

Eine fieberhafte Stimmung hat sich der Stadt bemächtigt, es herrscht lärmende Aufregung einerseits, schockhafte Starre andererseits. SA- und SS-Mannschaften erobern das Straßenbild, abends ziehen sie im Fackellicht in endlosen braunen Kolonnen und unter starker Anteilnahme der Bevölkerung hinter Spielmannszügen und schmetternden Kapellen singend durch die Quartiere.

Der Zufall will es, dass für den Abend des 30. Januar 1933 im Hamburger Stadt-Theater eine Aufführung der Jacques-Offenbach-Operette »Die Banditen« in der Inszenierung durch Gustaf Gründgens angesetzt ist. Bariton Josef Degler gibt den Part des eleganten und aalglatten »Antonio«, eine Rolle, die Gründgens üblicherweise für sich selbst reklamiert, weswegen Degler sich in Tonfall und Tempo dem Vorbild angleicht.

Die Zeitenwende der Machtübertragung an die Nationalsozialisten erlebt die Familie des Röntgenarztes Dr. Henri Hirsch mit dem Tag der Einsetzung Adolf Hitlers als Reichskanzler auf der Loggia in der Rothenbaumchaussee 26 in der Abenddämmerung stehend. Trommeln und Pfeifinstrumente sind zu hören, dann nähern sich Lichter, jähe Schatten huschen über Fahnen, Köpfe, Gesichter. Familie Hirsch schaut hinunter auf ein Meer von Fackeln. Auf der Straße marschieren Formationen der NSDAP und Massen von Leuten vorbei, lautstark intonieren sie Lieder über das Töten von Juden. Noch von Weitem sind sie zu hören.

Von diesem Abend an ändert sich das Leben für die »Hirsche«.

Zum 1. Februar 1933, abseits nationaler Kundgebungen, wird der Jurist Dr. Fritz Liebmann, Syndikus der Firma »M. M. Warburg & Co.«, bei den Hamburger Gerichten zur Anwaltschaft zugelassen. Schwerpunkt seiner Arbeit bleibt die Tätigkeit in der Bank. Seine Frau, Anna Liebmann, denkt mit Sorge an ihre Geschwister, an Stephan Liebmann in Berlin, auch er ist promovierter Rechtsanwalt, und aus der Hauptstadt hört man nicht viel Gutes. Die ältere Schwester Ida hat den Architekten Joseph Kleinberger geheiratet, beide leben in Paris. Idas Zwillingsschwester Lilly ist mit dem Italiener Mario Malvano aus Turin liiert, natürlich ist der dortige Faschismus auch in jüdischen Kreisen ein ständiges Thema.

Tochter Lieselotte erlebt den Umschwung der Verhältnisse als Schülerin. Ihre Schule, die Helene-Lange-Schule, beteiligt sich an der Aufführung des Schauspiels »Es brennt an der Grenze«, gefördert durch den »Verein für das Deutschtum im Ausland« und aufgeführt von der »BDM«-Gruppe des Wilhelm-Gymnasiums in der Moorweidenstraße. Lotte weicht aus, wechselt an die bislang eher musisch geprägte Emilie-Wüstenfeld-Schule in der Bundesstraße.

Der Frühling bringt Tage mit viel Sonnenschein, Tausende von Blütenkerzen leuchten von den Kastanien an der Moorweide. Schon immer für große Kundgebungen genutzt, erlebt die alte, viel betretene Wiese Massenversammlungen von vorher nie gesehenen Ausmaßen. Mit der Parole »Flaggen heraus« lässt der Hamburger Senat auf allen staatlichen Gebäuden, Masten und Fahrzeugen im Hafen die schwarz-weiß-rote Reichsflagge hissen, die Bevölkerung wird – mit Erfolg – aufgefordert, reichen Flaggenschmuck anzubringen. Um die Menge der über 300 000 auf der Moorweide versammelten Menschen dokumentieren zu können, muss der Fotograf der »Hamburger Nachrichten« zwei Weitwinkelaufnahmen zusammenmontieren. Unüberhörbar, durch große Lautsprecher verstärkt, legt sich das brüllende »Sieg Heil« begeisterter Volksgenossen über das Quartier.

Auch nachts sind die Straßen voller Unruhe.

Besorgt über die neue Situation, die eine judenfeindliche Regierung an die Macht gebracht hat, legt gleich Anfang Februar 1933 eine Delegation des »Vaterländischen Bundes jüdischer Frontsoldaten, Ortsgruppe Hamburg« am Ehrenmal neben dem Rathausmarkt einen Kranz nieder, mit der Inschrift »Den gefallenen Hamburger Kameraden«. Seit Ende des Weltkriegs existiert dieser Zusammenschluss aller jüdischen Frontsoldaten der ehemaligen deutschen Armee ohne Unterschied ihrer politischen oder religiösen Ausrichtung zur gemeinsamen Abwehr antisemitischer Angriffe, insbesondere derjenigen, die auf eine Herabsetzung ihres vaterländischen Verhaltens im Kriege gerichtet sind. Eine Feier im Haus der »Patriotischen Gesellschaft« schließt sich an, in ihrem Mittelpunkt steht die Übergabe eines Gedenkbuchs an den Senat. 460 Namen von im Weltkrieg gefallenen Juden sind darin aufgeführt, ein Zeugnis von Patriotismus und Opferbereitschaft. Mit der Tatsache, für das Vaterland Blutzoll entrichtet zu haben, verbindet sich jetzt die Hoffnung, stärkeren antisemitischen Anfeindungen zu entgehen. Auch diese ehemaligen jüdischen Frontsoldaten singen zum Abschluss der Feier das »Lied vom Kameraden«. Noch ist es für sie unvorstellbar, dass ihre Opfer nichts gelten. Doch sie gelten nicht, und das erfahren bald die Kriegsteilnehmer Dr. Rudolf Magnus und Dr. Henri Hirsch.

Schnell ändern sich Dinge, auch für den in Paris lebenden und durch Mieteinnahmen aus seinen Hamburger Immobilien gut versorgten Salon-Kunstmaler Yves Saget. Er wohnt mit der sechs Jahre älteren Jeanne Robert, der Mutter seines unehelich geborenen Sohnes Myrian, in der Rue de l'Assomption 12, immer noch »célibataire«, unverheiratet. Doch, dem deutschen Großvater Campe nicht ganz unähnlich, hindert ihn das nicht, Affären zu haben, so 1932 die Liaison mit einer aus England stammenden Kabarettsängerin, die durch ein im gleichen Jahr entstandenes Gemälde – das »Porträt der Marjorie Ferry« der polnischen Art-déco-Malerin Tamara de Lempicka – weltbekannt wird.

Seine Immobilien in Hamburg verwaltet seit 1931 in Generalvollmacht der Justizobersekretär Max Vollmer, Groß Flottbek. Eigentümer Saget bekommt es in diesem Zusammenhang zu tun mit der braunen Partei, die sich bestimmter Symbolkraft durchaus zu bedienen weiß. Sein Gebäude in der Schauenburgerstraße 59, das Stammhaus des Heine-Verlegers Julius Campe – erbaut mit Geldern, die Heinrich Heines »Reisebilder« und das »Buch der Lieder« erbracht hatten –, wird im Herbst 1932 Sitz einer Ausrüstungsstelle der Hamburger NSDAP für parteiamtliche Uniformen, Dienstanzüge mit Stiefelhosen, Diensthemden, Mützen, Schulterriemen, Leibriemen, Sturmriemen, Schweißleder, Krawattenringe, Abzeichen, Koppelschlösser, Sturmfahnen, Reitersturmwimpel, Kragenspiegel, Achselstücke, Ärmelstreifen, Anstecknadeln, Hausfahnen.

Von hier aus hatte Campes Verlag im Oktober 1841 das von Hoffmann von Fallersleben verfasste »Deutschlandlied«, arrangiert für Singstimme mit Begleitung durch Pianoforte oder Gitarre, als Sonderdruck verbreitet. Auf zwei Stockwerken residiert nun die »Zeugmeisterei Nordmark« der NSDAP, es folgen die »Nationale Schallplattendienst GmbH«, Zweigstelle Nordmark, und später der SA-Sturmbann II/76, der über einen eigenen Spielmannszug verfügt. Ab November 1932 trägt das Gebäude für die Partei den Namen »Das Braune Haus«, mit Eintrag ins »Hamburger Adressbuch« und unter Angabe seines Eigentümers Saget. Außen ist das Haus braun gestrichen worden, zulässig nach den Parteistatuten ist das dauerhafte Beflaggen der Fassade mit der Hakenkreuzfahne.

Anfangs gibt es wegen der Einquartierung der Nationalsozialisten im Haus noch Probleme. Mit der Ernennung Hitlers zum Reichskanzler mehren sich Anfang Februar 1933 Demonstrationen und tätliche Angriffe von Gegnern des NS-Regimes auf die Zeugmeisterei. Die NS-eigenen Sturmtruppen, sonst bereit zu jeder Art von Schlägerei, überlassen es der Hamburger Polizei, die Straße unter Einsatz des Gummiknüppels zu räumen und Bewachung zu stellen.

Zum 3. Mai 1933 liegt im 1. Stock, in der »Feldzeugmeisterei Nordmark« der NSDAP, die Hamburger Ehrenbürgerurkunde für Adolf Hitler aus, sodass jeder sie begutachten kann. Die Urkunde ist auf Pergament geschrieben und in rotes Leder gebunden. Sie liegt in einem Schrein, dessen Holz von einer Eiche aus dem Sachsenwald stammt und dessen Deckel mit dem silbernen Relief einer hansischen Kogge geschmückt ist.

Am 17. Mai 1933 empört sich Ferdinand Radtke, Zeugwart der »Zeugmeisterei Nordmark« in der Schauenburgerstraße, über angebliche üble Preisspekulationen auf dem Baumwoll- und Ledermarkt, die spürbare Preiserhöhungen bei SA- und SS-Uniformen verursacht hätten. Um jüdische Händler und Fabrikanten auf dem Textilsektor auszuschalten, verlangt er Konzessionierung des gesamten Handels mit NS-Artikeln. Verbände und Parteigliederungen haben aber keinen Mangel an Anbietern, das Unternehmen »Peek & Cloppenburg« etwa richtet am Rödingsmarkt mit Genehmigung der Reichszeugmeisterei eine große Verkaufsstelle sämtlicher Dienstkleidung ein, für SA, »HJ«, »DJ«, »DAF«, »Stahlhelm« und später auch für die SS.

Die deutsche Textilindustrie hat Hochkonjunktur.

Nicht mehr empören kann sich der Zeugwart über die Gedenktafel für den Dichter Heinrich Heine, die seit Dezember 1898, dem Jahr der Renovierung des Verlagshauses, links am Eingang zum Treppenhaus angebracht war. In dunkler Schrift auf grauem Untergrund zitierte sie eine briefliche Äußerung Heines an seinen Bruder Maximilian:

»In Hamburg ward mir bereits ein Denkmal errichtet!
Links vom Börsenplatz siehst du ein großes, schönes Haus,
welches meinem Verleger Julius Campe gehört.
Das ist ein prachtvolles Monument aus Stein
  in dankbarer Erinnerung
an die vielen und großen Auflagen meines ›Buch der Lieder‹.«

Nun verdeckt ein rot gestrichenes Eisenblech die Tafel, später wird sie abgenommen und versteckt. Hingegen erscheinen jetzt sprunghaft schnell zahlreiche Hitler-Bilder und -Ölgemälde in den Schaufenstern der Stadt.

Wegen ihrer prominenten Lage im Hamburger Stadtgebiet sind auch andere Immobilien des Yves Saget von Manifestationen der neuen Zeit betroffen. Zur »Braunen Messe« im September 1933 zieht ein langer mit Blumen geschmückter Fahrzeugkorso über Baumwall und Vorsetzen am Hafen entlang, vorbei an Sagets altem, denkmalgeschütztem Fachwerkhaus an den Vorsetzen 1, das den »Old Commercial Room« beherbergt. Wieder sind Massen von Schaulustigen unterwegs, um das Schiff der Reederei »Hamburg Süd«, die »Cap Polonio«, am Baumwall zu sehen. Das Ganze ist ein farbenprächtiges Spektakel, das sich einreiht in die »Deutsche Kulturwoche«, veranstaltet vom »Kampfbund für deutsche Kultur«, »KfdK«. Der »Kampfbund«, 1928 von NS-Rassentheoretiker Alfred Rosenberg gegründet, um die kommunikative Reichweite nationalsozialistischer Propaganda auf die Angehörigen des gebildeten Bürgertums auszudehnen, proklamiert völkische und antisemitische Grundsätze »deutscher Kunst«. Im Hamburger Stadt-Theater – der Oper – bekennt sich der Regierende Bürgermeister Carl Vincent Krogmann zu dieser Auffassung mit der Formulierung, dass in der niederdeutschen Tiefebene der Rassekern des nordischen Menschen stecke. Bejubelt wird anschließend die Rede des KfdK-Reichsführers Rosenberg über das Heroische in der nationalsozialistischen Weltanschauung.

Ganz unmittelbar und im Wortsinne betroffen von Erschütterungen wird das Haus Rothenbaumchaussee 26. Anfang Juni 1933 richtet die »Wohnhaus Rothenbaum GmbH« ein Schreiben an die Baupolizeibehörde. Durch die Architekten Gebrüder Gerson habe man feststellen lassen, dass die Frontwand teilweise mit anhängenden Teilen der Scherwände in leichter Bewegung sei. Die sichtbaren dunklen Risse deuteten auf eine geringfügige Senkung, eventuell auch ein leichtes Vorneigen besagter Wand hin. Inwieweit daran die seinerzeitigen Arbeiten für die Untergrundbahn sowie die fortgesetzten Vibrationen durch den Straßenbahnverkehr und die Untergrundbahn schuld sein könnten, bedürfe einer eingehenden Untersuchung. Immerhin benutzen mehr als 20000 Personen täglich die Rothenbaumlinie. Die Gesellschaft teilt den Vorschlag der Architekten mit, die Baupolizeibehörde zu bitten, mit den bei ihr vorhandenen Einrichtungen Messungen über die im Hause durch den Straßenverkehr und die Untergrundbahn auftretenden Schwingungen anzustellen. Bemerken möchte man noch, dass den Architekten das Auftreten dieser Risse irgendwie gefährlich und bedenklich nicht zu sein scheine. Man zeichnet das Schreiben »ergebenst«.

Die Behörde lässt die Risse am Haus messen, es finden sich keine Bedenklichkeiten bezüglich der Fassade. Die Straßenbahn der Linie 18 gerät nicht in Verdacht, Ursache für die Schäden zu sein, auch wenn sie zuweilen mit Tempo unterwegs ist. Oft werden planmäßige Haltestellen einfach überfahren, zum Verdruss wartender Fahrgäste, die genötigt sind, auf die nächste Bahn zu warten.

Der berühmte Neurologe, Psychiater und begeisterte Reiter Prof. Dr. Max Nonne, der in der Rothenbaumchaussee 54 wohnt, setzt vor seinem Haus eine Art private Haltestelle durch, indem er sich einfach jedes Mal vor der Bahn auf die Schienen stellt. Bedenklich wird seine burschikose Gewohnheit für die Straßenbahner im Monat September. Dichter Herbstnebel liegt über Hafen und Elbe und hüllt die Stadt in ein großes Grau ohne Konturen, warnende Nebelhörner ertönen ständig. Autos und Radfahrer mäßigen ihr Tempo, die Kastanien vor dem Dammtorbahnhof sind kaum noch zu erkennen.

Kaum hat sich das Grau gehoben, veranstaltet das Kraftdroschkengewerbe einen Werbe-Umzug, der am Grindelhof beginnt und über Beneckestraße und Rothenbaumchaussee bis zum Jungfernstieg führt. Ein Korso von fünfzig geschmückten, hupenden Autos zieht durch die Straßen und zwingt die Straßenbahnen zum Anhalten. Mitte Dezember dann führt plötzlich eintretener Schneefall während der Abendstunden auf einzelnen Straßenbahnlinien zu Verspätungen, Salzwagen kommen zum Einsatz. Das Auf- und Abspringen auf die Waggons während der Fahrt unterbleibt, es hatte noch im November zu zahlreichen Unfällen geführt.

1933*

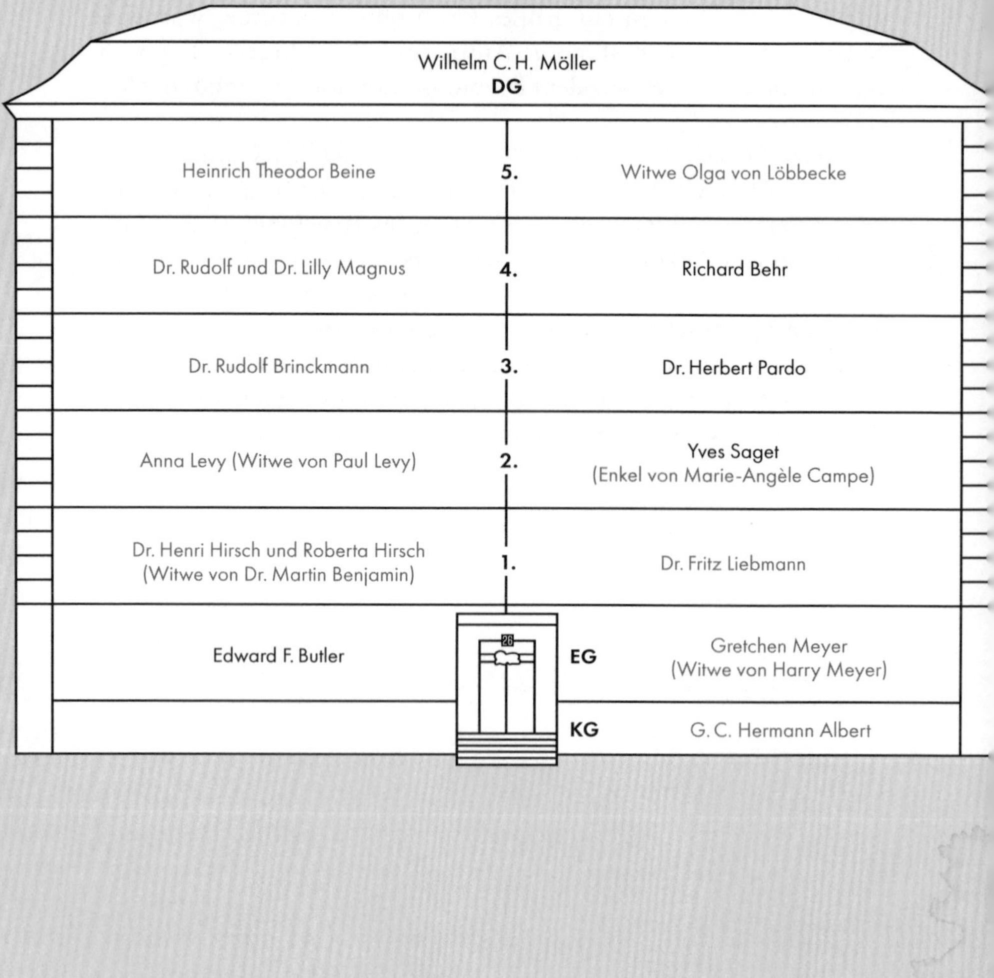

* Dr. Lilly Magnus und Roberta Hirsch erscheinen nicht im »Hamburger Adressbuch«, obwohl sie die eigentlichen Anteilseignerinnen sind. Verzeichnet werden ihre Ehemänner. Dr. Herbert Pardo ist aufgrund seines spät im Jahr erfolgten Einzugs und seiner rasch erfolgten Emigration nicht im Meldeverzeichnis des Jahres 1933 aufgenommen.

Fast unsichtbare Bewohner

Dr. Herbert Pardo + Ruth Pardo + Ernst Benjamin Pardo + Bertram David Pardo + Grete Pardo | Julius Polack | Wilhelm C. H. Möller

Die ursprünglich von Witwe Clara Thomann, zuletzt von Sophie Heinemann belegte Wohnung im 3. Stock links bezieht nach der aufsehenerregenden Versteigerung aller Kunst und edlen Stücke durch Theodor Adolph Elsas am Neujahrstag 1933 der jüdische Rechtsanwalt Dr. Herbert Pardo mit seiner vierköpfigen Familie. Bewusst hat der erfolgreiche und nicht unvermögende Strafverteidiger und Fachanwalt, der bisher in der Klosterallee 5 gewohnt hat, darauf verzichtet, etwa eine Stadtvilla zu erwerben und damit gängige antisemitische Vorurteile wegen vermeintlicher Prunksucht zu bedienen. Eine repräsentative Immobilie würde auch wenig zu seiner politischen Heimat passen.

Mit Dr. Pardo kommt jemand in das Haus Rothenbaumchausee 26, der im November 1918 Mitglied des revolutionären Arbeiter- und Soldatenrats Groß-Hamburg war und von 1919 bis 1931 die Mehrheitssozialisten, die SPD, als Abgeordneter in der Hamburgischen Bürgerschaft vertrat. Auch als Mitglied des Staatsgerichtshofs und der Steuerdeputation hatte er sein Fachwissen in die Politik eingebracht, sich engagiert bei Themen wie Ordnungspolizei, Reform des Strafvollzugs und Resozialisierung von Strafentlassenen. Oft half er in schwierigen Fällen mit privaten Mitteln aus. Mehrfach übernahm der Jurist mit den sephardischen Wurzeln den Vorsitz der Portugiesisch-Jüdischen Gemeinde in Hamburg. Zusammen mit seinem Sozius Dr. Manfred Heckscher betreibt der gebürtige Hamburger Pardo eine Kanzlei für Strafverteidigung in der Schauenburgerstraße 50. Über zwanzig Juristen sind dort beschäftigt. Feste Sprechzeiten werden zwischen 9 und 9 ½ Uhr sowie zwischen 16 und 17 ½ Uhr angeboten, weitere Termine nach Vereinbarung. Für seine Stadtfahrten benutzt Dr. Pardo eine Limousine mit Chauffeur.

Beim Umzug der Familie zu Jahresbeginn ist der Redaktionsschluss für die verspäteten Meldungen bereits abgelaufen, im Adressverzeichnis der Stadt Hamburg für das Jahr 1933 tauchen die Pardos deshalb nicht auf. Lediglich das Telefonbuch für den Oberpostdirektionsbereich Hamburg weist ihre Privatadresse aus. Es ist mitten im Winter, als die Pardos in die endlos lange Straße mit den ständig klingelnden Straßenbahnen wechseln. Der Wetterbericht meldet böige Winde, es bleibt trocken, nachts kommt leichter Frost auf. Kisten und Kästen werden ins Haus getragen, der Aufzug wackelt und ruckelt ununterbrochen hoch und runter. Die monatlichen Miet- und Nebenkosten belaufen sich auf etwa 400,- RM. Bei Bezug des neuen Domizils gibt Dr. Pardo etwa 5 000,- RM für die Renovierung der Räume und das Auffrischen bereits vorhandener Möbel aus. Die Einrichtung ist hochwertig, die Bibliothek versammelt viele Kostbarkeiten, darunter Erstausgaben von Klassikern und Philosophen.

Fast schon selbstverständlich für das sich nach außen so sachlich zeigende Haus sind die musikalischen Neigungen der Familie; es gibt ein Musikzimmer, Dr. Pardo selbst widmet sich der Violine, Sohn Ernst Benjamin spielt Klavier. Sein Bruder Bertram David besucht zusammen mit Julius Hirsch die Klasse 2a, Sekunda, des renommierten Heinrich-Hertz-Realgymnasiums; in der Jahrgangsstufe darunter ist auch Martin E. Friedburgs Enkel Günter Arnold.

Fackelzüge von Braunhemden in den Straßen besiegeln das Ende aller Pläne für die Familie. Wie seinen Hausnachbarn und Berufskollegen Dr. Rudolf Magnus betrifft Dr. Pardo unmittelbar das »Gesetz über die Zulassung zur Rechtsanwaltschaft« vom 7. April 1933, das faktisch einem Berufsverbot für jüdische Rechtsanwälte gleichkommt. Von der Ausnahmeregelung durch das »Frontkämpferprivileg« macht er keinen Gebrauch. Zu stark erschüttert ihn die einsetzende politische Verfolgung sozialdemokratischer Parteigenossen, zu bekannt ist seine eigene Mitgliedschaft in der SPD. Bereits in den ersten Februartagen hat Pardo sich bei seiner Verteidigung zweier Polizeibeamter, die im September 1931 gegen Nazis eingeschritten waren, mit den rechtsgerichteten »Hamburger Nachrichten« angelegt, die seine »Redensarten« zurückweisen. Am 26. April werden alle Aufzüge und Versammlungen der SPD, auch in geschlossenen Räumen, verboten.

Und so geben die Pardos die Idee eines wohlgesetzten Lebens in der Rothenbaumchaussee 26 nach nur wenigen Monaten wieder auf.

England mit seiner demokratischen Tradition käme für die Familie als Exil durchaus in Frage, doch die Söhne zieht es nach Erez Israel. Mit einer Informationsreise nach Palästina gibt Dr. Herbert Pardo den

Behörden frühzeitig seine Bereitschaft zur Auswanderung zu verstehen, sodass er einer unmittelbaren Verfolgung entgeht.

Am 1. Juli 1933 nimmt ein Polizeimajor der Stelle für Melde- und Passwesen im Stadthaus zu Protokoll, dass die Dres. Heckscher und Pardo ihn am Vortag aufgesucht und um Aushändigung der beantragten Pässe für die Tschechoslowakei aus – vorgeschobenen – geschäftlichen Gründen gebeten hätten. Beide Herren hätten behauptet, mit der Politik der SPD nicht das Geringste zu tun zu haben. Der Antragsteller Pardo, wird vermerkt, wolle im Herbst nach Palästina auswandern.

Im August 1933 verlässt die Familie Pardo tatsächlich Haus, Stadt und Land und emigriert nach Haifa. Zwei Drittel der Wohnungseinrichtung können in Liftvans verschifft werden, den Rest versteigert der im Haus bereits bekannte Auktionator Elsas. Kompagnon Dr. Heckscher, der in Hamburg bleibt, kümmert sich um die Abwicklung. Der Entzug der seit 1912 bestehenden Rechtsanwaltszulassung für Dr. Herbert Joseph Benjamin Pardo folgt ein halbes Jahr später.

Unruhe und Wechsel halten das Haus Nr. 26 und seine Bewohner auch weiter in Atem.

Munter gespielte Töne eines Streichquartetts erklingen im »Olymp« oben unter dem Dach und sind bis in den Hausflur hinein zu vernehmen. Das komfortable Atelier des Willy Davidson nutzt Hausmakler Wilhelm C. H. Möller in Firma »A. Suck & C. Möller«, allgemein »Bobby« genannt, jetzt einer der Geschäftsführer der »Wohnhaus Rothenbaum GmbH«, vorübergehend als Wohnung. Möller ist ein passionierter Geiger, seine Kenntnis der Kammermusik-Literatur erstaunt sogar wissenschaftliche Kreise.

Eines Tages wechseln die gespielten Melodien ins Ergreifende.

Kaufmann Julius Polack, kurzfristig in die Geschäftsführung der »Wohnhaus Rothenbaum GmbH« berufen, verstirbt am 3. Juli 1933 im Alter von 52 Jahren, er wird am 30. Juli bestattet auf dem Israelitischen Friedhof in Ohlsdorf. Auch er kann sich – obwohl eingetragen ins »Hamburger Adressbuch« der Jahre 1933 und 1934, mal für den 2., mal für den 3. Stock – nicht lange als Mieter im Haus aufgehalten haben: Seine letzte der Deutsch-Israelitischen Gemeinde zu Hamburg bekannte Adresse und zugleich seine Firmenanschrift ist die Bismarckstraße 98. Am 1. September 1933 erscheint im Handelsregister die Meldung, dass die Firma »Julius Polack jr.« erloschen sei; am 26. September folgt eine Notiz, dass die Vertretungsbefugnis des Geschäftsführers Julius Polack für die »Wohnhaus Rothenbaum Gesellschaft« durch Tod beendet sei.

Als Juniorpartner von Jacob Julius Lübeck war Julius Polack zunächst Inhaber der Maschinenfabrik »Lübeck & Co.«, Kellereimaschinen,

Kaffeemühlen und Elektromotoren, mit Sitz am Schulterblatt 58, gewesen. 1919 hatte er das Grundstück in der Grindelallee 116/118 erworben, in dem seine jüngere Schwester Ranette Salfeld geb. Polack ein Kino führte. Während die »Kammer-Lichtspiele« in der Grindelallee 6 neben einem künstlerischen Filmprogramm auch den gesprochenen Vortrag pflegten, boten die »Thalia-Lichtspiele« in der Nr. 116/118 vor allem populäre Stummfilme.

Nachdem 1924 die Firma »Lübeck & Co.« an die »Elka-Werke AG« verkauft worden war, hatte Polack ein Waren- und Finanzgeschäft unter dem Namen »Julius Polack jr.« mit Kontor im Globushof an der Trostbrücke 2 gegründet. Sein jüngerer Bruder, ein ausgebildeter Tenor unter dem Namen Wolfram Charles Garden, hat von 1900 bis 1921 in New York gelebt, er besitzt die amerikanische Staatsangehörigkeit. Wie seine Schwester Ranette betreibt auch er nun ein Lichtspielhaus, das Wandsbeker Stummfilmkino »Kristall-Palast« in der Lübecker Straße. Allerdings widmet er sich vorwiegend einer Tätigkeit als Gesangspädagoge. Polacks Geschwister werden bald gezwungen sein, Hamburg zu verlassen: Familie Salfeld geht nach Montevideo, Uruguay, die Gardens kehren zurück nach New York.

Wie durch eine sich aufrichtende Mauer aus abweisender Kälte sehen sich die Juden plötzlich von ihren Mitbürgern getrennt. Langjährige Freundschaften gehen in Trümmer, geschäftliche Beziehungen zerbrechen, in Generationen mühsam aufgebaute Existenzen scheinen der Vernichtung entgegenzueilen. Was nottue – so beschreibt es das »Jahrbuch für die Jüdischen Gemeinden Schleswig-Holsteins und der Hansestädte« –, seien der Aufbau des jüdisch-geistigen Lebens und die Erneuerung der Grundlage jüdischen Selbstbewusstseins.

Wegen Ausreise

Dr. Rudolf Magnus + Dr. Lilly Magnus + Eva Magnus + Ernst Max Magnus | Eduard Gleichman + Polly Gleichman + Theodor Gleichman

Dr. Rudolf Magnus, Vordenker und erster Geschäftsfüher der »Wohnhaus Rothenbaum GmbH«, zeichnet nicht mehr für die Firma. Die Krisen der Weltwirtschaft haben auch die Rothenbaum-Gesellschaft erreicht, sie war dem Reichsfiskus Zahlungen von Körperschaftssteuer schuldig geblieben. Das Amtsgericht hatte Zwangsversteigerung angeordnet, um Zwangsverwaltung zu veranlassen; das Verfahren zog sich hin. Dr. Magnus hat die Geschäftsführung der Gesellschaft abgegeben.

Er bleibt Mitglied der »Nehemia-Nobel-Loge Nr. 946 in Hamburg e.V.«, dieser nach dem Rabbiner und Prediger Nehemia Nobel benannten Vereinigung, die sich vor allem karitativen Zielen verpflichtet fühlt. Eine der Bestrebungen der Loge ist die Förderung eines moderneren, nicht ausschließlich religiös geprägten Judentums.

Verheiratet ist Dr. Magnus mit Dr. Lilly Magnus geb. Rosenberg, aus Memel in Ostpreußen, litauisch Klaipėda, der nördlichsten Stadt im deutschen Kaiserreich. Lilly Magnus ist Doktorin der Medizin und geprüfte Ärztin, obgleich sie nicht praktiziert. Das Ehepaar lebt in Gütertrennung. Wenn Rechtsanwalt und Logenbruder Dr. Henry Minden zu Besuch in den 4. Stock links kommt, findet er die Wohnung sehr modern und geschmackvoll eingerichtet, er sieht, dass das Ehepaar Dr. Magnus darin ein ganz normales bürgerliches Leben führt. An Kunst und ihren neueren Formen ist man sehr interessiert – es war kein Zufall, dass Dr. Magnus das Atelier auf dem Dachboden von vornherein mit konzipiert hatte. Auf dem Konzertflügel, einem Bechstein C, spielen die Eheleute vierhändig. Dem sozialen Stand der Eltern entsprechend, werden gewisse Dinge mit den Kindern Eva Susanne und Ernst Max nicht besprochen: nicht ihre Verzweiflung über die Ausgrenzung jüdischer Juristen, nicht die Verschlechterung der wirtschaftlichen Verhältnisse, nicht die beschränkten Zukunftsaussichten für die Kinder in Deutschland, nicht der Selbstmordversuch des Vaters.

Es sind nicht die schwierigen Auseinandersetzungen mit der Finanzverwaltung um Vorauszahlung von Körperschaftssteuern durch die Wohnhaus-Gesellschaft, die den jüdischen Rechtsanwalt zum Rückzug veranlasst haben. Dr. Magnus kennt sich aus, erst im Januar 1931 hat er eine Broschüre veröffentlicht über die Fanggruben des Bausparsystems mit Ratschlägen, wie Bausparer Risiken vermeiden können. Es sind vielmehr persönliche Probleme: Dr. Magnus' Hoffnung, an die damals gerade im Aufschwung befindliche Baugenossenschaftsbewegung Anschluss zu finden und auf diese Weise seiner Praxis eine neue Grundlage zu geben, hat sich nicht realisiert. Der politische Umschwung vereitelt den Plan, seine Praxis schwindet dahin. Bruder Erwin, der Übersetzer der Werke Jack Londons, ist nach Dänemark emigriert, die jüngere Schwester Edith Bernstein geb. Magnus hat erleben müssen, dass ihr Mann Felix wegen seiner jüdischen Abstammung von der Göttinger Universität ausgeschlossen wurde. Schließlich verzweifelt Rudolf Magnus; für ihn gibt es unter den gegebenen Verhältnissen keine Zukunft mehr in Deutschland. Die Familie kommt zu dem Entschluss auszuwandern.

Dr. Lilly Magnus verlässt mit den beiden Kindern Hamburg und zieht zu ihrer Mutter nach Klaipėda, der Hafenstadt am Kurischen Haff. Es ist eine lange Bahnfahrt für die Kleinen, ohne den Vater, der in Hamburg zurückbleibt. Die Erinnerung an die Sechszimmerwohnung in der Rothenbaumchaussee nimmt der elfjährige Ernst Max mit. Was ihm besonders stark vor Augen bleibt, sind der große Konzertflügel, die Bibliothek und die Gemälde.

Der Haushalt wird aufgelöst, die Einrichtung verkauft, zum Teil über den Auktionator Carl A. Rüdemesser. Angemessene Preise können mit Rücksicht auf die bevorstehende Auswanderung und die allgemeine politische Situation der Zeit nicht erwartet werden, doch sie wären auch aus einem anderen Grund nicht erzielt worden. Rüdemesser, einer der erfolgreichsten Auktionatoren der Stadt, macht mit großen Anzeigen aufmerksam auf die öffentlichen Termine, die er in seinem neben dem Curiohaus gelegenen Geschäft wahrnimmt, zwei Minuten vom Dammtorbahnhof entfernt. Bei ihm würden hochwertige Einrichtungen und Gebrauchsgegenstände vornehmer Hamburger Privathäuser zur Versteigerung gelangen, erstklassige Pianos, Gemälde, kostbare alte Orientteppiche und vieles mehr. Er inseriert mit dem Hinweis, dass alle Gegenstände wegen gänzlicher Aufgabe der Hausstände unbedingt zugeschlagen werden sollten.

So wird es den Bewohnern des Hauses Rothenbaumchaussee 26 beim Blick schräg aus den Fenstern ein zunehmend vertrautes Bild, wenn auf der anderen Seite der Straße große Wagen Möbel anliefern.

Allgemein ist bekannt, dass im Laufe des Jahres 1933 – genau wie bei der Familie Dr. Magnus – die Emigration jüdischer Familien unter Auflösung von Hausständen »wegen Ausreise« in größerer Zahl eingesetzt hat. Und es ist diese Tatsache, die Rüdemesser sich doppelt zunutze macht.

Zum traditionellen Berufsethos eines Auktionators gehört, dass er Treuhänder eines oft verzweifelten Auftraggebers ist und ehrenfester Sachwalter, der die Interessen seines Mandanten nicht verschleudert. Rüdemesser, frei von moralischen Skrupeln, verramscht jüdisches Eigentum auch deswegen, weil er insgeheim und verdeckt Hehlerei in großem Stil betreibt: Über Jahre hat der Hamburger Möbelhändler Wilhelm Lebahn wertvolle Stilmöbel bei Herstellern aus Thüringen und Süddeutschland geordert – stets auf Kredit, mit Hinweis auf die wirtschaftlich prekären Zeiten. Da es ihm nicht gelungen ist, die wertvollen Einrichtungen zu verkaufen, bringt er die frisch ausgepackte Neuware zu Rüdemesser, der sie prompt verscherbelt unter der Behauptung, es sei besterhaltene Raumkunst aus Hamburger Privatbesitz. Im Herbst fliegt die Sache auf, wegen Beihilfe zur Untreue und Unterschlagung ergeht gegen Rüdemesser das Urteil auf zwei Jahre Gefängnis, 8 000,- RM Geldstrafe und Untersagung der Berufsausübung als Auktionator auf die Dauer von drei Jahren. Sein Geschäft wird geschlossen.

Wohl oder übel muss Dr. Lilly Magnus sich mit dem geringen Erlös zufriedengeben, den Rüdemesser ihr im Frühjahr ausgezahlt hat. Über einen Makler vermietet sie die Wohnung an den Kaufmann Eduard Gleichman. Am 1. April 1934, dem klassischen Umzugstermin, zieht Gleichman mit seiner Frau Polly und dem jüngeren – nach seinem Urgroßvater benannten – Sohn Theodor George von der Moorweidenstraße 18 um in den 4. Stock der Rothenbaumchaussee 26. Die monatliche Miete beträgt im ersten Jahr 165,- RM, sie steigt danach auf 215,- RM, die laufenden Unkosten erreichen im Durchschnitt 120,- RM.

Der einer holländischen Familie entstammende Kohlengroßhändler und Handelsagent Eduard Gleichman, 55 Jahre alt, in Firma »T. G. Gleichman«, Kohlen, Phosphat, Bleicherde, Guano, künstliche Düngemittel, Im- und Export, besitzt die deutsche Staatsbürgerschaft und seit Mai 1933 das Parteibuch der NSDAP. Der Sohn des ehemaligen Generalkonsuls Ihrer Majestät der Königin der Niederlande für Hamburg ist Mitglied der »DAF«, der »Deutschen Arbeitsfront«, des »Reichskriegerbundes« und des Landesverbandes »Nordmark« im »Waffenring der Deutschen Kavallerie«. Als Kavallerist hat er – wie einst Olga von Löbbeckes Mann Ernst-Gustav – am Ersten Weltkrieg teilgenommen, im Dienstrang eines Rittmeisters; er ist Träger des Eisernen Kreuzes 2. Klasse.

Seine Schwester Elisabeth Gleichman hat – wie die Nachbarin von Löbbecke – adelig geheiratet, den Rittmeister Leopold Ernst Hermann Eberhard Reichsfreiherr von Schrötter, Adjutant des Prinzen Friedrich Wilhelm von Preußen. Traditionelle Waffengattungen der Kavallerie wie »Ulanen« oder »Dragoner« gibt es nicht mehr; die Reichswehr der Weimarer Republik hat sie offiziell ersetzt durch die Bezeichnung »Reiterregimenter«. Dennoch gestalten sich die Waffentage der Kavallerie, bei denen sich viele Verbände des alten Heeres zu Aufmärschen, Paraden und Totenehrungen treffen, wie Kostümschauen des untergegangenen Kaiserreichs, in originalen Uniformen einstiger Sturmreiter.

Auch des Parteigenossen Firma »T. G. Gleichman« kann auf Tradition zurückblicken. Die Eisengießerei, Maschinen- und Kesselfabrik »Gleichman & Busse's Globe Foundry« auf dem Großen Grasbrook ist die erste größere Eisenschiffbauwerft Hamburgs gewesen. Später, in der zweiten Hälfte des 19. Jahrhunderts, hatte der Kaufmann Theodor George Gleichman von Oven die »Hamburg-Harburger Dampfschiffahrts-Compagnie« betrieben, die dem Publikum schnellen und bequemen Transport in prachtvoller Einrichtung versprach. Die Überfahrt mit dem – qualmenden – »De Smöker« dauerte damals zwei Stunden.

Der weltläufige Geschäftsmann Eduard Gleichman ist weit gereist und als Reiter körperlich auf der Höhe. Mit seiner aus den USA stammenden Frau Polly Katherine geb. Biglin hat er einige Zeit in Florida verbracht, wo er mit amerikanischen Firmen der Phosphat-Branche Kontakt hatte; auch in Norfolk, Virginia, sind sie länger gewesen. Der Reitergeist der Kavallerie hat es Gleichman lebenslang angetan. Der Film »Aufgesessen«, der – den Auflagen nach dem verlorenen Krieg zum Trotz – berittene Kämpfer in ausgewählten fotografischen Aufnahmen glorifiziert, trifft auf seine volle Zustimmung. Darin tragen Kavalleristen schlanke Reitstiefel und Stahlhelm mit Ohrenausschnitten, eine Reithose aus steingrauem Tuch mit Lederbesatz, Leib- und Schulterriemen, ihre Waffenfarbe ist goldgelb. Der silbergraue Mantel der Offiziere erinnert an die Bekleidung der alten Armee und wird der »kaisertreue Mantel« genannt. Noch Jahrzehnte später wird sich Witwe Edith Klapper aus dem Schuhgeschäft Werner Klapper – gleich gegenüber auf der anderen Straßenseite, Rothenbaumchaussee 7 – an Gleichmans auffallende gelbe Schuhe erinnern, die er an den zusammengebundenen Schnürsenkeln launig haltend und schwenkend in den Laden trägt. Im braunen Reich fühlt Gleichman neuen Schwung. Lästige Einschränkungen aus dem Versailler Vertrag wie entfallende Wehrpflicht durch Verkleinerung des Heeres werden zurückgenommen und unterlaufen, die Kavallerie darf erneut ausbilden, die alten Herren können endlich wieder Paraden reiten.

Die Jahre seit 1933 gestalten sich geschäftlich und finanziell sehr erfolgreich für Gleichman, der sein Kontor mit der Fernschreiber-Adresse »Fosfatman« am Glockengießerwall 26, Ecke Alsterdamm, im Scholvien-Haus hat. 1934 steigen seine Einkünfte sprunghaft an: aus Phosphatverkäufen, dem Import englischer Kohle, aus dem Kohlengroß- und -einzelhandel sowie durch Dividenden. Beliefen sich die im Inland zu versteuernden Umsätze im Jahr 1933 noch auf 7 143,- RM, so sind es 1934 bereits 41 821,- RM. Es ist kein Problem für ihn, die Miete an Dr. Lilly Magnus zu zahlen. Kavallerist Gleichman und seine Polly richten sich ein im Etagenhaus Nr. 26. Sohn Theodor George Gleichman, kaufmännischer Lehrling, und die in Russland geborene »Stütze«, die Hausangestellte Clara Ricker, ziehen mit ein ins 4. Stockwerk links. Wieder werden Gardinen gewechselt.

Von draußen, aus dem Hof, hören die Gleichmans dumpfe Schläge – Teppiche, Läufer und Brücken, von denen so viele und so kostbare auf den Parkettböden ausgelegt sind, werden gründlich geklopft. Staubsaugen allein reicht für antike Ware manchmal nicht aus. Und wenn man doch den elektrischen Sauger anlässt, können sich die Nachbarn durch überlautes Aufdrehen des Radios rächen. Es sind lärmende Zeiten.

Die Ehre des deutschen Mannes

Anna Levy + Karla Levy + Alfred Levy | Prof. Dr. Theodor Heynemann + Marie Tannrath

Seitdem Karla Levy eines Tages in der Schule vor ihrem Tisch gestanden hatte, auf den ein großes Hakenkreuz gemalt war, weiß die Familie, woran sie ist. Amerika – und die Flucht dorthin – muss es jetzt sein. Die Levys bereiten gleich alles vor, packen transportables Inventar zusammen und bestellen Arbeiter für die Möbel, die eingelagert werden sollen. Anna Levy, Witwe nach dem Tod Paul Levys, verlässt mit Tochter Karla und Sohn Alfred die Wohnung in der Rothenbaumchaussee 26. Sie ziehen ein paar Straßen weiter, in die Parkallee 10 zur Witwe Kornstädt in den 2. Stock. Sobald die Haustür ins Schloss gefallen ist, drehen sie sich nicht mehr um.

Eine willkommene Gelegenheit für den Direktor der Eppendorfer Frauenklinik, Prof. Dr. Theodor Heynemann.

Der Mann mit den Schmissen der schlagenden Verbindung »Corps Nassovia« im Gesicht, der seinen Assistenten kategorisch vorschreibt, nicht zu heiraten und ständig verfügbar zu sein, wohnt nicht in der Nähe des Klinikgeländes und bisher in der Rothenbaumchaussee schräg gegenüber, in einem Haus ohne Aufzug. Jetzt, am 11. April 1935, zieht er zusammen mit seiner Haushälterin Marie Tannrath in die Nummer 26, 2. Stock, in jene Wohnung, die Anna Levy aufgegeben hat. Dem neuen Mieter gefallen die sachliche Großzügigkeit des Schnitts, die Luftigkeit und Helligkeit, Eigenschaften, die er auch für die Krankenpavillons in Eppendorf stets als Verbesserung propagiert hat. Die große Badewanne findet sofort seine Zustimmung, auf Waschhygiene ist bei der Einrichtung augenscheinlich viel Wert gelegt worden. Die monatliche Miete beträgt 260,- RM, an Nebenkosten für Zentralheizung und Warmwasser fallen jährlich etwa 400,- RM an.

Zwei Räume seiner neuen Wohnung zur Straßenseite Rothenbaumchaussee 26 nutzt Prof. Dr. Theodor Heynemann als ärztliche Praxis mit Publikumsverkehr zu festgelegten Sprechzeiten. Auch diesen Vorteil bot seine bisherige Wohnung nicht, zu seiner Praxis hatte er in die Klopstockstraße 10 fahren müssen.

Mit den Notwendigkeiten seiner Profession kennt er sich bestens aus, er weiß sofort, welche Geräteschränke und Stühle wo zu stehen haben. Am Fenster zur Straße schaut er hinaus. Linker Hand, in der Rothenbaumchaussee 5, sieht er das Seminar für Rechtswissenschaften, rechter Hand das Curiohaus, mit Fahnen geschmückt. Das Hakenkreuz und seine Anhänger sind sehr sichtbar dort eingezogen; der »Nationalsozialistische Lehrerbund« hat sich hier etabliert, ebenso das Generalkonsulat des faschistischen Italien. Und in seinen Räumen im Erdgeschoss beherbergt der Gastronom der Hotel- und Restaurationsbetriebe »August Giele & Söhne«, Henry Giele, den SS-Reitersturm der 4. Reiterstandarte.

Der Anblick der NS-Zeichen ist Dr. Heynemann nicht fremd. Er ist Unterzeichner des »Bekenntnisses der Professoren an den deutschen Universitäten und Hochschulen zu Adolf Hitler und dem nationalsozialistischen Staat«, förderndes Mitglied der SS seit 1934 und hat in seinem Institut ehrgeizige junge Oberärzte und Assistenten um sich geschart. Seiner Auskunft nach gehören sie sämtlich der SA oder der SS an; Dr. med. Hans-Ulrich Hirsch-Hoffmann ist zusätzlich Mitglied der NSDAP, und das bereits seit März 1932.

Heynemann, Feldchirurg im Ersten Weltkrieg, Patriarch mit festen Prinzipien und Routinen, Verehrer von Bismarck und Bier, gilt als seine Belange durchsetzender und guter Lehrer. Vor offenen Kontroversen scheut er nicht zurück, etwa wenn er über Assistenten und Schüler seine schützende Hand hält. So, als eine Tischgesellschaft junger Ärzte, die Eppendorfer »Barone«, ihre nationale Erhebung in Exzessen corporierter Studentenschaften feiert: Krawalle in totaler Betrunkenheit, Bestellung von Prostituierten auf das Gelände, brutale Terrorisierung von Assistenzärztinnen und von »nichtarischen« Kollegen.

Der Leiter der Universitäts-Kinderklinik und Poliklinik, Prof. Dr. Rudolf Degkwitz, macht dem Ärztlichen Leiter des Universitätskrankenhauses Eppendorf – seiner Spektabilität Dekan Prof. Dr. Eduard Keeser – Mitteilung, dass in der Tischgesellschaft ein Ton und Gebräuche herrschten, wie sie unter gebildeten Menschen und vor allem in einem akademischen Krankenhaus keinesfalls Sitte seien, und dass durch die in Betrunkenheit immer wieder begangenen Exzesse der Kasinogesellschaft gepaart mit feudalen Sauf- und Raufsitten das Ansehen des Universitätskrankenhauses aufs Schwerste geschädigt werde. Durch nächtliche Krawalle wie den jüngsten im Kasinogebäude gehe ein großer Teil der Nachtruhe verloren. Es würden Gelage gefeiert, bei denen geschossen, Flaschen aus dem Fenster des 2. Stocks geworfen und so gelärmt werde, dass die Leute auf der Straße stehen blieben; von der Verunreinigung der Aborte und Zimmer ganz zu schweigen. Man werfe sich gegenseitig bei Tisch Fleischstücke oder Serviettenringe in Suppen und Saucen, um sich zu bespritzen, am Ende der Mahlzeit müsse möglichst laut gerülpst werden. Der weithin hörbare Krach der Kasinofeste, der mit Pistolensalven eingeleitete Budenzauber auch außerhalb des Kasinogebäudes, sei unerträglich. Prof. Degkwitz bittet in aller Form um die Auflösung der Tischgesellschaft.

Heynemann, Kritik an seinen nassforschen Herren abweisend, nicht willens, den jungen Corpsbrüdern im Kasino burschenschaftsübliche Gepflogenheiten zu untersagen, blockt alle Beschwerden ab. Die vorgebrachten Beschreibungen über das Leben und Treiben der Kasinogesellschaft bezeichnet er unter Verweis auf seine langjährige Eppendorfer Erfahrung als stark übertrieben. Trotz ihrer Arbeit in den Organisationen der SA und SS seien die jungen Herren in der Lage, sowohl ihren dienstlichen Pflichten zu genügen als in ihrer knappen Freizeit ein zwar manchmal raues, aber sehr herzliches Kameradschaftsleben zu führen.

Durchaus rau erfolgt auch so manche Behandlung von Patientinnen. Eine gynäkologische Lehrprobe geschieht im Rahmen der gängigen Praxis im Hörsaal derart, dass eine narkotisierte Frau mit entblößtem Unterleib – auch fachfremdem Publikum – öffentlich vorgeführt und zur Schau gestellt wird. Die Operation, Tubendurchblasung, erfolgt durch den Heynemann-Schüler Dr. Hanns Dietel unmittelbar vor den Sitzen der zuschauenden Herren, die keine Mediziner sind. Vergeblich beschwert sich der Direktor der 1. Medizinischen Klinik des UKE, der Chirurg Prof. Dr. Hans-Heinrich Berg, beim Herrn Reichs- und Preußischen Minister für Wissenschaft, Erziehung und Volksbildung über diese Peinlichkeit. Heynemann blockt jeden Protest gegen diese völlig inakzeptable, frauenverachtende Praxis ab.

NS-Rassenlehre durchdringt immer stärker Studium und Praxis, wird allgemeines Pflichtfach. Heynemanns Assistenten arbeiten für das NS-Amt für Volksgesundheit. SA-Mann Dr. Hirsch-Hoffmann doziert über Rassenkunde, Oberarzt und SS-Mitglied Dr. Willi Schultz, Schmisse auf der linken Wange, über hormonale Sterilisierung. Es bleibt nicht bei Theorie.

Bankgeschäfte und Fußballclubs

Heinrich Beine + Marie Beine | Dr. Fritz Liebmann + Lotte Liebmann | Richard Levy + Heinz (Heinrich Bernhard) Levy | Dr. Rudolf Brinckmann

Am 30. März 1933 unterschreibt Heinrich Beine als neuer Geschäftsführer der »Wohnhaus Rothenbaum GmbH« eine Hypothek zugunsten des Reichsfiskus, vertreten durch das Finanzamt für Körperschaften, Hamburg, Rödingsmarkt 83, zur Sicherung der Forderungen gegen die Gesellschaft auf Zahlung von Körperschaftssteuer für die Jahre 1927 bis 1931 und der nach dem Körperschaftssteuerbescheid 1931 festgesetzten Körperschaftssteuervorauszahlungen. Gleichzeitig beantragt er die Eintragung der Sicherungshypothek in das Grundbuch. Die Zwangsversteigerung ist abgewendet.

Heinrich Theodor Beine, der humorvolle Prokurist im Bankhaus »M. M. Warburg & Co.«, mit seiner Frau Marie wohnhaft im 5. Stock links, hat in den Jahren 1919 bis 1924 als Geschäftsführer die »Allgemeine Verwaltungsgesellschaft mbH, Hamburg« vertreten, eine hundertprozentige Tochter der Warburg-Firma. Ihre Geschäftsräume befinden sich im 1. Stock der Bank in der Ferdinandstraße 75. Als Nachfolger von Dr. Rudolf Magnus zeichnet er seit dem 9. Januar 1933 für die »Wohnhaus Rothenbaum GmbH« zusammen mit Rechtsanwalt Dr. Adolph Heinichen, dem Enkel des verstorbenen Bankiers Martin Eduard Friedburg. Wenige Monate lang – bis zu seinem Tod – gehört auch der Kaufmann Julius Polack zur neuen Geschäftsführerriege.

Beines Sportverein, der »SC Victoria«, hat im Jahr zuvor für Aufsehen gesorgt, als Fußballer Erwin Seeler vom Arbeitersportverein »SC Lorbeer 06« in Rothenburgsort an die Hoheluft wechselte. Sozialdemokratische Genossen hatten dem »verirrten« Proletarier Seeler, der nun als Torjäger das Paradepferd für die Kassen der bürgerlichen Bewegung gebe, Hochmutsfimmel vorgeworfen. Von Bebauungsbeginn an war die Gegend an der Hoheluft, aber auch an der Alster und am Rothenbaum, eine Domäne bürgerlichen Sports gewesen. Der »Eisbahnverein vor dem Dammthor« hatte 1886 den Anfang gemacht, dann war der »Harvestehuder Tennis- und Hockey-Club« hinzugekommen, bald gefolgt vom »Velodrom Rotherbaum« mit Winterhalle rund um die Radrennbahn, der größten Sportanlage im damaligen Deutschen Reich – frühe Freizeitzentren der hanseatischen Oberschicht. Den Platz des Velodroms nahm nach dessen Abriss die Reitanlage mit Halle ein.

Der »Hamburger Fußball Club von 1888« bot den Oberschülern des Wilhelm-Gymnasiums Gelegenheit zur »Fußlümmelei«, bis die Anlagen im Ersten Weltkrieg als Truppenübungsplatz genutzt wurden. Dieser Sportverein wird nach 1919 zum bekanntesten Klub Hamburgs, zum HSV, dem »Hamburger Sportverein«. Damit unterhält das englischen Sportarten zugeneigte Hamburger Bürgertum am Rothenbaum drei Sportgelände dicht nebeneinander: die Reitbahn, den Platz des HSV und die Tennisanlage des »Club an der Alster«.

Im Grindelquartier spielt die Mannschaft Grindelhof gegen die Mannschaft Rutschbahn, und da tritt auch der jüdisch-zionistische Sportverein »Bar Kochba« an, in blauen Shorts, weißem Hemd und mit Davidstern.

Im Vergleich mit dem »Hamburger Sportverein«, heißt es, sei die »Victoria« die eleganter spielende Kombinationself, jeder Einzelne dort habe viel Verständnis, feines Fußballgefühl, sei hervorstechend im Bestreben, das Spiel flach zu halten, ideen- und finessenreich, fair und ohne viel Kraftaufwand. Der HSV dagegen sei die verkörperte Kampftruppe, limonadenhafter, matter Kickerei gänzlich abgeneigt. Das Eckhaus an der Kreuzung Rothenbaumchaussee und Hallerstraße ist das angestammte Clubhaus des HSV, die sogenannte »Burg« mit oktogonalem Eckturm. Dort ziehen sich die Spieler um, bevor sie über die Straße zum Rothenbaum-Stadion gehen. Die Mannschaftsfeste in der »Burg« sind außerordentlich beliebt, doch die Deutsche Meisterschaft 1928 mit dem legendären bulligen Stürmer Otto Harder, genannt »Tull«, feierte der HSV dann doch im Curiohaus.

Wie die anderen Bewohner des Hauses hat auch Heinrich Beine die Märsche der nationalen Erhebung am Abend des 30. Januar 1933 erlebt. Im Mai desselben Jahres ordnet der Vorstand des »SC Victoria«, dem Beine inzwischen nicht mehr angehört, an, dass beim Betreten und Verlassen des Platzes das Ehrenmal der Gefallenen zu grüßen sei, und zwar durch Abnehmen der Kopfbedeckung oder durch Erheben des rechten Armes. In dem mit Hakenkreuz geschmückten Clubheim wird das »Horst-Wessel-Lied« gesungen. Ein Sturmwind, so schreibt die Vereinszeitschrift, wehe seit einigen Wochen durch alle Gaue des deutschen Vaterlandes, alles, was morsch sei, mit sich reißend; nur was stark und gut und deutsch sei, halte dem Brausen stand. Deutschland sei erwacht. Dem Volk sei der Glaube an seine Zukunft wiedergegeben. Die Sportler des Vereins könnten endlich offen und freudig bekennen: »Wir treiben Sport für unser Vaterland. Ein neues Deutschland ist im Werden! Wir Victorianer marschieren mit dem Geist der Zeit.«

Heinrich Beine bleibt dem Sport ergeben, er engagiert sich im »Deutschen Fußballbund« und als 2. Vorsitzender des »Norddeutschen Sportverbandes«, den er vor 25 Jahren mitgegründet hat, er gehört dem Verbandsgericht an und arbeitet in den Ligaausschüssen mit. Auch wenn er selbst schon lange nicht mehr auf dem grünen Rasen stehen kann, dessen Magie bleibt er treu. Vielen gilt der Hamburger Fußballpionier, der in Zeiten wirtschaftlichen und politischen Tiefstandes seinen Verein, die abstiegsbedrohte blau-gelbe Victoria, voller Leidenschaft als »Außenkapitän« zurück zum Erfolg geführt hat, als Vorbild. Bei den Spielen seines Vereins ist »Heinerle« natürlich immer dabei, aufgeräumt-glücklich oder kleinlaut-verärgert erlebt der Hausflur den lebhaften, rundlichen Herrn an den Wochenenden, wenn die Fans durch die Rothenbaumchaussee zum Dammtorbahnhof zurückfluten.

Auch andere als sportliche Gewohnheiten erhält er zunächst aufrecht. Sobald der Prokurist morgens die Bank »M. M. Warburg & Co.« betritt, durchquert er die Dokumentenabteilung, geht durch die Wechsel- und Devisen-Abwicklungs-Abteilung, vorbei an der Maschinen-Buchhaltung, an die sich die Korrespondenz anschließt. Hinter der Depotabteilung und der Effektenkasse findet er in der Vermögensverwaltung seinen Arbeitsplatz. Beines Schreibtisch steht direkt neben der Tür zum Treppenhaus, wo es abwärts zum Gewölbe mit Tresor und aufwärts zur Chefetage geht.

Noch fühlt sich alles an wie bisher.

Am Platz gegenüber sitzt Kollege Salomon Fürth, der wie viele Kollegen später emigrieren wird, er geht nach Beginn des Zweiten Weltkriegs mit seiner Ehefrau Hildegard in das neutrale Schweden. Schräg gegenüber, in der Effekten-Kasse, arbeitet Otto Kohlhase. In der Geschäftsführung der »Wohnhaus Rothenbaum GmbH« wird er Heinrich Beine nur ein Jahr später nachfolgen. Wie die anderen Syndizi hat Dr. Fritz Liebmann im 1. Stock der Bank in der Rechtsabteilung ein eigenes Zimmer. Schreibarbeiten erledigen Emmy Hagedorn und – bis zu ihrer Heirat – Hildegard Voß im Schreibzimmer auf der anderen Seite des Flures. Beruflich hat Dr. Liebmann viel in den Niederlanden zu tun, in Amsterdam unterhält die Bank »M. M. Warburg« eine Dependance, die »Warburg & Co.«

Beine grüßt den Kollegen und Hausnachbarn Dr. Liebmann, doch der ist in Gedanken, er ist besorgt um seine Tochter Lotte. Sie hat die Helene-Lange-Schule Anfang 1933 verlassen, einige Wochen danach auch die Emilie-Wüstenfeld-Schule, ein Institut, das sich inzwischen die Fahne des blutigen Kolonialkriegers Carl Peters als Schulflagge zugelegt hat. Früh gibt Lotte die Hoffnung auf eine Zukunft in Deutschland auf, sie verlässt Hamburg bereits 1933. Von April 1933 bis Mittsommer 1934 besucht sie die »Bedales School« in Petersfield, Hampshire in England. Im Anschluss nimmt sie einige Monate Französischunterricht in der Privatschule »La Roseraie« bei Genf. Weil Devisen nur in sehr eingeschränktem Maße zur Verfügung stehen, muss sie eine Berufsausbildung beginnen und schreibt sich bei einer Sekretärinnenschule in London ein. Der Traum, Medizin zu studieren, wird sich nie erfüllen.

Anna Levys ältester Sohn, Dr. med. Richard Levy, tätiger Volontärarzt am Allgemeinen Krankenhaus St. Georg, soeben verlobt mit Gerda Bruns, verlässt Deutschland im Dezember 1933 und geht in die USA. 1934 wird sein Name im Hamburger Ärztematrikel gestrichen.

In der Bank »M. M. Warburg & Co.« setzt Syndikus Dr. Fritz Liebmann am 22. August 1934 ein Empfehlungsschreiben auf an Herrn Felix Hamlet, »Bank of the Manhattan Company«, 40 Wall Street, New York. Er schreibt an den lieben Felix, dass er Herrn Heinz Levy aus Hamburg bei ihm einführe. Herr Levy, der Sohn des vor einigen Jahren verstorbenen, ihm gut bekannt gewesenen Hamburger Privatbankiers Paul Levy, habe bei »Lisser & Rosenkranz«, Bankgeschäft, Hamburg, Neuer Wall 10, gelernt, sei dann in die Getreidebranche gegangen und habe unter den Zeitverhältnissen jetzt seine Stellung verloren. Er gehe in die Vereinigten Staaten, um sich eine neue Existenz aufzubauen. Dr. Liebmann setzt hinzu, er wäre dankbar, wenn Felix Hamlet dem Herrn Levy mit Rat zur Seite stehen könnte. Hamlet, Neffe des »Warburg«-Prokuristen Max Hamlet, weiß sehr gut um die Notwendigkeit solcher Hilfe, denn er selbst ist früh von Hamburg aus ausgewandert.

Noch im August nimmt »Heinz« – Paul und Anna Levys Sohn Heinrich Bernhard Levy – das Hapag-Schiff »Milwaukee« nach New York. Er wurde bei »Cadec«, der Hamburger Niederlassung einer der größten Getreidefirmen der Welt, zum 1. Juli 1934 entlassen – auf Betreiben des Managers der Berliner Filiale, der ein führender Nazi ist und keine Juden in seiner Firma haben will. Den Namen Heinz Levy will der einstige Schüler der Heinrich-Hertz-Schule loswerden, die Vergangenheit löschen. Irgendwann auf seiner Trennungsreise von Deutschland dreht er den Namen eines Mitreisenden – eines Herrn

Trennel – um, nach Art des »Dreidel« oder auch »Trendel« des Chanukka-Spiels, das Erinnerung und Spiel zugleich ist und dessen Wortstamm »drehen« bedeutet. Er nennt sich selbst nun »Lennert«. Als Henry B. Lennert erreicht er New York.

In Hamburg bei »M. M. Warburg & Co.« legt sich Dr. Rudolf Brinckmann, der es liebt, den Tag peinlich genau einzuteilen, seine Rauchutensilien für den Abend zurecht. In der Bank befindet sich sein Zimmer im 1. Stock neben den Chefzimmern, dem Sekretariat und dem Archiv. Der in der türkischen Stadt Smyrna als Sohn eines für Dänemark tätigen Konsuls geborene, sechs Sprachen fließend – darunter Persisch und Arabisch sowie perfekt Türkisch – sprechende Prokurist Dr. Brinckmann, der Pfeife raucht und einen goldenen Ring am kleinen rechten Finger trägt, erhält Generalvollmacht im Bankhaus der Warburgs. Er wirkt gerade im Nahost- und Teppichgeschäft zum besten Nutzen der Firma. Hamburgs iranische Kolonie hat große Lager wertvoller Teppiche und eröffnet einen interessanten Kundenkreis. Mit der prominenten persischen Handelsfamilie Khosroshani verbindet ihn eine enge Bekanntschaft.

Wie die anderen als »Bankbeamte« bezeichneten Angestellten der Warburg-Bank besucht auch Dr. Brinckmann die hauseigene Kantine, das ist praktisch und spart Zeit. Seit den Tagen der Cholera in Hamburg steht den Mitarbeitern ein tägliches Kontingent an Bier zu, um ein sauberes Getränk zu garantieren. Nach Dienstschluss, der für ihn je nach Stand eines Vorgangs unterschiedlich ist und weit nach 18 Uhr liegen kann, freut sich Dr. Brinckmann auf einen ruhigen Abend in der Rothenbaumchaussee 26, im 3. Stock und im Kreis seiner Familie, mit Frau Johanna geb. Lindenberg und den Kindern Christian, Rudolf und Anita.

Auch Heinrich Beine verlässt, manchmal früher, manchmal sogar noch später, die Ferdinandstraße, geht vorbei am Bahnhof Dammtor und biegt in die Rothenbaumchaussee ein. Er bleibt kurz stehen, um durchzuatmen. Die Kriegsverwundung hat ein langes Leiden hinterlassen, nur bei seinen Kameraden auf dem Fußballplatz, nach Anpfiff, fühlt er sich unbeschwert. Ganz hinten auf der Moorweide, jenseits des quer verlaufenden Trampelpfades, spielen ein paar Jungs Fußball. Beine verspürt so etwas wie Wehmut, als er winkend weitergeht, er will sich hinlegen, sobald er zu Hause ist. Es wird, es muss schon wieder besser werden. Auch weil er sich in keiner Weise geschont und sogar weitere Ämter übernommen hat. Noch im Dezember 1933 hat er sich zusätzlich in den Vorstand der »Haus des Fortschritts AG« in der Steinstraße 10, bis 1932 Sitz der Hauptverwaltung des »Karstadt«-Konzerns, bestellen lassen.

Die Kastanien, die sich in den unmerklich höher werdenden zwei Reihen gegenüberstehen, haben ihre Kerzen noch nicht aufgesteckt. Auf der vorderen Moorweide beginnen Arbeiter mit den Vorbereitungen für die nächste Massenkundgebung, ein riesiges Frühjahrsfeuer soll in den Nachthimmel lodern, das ganze Quartier wird in ein gewaltiges zuckendes Rot getaucht sein. Nur die mächtigen Jugendstil-Gorgonen an der Fassade des Bahnhofs starren nach wie vor gleichgültig ins Leere.

Der hoch aufgeschossene Hans Hirschfeld, für die kleine Straßenbande zu alt geworden, betrachtet die Entwicklung mit unguten Gefühlen. Er hat sich in die hübsche Karin verliebt, Tochter des Dr. Levi, der erste Kuss ist unvergesslich. Das ist die gute Erfahrung, doch eine schlechte gibt es auch. Sein Klassenkamerad Werner ist NS-Pimpf geworden, er spielt sich beleidigend auf und tituliert Juden als Menschen zweiter Klasse; Hans kann nicht umhin, das Großmaul zu verdreschen. Danach weiß er, dass er den Nazis aus dem Weg gehen muss.

Stuckengel

Olga von Löbbecke + Asta von Löbbecke | Otto Benjamin + Dr. Henri Hirsch | Gretchen Meyer | Dr. Rudolf Magnus | Prof. Dr. Theodor Heynemann | Wilhelm Fausto Ritter

Asta von Löbbecke, Sportlehrerin und älteste Tochter der Husaren-Witwe Olga von Löbbecke, widmet ihrer Mutter aus der Ferne – sie ist nach Wiesbaden verzogen – zwei Gedichte. Der Wiesbadener Komponist Hans Fleischer, Mitglied der NSDAP, vertont von Löbbeckes Schmerzenslyrik am 15. April 1933 in »6 Liedern für mittlere Stimmlage und Klavier op. 96«. Sie bilden den Anfang eines Zyklus.

»Pietà
Du weinst nicht – dazu bist du zu stolz!
Du glaubst noch an das Leben – ob es gleich sterbend dir
im Schoße liegt.
Dein Mund ist schmal.
Die Lippen flüstern seinen Kindernamen.
Du weinst nicht – aber deine Augen, Mutter!
Das ganze Leid der Welten liegt darin ...«

Fleischer, im Tonsatz der Spätromantik verpflichtet, teilt als Mitglied des »KfdK«, »Kampfbund für deutsche Kultur«, dessen völkisch-antisemitische Grundsätze. Zunehmend ist die Organisation damit beschäftigt, die riesige Flut anbiedernder Bühnenwerke mit Antrag auf schmückende Widmung an den Führer zurückzuweisen. Kampagnen gegen nationalen Kitsch – Waschlappen mit Hakenkreuz – werden aufgelegt.

Innerhalb des »Kampfbundes« zählt Mütterlichkeit zu den Urpflichten der deutschen Frau, deren Bestimmung es sei, Siedlungsgefährtin eines germanisch-keltischen Gatten zu sein. Der Typus der intellektuellen Frau, die Frauenrechte einfordere, stößt auf Ablehnung. Die Gymnasiallehrerin Asta von Löbbecke tritt am 1. Mai 1933 der NSDAP bei, Mitgliedsnummer 2 368 485. Sie teilt das Empfinden politischer Euphorie im Deutschen Reich mit einer wachsenden Masse jubelnder Volksgenossen; eine »einheitliche deutsche Gymnastik«, erweitert auf alle Teile des »Volkskörpers«, erscheint ihr nicht länger als bloßes Wunschbild.

Aus der Kaiserzeit nachhängenden Begriffen wie »Gnädige Frau« – diese bürgerliche Variante zur adeligen »Madame«, im Übermaß verwendet von befrackten Herren des Parketts, von sporenklirrenden Offizieren mit Monokel und Dienstmädchen aller Couleur – wird kein Platz mehr eingeräumt in einer sich sozialistisch verstehenden Gemeinschaft. Asta von Löbbeckes Mutter Olga, Residentin einer der lichtdurchfluteten Wohnungen im 5. Stock der Rothenbaumchaussee 26, arbeitet auch ohne derartige Anleihe bei höfischer Etikette weiter wie gewohnt mit Pferden, sie präsentiert stilvolles, zeremonielles Reiten. Allerdings gilt die aristokratisch auftretende Dame mit Reitpeitsche, Zylinder und weißen Handschuhen jetzt als ziemlich unpassende Besetzung einer »Volksgenossin«. Pferde, Fanfaren, Uniformen, in der Öffentlichkeit ist Frau von Löbbecke umgeben von Wehrmacht, SS und Braunhemden der SA, zu ihnen zählt SA-Oberscharführer Georges Woltmann, Leiter der »Reitschule Rotherbaum«.

Das neue Reich wendet den Pferden erhebliches Interesse zu. Hamburgs Reitsport ist gleichgeschaltet, er hat in primärer Beziehung zum Staat und zur nationalen Volksgemeinschaft zu stehen. Mit seiner Gründung im August 1933 gliedert sich der »Reiterverein Rotherbaum« schnell ein in die neue nationale Aufgabe, der Verein erstrebt die Zusammenfassung der in der »Reitschule Rotherbaum« reitenden Volksgenossen und Volksgenossinnen zu gemeinschaftlicher Ausübung des Reitsports bei einem Mitgliedsbeitrag von 10,- RM im Jahr. Im Briefkopf des Vereins erscheint ein kreisrundes Wappen. Es zeigt vor rotem Grund und der Jahreszahl 1933 ein weißes Pferd im Sprung über einem Hakenkreuz, die aufgehende strahlende Sonne symbolisierend.

Wenn sie morgens vor Sonnenaufgang aufbricht, ist Olga von Löbbecke nicht allein unterwegs. Auf dem Reitplatz in der Rothenbaumchaussee gehen im Herbst und Winter früh die Lichter an, um die Bahn zu beleuchten. Professor Dr. Max Nonne, Chefarzt der Universitäts-Nervenklinik in Eppendorf, arbeitet noch vor dem eigenen Tagwerk eine Stunde lang mit seinem Pferd. Im Sommer ist er bei jedem Wetter morgens um 6 Uhr auf dem Reitplatz oder hoch zu Ross im Borsteler Moor anzutreffen.

Frau von Löbbecke, diese über Hamburgs Grenzen hinaus bekannte Reiterin, so porträtieren sie die »Hamburger Nachrichten«, habe sich, obgleich Mutter erwachsener Kinder, eine hervorragend schlanke Reiterinnenfigur bewahrt, um die sie manch Jüngere beneiden werde.

Ihre Routine verbinde sich mit Verständnis für schulmäßige Arbeit, wovon ihre Siege bei Dressurprüfungen immer wieder Zeugnis ablegten. Beim Jubiläumsturnier des befreundeten »Uhlenhorster Reitervereins« reitet sie in der Dressurprüfung »Klasse L« Rica Duensings »Ahoy«; das gut besuchte Reiterfest am Rothenbaum im März 1934 organisiert sie mit. Als wirkungsvoll erweisen sich dabei die beiden von ihr einstudierten Troikas. Sie selbst und der junge Schlüter, Sohn des Besitzers der »Reitschule Rotherbaum« Gustav C. H. Schlüter, führen im russischen Nationalkostüm ihre Dreigespanne vom Sattel aus mit großer Sicherheit vor. Trachten und Uniformen haben es ihr schon immer angetan.

Die Schränke in ihrer Wohnung in der Rothenbaumchaussee sind reich bestückt, von der Decke schauen blicklose Stuckengel herunter, wenn sich Frau von Löbbecke zum Ausgehen einkleidet. Die Puttengesichter im Schmuckfeld der Deckenleuchte hängen über einer Kollektion von Preisen, Trophäen, Bildern und Erinnerungen an Turniere, Momente des kraftvollen Sprungs zeigend, im Damensitz, über Hürden und Hindernisse. Auf der Kommode stapeln sich Ausgaben der »Deutschen St. Georg Sportzeitung«.

Die vertonten Gedichte ihrer Tochter Asta, voller Andeutungen unterdrückten Leids – sie passen wenig zur Zeit und zu einer Frau, die auch im fortgeschrittenen Alter noch jede Dressuranforderung mühelos und in vollendeter Disziplin erfüllt. Die schlichte Poesie aus der Feder der fröhlichen, ebenfalls überaus sportlichen jungen Tochter wirkt eher etwas aus der Art geschlagen.

Sohn Gerhard, noch immer ist er unverheiratet, erweist sich weiter als Eigenbrötler ohne Ehrgeiz, dafür stolz im Auftritt. Sein Wunsch, in die NSDAP aufgenommen zu werden, wird ihm – im Unterschied zu dem seiner Schwester Asta – verwehrt.

Amazone Rica Duensing lässt sich oft in Hamburg sehen, sie ist befreundet mit Fritz Haerlin, Direktor des Hotels »Vier Jahreszeiten«. Die für die exklusive Zeitschrift »Die Dame« posierende Reiterin richtet im Souterrain seines Hotels an der Binnenalster die »Condi« ein, eine Konditorei mit Antiquitäten aus der Biedermeierzeit, Ölgemälden, Uhren und Kupferstichen. Die Situation auf dem Markt ist, angesichts seit einiger Zeit stark zunehmender Versteigerungen, günstig, es bieten sich hochwertige Gelegenheiten. Haerlin gehört dem SS-Reitersturm der 4. SS-Reiterstandarte an, mit vorübergehendem Sitz im Curiohaus. Zu den Kameraden in Schwarz zählt der ehemalige Polizist Kurt A. Becher, angesehenes Mitglied im »Reiterverein Rotherbaum« und im »Hamburger Schleppjagd-Verein«, wo Olga von Löbbecke tätiges und förderndes Mitglied ist.

Vor dem Spiegel in ihrer Wohnung überprüft Frau von Löbbecke ihren Reitdress und die Frisur. Das Mädchen hat der Gnädigen Frau den Zylinder abgebürstet, die »Amazone« setzt ihn auf und greift zur Reitpeitsche. Nur Astas wehmütige Verse wollen nicht wirklich zum Tagesprogramm passen:

»An meine Mutter
In deine lieben Hände legt' Freude ich und Schmerz.
Nun sag' ich's leis am Ende: Nimm noch mein ganzes Herz!
In deine Mutterhände leg' ich es still hinein.
Wo mag es auch am Ende besser behütet sein?«

Von Löbbeckes Toilette unter den heimischen Stuckengeln ist beendet, sie kann den Aufzug nehmen und wie immer tadellos auf dem Reitplatz erscheinen. Nie sieht man sie anders als perfekt, und sie weiß, eine Frau im Sattel ist gleichbedeutend mit einer eleganten, fesselnden Erscheinung im Straßenbild.

Der Reitsport selbst hat seine neuen politischen Aufgaben bejaht. Die »Hamburger Pferdesportwoche« vom 5. bis 9. Mai 1935 hat das vorrangige Ziel, nationalsozialistische Gedanken auch in Pferdezucht und -sport zur Geltung zu bringen. Entsprechend bilden die Uniformen der SS, der Reichswehr und Schutzpolizei bei schönem Frühlingswetter das beherrschende Bild. Der SA obliegt die dem NS-Staat wichtige vormilitärische Ausbildung der Jugend. Die »Reitschule Rotherbaum« verfügt in dieser Zeit über einen Stamm von etwa sechzig reitenden Jungen und Mädchen, die zum großen Teil bereits ein beträchtliches Können im Sattel zeigen. Freudig und einsatzbereit mit unerhörter Passion, so wird weiter berichtet, leitet die bekannte und erfolgreiche Turnierreiterin Frau von Löbbecke die Ausbildung der reitenden Jugend.

Während des Winters stehen Musikreiten und Jugendquadrillen auf dem Programm, im Sommer Spazier- und Geländeritte. Im Herbst zeigen Jungen und Mädchen beim Reiten, dass sie in nicht ganz einfachem Gelände bestehen können. Schon früh haben in diesem Jahr die Kastanien an der Moorweide, dem Ort der lauten Massenkundgebungen, ihre Pfingstkerzen aufgesteckt, abends schaut Frau von Löbbecke in den samtblauen Frühlingshimmel, von dem der Vollmond auf die wartende Wiese blickt, bis er wieder abnimmt.

Für die Wahlkundgebung des Reichspropagandaministers Dr. Goebbels entsteht auf der Moorweide im Oktober 1933 ein Riesenzelt, wie es zuvor in Hamburg noch nie zu sehen war. Otto Benjamin, aus der orthodoxen Familie Hirsch, zeigt sich auf seinem Schulweg sehr beeindruckt darüber, wie schnell der Aufbau des gewaltigen Holzgerüsts für die Planen voranschreitet, ganze Gruppen von Jungs mit Schulmützen und Fahrrädern staunen ebenfalls. Zu denen hält Otto etwas Abstand, zu viel haben ihm in letzter Zeit seine Brüder von Vorkommnissen mit Schulkameraden erzählt.

Es ist auch nach dieser großen Kundgebung immer etwas los auf der Moorweide. Im Februar 1934 treten SS-Männer an, im März versammeln sich 60000 Kleingärtner zum »Tag des Spatens«, im August bejubeln Hunderttausende Hamburger abermals den Propagandaminister Dr. Goebbels, im Oktober marschieren Formationen der »Deutschen Arbeitsfront« demonstrativ über Bornplatz, Beneckestraße, Moorweidenstraße und Rothenbaumchaussee. Die jüdischen Bewohner des Hauses Nr. 26 schauen hinter ihren Fenstern zu, die Trommeln sind nicht zu überhören.

Die Witwe Gretchen Meyer, die Familien Dr. Hirsch und Dr. Magnus mit ihren Kindern – sie alle sind vorsichtig geworden. Immer noch werden Hüte gezogen, doch weniger hoch, abschätzende Zurückhaltung und höfliche Vorsicht sind spürbar geworden. Förmlicher Respekt und Standesgewohnheiten gelten weiter zwischen den ärztlichen Kollegen und Wohnungsnachbarn Dr. Hirsch und Prof. Dr. Heynemann. Vor langer Zeit sind sie sich schon einmal begegnet, im Krematorium zu Ohlsdorf anlässlich der Beisetzung von Sanitätsrat Dr. Max Frank, dem Oberarzt der Gynäkologischen Abteilung des Altonaer Krankenhauses. Heynemann hatte in Anwesenheit fast sämtlicher Ärzte des Krankenhauses neben dem Sarg gestanden und die wissenschaftliche Bedeutung Dr. Franks gewürdigt. Danach hatte die Orgel eingesetzt.

Es rasselt lautstark vor dem Curiohaus. Der Unterverband R II der SA mit seinem Führer Wilhelm Fausto Ritter veranstaltet einen Gesellschaftsabend. Das Ballett des Staatstheaters, viele bekannte Künstler und drei Kapellen wirken mit, das Programm heißt »Lustiger Krieg ehemaliger Frontsoldaten«. Den wirklichen Krieg allerdings und seine Folgen hat Frau von Löbbecke zwar etwas anders in Erinnerung, doch die Wirklichkeit beschädigt die schöne Traumwelt nur. Viel schöner fand sie den »Festkommers« der ehemaligen Wandsbeker Husaren im Oktober 1933; er brachte nicht nur über 2000 frühere Regimentsangehörige zusammen, sich freudig zum Führer bekennend, sondern mit Hurra und Pferden, Fahnen und Uniformen, mit Trompetenschall und Liederklang jenen Glanz zurück, den sie in ihrer Jugend so geliebt hat.

Schwarze Bühne

Gusta Hammer | Lotte Meyer

Zum Führergeburtstag am 20. April 1933 spendet das Stadt-Theater, die vorläufig einzige staatlich unterstützte Bühne Hamburgs, eine Festvorstellung: Wagners »Meistersinger«. Das Haus ist besetzt bis auf den letzten Platz. Zahlreiche Braunhemden haben das üblicherweise schwarz-weiße Bild des Zuschauerraums umgefärbt, vor der Vorstellung erklingt das »Deutschlandlied«, vom Publikum stehend gesungen. Die Spitzen der Gesellschaft und Führer der SA treten gemeinsam in Erscheinung, liefern am ungewohnten Ort den sichtbaren Beleg, dass die braune Bewegung schnell Zugang zur hanseatischen Oberschicht gefunden hat.

Intendant Leopold Sachse, von Musikkritiker Herman Roth konsequent und brüsk niedergemacht, war bereits 1932 zurückgetreten. Roth hatte die rechtsgerichteten »Hamburger Nachrichten« genutzt, um eine typisch unsachliche Regietätigkeit zu konstatieren, und seiner Hoffnung offen Ausdruck gegeben, dass Herrn Sachses Tage am Stadt-Theater bald gezählt sein mögen. In der Folgezeit äußert Roth sich lobend über die nationale Umwälzung, gelungene Eingliederungen in die NS-Kulturgemeinde, das Buch »Bayreuth im Dritten Reich« und über ein Konzert der italienischen »Banda Fascista« im Saal von »Sagebiel's Etablissement« in der Großen Drehbahn.

In vollem Umfang unterwirft sich der Zauberort der Illusionen der braunen Umwälzung spätestens anlässlich der Gedenkfeiern zu Ehren der 1923 Gefallenen der NS-Bewegung, am 9. November 1934. Im Stadt-Theater versammeln sich führende Vertreter aus Partei und Staat, unter ihnen, im Braunhemd, der Regierende Bürgermeister Carl Vincent Krogmann. Der Vorhang hebt sich, gibt den Blick frei auf die Bühne. Vor dem Schwarz des Bühnenhintergrunds, vom silbern leuchtenden großen Hoheitszeichen der Hakenkreuz-Partei durchbrochen, sind Reihen von Fahnen- und Wimpelträgern aufmarschiert. Das Orchester des Stadt-Theaters unter der Stabführung des neuen Generalmusikdirektors Eugen Jochum leitet die Totenstunde ein mit dem Trauermarsch aus der 3. Symphonie, der »Eroica«, von Ludwig van Beethoven.

Heinz-Günther Stamm, Mitglied des Staatlichen Schauspielhauses, spricht Verse nationalsozialistischer Dichter, »Die Blutfahne« und »Ihr habt doch gesiegt!«. Gauleiter Karl Kaufmann verliest die Namen der in Hamburg im Zeichen des Hakenkreuzes getöteten Kämpfer, musikalisch untermalt vom »Lied des guten Kameraden«. Zum Ausklang der Feier werden die ersten beiden Szenen aus dem dritten Akt der »Götterdämmerung« – Siegfrieds Tod – aufgeführt.

Die Veranstaltung steht nicht allein. Bereits im August 1934 hatte Jochum, der es allerdings ablehnt, Parteimitglied der NSDAP zu werden, bei Adolf Hitlers Hamburg-Besuch »Volk ans Gewehr, Ein Bild der Bewegung in Liedern« des NS-Aktivisten Arno Pardun dirigiert. Dank einer Ämterrochade hat Jochum – von der Städtischen Oper Berlin kommend – die Nachfolge von Dr. Karl Böhm in Hamburg angetreten; die Presse berichtet von einer Vermittlungsaktion des Führers und Reichskanzlers.

In seinem Gefolge ist in diesem Jahr 1934 nach ihrem Engagement am Landestheater Braunschweig die Altistin Auguste Hammer, mit Künstlernamen »Gusta Hammer«, an die Elbe gekommen. Dunkel in der Stimme, mit guter Tiefe und schöner Höhe, betont dramatisch im Auftritt, wirkt sie, ohne es zu sein, groß in der Gestalt (weshalb sie manchmal »Gustav« genannt wird). Aus Oberberg in der Mark Brandenburg stammend und in Berlin aufgewachsen, hat sich die Pastorentochter in ihrer Ausbildung an der klassischen Belcanto-Schule orientiert; Gesangs- und Schauspielkunst sind ihr, wie sie sagt, gleichermaßen Herzensfreude. Ursprünglich galt ihr Interesse nicht so sehr der Oper als vielmehr dem Konzert, doch genügt ihre Stimme mühelos jeglichem Anspruch an raumfüllende theatralische Deklamation.

Nach Anfängen im Kieler Stadttheater und der Berliner Krolloper ist die als Lieder- und Oratoriensängerin geschätzte Gusta Hammer bereits hin und wieder im Hamburger Stadt-Theater eingesprungen. Dass sie Verdi-Partien wie die »Lady Macbeth« bereits gesungen hat, ist der Hamburger Intendanz nicht entgangen. Mit der Intention, sie zu verpflichten, lässt man die 38-Jährige die Partie der »Amneris« aus Verdis »Aida« vortragen, was sie so überzeugend meistert, dass sie dem Ensemble ab Herbst 1934 als neues Mitglied angehört. Die Musikkritik sieht in ihr einen kultivierten Gewinn für das Haus, zwar noch ohne letzten Feinschliff und mit viel zu häufig gebrauchtem Portamento, aber von insgesamt ausgezeichneter stimmlicher Veranlagung. Schnellstmöglich zieht sie aus ihrer alten Wohnung in der Ifflandstraße aus, um sich oben im Haus Rothenbaumchaussee 26 einzurichten. Hausmakler Wilhelm C. H. Möller und seine Frau Vera hatten Nachwuchs bekommen, da reichte das Atelier nicht mehr, sie zogen in das Clubhaus des »Norddeutschen Regatta-Vereins« in die Schöne Aussicht 37. Ein letztes Mal waren Vivaldis »Jahreszeiten« erklungen, dann betrat Sängerin Gusta Hammer ihren Olymp.

Für den Weg zum Stadt-Theater in der Dammtorstraße, sei es mit der Straßenbahn der Linie 18 oder auch zu Fuß, kann die Wohnung kaum günstiger liegen.

Intendant und Regisseur Heinrich Konrad Strohm wird – unter entscheidender Mitwirkung der nationalsozialistischen Mitglieder des Hamburger Senats und des Aufsichtsrats des Stadt-Theaters – in die Sachse-Nachfolge berufen, um das Hamburger Musikinstitut zu einem nationalsozialistischen Staatstheater umzugestalten. Er ist erpicht auf Orden und Ehrungen, aber kein »scharfer Hund«. Still und unaufgeregt vollzieht sich unter der Leitung des Parteigenossen der Übergang des Hauses in die neue Zeit, vorgegebene Phrasen wie »Wille zum Deutschtum« und »nationaler Glaube« werden bedient, ansonsten aber agiert Strohm mit Augenmaß und zuweilen auch mit Rücksicht auf ehemalige jüdische Ensemblemitglieder. Den früh entlassenen »nichtarischen« Chormitgliedern Kurt Abraham Salnik und Salomon Fischl etwa wird das ihnen zuerkannte satzungsgemäße Ruhegeld nach einigen Auseinandersetzungen mit dem Hamburgischen Rechnungsamt weiter gewährt, obgleich Berufsunfähigkeit nicht vorliegt.

Trotz Absage an den »Primadonnen-Kult« hält Strohm die vom Hamburger Publikum gefeierte jüdische Gesangsdiva Sabine Kalter noch im Ensemble, nimmt sie vor den einsetzenden politischen Säuberungen in Schutz. Doch der Druck wächst, hinter den Kulissen und im Parkett. Im Juni 1934 lässt Strohm Frau Hammer singen, noch als Gastspiel, ausgerechnet in der Rolle der »Lady« in Verdis »Macbeth«, der unerreichten Paraderolle der großen Mezzosopranistin und Altistin Kalter. Es gibt nur eine Chance, gegen diesen lebenden Mythos zu bestehen: Hammer setzt alles auf einen erregenden Gegensatz, auf darstellerische Exposition. Ist bei der Kalter das Gesangliche, der Belcanto, Ausgangspunkt, fasst sie die Rolle jetzt von der schauspielerischen Seite her auf, auch wenn das etwas zu Lasten der Gesangswirkung geht. Man findet ihre dramatische Leistung fesselnd, sie überzeugt.

Da die Bezeichnung »Stadt-Theater« zu manch Verwechslung mit dem Schauspielhaus geführt hat und das Haus mit dem angestammten Mangel der wenig repräsentativen Lage hinter dem Gänsemarkt behaftet ist, wird nun der Name »Hamburgisches Staatstheater« eingeführt. Ein Arbeitsbeschaffungsprogramm versetzt das Staatstheater in die Lage, während der Theaterferien umfangreiche Renovierungsarbeiten durchzuführen. Alle bunten Farbanstriche und modernen Dekors werden aus dem Foyer beseitigt, schlichte, gelb getönte Farbe mit einfachen geraden Goldleisten dominiert nun; die überdachte Tageskasse wird wesentlich vergrößert, damit das anstehende Publikum Schutz bei schlechter Witterung hat; das bisher grau getünchte Proszenium erhält einen goldfarbenen Anstrich. In Rot und Gold ist der Zuschauerraum seit der Renovierung gehalten, festlich prunkt das Halbrund der Logen. Verspielte Kostümschauen gibt es weiterhin im Haus, doch sie bleiben ab der Ära Strohm allein der Bühne vorbehalten: Im Vestibül steht der Hausmeister nicht mehr da in blauer Livree und Mütze, sondern im schwarzen Anzug mit Zylinder.

Die Altistin Gusta Hammer fühlt sich angekommen, sie gehört nun zur ältesten deutschen Oper mit großem Ruf. Vorbei sind die Jahre der Unsicherheit, der nomadischen Vorläufigkeit, auch mancher Unruhe. Im Programmheft zur Spielzeit 1934/35 erscheint ihr Porträt. Erstklassige Stimmen treffen aufeinander. Auf der neuen Drehbühne der Staatsoper begegnet sie während der Vorstellungen der »Zauberflöte« im September 1934 nicht nur den zukünftigen Kolleginnen Martina Wulf, Ilse Koegel, Lisa Jungkind und Hedy Gura, sondern auch der berühmten Sabine Kalter, die allein durch den Ausbruch des Ersten Weltkriegs daran gehindert wurde, ein Engagement an der Metropolitan Opera in New York anzutreten. Nicht als »Märchenoper«, sondern als ernsthafte »Läuterungsallegorie« hat Spielleiter Oscar Fritz Schuh den Mozart-Klassiker inszeniert. Eugen Jochum dirigiert. Als eine der »Drei Damen« an der Seite von Aida Montes und Sabine Kalter gelingt Gusta Hammer der Beweis, dass ihre Berufung kein Fehler war. Im Publikum sitzt eine Reihe von Prominenten der Stadt und des Staates, an der Spitze der Regierende Bürgermeister Krogmann. Man spart nicht mit Beifall.

Die Drehscheibe der politischen Verhältnisse rotiert mit zunehmendem Tempo: Anfang Januar 1935 verlässt Sabine Kalter, während der Vorstellung von Verdis »Macbeth« antisemitisch bepöbelt, das Haus – nach zwanzigjähriger Mitgliedschaft im Ensemble. Sie emigriert nach England. Mit ihrem Weggang gilt die Hamburger Oper als »judenfrei«, obwohl Hedy Gura als »Halbjüdin« geführt wird. Kalters Paraderollen, die »Fricka« in Wagners »Walküre« und die »Lady Macbeth«, übernimmt hinfort die »Arierin« Gusta Hammer. Es ist ein schweres Erbe. Nach anfänglich frostiger Aufnahme durch die Anhänger der unvergessenen Kalter beginnt ihre langjährige, erfolgreiche Karriere in der Gefolgschaft des Betriebsführers Pg. Strohm – unter dem Hakenkreuz, aber ohne Parteimitgliedschaft.

Sie richtet sich ein.

Die Wohnung in der Rothenbaumchaussee, ideal nach Lage, Umfeld und Ausstattung, ist für Gusta Hammer Schatzkiste und Schwalbennest zugleich. Die Außenalster befindet sich in guter Laufweite, überwuchert von die Ufer umgebenden Hecken, noch wenig parkartig gestutzt, abends hört sie die Nachtigall, und auch das beliebte Grindelviertel mit seinen vielen Geschäften und Cafés liegt gleich um die Ecke. Wenn Gusta Hammer nach einem langen Tag an der Oper nach Hause kommt und ihr Blick auf die Eingangstür mit dem geschnitzten Löwen fällt, findet sie, sie hat es gut getroffen. Freundlich grüßt sie die beiden verliebten Leute, die aus dem Haus treten. Lotte Meyer, Tochter des verstorbenen Konsuls von Bolivien, hat sich gerade verlobt, mit dem Kaufmann Felix Gross. Wie Lieselotte Liebmann schließt auch sie sich einem deutlich älteren Mann an.

Am schönsten aber ist es in diesem Spätsommer an der Alster. Das Türmebild hinter der Binnenalster zeigt sich ferngerückt hinter einem zarten, dunstigen Nebel. Weißsilbern trifft das Sonnenlicht auf das Wasser, Hängeweiden neigen sich tief, die weißen Segel der Boote scheinen stillzustehen. Abends gehen Kinder schon mit Laternen, schwach fällt der Lichterschein auf den Uferweg. Auch Lotte Meyer und Felix Gross kehren nach ihrem Spaziergang wieder zurück. Im nächsten Frühjahr werden sie heiraten.

Schinkenkrug

Heinrich Beine + Marie Beine | Dr. Rudolf Brinckmann

In dem Quartier zwischen Grindelallee und Grindelhof zeigt sich das bisherige Bild jüdischen Leben schon wesentlich verändert. Dagegen leben Nationalsozialisten die Morgenröte ihrer aufgegangenen Macht rücksichtslos aus. Im März 1935 feiert der NSDAP-Kreis Rotherbaum ein Jubiläum: Pg. Walter Gloy, alter Kämpfer seit den Anfangstagen der braunen Bewegung, stiftet dem »Schinkenkrug« in der Grindelallee 1, dem ersten Partei- und SA-Sturmlokal Hamburgs, eine Plakette. Die Außenfront des Sturmlokals ist reichlich mit Girlanden geschmückt und trägt, von Grün umrahmt, ein lebensgroßes Bild Adolf Hitlers. Die Namenstafel erinnert an die historische Tatsache des frühen Bekenntnisses, an die Zeit der Straßenschlachten um die Herrschaft und an die vier Parteigenossen, die zehn Jahre zuvor im Keller der Kneipe verschwörerisch das Banner ihres Führers entrollt haben.

Die Hamburger Schläger und Kolonnenmarschierer im Braunhemd haben früher undenkbare steile Karrierewege eingeschlagen. Gloy – ohne jegliche Eignung für den Posten – ist aufgestiegen zum Hamburger Staatsrat; SS-Sturmbannführer Helmuth Reinke mit der NSDAP-Mitgliedsnummer 1 242 ist zum Landesbauernführer ernannt worden. Schon am 1. Oktober 1933 hatte Pg. Reinke den großen Erntedankumzug des Hamburger Landvolks demonstrativ durch das jüdisch geprägte Grindelviertel dirigiert, durch Johnsallee, Beneckestraße, Bornplatz und Grindelallee.

Im Oktober 1934 veranstaltete der braune Pionier Pg. Staatsrat Gloy eine Kundgebung im Curiohaus, zu der er Gauleiter Kaufmann für einen Auftritt in seinem »Judenkreis« Rotherbaum einlud. Dessen Wagenkolonne und beeindruckend riesiger Tross waren vom gegenüberliegenden Haus Nr. 26 aus sehr gut zu sehen. Ende Oktober, bei der Kundgebung der »Deutschen Arbeitsfront«, wurde die Moorweide von Menschenmassen schier überschwemmt. Rings um die Grünfläche waren Oberleitungs-Turmwagen der Straßenbahn aufgefahren. Auf

1935

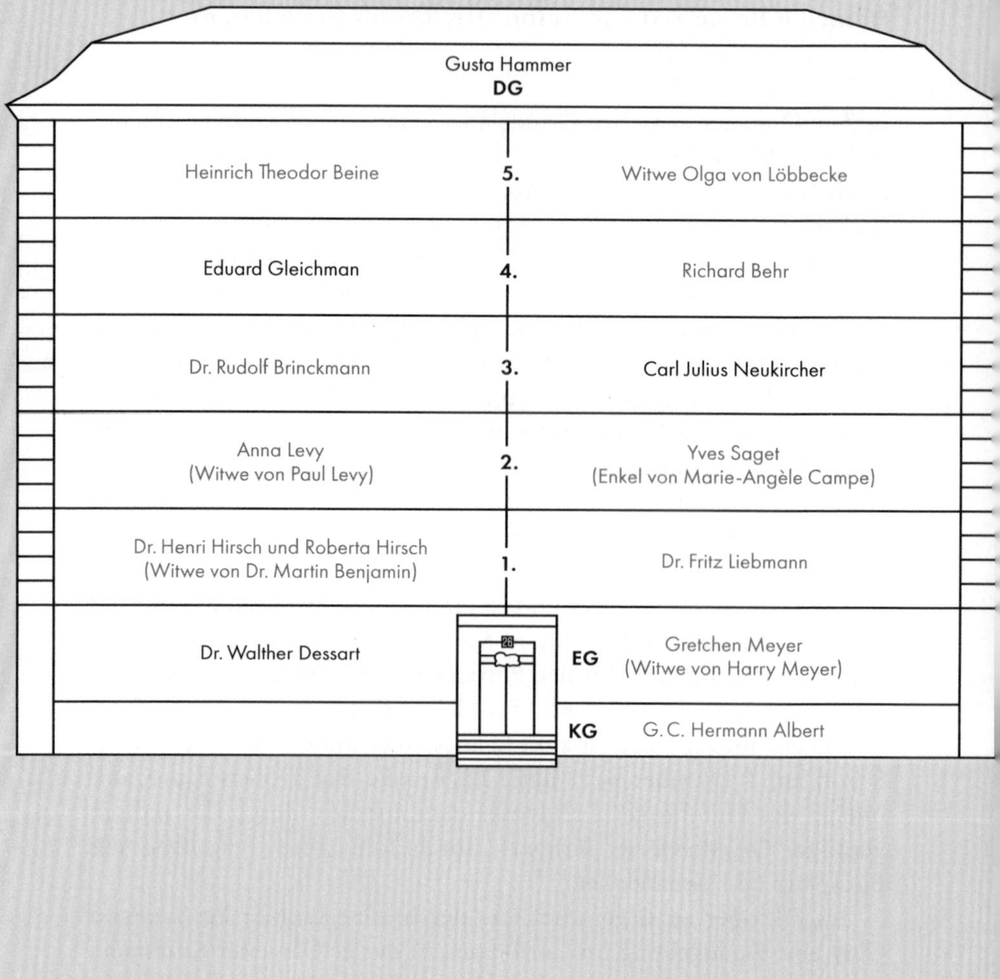
Gusta Hammer
DG
Heinrich Theodor Beine
5.
Witwe Olga von Löbbecke
Eduard Gleichman
4.
Richard Behr
Dr. Rudolf Brinckmann
3.
Carl Julius Neukircher
Anna Levy
(Witwe von Paul Levy)
2.
Yves Saget
(Enkel von Marie-Angèle Campe)
Dr. Henri Hirsch und Roberta Hirsch
(Witwe von Dr. Martin Benjamin)
1.
Dr. Fritz Liebmann
Dr. Walther Dessart
26
EG
Gretchen Meyer
(Witwe von Harry Meyer)
KG
G. C. Hermann Albert

den Plattformen hatte man Scheinwerfer zu Gruppen vereinigt, deren Strahlen das weite Feld in grelles Licht tauchten. Flaggenmasten flankierten die Tribüne für die Ehrengäste, zu deren beiden Seiten die Fahnenabordnungen Aufstellung nahmen. Der Berichterstatter der »Hamburger Nachrichten« schildert das Bild endloser Reihen und der wogenden Masse mit Fahnen und Musikzügen, geprägt durch das Braun der Uniformen und helle Farbflecken, die das Scheinwerferlicht aus der Dunkelheit herausriss.

Anfang November 1934, zum ersten Jahrestag der NS-Gauführerschule, waren die Lehrgangsteilnehmer auf der Moorweide angetreten und in geschlossenen Reihen zur Staatsoper marschiert, um dort eine Morgenfeier zu begehen. Nach dem Gesang des Liedes »Im Volke geboren, erstand uns ein Führer« erklang die »Eroica« von Beethoven, gespielt von dem Orchester der Staatsoper unter Leitung von Generalmusikdirektor Eugen Jochum. Die 2000 Teilnehmer sammelten sich erneut und marschierten durch die Rothenbaumchaussee weiter zum Stadtpark. Den aufmerksamen Bewohnern des Hauses Nr. 26 entging die tönende Formation, angeführt von Musikzugführer Schlottmann, nicht. Ihre breite Chaussee war endgültig zur Aufmarschrampe der Zeitgeschichte geworden, und die Loggien des Hauses dienten, außer im Winter, als ebenso vorzügliche wie verstörende Logen.

Keine Erwähnung in der Tagespresse finden erneute Schändungen des dem NS-Lokal nahe gelegenen jüdischen Grindelfriedhofs an der Verbindungsbahn; dort waren Grabsteine umgeworfen, Verzierungen abgebrochen, das eiserne Gitter beschädigt worden.

Zu des Führers Geburtstag, wenig später, taucht ein Flaggenmeer die Stadt in Rot. Straße um Straße findet sich dekoriert, kaum ein Haus ist zu sehen ohne das Tuch der nationalen Erhebung. Kundgebung reiht sich an Kundgebung auf Hamburgs schönstem baumumringten Aufmarschplatz, der Moorweide; strahlenförmig marschieren Züge und Kolonnen heran, das ganze Frühjahr über wieder und wieder, mit schmetternden Weisen und klingendem Spiel, die Fahnen voran, martialische Gesänge der Bewegung auf den Lippen. Vor den Tribünen mit den leuchtend roten Tüchern breitet sich die Arena für alle Formen der Parteipropaganda aus, das frische Grün der Kastanienalleen umsäumt den Festplatz, der einmal mehr von einem Viereck schlanker Flaggenmasten eingefasst ist. Wieder stehen große Lautsprecher für einschwörende Reden bereit, und Zehntausende von Volksgenossen warten geduldig, während fliegende weiße Wolken kurze Schattenmomente unter der Sonne spenden.

Ein dunkler Schatten verharrt über dem Haus Nr. 26 in der Rothenbaumchaussee.

Gleichzeitig erreicht eine Trauernachricht das Bankhaus »M. M. Warburg & Co.« und Hamburgs Sportwelt: Heinrich Theodor Beine stirbt am 18. April 1935 im Alter von 51 Jahren an einem Schlaganfall, nach kurzem schwerem Krankenlager. Zwei Monate später erfolgt die Bekanntmachung in den »Amtlichen Anzeigen«, dass die Vertretungsbefugnis des Geschäftsführers der »Wohnhaus Rothenbaum GmbH« Heinrich Theodor Beine durch Tod beendet sei. Carl Wilhelm Otto Kohlhase, Kaufmann zu Hamburg, werde zum Nachfolger bestellt. Witwe Marie Beine geb. Westphal zieht um in den 3. Stock.

Mit der »Allgemeinen Verwaltungsgesellschaft GmbH«, die die Prokuristen-Wohnungen der Bank »M. M. Warburg & Co.« im Haus betreut, hat sie sich über die Frist ihres Auszugs und die Modalitäten der Übergabe verständigt. In einer der Prokuristen-Wohnungen der Bank, bei Dr. Rudolf Brinckmann, findet sie Logis auf Untermiete, sie darf einen Anschluss des Telefons mitbenutzen und die Nummer auch für sich angeben. Der Konsul-Sohn Brinckmann ist an großen Haushalt gewohnt, gern erzählt er von den internationalen Soireen seiner Mutter Esther, die sich 1922 auch sehr um die Wohnung gekümmert hatte, als er gerade für die Firma in den USA und Mexiko war, um modernes und schnelles Banking zu lernen. Sogar ein Paket hatte sie dem geliebten Sohn über die Warburgs aus Frankfurt nachschicken lassen.

Das Jahr der Trauer verbringt die 42-jährige Marie Beine zurückgezogen, regelmäßig fährt sie hinaus zum Ohlsdorfer Friedhof, geht lange Wege mit Blumen in der Hand, nimmt die S-Bahn für die Fahrt zurück, beantwortet Briefe und Postkarten, regelt Fragen der Versorgung, nimmt dankbar aufmerksame Einladungen von Anna Liebmann an, doch auf einen Kaffee vorbeizuschauen. Den 5. Stock oben wird sie sehr lange nicht mehr aufsuchen und auch nicht mehr in den Sportteil der »Hamburger Nachrichten« schauen.

In ein Irrenhaus

Dr. Rudolf Magnus + Dr. Lilly Magnus + Ernst Max Magnus + Eva Magnus | Dr. Henri Hirsch + Roberta Hirsch verwitwete Benjamin + Julius Hirsch

»Zur Feier am Heinedenkmal« ist ein Artikel überschrieben, den die Zeitung jüdischer Emigranten in New York, der »Aufbau«, am 1. Februar 1935 veröffentlicht. Tatsächlich existiert ein Heinrich-Heine-Denkmal in New York, ein zweites von Kaiserin Elisabeth von Österreich in Auftrag gegebenes Werk in Form eines allegorischen Brunnens – die »Lorelei-Legende« mit nackten Meermädchen und wasserspeienden Gestalten –, geschaffen von dem Berliner Bildhauer Ernst Gustav Herter. Nicht anders als die Heine-Skulptur von Hasselriis hat auch dieses Denkmal seine Leidensgeschichte.

Zur Errichtung in Heinrich Heines Geburtsstadt Düsseldorf bestimmt, war das Denkmal dort auf heftige antisemitische Ablehnung gestoßen und dazu noch auf die Sorge, sich allerhöchsten – kaiserlichen – Ärger zuzuziehen. Als danach auch Frankfurt am Main und Mainz das Monument zurückwiesen, wurde es in sechzig Stücke zerlegt, in Kisten verpackt und in einem Lagerhaus untergestellt. Der Deutsch-Amerikanische Verein »Arion« erwarb das billig gewordene Werk schließlich anstelle eines teureren Goethe-Denkmals und schenkte es der New Yorker Stadtverwaltung; diese erlaubte die Aufstellung wegen der Nacktheit der Figuren nicht am prominenten Eingang zum Central Park an der Fifth Avenue, sondern nur in der damals noch abgelegenen Einöde der peripheren Bronx. In strömendem Regen wurde die Huldigung an den Dichter der deutschen Sehnsucht im Juli 1899 enthüllt, in Anwesenheit deutscher Turner- und Sängervereine, die zwischen Sumpf und unbebautem Flachland das Lied von der »Lorelei« intonierten. In der Folgezeit hatte die Skulptur Schmähungen und Vandalismus zu erleiden, die Köpfe der Frauenfiguren fanden sich abgeschlagen am Brunnenrand liegend.

Der Ankündigung folgend, versammeln sich am Sonntagnachmittag, den 17. Februar 1935, am Grand Concours, Ecke 161. Straße in der Bronx einige Vertreter des »German-Jewish Club« vor der »Loreley Fountain«, um des ersten jüdischen Emigrantenliteraten deutscher Nation zu gedenken. Sie legen einen Kranz nieder, es gibt eine kurze Ansprache. Für die Anwesenden, die schweigend vor dem Denkmal stehen, ist Deutschland nicht mehr das Land ihrer Sehnsucht. Viele Mitglieder sind trotz Einladung nicht erschienen, man ist noch verkatert vom Maskenball des Clubs am Vorabend, außerdem regnet es wieder, wie schon bei der früheren Enthüllung. Die Bronx allerdings hat sich verändert, wuchernder Wohnungsbau hat sich der einst leeren Flächen bemächtigt.

Das Thema »Wohnungsbau« schiebt Dr. Rudolf Magnus, »nichtarisch«, bedrängt und erschöpft, für sich zur Seite. In diesem Jahr 1935 verlässt er Hamburg endgültig, um nach Palästina überzusiedeln. Fahrkarten für die Eisenbahn und Schiffstickets sind gekauft beim Reisebüro Markel am Glockengießerwall, den Transport von Hab und Gut übernimmt der Spediteur Hermann Krosanke aus dem Eppendorfer Weg. Die Mietzahlungen des Kohlengroßhändlers Eduard Gleichman für die Wohnung in der Rothenbaumchaussee nebst Überschüssen aus den Nebenkosten haben Dr. Magnus bisher geholfen, sich über Wasser zu halten. Seine Frau, Dr. Lilly Magnus, und die Kinder sind in Klaipėda, von dort reisen sie wenig später ab, über Königsberg und dann weiter nach Hamburg, wo er zu ihnen stößt. Zusammen fahren sie nach Triest und von dort mit einem Permit der englischen Behörden auf einem Schiff des »Lloyd Triestino« in der Touristenklasse nach Haifa.

Auch wenn Dr. Magnus sich nicht umdreht bei seinem endgültigen Abschied vom Hamburger Haus, um nicht sprichwörtlich zur Salzsäule zu erstarren, trägt er doch das Salz der Wehmut in sich. Natürlich hat er die »Südseegeschichten« eingepackt, dazu die Fotografien mit den Kindern am Ostseestrand. Auf seinen Schultern hatte der kleine Ernst Max gesessen und ihm von oben an die Mundwinkel gegriffen, als wolle er den Vater zum Lachen bringen.

Kinderlachen erklingt. Der Bordfotograf ist dabei, eine Gruppenaufnahme zu machen, er will unbeschwerte Gesichter sehen neben und hinter dem Rettungsring mit der Aufschrift »Gerusalemme Trieste«. Eva Magnus fällt es nicht schwer zu lachen, sie ist glücklich, aus Deutschland wegzukommen, bereits 1934 hatte sie die Situation als unangenehm genug empfunden.

Im britischen Mandatsgebiet Palästina bleibt die Familie Magnus zunächst vereint. An seinem neuen Wohnsitz in Tel Aviv erwartet den gebildeten, der Mathematik zugeneigten Juristen Dr. Magnus allerdings die Arbeitslosigkeit, und gesundheitlich ist er angeschlagen.

Als ehemaliger Frontkämpfer für das kaiserliche Deutsche Reich – der Träger des Eisernen Kreuzes 2. Klasse erlitt als Leutnant der Reserve des »Infanterie-Regiments 361« im Juli 1918 einen Lungenschuss – darf Dr. Magnus einen Betrag von £ 1 000,- als Vorzeigegeld ausführen, den er in Hypothekenpfandbriefen anlegt. Da er wirtschaftlich aber nicht wieder auf die Beine kommt, muss er einiges Kapital zum Bestreiten des Lebensunterhalts in Palästina abheben. Weil er irgendeine Lösung für seine Situation finden muss, greift Dr. Magnus auf die Idee der Baugesellschaften zurück. Er nimmt Fühlung auf mit Kreisen, die dort Genossenschaften gründen wollen, um sie von seinen Vorstellungen zu begeistern. In der allerersten Konferenz mit leitenden Persönlichkeiten, am 24. April 1936, er hat gerade begonnen zu sprechen, erleidet er einen Herzinfarkt und stirbt nach Minuten. Er ist 51 Jahre alt.

In Tel Aviv war Dr. Magnus Patient bei Dr. Josef Bachrach, seinem ehemaligen Bataillonsarzt im Weltkrieg. Dr. Bachrach ist der Herzmuskelschaden bei Magnus bekannt, und er hat keinen Zweifel, dass der frühe Tod, beschleunigt durch die klimatische Umstellung, als Folge der Naziverfolgung aufzufassen ist. Sein Tod, schreibt Dr. Bachrach, erfolgte an einem Chamsin-Tag, einem glühend heißen Tag mit erstickendem, trockenem Wüstenwind. Der Name »Chamsin«, auf Arabisch »fünfzig«, beruht auf der Legende, dass der Wind das Land fünfzig Tage im Jahr heimsuche, in Perioden von drei bis fünf Tagen. In den mythologischen Kalendern des alten Ägypten wird auf den großen Gott des Uranfangs, der die südlichen Winde am Himmel entstehen lasse, hingewiesen: »Er kann nichts einatmen, nachdem er Blut erbrochen hat.«

Sohn Ernst Max Magnus, so jung er auch ist, spricht das Gebet für den Vater.

Witwe Lilly Magnus' Gesundheit ist stark angegriffen. Schon in Hamburg hatte sie häufig an Erschöpfungszuständen gelitten und war deshalb arbeitsunfähig gewesen. Sie lebt mit ihren Kindern jetzt vor allem von den Mietzahlungen des Kaufmanns Eduard Gleichman in der Rothenbaumchaussee 26. Ernst Max nimmt bald den Namen Arnon Magen an, besucht das Tel Aviver Gymnasium Shalva, das er 1942 mit der Reifeprüfung verlässt. Danach ist er gezwungen, sich eine Existenz aufzubauen. Er schließt sich der Kibbuzbewegung an und tritt zunächst in eine landwirtschaftliche Gemeinschaftssiedlung, den Kibbuz »Gan Shmuel«, ein. Seine Schwester Eva schließt die Ehe mit dem Österreicher Leo Rückhaus, nimmt dessen Staatsangehörigkeit an und wandert schließlich, nachdem es nicht gelingt, in New York Fuß zu fassen, weiter mit ihm nach Venezuela. Ein kleines Apartmenthaus in Caracas, voll mit italienischen und spanischen Immigranten, wird ihr erstes Zuhause.

Im Haus Rothenbaumchaussee 26 spricht man nicht weiter über den Weggang der Familie Dr. Magnus. Schnell verblasst die Erinnerung an den Gründungsgeschäftsführer der »Wohnhaus Rothenbaum GmbH«. Viele der Bewohner haben eigene Probleme.

Die Hirsch-Benjamins haben im Dezember 1934 ihr letztes gemeinsames Chanukka-Fest in der Familie gefeiert, Lichter angezündet und sich versammelt – wenn auch bereits ohne den Vater. Wie gewohnt bringt der Postbote in den Tagen danach zahlreiche Briefsendungen und wie jedes Jahr auch den Ärzte-Kalender der »Vereinigten Chemischen Fabriken H. Temmler« für Dr. Hirsch, geschätzt nicht zuletzt wegen seiner Witzeseite. Die ist nicht gerade jugendfrei, weshalb sie sich bei der überwiegend männlichen Ärzteschaft großer Beliebtheit erfreut.

Dr. Henri Hirsch, der jüdische Hamburger Arzt, hat zu diesem Zeitpunkt Hamburg bereits verlassen, fluchtartig. Da er sich so erfolgreich mit Krebsforschung befasst hatte, war er von Prof. Dr. Ferdinand Sauerbruch, Direktor der Chirurgie an der »Charité« Berlin, zu einem Internisten-Kongress eingeladen worden, um seine Forschungsergebnisse vorzustellen. Kurz vor dem Termin, im April 1934, hatte sich Prof. Sauerbruch jedoch telefonisch bei Dr. Hirsch gemeldet und ihm geraten: »Als Ihr Kollege und Freund, bitte verlassen Sie noch heute Abend das Land. Unsere politischen Leiter können einem Juden nicht ermöglichen, irgendwelche Erfolge zu haben. Man ist dabei, Sie in ein Irrenhaus zu stecken.« Auf einem Internationalen Internisten-Kongress dürfe ein Jude in Deutschland nicht mehr vortragen. Prof. Sauerbruch weiß, wovon er spricht, denn bereits im Frühjahr 1933 haben jüdische Ärzte der »Charité« die Kündigung erhalten.

Dr. Hirsch hatte gezögert. Aber Ehefrau Roberta hatte in deutlichen Worten erklärt: »Wenn Du Dich von diesen Leuten verhören lässt, lasse ich mich scheiden.« Sie wusste, dass ihr Mann, der bereits schwer herzkrank war, nach einer Kongressteilnahme eine längere Erholungsphase brauchen und vermutlich nicht zurückkommen würde. Vor allem nicht nach bösartigen Befragungsprozeduren.

Prof. Dr. Hugo Schottmüller, Direktor der medizinischen Universitäts-Poliklinik und Leiter der II. medizinischen Klinik im Universitäts-Krankenhaus Eppendorf, hatte Dr. Hirsch bereits seit Jahren wegen der Folgen einer Angina pectoris behandelt. Obwohl Schottmüller seit 1933 Mitglied der NSDAP ist und zu den Unterzeichnern des »Bekenntnisses der deutschen Professoren zu Adolf Hitler« gehört, hatte er den Juden Dr. Hirsch nicht als Patienten abgelehnt. Ihm war bekannt, dass der Röntgen-Kollege infolge von Arbeitsüberlastung und nervöser Überreizung seine Kräfte vollkommen aufgerieben hatte und eigentlich schon arbeitsunfähig war. Das war auch Roberta Hirsch sehr bewusst.

Dr. Hirsch verließ noch am selben Abend des Anrufs aus der »Charité« Hamburg, zunächst mit Ziel Genua, wo sein Bruder Siegmund lebte. Seine Bögen Briefpapier mit der aufgedruckten Adresse »Rothenbaumchaussee 26« nahm er mit.

Am nächsten Morgen gegen 11 Uhr, recht spät für ihr übliches Vorgehen, dafür unübersehbar im Haus und in der Nachbarschaft, erschienen große Herren von der Staatspolizei. Sohn Julius Hirsch, 17 Jahre alt, öffnete die Tür und bedauerte, dass der Vater zu einer ärztlichen Konsultation ins Ausland berufen wurde, nach Meran. Vergeblich schauten sich die Beamten der Staatspolizei in der Wohnung um. Als Angehörige eines auf weltanschaulichen Kampf angelegten Behördenapparats im Schnittpunkt von Staat und Bewegung ist ihnen aufgegeben, zahllosen Menschen Leid zufügen zu müssen, unmittelbar oder mittelbar durch Schutzhaft bzw. Einweisung in ein KZ. Dr. Hirsch jedoch konnten sie jetzt und hier nichts mehr antun.

Morris Goldtree, der El-Salvador-Großvater und Vater von Roberta Hirsch, ist zu diesem Zeitpunkt schon einige Jahre tot; ebenso betrauert wird die Großmutter väterlicherseits Charlotte Hirsch. Am 25. August 1935 stirbt dann auch die Großmutter mütterlicherseits Helene Goldtree geb. Liebes. Keine schwarz umrandete Todesanzeige erscheint in den Zeitungen, das ist beim Ableben von Juden nicht mehr angebracht. Nur im Gemeindeblatt der Deutsch-Israelitischen Gemeinde zu Hamburg wird ihr Tod vermerkt. Roberta Hirsch geb. Goldtree und ihr Bruder Leopold »Leo« Goldtree in Firma »Goldtree & Liebes« erben Anteile an Immobilien und Vermögen. Das Erbe ist allerdings nicht mehr frei zugänglich, es muss ein Treuhandkonto »Helene Goldtree Nachlass« mit jeweiliger Anmeldung beim Oberfinanzpräsidenten, Devisenstelle, eingerichtet werden. Schmerz in der Seele verspürend, reist Roberta Hirsch ihrem Mann nach. Alfred und Julius bleiben zunächst in Hamburg.

An seine Söhne schreibt Dr. Hirsch, sie mögen die freie Zeit in der Natur genießen, dabei das Schöne in der Schöpfung wahrnehmen und die Zusammenhänge zwischen Mensch und Natur erfassen. Es sei die Lehre der Tora, dass der Mensch, das triebhafte Tier, Natur und Humanität vereinheitlichen solle zu einem Heiligtum, das ein edles Menschengeschlecht in Obhut nehme.

Wüstenwanderung

Julius Hirsch + Edgar Hirsch + Alfred Benjamin | Bertram David Pardo | Gusta Hammer | Dr. Walther Dessart

Mit der Flucht von Dr. Hirsch beginnt für die Familie Hirsch-Benjamin die Geschichte ihrer Diaspora, die sie selbst mit dem traditionellen Schicksal des jüdischen Volkes verbindet. Einen Ort der Gemeinsamkeit und Fröhlichkeit wie die Wohnung in der Rothenbaumchaussee werden die Eltern und die sieben Söhne nie wieder haben.

Julius »Ulli« Hirsch, Edgar Hirsch und Alfred Benjamin, ebenso wie Bertram David Pardo und Günter Arnold Friedburg, müssen als Juden das Heinrich-Hertz-Realgymnasium verlassen, es gibt dort inzwischen Lehrer, die in SA-Uniform unterrichten. »Volksdeutsche Abende« werden veranstaltet, 170 Schüler gehören der »Hitler-Jugend« an und sammeln sich hinter der Fahne. Auf Wunsch des Studienrats Richard Lüth betreibt NS-Kreisleiter Walter Gloy als fanatischer Antisemit die Umbenennung der Schule in »Realgymnasium am Rechten Alsterufer«.

Julius Hirsch durchbricht bürgerliche Standesvorbehalte: Er geht Hilfsarbeiten im Hafen nach, die körperliche Arbeit am Kai macht ihm Spaß, die direkte Art der »einfachen Leute« gefällt ihm. Alle in Hamburg lebenden Söhne Hirsch versuchen, in guter körperlicher Verfassung zu bleiben. In diesen Tagen, nach dem Weggang der Eltern, betreut Schwester Grete Weise – »Deda« – weiter Wohnung und Jungs, bespricht den Essensplan, kümmert sich um die Wäsche, sorgt für einen funktionierenden Haushalt. Sie ist Ersatz für die »Mädchen«, schläft im Mädchenzimmer und räumt Möbel weg, um mehr Platz in der Wohnung zu schaffen. Zu Mittag gibt es gekochten Fisch und Stachelbeergrütze.

Charlotte Carlebach, die Frau des Oberrabbiners der Altonaer Gemeinde, Dr. Joseph Carlebach, ruft an und ist beruhigt zu hören, dass die Eltern, mit denen man befreundet ist, sich in Italien aufhalten. Bruder Ludwig Hirsch und Frau Hilde kommen oft, sie bringen den kleinen Sohn Rudolf mit, den Alfred in allen Lebenslagen fotografiert. Gemeinsam gehen sie zu einer Kundgebung, auf der der Zionist Bernhard Cohn spricht, der Saal im »Conventgarten« ist zum Bersten voll. Enthusiastisch kehrt man zurück. Das alte jüdische Motiv der Wüstenwanderung beschäftigt Julius. Mit seiner Gruppe im »Kulturbund« will er den Exodus der Stämme aus Feuerton – das Material ist billiger als Knetgummi – plastisch darstellen. Er schaut sich weiter nach einer Lehrstelle in einer Tischlerei um, auch wenn er als Lehrling nichts verdienen würde.

Dr. Henri und Roberta Hirsch halten sich mittlerweile in Meran auf, jenem für sein günstiges Klima vielgerühmten Kurort, der seit der Zuwanderung zahlreicher Juden aus den östlichen Ländern der Habsburger Monarchie trotz katholischer Dominanz und klerikaler Anfeindung ein Zentrum jüdischen Lebens in Südtirol geworden ist. Die dortige Gemeinde setzt auf das traditionsbewusste Judentum. Es sei ein wundervolles Stück Erde, findet Roberta Hirsch, und das Hotel »Bellaria«, eine der nobelsten Adressen für jüdische Prominenz, sei ganz ausgezeichnet. Die Familie Bermann schätzt die wohlhabende Kundschaft, kümmert sich in stilvoller Atmosphäre um die religiösen Anliegen ihrer jüdischen Kurgäste, bietet ein rituelles »Mikwe«-Tauchbad an, Betsaal und koscheres Essen. Die Ausstattung ist edel, Perserteppiche und Silbergeschirr erwarten die religiösen Gäste, ihr Andrang ist so groß, dass sie ausschließlich unter ihresgleichen sind.

Aus Hamburg lässt sich Roberta all ihre Schlüpfer, die noch dort sind, nachschicken, ebenso die blauen Schuhe, sämtliche Handschuhe und den Regenschirm. Es beruhigt sie zu hören, dass die »Jungens« wohlauf sind und Gemüsesuppe mit Einlage, Grießpudding und Bickbeerkompott genossen haben. Dr. Henri Hirsch grüßt und wünscht sich, dass die Söhne einig sind, in allem überlegt und vorsichtig handeln. Novemberstürme setzen ein, das Wetter ist hundsmiserabel, doch die Jungen haben wasserdichtes Schuhzeug, vertreiben sich die Zeit, schreiben »Schabbesbriefe«. Wegen der hohen Portokosten wird die Korrespondenz allerdings eingeschränkt auf zwei Briefe wöchentlich.

Auch Onkel Willy Hirsch, Dr. Henri Hirschs jüngerer Bruder, Kaufmann und für die »Unpolitisch-Konservative Liste« Mitglied des Vorstandes der Deutsch-Israelitischen Gemeinde, verlässt Hamburg und die Johnsallee 67, er zieht nach Antwerpen. Zwei junge »Hirsche«, Julius Hirsch und Alfred Benjamin, verbleiben vorerst in der »Rothenbaum«, dem großen Haus mit den zwei rauchenden Kaminen. (Edgar und Otto waren zusammen mit ihrer Mutter nach Meran gereist.)

Hochzeitsfeiern von Bekannten bringen Abwechslung. Der Einladung zur Hochzeit des Mitbegründers der orthodox-zionistischen Jugendbewegung »Zeire Misrachi«, Eugen Michaelis, Geschichtslehrer an der Talmud-Tora-Schule, mit Eva Durlacher folgen die Brüder gern, man feiert ein paar Häuser weiter. Julius führt dort kleine Sketche auf und freut sich schon Tage vorher auf gutes Essen, vielleicht gibt es sogar Fleischsalat von einem der Händler, die koschere Ware aus Dänemark liefern dürfen, etwa »David, Israel & Pfifferling« in der Hallerstraße oder »Jacob Herz« in der Grindelallee. Ansonsten gilt es in den Wochen danach, sich auf Wanderungen vorzubereiten und auf den Englischunterricht mit Fräulein Friedrich.

Die freundliche Nachbarin aus der Wohnung ganz oben – als Musikliebhaber kennt Julius die Sängerin der Staatsoper Gusta Hammer natürlich vom Sehen – findet sich in einem Zeitungsartikel. Mit großen Bildern berichten die »Hamburger Nachrichten« am 20. Mai 1935 auf ein und derselben Seite von der Eröffnung des neuen Heims des NSDAP-Kreises Harvestehude an der Ecke Rothenbaumchaussee und Werderstraße und, darunter, vom »Fest der rasenden Mimen am Rotherbaum« auf dem Platz des HSV.

Während sich die Männer beider Staatsbühnen an einem kühlen Maitag unter Anleitung des HSV-Stars Otto »Tull« Harder dem Fußball widmeten, führte Obmann und Bariton Josef Degler von der Hamburgischen Staatsoper die Damen zum Faustballspiel in die Kampfarena. Die Sängerinnen der Staatsoper erschienen in Gelb-Blau, eigentlich die Farben des SC Victoria; die Schauspielerinnen der Sprechbühne, durchweg schlanker als ihre singenden Kolleginnen, in Schwarz, teils ironisch walkürenhaft kostümiert mit Helm und Federbusch. Lachend schreiten sie dem Fotografen ins Bild.

Hausbewohnerin Gusta Hammer – »Gustav« – entpuppte sich beim Wohltätigkeitsturnier der Amazonen als befähigte Hinterspielerin mit wahrem Männerschlag. Die Oper, ihre Vertreterinnen sind konditionell mit guter Luft ausgestattet, gewinnt gegen das Schauspielhaus mit 20:18. Der Überschuss des Veranstaltungserlöses kommt den Pensionskassen beider Bühnen zugute.

Zufrieden kehrt Gusta Hammer zurück nach Hause in die Nr. 26; sie wird mit den Kolleginnen noch viel Spaß haben und die Neckereien und auch viel unfreiwillige Komik genießen, die dieser wunderbare Beruf im Reich der vertonten Illusionen mit sich bringt. Allerdings wird sie kurz vor einem Auftritt vorsichtig in der Kulisse um sich schauen, ob nicht der Kollege Josef Degler naht. Zu gern möchte er den Beweis liefern, dass selbst noch die abgeklärteste Sängerin zum Lachen gebracht werden kann, so wie es der Darstellerin der »Erda« bei einer »Rheingold«-Aufführung geschah, als er sich unmittelbar vor den Worten »Weiche, Wotan, weiche« anschlich und ihr zuflüsterte: »Sag mal, welche Eier hast du lieber, harte oder weiche?« Natürlich hatte es die Kollegin geschmissen.

In der Oper

Gusta Hammer

Generalintendant Heinrich Konrad Strohm, der umtriebige Manager der Staatsoper mit organisatorischen Fähigkeiten und einer Vorliebe für propagandistische Effekte, beschränkt seine Regietätigkeit auf eine Inszenierung pro Spielzeit – und wird dafür gelobt. In seinen Werkdeutungen vollzieht er akribisch vorgegebene Regieanweisungen. Nie käme er auf den Gedanken, ein Werk zum Tummelplatz von Regieeinfällen zu machen. Entgegen einer nur sinngemäßen Ausdeutung Wagner'scher Vorschriften und gegen alle expressionistischen Experimente bekennt Strohm sich zu unbedingter Werktreue und Gefolgschaft gegenüber den Forderungen des Bayreuther Meisters, etwa dazu, nur vollendete Maschinerie und Beleuchtung einzusetzen. Er betont nachdrücklich, dass eine Bühne mit der Ausstattung der Hamburger Oper die Pflicht hat, ihre technischen Wunder spielen zu lassen. Tatsächlich steht der unwirklichsten aller Kunstformen zur Produktion von Romantik und Heldentum ein Höchstmaß an Technik zur Verfügung.

Eine Pause ist für die Solisten ausgerufen, doch statt in die Kantine zu gehen, setzt Gusta Hammer sich in den Zuschauerraum und schaut einer Bauprobe zu. Noch immer kommt es ihr unglaublich vor, jetzt hier zu sein, obwohl ihr Einstand gelungen war. In der Oper »Frau ohne Schatten« – Komponist Richard Strauss bezeichnete sie als seine »Zauberflöte« – hatte sie durchschlagenden Erfolg, Strauss selbst nannte sie »phänomenal«, die Kritik hielt ihre scharf profilierte Partie der »Amme« für bewundernswert.

Erleichtert und dankbar betrachtet sie den Ort ihres Erfolgs, auf dem Bühnenarbeiter in großer Zahl beschäftigt sind. Was sie sieht, gleicht der Werkstatt eines Riesen. Die Maschinerie im Bühnenhaus verfügt über eine hydraulische Doppelstock-Bühne mit sieben Podien, zwei Seitenbühnen mit fahrbaren Plateaus, Geister, Hexen und Dämonen auf unsichtbar hydraulischem Wege herbeizaubernd. Am frühen Morgen, ehe die Stadt erwacht, werden die neun Meter hohen, aus einem Stück geschmiedeten Kessel angeheizt und in Betrieb gesetzt. Die Hinterbühne ist ausgestattet mit einem nach vorn fahrbaren breiten Wagen und vergrößerter Drehscheibe, die in der neu inszenierten »Zauberflöte« zum ersten Mal in Aktion trat. In der Mitte des vierten Rangs sind sechs Löcher eingelassen, durch die hindurch Vorbühnenscheinwerfer Licht auf die Bühne bringen, damit die Augen der Sänger nicht wie schwarze Höhlen wirken. Versteckt daneben ist eine Musikanlage für Einspielungen, etwa elektroakustische Glocken im »Parsifal«. Zwei Großprojektionsapparate sind zusätzlich angeschafft worden, um 25 Meter hohe Bühnenbilder auf den Rundhorizont zu werfen, selbst die raffiniertesten Kulissenzauberer der barocken »Salles des Machines« wären damit mühelos zu verblüffen gewesen.

Gusta Hammer sieht zu, wie Strohms Bühnenbildner Wilhelm Reinking seine Männer dirigiert. Im Einvernehmen mit dem Intendanten stellt er monumentale theatralische Baukunst mit räumlich guter Bespielbarkeit für Gruppen und Chöre zur Verfügung, doch wendet er sie darüber hinaus ins Bombastische. Raum wird nicht gelassen, auch nicht für Phantasie, die Szenerien sind bis ins Kleinste komplettiert. Die Bezeichnung »Hamburger Opernstil« ist der Altistin durchaus schon vorher bekannt gewesen, doch nun erlebt sie deren Bedeutung unmittelbar. Gemeint sind schiere Größe und eine Prospektmalerei, die den Naturalismus detailversessen auf die Spitze treibt. Raumgreifend aus riesiger Höhe überragen Reinkings idealisierte Darstellungen des Allgültigen – ob Germanenwald, griechischer Hain oder altägyptischer Tempel – alles Szenische und Musikalische.

Entspannt zurückgelehnt schaut Gusta Hammer zu, wie sich aus bemalten Leinwänden nach und nach eine phantastische Welt zusammensetzt, in der auch sie ihren Platz bekommt. Aufregend fühlt es sich an, all der Geruch nach Staub, alter Schminke, Leim und parfümiertem Puder, auch sie wird von nun an ein Teil des Großen sein, ein kleiner Kosmos in einem großen, für sie ist es das Glück. Nicht unwichtig ist es dabei zu wissen, dass der jetzt eingeschlagene Weg der Kunst wegen seiner »Volkstümlichkeit« gepaart mit einem expressiven Unterstrom von Gefühl, das jeden inneren Abstand unmöglich macht, auch von der Musikkritik begrüßt wird.

Retuschen an einer Originalpartitur zeugen nicht von Ehrfurcht vor dem schöpferischen Willen und sind daher verpönt. Vorbei, frohlockt das Feuilleton, seien die Zeiten kubistischer Ungeheuer, angeblich Schiffe darstellend, und quadratischer Gebilde mit kahlen, kalten Abstraktionen, die einer echt romantischen Handlung und ihrem ethischen Sinn zuwiderliefen. Jetzt bewege man sich in Hamburg wieder in alten Bahnen, die »ewig gültig« seien, namentlich den Gesetzen von Realismus und Glaubwürdigkeit. Bis zum letzten Tampen sieht das Schiff des »Fliegenden Holländers« aus »wie in echt«. (Dass Richard Wagner nach eigener Darstellung Sagenstoff und Schlusswendung vom Juden Heinrich Heine übernahm, mit dem er sich in Paris direkt verständigt hatte, findet keinen Eingang ins Programmheft.)

Für einen Moment wird es still auf der Bühne, die Arbeiter sind abgegangen, Seile hängen ungenutzt herab, und der große schwarze Raum füllt sich mit Schweigen. Kollege Josef Degler kommt herein, signalisiert, dass die Pause vorbei ist. Die Vertretung der Beschäftigten ist nicht länger gewerkschaftlich geregelt, es gibt nun eine nationalsozialistische Bühnenorganisation für die Mitglieder der Gefolgschaft mit Pg. Degler als Obmann. Seit dem politischen Umbruch hat er das Amt des stellvertretenden Landesleiters der Reichs-Theaterkammer in Hamburg inne. Der leutselige Bariton, aus dem Oldenburgischen stammend, wird bis zuletzt allen Veranstaltungen der Partei zur Verfügung stehen. Eingetragene Parteimitglieder gibt es einige, die Mehrzahl des Ensembles aber gehört formal nur dem »RAD«, »Reichsarbeitsdienst«, der »DAF», »Deutsche Arbeitsfront«, oder der »NSV«, »Nationalsozialistische Volkswohlfahrt«, an. Wie an allen anderen Anschlagsäulen hängt 1935 auch an der Säule eingangs der Rothenbaumchaussee ein auffallendes Plakat der »NSV«: »Durchbruch des Sozialismus der Tat«. Tageszeitungen drucken eindringliche Verlautbarungen der Organisation: Wer »NSV«-Mitglied werden wolle, müsse nur Nationalsozialist sein, dann finde er den richtigen Weg und reihe sich ein in die Front derer, die den Kampf für die Gesundung des deutschen Volkes auf ihre Fahnen geschrieben haben.

Ebenso wie Prof. Heynemann tritt Gusta Hammer der »NSV« bei.

Auch für Musiker ist erkennbar, wohin der Weg politisch führt. Bei den Umzügen am 1. Mai muss man ohnehin geschlossen hinter dem Pappschild mit der Aufschrift »Hamburgische Staatsoper« mitmarschieren. Allerdings achtet der als musikalisch brennender Ekstatiker bezeichnete Generalmusikdirektor Eugen Jochum darauf, zu offensichtliche NS-Manifestationen aus der unmittelbaren künstlerischen Arbeit herauszuhalten. Es sei denn, er muss mit seinem disziplinierten Orchester davor oder dazu dirigieren.

1935 — **Kapitel 36**

Sledge Hammer

Edward F. Butler | Dr. Walther Dessart + Frieda Dessart + Margrit Dessart + Klaus Dessart

Schornsteinfeger Oskar Wriedt, selbst wohnhaft in Barmbek, geht über die Dächer seines Reviers, Rotherbaum gehört dazu. Ungewohnt offen zeigt sich die lange Chaussee in ihrem Verlauf ohne das dichte Dach der Alleebäume, die dem U-Bahn-Bau weichen mussten. Um den volkstümlichen Glücksbringer zu geben, das weiß er, gehört ein rußschwarzes Gesicht dazu, das ist unschwer zu bekommen im Schmutz der verrauchten Schlote und Kamine. Er liebt seinen Beruf, die Leute freuen sich, ihn zu sehen, auf der Straße geht es selten ohne kleinen Wortwechsel ab. Doch sobald er oben auf dem Dach an den Kaminen steht und seine Metallkugel herunterballern lässt, ein früher, lauter Weckruf, rumpelnd plötzlich und indiskret wandnah, ist er nicht immer und überall ein willkommener morgendlicher Besucher. Seinem Spitznamen – »Poltergeist« – macht er alle Ehre.

Er bekommt sie mit, die Geschichten, Umstände und Verhältnisse der Hausbewohner, schon allein wegen der Rechnungsstellung; er weiß, dass die beiden Künstler aus dem Atelier unter dem Dach der Nr. 26 nicht mehr da sind, und irgendwas soll vor einiger Zeit gewesen sein mit der Staatspolizei, der Herr Doktor Hirsch und seine Frau sind verschwunden. Vielleicht gab es etwas Politisches, das kennt er aus Barmbek, dort hatten die Ledermäntel monatelang den ganzen Stadtteil durchkämmt, und wer von den Festgenommenen aus dem »Stadthaus«, dem Hauptquartier der Gestapo, zurückgekommen war, schaute nicht mehr her, sondern drehte schnell das Gesicht weg.

Kurzzeitig untergekommen bei Witwe Anna Levy war der jüdische Zahnarzt Dr. Berthold Loewy, der war nicht weiter auffällig; und der Franzose im 2. Stock ist wohl verreist, man sagt, nach Paris. Dieser Kunstmaler aber kommt immer mal wieder zurück, er hält die Wohnung. Man muss es sich eben leisten können.

Schornsteinfeger Wriedt wirft Bürsten und gerollte Drahtseile über die Schulter und macht sich auf zum nächsten Haus. Begegnen ihm

Passanten, legt er grüßend die Hand an den Zylinder. Die Leute mögen ihn, den Glücksbringer. Die Arbeit geht ihm heute gut von der Hand, und er könnte das vor ihm liegende Pensum an Kaminen in der Straße wohl schaffen, wenn nur der Himmel sich nicht so beziehen würde.

Abermals steht der Lastwagen einer Spedition vor dem Haus. Schornsteinfeger Wriedt sieht einen eher kleinen, doch stämmigen Herrn auf die Wohnung im Parterre links zeigen, die Wohnung der Friedburgs. Der Vormieter, der diskrete Mr. Butler, Direktor der »Dominion, Colonial & Overseas, Hamburg Branch«, macht das Erdgeschoss frei, um mit seiner Frau Lilian Gladys Butler in die Hallerstraße 76 zu wechseln. Es zieht ein die Familie des Zahnarztes Dr. Walther Dessart. Aus Nürnberg stammend, ist er an der Alster heimisch und sehr bekannt geworden, zunächst als überragender Hockey-, dann vor allem als meisterhafter Tennisspieler, den zu schlagen sich – besonders in der Halle – für viele Gegner als äußerst schwierig erweist. Als Mitglied zweier Klubs, des »Klipper Tennis- und Hockey-Clubs auf der Uhlenhorst e. V.« und des »Harvestehuder Tennis- und Hockey-Clubs«, HTHC, ist Dr. Dessart schnell zu einem bewunderten Star und einem in den Sportberichten viel genannten Athleten geworden; sie sprechen von ihm als »unserem Doktor«. Im Klubhaus begegnet der Liebhaber englischer Sportarten häufiger Rechtsanwalt Dr. Max Blunck, dem Schwiegersohn der verstorbenen Clara Thomann, der es als frühes Mitglied der NSDAP zum Führer aller deutschen Corpsstudenten gebracht hat. Dr. Blunck ist 1. Vorsitzender des HTHC und lädt nach Turnieren gern auf ein geselliges Beisammensein mit Tanz ein. Mit Spartakisten und Bolschewisten hat er es im Klub nicht zu tun.

Bei den »Weißen Tagen« am Rotherbaum liefert Dr. Dessart, der deutsche Ranglistenspieler, oft prachtvolle, meist knallharte Kämpfe ohne endlose langweilige Ballwechsel von der Grundlinie: Er donnert im Sprung geschlagene Vorschlaghammer-Volleys, »sledge hammer blows«, über das Netz und serviert scharf geschnittene Aufschläge wie »ein bockender Bronco«. In seiner direkten Art liegt ihm auch sonst jedes Posieren fern. Englische Sportreporter sind der Ansicht, Dessarts durchtrainierter, kompakter Rugby-Body und sein kraftorientiertes Spiel entsprächen überhaupt nicht dem klassischen Typus eines eleganten Tennis-Champions. Auch sein häufiger Tennisdoppel-Partner, der lange Friedrich Frenz, beruflich Kohlenhändler aus Rostock, ist kein Weichei, er soll es fertigkriegen, am langen Arm Freunde aus dem dahinrasenden D-Zug zu halten, zum Spaß.

Drei Mal gewinnt Dr. Dessart die Tennis-Meisterschaft am Rothenbaum, er nimmt als Spieler der nationalen Spitzenklasse an Kämpfen um den Daviscup teil, gegen England und Südafrika, gewinnt 1931 die

Internationale Meisterschaft von Deutschland im Herren-Doppel. Verheiratet ist Dr. Ludwig German Walther Dessart mit der Klavierlehrerin Frieda Dessart geb. Krüder; auch sie pflegt den Tennissport auf Turnierniveau, zuweilen spielen die Eheleute im Doppel, Seite an Seite. Die Tochter Margrit Mary, genannt »Puppele«, trägt den Namen der aus Schottland stammenden Großmutter Mary Elisabeth Krüder geb. Webster, Sohn Klaus Ludwig Oskar den Rufnamen des Großvaters Johann Wilhelm Ludwig Krüder.

Großmutter Mary Krüder, die im Leinpfad 8 wohnt, hat sich an der Spendenaktion des »Winterhilfswerks des Deutschen Volkes« beteiligt und tatsächlich den Hauptgewinn gezogen, eine Norwegenfahrt. Die anderen Preise, ein elektrischer Herd, ein Gasherd, ein Staubsauer, ein Führerbild mit Rahmen, hätten sie weniger beglückt. In São Felix, Bahia, ist ihr Mann Ludwig Krüder als Kaufmann tätig gewesen. Seine Passagen zu den Tabakanbaugebieten Brasiliens und zu den Fazendas Geraldo Dannemanns buchte er bei der Reederei »Hamburg Süd«, natürlich 1. Klasse, genau wie Harry Meyer damals seine Überfahrten nach Buenos Aires. Die Landhäuser der deutschen Kaufleute und Fazendeiros im brasilianischen São Felix trugen Namen wie »Hamburger Hof« und »Hamburger Berg«, man speiste Bahianer Austern und trank importierten Trarbacher Wein. Das Piano spielte, Schumann und Mendelssohn, junge Damen sangen munter, die Herren baten zum Tanz unter Verandadächern, während es draußen in Strömen regnete.

Nach seiner Assistenzzeit an der Schulzahnklinik des Allgemeinen Krankenhauses Eppendorf und der 1926 erfolgten Aufnahme in die Matrikel der hiesigen Zahnärzte hat sich Dr. Dessart – seinen Vornamen nun ohne »h« schreibend, so hält es auch die Sportpresse – eine Praxis in der Hansastraße eingerichtet, die ihm aber ausreichend Zeit für den Leistungssport lässt. Der Vorteil der neuen Wohnung in der Rothenbaumchaussee liegt nicht zuletzt darin, dass er – wie Prof. Dr. Heynemann – seine Praxis zu Hause betreiben kann und kurze Wege zu den Sportstätten hat. Solange »unser Doktor« in der Halle trainiert, spielt Frieda Dessart, geboren in Bahia, Brasilien, Melodien von Schumann und Schubert, während es draußen regnet.

Himbeerwasser

Julius Hirsch + Dr. Henri Hirsch + Alfred Benjamin + Ludwig Hirsch | Adolf Laspe

Am 24. November 1935 verfasst Julius Hirsch, Sohn des geflohenen Röntgenarztes Dr. Henri Hirsch, in der elterlichen Wohnung in der Rothenbaumchaussee zwei Briefe, einen an den Vater und einen an den Schriftsteller Thomas Mann.

Dem Vater schreibt er, dass er es angesichts der Entwicklungen der heutigen Zeit als konventionelle Lüge betrachte, wenn man sich hinter dem scheinbar sicheren gutsituierten Bürgertum verschanze. Er sei Zionist, der als ein anderer Mensch, als die Eltern sich ihn wünschten, nicht sozial privilegiert, sondern als einfacher Jude sein Judentum in Erez Jisroel verwirklichen wolle. Er zeigt eine Haltung, die in der Vorstellungswelt der bürgerlich-akademisch geprägten jüdischen Aufsteiger, zu denen sein Vater zählt, so gut wie nicht vorkommt, aber seit Beginn der braunen Herrschaft unter jungen Juden immer stärkere Verbreitung findet.

Julius Hirsch ist dabei, sich selbst zu finden.

Der väterliche Patriarch wird vermisst, aber seine Abwesenheit gibt auch Raum für neue Freiheiten. Julius ist aktiv in der bündischen Arbeit junger orthodoxer Juden, die sich als Zionisten verstehen und mit großem Ernst entschlossen sind, nach Erez, Palästina, zu gehen, wo bei aller geistigen Vorbereitung nicht nur intellektuelle Fähigkeiten gebraucht werden. Beide, Julius und sein Stiefbruder Alfred Benjamin, verschreiben sich dem Studium traditioneller jüdischer Identität, und zwar stärker, als es dem Vater Henri mit seiner humanistischen Einstellung lieb ist. Das Leben hat sich geändert, die gute alte Zeit des gemeinsamen Tisches, der häuslichen Geborgenheit ist vorbei, jüdische Familien versprengen sich in alle Welt, Juden werden Arbeiter und Bauern, Juden erleben »die Judenfrage«. Landwirtschaft und Handwerk werden für die Söhne zu ernsthaften Optionen. Seinem bildungsbetonten Vater teilt Julius mit, er habe schon im Hafen gearbeitet, auch an eine Ausbildung zum Autoschlosser gedacht, doch dürfe es schwierig werden, eine Stelle zu finden, da »arische« Betriebe ihn nicht annähmen und es jüdische Autoreparaturbetriebe kaum gebe.

In seinem sehr langen, einzeilig getippten Brief an Thomas Mann stellt er sich dem berühmten Literaten vor als ein im traditionellen Judentum verwurzelter junger Mensch, der darum bitte, ihm seine Kühnheit zu verzeihen und ihm in seinem Ringen nach der Wahrheit die Richtung zu weisen. Aus Zürich dankt Thomas Mann Tage später dem »Sehr geehrten Herrn Hirsch« für den Brief und die Anteilnahme an seinem Roman »Joseph und seine Brüder«. Aber sosehr der Roman das Menschliche ans Jüdische knüpfe – er sei eben nicht speziell ein Judenbuch, sondern ein Menschheitsbuch. Julius Hirsch bewahrt den Brief auf.

Julius sieht sich selbst in einer Zeit des gravierenden Umbruchs. Anders als seine älteren Brüder Hermann, Ludwig und Werner weiß er sich und seine jüngeren Brüder in ihrer Entwicklung bereits stark geprägt durch die Erfahrungen der Nazizeit. Ihre gesamten Anschauungen wurden auf den Kopf gestellt, ihr Weltbild entwertet, ihre Ohnmacht angesichts des offen zutage tretenden Hasses empfinden sie als unerträglich. Julius erinnert sich an einen Donnerstag im Oktober des letzten Jahres, als er um 9 Uhr abends von fünf Kerlen mit Gummiknüppeln überfallen wurde. Nur seiner körperlichen Gewandtheit hatte er es zu verdanken, dass er mit Ohrfeigen davonkam. Und der Fähigkeit, um sein Leben zu rennen.

Abends sitzen die Brüder im grünen Zimmer, im Licht der Tischlampe, und hören das Radioprogramm, am liebsten die 4. Sinfonie von Brahms. Durch das Ausbleiben von Einkaufsbewilligungen wird Butter immer knapper, desgleichen Eier, aber man hält durch mit Marmelade und Honig.

In Führerschaftssitzungen des Jugendbundes »Zeire Misrachi« – mit streng vertraulichen Protokollen, akkurat auf der Schreibmaschine getippt – diskutieren Rafi, Ulli, Putti, Uri, Müschen, Hanna, Betty, Ida, Lilly, Fritz, Siegfried, Mia, Herbert, Hellmut, Kurt, Gerhard, Johanna, Eugen, Erwin miteinander über Themen wie »Wie sieht unsere Jugend aus? Wie ist die Situation gestaltet, in der sich die Jugend heute befindet? Welche Eindrücke empfängt der Jugendliche aus seinem Elternhaus?«. Die Gruppe stimmt überein darin, dass die zionistische Frage *die* Lebensfrage der Jugend ist. In den bürgerlichen Elternhäusern könne man allgemein einen Mangel an praktischem Gemeinschaftssinn feststellen, der sich auch auf die Jugendlichen übertrage. Daher müsse das soziale Gewissen geweckt werden, etwa durch Teilnahme an der allgemeinen Sozialarbeit, zum Beispiel durch Schaffung einer Kleiderkammer für die Winterhilfe.

Im Haus Rothenbaumchaussee 26 wird es für Julius Hirsch und seinen Stiefbruder Alfred Benjamin allmählich belastend still. Andererseits steht ihm in diesem Winter 1935 eine sehr geräumige Wohnung zur Verfügung, die er prompt in ein zionistisches Bundeslokal verwandelt. Er lässt »Deda« große Mengen von Obstsalat machen für zwanzig Chawerim und Chaweroth, gleichaltrige Mitstreiter aus der bündischen Jugendarbeit, und es gibt stark verdünntes Himbeerwasser aus einer riesigen Flasche. Vater Dr. Henri Hirsch in Meran ist entsetzt, als er von dem Treffen erfährt. Für ihn ist es äußerst ungehörig, wenn der Sohn in Abwesenheit der Eltern junge Mädchen bei sich zu Hause empfängt, weil man nach Vorstellung der Alten damit den Ruf eines Mädchens aus gutem Hause schädigt. Sehr klar macht er deutlich, dass er nur dann seinen Söhnen die Erlaubnis geben würde, nach Palästina zu gehen, wenn sie sich bereits in Europa bewährt hätten. Sie alle sollten Sprachen erlernen und einen Beruf; ob Landwirtschaft, Handwerk oder geistiges Handwerk – er werde das fördern. Er schreibt diese Zeilen voller Wehmut, da am selben Tag sein seit 1912 bestehendes Röntgeninstitut die Tore schließt. Auch stehen ihm die Gefährdungen der menschlichen Existenz vor Augen, denn seine ersten drei Kinder aus seiner ersten Ehe mit Minna Frank – Max, Paula und Tilly – sind schon im Kindesalter gestorben.

Julius, »Ulli«, lässt sich nicht irritieren, lädt zum Chanukka-Abend 1935 wieder ein. Entspannt sitzen die jungen Leute im grünen Zimmer, sind ganz unter sich, hören gute Musik, essen Süßigkeiten, lösen sich einen Abend lang von drängenden Fragen und Problemen. Chanukka, das Kinderfest, bei dem Licht an Licht angezündet wird, vereinigt die Anwesenden in Erinnerung an die einstigen Makkabäerhelden; »Moaus zur«, die traditionelle Hymne der Treue und des Vertrauens zu Gott, wird gesungen. Nach alter Überlieferung steht die Menorah, der Leuchter, an einem Fenster zur Straßenseite, um die Kunde zu verbreiten. Wenn ein Haushalt kein erwachsenes männliches Mitglied hat, darf auch ein Knabe diese Mizwah erfüllen. Und Ulli zögert nicht.

Es bleibt das Bild einer bunten Schar von Heranwachsenden, die beim Abschied auf dem schwarzen Handlauf des Treppenhauses lachend nach unten gleiten.

Bruder Werner, der vorzügliche Cellospieler, hat sich auf Auslandsreisen begeben, im Frühjahr und Sommer 1935 besucht er Schweden, Dänemark, Italien, Schweiz, Belgien, Frankreich, New York und Havanna auf Kuba. Seine Absicht auszuwandern ist offenkundig. Ludwig Hirsch, genannt »Lusch«, der zweitälteste Hirsch-Sohn, in der Isestraße wohnend, widmet sich mehr und mehr den praktischen Dingen wie der Versendung der elterlichen Möbel nach Meran. Stiefbruder

Alfred Benjamin bleibt hungrig nach Kunsterlebnissen. Mit Glück schafft er es, eine Tanzvorstellung von Mary Wigman im Thalia Theater zu sehen; der Zuschauerraum ist gesteckt voll, er sitzt in der letzten Reihe im III. Rang, und was er sieht, gefällt ihm. Zusammen mit Julius verlebt er schöne Tage im Jugendheim »Wilhelminenhöhe«, das inmitten waldigen Geländes an der Chaussee liegt, die von Blankenese nach Rissen und Wedel führt. Erwin Seligmann, Sohn des Rabbiners Dr. Cäsar Seligmann, kann Versammlungen vorzüglich leiten und sorgt für eine feierliche Gestaltung des Aufenthalts dort. Der gelernte Anwalt ist Koch geworden, was ihm bei seiner späteren Emigration nützlich sein wird.

Der Winter bemächtigt sich der Stadt, bis Mitte April bleibt es kalt, es regnet und schneit, die Bäume stehen schwarz und kahl. Viel wird jetzt im Atlas geblättert, und auch wenn das Ziel Palästina ist, genügt es nicht mehr zu wissen, wo ungefähr El Salvador liegt und wo Bolivien, wo etwa Argentinien und wo Brasilien, jetzt braucht man es genau.

Ludwig Hirsch, die Belange der Familie in Vertretung des Vaters wahrnehmend, bittet am 12. März 1936 die Devisenstelle beim Oberfinanzpräsidenten Hamburg um Auskunft. Seine Stiefmutter, Frau Roberta Hirsch geb. Goldtree, habe Zahlungen von einem Treuhandkonto, »Helene Goldtree Nachlass«, erhalten, welches die Herren Leo Liebes und Dr. Manfred Zadik verwalten. Letztere wünschten eine Klarstellung der Deviseninländereigenschaft der sich in Meran aufhaltenden Eltern, bevor weitere Zahlungen erfolgen könnten. Baldige Anweisungen seien dringend notwendig, damit die Wohnungsmiete für die Rothenbaumchaussee 26 und die Kosten des dort weiter aufrechtzuerhaltenden Haushalts, in dem zwei seiner Brüder noch lebten, bestritten werden könnten. Es handele sich um folgende monatliche Beträge:

»Miete für die Wohnung Rotherbaum 26	ca. RM 130,-
Lebensunterhalt für die beiden Brüder und das Mädchen	RM 250,-
Gehalt für das Mädchen	RM 40,-
Telefon, Gas, Elektrizität	RM 70,-

Sowie einmalig RM 47.- zur Bezahlung der Feuerkasse.«

Auch Rechnungen des Hauswarts und des Schornsteinfegers Oskar Wriedt seien zu berücksichtigen.

Julius Hirsch berichtet den Eltern weiter in Briefen aus Hamburg, dass sich die Reihen der Bekannten mehr und mehr lichteten, der eine gehe dahin, der andere dorthin. Und er erwähnt die Enthüllung des 76er-Krieger-Denkmals am Stephansplatz, des mächtigen Quadratblocks mit dem Relief der rundherum marschierenden Soldaten, es sei sehr wuchtig und wirkungsvoll. Mit einem großen Aufmarsch unter

Hakenkreuzflaggen und vor salutierenden Militärs sowie grüßenden NS-Verbänden war das Monument der Öffentlichkeit vorgestellt worden.

Die Reichsfluchtsteuer für Dr. Henri Hirsch wird vom »Finanzamt Rechtes Alsterufer« auf RM 75 948,25 festgesetzt. Wohnungsanteil und Darlehenskonto bei der »Wohnhaus Rothenbaum GmbH« werden mit RM 6 000,- bewertet. Die Treuhänder müssen bestätigen.

Im Februar verwandelt plötzlicher Eisregen die Rothenbaumchaussee in eine spiegelglatte Rutschbahn. Die Parterrebewohner werfen Wolken aus Asche und Berge von Sand auf die Bürgersteige vor ihren Häusern. Ein Rothenbaumer Junge macht das Beste draus, hat seine Schlittschuhe herausgeholt und gleitet lachend über die Eisdecke dahin, bis hinunter zum Dammtorbahnhof.

Im März 1936 steht die Reichstagswahl an, Agitationen erfassen Straße für Straße.

In diesem Monat stirbt der Ostasienkaufmann Adolf Laspe. Aus der Villa Rée war er fortgegangen, hatte in einer Übergangszeit eine Suite im »Hotel Atlantic« bezogen, dann auf der anderen Seite der Alster gewohnt, war schließlich nach Blankenese gegangen. Der deutsche Außenhandel, so verlautet der Nachruf auf Laspe, verliere einen hervorragenden und verdienten Kaufmann, der seinerzeit führend beteiligt gewesen war an der »1. Internationalen Frachtenkonferenz« heimwärts von den Straits Settlements, die sich in den Jahren ihres Bestehens für die deutsche Wirtschaft gewinnbringend ausgewirkt habe. Regelmäßig hatte der Mitgründer des »Ostasiatischen Vereins« an den Sitzungen des »Liebesmahls« im Uhlenhorster Fährhaus teilgenommen, auch, im Hinblick auf sein Alter, nach seinem Rückzug aus der Firma »Arnold Otto Meyer«.

Zwei Jahre zuvor wusste sich der Regierende Bürgermeister Krogmann beim »Liebesmahl« hervorzutun mit der Äußerung, dass der Nationalsozialismus keine Übergangserscheinung, sondern eine Weltenwende sei. Hamburg habe aufgehört, ein separates Land zu sein, um ein Teil des neuen, gesamten Deutschlands zu werden, doch eine Stadt der Kaufleute bleibe man, wenn auch leider die Märkte in Übersee weggebrochen seien. Dem allem Pathetischen abgeneigten Laspe hatten solche Ausführungen nur bedingt zugesagt. Man sagte ihm nach, immer ein Mann des blanken Schreibtischs gewesen zu sein mit phlegmatischer Natur, der es verstand, andere für sich arbeiten zu lassen, dabei aber Übersicht zu behalten. Er hatte sich jedenfalls nie gedrückt.

Als in der Niederlassung in der chinesischen Stadt Penang von betrügerischen Lagerverwaltern große Mengen Zinn unterschlagen wurden, kamen die Teilhaber Arnold Otto Meyer und Adolf Laspe persönlich für den Verlust auf. Von Deutschland zu schwadronieren, dagegen hatte Laspe nichts gehabt, solange der Begriff »persönlich haftend« dabei nicht unterging. Außerdem war es an der Alster laut geworden. Auf dem Dach der Nachbarvilla hatte die NSDAP einen riesigen Lautsprecher der Marke »Telefunken« montiert, der den gesamten Innenstadtbereich mit Propaganda beschallen konnte. Unüberhörbar, unübersehbar, mit Paraden, Umzügen, Feuerwerken und Massenkundgebungen, machen sich Staat und Partei den öffentlichen Raum zu eigen. Höchste NS-Prominenz reist an.

Alfred Benjamin, der passionierte Fotograf von gegenüber, nimmt den Mann mit den steinernen Gesichtszügen und mechanischen Armbewegungen auf, den Führer Adolf Hitler, der Hamburg besucht. Das ist nicht ganz ungefährlich für den jungen jüdischen Mann.

Innigen Anteil nehmen die »Hirsche« an der Amtseinführung Dr. Carlebachs zum Oberrabbiner der Deutsch-Israelitischen Gemeinde in Hamburg im Februar 1936. Die Gemeinde-Synagoge am Bornplatz ist mit Frühlingsblumen geschmückt, die Veranstaltung wird per Radio in den Turnsaal der benachbarten Talmud-Tora-Schule übertragen, so groß ist die Zahl der erschienenen Gemeindemitglieder. Es ist wohl das erste Mal in der Geschichte der Stadt, dass man sich bei einer solchen jüdischen Feier der modernen technischen Möglichkeiten bedient.

Dr. Henri Hirsch schickt weiterhin Briefe aus Meran, auf Rothenbaum-Briefpapier, er macht sich ernsthaft Gedanken über das Schicksal seiner sieben Jungen, die er aus dem Ausland nicht mehr dirigieren kann. Ihm bleibt zu hoffen, dass sie vorsichtig sind, nicht nur auf Bergpartien. Er will keine heroischen Söhne. Zu den Leiden des Alters kommt die Erfahrung hinzu, dass alles so anders ist als in der eigenen Jugend. Julius fühlt sich in den Vater ein: Wie soll sich ein Mensch, der einer ganz anderen Bildungssphäre verhaftet ist, einordnen in diese völlig umgewertete Welt?

Selon le vent

Gusta Hammer | Edward F. Butler + Lilian Gladys Butler | Karl Glaser + Alice Glaser

Die Stadt Hamburg rüstet sich für die Olympiade 1936. Ein großer Festzug, der Deutschlands Reichtum an Geschichte, Brauchtum und gegenwärtigem völkischem Gut repräsentieren soll, führt vom Gänsemarkt über die Dammtorstraße und am Dammtorbahnhof vorbei durch die Rothenbaumchaussee. Wie immer wird es laut. Der Festzug traditioneller Trachten, der sich über eine Länge von sieben Kilometern erstreckt, wird von 36 berittenen Herolden angeführt; eine symbolische Darstellung von »Hamburg, das Tor der Welt« eröffnet die Wagenreihe der deutschen Provinzen von Ostpreußen bis Südhannover-Braunschweig. Von Balkonen und aus Fenstern wird den bunt kostümierten Gästen aus deutschen Landen zugewunken.

Im Sinne des Fremdenverkehrs bemüht sich die Staatsführung, den nach Hamburg kommenden Touristen ein möglichst sauberes und ansprechendes Stadtbild vorzuführen. Als besonders störend werden Plakatreste aus der Vergangenheit an den Fassaden einzelner Häuser empfunden, verwittert und zerrissen, wie sie sind, zeigen sie hier und da sogar noch Spuren verhasster politischer Gegner. Die verbreitete Unsitte, Reklamezettel einfach auf die Straße zu werfen, trägt nach Ansicht der NS-Gauleitung auch nicht zum Bild des seine Stadt achtenden Hamburgers bei. Über Nacht verschwinden an den Eingängen Hamburger Geschäfte und Gaststätten die Schilder mit der Aufschrift »Juden unerwünscht«.

Nach der Olympiade, im Oktober, weht es einen hageren Fremden von der britischen Insel herüber auf den Kontinent; er ist Ire, und sein Weg folgt einfach dem Wind. Seine erste Station, für neun Wochen, ist Hamburg und dort das Viertel Rotherbaum. Er sucht eine Unterkunft ohne dumme Töchter, beheizt und mit fließend Wasser. St. Pauli ist enttäuschend, außerdem regnet es ständig, es ist bitterkalt, er ist hundemüde. In der »Pension Kurt Hoppe«, Schlüterstraße 44, Ecke Binderstraße, bezieht er im Erdgeschoss Quartier. Er spaziert um die

Alster, sieht die Straßenbahn Linie 18 durch die Rothenbaumchaussee fahren, sucht mehrfach den Zigarrenladen in der Binderstraße auf.

Ob in der Schlüterstraße, Dammtorstraße oder Johnsallee – die Nazis und ihre Symbole sind unübersehbar, ihre Fahnen ohnehin und auch der wuchtige Steinklotz mit aufgesetztem Hakenkreuz auf einer Verkehrsinsel vor dem Dammtorbahnhof. All das Zeug ist dem irischen Besucher zuwider. In der Rothenbaumchaussee, in »a foul Nazi hole«, isst er ein Käsebrot und trinkt ein Glas Bier. Gleich neben dem Haus Nr. 59, kurz vor der Binderstraße, wo sich die Gastwirtschaft der Witwe Anna Isenbart befindet, hat sich SA einquartiert. Auch das ist ungut.

Der Hamburg-Besucher geht vorbei am 76er-Denkmal am Stephansplatz, von dessen Einweihung Julius Hirsch im März seinen Eltern nach Meran berichtet hatte. Im »Ufa-Palast« am Gänsemarkt hört er vormittags eine Weile einem Konzert des SS-Abschnitts XV zugunsten von deutschen Spanienflüchtlingen zu. Zahlreiche Volksgenossen haben sich eingefunden, um den mit Schneid vorgetragenen Musikstücken zu lauschen. Es werden Filme gezeigt mit sorgfältig zensierten Ausschnitten von Kämpfen in Spanien und vom Reichsparteitag in Nürnberg. Beim »Horst Wessel-Lied« streckt er den falschen Arm aus.

In den Wochen darauf durchstreift der Ire namens Samuel Beckett, angetan mit Schal und Ledermantel, die herbstliche Stadt. Der Dammtorbahnhof mit seiner trüb beleuchteten Bahnhofsgaststätte »Brügmann«, dem Reisebüro der »Gebr. Schnieder« und den Läden unter den Rundbögen wird Dreh- und Angelpunkt für seine Sightseeing-Touren bis nach Blankenese. Hier, wo die Medusenköpfe weiter von der Frontseite des Gebäudes in Richtung der Rothenbaumchaussee starren, trinkt der lakonische und eigenwillige Wanderer zwischen Sprachen, Künsten und Kulturen sein Bier mit Kümmel; meist ist es schon spät, wenn er müde zurückkehrt in seine Pension.

Die Kastanien am Dammtorplatz stehen schwarz und blattlos da, die Moorweide liegt leer da. Der Herbst zeigt sich kalt, oft regnerisch und stark windig. Es herrscht scheußliches, scheußliches Wetter. Trotzdem treibt es den Sportbegeisterten auf die Straße, um das Radrennen der Hamburger Zeitungsfahrer und -boten am 18. Oktober 1936 rund um die Alster zu erleben. Dreimal, auf einer Strecke von 22 Kilometern, ist der Stadtsee zu umfahren, auf Gebrauchsrädern ohne Gepäckbelastung, mit Pedalen ohne Riemen; nicht zugelassen sind Rennräder. Der Sieger bekommt Kranz und Schleife, den Titel »Meister der Groß-Hamburger Zeitungsfahrer« – und ein Motorrad. Die Pulks starten am Jungfernstieg, das Rennen findet statt bei Wind bis Stärke 11, zunächst mit Rücken-, dann mit Gegenwind; es kommt zu heftigen Stürzen, dazu prasselt ein plötzlicher Wolkenbruch nieder. Das Ziel vor dem »Hotel Atlantic« durchfährt als Erster Georg Schütze, 17 Jahre alt, er legt noch eine Ehrenrunde drauf.

Beckett besucht mehrmals die Kunsthalle und diverse Lokale in der Innenstadt, häufig auch die Stadtschänke am Gänsemarkt. Die Sülze dort findet er grässlich. In der Fischbratküche, ebenfalls am Gänsemarkt, gibt es »more Fischfilet than possible to eat for 55 pf«. Das »Halali« an der Ecke Jungfernstieg, Große Bleichen ist für ihn ein »Pleasant Jewish lokal«. Vielleicht, weil es ein eher ruhiges Restaurant mit neuzeitlich gestalteter Herrenbar ist, in dem die Klänge unaufdringlicher Kammermusik dezente Stimmung verbreiten. Dort trinkt er »a bottle of bad Rhein«.

Für Wind ist weiter reichlich gesorgt, im Oktober gibt es das höchste Hochwasser seit Jahrzehnten, ein Orkan hinterlässt Sturmverwüstungen an den Küsten, die Straße Vorsetzen am Hafen ist überflutet. Gerade ist im Curiohaus die winterliche Vortragsreihe des »NS-Lehrerbundes« 1936 eröffnet worden mit einem Vortrag des Reichsschulungsleiters des »NS-Studentenbundes« und Mitarbeiters für Rassefragen im Reichspropagandaministerium Dr. Johann von Leers über die »Rassengesetzgebung in der Weltgeschichte«. Sein als »Reclams Universal-Bibliothek Nr. 7249« erschienenes Heft »Geschichte auf rassischer Grundlage« beschreibt von der Steinzeit bis zum Staat Adolf Hitlers den »Weg unseres Blutes«. Beckett interessiert sich im dortigen Restaurant des Gastwirts Henry Giele für die Krabbenmayonnaise, sie erscheint ihm »Dear & bad«.

Umzüge brauner Kolonnen auf der Straße, meist mit schmissiger Musik, sind an der Tagesordnung. Der häufigen Beflaggung wegen sind Schäfte für Wimpelstöcke an den Loggien des Hauses Rothenbaumchaussee 26 befestigt, wie an anderen Häusern auch. Wer das Curiohaus verlässt, kann kaum vermeiden, auf das dunkle Haus gegenüber mit den Hakenkreuzwimpeln zu schauen.

Im Theaterkeller des Hamburgischen Staatstheaters serviert man Beckett einen »Lousy Eintopf«. Oben spielt »Der Waffenschmied« als »KdF«-Veranstaltung, für Sonntagabend ist »Tannhäuser« vorgesehen. Vor dem Eingang hängt der Spielplan aus, der Name »Gusta Hammer« ist zu lesen, besetzt ist sie wieder als »Fricka« in der »Walküre«. Das kalte Wetter hat allerdings auch der Kammersängerin nicht gutgetan, für die »Aida«-Vorstellung am 7. Oktober war sie ausgefallen, aber Ende des Monats konnte sie schon wieder mit Liederabenden in der Musikhalle glänzen. Täglich geht sie dieselben Wege wie der schlecht gelaunte Ire, und es ist derselbe Sturm, der beide zwingt, ihre Hüte festzuhalten.

In der Niederlassung der »Barclays Bank, Dominion, Colonial & Overseas, Hamburg Branch« am Adolphsplatz 4 unterschreibt Mr. Edward Francis Butler, der Mann mit den sorgfältig ausgewählten Einstecktüchern, am 2. Oktober 1936 einen ausgefüllten Fragebogen für Ausländer sowie eine Vermögenserklärung. Der Stelle für Devisenbewirtschaftung teilt er mit, dass er von seiner Bank als Direktor nach Kapstadt versetzt worden ist und seine Limousine, einen Mercedes Benz, mit dem Kennzeichen HH 7737 mitnehmen will. Außerdem bittet er um Bewilligung von Reichsmarkguthaben für Zahlungen in Deutschland in einer Höhe von 1500,- RM. Im Hinblick auf die bevorstehende Ortsveränderung haben die Butlers bereits ihre Adresse gewechselt, sie logieren in der Schlüterstraße 26, wo auch der amerikanische Konsul John H. Bruins gewohnt hat. Am 21. Oktober 1936 verabschieden sich Mr. und Mrs. Butler von Hamburg, einen deutschen Sperrvermerk in den Pässen, um über London in das viel wärmere Kapstadt zu übersiedeln.

Mitte November denkt der literarische Wanderer Samuel Beckett ans Weiterreisen, der Regen hört nicht auf, Hamburg ist »Town dead«. Er bemüht sich noch, vor seiner Abreise Bilder der Künstlervereinigung »Die Brücke« in der Kunsthalle zu sehen, vergeblich. Auf das Gelände des ehemaligen Friedhofs vor dem Dammtor, dicht an der Eisenbahnböschung, verschlägt es ihn nicht. Noch befindet sich dort das fast vergessene Grab eines Hamburger Malers: Auf dem halb verwitterten Stein der schlichten Grabtafel ist der Name »Philipp Otto Runge, † 1819« zu lesen. Dessen romantische Werke sind seine Sache nicht, den Runge-Saal in der Kunsthalle bezeichnet er als »a whole room of quatsch«. Bilder des norwegischen Malers Edvard Munch, den er mag, hätte Beckett ohnehin nicht mehr zu sehen bekommen.

Erich M. Warburg, Max M. Warburgs Sohn, hatte in der Anfangszeit des »Dritten Reichs« einen Coup gelandet. Das Bankhaus »M. M. Warburg & Co.« hatte Verbindlichkeiten bei der norwegischen »Norske Creditbank«, Schulden, die aufgrund der nationalsozialistischen Wirtschafts- und Devisenpolitik nicht zurückgezahlt werden durften. Erich M. Warburg kam auf die Idee, die er später selbst »teuflisch« nennt, beim Reichswirtschaftsministerium anzufragen, ob man interessiert daran sei, dass die Warburgs als deutsche Bank ihre Schulden an eine fordernde ausländische Bank in Form »entarteter Kunst« zurückzahlten. In Berlin hielt man dies für eine glänzende Idee. Auch die »Norske Creditbank« zeigte sich einverstanden. Also war Erich M. Warburg zur Hamburger Kunsthalle gegangen und hatte für geringes Geld am Kellerfenster die »entarteten« Munchs entgegengenommen. Diese wurden, mit sämtlichen erforderlichen Stempeln des »Dritten

Reichs« versehen, an die »Norske Creditbank« exportiert. Munchs Bilder waren gerettet, Warburgs Schulden beglichen.

Am 4. Dezember 1936 verlässt Beckett faule Nazilöcher, lausige Eintöpfe und schreckliche Fischmayonnaisen in Richtung Berlin. Vielleicht hätte es Becketts Aufenthalt in Hamburg angenehmer gestaltet, wäre er bei einer Gelegenheit im Rothenbaumviertel auf den französischen Kunstdilettanten und Hamburger Immobilienbesitzer Yves Saget getroffen. Sie hätten, natürlich auf Französisch, über Paris plaudern können, über besseres Essen, das Leben und die Kunst, vielleicht auch über die seltsame Selbstmordkonjunktur, die dazu führt, dass die Stadt der Passagen und des Lichts bis zu sechs suizidale Ereignisse an einem einzigen Tag verzeichnet. Dazu zählen ein Model vom Montparnasse, eine reiche Amerikanerin, die ihre Brillanten anlegte, ihr schönstes Ballkleid anzog, sich schminkte, puderte und dann erschoss, ferner drei Verzweifelte aus Liebeskummer, die man tot aus der Seine zog, weiter eine Frau, die sich aus dem Fenster im 5. Stock stürzte, sowie die Vorführdame eines großen Modegeschäfts, die ihr Grammophon anstellte und eine Schlagerplatte spielen ließ, während sie den Gashahn öffnete.

Alles Endspiele.

Im gewohnten Takt fährt die Straßenbahn der Linie 18 durch die Rothenbaumchaussee, in Gegenrichtung fährt ein Möbelwagen davon. Die Wohnung des Yves Saget hat der aus Berlin stammende jüdische Kaufmann Karl Glaser angemietet, seit August 1924 Mitinhaber der Firma »Otto Oppenheim & Co.«. Seine Agentur für Getreide und Futtermittel vertritt bedeutende Firmen der Branche in Übersee, in Europa und im Inland. Im Weltkrieg, bei Kämpfen im Elsass, hatte Glaser als Soldat gedient, in Hamburg sich danach selbstständig gemacht mit einem Partner und zehn Angestellten. Der außerordentlich sportliche Mann ist norddeutscher Meister im 100- und 200-Meter-Lauf gewesen. Er hat ein sehr gesundes Herz.

Im Juni 1930 übernimmt Glaser die Firma als Alleininhaber. Nach der Inflation in Deutschland, in den schwierigen Jahren 1924 bis 1932, verfügt er über ein durchschnittliches Nettoeinkommen von mindestens 10000,- RM pro Jahr. Seit 1926 ist er mit Alice Clara Glaser geb. Goldschmidt verheiratet, er schreibt sich in ehelicher Angleichung an ihren zweiten Vornamen nun »Carl« Glaser.

Die Schwiegereltern, Alexander Goldschmidt und Anita Carolina geb. Hirsch, betreiben gemeinsam als Makler für Mineralöle, Teerprodukte, Harz, Chemikalien und Leinöl eine Exportagentur in Hamburg. Ebenfalls vermittelte Güter wie Mandeln, Rosinen, Feigen, getrocknete Früchte verweisen auf Anita Goldschmidts verwandtschaftlichen

Hintergrund, der eine sephardische Linie zur portugiesischen Familie de Sola aufweist. Zu Beginn der 1930er-Jahre verlegen sich die Goldschmidts auf das Geschäft der Vermittlung von Versicherungen. Alexander Goldschmidt ist stolz auf seine erfolgreiche Anita, die, wie er meint, die erste Frau ist, die zur Hamburger Börse zugelassen wurde.

Von 1933 an, dem Beginn der Einschränkungen und Diffamierungen für ihn als Juden, geht Carl Glasers Geschäft immer schlechter. Zuletzt arbeitet er nur noch mit dem Partner Bernhard Rimalt und einer Sekretärin, alle anderen Angestellten im Kontor am Jungfernstieg 49 mussten entlassen werden. Die Adresse Hochallee 117 ist für ihn zu teuer geworden. Außerdem ist der Weg zu den Schwiegereltern nun sehr kurz – die Goldschmidts wohnen nur ein Haus weiter, in der Rothenbaumchaussee 30. Wenn es Nachrichten aus New York von ihrem Sohn Robert, Alices älterem Bruder, gibt, haben sie einen tröstenden und ablenkenden Gesprächsstoff. Ansonsten hat sich die anfängliche Empfindung von Bedrängung zu einer Erfahrung von Verdrängung verschärft.

Die Glasers leben unauffällig in ihrer Wohnung in der Rothenbaumchaussee, und unauffällig warten sie – kaum Spuren in der Erinnerung der Stadt hinterlassend – auf ein Visum zur Ausreise. Es ist mittlerweile völlig gleichgültig, wofür, wenn sie nur eines bekommen. Auch wenn sie ihren Weg ins Ausland noch nicht angetreten haben – das Exil hat sie längst erreicht.

Räumungen

Dr. Lilly Magnus | Eduard Gleichman | Dr. Herbert Pardo | Ludwig Hirsch + Hilde Hirsch

Am Dienstag, den 17. November 1936 begibt sich Polizei-Hauptwachtmeister Christian Thiessen, Revierwache 47, im Auftrag des Oberfinanzpräsidenten, Devisenstelle, auf Fahndungssuche nach Werner Hirsch, dem Drittältesten der Brüder. Am linksseitigen Klingelbrett der Rothenbaumchaussee 26 drückt er mehrmals vergeblich auf den Knopf neben dem Namensschild »Hirsch«. Von Nachbarn wird Thiessen mitgeteilt, dass die Familie schon seit längerer Zeit verreist sei. Auch Bruder Ludwig Hirsch, wohnhaft in der Isestraße 61, kann über den gegenwärtigen Aufenthalt seines Bruders keine Auskunft geben. (Natürlich weiß er, dass Werner seine Absicht auszuwandern umgesetzt hat.)

Werner, mittlerweile verheiratet, hat mit Ehefrau Ingebella Hirsch Hamburg auf dem Dampfer »Tel Aviv« der »Arnold Bernstein Schifffahrtsgesellschaft mbH« verlassen, sie sind nach Haifa, ins Heilige Land gegangen, an einen Ort, der sich für das junge Paar als weniger heilig als erwartet herausstellt. Ingebella Hirsch, Tochter des Hamburger Rechtsanwalts Dr. Cäsar Heckscher, sagen die Verhältnisse in dem rückständigen Land gar nicht zu.

Die Umstände in Palästina sind auch für Dr. Lilly Magnus schwierig, es wimmelt nur so von emigrierten Ärzten. In eingeschränkten Verhältnissen in Tel Aviv lebend, hat sie, um an Geld zu kommen, keine andere Wahl mehr: Sie muss ihren Geschäftsanteil mit Wohnrecht an der Wohnung im 4. Obergeschoss links verkaufen. Sie hat auch schon einen Interessenten, ihren jetzigen Mieter, den Kohlengroßhändler und Kaufmann Eduard Gleichman.

Notar Dr. Ulrich Sieveking setzt den Vertrag auf, der Kaufpreis betrage 11 000,- RM, der bisherige Mietvertrag sei gegenstandslos. Eduard Gleichman nimmt die Übertragung des Anteils sofort an, doch er freut sich zu früh. Da den übrigen Gesellschaftern der »Wohnhaus Rothenbaum GmbH« ein Vorkaufsrecht zusteht, übernimmt die »Allgemeine Verwaltungsgesellschaft«, das Immobilien-Unternehmen der Bank »M. M. Warburg«, den Geschäftsanteil, gemäß ihrer Strategie des Anlagenerwerbs. Zunächst werden 10 910,- RM auf ein Auswanderersperrkonto bei der Devisenbank »M. M. Warburg & Co. Hamburg« für Dr. Lilly Magnus geb. Rosenberg gutgeschrieben. Eduard Gleichman muss verzichten und weiterhin Miete zahlen.

Doch nicht nur ihm, auch Frau Magnus steht eine Enttäuschung bevor. Ein fataler Vorgang aus der Vergangenheit, von der Geschäftsführung der »Wohnhaus Rothenbaum GmbH« vertraulich angesprochen, holt sie ein. Es handelt sich um Ansprüche aus einem Ende 1933 geschlossenen Vergleich, durch welchen sich Dr. Rudolf Magnus verpflichtet hatte, 2 500,- RM in Raten an die Gesellschaft zu zahlen. Da nur einige Teilzahlungen erfolgten, sind noch 2 300,- RM offen. Die damals von ihrem Mann geleistete Sicherheit, nämlich die Abtretung von Ansprüchen aus einem Lebensversicherungsvertrag, entfällt, weil Dr. Magnus wegen seiner wirtschaftlich immer schlechteren Lage die Prämien nicht fortgezahlt hat. Die aus seinen wenigen überhaupt geleisteten Prämienzahlungen erhaltene Versicherungssumme von 335,- RM hat die Hanseatische Anwaltskammer erhalten, bei der Dr. Magnus ebenfalls in der Kreide stand. Aus dem Kreis der Gesellschafter der »Wohnhaus Rothenbaum GmbH« wird nun die Forderung nach Begleichung der Schuld erhoben. Dr. Lilly Gertrud Magnus vergleicht sich mit den Gesellschaftern auf Zahlung der Hälfte des Betrages, 1 150,- RM, als Zweck der Zahlung wird angegeben: »Rückzahlung einer alten Schuld des verstorbenen Herrn Dr. Magnus«. Der Betrag aus dem Wohnungsverkauf, der auf ein Sonderkonto ausgezahlt werden kann, verringert sich auf 9 760,- RM.

Auch Dr. Herbert Pardo, der sich zur gleichen Zeit in Palästina aufhält, kann in Israel mit seinem erlernten Beruf – Rechtsanwalt – nichts anfangen. Zusammen mit seinem Bruder Richard hat er darum die »Haifa Metal Works« gegründet, eine Metallfabrik, die vernickelte und verchromte Stahlmöbel herstellt. Der geschäftliche Erfolg bleibt jedoch aus, das Unternehmen der Pardos wird zwei Jahre später, 1938, in die Insolvenz gehen.

Für den arbeitslosen Ludwig Hirsch – er erhält Unterstützung aus dem Treuhandkonto »Helene Goldtree Nachlass« – ist der Dezember des Jahres 1936 ein Monat voller Anspannung. Der Flügel der Familie ist bereits verkauft, ebenso das Mobiliar des grünen Zimmers. Jetzt geht es darum, die restlichen Möbel der Eltern zu ihnen nach Meran zu schicken. Wegen der Genehmigungen dafür ist »Lusch« ständig unterwegs. An Chanukka, in der Wohnung der geflohenen Eltern, ist die Familie Ludwig Hirsch sehr allein und einsam. Statt der acht

Lichter für den Vater und seine sieben Söhne wie in den Vorjahren gibt es nur noch zwei, für Ludwig und seinen kleinen Rudi, dabei soll dieses Fest der Stärkung der jüdischen Seele gelten. Traurig sind die Erinnerungen an die vielen Gesichter und Stimmen der Familie, an das gemeinsame Essen und die Gesänge bei früheren Festen, das Getümmel aus Familie und Freunden. Beim Jugendgottesdienst spricht Dr. Carlebach wunderbar, Ludwig findet, er ist ein Sprachkünstler. In der Tora, hatte Dr. Carlebach einst geschrieben, wird nur ein einziges Problem gestellt: die Frage von Gut und Böse, ein Problem so groß und tief, dass es nie erschöpft werden kann. Geistigkeit, hatte er ausgeführt, sei die letzte Charakteristik des Juden; Anteil am Geist sein höchster Wert, Pflege des Geistes seine edelste Aufgabe. Denn es sei der Geist, der lehre, zwischen Gut und Böse zu unterscheiden. Und der Geist sei dem Juden das Licht Gottes, und das ganze Spiel des Lebens nur eine Probe auf das Exempel der Lehre.

Langsam brennen die Chanukka-Kerzen herunter.

Eines Abends legt sich auf die Fassaden der gegenüberliegenden Häuser der rote Schein flackernden Feuers. Hamburgs Marine-SA feiert mit Standarten- und Fahnenträgern auf der nahen Moorweide zum ersten Mal die Wintersonnenwende. 800 im Karree stehende Uniformierte singen »Die Himmel rühmen des Ewigen Ehre«, danach steigt das NS-Kampflied »Revolution« auf zum nächtlichen Himmel. Die Männer schleudern ihre Fackeln in den riesigen Holzstoß, weithin sichtbare Flammen schlagen hoch. Treueschwur, Totengruß und das »Lied vom Kameraden« beschließen die Veranstaltung.

Ludwig und Hilde Hirsch müssen sparen, sie verlassen die Isestraße, ziehen ganz in die Rothenbaumchaussee 26. In der Stille der Wohnung denkt Ludwig Hirsch nach über die Zukunft der Familie. Das ganze kommende Jahr 1937 wird er mit der Devisenstelle des Oberfinanzpräsidenten zu tun haben, höfliche Schreiben aufsetzen, darum bitten, dass Zahlungen für laufende Ausgaben wie Nutzungsgebühr und Heizungskosten bewilligt werden.

Auch das Haus selbst hat seine Bürokratie. Die noch von Geschäftsführer Heinrich Beine 1933 beantragte Sicherungshypothek für die »Wohnhaus Rothenbaum GmbH« soll Ende 1936 im Grundbuch gelöscht werden. An Heiligabend beglaubigt Notar Dr. Wolf Harm die Unterschriften der Kaufleute Möller und Kohlhase, die die Gesellschaft geschäftsführend vertreten. Kohlhase ist angestellt im Bankhaus »M. M. Warburg & Co.«.

Endlich kann die Wohnung der Hirschs leer geräumt werden. Über ein Jahr nach der Flucht des Vaters bekommt Ludwig Hirsch die behördliche Unbedenklichkeitserklärung, die Möbel der Eltern von der

Rothenbaumchaussee nach Meran schicken zu dürfen. Das schon bekannte Bild eines vor dem Haus haltenden Möbelwagens zeigt sich von Neuem. Ächzende Umzugsmänner steigen rückwärts die jeweils sieben Stufen einer Treppe im Treppenhaus hinunter. Der ganze Vorgang des Möbeltransports nach Meran und die damit verbundenen Auseinandersetzungen mit den Behörden bedeuten für Ludwig eine fürchterliche, schikanöse Erfahrung. Doch Dr. Henri und Roberta Hirsch bekommen so einen Teil ihres vertrauten Zuhauses zurück.

Schwester Grete Weise – »Deda« – ist inzwischen auch in Meran und hilft beim Auspacken der Hamburger Mobilien. Mit den Schränken kommen Zeichnungen und Fotografien, Hamburger Straßenbilder, darunter der Hafen, die Straßenbahn, Omnibusse. Und die Dinge scheinen sich zu regeln. Otto Benjamin hat eine Arbeit im Hotel »Bellaria« angenommen, besucht eine Hotelschule. Edgar Hirsch absolviert eine Lehre als Goldschmied und Uhrmacher. Dr. Henri Hirsch, der kranke Patriarch der Familie, schreibt angesichts der Nöte der Zeit tröstende Briefe aus Meran an den Sohn Julius, Bilder des Frühlings und der sich immer wieder erholenden Natur verwendend, die keinen endgültigen Niedergang kennt.

Antwerpen

Alfred Benjamin + Julius Hirsch + Edgar Hirsch + Otto Benjamin + Dr. Henri Hirsch + Roberta Hirsch verwitwete Benjamin

Alfred Benjamin verlässt Hamburg, wechselt nach London, wo er an der Technischen Hochschule seine Ausbildung zum Fotografen fortsetzen kann, speziell auf dem Gebiet der medizinischen Fotografie. Er bittet darum, ihm eines von den vielen Bildern, die er in Hamburg gemacht hat, zuzuschicken, eine Aufnahme im Format 9 x 12, die Platte befindet sich in einer der Schubladen im braunen Schrank, der im Korridor, Haustürseite, steht. Es handelt sich um die Fotografie einer Kaktee, sie hatte nur einen Tag lang geblüht.

In Hamburg ist die Hausangestellte Frieda – das »Mädchen« der Hirschs – entlassen worden; Anni Albert, die Ehefrau des Amtsgehilfen Albert im Keller, und die Nachbarn wissen, dass die Tür der Wohnung im 1. Stock links nicht nur für einen Tag abgeschlossen ist. Aber das ist nichts Neues mehr.

Mit dem Traum eines Lebens in Erez Israel im Kopf und um seine talmudischen Kenntnisse zu vertiefen, entschließt sich Julius Hirsch zu einem Studienaufenthalt in der Schweiz, an der »Académie suisse des hautes Etudes Talmudiques« in Montreux. Nach kurzer Zeit gibt er das für sein Empfinden zu trockene Studium wieder auf. In Meran trifft er neben den Eltern und den Brüdern Edgar Hirsch und Otto Benjamin auch Krankenschwester Grete Weise wieder. Sie beschließen, nach Antwerpen zu fahren, um Onkel Willy Hirsch zu besuchen.

Die Dritte-Klasse-Wagen der italienischen Eisenbahn sind unbequem, übermüdet steigen sie morgens kurz nach 6 Uhr im Mailänder Bahnhof aus, geben sieben Koffer ab beim Deposito, der Gepäckaufbewahrung. Sie mieten ein Auto und fahren durch die Stadt; der Duce, Benito Mussolini, hat Mailand gerade wieder verlassen, alle Straßen sind noch mit den Fahnen der italienischen Faschisten geschmückt. Einmal fahren sie noch um den Dom, dann sind die dreißig Minuten Leihfrist für das Auto vorüber.

Antwerpen, Anvers, fasziniert die Söhne. Alle Läden, Fleischer und Bäcker, bieten Koscheres an. Die Straßenszenen in lautem, buntem jüdischen Milieu, vor allem in der Pelikanstraße, der berühmten Meile, wo all die Diamantäre wohnen und ihre Geschäfte machen – offen unter freiem Himmel –, lassen die Brüder nach ihren schlimmen Hamburger Erfahrungen nur noch staunen. Jiddische und hebräische Zeitungen bekommt man an fast jedem Kiosk. Antwerpen ist einfach unglaublich, viele Bekannte von früher sind da, und es ist schön, die lang vermissten, vertrauten alten »Nigunim«, die hebräischen Melodien, zu hören, wie zuletzt in Hamburg. Kinos gibt es sehr viele, es sind Ganztagskinos, in denen permanent Filme laufen, abends sehen die Brüder Chaplins »Modern Times«. Stundenlang beobachtet Julius das Treiben in dem Quartier mit den koscheren Auslagen und Delikatessen. Menschen mit Bärten in allen möglichen Formen laufen herum, jedenfalls die älteren unter ihnen. Tatsächlich befremdet es ihn, den ernsthaft Orthodoxen, dass die jüngere Generation bereits keinen Bart mehr trägt, rasiert ist und in schicken Mänteln herumläuft, Flämisch redet und mit geschminkten und aufgeputzten Frauen in den Lokalen tanzt.

Fasziniert ist Julius Hirsch nicht nur von der Stadt der Kunst und großen Autos, sondern vor allem von Elisabeth Schiff, die im Haus seines Onkels arbeitet und in die er sich sofort verliebt. »Lisl«, die Tochter von Edmund und Hilda Schiff aus Budapest, hat jetzt Vorrang vor allem. Erez Israel, das Gelobte Land – es muss warten. Küsse in der Pepinière, dem Park bei der Harmonie unter Aufsicht der hellen, allzu hellen Laternen … Antwerpen ist unglaublich. Bald werden Überlegungen angestellt, zu bleiben.

Edgar Hirsch könnte die Handwerkerschule für Elektrotechnik besuchen, Otto Benjamin hat seine Ausbildung in der Meraner Hotelschule unterbrochen und ist vorübergehend untergekommen bei Dr. Lilienthal, einem deutschen Emigranten, der ein koscheres Schokoladengeschäft betreibt. Julius selbst sucht nach Möglichkeiten, das Tischlerhandwerk auszulernen. Edgar und Otto – anders als Julius, der weder mit Jazz noch mit Tanz etwas anfangen kann – belegen Tanzstunden, rauchen Zigaretten, nehmen keinerlei Anstoß an wenig intellektueller Gesellschaft. Julius hingegen stört sich sehr an der offenkundigen Leichtigkeit des Vergessens bei vielen Emigranten. Deutschland, findet er, ist ihnen nur noch ein Unterhaltungsthema, den Ernst der Ereignisse verwischend; irgendwelche Lehren wurden nicht gezogen. Auch die Eltern, weiß er, können sich keinen Begriff davon machen, was es heißt, einmal von Nazis verdroschen worden zu sein und danach mit pochendem Puls die Treppe zum 1. Stock hinaufgegangen zu sein in dem Gefühl, dass die Stufen der Weltgeschichte sturzartig abwärts führen. – Nein, er hatte den Eltern damals nichts davon gesagt, nur den Brüdern konnte er solche Katastrophen anvertrauen.

Aus dem kroatischen Badeort Abbazia, wo sie zur Erholung sind, reisen Dr. Henri und Roberta Hirsch für ein paar Wochen an. Der alte Herr lebt auf in Antwerpen, doch Roberta quält sich mit furchtbaren Schmerzen in den Beinen; sie ist bereits abhängig von einem Stoff, der nicht mehr ganz einfach zu bekommen ist, Morphium. Noch kann Dr. Hirsch Rezepte ausstellen.

Zusammen mit den Eltern kehren Edgar und Otto nach Meran zurück, ohne Julius. Auch wegen »Lisl«, Elisabeth Schiff, fasst er den Plan, gegen den Willen der Eltern in Antwerpen zu bleiben. Nur seinem in London studierenden Stiefbruder Alfred Benjamin vertraut er sich an. Alfred, der so schlecht hört und so gut fotografiert, hält zu ihm.

Der rasende Zug der Zeit

Carl Albin Wendt + Minka Wendt

In Hamburg, der verlorenen Heimat, stellt sich vor der Rothenbaumchaussee 26 abermals das vertraute Bild parkender Möbelwagen ein. Weitgehend unbeachtet beziehen das dunkle Gebäude Carl Albin Wendt und Minka Wendt geb. Labowsky, sie übernehmen die Wohnung, die Marie Beine nach dem Tod ihres Mannes geräumt hat. In den 5. Stock, sagen die Transportarbeiter, ziehen die »Schweden« ein. Der im Rentenalter stehende Holzmakler und -agent Carl Albin Wendt ist schwedischer Staatsbürger und von lutherischer Religion. Minka Wendt, seine Frau, ist jüdischer Herkunft, Tochter des Kaufmanns Isidor Labowsky und dessen Ehefrau Jenny Hertz; sie ist in St. Pauli geboren und bezeichnet sich als konfessionslos. Nach amtlichem Sprachgebrauch lebt sie in »privilegierter Mischehe«.

Albin Wendt vertritt Lieferanten von Furnierholzmöbeln und Birken-Sperrholz in Tallinn, Reval und Riga. Die Importvermittlung nordischer Hölzer und Holzindustrie-Artikel hat ihn wohlhabend gemacht. Die Vorzüge der Wohnung mit Aufzug im Haus haben beide Eheleute schnell überzeugt, sie wechseln vom Nachbarhaus Nr. 22 und ziehen ein zusammen mit ihren Mokkalöffeln, Likörbechern, Fisch- und Spargelbestecken, Auflege- und Teelöffeln, alles in Silber, Uhren, Manschettenknöpfen, Zigarrenabschneider, Krawattennadeln, alles in Gold, und seidenen Nachthemden, Elfenbeinfächern, Regenschirmen, Silberfuchskragen, Hutgarnituren, Operngläsern und Medaillons. Die Umzugsleute der Spedition buckeln die Treppen hoch, mit dem Aufzug würde es Tage dauern: ein komplettes Essgeschirr, 155-teilig, ein komplettes Kaffeegeschirr, 25-teilig, eine »Faust«-Luxusausgabe, Gehpelze und Wintermäntel, achtzig Flaschen Wein, Anzüge und Gamaschen, außerdem vier Teppiche, zwanzig Meter Läufer, vierzehn Ölbilder mit Rahmen, drei Aquarelle mit Rahmen, neunzehn gerahmte Fotografien, zwanzig Vasen, eine Bronzekrone mit Marmorschalen, eine Kristallkrone, eine Bronzekrone mit Seidenschirm, eine Messingstehlampe mit Seidenschirm, eine Porzellanwandlampe, zwei Nachttischlampen, acht Hallenbeleuchtungskörper, fünfundzwanzig Aschenbecher aus Porzellan, eine Bronzeuhr, ein Sektkühler, eine Kaffeemaschine, eine Herrenzimmeruhr, ein Barometer, ein Thermometer, ein Rauchtisch, vier Mahagonistühle, ein Konzertflügel mit Bock, zwei Notenschränke, diverse Noten, ein Grammophon, eine Leica III, zehn Stühle, zwei Ledersessel, ein Nussbaumdoppelbett, zwei Strandstühle.

In Wendts Bücherschrank stehen fünfzig Bücher, meist Lexika und schöne Literatur, darunter die vollständigen Erstausgaben der Bücher von Albert Einstein, Jakob Wassermann und Stefan Zweig mit Widmungen und Autogrammen der Verfasser. Besonders stolz ist Albin Wendt auf sieben alte Waffen, eine Briefmarken- und eine von seinen Vorfahren im 17. Jahrhundert begonnene Münzsammlung, die nahezu alle alten schwedischen Münzwerte enthält. Und natürlich auf seinen Pkw, eine Limousine, Typ »Wanderer«.

Auf seinen Wagen passt der alte Herr gut auf, besonders in der wegen ihrer langen, geraden Strecke schnell befahrenen Rothenbaumchaussee und an ihren diversen Kreuzungsbereichen. Es ist nicht lange her, dass auf regennasser Fahrbahn ein Sportwagen mit dem Pkw einer vorsichtig aus der Johnsallee kommenden Fahrerin zusammenstieß, auf den Bürgersteig prallte, einen unbeteiligten Passanten in die Luft schleuderte und tödlich verletzte. Zeugen des Unfalls sagten aus, der Sportwagen sei rasend schnell gewesen, als er sich auf Höhe des Curiohauses befand, in der Straßenmitte fahrend. Da die Rothenbaumchaussee Hauptverkehrsstraße mit Vorfahrtsrecht ist, sprach das Gericht den Fahrer des Sportwagens frei, eine Geschwindigkeit von sechzig Kilometer in der Stunde auch auf regennasser Straße befand man als durchaus zulässig. Die Fahrerin des Pkw wurde, weil sie zu zögerlich gefahren sei, für schuldig befunden und wegen fahrlässiger Tötung verurteilt.

Dem rasenden Zug der Zeit darf man nicht im Weg stehen.

Titanische Kulissen

Gusta Hammer

Für das Ensemblemitglied der Staatsoper Gusta Hammer sind Jahre voller Glanz eingetreten durch die enge künstlerische Zusammenarbeit mit Generalmusikdirektor Eugen Jochum. Ob Oper, Konzert, Abende mit Liedern von Schubert oder Antonín Dvořáks »Zigeunermelodien«, ihr samtfarbiger Alt verleiht den Arien die gesättigte Ruhe des beherrschten, nach wie vor geschätzten Wohlklangs. Außerdem ist sie in der Lage, sich lyrisch auszusingen, oft mit Wilhelm Freund, dem Dirigenten des Hamburger »Lehrer-Gesangvereins«, am Steinway-Flügel. (Freunde spielen ansonsten keine Rolle in ihrem Leben, bei Wilhelm Freund wird das Jahre später anders sein.)

Es folgten Jubel, Blumen, Tourneen, Ernennung zur »Kammersängerin«, Festwochen mit Feiern und Führer, wuchtig, berauschend, mit großem Register beschworenen Gemeinschaftsklangs, machtvollen Gebärden und dem Ausdruck ergreifenden, weihevollen Pathos. Begriffe wie »überragend« und »wunderbar« begleiten ihre Auftritte, sie singe geschmackvoll mit der technisch gepflegten Kultur ihres schönen Materials, bemerkenswert umso mehr, als bereits eine volle, von Natur aus dunkle Altstimme im öffentlichen Liedgesang eine Ausnahmeerscheinung sei.

Die großen Partien ihres Fachs, deutsche und auch italienische, werden abgesungen, in Reinkings gewaltigen, gebauten Bildern mit breiten Treppen und antiken Säulenfragmenten, im Zusammenklang der großen, vielstimmigen Menschen-Orgel aus Solisten und Choristen und des Philharmonischen Orchesters, schwungvoll und präzise zusammengehalten von den aristokratischen Herrschern der Vorbühne. In der Händel-Oper »Julius Caesar«, im Oktober 1935, erscheint sie in edler Beherrschtheit, steht als »Cornelia« am Sarkophag in der Kulisse einer riesigen Zypresse vor römischem Heerlager, mit dem stillen Arioso »Quellt, o Tränen« menschlicher Klage Ausdruck verleihend. Wie fast immer zeichnet ein offener, atmosphärischer Horizont den Bildabschluss, der nach Auffassung von Bühnenbildner

Reinking der Weiträumigkeit Hamburger Weltschau entspricht. Als Meister titanischer Kulissen ist Reinking zusätzlich engagiert, um Massenveranstaltungen der NSDAP für den Gau Hamburg in weihevollem, erhabenem Pathos zu gestalten. Grenzüberschreitungen zwischen Politik und Kunst wie diese geschehen auf Honorarbasis.

Mit neuem Bühnenbild steht im April 1936 Wagners »Parsifal« auf dem Spielplan. Wuchtig erhaben ragt der Gralstempel auf mit je drei Paaren glatter Säulen, lichtblau im Bühnenhimmel endend. Unter einer nur angedeuteten Kuppel verdämmert eine riesige Treppe im mystischen Schein, mit ihr verschwindet der Chor ins Schemenhafte. Gusta Hammer singt die Partie der »Kundry« im Äther heißer Theaterleuchten, die Beleuchter – »Elektriker« – haben ganze Arbeit geleistet. Die Illusionsmaschinerie lässt nichts zu wünschen übrig, völkische Töne sind dabei nicht zu vermeiden. Im Mai 1936 etwa dirigiert Kreischorleiter Konrad Wenk, Kantor in St. Jakobi und Leiter des Kammerorchesters Hamburg der NS-Kulturgemeinde, die Uraufführung der Kantate »Von deutscher Art« des Komponisten Hermann Erdlen. Die umfangreiche Solopartie singt in ausgezeichneter stimmlicher Verfassung und echter Gestaltungsfreude Gusta Hammer. Für Erdlens drei »Afrikalieder« – die General Paul von Lettow-Vorbeck bei seinen Auftritten für die NS-Kulturgemeinde wie etwa beim Vortrag »Der Kampf um Deutsch-Ostafrika« als Einstimmung dienen – kommt sie nicht in Betracht; die Stücke sind für Baritonstimme gesetzt.

Die Konzertdirektion Dr. Rudolf Goette hat sie unter Vertrag genommen, bewirbt ihre Liederabende in der Musikhalle mit dem groß und fett gedruckten Nachnamen. Mühelos beweist die Bühnensängerin, dass sie auch auf dem Konzertpodium Heimatrecht beanspruchen darf; Klangschönheit und dramatische Schulung finden stürmischen Beifall, eine Fülle duftender Blumen für sie und Freund begleitet den Applaus. 1937 folgt geistliche Musik, in der zweimal ausverkauften Michaeliskirche erklingt die Bach'sche »Matthäuspassion« als österliche Erbauungsfeier für das beste Hamburger Publikum. Eugen Jochum dirigiert.

Geradezu schwärmerisch besprochen wird das Zusammenwirken von Jochum und Hammer bei der Darstellung der »Marschallin« im »Rosenkavalier«. Im fließenden Gewand, so liebt sie es, stehe sie auf der Bühne, der Ausdruck auf ihrem Gesicht und der Tonfall der schönen Stimme erinnerten an den milden Glanz eines scheidenden Sommertages. Berauschender Schwung einer strömenden Tonflut und ein Blühen des Gefühls verschmölzen zu vollendet schönem Musizieren.

In der Nacht, nach der Vorstellung zufrieden wieder zu Hause ankommend, nimmt »Die Hammer« immer den Aufzug, sie stellt die von Bewunderern überreichten Blumen in die Vase, legt ihren Schmuck ab und trinkt ein Glas Wein, sie genießt ihren Feierabend. In gefestigter Position, getragen von Wogen der Zustimmung und einer wohlmeinenden Kritik sowohl von der Leitung als auch vom Ensemble, liebt sie es, in ihr gemütliches Zuhause zurückzukehren, Rückzugsort und Schatzkammer der Erfolge. Frenetischer Jubel einer Volksgemeinschaft – diesem propagandistischen Bild der Machthaber entspricht die Oper zunehmend.

Der Führer selbst hatte im Juni 1935 die Staatsoper besucht, zum Ausklang der »Reichstheaterwoche«. Vom »Hotel Atlantic« bis zum Gänsemarkt standen SA- und SS-Leute in endloser Absperrkette Spalier, unmittelbar vor der Oper hatte die Leibstandarte »Adolf Hitler« Gewehr bei Fuß Aufstellung genommen, lange Reihen schwarzer Helme säumten die Dammtorstraße, das Publikum im Haus brach aus in einen rasenden Tumult der Begrüßung. Der allerdings galt weit stärker dem Dirigenten der »Meistersinger von Nürnberg«, Wilhelm Furtwängler. Nach der Stunden dauernden Vorstellung regte der Führer den Einbau einer Klimaanlage an. Tropische Temperaturen heizten nicht nur den »Olymp«, die oberen Zuschauerränge und die 75-Pfennig-Stehplätze im 4. Rang, gewaltig auf, sondern auch das Bühnenhaus.

In der künstlerischen Zusammenarbeit kommt der Altistin Hammer Eugen Jochums musikalische Grundauffassung sehr entgegen, seine Gefühlsnähe, die bei aller Strenge und Subtilität besessene Hingabe an den Notentext der großen Komponisten. Ein Schatzgräber der Farben und Klänge ist er und leidenschaftlicher Bruckner-Apostel, dieses symphonischen Gottsuchers von St. Florian mit seinem Heimweh nach dem Himmel. Nun bringt es die Anstellung mit sich, auch bei Anlässen politisch grundierter Art zur Verfügung zu stehen. Der Spielplan des Hamburgischen Staatstheaters – seit September 1934 mit Genehmigung des Senats »Hamburgische Staatsoper« genannt – nimmt immer wieder direkt Bezug auf Ereignisse von staatlicher oder parteilicher Bedeutung. »Kraft durch Freude«-Konzerte und Aufführungen von nationaler Wichtigkeit häufen sich, Kunstwochen, Kulturtage und Veranstaltungen für »HJ« und Wehrmacht gehören zum Pflichtprogramm. Für Festzüge des deutschen Volkes bedienen sich die »KdF«-Veranstalter gerne im Requisitenraum der Staatsoper, wo Pistolen und Lanzen nach Opern geordnet liegen. Kollege und Bariton Josef Degler, Besitzer einer Kneipe in der Rutschbahn, ist dabei stets als Erster zur Stelle.

Auflösungen

Dr. Fritz Liebmann + Anna Liebmann

In Hamburg bringt das Frühjahr 1937, nach anfänglicher Wärme, Schnee. 24 Stunden lang ist im Wirbel der Schneeflocken der Himmel nicht zu sehen, eine weiße Decke legt sich auf Dächer und Giebel. Den Schnee des Januars trieb der Sturm noch in mächtigen Wehen durch die Straßen, dieser neue Schnee hüllt still Bäume und Sträucher ein, lässt sich nieder auf Hüten, Mänteln, Kapuzen. Mit aufgespannten Schirmen gehen dunkel gekleidete Frauen durch die weiße leise Landschaft der Rothenbaumchaussee, vorbei an der Universität. Gegen Mittag zeigt sich die Sonne wieder, schwarze Schatten werfend auf das weite Weiß. An den Wohnungstüren der Anlieger in der Chaussee klingeln ambulante Missionare, um Seelen zu retten, der Untergang der Welt stehe unmittelbar bevor. Gegen Gebete und etwas Geld lasse er sich aber vorläufig aussetzen. Nicht aufschieben lässt sich für die »Wohnhaus Rothenbaum GmbH« die Begleichung der Rechnungen der Kohlenhandlung des Johann Podemski. In den Monaten Januar und Februar dieses kalten Winters hat er gleich vier Mal Kohlen geliefert.

»Arisierungen« jüdischer Firmen nehmen jetzt an Häufigkeit zu, oft wechseln Angestellte in die Unternehmensleitung oder werden Eigentümer. Die Firma »Moritz Nordheim jr. Nfl.« wird seit 1. Januar als offene Handelsgesellschaft fortgesetzt, bisherige Kommanditisten scheiden aus, der bisherige Prokurist Friedrich Ludwig Arnold Behrens tritt als Gesellschafter ein; der Firmenname wird geändert in »Hermann Samtleben & Co.«. Der einst wohlbekannte und geachtete Name der Familie Nordheim ist weitgehend in Vergessenheit geraten, auch Münzliebhaber haben sich damit abgefunden, dass der frühere langjährige Vorsitzende des »Hamburger Vereins der Münzenfreunde«, Edmund Nordheim, nicht mehr in Hamburg ansässig ist. Das gefragte »Hamburgische Seehospital« der »Nordheim-Stiftung« in Cuxhaven-Sahlenburg wird von der Öffentlichkeit kaum noch zurückgeführt auf Louis und Stephanie Nordheim; ohne Staatszuschuss erhält es seinen Anstaltsbetrieb in vollem Umfang aufrecht. Das Hospital, in dem besonders Tuberkulosekranke behandelt werden, hat eine durchschnittliche jährliche Belegung von 274 Patienten und gehört damit zu den wichtigen Einrichtungen der Gesundheitsfürsorge.

Dr. Fritz Liebmann, Syndikus der Bank »M. M. Warburg & Co.«, biegt von der Großen Johannisstraße ab in die Börsenbrücke. Im Haus Nr. 8 wird an diesem 18. März 1937 ein vertrauliches Schreiben aufgesetzt mit dem Inhalt, dass der dort im 1. Stock gemeldete »Jüdische Gemeinschaftsbund« zusammen mit der »Allgemeinen Verwaltungsgesellschaft m.b.H.« die »Jüdisches Gemeinschaftshaus GmbH« gegründet habe. Beteiligt an dem Projekt ist der »Jüdische Kulturbund Hamburg e. V.«, der Gegenstand des Unternehmens sieht den Erwerb, die Ausgestaltung und die Verwaltung des früheren Logenheims in der Hartungstraße 9/11 vor, zum Zwecke von Veranstaltungen jüdischer Gemeinschaften, insbesondere auch von Veranstaltungen des »Jüdischen Kulturbundes«. Ein Zentrum des kulturellen Lebens mit Theaterbetrieb und Restaurant soll in dem einstigen Villenbau entstehen, zusätzlich sind ein Vortragssaal, eine Bücherei für die Jugendbünde sowie eine Kegelbahn im Souterrain geplant. Für den Verwaltungsbeirat zeichnen neben Vertretern der Logen auch Max Haag vom Vorstand der Deutsch-Israelitischen Gemeinde, Dr. Fritz Liebmann und Dr. Manfred Zadik. Wenigstens in der Hartungstraße soll jüdisches Kulturleben für Hamburger Juden noch möglich sein. Über ihre ökonomische Aufgabe hinaus dient die »Allgemeine Verwaltungsgesellschaft« als korporatives Instrument für die Wahrung jüdischen Lebens.

Zurück in der Rothenbaumchaussee, tauschen sich Dr. Liebmann und seine Frau Anna aus über die Ereignisse des Tages. Er berichtet über den Fortgang des Projektes »Gemeinschaftshaus«, sie über die Situation beim »Israelitischen Humanitären Frauenverein e. V.«, dessen Vorstandsmitglied sie ist. Mehr denn je wird der Mittagstisch des Vereins vom jüdischen Mittelstand nachgefragt, und der Bedarf steigt weiter.

Das neue Frühjahr hält Einzug, und die Straßen beleben sich. Hans Hirschfeld, der schnelle junge Mann aus dem Viertel, besteht die Reifeprüfung an der Wahnschaff-Schule, die auch Otto Benjamin besucht hatte. Nur noch wenige Schulabgänger seines Jahrgangs teilen seine Religion, und mit Unbehagen muss er der Seite mit den veröffentlichten Namen, auch dem seinen, entnehmen, dass eine erste Briefmarke mit dem Bild des Führers herauskommt. Ein zu dessen Geburtstag erscheinender Markenblock trägt den Leitspruch: »Wer ein Volk retten will, kann nur heroisch denken.« Imposanten Flaggenschmuck zeigt – wie die gesamte übrige Stadt – der Dammtorbahnhof, denn Hamburg ist seit Ende März 1937 zu »Groß-Hamburg« geworden, die Randgemeinden Altona, Wandsbek und Harburg-Wilhelmsburg wurden unter Glockengeläut angeschlossen. Erneut steigt NS-Prominenz am Dammtorbahnhof aus, wieder werden Ehrenformationen abgeschritten, wieder donnern auf allen größeren Plätzen laute Märsche los.

Sehr viel stiller geht es bald danach nur wenige Hundert Meter entfernt zu. Auf Anordnung der Hamburger Finanzverwaltung ist der alte jüdische Grindelfriedhof an der Verbindungsbahn im Laufe des Jahres aufzulösen, eine Maßnahme, die dem jüdischen Religionsgesetz völlig zuwiderläuft, doch existiert am Grund und Boden kein Eigentums-, sondern nur ein Nutzungsrecht bis zum Widerruf.

Die Auflösung hat ihre Vorgeschichte. Die Gegend um den Grindelfriedhof – früher eine vom Verkehr weit abgelegene Welt – grenzt unmittelbar an die Verbindungsbahn, und die ist inzwischen zu einer der Hauptverkehrsadern der Stadt geworden. Immer häufiger wird von den städtischen Behörden auf die Notwendigkeit hingewiesen, den gesamten Friedhof zu räumen. Schon im Jahre 1931 sollten für eine Erweiterung der Rentzelstraße die an der angrenzenden Mauer befindlichen Gräber exhumiert werden. Auf Anordnung des Oberrabbiners Dr. Spitzer wurden die Gräber jedoch tiefer in die Erde versenkt und das Terrain überbrückt, dabei mussten Ausschachtungsarbeiten bis in eine Tiefe von 13 Metern unter der Mauer des Friedhofs vorgenommen werden.

Jetzt werden die Inschriften der Grabsteine fotografiert und von April bis Ende Juni 1937 alle Grabstätten auf den Ohlsdorfer Friedhof versetzt. In den Gräbern von Kindern finden sich dabei noch Spielsachen wie Austernmuschelschalen. Ingenieur Dr. Karl Kaufmann, namensgleich mit dem NS-Gauleiter und Statthalter, leitet die Grabungen, die Firma »Carl Goebel«, Gartenarchitekt, Blankenese, führt die Arbeiten durch, in der Firma sind zur Hälfte jüdische Arbeiter beschäftigt. Oberrabbiner Dr. Joseph Carlebach hält zu Beginn der Umbettung eine Trauerandacht.

Brüche

Dr. Walther Dessart + Klaus Dessart + Margrit Dessart | Eduard Gleichman + Polly Gleichman | Olga von Löbbecke

Seit dem 1. Mai 1934 hat der Leutnant der Reserve Dr. Walther Dessart, der Mann des weißen Sports und des weißen Kittels, das schwarze Tuch der SS angelegt, unter der Nummer 207 678. Sein SS-Zivilabzeichen für den alltäglichen Gebrauch, eine Anstecknadel in Buntmetall, die offen am Revers zu tragen ist, hat die Zahl 72 079. Am 1. Mai 1937 wird er Mitglied der NSDAP mit der Nummer 4 956 503.

An diesem Samstag läuten die Glocken der Kirchen den »Nationalen Feiertag des deutschen Volkes 1937« ein, morgens liegt dichter Nebel über den Straßen. Fahnen zieren jedes Haus, die Straßenbahnen sind überfüllt, die Hochbahn lässt Züge mit sechs Wagen verkehren. Zahlreiche Fahrzeuge sind mit grünem Laub geschmückt, ganz »Groß-Hamburg« – es werden 500 000 Menschen gezählt – ist auf den Beinen. Die Sonne steigt höher und lässt die Menschen mit ihren mitgebrachten Schildern von Firmen und Betrieben schwitzen, laute Marschmusik zahlreicher Kapellen bringt Bewegung in die Massen.

Mit knospenden Kastanien, leuchtenden Fahnenbannern und einem großen Tribünenbau zeigt sich die Moorweide in Festtagslaune; immer neue Kolonnen mobilisierter Betriebsangehöriger ziehen vom Dammtor herbei, in die schwarze Menschenwand mischen sich einzelne launige Straßenmusikanten mit Schifferklavier und Mundharmonika. Unter den angetretenen Betriebszellen, vor einem Wald aus Fahnen, nimmt neben den Belegschaften der Hochbahn und der HEW die Firma »Wempe«, einer der 30 nationalsozialistischen Musterbetriebe im Reich, mit Werkschar und Gefolgschaft Aufstellung.

In dieses Geschehen, gewissermaßen vor der Haustür, fügt sich Dr. Walther Dessart – populärer Sportsmann, SS-Scharführer im Stab der SS-Sanitäts-Abteilung XV. und frischgebackener Parteigenosse – ideal ein. Sohn Klaus ist Pimpf im »Jungvolk«, die Tochter Margrit Mary Mitglied des »BDM«, »Bund deutscher Mädchen«. Dr. Dessart ist ohnehin in guter Form. Nur wenige Tage später schlägt er in der

Schlussrunde um die Gaumeisterschaft seinen einstigen Partner Friedrich Frenz glatt in drei Sätzen, gewinnt auch noch das Doppel.

Lange brauchen die Massen an diesem Maifeiertag, um sich nach und nach wieder aufzulösen, noch am Abend sind alle Gaststätten in der Nähe des Aufmarschplatzes überfüllt.

Kohlengroßhändler und Pg. Eduard Gleichman geht auf Reisen, in die USA und nach Brüssel, wo er über Phosphatkontrakte verhandelt und sich über neue Verlademöglichkeiten erkundigt. Phosphate sind begehrte Stoffe, vor allem als Düngemittel. Auch für Sprengstoffe, Munition und Brandbomben finden sie Verwendung. Phosphate bringen noch mehr Geld als Kohlen. In New York besucht er seinen dort lebenden Sohn, den Kaufmann Hanns Eduard Gleichman, der durch Geburt US-Bürger ist. Natürlich redet man auch über die verpasste Chance, die Wohnung in der Rothenbaumchaussee zu erwerben.

Für Gattinnen mit Geld und Faible für New Yorker Avenues wie Polly Gleichman bietet sich eine neue Attraktion in der Hamburger City an. Das ehemalige Warenhaus »Tietz«, deren frühere Eigentümer – die Familie Tietz – nach verweigertem Entschuldungskredit und »kalter Arisierung« durch die »Hertie Waren- und Kaufhaus GmbH« Deutschland verlassen haben, ist nach siebenwöchigem Umbau wiedereröffnet worden und glänzt schöner denn je. Es heißt jetzt »Alsterhaus«.

Die 30-Meter-Front der bisherigen acht Schaufenster am Jungfernstieg wurde auf rund 150 Meter erweitert, die sich auf 26 Schaufenster verteilen. Eine regelrechte Schaufensterstraße ist entstanden, die ein 30-köpfiger Dekorationsstab betreut. Riesige Schalttafeln für alle erdenklichen Lichtgestaltungen der Fenster erinnern an die Räume hinter den Kulissen eines großen Theaters. In der Mitte der langen, verlockenden Strecke ist geschickt eine Mahagonivitrine mit erlesenen Köstlichkeiten platziert; sie soll Blickfang für die Hamburger Damenwelt sein, die – wie Mrs. Polly Gleichman – schon in großen Metropolen eingekauft hat und gehobene Sortimente zu schätzen weiß. Nicht zufällig wirbt die Einkaufsstätte für jeglichen Bedarf in Hamburgs weltbekannter, schönster Straße in fünf Sprachen.

Es braucht seine Zeit, bis sich der Name »Alsterhaus« durchsetzt. Menschen mit nicht angepasster Einstellung gehen nach wie vor zu »Tietz«. Und sie wissen, dass Hermann Tietz Jude war.

Ihren Kaffee trinkt Polly Gleichman gleich gegenüber im »Alsterpavillon«. Das Kuchenbuffet dort ist exquisit, die Kapellen spielen angenehm leise, die Conférence ist witzig. Besucher mit weißen Nelken am Revers stellen sich ein, die Herren beäugen einander vorsichtig, sprechen sich erst nach einer Weile an. Nicht alle sind Waffenhändler, aber der eine oder andere von ihnen schon.

Bis nach Hause zur Rothenbaumchaussee ist es nicht weit. Dort schallt auch in Abwesenheit des Kavalleristen Gleichman das Geräusch harter Absätze durch das Treppenhaus. Jeden Mittwoch verlässt Frau von Löbbecke schon sehr früh die Wohnung, in Reitstiefeln. Denn jeden Mittwoch um 7 Uhr, bereits vor jeglicher Tagesarbeit, gibt es weit draußen vor den Toren der Stadt ein Stelldichein, bei dem sich stets dieselbe treue Gesellschaft aus Rotröcken zur Schleppjagd zusammenfindet. In der Reiterstadt Hamburg, finden die Sportsfreunde, hat sich das edle Pferd trotz fortschreitender Technik und Modernisierung erhalten, in den großen Reitervereinen herrschen reges Leben und Treiben. Achtzig Jagden veranstaltet der »Hamburger Schleppjagd-Verein« im Jahr 1937, nach dem Grundsatz: »Wirf erst dein Herz hinüber, dein Pferd springt nach.« An St. Hubertus, dem 3. November, ein Mittwoch, bestimmen die Hunde das Tempo, da heißt es reiten, was die Riemen halten, und der rote Rock hilft, auch bei diesigem oder nebligem Wetter auf Entfernung nicht für einen Rehbock gehalten zu werden.

Bei den Jagden sind wie gewohnt Angehörige der Wehrmacht, SA, SS, die berittene Polizei und selbstverständlich fast vollzählig die Reiter und Amazonen der Vereine aus Hamburg und Altona dabei. Eberhard Thoost ist 1. Vorsitzender des Hamburger Vereins, eine Zeit lang – als Georg Skowronski in den Stab der Obersten SS-Führung berufen wurde – hat er den Hauptmann a. D. als Master der Meute vertreten.

Das Jagdhorn bläst zum Aufsitzen, im Gelände ist nichts frisiert oder zurechtgemacht, sondern alles so belassen, wie die Natur es geschaffen oder der Bauer es gepflanzt hat. Die kläffende Meute rennt los durch den Sachsenwald, und der Pulk im roten Rock setzt nach zur Jagd, dem Inbegriff aller Reiterei. Vom Bismarckturm über Schönau zurück nach Aumühle geht die Strecke des reitsportlichen Genusses, SA-Mann Georges Woltmann weist als Fuchs den Weg, im Fischerhaus wird zum »Halali« geblasen, außer einigen losen Eisen ist alles in Ordnung. Ann-Mari Fürstin von Bismarck verteilt 45 Brüche an Reiter und Reiterinnen. Auch Frau von Löbbecke vom »Reiterverein Rotherbaum« nimmt, in devoter Haltung der Fürstin die Hand entgegenstreckend, ihr kleines Eichenlaub entgegen.

Außer der Teilnahme an Schleppjagden gibt es viel zu tun für die engagierte Dame. Im Dezember findet das erste Turnier der Hamburger Reiter-SA statt, ein Reit- und Springturnier des SA-Reitersturms 1/12, des »Reitervereins Rotherbaum« und des »Nationalsozialistischen Reiterkorps«, »NSRK«. Erstmalig tritt damit die Hamburger Reiter-SA ein in die Reihe der Turnierveranstalter. Außer lokalen Teilnehmern haben auch die Garnisonen Ludwigslust und Verden sowie die SA-Gruppen Niedersachsen und Nordsee Meldungen abgegeben.

Die mustergültige Durchführung, die spannenden und bis zuletzt offenen Entscheidungen der Jagdspringen ergeben während des ganzen Turniers einen bemerkenswert guten Kontakt zwischen Teilnehmern, Zuschauern und der Turnierleitung, für die Frau von Löbbecke, SA-Oberscharführer Woltmann und SA-Sturmmann Johannes Croning verantwortlich zeichnen. Ein eigener Zauber, schwärmt die Zeitschrift »St. Georg«, liege über solchen gut aufgezogenen Turnieren. An beiden Tagen sind die großen Tribünen ausverkauft, führende Vertreter des Staates, der Wehrmacht und der Partei füllen die Ehrenloge. Den letzten Ritt dieses Turniers gewinnt SS-Untersturmführer Heidenreich auf Pferd »Schlemmer«. Ein »Großer Zapfenstreich« der SA beendet in feierlicher Form die Veranstaltung.

Idealfiguren

Prof. Dr. Theodor Heynemann | Lotte Liebmann

Prof. Dr. Theodor Heynemann, dem – bezüglich seiner äußeren Erscheinung – die Idealgestalt des ärztlichen Direktors nachgesagt wird, ist ein Vertreter des Gedankens »rassischer Erbhygiene« seit den 1920er-Jahren, prüfberechtigt für Topographische Pathologie, die eugenische Sterilisation praktizierend. Auf der 22. Tagung der »Deutschen Gesellschaft für Gynäkologie« im Mai 1931 in Frankfurt am Main hat er erklärt: »Die Fortschritte auf dem Gebiet der Vererbungskunde rechtfertigen vom medizinischen Standpunkte aus bereits bei bestimmten Geisteskrankheiten und gewissen verbrecherischen Anlagen praktische Maßnahmen mittels eugenischer Sterilisierung.«

Das »Gesetz zur Verhütung erbkranken Nachwuchses«, im Juli 1933 in Kraft getreten, bildet die Grundlage für die Erfassung und Unfruchtbarmachung derjenigen Menschen, die nach dem Willen des NS-Staates von Fortpflanzung auszuschließen sind. In jedem Semester bieten Oberarzt Dr. Willi Schultz und SS-Kollege Prof. Dr. Hans Schulten im Universitätskrankenhaus Eppendorf, UKE, einen Kursus über Erb- und Rassefragen an. Dr. Schulten steht auch den Instituten für Innere Medizin und Neurologie mit Einführungen in erbpathologische Untersuchungsmethoden zur Verfügung.

Das Wintersemester 1936/37 der Hamburger Universität hat begonnen mit einer Sammelvorlesung für Hörer aller Fakultäten über »Raum, Rasse und Volkstum in Norddeutschland«. Weiter werden angeboten Vorlesungen über Volk, Staat, Rasse und den Neubau des deutschen Volkes, über Erbpathologie, das »Gesetz zur Verhütung erbkranken Nachwuchses« – auch für Hörer aller Fakultäten –, über Menschenrassen der Vergangenheit und Gegenwart sowie »Arische Eroberungspolitik« im ägyptischen Orient.

Prof. Dr. Heynemann und Dr. Schultz, berechtigt, eugenische Eingriffe vorzunehmen, benutzen bei ihren Operationen die Methode des SS-Arztes Dr. Max Madlener, sie bedeutet Quetschen und Unterbinden beider Eileiter. Der Vorteil der Methode liegt in kürzerer Narkosedauer und schnellerer Arbeit.

Oberarzt Dr. Willi Schultz operiert u. a. die 16-jährige, an Knickfüßen leidende Käte Dürkoop aus Alsterdorf, gegen den Willen der Eltern. Der leitende Oberarzt der Alsterdorfer Anstalten, Dr. Gerhard Kreyenberg, führt in seinem fachärztlichen Gutachten aus, dass die Patientin älter aussehe als 19 Jahre, über ihrem ganzen Wesen liege etwas Verhaltenes, doch mache sie trotz ihrer Schwerfälligkeit auch wieder einen raffinierten Eindruck. Im Ganzen biete sie das typische Bild einer Schwachsinnigen. Dr. Kreyenberg hält fest, die Voraussetzungen für eine Sterilisierung wegen schwerer erblicher Missbildung und angeborenen Schwachsinns seien gegeben. In seinem ärztlichen Bericht protokolliert Oberarzt Dr. Willi Schultz, die an schwerer erblicher körperlicher Missbildung leidende Käte Dürkoop sei von ihm unfruchtbar gemacht worden. Zur Art der Unfruchtbarmachung wird angemerkt, dass bei dem Eingriff die Eileiter beiderseits »nach Madlener« unterbunden worden seien. Der Eingriff sei regelrecht verlaufen, die Wunde in acht Tagen ohne Nebenerscheinungen geschlossen gewesen. Die Operierte sei als geheilt entlassen worden.

Ein Zimmer der Station 34, der Sterilisationsabteilung in der Universitäts-Frauenklinik, ist ständig mit bis zu vier Patientinnen belegt. Krankenschwester Bertha Pudersack mag die Arbeit nicht, es gebe zu viele Verrückte. Außerdem bedeuten die eugenischen Sterilisierungen einen starken Arbeitsanstieg, allerdings aber auch zusätzliche Möglichkeiten für die Frauenklinik, deren akademischer Lehrbetrieb Operationen im Hörsaal beinhaltet; zu ihnen zählen die eugenischen.

Als die Zuweisungen von Patientinnen nachlassen, beschwert Heynemann sich am 30. September 1936 brieflich bei der vorgesetzten Unterrichtsbehörde. Seit Juli habe der Zugang an eugenischen Sterilisierungen fast völlig aufgehört, er habe zunächst geglaubt, dass dies auf die Sommermonate zurückzuführen sei, in denen naturgemäß viele Gutachter auf Urlaub sind, eine Änderung sei aber bisher nicht eingetreten. Es sei richtig, dass Sterilisierungen mancherlei Schwierigkeiten mit sich brächten. Andererseits gehöre die Frage der eugenischen Sterilisierung aber doch unbedingt in den akademischen Unterricht. Er bitte daher erwirken zu wollen, dass die Universitäts-Frauenklinik wieder stärker für Sterilisierungen mit herangezogen werde. Da dafür besondere Räume und besonderes Pflegepersonal vorhanden sein müssten, sei es unmöglich, nur gelegentlich eine Sterilisierung vorzunehmen.

Eine Aktennotiz der Gesundheitsbehörde vom 9. April 1937 belegt, dass die Zuweisungen auf Heynemanns Verlangen hin wieder zunehmen. Die Universitäts-Frauenklinik habe fernmündlich mitgeteilt, dass die Sache nicht weiterverfolgt zu werden brauche, da sich der Zugang an eugenischen Sterilisierungen inzwischen verbessert habe.

In seiner Frauenklinik operiert Prof. Dr. Heynemann auf Anordnung des Staatlichen Gesundheitsamtes gegen den Willen der Eltern in dafür gesonderten Räumen u.a. die 18-jährige Angela Baldy, vom Erbgesundheitsobergericht Hamburg für schwachsinnig befunden. Für die Eltern hatte Rechtsanwalt Dr. Herbert Sielck Beschwerde gegen den Beschluss des Erbgesundheitsgerichts eingelegt. Die Anordnung der Unfruchtbarmachung sei nicht gerechtfertigt. Angela Baldy sei infolge des ständigen Wohnsitzwechsels ihrer Eltern während der Schulzeit nicht weniger als zehn Mal umgeschult worden. Bei diesen Umschulungen sei es keineswegs verwunderlich, dass Fräulein Baldy zurückgeblieben sei. Wenn sie auch in gewisser Weise etwas beschränkt sein möge, so sei jedoch in erster Linie das ungewöhnlich häufige Umschulen schuld daran. Rechtsanwalt Dr. Sielck führt weiter aus, dass Fräulein Baldy jetzt bereits ein Jahr lang beim »Hanseatischen Kettenwerk« beschäftigt sei. Man sei dort mit ihrer Arbeit sehr zufrieden gewesen. Es werde ihr eine gute Auffassung bescheinigt, sie sei willig und fleißig und im Umgang verträglich. Das Erbgesundheitsobergericht – mit Oberlandesgerichtsrat Dr. Walter Horstkotte als Vorsitzendem sowie dem beamteten Physikus Dr. Kurt Holm und dem freien Arzt Dr. Wilhelm Schwartz als Beisitzer – weist die Beschwerde ab.

Angela Baldy wird operiert. In seinem ärztlichen Bericht protokolliert Prof. Dr. Theodor Heynemann, dass die an angeborenem Schwachsinn leidende Angelica Baldy am 23. Oktober 1937 von ihm unfruchtbar gemacht worden sei. Bei dem Eingriff, so sein Bericht, seien die Eileiter beiderseits »nach Madlener« gequetscht und unterbunden worden. Der Eingriff sei regelrecht verlaufen, die Wunde sei in neun Tagen ohne Nebenerscheinungen geheilt. Die Operierte sei am 2. November 1937 als geheilt entlassen worden.

Für die Wohnung mit Praxis in der Rothenbaumchaussee 26 zahlt Prof. Dr. Heynemann weiterhin 260,- RM Monatsmiete auf das Sperrkonto »Anna Levy« bei der Warburg-Bank. Auch die Miete, die Zahnarzt Dr. Dessart für die Wohnung mit Praxis im Erdgeschoss zu entrichten hat, geht auf ein Sperrkonto, auf das der Familie des verstorbenen Bankiers Martin Eduard Friedburg. Friedburgs Enkel Rudolf Victor führt die Firma »Martin Friedburg & Co.« als persönlich haftender Gesellschafter weiter. Enkel Günter Arnold Friedburg, der sich als Protestant und nicht als Jude betrachtet, weil seine Mutter nichtjüdisch ist, wanderte im Februar 1936 als 18-Jähriger nach Buenos Aires aus, in die einstige Stadt des Harry »Herri« Meyer.

Lotte Liebmann hat Hamburg endgültig im Juni 1937 verlassen. Sie trägt hinüber nach England Erinnerungen an die Eltern und an das dunkle Haus, an Lieferanten, Stromableser und Installateure, schwarze Autos vor dem Haus, geblümte Tapeten, Familienporträts, runde Damenhüte, Fotos und Kinderzeichnungen, an Schuhschränke und Papiersammlungen, Grammophone und Radios, Bücherschränke und die Küche, die nach hinten hinaus lag, das Bad am Ende der Empfangshalle, den Lichtschacht, den Heizungsreparateur, den Hauswart und die Maler im Treppenhaus, das Kerzenlicht und die Chanukka-Leuchter, an den Geruch von Rauch und frischen Schnee, den Duft von Parfüms alten Stils, an das Geräusch von klatschendem Regen und die vielen Sprachen, die man zu Hause bei ihnen sprach, und an den Klang von Schlüsseln, die vor der Tür aus der Hand fallen.

Alle diese merkwürdig vertrauten, aber immer unwirklicher werdenden deutschen Vergangenheiten lösen sich für sie auf.

Verdunkelung

Carl Glaser + Alice Glaser

Im Haus Rothenbaumchaussee 26 fallen Rollos, schließen sich Vorhänge. Nur zu gern ziehen sich Carl und Alice Glaser in die Halle zurück, wo sie bei Kerzenschein sitzen. Von der Straßen- und der Hofseite halten sie sich in dieser Nacht fern, doch schon seit Monaten leben sie wie in einem Versteck.

An Hamburgs Hausbesitzer ist der Aufruf ergangen, am Abend des 20. September 1937 jegliche Außenbeleuchtung zu löschen. Treppenhäuser, Glasböden und Oberlichter seien abzudunkeln, Hindernisse in Hauseingängen zu beseitigen, kein Lichtschein dürfe beim Öffnen der Haustür ins Freie fallen. Es ist die erste Nacht einer Verdunkelungs- und Luftschutzübung. Die Ausgabe neuer Volksgasmasken erfolgte in Hamburg zwei Wochen zuvor unter großer Nachfrage seitens der Bevölkerung; jetzt wird die zweite Etappe offener Kriegsvorbereitung vollzogen.

Motorisierte Fahrzeuge haben mit abgeblendeten Scheinwerfern zu fahren, der Jungfernstieg zeigt sich lichtlos und leer. Der Stadtteil St. Pauli liegt in völliger Nacht, was zu Massenandrang und Hochbetrieb in den Lokalen führt. Alle Straßenlaternen, Richtlampen und Leuchtsäulen werden nach und nach einer gründlichen Prüfung in Bezug auf Fliegersicht unterzogen. Der zu Boden fallende Lichtschein soll nicht von oben wahrzunehmen sein. Familienväter werden allerdings gewarnt, Glühbirnen mit Stoff oder Papier zu umwickeln, weil Brandgefahr drohe. Auf Kinder und Halbwüchsige solle dringend eingewirkt werden, die Glühbirnen von Straßenlampen nicht vollständig herauszudrehen. Was sie natürlich prompt versuchen.

Im vornehmen Rotherbaum leuchten die schneeweißen Schürzen und frisch gestärkten Häubchen des Hauspersonals vor den Haustüren jetzt heller aus dem Dunkel als alle schwach glimmenden Straßenlaternen zusammen. Die Verdunkelungsübung fällt zur Zufriedenheit der politischen Führung aus. Nach der Tarnungsprobe beeilt sich Pg. Walter Gloy, Staatsrat und Leiter des neuen Kreises II Eimsbüttel-

Nord und -Süd, Rotherbaum und Winterhude der NSDAP, in der kommenden Zeit verstärkt um beruhigende Freizeitgestaltung. Auch er weiß um die Kraft populistischer Aktivitäten.

Gut angenommen werden die Kampagnen der NS-Organisation »Kraft durch Freude« mit gut besuchten Konzerten beliebter Reichssender-Künstler auf der Bornpark-Bühne zwischen Schlüter- und Beneckestraße, unweit der großen Synagoge am Bornplatz. Die Bornparkwiese ist schon länger genutzt worden für Kinderbelustigungen aller Art wie Kaspertheater, Märchenerzählungen, Gymnastik und den Kinderzirkus »Klein Sarrasani«; Mädchen vom Rothenbaum führen Volkstänze vor, auch herbstliche Laternenumzüge finden großen Zuspruch. Die im Juni 1936 errichtete Freilichtbühne auf der Bornparkwiese ist Schauplatz für verschiedene beliebte Veranstaltungen, immer mittwochabends. Die Vorderkante der Bühne besteht aus behauenen Findlingen, auf der Bühne dient eine Ulme als Kulisse, den Hintergrund bilden Fliederbüsche.

Die »Spielgemeinschaft der Reichseisenbahn«, das Musikkorps der Schutzpolizei Hamburg, die »Niederdeutsche Spielschar Altona« und zahlreiche Singgruppen treten auf und verschaffen sich mühelos Aufmerksamkeit. Der NSDAP-Kreis Rotherbaum-Harvestehude, der als Erster mit den groß angelegten Freizeitprogrammen begonnen hat, ermöglicht zudem Militärkonzerte. Das »Regimentsmusikkorps des Infanterie-Regiments 69« gibt unter der Leitung von Stabsmusikmeister Knoch ein Potpourri vielfältiger Opern- und Militärmusik zum Besten, das bis an die Alster zu hören ist. Dem Volk wird etwas geboten, überall im Gebiet des Kreises sieht man Alt und Jung sich aus den Fenstern lehnen. NS-Kreisleiter Staatsrat Gloy hält auf der Bühne eine Ansprache, lobt die Erfolge des »Dritten Reiches«, zu denen die Bornpark-Feierstunden gehören, und gedenkt der Toten des Panzerschiffs »Deutschland« auf der Reede von Ibiza nach einem Angriff republikanischer Flugzeuge. Nach einer Schweigeminute erklingt der Trauermarsch aus der »Eroica« von Beethoven. Abends verteilt sich das zufriedene Publikum in den anliegenden Straßen des Quartiers.

Pg. Gloy, der füllige Brillenträger, bleibt präsent. Zum Jubiläum des »Hamburger Säuglingsheims« in der Hochallee überbringt er die Glückwünsche des Kreises Rotherbaum-Harvestehude mit dem Hinweis, dass die Säuglingssterblichkeit im »Dritten Reich« stark zurückgegangen sei. Pg. Gloy liebt braune Erfolgsgeschichten. Im November 1937 begrüßt er den Reichsstoßtruppredner Kurt Kittler aus Goldberg in Schlesien bei der öffentlichen Versammlung der Ortsgruppe Grindel der NSDAP in der Aula des Realgymnasiums rechtes Alsterufer, dem einstigen Heinrich-Hertz-Realgymnasium, von dem Julius Hirsch und

Alfred Benjamin abgegangen waren. Im Dezember versammelt er bei der »Sonnenwendfeier« auf der Moorweide die Politischen Leiter des Kreises 2 der Partei, die SA des Kreisgebietes und den Marinesturmbann I/71 um den Holzstoß herum; er hält die Feuerrede. In die hochspringenden Flammen werden Kränze geworfen, mit dem »Sieg Heil« auf den Führer beendet Kreisleiter Gloy in Anwesenheit zahlreich erschienener Hamburger Volksgenossen die Rothenbaumer Veranstaltung. Der Fülle organisierter Ereignisse kann sich schon akustisch niemand im Quartier entziehen, und das soll auch so sein.

Im Curiohaus werden bereits Vorbereitungen getroffen für »Wünschelmühle Doremi«, das nächste Künstlerfest Ende Januar 1938. Wieder gibt es einen »Almanach« mit Originalholzschnitten Hamburger Künstler, die musikalische Leitung hat Richard Müller-Lampertz, drei Trompeten, zwei Posaunen, vier Saxophone kann er einsetzen, die Raumgestaltung im Zeichen der Mühle liegt in den Händen von Prof. Fritz Höger, dem Architekten des Chilehauses. Das Treppenhaus wird lustig behängt und bemalt sein, Lola Rogge vom Deutschen Schauspielhaus hat vor, rasante Tanzfigurinen zu zeigen, der nächtliche Wirbel tänzerischer Bewegung wird all die vielen schönen Frauen und lustigen Männer erfassen. Erst in den Morgenstunden werden die Mühlenflügel langsam ausdrehen.

Dienende Instrumente

Gusta Hammer

Die Altistin Gusta Hammer steht vor dem Spiegel, überprüft Haltung, Mimik und Gestik. Auch die auf sie zukommende künstlerische Anforderung wird nicht leicht zu meistern sein. Sie soll mit dem Vortrag ihrer Arien ein Bild tiefer, doch beherrschter Verzweiflung vermitteln.

In der Hamburgischen Staatsoper laufen die Proben für die nächste Produktion; für Januar 1938 steht die Barockoper »Iphigenie in Aulis« auf dem Spielplan, es soll erinnert werden an den 150. Todestag des Komponisten Christoph Willibald Gluck. Der Inhalt der Oper ist der antiken Erzählung des Dichters Euripides aus den Sagen der Trojanischen Kriege entnommen; es geht um den Vollzug eines Opfers.

Die griechischen Truppen wollen in den Krieg ziehen, doch die Götter, vor allem die erzürnte Göttin der Jagd Artemis, verwehren den Schiffen einen günstigen Wind. Ein Menschenopfer müsse den Göttern gebracht werden, und zwar ausdrücklich des frevelhaften Königs Agamemnons Tochter Iphigenie. Da ihr das Verlangen der Götter heilig ist, erklärt sie sich zu diesem Opfer ihres eigenen Lebens bereit. Bereits bei Gluck – und noch stärker in den Zeitaltern nach ihm – wird der Stoff bearbeitet, vor allem der Schluss wird seiner Tragik entledigt. Die Götter des Rokoko nehmen das Opfer nicht mehr an, die heroische Gesinnung allein gilt als vollzogene Tat, ein Happy End inklusive Heirat triumphiert über antike Mordlust.

Mit bewährten Kräften tritt Eugen Jochum an: Hans Hotter ist für den »Agamemnon« ausersehen, Gusta Hammer besetzt die Mutter-Rolle der »Klytämnestra«. Damit muss sie wieder stark auf das Schauspielerische setzen und über der vorgegebenen strengen Gesangslinie dramatisch wild-bewegt agieren, ohne in die schrecklich manirierten Gebärden der alten Oper zu verfallen.

Vor dem Spiegel legt sie eine kleine Pause ein, setzt sich und greift zur Zeitung. Dem Kulturteil des »Hamburger Anzeigers« entnimmt sie,

1938*

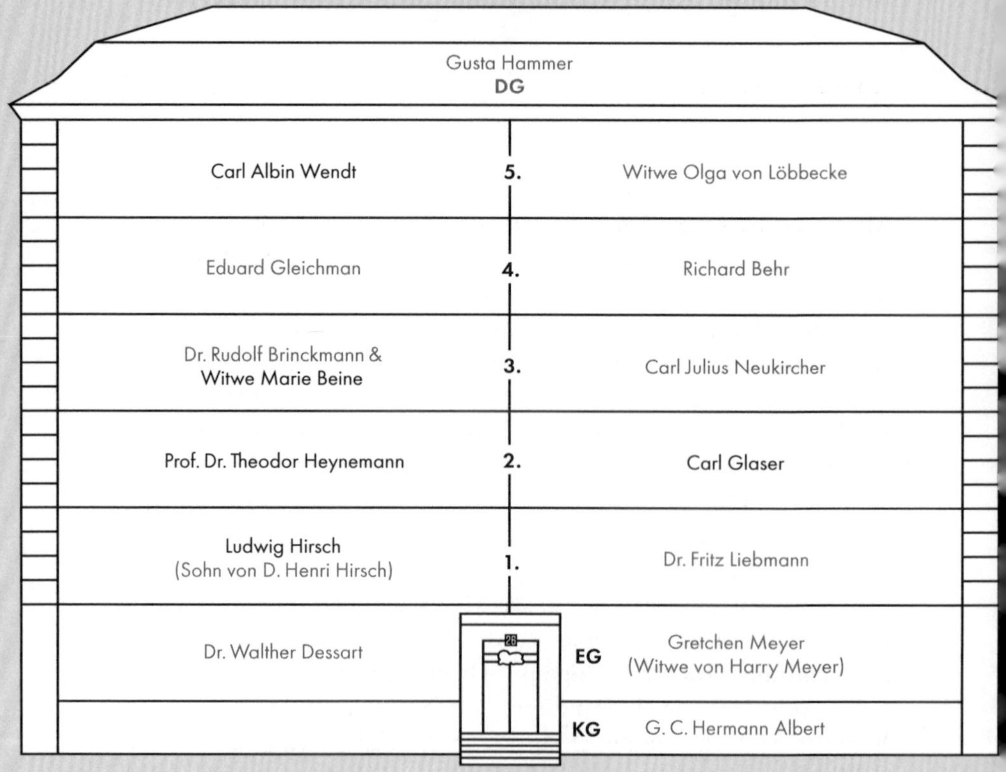

* Nach dem Tod des Warburg-Prokuristen Heinrich Theodor Beine ist seine Witwe Marie Beine für den 3. Stock gemeldet. Da sie über Dr. Rudolf Brinckmanns Telefonanschluss zu erreichen ist, kann angenommen werden, dass sie dort zunächst zur Untermiete wohnt, zumal Dr. Brinckmann noch ein Haus in Aumühle besitzt.

dass Staatskapellmeister Jochum dem Musikkritiker und Redakteur Dr. Walter Hapke vor der Premiere Einblick in seine Arbeit gewährt hat. Hapke berichtet von einem ausführlichen Werkstattgespräch: Auf seinem Schreibtisch habe Jochum eine kleine Ausstellung ausgebreitet, eine Konstellation verschiedener Partituren und Klavierauszüge des im Jahre 1774 an der Pariser Oper uraufgeführten Werkes. Überliefert seien verschiedene Notentexte, die einzige tatsächlich gebräuchliche Fassung stamme jedoch von Richard Wagner, mit einem Finale in ungünstiger Stilvermengung. Dieser Schluss zeige trotz der Rückwendung zur ursprünglichen antiken Dichtung keine tragische Größe, sondern eine gnädige Wendung, einem anderen Drama von Euripides entnommen: Iphigenie wird von Artemis nach Tauris entführt, um ihr als Priesterin zu dienen. Wagner habe gestrichen, aber auch ganz neue Abschnitte hineinkomponiert, Singstimmen geändert, uminstrumentiert, Streicherklänge in die Bläser verlegt, aus klaren Rhythmen Tremolos gemacht, Synkopen gebildet, Übergänge von den Arien zu den Rezitativen erfunden und Oktaven verlegt. Alles sei sehr geschickt gemacht, doch erscheine es ihm, so lässt sich Jochum weiter zitieren, als verfehlt, die verwagnerte »Iphigenie« bedingungslos zu übernehmen. Bei dem Gefühl der Werktreue, das in so bestimmendem Maße die musikalischen Aufführungen der Epoche charakterisiere, suche er das »Original«, sehe in der Rückkehr zum Ursprünglichen in gewissem Sinne einen revolutionierenden Ansatz. Eine Romantisierung »à la Wagner« trage er nicht mit. Daher habe er eine alte, noch aus der Zeit Glucks stammende Partitur studiert, die sei allerdings sehr lückenhaft und voller Fehler. Um den wirklichen, den »echten« Gluck herauszubringen, müsse der »Wagner-Zauber« durch eine Rückbearbeitung »ausgemerzt« werden, doch leider werde sich mangels authentischen Materials ein Kompromiss am Ende nicht umgehen lassen. Natürlich sei eine »kunstgewerbliche« Lösung dem Bayreuther Meister gegenüber unfair, doch wolle er die Kunstanschauungen des 19. Jahrhunderts weitgehend ausschalten, und so habe er beim Schluss in einer raffinierten Weise Glucks und Wagners musikalische Stilistiken aufeinander abgestimmt. Dr. Hapke zeigt sich gespannt auf das Ergebnis, das Vorhaben der Entromantisierung ausgerechnet durch den als glühenden Romantiker – und werktreuen Wagner-Fan – bekannten Jochum kommentiert er nicht.

Gusta Hammer muss nun alles daransetzen, »echt« und nicht zu »gefühlsbetont« zu agieren, sie kehrt zurück vor den Spiegel, arbeitet noch eine Weile; rechtzeitig und hoch konzentriert verlässt sie das Haus. Jochum und das Ensemble werden beseeltes Espressivo ohne geschmäcklerische Überladung bieten, erhabene Klangkunst und edles

Pathos, in das sich der große Opernchor als wuchtiges, antikes Element einfügen kann. Unberührt und hart soll die Masse des Chor-»Volkes« stehen, mit eherner Wirkung durch die Kraft soldatischer Lineatur, begeistern sich die »Hamburger Nachrichten«.

Wieder werden sie als Ensemble einen großen Erfolg feiern, im Wetteifer des fließenden Gesangs mit der schlicht-eindringlichen Darstellung: der großgewachsene Hans Hotter als wahrhaft königliche Gestalt; Hertha Faust als heroische, unsentimentale »Iphigenie«, die, der Pflicht genügend, in erschütternder Tragik zum Opferstein schreitet; Martina Wulf als Göttin »Artemis«; und Gusta Hammers großartige, wildbewegte »Klytämnestra«. Tatsächlich hinterlässt die Aufführung einen überaus starken Eindruck beim Publikum, der sich in anhaltenden Beifallskundgebungen äußert. Die Truppe muss immer wieder vor den Vorhang, um sich zu verbeugen, im Erfolg zu berauscht und beglückt, um die Vieldeutigkeit des Geschehens wahrzunehmen und mit ihm die politisch heikle Patenschaft der gerühmten Hamburger Werktreue.

Nach der Premiere bleibt für den Kritiker der »Hamburger Neuesten Zeitung« Dr. Kurt Stephenson trotz des Zuschauererfolgs der Eindruck eines misslungenen Experiments. Aus der Stilvermengung werde der Stilbruch, die Problematik des Wagner'schen Schlusses bleibe ungelöst, man hätte sich auf den Torso des Gluck'schen Werks beschränken sollen. Zur Bekräftigung der epochalen Ablehnung des »Happy Ends« hätte es auch in diesem Fall keines Rückgriffs auf Werktreue bedurft. Zu spürbar und allgegenwärtig flankiert monströser Helden-, Toten- und Opferkult des NS-Regimes, dessen Ehre in der Treue besteht, jeden Ansatz von Versöhnung.

Viele Jahre später, nach NS-Zeit und Kriegsende, wird Gusta Hammer ihr eigenes künstlerisches Credo zu Papier bringen. Wie Eugen Jochum sich selbst beschreibt auch sie sich als dienendes Instrument. Das Singen betrachte sie als eine Art kosmische Beglückung: Vergleichbar einer Sphärenharmonie im großen Kosmos, sei der kleine Kosmos – der singende Mensch – auch von einer inneren Harmonie des Klingens und Tönens beseelt. Dabei seien Natürlichkeit und unermüdliches Arbeiten die Grundlage aller edlen Kunst. Von monumentalen Werken mit tragischer Wucht wird bei Hammer dann nicht mehr die Rede sein, nicht vom Schwelgen in Klangmassen, nicht von Düsternissen auch in der Musik, aus denen es kein Entkommen gibt.

Und auch nicht davon, wem man so offensichtlich gedient hat.

Kommen und Gehen

Dr. Henri Hirsch + Julius Hirsch + Ludwig Hirsch | Prof. Dr. Theodor Heynemann | Marie Beine

In Meran stirbt Dr. Henri Hirsch, der geflohene Hamburger Röntgenarzt, an seinem schweren Herzleiden, es ist Anfang Februar. Den schweren Konflikt ausgerechnet mit seinem Lieblingssohn Julius, »Ulli«, hatte er noch überstanden. In Antwerpen verliebt in Elisabeth Schiff, hatte Julius begonnen, sich offen gegen den Willen des Vaters zu stemmen, unterstützt durch seinen Stiefbruder Alfred in London. Julius hatte den offenen Bruch mit dem Vater riskiert und sich geweigert, zu ihm nach Meran zu kommen. Er hatte ihm einen entschlossenen Brief geschrieben, mit heftigen Vorhaltungen, sich ihm nicht genug gewidmet, seine seelischen Nöte nicht erkannt zu haben, und unterschrieben, wie es der Vater gegenüber seinen Söhnen zu tun pflegte – als »Freund«.

Dr. Hirsch war fassungslos und erschüttert gewesen, er hatte an allen Gliedern gezittert und geweint wie kaum vorher im Leben. »Ulli«, benannt nach dem Großvater, der Liebling, der Märchensohn, nach dessen Geburt er in drei Tageszeitungen »Kräftiger Kriegsjunge angekommen« inseriert hatte, habe ihm einen Brief geschrieben, dessen Kritik und Konsequenz weder jüdischem Menschentum noch orthodoxem Judentum entsprächen. Er hatte dem Sohn keine Wahl gelassen: »Ulli« müsse, wenn er nicht wolle, dass der Vater zugrunde gehe, nach Meran kommen. Der Patriarch wollte seine Söhne bei sich haben.

Julius Hirsch hat sich gebeugt, ist nach Meran zurückgekehrt und wieder in eine Tischlerlehre eingetreten. Elisabeth »Lisl« Schiff in Antwerpen muss sich von nun an mit Briefen begnügen, allerdings mit vielen. Das Meraner Exil, die Idylle vor der Landschaft der Sarntaler Berge mit Tannen, Sonnenuntergängen und viel Schnee, erreichen immer wieder auch Briefe aus Hamburg, aus denen nur noch Resignation und Demoralisierung sprechen. Julius' Hamburger Freunde, was er bitter bemerkt, würden bereits wie Greise reden, um ihre Jugend betrogen. Grauenvoll sei es zu hören, mit welcher Berechnung der Vernichtungsprozess der Juden in Deutschland geführt werde.

Den Nachruf auf Dr. Henri Hirsch schreibt ein Freund der Familie, Dr. Joseph Carlebach, der jetzige Oberrabbiner der Deutsch-Israelitischen Gemeinde zu Hamburg. Zur Beerdigung vor den Meraner Schneebergen im Hintergrund erscheinen auch Henris Brüder Ludwig und Hermann, mit all ihren eigenen Sorgen und dem dringenden Wunsch im Gepäck, aus Deutschland auszuwandern. Bedrückt fahren sie zurück.

In Hamburg wird das Grundstück Alte Rabenstraße 4 versteigert, auf dem Dr. Hirsch seine Röntgenklinik betrieben hatte, am 18. März 1938 erhält die »Neue Sparcasse von 1864« den Zuschlag. (Das Geldinstitut ist frühzeitig auf den Zug der Zeit aufgesprungen; für seine 230 Angestellten hat es schon im März 1934 Festanzüge für die Umzüge der »Deutschen Arbeitsfront« bei selbstständigen Hamburger Maßschneidern anfertigen lassen.) Versteigerer Bernhard Dessau erlöst aus freihändigem Verkauf von Gegenständen in Dr. Hirschs ehemaliger Röntgenklinik in der Alten Rabenstraße insgesamt 237,98 RM und schickt der Familie die Abrechnung.

Zurück in Hamburg, dreht sich für Ludwig Hirsch jetzt alles um seine Auswanderung. Im »Fragebogen für Auswanderer« erklärt er, dass er seit 1931 verheiratet sei, aus der Ehe stamme der Sohn Rudolf. Seit Januar 1933 sei er Prokurist der Wein-Importfirma »Johannes A. Petersen & Co.« in Hamburg gewesen. Infolge »Arisierung« der Firma sei ihm seine Stellung auf den 30. Juni 1938 gekündigt worden. Er stellt dar, dass sich ihm nunmehr die Chance biete, für eine Londoner Firma nach Argentinien zu gehen, man sei auf ihn aufmerksam geworden, weil er von 1923 bis 1929 im Ausland in verschiedenen Stellungen tätig gewesen sei, und zwar in Holland, Nordamerika und auch bereits in Buenos Aires. Er, der Antragsteller, verfüge selbst über kein Vermögen außer einer kleinen Lebensversicherung. Seine Ehefrau Hilde geb. Oettinger-Cohn besitze ebenfalls kein nennenswertes Vermögen. Sie sei Miteignerin von Grundstücken in der Langen Reihe, Koppel, Sternstraße, Schulterblatt und Rosenhofstraße. Diese Grundstücksanteile sollten veräußert bzw. die gesamten Grundstücke verkauft werden, ebenso die Lebensversicherungen. Er beantragt zwei Reisepässe für sich und seine Ehefrau nebst Kind, enthaltend den Einwanderungs-Sichtvermerk – das Visum – für Argentinien, außerdem eine Bestätigung der Reederei-Agentur »Hoyman & Schürman« in Hamburg, aus welcher erkenntlich sei, dass der Antragsteller, seine Ehefrau und das Kind für den 25. August 1938 ihre Passagen ab Bordeaux nach Argentinien belegt hätten.

Zum 20. Juli 1938 bestellt Ludwig Hirsch die Firma »Kühne & Nagel«, die mit der Durchführung des Transportes beauftragt ist, zum Packen der Möbel. Zur Kontrolle seines Ausfuhrgutes hat er die Devisenstelle um einen Termin zur Sichtung gebeten. Wieder erscheinen Fahndungsbeamte im Haus. Die Zollsekretäre Hommelseim und Schulz halten im Ermittlungsbericht fest, dass die Prüfung des Umzugsgutes des Juden Ludwig Hirsch, Rothenbaumchaussee 26, am 14. Juli 1938 stattgefunden habe. Gegen Umfang und Zusammensetzung des Umzugsgutes bestünden keine Bedenken. Die Firma »Kühne & Nagel« teilt dem Herrn Oberfinanzpräsidenten kurze Zeit später mit, dass man im Auftrage des Herrn Ludwig Hirsch auf den am 6. August 1938 ausgefahrenen Dampfer »Tara« einen Liftvan und eine Kiste gebrauchtes Umzugsgut verladen habe, mit Destination Posadas, Argentinien.

In Meran wird der Grabstein für Dr. Henri Hirsch in Auftrag gegeben. Die von Oberrabbiner Dr. Carlebach formulierte Grabinschrift zeichnet Julius Hirsch für den Steinmetz in Originalgröße auf Papier vor:

»Steig auf, Du Grabmal,
Über die Schönheit Israels,
Den Mann des Geistes und des guten Herzens
Den bewährten Arzt,
ausgezeichnet unter den Großen der Wissenschaft,
Hachower Dr. Zwi Hnti bar Jeschajo Hirsch
von den Kindern Hamburgs
geb. 10. Kislew 5638, gest. mit guten Namen 2. Adar 5698.«

Das von Dr. Hirsch häufig zitierte Goethe-Wort, dass Mensch zu sein bedeute, ein Kämpfer zu sein, setzt Julius in Deutsch hinzu. Man wählt schwarzen Porphyr, poliert, und eine weiße Marmorplatte mit eingelassener schwarzer Inschrift. So bleibe das Grab immer sauber und schön.

Noch immer benutzt Julius – wie sein Vater zuvor – das Briefpapier mit der Adresse Rothenbaumchaussee 26, schreibt über Ereignisse und Gefühle, Hoffnungen und Ängste, das dauernde Auf und Ab jüdischen Schicksals. Er empfindet es als Unglück, dass in der jüdischen Tradition fast alles gedacht und literarisch niedergelegt sei, was die großen Fragen des Daseins an Antwort verlangen, nur die Verwirklichung, die Kraft der Gestaltung und Nutzanwendung, sie fehle bisher. Der politische Zionismus – Julius Hirsch glaubt an ihn.

Von der Unruhe, die die Juden im Kurort Meran erfasst hat, spüren die meisten Urlauber des schönen Ortes nichts. Dabei ist sie offenkundig, viele Kurgäste bleiben aus, vor allem jüdische. Das Hotel »Bellaria« hat zu Pessach nur 120 Gäste, im Jahr zuvor waren es 420.

Ein nichtjüdischer Kurgast mit festen Gewohnheiten reist an wie immer seit 1933, auch in diesem Frühjahr 1938: Es ist Prof. Dr. Theodor Heynemann, der Wohnungsnachbar der Familie Hirsch aus der Rothenbaumchaussee 26. Auch wenn er seinen Vater, den Apotheker Karl Heynemann aus Lemgo, vor Kurzem auf einer Schiffsreise mit der »Watussi« der »Deutschen Ost-Afrika Linie« begleitet hat, bleibt er fortan doch lieber an Land. Entspannende Wochen vor schönem Bergpanorama liegen vor ihm, bis er gut erholt heimfahren und in den Hamburger Zeitungen inserieren wird: »Prof. Heynemann zurück«.

Zurückgekehrt von ihrem Gang durch den Hamburger Stadtteil St. Pauli-Nord setzt sich Marie Beine auf den Sessel am Fenster ihrer Wohnung, schaut schräg am Vorhang vorbei hinunter auf die Chaussee. Seit einem Jahr ist sie Eigentümerin eines dreistöckigen Gebäudes in der Asylstraße 4, bewohnt von Arbeitern und ihren Familien. Vermittelt hatte den Erwerb die Maklerfirma »Arnold Hertz & Co.«, die die Interessen des jüdischen Voreigentümers F. H. P. Heymann vertrat.

Dr. Oskar Hertz, selbst jüdischer Herkunft, war dem Beispiel der Warburgs gefolgt und hatte mit Johannes Duncker und Jean Bantz zwei »arische« Prokuristen zu Gesellschaftern und Treuhändern gemacht, um trotz aller Repressalien weiterhin agieren zu können. Da der Name Heinrich Beine immer noch einen guten Klang in berufenen Kreisen hatte, war man an seine nicht unbemittelte Witwe herangetreten und hatte sie von der Transaktion überzeugen können. Das Objekt sollte möglichst nicht in »falsche Hände« kommen.

Ein 1866 von Georg Friedrich Vorwerk gestiftetes Asyl für bedürftige Personen hat der Straße vor dem Schlachthof den Namen gegeben, und wenn sie auch selbst kein Asyl zu geben vermag, so erscheint es Marie Beine dennoch wichtig, dass sie bei dieser durch politische Nötigung herbeigeführten Kaufgelegenheit eine nicht allein symbolische Verpflichtung aufrechterhalten kann.

Eingetragen im Grundbuch von St. Pauli-Nord ist eine Rentenschuld in Höhe von 10,- Goldmark zugunsten der Depositenkasse milder Stiftungen der Deutsch-Israelitischen Gemeinde und ihres Waisen-Instituts für Knaben. Pünktlich zur alljährlichen Fälligkeit am 1. April wird Frau Marie geb. Westphal verw. Huber Heinrich Theodor Beine Witwe – so lautet der Eintrag – diese Schuld begleichen.

Im Regen

Yves Saget | Dr. Walther Dessart + Margrit Dessart

Im Februar 1938 kommt – nach Jahren das erste Mal wieder – Madame Gabrielle Saget geb. Campe mit ihrem Mann Guillaume und dem Sohn Yves Jean Guillaume aus Paris nach Hamburg. Für sie ist es eine Reise in die Vergangenheit mit der Ankunft in einer gewohnt-ungewohnten Gegenwart.

Die ihm zukommenden Einkünfte aus verschiedenen von der Großmutter Marie-Angèle Campe geerbten Grundstücken in guten Lagen stellen Yves Saget seit Jahren finanziell gut. Die begehrte Wohnung in der Rothenbaumchaussee 26 zu vermieten, ist ohnehin kein Problem; eine Annonce »Nähe Dammtorbahnhof, 5 ½ Zimmer, Bad, Warmwasser, Zentralheizung, 2 Balkone« bleibt nicht ohne Nachfrage. Yves Saget ist jetzt 35 Jahre alt. Als Kunstmaler nicht weiter in Erscheinung getreten, gelegentlich Mitglied einer Jury bei einem Wettbewerb um einen Preis für ein Filmplakat, geht der berufslose Saget seinem Vater Guillaume zur Hand. Er übernimmt die Geschäftsführung in einer seiner Filialen der »Splendid Garage«-Kette, bezeichnet sich daraufhin als Architekt und Ingenieur. Bei seiner Mutter in Paris trifft er auch auf die Großnichte seiner Mutter, sie ist die Enkelin ihrer Schwester Oliva Bouchard. Micheline, so heißt sie, besucht ein Internat in Versailles. Weil sie ein gutes Verhältnis zu Gabrielle hat, sieht sie den gut gekleideten, lächelnden Bonvivant mit den glatt zurückgekämmten Haaren häufiger an den Wochenenden, wenn er seine Mutter im schicken Auto um die Seen im Bois de Boulogne fährt.

Aus Paris eingetroffen, nehmen die Sagets am 28. Februar 1938 einen Termin vor dem Landgericht Hamburg wahr, zu dem sie der Rechtsanwalt Dr. Reinhard Crasemann, nach dem Tod von Makler Henry Cohn im September 1937 einziger Testamentsvollstrecker der Marie-Angèle Campe, begleitet. Bereits in den Jahren 1930 bis 1933 hat Dr. Crasemann sich erfolgreich für die Interessen der französischen Eigentümer eingesetzt – in einem Rechtsstreit mit der Hamburger Hochbahn AG. Durch Ausschachtungen für den weiteren Ausbau der

Untergrundbahnlinie waren Schäden entstanden an Yves Sagets Gebäude Colonnaden 50/58; frische Risse im Keller hatten sich gebildet, verstärkter Horizontalschub im Boden ließ Einsturzgefahr befürchten. Das »klagende Testament« hatte Schadensersatz von der Hochbahn-Gesellschaft gefordert und erhalten.

Bei der jetzigen Sitzung am winterlichen Sievekingplatz geht es um Klärung weiterer Eigentumsverhältnisse. Dr. Crasemann weist darauf hin, dass den Kindern von Oliva Bouchard, Yves Sagets Tante, kein weiterer Restnachlass zusteht. Bei einem Vergleich im Juni 1932 habe man sie ausgezahlt. Andere Werte aus dem Nachlass wie das Grundstück Neuer Wall 46 seien den Bouchards in Anwesenheit ihrer Kinder Jules Bouchard und Elise Nauwelaerts geb. Bouchard in jenem zurückliegenden Monat verbindlich zugesprochen worden, deren Ansprüche seien damit abgegolten.

Auch das uralte Fachwerkhaus am Hafen, Vorsetzen 1, wird jetzt endgültig auf Yves Saget übertragen. Er übernimmt den Grundbesitz in dem tatsächlichen und rechtlichen Zustand, in dem er sich befindet. Ihm ist bekannt, dass bezüglich des Grundstücks auf Antrag der Hypothekenbank in Hamburg Zwangsverwaltung und Zwangsversteigerung angeordnet sind. Es bleibt ihm überlassen, die Versteigerung durch Herbeiführung einer Verständigung mit der Hypothekenbank zu vermeiden. Außerdem wird ihm ein Viertelanteil am Grundstück Alter Wall 40, den »J. H. W. Campe Erben« gehörend, zugeeignet.

Gemeinsam verzichtet die Familie Saget auf Eigentumsrechte am »Heine-Denkmal«, welches vor Jahren der damaligen Stadt Altona auf ihren Wunsch hin als Leihgabe überlassen worden war, um dessen Rückgabe die Familie später aber – nach weiteren Angriffen und Schmähungen – wiederholt gebeten hatte. Nun haben sie nichts dagegen einzuwenden, wenn die Testamentsvollstrecker das Denkmal gegebenenfalls preisgeben. Seit dem Abend ihrer Diskussion mit den Bouchards im Jahre 1930 hat sich ihre Einstellung zu dem belastenden Monument nicht geändert. Damit ist der Termin beim Landgericht erledigt. Man steht auf, schüttelt Hände, verbeugt und verabschiedet sich.

Für Gabrielle Saget – mit dem zeitlichen Abstand zu ihrem letzten Hamburger Aufenthalt anlässlich der Beerdigung ihrer Mutter – ist die nationalsozialistisch geprägte Stadt eine völlig andere als die, die sie kennt. Auf der Suche nach einem geeigneten Restaurant wenden sich die Franzosen der Innenstadt zu. Sie flanieren den Jungfernstieg entlang bis zu dem schlanken Haus mit den großen Glasflächen, um das Marie-Angèle Campe vergebens gekämpft hatte. Noch existiert der berühmte »Schümann's Austernkeller«, weil höhere SS-Angehörige trotz Verbots, in einem jüdischen Lokal zu verkehren, bisher nicht auf die Delikatessen der Selma Schümann geb. Cohn verzichten wollen. Das »Heine-Haus«, das noch diesen Namen trägt, ist jetzt ausgewiesen als Eigentum von Julius Kallmes und Miteignern unter der Adresse der Assekuranzmaklerfirma »Harry Laski & Sohn«. Deren Alleininhaber Johann Walter Laski ist verheiratet mit Julius Kallmes' Tochter Mathilde. Sie wird 1942 im Ghetto von Lodz ermordet werden.

Nachmittags gehen die Sagets am »Alsterhaus« mit seiner langen Fensterfront vorbei, sich spiegelnd in den großen Scheiben. Es ist Winterschlussverkauf, das Bekleidungsgeschäft »Ladage & Oelke« in den Alsterarkaden bietet wetterfeste Gabardinemäntel an. Die Sagets nehmen den Weg vorbei an den Arkaden, schlendern über den mit Fahnen geschmückten Adolf-Hitler-Platz zum Campe-Gebäude in der Schauenburgerstraße 59, dem Geburtshaus von Gabrielle Saget und Oliva Bouchard. Das Gebäude trägt immer noch den Titel »Das Braune Haus«; anstelle der früheren NS-Zeugmeisterei betreibt nun der Kaufmann August Johann Hinrich Wehrt unter dem Namen »Ausrüstung Nordmark A. J. Hinrich Wehrt« sein Sport- und Textilwarengeschäft mit NS-Verbandsartikeln im Sortiment. Hinrich Wehrt, einer von Yves Sagets zahlreichen Hamburger Mietern, hatte das bisherige Familiengeschäft für Kolonial- und Fettwaren »Wehrt & Co.« im Jahr 1917 übernommen und zu einer Nährmittelfabrik an der Großen Elbstraße entwickelt. Aus Altona nach Hamburg umgezogen, hielt er es für angebracht, sein Geschäftsfeld konjunkturgerecht zu tauschen gegen einen Handel mit NS-Ware.

Noch weit mehr an Veränderung des vertrauten Bildes der Rothenbaumchaussee hätte sich ergeben können, wenn ein frühes Projekt der NS-Politik verwirklicht worden wäre. Im September 1933 hatte der Hamburger Senat die Errichtung eines monumentalen Denkmals für die im Kampfe um die nationale Erhebung gefallenen SA- und SS-Männer in Aussicht genommen. Es sollte auf der Moorweide, dem im Mittelpunkt der Stadt gelegenen bisherigen und zukünftigen Aufmarschgelände für Kundgebungen, platziert werden. Als genauer Standort war der Platz vor der Mitte der Baumreihe, welche die Moorweide ungefähr in Nord-Süd-Richtung durchschneidet, vorgesehen, etwa in der Achse des Dammtorbahnhofs. Das Denkmal sollte so eine beherrschende Stellung auf dem Aufmarschgelände innehaben, eine, die den Kundgebungsteilnehmern freie Sicht auf Redner und Fahnenabordnungen geboten und räumlich ermöglicht hätte, die Moorweide durch das dort geprochene Wort zu beherrschen.

63 Entwürfe waren eingereicht worden. Das Preisgericht, unter Vorsitz des Regierenden Bürgermeisters Carl Vincent Krogmann

– Olga von Löbbeckes Cousin –, entschied sich einstimmig für den Entwurf des Architekten Rudolf Klophaus, der eine im langen Block stürmisch vorwärtsdrängende Marschkolonne vorschlug. Lediglich einen zweiten Preis – weil die Gestaltung den Ausdruck des heroischen Kampfeswillens der SA vermissen ließe – erhielt Architekt Fritz Höger.

Klophaus, Parteimitglied seit dem 1. Mai 1933, hoffte vergebens auf eine schnelle Umsetzung seines Entwurfs. Als Gauleiter Karl Kaufmann mit dem SA-Gruppenleiter Herbert Fust im Juli 1936 die preisgekrönten Modelle des Wettbewerbs in der Kunsthalle besichtigen wollte, musste er feststellen, dass sie verwahrlost und in halb zerstörtem Zustand in einer Kellerecke lagen. Wer für diese Nachlässigkeit verantwortlich sei, wollte er verärgert wissen. Die Antwort des Staatsamts lautete, dass es sich um Gipsmodelle handele, die nach einer gewissen Zeit von alleine verfallen.

Die Verherrlichung nationaler Erhebung in der kulturpolitischen Agenda des NS-Regimes hatte inzwischen ohnehin keine Priorität mehr. Im Februar 1937 hatte Reichsminister Dr. Joseph Goebbels vor den Mitgliedern des Kulturkreises der SA eine längere Ansprache gehalten und war dabei auf praktische Probleme nationalsozialistischer Kunstgestaltung eingegangen. Dem historischen Stoff des Nationalsozialismus gegenüber solle man sich noch etwas reserviert verhalten, man dürfe nicht in den Geruch kommen, nur Parteikünstler zu sein, es solle nicht der Ehrgeiz sein, nur SA-Denkmäler zu bauen, es gehe vielmehr wesentlich darum, die Monumentalität der Zeit vor allem in gewaltigen Bauwerken darzustellen.

Kurzzeitig geprüft, aber ebenfalls nicht weiter verfolgt wurde ein Hallenprojekt, das Architekt Rudolf Klophaus im Januar 1938 für die Fläche zwischen Völkerkundemuseum und Turmweg vorgeschlagen hatte. Seine Argumentation: Das zentral in Rotherbaum – einer Gegend, die durch Tennismeisterschaften, Reithalle und HSV-Platz bereits als Sportzentrum bekannt sei – gelegene Saalgebäude für 10 000 Personen mit angrenzendem Aufmarschplatz könne per Straßen- und Untergrundbahn direkt erreicht werden. Zu Klophaus' abermaliger Enttäuschung hatte man Abstand von dem Vorschlag genommen und eher an eine »KdF«-Halle auf dem Heiligengeistfeld oder auf dem Gelände des Zoos am Dammtorbahnhof gedacht. Im Zuge der Eröffnung von »Planten un Blomen« sollte auf dem Gelände der Gartenschau eine Ausstellungshalle errichtet werden, die mit Nebengebäuden zusammen einen riesigen Versammlungsraum für 20 000 Menschen bilden könnte. Für Gefolgschaftsfeste großer Betriebe könnte die frei tragende Halle nach dem Entwurf des Architekten Gerhard Langmaack besonders geeignet sein. Aber auch sie wird nicht realisiert, denn abgesehen von den gigantischen, monumentalen Führerbauten am Hafen konzentrieren sich die Planungen maßgeblicher Kreise von Staat und Partei längst auf andere Ziele, die deutlich weniger im zivilen Bereich liegen.

Gar nichts mehr bauen darf Oskar Gerson, der noch lebende Bruder der Architekten »Gebr. Gerson«. Landhäuser für Nicolaus Darboven und Max M. Warburg hat er noch errichten und das »Jüdische Gemeinschaftshaus« umgestalten können, 1938 wird auch er zur Emigration gezwungen, er geht in die USA.

Im Hamburger Hauptbahnhof erhält ein Fernzug nach Köln das Zeichen zur Abfahrt. Die Sagets haben alle Anliegen erledigt. Mit einem Besuch auf dem Ohlsdorfer Friedhof schließen sie ihre Hamburg-Reise ab, und ohne sich weiter aufzuhalten, fahren sie zurück nach Paris.

Am Rothenbaum beginnen bald wieder die »Weißen Tage« des Tennissports. Doch statt die Matches zu verfolgen, führen die Tennisbegeisterten Gespräche im Regen über Regen. Nichts Trostloseres gibt es für Spieler und Besucher als ein derart eingenässtes Turnier. Es pladdert, lautet der bündige Hamburger Ausdruck. Aus einem brütend heißen, überfüllten Kaffeezelt wirft man melancholische Blicke nach draußen, sieht am Horizont eine weitere schwarze Wand näher rücken und drängt sich dicht aneinander, während der Regen sein unfreundliches Lied singt und die roten Aschеplätze unter Wasser setzt. Als der Regen schließlich doch nachlässt, verliert Dr. Dessart seinen zweiten Kampf. Es soll diesmal nicht sein für den Hallen-Crack.

Dessarts Tochter Margrit Mary schlägt die Kapuze hoch und läuft über die Rothenbaumchaussee, sie gibt Bücher ab in der Leihbibliothek des Curiohauses, wo es sich so schön ungestört sitzen lässt. Zu den Sprechzeiten ist in der Zahnarztpraxis Dr. Dessart mit Publikumsverkehr und ewigem Bohrergeräusch vorne in der Wohnung einfach immer zu viel los.

Die Kunst des Fallens

Olga von Löbbecke + Asta von Löbbecke | Carl Glaser + Alice Glaser | Carl Neukircher + Else Neukircher + Maria Neukircher + Inge Neukircher

Im Aufzug des Hauses Rothenbaumchaussee 26 steht, schwarz gekleidet, regungslos, die schlanke Reiterin Olga von Löbbecke. Am 19. April 1938 ist ihre Tochter Asta von Löbbecke im Alter von nur 35 Jahren gestorben. Jetzt muss – wie es in Astas Liedtexten treffend hieß – die Mutter tatsächlich die Rolle der Pietà übernehmen, mit schmalen Lippen und zu stolz, um zu weinen.

Ihre Trauer regelt sie weitgehend für sich allein. Am 20. April – die Altistin Gusta Hammer steht an diesem Abend wieder als »Kundry« im »Parsifal« auf der Bühne der Staatsoper – erscheint mit dickem schwarzem Rand die Todesanzeige für die geliebte Asta, die nach kurzer, schwerer Krankheit entschlafen ist. In tiefer Trauer zeichnet Olga von Löbbecke geb. Münchmeyer. Keine anderen Namen werden genannt, auch nicht die der Geschwister.

»Fallen«, hatte die sportliche Tochter in jenem von ihr verfassten Artikel über die schwedische Gymnastik geschrieben, »ist eine Kunst, die gelernt sein will und in verschiedenen Formen geübt wird.« Der unvorhergesehene Todesfall ist ein schmerzhafter Schlag für die Mutter. Ausgerechnet die gesunde, so lebensfrohe Asta …

Der NSDAP-Gau Hamburg meldet den Todesfall nach München, Asta von Löbbeckes Mitgliedschaft in der Partei wird noch vor Ablauf des April bei der Reichsleitung, Mitgliedschaftsamt, gestrichen.

Wenige Wochen zuvor hatte das Reiterfest am Rothenbaum stattgefunden, unter der Parole »Saure Wochen – Frohe Feste« ritt die Montagsgesellschaft des »Reiterverein Rotherbaum« die Quadrille ab. Auf den Tribünen hatte die Prominenz des Hamburger Pferdesports gesessen; das Trompeterkorps der SS-Reiterinspektion Nordwest unter der Leitung des SS-Musikzug- und Sturmführers Wilhelm Küsel hatte den schmetternden musikalischen Rahmen gestellt. Glanzpunkte der Vorführung vorzüglichen Pferdematerials waren ein Pas de deux des Ehepaares Woltmann sowie die Kinderquadrille in friderizianischen Pagenkostümen. Der Vorsitzende Johannes Croning und die Reitlehrer Koch, Behrendt und Sachert konnten zufrieden sein.

Gerhard von Löbbecke bleibt auf Distanz zu seiner Mutter Olga, er hat sich eingerichtet in seinem Junggesellenleben in Boizenburg, im NS-Musterbetrieb »Duensing-Bicheroux«, wo er die Fertigung von Kacheln auf Qualität überwacht. Die Produktion ist enorm, mehr als 1 000 Arbeiter sind in den riesenhaften Anlagen des Werks beschäftigt, es ist das größte in Europa.

Um Frau von Löbbecke wird es stiller.

Erschreckend laut dagegen wird es im Haus, Getreide-Agent Carl Glaser ist erschüttert. Am 26. April 1938 erscheinen Zollfahnder im Treppenhaus der Rothenbaumchaussee 26, geleitet vom Verdacht eines Devisenvergehens. Eine Anzeige liegt vor gegen den derzeitigen Mieter der Wohnung im 3. Stock rechts, der ehemaligen Wohnung der Thomanns, der Witwe Heinemann und des Rechtsanwalts Dr. Herbert Pardo. Carl Julius Neukircher, Kaufmann und Vertreter einer Mailänder Firma für Gerbstoffe, ist denunziert worden, seine Tochter Inge im Ausland unterstützt und Devisen nach Holland geschleust zu haben.

Zollinspektor Mewe und Zollsekretär Prehn klingeln lange. Ehefrau Else Neukircher lässt die Beamten herein. Sie durchsuchen sorgfältig die Wohnung, die sie großzügig eingerichtet vorfinden, und gehen getrennt durch die Räume. Auch Neukirchers jüngere Tochter Karla Maria, genannt Mia, ist anwesend. Pat, der kleine Foxterrier der Familie, verkrümelt sich in die Küche.

In der Halle, Stil Eiche, befinden sich ein Ecksofa, Fauteuils, gepolstert mit rosa Samt, ein achtkantiger Rauchtisch und ein Perserteppich, vier mal fünf Meter. Es gibt ein Mahagoni-Schlafzimmer mit Doppelbett, Schränken, Übergardinen mit lila Rips und einem weiteren Perserteppich gleichen Formats. Zwei weitere Schlafzimmer sind vorhanden, Stil Barock, Schleiflack grau, Übergardinen gelb mit Blumen.

Das Wohnzimmer enthält Chippendale-Möbel in Nussbaum, ein gepolstertes Sofa, vier Stühle mit blauem Samtbezug und Applikationen auf beigem Grund, Ausziehtische, Perserteppich, Perserbrücken. Das Esszimmer, gebeiztes Kirschbaumholz, hat in der Mitte einen großen ovalen, ausziehbaren Tisch und zwölf Stühle, roter Samtbezug; es gibt ein langes Buffet, einen Perserteppich, fünf mal sechs Meter groß, und Übergardinen aus rosa Samt.

Die Monogramme der Tischwäsche, Damast, fallen ebenso auf wie das zahlreiche Silber und die Bilder an der Wand, darunter ein Bild des Malers Hugo Vogel, der den Festsaal des Hamburger Rathauses großformatig ausgemalt hat.

Die jede Schublade öffnenden Beamten Mewe und Prehn stellen eine größere Anzahl von Geschäftsbüchern und Mappen mit Schriftwechsel sicher, darunter 1 kleines blaues Heft als Kassenbuch, 3 kleine schwarze Bücher als Postscheck-, Bank- und Hauptbuch, 1 graues Buch für Kontrakte, verschiedene Schnellhefter mit Belegen, getrennt nach Firmen.

Es wird notiert: Die Geschäftsräume befinden sich in der Wohnung Rothenbaumchaussee 26, 3. Stock, wo Neukircher ein Zimmer als Büroraum nutzt. Personal wird nicht beschäftigt, ein Warenlager nicht unterhalten. Eine ordnungsgemäße kaufmännische Buchführung ist nicht vorhanden. Sämtliche Eintragungen sind mit Bleistift gemacht.

Zollinspektor Mewe und Steuersekretär Prehn erklären, dass sie Neukircher zur Vernehmung in die Zollfahndungsstelle bringen müssen. Auffallend unauffällig verlassen die drei Personen das Haus, in dem sich schlagartig gespannte Aufmerksamkeit ausbreitet. Im 2. Stock beobachtet Carl Glaser hinter der Gardine, wie der Nachbar abgeführt wird. Es wäre jetzt wirklich gut, steht für ihn fest, nicht mehr hier zu sein.

Mit diesem Tag ändert sich das Leben der Neukirchers schlagartig und für alle Zeit. Aus Neuenkirchen bei Minden leitet sich Carl Julius' Nachname ab, die Mutter Franziska Jacobi-Benjamin stammte aus Holland. Nicht besonders religiös soll sie gewesen sein, doch als sie 1924 starb, verlangte sie nach jüdischen Gebeten. Neukircher gefällt es, nicht für einen Juden gehalten zu werden, er selbst und die beiden Töchter Inge und Maria sind blond und haben blaue Augen.

Carl Julius Neukircher, der Abgeführte, ist seit langen Jahren aktives Mitglied des Hamburger Golfklubs. Die Mitgliedschaft in diesem höchst teuren Klub bringt beträchtliche Ausgaben mit sich. Der jüdische Kaufmann engagiert sich, stellt für den Bau des neuen Golfplatzes Falkenstein namhafte Beträge zur Verfügung. Neukircher, gesund und agil, zählt zu den eifrigsten Mitgliedern des Klubs. So spielt er an manchen Tagen bis zu drei Runden Golf, was allein einer Marschleistung von rund 20 Kilometern entspricht. Nur wenige Golfer tun es ihm darin gleich; Kogo Takeuchi ist einer von ihnen, der stets lachende japanische Perlenhändler mit Kontor im Chilehaus. Mit Golfpartner William R. Steinway, dem Hamburger Residenten von »Steinway & Sons«, pflegt Neukircher freundschaftlichen Kontakt. Die Töchter nennen den lebenslustigen Amerikaner »Onkel Billy«.

Beruflich ist Neukircher Handelsvertreter auf Provision für mehrere in- und ausländische Firmen. Zu ihnen zählt die Firma »Compagnia

Italiana Produttori Estratti Concianti«, kurz »Cipec«, S. A. in Mailand. Außerdem hat er mit den meisten der in Schleswig-Holstein bestehenden Lederfabriken einen Vertrag geschlossen, wonach sie ihr gesamtes für Leimherstellung in Frage kommendes Rohmaterial bei einer Leimfabrik in Schenefeld bearbeiten lassen. Für dieses Geschäft hat er die Firma »Kolloidol-Leimleder-Verwertungsgesellschaft mbH« gegründet, deren Geschäftsführer er ist, Sitz: Rothenbaumchaussee 26. Dieser Vertrag bringt Neukircher beträchtliche Gewinne ein. Mehr noch als das beachtliche Einkommen bedeutet ihm die Genugtuung, gegen den Widerstand von Seiten der Lederfabriken in Norddeutschland dieses Geschäft mit der Wiederaufbereitung von Abfallprodukten so erfolgreich aufgebaut zu haben.

Seine privaten und geschäftlichen Reisen macht der Kaufmann, der über das Postamt Schlüterstraße regelmäßig die Londoner »Times« bezieht, stets mit dem Auto, selbst lange Strecken ohne Pause fahrend. Sein Fahrstil ist berüchtigt, Mitfahrende fürchten um ihr Leben, wenn er im Mercedes-Benz die Elbchaussee hinunterjagt.

Verheiratet ist Carl Neukircher mit Else geb. Schüler, Tochter und Erbin des Kaufmanns Max Schüler in Firma »Max Schüler & Co.«. In der Zeit vor dem Ersten Weltkrieg ist ihr gemeinsamer Wohlstand enorm hoch. 1932 hat Neukircher die Firma »C. Otto Gehrkens & Co.«, Lederprodukte, in Pinneberg verlassen müssen, weil der Sohn seines Partners Johann Metzger und später auch Metzger selbst wilde Nazis geworden waren und keinen Juden tolerieren wollten. Nachdem er sich eine neue wirtschaftliche Basis geschaffen hatte, war die Familie 1934 in die Rothenbaumchaussee 26 gezogen. Es folgten glückliche Jahre mit den heranwachsenden Töchtern Inge und Mia und dem geliebten Foxterrier Pat.

Sehr darauf bedacht, immer gut auszusehen und elegant gekleidet zu sein, pflegt Else Neukircher in der Wohnung Umgang mit erlesenen Gästen, denen es nicht schwerfällt, beim Dinner von einer Sprache in die andere zu wechseln. Man spricht englisch, französisch, italienisch und schwedisch. Carl Julius, der ein veritabler Schachspieler ist, setzt sich ungefragt auch ans Piano. Jeden Monat lädt die starke Raucherin mit der heiseren Stimme und dem starken Husten ihre Freundinnen zum Kaffeeklatsch ein. Das Mädchen serviert, und Frau Neukircher schaut scharf hin, ob nicht etwa wieder ein Silberlöffel fehlt. (Man hat den Freund des Mädchens im Verdacht.)

Sie möchte, teilt die Dame des Hauses den versammelten Kaffeetrinkerinnen aus dem Bekanntenkreis mit, sterben, bevor sie sechzig Jahre alt sei und eventuell nicht mehr gut aussehe. Über die Porzellanteller mit den Baisers und Biscuits hinweg schauen die Anwesenden aus dem

Fenster auf die gegenüberliegende Fassade des Curiohauses. Das mit dem Aussehen, Teuerste, versichert man allgemein, werde nie passieren.

Seine ältere Tochter Inge lässt Carl Neukircher Stenografie lernen, bevor er sie aufgrund der sich verschlechternden politischen Bedingungen nach Mailand schickt, wo sie von seinen Geschäftsfreunden unterstützt wird. Als Inge nach Deutschland zurückkehren will, geht Neukircher vorsichtshalber zur Staatspolizei an den Großen Bleichen, Ecke Stadthausbrücke, um zu hören, ob Schwierigkeiten für die Wiedereinreise bestehen. Er erhält die erschreckende Auskunft, dass seine Tochter beim Überschreiten der Grenze festgenommen und in ein »Schulungslager« gebracht werden würde. Inge ist genötigt, in Italien zu bleiben, wo sie als Ausländerin keine Arbeitserlaubnis erhält und daher auf väterliche Zuwendungen angewiesen ist.

Carl Neukircher gibt seinen italienischen Geschäftsfreunden bei der »Cipec« den Auftrag, ihr die zum Leben notwendigen Beträge aus seinem Guthaben bei ihnen auszuzahlen. Außerdem lässt er einen Betrag von einigen Tausend Mark nach Holland zu seinem Cousin Hans Neukircher senden, weil er ahnt, dass er als Jude nicht mehr lange in Deutschland wird bleiben können, und er darum die Auswanderung vorbereitet.

Tochter Maria ist 1931 nach Amsterdam gegangen, wo sie den zehn Jahre älteren Violinisten Joseph Henricus Pimentel aus einer portugiesisch-sephardischen Familie kennenlernt und 1934 heiratet. Bereits 1935 wird die Ehe wieder geschieden, man trennt sich im Guten, und Mia behält die niederländische Staatsbürgerschaft. Sie arbeitet eine Zeit lang in der »Boerhave Kliniek« in Amsterdam, tritt danach eine Beschäftigung in Kairo an, die sie aber bald wieder aufgibt, und kehrt zurück in die Rothenbaumchaussee.

Carl Neukircher, zur Vernehmung in die Zollfahndungsstelle am Alten Wandrahm in der Speicherstadt gebracht, sieht sich im Verhör weiter Zollinspektor Mewe ausgesetzt. Der zähe Golfer verteidigt sich lange, erklärt, keinerlei Guthaben im Ausland zu unterhalten, auch nicht in Mailand. Mewe hält Neukircher vor, dass seine Tochter Inge ihrer Schwester Mia bei Besuchen in Italien verschiedene Male Geld ausgehändigt habe. Mewe will wissen, woher Inge Neukircher diese Beträge genommen habe. Neukircher antwortet, dass seine Tochter Inge bei italienischen Geschäftsfreunden tätig war und für diese Tätigkeit eine Entlohnung erhalten habe. Mewe hält Neukirchers Angaben für völlig unglaubwürdig. Er will wissen, wo sich Neukirchers Provisionsunterlagen aus den Vermittlungen für die italienische Firma »Cipec« befinden. Neukircher kann das nicht beantworten, meint, dass sie sich in einer älteren Mappe befinden könnten.

Mewe hält Neukircher ein Schreiben vor. In dem Brief hatte Neukircher die »Cipec« gebeten, dem Kunden Pimentel nichts zu liefern. Was für ein Kunde dieser Pimentel sei? Neukircher ist in die Enge getrieben und antwortet: meine Tochter. Und dass er Sorge um seine Zukunft gehabt habe. Daraufhin eröffnet Mewe dem Beschuldigten Neukircher, dass er wegen Verdunkelungsgefahr in Polizeihaft genommen wird.

Am 11. Mai 1938 darf Neukircher ins Untersuchungsgefängnis am Holstenglacis Rasierzeug und Zahnbürste, keine Zahnpasta, mitnehmen. Zwei Monate später – wegen verschiedener Vergehen gegen das Devisengesetz zu einer Gesamtstrafe von einem Jahr Gefängnis und zu einer Geldstrafe von 19000 RM verurteilt – kommt er in die Strafanstalt Hamburg-Fuhlsbüttel. Else Neukircher wird verwehrt, ihren Mann zu besuchen.

Im Gericht erklärt der Vorsitzende Landgerichtsdirektor Dr. Otto Erich Herr, NSDAP-Mitglied seit 1933, neben sich die mit großen Parteiabzeichen dekorierten Schöffen Otto Fiebig und Johann Drewes: »Man muss sagen, dass es sich um ein typisch jüdisches Vergehen handelt.«

An das Verfahren wegen Devisenvergehens schließt sich direkt ein weiteres an wegen Steuerhinterziehung. Neukircher ist geständig, es ergeht ein zweites Urteil, das der Vorsitzende Richter Amtsgerichtsrat Dr. Günther Riebow, seit 1933 Mitglied der NSDAP, im Namen des Volkes verkündet. Neukircher, der »Volljude«, wird am 12. September 1938 wegen Einkommens- und Umsatzsteuerhinterziehung zu weiteren Geldstrafen und der Übernahme der Verfahrenskosten verurteilt. Ein Gnadengesuch lehnt der Oberfinanzpräsident ab.

Seine Frau Else Neukircher, nichtjüdisch, bezahlt Rechnungen: Judenabgabe 750.– RM, Monatsmiete 200.– RM, Hundesteuer 25,40 RM, Zahnarzt 8.– RM. Der Zahnarzt ist Nachbar im Haus, der »Tennis-Dr.« Walther Dessart. Als »arische« Frau darf sie auf dem Behandlungsstuhl des SS-Manns sitzen, der in der Beurteilung durch seine Vorgesetzten als selbstbewusster, stets einsatzbereiter Mensch mit gefestigter nationalsozialistischer Weltanschauung gilt.

Im April 1939 wird Carl Julius Neukircher aus der Haft in Fuhlsbüttel entlassen. Sofort entwirft die Familie Fluchtpläne, schaltet Verwandte in Holland ein.

Im Juni 1939 steht ein Mann, mager, ziemlich grau im Gesicht, mit Schnurrbart und nicht besonders gut angezogen, vor der Haustür der Nr. 26 und klingelt bei den Neukirchers. Er sagt, er sei »Onkel Adolf« und wolle sie über die Grenze bringen. Pro Person verlangt er 2000,- RM bei sofortiger Anzahlung von 500,- RM. Neukircher leiht sich das Geld bei einer befreundeten Firma, verpfändet dafür Hausrat.

Else Neukircher lässt sich im Modesalon der Schwestern Irene und Käthe Staat in der Rothenbaumchaussee 47 noch Garderobe anfertigen, dann werden fünf Koffer gepackt. Über Köln, wo »Onkel Adolf« wartet, reisen Carl Julius und Else Neukircher illegal aus, zunächst nach Holland, dann nach Brüssel. Der verpfändete Hausrat wird vom Auktionshaus Schopmann versteigert. Es kommt sogar noch ein Überschuss dabei heraus, den die in Hamburg verbleibende Tochter Maria gut gebrauchen kann, geht sie doch häufiger aus mit dem Untermieter in der Wohnung, dem englischen Konsulatssekretär N. S. Godwin.

Zu diesem Zeitpunkt ist es dem Getreide-Agenten Carl Glaser schon gelungen, Deutschland zu verlassen; im Juni 1938 bekommt er ein Visum und übergibt die Wohnungsschlüssel. Seine beiden Brüder sind nach Südafrika gegangen, die Schwester nach Brasilien. Anders als die Liebmanns und die Levys haben Carl und Alice Glaser Deutschland nicht Richtung Westen, New York, verlassen, sondern Richtung ferner Osten, britische Kronkolonie Hongkong, weil sie von dort am schnellsten ein Visum erhielten. Ende August 1938 wandern sie zusammen mit den Schwiegereltern aus, zunächst nach London. Dort schiffen sie sich ein zur Passage nach Hongkong, auf der »SS Ranpura«, jenem britischen Dampfer, der zwei Jahre zuvor chinesische Kunstwerke im Wert von 50 Millionen US-Dollar von einer Ausstellung zurück nach Shanghai bringen sollte und in der Bucht von Algeciras auf Grund gelaufen war.

Ihre tagelange Passage verläuft für die Glasers nicht frei von Sorgen. »Kriegswolken über Hongkong«, überschreiben die »Hamburger Nachrichten« am 16. Juni 1938 einen Korrespondentenbericht über die Lage in der britischen Kronkolonie. Scheinbar fröhlich und quirlig sei Hongkong wie immer, elegant das Äußere der europäischen Viertel, doch hinter den Kulissen spiele sich ein Akt der großen asiatischen Tragödie ab, einschließlich des Massenzuzugs verarmter Festlandchinesen, immer wieder aufflammender Pestgefahr und ständiger Überschwemmungen in den heißen Sommermonaten. Dazu nähern sich japanische Invasionstruppen. Ein gelobtes Land erwartet die Hamburger Emigranten nicht.

Im November 1938 wird Carl Glasers offene Handelsgesellschaft aufgelöst. Alleininhaber ist nunmehr der Partner Bernhard Rimalt. Am 13. September 1939 ist den »Amtlichen Bekanntmachungen« der Stadt Hamburg zu entnehmen, dass das Erlöschen von 27 Firmen meist jüdischer Kaufleute in das Handelsregister eingetragen wird. Zu ihnen zählt Glasers Getreideagentur »Otto Oppenheim & Co.«

Böse Mühe

Stephanie Nordheim | Albin Wendt + Minka Wendt | Dr. Fritz Liebmann + Anna Liebmann + Lotte Liebmann

Die »Vierte Verordnung zum Reichsbürgergesetz« vom 25. Juli 1938 erklärt alle Bestallungen jüdischer Ärzte zum 30. September 1938 für erloschen. Der Bescheid bedeutet, dass sie zum 1. Oktober 1938 ihren Beruf aufgeben müssen. Auch Dr. med. Moritz Nordheim, ältester Sohn der Stephanie Nordheim, erhält ihn.

Am Morgen des 18. August 1938 wird Polizei-Hauptwachtmeister Hagen vom 17. Polizeirevier in die Maria-Louisen-Straße 2, Hauptparterre, gerufen. Der anwesende Arzt Dr. Walter Griesbach teilt ihm mit, dass Dr. Nordheim und seine Ehefrau Cläre Helene Elise Christine noch schwache Lebenszeichen von sich geben. In der Schlafstube findet er die Eheleute im Bett liegend vor. Durch die Krankentransportkolonne werden beide um 8.35 Uhr in das Krankenhaus Eppendorf gebracht. Um 10.15 Uhr teilt das Krankenhaus mit, dass Dr. Nordheim verstorben, die Ehefrau aber noch am Leben sei.

Kriminal-Oberassistent Lustig vom 33. Kommissariat übernimmt den Fall. In der Wohnung findet er Dr. Nordheims Tochter Gisela vor, auf Besuch aus München nach Hamburg gekommen, sowie mehrere Spritzen, Flaschen und leere Morphiumampullen. Auf einem Tisch in Nordheims Arbeitszimmer liegen mehrere Schriftsätze und auch ein verschlossener Brief, der als »Testament« bezeichnet ist. Sämtliche Papiere sind auf dem Tisch geordnet ausgebreitet, darunter mehrere Abschiedsbriefe an Bekannte.

Gleichzeitig mit Kriminal-Oberassistent Lustig trifft Rechtsanwalt Dr. Norbert Labowsky in der Wohnung ein. Dr. Labowsky teilt mit, dass Moritz Nordheim im Laufe des gestrigen Tages bei ihm angerufen und ihn gebeten habe, doch heute in den Morgenstunden bei ihm in der Wohnung vorbeizukommen. Nordheim habe mit Bestimmtheit verlangt, dass er erscheinen solle. Er habe auch geäußert, dass er seinen Kindern nicht zur Last fallen und voraussichtlich nach Amerika auswandern wolle.

Der Beamte protokolliert, dass auf dem Nachttisch in einer Schale 5 Spritzen, 4 Flaschen und etwa 28 Morphium-Atropin-Ampullen liegen. Um 13.30 Uhr ruft er im Krankenhaus Eppendorf an. Es wird ihm von dem leitenden Arzt mitgeteilt, dass Nordheim verstorben und die Ehefrau noch bewusstlos sei und dass auch sie nach Ansicht des Arztes an den Folgen der Einspritzungen sterben werde. Ein kurzes Schreiben des Dr. Moritz Nordheim fügt Oberassistent Lustig dem Blatt 3 der Akte bei:

> »Hamburg, den 17./18. August 1938
> Für Herrn Prof. Griesbach, bezw. den Herrn Amtsarzt.
> Wir haben in dieser Nacht nach dem an anderer Stelle erwähnten Beschluss uns Morphium zugeführt. Bereitet sind für jeden von uns 1 g.
> Wie viel davon ich mir selbst zu geben vermag nach dem Eintreten der ersten Wirkung, weiß ich nicht. Todesbescheinigungen /wegen der Einäscherung je 2 Exemplare/ liegen bereit.
> Wir bitten die Herren Ärzte wegen der verursachten bösen Mühe um Vergebung und danken ihnen.
> Dr. M. Nordheim und Frau«

Die Akte »Nordheim« wird geschlossen.

Für Dr. Norbert Labowsky existiert eine unmittelbare persönliche Beziehung zum Haus Rothenbaumchaussee 26. Minka Wendt geb. Labowsky wohnt im 5. Stock, sie ist eine seiner Schwestern. Da sie mit dem schwedischen Holzagenten Carl Albin Wendt in sogenannter »privilegierter Mischehe« lebt, kann Dr. Labowsky – bis zum 30. November 1938 angesehener Rechtsanwalt in Hamburg und Mitglied der liberalen jüdischen Gemeinde – auf Besuchen bei ihr etwas Ruhe finden, bevor er mit seiner Familie nach England emigriert. Gleich um die Ecke, im Wilhelm-Gymnasium, hat seine Tochter Lotte das Abitur gemacht, und in der Kulturwissenschaftlichen Bibliothek von Prof. Aby Warburg hatte die Altphilologin in London eine Zeit lang eine Beschäftigung gefunden.

Eine andere Lotte, des Warburg-Syndikus' Dr. Fritz Liebmanns Tochter Lieselotte, heiratet in New York den vierzehn Jahre älteren Léon Bilak. Bilak, Nachkomme der aus Kepno stammenden ersten polnischen Familie, die sich Ende des 19. Jahrhunderts dauerhaft in Guatemala niederließ, ist Sohn wohlhabender Eltern, die ihn zum Studium nach Deutschland geschickt hatten. Die auch in Hamburg ansässige Import-Export-Firma »Julius Bilak«, bis 1929 geführt von der Witwe Minna Bilak geb. Peritz, weist Adressen aus in den Großen Bleichen und im Curiohaus. Léon Bilak, an den Kulturen der Welt interessiert, ist passionierter Philatelist, Weltreisender, Verfasser von Reisebeschreibungen und Essays, mit denen er das Verständnis für andere Nationen und deren Geschichte zu vermitteln versucht.

Bereits Ende November 1937 haben die Liebmanns die Rothenbaumchaussee und das Haus mit dem Löwen über der Eingangstür verlassen. Den kommenden Winter und den folgenden Sommer verbringen sie in der St. Benedictstraße 23 a, in der Gastlichkeit der beiden Fräulein Emma und Therese Nathan. Vor der Bücherwand waren Entscheidungen zu treffen. Da deutsche Gesetzeswerke und juristische Kommentarliteratur in den USA keinen Wert haben, wurden sie aussortiert. In ihrer Geltung nicht begrenzte Werke wanderten in Kartons, darunter die Geschichte des Judentums, die Monatshefte »Liberales Judentum«, die Historie Hessens, Kants »Kritik der reinen Vernunft«, Atlanten und ein Bildband Hamburg. Die Spedition »Keim, Krauth & Co.«, spezialisiert auf Möbeltransporte nach allen Weltteilen und Aufbewahrung kompletter Hausstände, besorgte die Lagerung des Auswandererguts. Zu Lottes Hochzeit im Mai 1938 fährt Anna Liebmann auf der »Deutschland« allein nach New York, Dr. Liebmann selbst ist noch beruflich an Hamburg gebunden.

Am 30. Mai 1938 unterschreibt Max M. Warburg ein Zeugnis für Dr. Liebmann, den letzten Testamentsvollstrecker des Salomon Heine. Ausgestattet mit juristischen Examensprädikaten, wie sie nur wenige Juristen in Deutschland aufweisen können, führt das Zeugnis aus, habe Herr Dr. Liebmann sich von Anfang an mit erstaunlicher Schnelligkeit in die Probleme des Bankgeschäfts hineingefunden und bald jede Art von Vertragswerk, insbesondere auch auf dem Gebiet des internationalen Rechts (Kreditverträge, Anleihe- und Gesellschaftsverträge), Ausarbeitung von Prospekten und alle Fragen des Steuer- und Devisenrechts beherrscht. Er sei das juristische Gewissen der Firma und habe sich stets als kenntnisreicher, gründlicher und zuverlässiger Berater erwiesen. Seine Tätigkeit in der Bank finde ihr Ende durch die Entwicklung in Deutschland, die zur Umwandlung der Familienfirma und zum Ausscheiden der bisherigen Inhaber führe und Herrn Dr. Liebmann zur Auswanderung veranlasse. Handschriftlich setzt Max M. Warburg hinzu: »Jeder einzelne von uns bedauert, zukünftig auf diesen klugen, sich ganz den jeweiligen Aufgaben mit Leidenschaft hingebenden Freund verzichten zu müssen.« Allerdings gibt es doch noch eine Aufgabe für ihn, für die er einen Schreibtisch nicht mehr im Bankgebäude in der Ferdinandstraße 75, sondern eine Straße weiter, im Alstertor 1 im 4. Stock, bezieht, dort, wo das von Salomon Fürth und später von Robert Solmitz betreute Sekretariat der Herren Max M. und Dr. Fritz Warburg nach ihrer Emigration zunächst untergebracht ist.

Gemeinsam haben die Brüder Warburg einen Unterstützungsfonds aufgelegt, um mittellosen oder wenig bemittelten jüdischen Familien sowie Einzelpersonen ohne Rücksicht auf den Wohnsitz dringend benötigte Auswanderungshilfe zukommen zu lassen. Dostojewskis letzter Roman »Die Brüder Karamasow« dient als Namenspate für ihren »Kara-Fonds«. Eingesetzt werden zu diesem Zweck Vermögenswerte, die in der Nachfolge der Bank von den neuen Eigentümern nicht übernommen worden sind und als Sperrguthaben der Warburgs in Deutschland verblieben sind. Die Anträge, die in keinem Falle 12000,- RM pro Familie übersteigen dürfen, gehen zur genauen Prüfung über Dr. Liebmanns Tisch. Der Gang des Verfahrens sieht vor, dass ein Kandidat bei der »Alltreu«, der »Allgemeinen Treuhandstelle für die Jüdische Auswanderung GmbH«, einen Antrag einreicht. Gleichzeitig beantragt die Firma »M. M. Warburg & Co. KG« bei der Devisenstelle Hamburg, den von ihr befürworteten Fall als dringlich zu erklären. Sobald die Genehmigung der Devisenstelle bei der Warburg-Bank eingegangen ist, bleibt zu hoffen, dass benötigte Affidavits aus den Zielländern vorhanden sind, eine realistische Aussicht auf Erteilung eines Visums besteht und zur Vergabe von »Kara«-Mitteln auch tatsächlich Kreditsperrguthaben in Devisen, zumeist US-Dollar, umgewandelt werden dürfen. Die erste Tranche in Höhe von 150000,- RM ist sehr schnell erschöpft.

Die »Kara«-Fonds-Dinge beschäftigen Dr. Liebmann den ganzen Sommer über. Personen mit Beziehungen zur Warburg-Familie befinden sich unter den Hilfesuchenden ebenso wie völlig Unbekannte, und wenn er in der U-Bahn-Station Klosterstern abends die Treppe hinaufgeht, um an der runden Grünfläche in der Mitte des Kreisels vorbei in die St. Benedictstraße einzubiegen, begleiten ihn deren bange und nicht selten aussichtslose Geschichten.

Die Quotennummer 17000 bei einem Konsulat bedeutet zum Beispiel eine Wartezeit von mindestens einem Jahr, und niemand kann sagen, was in dieser Zeit passieren wird. Durchreisevisen können von heute auf morgen annulliert werden, und wer zu früh abreist, verwirkt seine zugesagte Zuwendung. Mit der Strenge eines Amtsrichters bescheidet Dr. Liebmann in solchen Fällen, dass es so nicht gehe und man sich dadurch eine prompte Absage selbst zuzuschreiben habe. Am Telefon muss er sich zuweilen »abschreien« und lauter sein als sein Gegenüber, um klarzumachen, dass die Mittel schon »verdammt« zusammengeschmolzen und viel mehr dringende Fälle vorhanden sind, als die Gelder des Fonds zu befriedigen erlauben. Und solange die zweite Tranche einer Reichsmark-Gutschrift nicht genehmigt ist, fallen alle Antworten ohnehin etwas »dilatorisch« aus. Nach solchen erregten

Momenten steht Dr. Liebmann von seinem Schreibtisch in der Alsterterrasse auf, geht hinüber zur Veranda und betrachtet lange das dort aufgehängte Hamburger Hafenbild. Es ist schwer, Entscheider sein zu müssen über Brüder und Schwestern und die Not der einen abzuwägen gegen die Not der anderen.

In eigener Sache hat er die besteuernden Prozeduren des Oberfinanzpräsidenten und des Finanzamtes Hamburg-Neustadt mit genehmigungsbehaftetem Auswanderersperrkonto und Sicherungsanordnung betreffend das vorhandene Vermögen der Eheleute Liebmann über sich ergehen zu lassen. Aufgrund der Ermächtigung, über ein Guthaben bei der Warburg-Bank in Höhe von 5 000,- RM zu verfügen, kann Dr. Liebmann laufende Abgaben sowie die Beiträge an die Jüdische Gemeinde begleichen. Eine Reichsfluchtsteuer in Höhe von 61 860,- RM wird festgesetzt. Am 12. November 1938 gehen Anna und Dr. Fritz Liebmann in Rotterdam an Bord der »Veendam« der »Holland-America Line«. Mit der Passage nach New York nehmen sie endgültig Abschied von der Stadt, die der gebürtige Wiesbadener noch im Dezember 1932 als zweite Heimat und Mittelpunkt all seiner Beziehungen beschrieben hatte, und Abschied von der Wohnung in der Rothenbaumchaussee 26, 1. Stock rechts.

Auf dem Atlantik, mit Blick bis zum wolkenverhangenen Horizont, erinnert sich Dr. Liebmann an den 9. Januar 1938. In seiner Rede zur Einweihung des »Jüdischen Gemeinschaftshauses« in der Hartungstraße hatte Max M. Warburg über die Nöte und Sorgen des Alltags gesprochen, aber auch über die helfende Kraft der Gemeinschaft und der Kunst. Vor allem, so sein erklärter Wunsch, möge das Haus mit seinen Gelegenheiten dazu beitragen, vertrauter mit allem zu werden, was jüdisch sei, mit Erinnerungen und Hoffnungen, der Sprache und dem Schrifttum, der Weisheit und der Regelung jüdischen Lebens. Festlich weiß hatte sich das Interieur nach dem Umbau dargeboten, Zeichnungen jüdischer Künstler schmückten den Vortragssaal, im Licht der Scheinwerfer leuchtete der Theaterraum. Das Ensemble des Kulturbundes gab die erste Premiere mit »Romeo und Julia«. Ermutigt waren die Versammelten hinausgegangen in das milde, überwiegend trüb-regnerische Wetter dieses Sonntags und zurück in die häusliche Zurückgezogenheit, in der sich ihr bedrängtes Leben überwiegend abspielte.

Lange bleibt Dr. Liebmann in seine Abschiedsgedanken versunken an der Reling stehen.

Anders als Heinz Bernhard Levy, dem Liebmann 1934 ein Empfehlungsschreiben mitgegeben hatte, muss der von Max M. Warburg so geschätzte ehemalige Syndikus der Warburg-Bank sich nicht selbst einführen bei der New Yorker »Bank of the Manhattan Company« und dem dort tätigen Felix Hamlet, Neffe des Warburg-Prokuristen Max Hamlet. Felix Hamlet hat sich gerade – in einem Brief vom 22. August 1938 an Albert Einstein in Princeton – für Verwandte eingesetzt und um Unterstützung gebeten. Es gibt jetzt kaum mehr ein anderes, so dringendes Thema.

Im Oktober 1938 wird die Eintragung des Rechtsanwalts Dr. Fritz Liebmann in der Liste der bei dem Hanseatischen Oberlandesgericht zugelassenen Rechtsanwälte auf seinen Antrag hin gelöscht. Erst ein Jahr später, am 14. September 1939, der Weltkrieg hat schon begonnen, stellt das Finanzamt Hamburg-Nord die Unbedenklichkeitsbescheinigung zum Zwecke der Auswanderung aus. Man achtet auf Vollständigkeit der Akte.

Heimatschein

Anna Levy | Lotte Bilak geb. Liebmann

Anna Levy geb. Kahn, Paul Levys Witwe, wandert im September 1938 aus, sie ist 58 Jahre alt. Seitens des Oberfinanzpräsidenten ist Sicherungsanordnung über ihr Privatvermögen ergangen, mit Meldung an die Gestapo und Vermerk in der »Judenkartei«. Als Mitglied der Jüdischen Gemeinde Hamburg muss sie Reichsfluchtsteuer in Höhe von 16 173,- RM und 3 275,85 RM als Abgabe für jüdisches Abwanderungsgut zahlen. Letzte Wertpapiere werden für sie durch die Firma »M. M. Warburg & Co.« verkauft. Ihrer Mutter, der mittellosen Witwe Mathilde Kahn in Eschwege, lässt sie 600,- RM zukommen; ihrem Sohn Alfred Levy, der nicht auswandert, überträgt sie HEW-Aktien als Notgroschen. Für die Reise bleiben ihr 60,- RM.

Im Herbst 1937 war Anna Levy schon einmal zu ihren Kindern nach New York geeilt. Sie war einige Monate dort geblieben, um sicherzustellen, die richtige Umgebung für das weitere Leben zu finden. Nach Hamburg zurückgekehrt, begann sie, praktische Dinge für die Zukunft zu kaufen. Von ihrem Cousin, dem deutsch-amerikanischen Nationalökonomen und Pazifisten Dr. Otto Nathan (dem späteren Nachlassverwalter Albert Einsteins), liegt ein Affidavit vor, mit dem sie und ihre Kinder ausreisen können.

Bis zu ihrer Auswanderung im Herbst wohnt Anna Levy in der Pension des Dr. Julius Alsberg, Facharzt für Magenleiden, in der Klosterallee 5. Dr. Alsberg bietet Kurse für jüdische Auswanderer in Diättherapie an. Klimawechsel und Veränderungen in der Ernährung wollen vorbereitet sein. Mit Verweis auf den eisigen New Yorker Winter lässt sich Anna Levy für die Ausreise ihren Pelzmantel genehmigen, mit Verweis auf das Rheuma in den Händen ihre Schreibmaschine, mit Verweis auf die Kosten für Kleidung in Amerika ihre Nähmaschine.

Anna Levy hat noch Schulden zu begleichen bei Schneider Johannes Gruber in der Lagerstraße, bei Tapezierer Henry Koopmann in der Lienhardstraße, bei dem aus Wilna in Litauen stammenden Pelzhändler ßer Lindenblüth in der Breitenfelderstraße, bei Richard Schüler, Kücheneinrichtungen, Neuer Wall 38, und bei Schuster Wilhelm Mache am Mittelweg im Pöseldorfer Quartier. Den alten Hamburgern ist noch bekannt, dass der Name »Pöseldorf« von »pusseln« stammt und die bescheidene Geschäftigkeit kleiner Handwerker und Kaufleute bezeichnet. Hier wohnen die hilfreichen Zubringer der reichen Leute vom Harvestehuder Weg und der Rothenbaumchaussee, die dienstbaren Geister.

Die Spedition »Röhlig & Co.« teilt der Hamburger Devisenstelle mit, dass sie einen Gepäcktransport ins Ausland für Frau Anna Levy vornehme. Zur Freimachung des Umzugsguts habe die Auswandernde 3 275,85 RM entrichtet. Mit einem Opernglas, einer Handtasche mit Schildpatt besetzt, zehn Obstmessern mit Perlmuttgriffen, einer Chaiselongue-Decke, diversen Familienfotografien, einem Spitzkragen, einer Samtbluse, einem Mantelbesatz aus Silberfuchs, sechs Teegläsern, einem blauen Strohhut, einem Paar blauer Handschuhe, einem grauen Herbstmantel, einer Brille, einem braunen Crêpe-de-Chine-Tuch und zwei Flaschen Kölnisch Wasser verlässt Paul Levys Witwe Deutschland. Hinzu kommen im Liftvan Möbel, Teppiche, Haushaltsgegenstände.

An Bord der »Aquitania« der Cunard-Line – aufgrund ihrer noblen Ausstattung und der eleganten Linienführung als »The Ship Beautiful« bezeichnet – reist Anna Levy am 5. Oktober 1938 in der Touristenklasse, der aufgewerteten 3. Klasse, nach New York. Im Jahr zuvor war der Dampfer in einen heftigen Sturm geraten und hatte sich, auf der Steuerbordseite von einer über haushohen Großwelle getroffen, auf die Seite gelegt. Viele Fenster und Decksaufbauten waren zu Bruch gegangen, 50 Fahrgäste hatten Verletzungen erlitten. Die Fahrt jetzt verläuft ruhig, wieder kommt Anna Levy an der Freiheitsstatue vorbei, diesmal, um in der Stadt zu bleiben.

Kaum in New York eingetroffen, beantragt Anna Levy beim Oberfinanzpräsidenten Hamburg, dass die Mietzahlungen seitens des Herrn Prof. Heynemann in Höhe von 260,- RM monatlich auf ihr Sperrkonto bei der Firma »M. M. Warburg & Co.« fließen dürfen. Ferner beantragt sie, dass aus den auf dem Sperrkonto angesammelten Beträgen monatlich 200,- RM an den im Land verbliebenen Sohn Alfred Levy, Hoheluftchaussee 122, bzw. an dessen Ehefrau Frieda Levy geb. Klodt gezahlt werden dürfen. Frieda Levy, nichtjüdisch, zehn Jahre älter als Alfred, standesgemäß dem Bankierssohn nicht ebenbürtig, findet erst jetzt, in Zeiten der Verfolgung, Anerkennung durch die Familie ihres Mannes.

Anna Levy, in New York, muss sich mit dem Gedanken vertraut machen, die Wohnung in der Rothenbaumchaussee demnächst verkaufen zu müssen. Sie kann nicht riskieren, ihren Sohn Alfred, der in Hamburg lebt, in Gefahr zu bringen, weil sie weiter geforderte Abgaben eventuell nicht leisten kann. Innerlich scheut Anna Levy den radikalen Schnitt, sie wünscht, einen sogenannten Heimatschein ausgestellt zu bekommen. Doch an diesen Nachweis deutscher Zugehörigkeit ist jetzt nicht mehr zu denken.

Ihre deutsche Staatsbürgerschaft bereits verloren hat Lotte Liebmann, jetzt Lotte Bilak, durch ihre Heirat mit Léon Bilak, beide sind nach Guatemala City weitergewandert, ihre Tochter Rita wächst auf als Gualtemaltekin. Léon Bilak arbeitet als Redakteur bei der Zeitung »El Imparcial«, einem intellektuellen, unabhängigen Blatt mit renommiertem Literaturteil. Wirkliche Ruhe finden die Bilaks nicht: Wie in anderen Ländern Zentral- und Südamerikas sind auch in Guatemala deutsche Nationalsozialisten skandalträchtig und randalierend präsent.

1938 — Kapitel 53

Ein Moment der Stille

Yves Saget | Gusta Hammer

Der Justizbeamte a. D. und Verwalter Max Vollmer in Altona bekommt Nachricht aus Paris. Yves Saget hat beschlossen, in sein Eigentum, das schmucke althamburgische Eckhaus an den Vorsetzen 1, zu investieren; im Sommer 1938 wird es, auch mit Hilfe von Staatsgeldern, wiederhergerichtet. Das gegen Ende des 17. Jahrhunderts errichtete Gebäude an der Hamburger Hafenküste, das den »Old Commercial Room« beherbergt, ist das größte Fachwerkhaus, das die Stadt noch besitzt. Es ist ein Denkmal. Schadhaftes Holzwerk wird ausgewechselt, geschnitzte Konsolen werden erneuert, ein neuer Farbanstrich lässt das ehemalige Stammhaus der Reederei »Rob. M. Sloman & Co.« wieder leuchten. Monsieur Saget zieht einen Wechsel auf eine ertragreiche Zukunft.

Im Rahmen des NS-Kulturprogramms singt Gusta Hammer am Nachmittag des 22. Oktober 1938, mit Kollegen neben der Büste des Führers stehend, anlässlich eines Geburtstagskaffees zum 260-jährigen Bestehen der Hamburgischen Staatsoper. Im prächtig ausgestatteten Foyer haben sich zum Jubiläumsempfang zahlreiche führende Persönlichkeiten des öffentlichen Lebens eingefunden: Reichsstatthalter und Gauleiter Kaufmann ist mit Bürgermeister Krogmann und den Senatoren erschienen. Ferner sieht man den Kommandierenden General des X. Armeekorps und General der Kavallerie Knochenhauer, SA-Obergruppenführer Kasche und SS-Gruppenführer Prützmann. Heinrich K. Strohm, mittlerweile Generalintendant, begrüßt den Ehrengast, Reichsminister Dr. Joseph Goebbels, herzlich. Strohms Sohn, in »HJ«-Montur, steht stramm und überreicht einen Blumenstrauß. Man sitzt an gedeckten Tischen, die Damen in Schwarz, behütet, die Atmosphäre ist förmlich-steif. Der hohe Besuch in Uniformjacke spricht im Hamburger Musentempel über das Verhältnis des Staates zur Kunst und betont das hohe Interesse, das die nationalsozialistische Staatsführung allen Fragen der Kunst entgegenbringe. Der Führer selbst habe Wagners »Tannhäuser« bereits siebzig, achtzig Mal gesehen und sauge ungeheure Kraft aus dieser Kunst für sein politisches Werk.

Goebbels, im Wissen um die ablehnende Haltung vieler Kunstschaffender zum NS-Staat, führt aus, er sehe die Kunst nicht als Luxus und ständisches Vergnügen, sondern als die eigentliche Funktion des Volkslebens. Die Künstler, ein ganz eigener Menschenschlag, seien ihrer Mentalität entsprechend zu behandeln, man mache den Heldentenor der Staatsoper ja nicht zum Blockleiter, der Heldentenor diene dem neuen Staat eben als Heldentenor. Auf diese verständnisvolle Weise behandelt, könne der Künstler der enthusiastischste Anhänger einer bestimmten Anschauung oder eines bestimmten Regimes sein.

Gauleiter Karl Kaufmann, der übertrumpfte Kumpel aus gemeinsamen Krefelder Tagen, verzieht keine Miene am Kaffeetisch.

Stürmischer, nicht anders zu erwartender Beifall folgt der Rede, dann dienen Helene Werth und Gusta Hammer auftragsgemäß ihrem Staat und singen Lieder von Johannes Brahms, an der Seite des Heldentenors Thorkild Noval. Ehe der Minister, dessen Anwesenheit auf dem Obersalzberg befohlen ist, den Kreis verlässt, überreicht ihm Eugen Jochum die Telefunken-Aufnahme der Beethoven'schen »Neunten«, in einer Einspielung durch Jochum selbst. Intendant Strohm geleitet Goebbels zurück zum Auto und wünscht ein baldiges Wiedersehen.

Beglückt von dem ihm zuteilgewordenen Höchstmaß an politischer Zuwendung und aus der Überzeugung, dass Wunderwerke der Kunst politische Macht rechtfertigen und durch unwiderstehliche Ausdruckskraft völkisches Gemeinschaftserleben stiften können, versammelt Generalintendant und Wirkungsmechaniker Strohm nur wenige Tage später die 550 Arbeitskameraden und -kameradinnen der Staatsoper sowie eine große Zahl von Ehrengästen im Curiohaus, unter ihnen Vertreter der Wehrmacht, des Staates, der Partei, der Reichskulturkammer, der Presse. Hier nun ergreift Reichsstatthalter Karl Kaufmann das Wort, um seiner Befriedigung über die Entwicklung der Hamburgischen Staatsoper unter ihrem Betriebsführer Ausdruck zu verleihen. Strohm selbst verliert kein Wort darüber, dass das Bild von Besuchern, die in langen Schlangen anstehen, um Karten an der Tageskasse zu ergattern, ein reiner Reklametrick ist. Für das Foto im Programmheft wurde die wartende Menge extra gestellt; die Besucherkurve zeigt aber tatsächlich deutlich nach oben.

Nach der Versammlung im Curiohaus hat Frau Hammer es nicht weit nach Hause, sie muss, beneidet von den Kollegen, nur die Straße überqueren. Oben vor der Wohnungstür fällt der Lärm der Veranstaltung von ihr ab, sie bleibt am schwarzen Treppengeländer stehen. Ihr

Blick fällt hinunter in die Tiefe des Flurs, das innere Haus liegt ihr zu Füßen, Stockwerk für Stockwerk nächtlich beruhigt und doch, wie es leeren Räumen nicht nur im Theater eigentümlich ist, nicht ganz ohne Resonanz.

Sie gönnt sich einen Moment der Stille und des Rückblicks. Mit Fleiß und phänomenaler technischer Leistung hat sie gegen die Anfechtungen des schwierigen Anfangs gekämpft, große Koloraturen glänzend von der Kopfstimme über das Falsett bis zur Bruststimme geführt, ihre wunderbar getönte Altstimme körperlos schwebend, weich und warm fluten lassen. Wo ihre großen Register des Unterstreichens durch machtvolle Gebärden bedürfen, tut sie es. Die beachtliche Zustimmung, die sie erfährt, empfindet sie als hochverdient; ihre Soloabende verkaufen sich bestens, mit einer eigenen Anhängerschaft, sie gilt als feste Größe im Ensemble. Entsprechend hoch ist ihre Gage als Erste Altistin.

Und doch ist da diese Stille.

Sie war und ist unbedingt erstklassig, gewohnt zuverlässig in allen Genres, als antike Königin, germanische Göttin, Tartarentochter oder Zigeunerin – aber nein, eine Kalter war und ist sie nicht, doch niemand würde mehr wagen, ihr das zu sagen. Als Musikkritiker Dr. Kurt Stephenson am 3. Januar 1935 in einem Zeitungsartikel Zweifel an der Leistung von Mitwirkenden der Sendung »Welterfolge der Oper« mit Eugen Jochum äußerte, wurde er auf der Stelle wegen zersetzender Äußerungen – die sich mittelbar auch gegen eine vom Staat getroffene Entscheidung richteten – für Aufführungen der Staatsoper und Konzerte des Philharmonischen Orchesters gesperrt. Im »Hamburger Anzeiger« teilte die Staatliche Pressestelle mit, dass Jochum nach wie vor das größte Vertrauen aller maßgebenden Hamburger Stellen besitze. Und das Publikum, das an Zahl immer mehr zunahm, jubelte, das allein zählte schließlich.

Der kurze Augenblick des Innehaltens oben an der Treppe ist vorbei. Gusta Hammer dreht den Wohnungsschlüssel um: Bühne ist Bühne, Pensum ist Pensum, Feierabend ist Feierabend, auch nach diesem Tag im Curiohaus. Sie betritt ihre Räume, legt die Perlen ab, trinkt ein Glas Wein, geht zu Bett, löscht das Licht. Angesichts ihres Alters, das weiß sie, naht die Zeit des Karriereendes. Auch sie wird sich rechtzeitig gesangspädagogisch orientieren müssen, so wie es für ausgesungene Kräfte der Bühne üblich ist.

Für den Augenblick ist aber alles gut, sie war sogar ausersehen, vor dem Reichsminister zu singen, und morgen wird sie wieder in der Oper sein, ausgeruht wird sie erscheinen, wird Handwerkern und Statisten, die vor dem Bühneneingang in der Großen Theaterstraße rauchend auf und ab gehen, zunicken, wird in die Schwaden von Mastix-Geruch vor den Garderoben eintreten, die Leiterin der Kostümwerkstatt Else von Pein begrüßen, an den durchdringend nach Mottenkugeln riechenden Magazinkammern vorbeischreiten, wo Kleider, Röcke, Mäntel und Kostüme dicht an dicht hängen.

Sie wird bei den Proben eifrig schauspielerisch an sich arbeiten, dramatische Kraft mit klarer Artikulation verbinden, heftige Ausdrucksformen wagen bis hin zu wildbewegten Schleudertönen, aber bei all dem sehr darauf achten, sich nicht zu überanstrengen. Es ist verabredet, dass Kapellmeister Richard Richter, Vorgänger Eugen Jochums in Kiel und Dirigent des »Nordmark-Orchesters«, sie auf der Probebühne erwartet. Zum Ausklang der »Nordischen Woche« sollen die beteiligten Nationen durch das erste »Philharmonische Sonntagskonzert« zu einem tönenden Reigen von Orchesterwerken und Klavierliedern zusammengefasst werden. Die Altistin Hammer ist eingeteilt, den Liedern mit meist elegischem Grundton ihre Vortragskunst und prachtvolle Stimme unter Richters Dirigat zu schenken.

Im Kleinen Saal der Musikhalle wird Wilhelm Freund sie bald danach am Flügel begleiten, in inniger Versenkung und mit zartfühlender Zurückhaltung. »Die Hammer« gibt einen Soloabend, es werden Lieder sein für stille Stunden, subtil, zart, impressionistisch. Sie kann auch innig und leise, selbstverständlich. Beruf ist Beruf, und von Zeit zu Zeit braucht es bei der ständig geforderten Betonung des emotionalen Elements eine Rückbesinnung auf die sensitive Tonsprache, in der die Kunst nur bei sich ist.

Odysseen

Julius Hirsch + Roberta Hirsch verwitwete Benjamin + Alfred Benjamin + Werner Hirsch + Ludwig Hirsch + Otto Benjamin | Julius Polack

In Meran ruft die Politische Polizei jede Woche bei den Hirschs an, um zu überprüfen, ob sie noch in der Mietwohnung anzutreffen sind, in der sie gemeldet sind. Viele jüdische Emigranten sind inzwischen in dem Kurort angekommen, sogar ein Oberrabbiner. Julius Hirsch lernt bei ihm den »Pessachim«, einen Traktat des Talmud. Ins Kino geht er oft, es gibt Filme mit Greta Garbo und Luis Trenker. Er schreibt »Lisl«, dass er abgenommen habe, an den Schläfen sei sogar erstes Grau zu sehen.

Viel Aufregung bringt die Bekanntmachung der Reichsgesetze über die Vermögenshandhabe der deutschen Juden. Noch besitzt Roberta Hirsch Werte in Hamburg, in Grundstücken und Papieren. Julius ist klar, dass sie versuchen müssen, alles möglichst schnell zu verkaufen.

Schwester Grete Weise, die wieder den Weg aus dem Norden auf sich genommen hat, hat viel Arbeit. Roberta Hirsch ist schwer krank, sie hat offene Wunden an den Beinen, weint ständig, kann keinen Schritt gehen, die Schmerzen erträgt sie nur mit Morphium. Das ist ohne Rezept in Meran nicht mehr leicht zu besorgen, vor allem nicht in den von ihr benötigten Mengen, aber man verständigt sich mit dem Apotheker der »Madonna-Apotheke«.

Aus Haifa kehrt Bruder Werner Hirsch mit seiner Frau Ingebella geb. Heckscher zurück, todeskrank und auf einer Trage liegend. Die Wohnung in Meran wird zum Lazarett. Julius Hirsch versieht Krankendienste und führt ein Leben zwischen Betten. Bald darauf stirbt Werner, völlig abgemagert, er wird nur 29 Jahre alt. Für Julius ist es ein schlechter Scherz des Schicksals, dass Werner als Sohn eines Krebsspezialisten so jung an Krebs stirbt.

Bruder Ludwig kommt in diesem Juli 1938 noch einmal aus Hamburg angereist. Ihn begleitet Oberrabbiner Dr. Carlebach, der die Trauernden mit Temperament und Zuversicht aufrichtet. Julius erinnert sich an Thomas Manns »Zauberberg« und zitiert die Stelle, dass der Tod zum Leben gehöre, ja sogar seinen sinngemäßen Abschluss bilde.

Trotz hohen Fiebers lehnt Roberta Hirsch es vehement ab, sich von einem Spezialisten, den Ludwig per Telegramm aus Innsbruck hat kommen lassen, behandeln zu lassen. Sie stellt einen Heidenkrach an, weil sie keinen »Arier« aus Innsbruck will.

Aus London reist Alfred Benjamin an zu Besuch, er bleibt nur eine Woche. Die Brüder besprechen Möglichkeiten einer Übersiedlung nach England. Gerne möchte Alfred seine Mutter Roberta in London haben, überall in Europa liegt fühlbar eine fiebrige, nervöse Spannung in der Luft. Die Umsiedlung nach London wird nun mit Nachdruck betrieben, Alfred ist zurück in England, doch seine jüngsten Brandbriefe spiegeln bereits die Kriegsangst wider, er rät jetzt dringend, direkt in die USA auszuwandern.

Für die Brüder in Meran beginnt eine monatelange, atemlose Odyssee zwischen Städten und Konsulaten in Italien, mit Nachtfahrten per Bahn und Auto, um Visa oder zumindest Transitvisa für Staaten zu bekommen, von denen aus es sich weiterreisen lässt. Otto Benjamin und Julius Hirsch fahren nach Neapel, zum amerikanischen Generalkonsul. Nach sechzehnstündiger Fahrt treffen sie ein, nur um zu hören, dass Roberta Hirsch persönlich kommen müsse. Das ist in ihrem Zustand unmöglich. Da sie aber in San Francisco geboren ist, so die erlösende Auskunft, könne sie sofort Amerikanerin werden und einen Pass bekommen, bei jedem Konsulat, das zur Not sogar einen Beamten zu ihr nach Meran schicken dürfe.

Mit dem nächsten Zug eilen die Brüder zurück nach Mailand, fahren weiter nach Genua, doch das amerikanische Konsulat sieht sich vor lauter Arbeit nicht in der Lage, einen Beamten nach Hause zu schicken; sie kehren mit Formularen in der Hand nach Meran zurück.

Seine Arbeit als Tischler mit dem nicht ganz legalen Status einer Arbeitserlaubnis gibt Julius Hirsch auf, er will nichts riskieren. Wieder denkt er daran, Visa zu beschaffen, nach Uruguay, Kolumbien oder für den Nordpol, egal, nur irgend ein Ort, wo man hinkann. Auch ein bolivianisches Visum kommt in Frage, mit dem sich dann ein Touristenvisum für die USA erreichen ließe. Und dort würde man sich nicht wieder rauswerfen lassen. Bolivien, schreibt er an »Lisl«, liegt so ziemlich im Südosten von Südamerika zwischen Argentinien und Brasilien, nein, mehr in der Mitte nach Westen, schon ganz durchgedreht sei er von den vielen Ländern, die er in Gedanken durchwandert habe. Dabei hat er den ehemaligen Konsul von Bolivien, Harry Meyer, sogar zum Nachbarn gehabt. Er liest den Roman »Das Schweigen im

Walde« von Ludwig Ganghofer, stellt sich dabei das Hasten und Toben in einer amerikanischen Großstadt vor, die Welt der Wolkenkratzer, Subways, Lichtreklamen, das ständige Hupen. Wie ruhig es doch dagegen in Meran ist.

Es ist der ungünstigste Moment für eine Auswanderung, alle Konsulate sind überfüllt, überall gibt es täglich neue Gesetze, Erschwernisse, Sperren, Beschränkungen. Keine Ruhe lassen die Laufereien und Schreibereien, um Dokumente zu besorgen, Heiratsscheine, Totenscheine, Geburtsscheine, Bürgerscheine, Staatsbürgerschaftsurkunden. In Erwartung hemmender Bestimmungen haben die Hirschs einen Teil der Möbel bereits ausgelagert, Voraussetzung war, dass sie sich in Meran abmeldeten. Ohne Residenzerklärung dürfen sie aber keine Mietwohnung mehr haben, müssen nun eventuell in ein Hotel ziehen.

Über Venedig, das unter einem tiefroten Abendhimmel liegt, fahren Otto und Julius mit dem Zug die Adriaküste entlang bis nach Triest. Das dortige bolivianische Konsulat befindet sich in einem alten, hohen Haus mit abgetragenem Wappenschild in einer mittelmäßigen Gegend; der Konsul, ein dicker, alter Mann in fleckiger Hausjacke, ohne Krawatte, sitzt an einem großen, ovalen Tisch, der übersät ist mit Papieren. Aber er ist ein guter Mensch und hilft allen Juden, sie bekommen das Visum.

Über Mailand, wo der englische Konsul sie informiert, dass man sie nach England nicht hineinlassen werde, auch nicht mit einem Visum, geht es abermals nach Neapel. Im amerikanischen Generalkonsulat ist man sich nicht einig über einige grundsätzliche Fragen hinsichtlich des rechtlichen Anspruchs von Roberta Hirsch. Sie hat im Alter von sieben Jahren ihre amerikanische Staatsbürgerschaft verloren, man warte ein Schreiben des Konsulats in Mailand ab.

Die Brüder hetzen weiter. Mit dem Flugzeug geht es nach Rom, bevor das dortige Konsulat für das Wochenende schließt. Eine Einwanderung in die USA, erfahren sie, rückt in weite Ferne, da ein Antrag nur auf deutsche Quote möglich ist – und das bedeutet zwei Jahre Wartezeit.

Sie versuchen es beim englischen Konsulat in Rom. Der Flug ist herrlich, sie überfliegen das Meer, an der Küste geht es entlang, über Gebirge und Ortschaften, Nebelfelder werden durchflogen. Mit einem Auto der Fluglinie fahren sie in die Stadt, rufen bei einem Rabbiner an und erkundigen sich nach einem koscheren Mittagstisch. Beim englischen Konsulat erfahren sie, dass ein anderes Büro zuständig sei. Doch das hat schon geschlossen, es ist Wochenende. Sie gehen in ein Reisebüro und fragen nach Fahrkarten, auch für Bolivien. Mit dem Zug fahren sie zurück nach Meran.

Amerika ist ausgeträumt; Palästina, Erez Israel, kommt als neues Ziel in Betracht. Einmal aber noch wollen die Brüder in Venedig versuchen, beim dortigen amerikanischen Konsulat, Transitvisen für die Staaten zu bekommen. Immerhin haben Verwandte drüben schon »äußerste Bemühungen« eingeleitet.

Alfred Benjamin schreibt aus England und bittet Julius, ihm Fotografien aus seinem Fotoalbum mit den 6x9 cm-Bildern zu schicken, da er sie für sein Studium brauchen könne; es sind die Wohnungsbilder aus der Rothenbaumchaussee, außerdem Stadtbilder, Hafenbilder, Aufnahmen von Straßenbahnen und Bussen, alles aus Hamburg.

An den Tagen nach dem 9. November 1938 zittert Julius vor Aufregung am ganzen Körper. Grauenvoll sind die Berichte in allen Zeitungen über die antijüdischen Ausschreitungen in deutschen Städten, über die ausgebrannten Synagogen und demolierten Geschäfte. Dem ältesten Bruder, Dr. Hermann Hirsch, ist zum Glück nichts passiert.

Bruder Otto Benjamin kommt aus Mailand zurück, wo er den Konsul von El Salvador aufgesucht hat. Als Enkel von Morris Goldtree, der immer noch sehr bekannt ist in El Salvador, wurde er sehr freundlich empfangen und bekam eine Empfehlung für den Generalkonsul in Genua mit. Die Aussichten für die USA auf Transitvisa für Roberta, Otto und Edgar sind plötzlich wieder günstiger. Juristen haben herausgefunden, dass Roberta Hirsch nach dem Gesetz von 1907 die amerikanische Staatsbürgerschaft nicht dauerhaft verloren hat, da sie vor 1907 geboren ist. Sie kann jetzt innerhalb einer Woche wieder Amerikanerin werden. Es geht ihr auch schon wieder besser, im Rollstuhl kann sie auf den Balkon gefahren werden, in die herrliche Sonne.

Julius erinnert sich, dass sie in Hamburg als Kinder oft furchtbare Szenen erlebt haben, Szenen, die ein Kinderherz sehr belasten und sich nicht vergessen lassen. Ihm geht durch den Kopf, dass das letzte Mal, dass er unbeschwert gelacht hat, in Antwerpen war, vor zwei Jahren, im Kino gab es »Skandal in der Oper« mit den Marx Brothers. In England, bei Alfred, zu sein wäre jetzt schön, um zu lernen, sich fortzubilden, jüdisches und bündisches Leben zu teilen. Alfred rät ihm, ein Visum für El Salvador zu besorgen, damit könne er zum Studieren einreisen. So ein Durchgangsvisum sei für die Behörden der Beweis, dass er nicht in London bleiben wolle.

Da er selbst keinen Pass hat, versucht Alfred, einen französischen Grenzschein zu bekommen, um in Cannes, wo ihr Schiff auf der Fahrt nach Amerika anlegt, noch einmal seine Mutter zu sehen. Er plant bis nach Gibraltar mitzufahren, um sich dort zu verabschieden. Doch er kommt nicht weg aus England.

Am 28. Dezember 1938 fährt Julius Hirsch zu einem Termin beim Konsul von El Salvador in Genua. Bis 2 Uhr nachts wartet er in Bozen auf den Anschlusszug nach Verona. Wegen deutscher Truppenverschiebungen verspätet sich der Zug um Stunden. Mit ihm reist eine Wiener Emigrantenfamilie, eine junge Frau mit zwei kleinen Jungen und der Großmutter, der Mann ist noch in Dachau. Neben Julius im Abteil sitzt ein großer Mann mit einem riesigen Hakenkreuzabzeichen auf der Brust. Später muss Julius die ganze Zeit im Gang stehen, der Zug ist überfüllt, es ist kalt, und wenn seine Mutter ihm nicht fürsorglich einen Kirschschnaps mitgegeben hätte, würde es sich noch kälter anfühlen.

In Verona und auch in Mailand sind die Anschlusszüge längst verpasst, sodass er mittlerweile vier Stunden Verspätung hat. Julius legt sich in ein Abteil der II. Klasse und will schlafen, aber der Zug ist nicht geheizt, und da er sowieso schon erkältet ist, fiebert er leicht. In Genua bekommt er vom Konsul noch ein Schreiben an dessen Bruder mit, er ist mit dem Präsidenten der Republik El Salvador persönlich befreundet. Zufrieden geht Julius zur »Italia«, der Schifffahrtsgesellschaft, um alles Notwendige für den Transport zu besprechen.

Zurück in Meran, steigt die Nervosität, es werden neue Bestimmungen über Juden im Land herausgegeben. Eine Volkszählung für Juden wird angesetzt.

Roberta Hirsch darf mit den noch minderjährigen Söhnen Edgar und Otto Anfang Februar 1939 über Genua in die USA, nach New York, ausreisen. Julius, nicht mehr minderjährig, muss bleiben. Er schreibt zeitweise jeden Tag an seine »Lisl«, sie arbeitet jetzt als Lehrerin in Budapest. Für einige der Briefe verwendet er immer noch das Briefpapier mit dem Kopf »Rothenbaumchaussee 26«.

Schwester Grete Weise fährt nach Deutschland zurück. Es ist das letzte Mal im Leben, dass sie sich sehen.

Von den USA aus lässt Roberta Hirsch ihre Hamburger Wohnung im 1. Stock links der Rothenbaumchaussee 26 durch den jüdischen Rechtskonsulenten Dr. Manfred Zadik an die »Allgemeine Verwaltungsgesellschaft GmbH« verkaufen, für 12000,- RM. Die Gesellschaft, die den Immobilienbesitz der Familie Max M. Warburg auf dem Kösterberg in Blankenese betreut, bestätigt dem Oberfinanzpräsidenten, Devisenstelle, »dass unsere Gesellschaft im Sinne der 3. Verordnung zum Reichsbürgergesetz nicht als jüdischer Gewerbebetrieb anzusehen ist. Die gesamten Anteile unseres Stammkapitals befinden sich im Besitze der Firma ›M. M. Warburg & Co. Kommanditgesellschaft‹. Unter den Geschäftsführern und den Mitgliedern des Aufsichtsrats befinden sich keine Juden.« Die Deutsche Bank, Hamburg, teilt dem Herrn Oberfinanzpräsidenten am 8. März 1939 mit, man habe im Auftrag des Herrn Dr. Manfred Israel Zadik, Hamburg, den Betrag von 10954,29 RM – nach Abzug der Kosten für Notar Dr. Gottfried Wäntig, Börsenumsatzsteuer, »Wohnhaus Rothenbaum GmbH« und Konsulent Dr. Zadik – dem Auswanderersperrkonto »Frau Roberta Hirsch geb. Goldtree, USA« gutgeschrieben.

Sohn Ludwig hatte als letztes Mitglied der Familie Dr. Henri Hirsch die Wohnungstür in der Rothenbaumchaussee hinter sich zugezogen, die Haustür unter dem hölzernen Löwen von Juda zufallen hören. Seine Familie hat ihr Ziel, Buenos Aires, die einstige Glücksstadt des Harry Meyer, in der sich nun auch Martin Eduard Friedburgs Enkel Günter Arnold Friedburg aufhält, erreicht. Im Stadtteil Belgrano wimmelt es geradezu von Emigranten, an Herkunftsorten zwischen Berlin und Wien ist hier alles vertreten. Aber so vieles ist anders als in Europa. Der Mond liegt auf dem Bauch, der Orion erscheint gespiegelt. Betäubend, brausend und unverständlich präsentiert die Stadt sich den meisten Neuankömmlingen, voll schreiender Reklame und beängstigenden Verkehrs. Ständig zwingen die ungewohnten Größenverhältnisse zum Stehenbleiben, zum nervösen Suchen nach Dingen, Plätzen, Merkmalen, die man wiedererkennen könnte. Die Geflohenen sortieren sich nach Art ihres Selbstverständnisses. Die einen verbindet außer dem Zufall der Geburt nichts mehr mit Deutschland, sie empfinden sich auf der Durchreise und betrachten Palästina als künftige Heimat. Die anderen entscheiden sich dafür, zu bleiben und hier eine neue Identität zu entwickeln.

Dieselbe Weltgegend – Montevideo in Uruguay – ist im Juli 1939 das Auswanderungsziel der ehemaligen Kinobetreiberin Ranette Salfeld geb. Polack und ihres Ehemanns Emil Salfeld. Tochter Elisabeth Fanny wurde von der Talmud-Tora-Schule mit dem Abitur entlassen, sie befindet sich zur Ableistung ihres Pflichtjahrs in einer jüdischen Haushaltsschule in Hamburg. Die Grundstücke in der Grindelallee 116/118 mit den »Thalia-Lichtspielen« und in der Lübecker Straße mit dem »Kristall-Palast« muss die Familie verkaufen.

Karl Heumann, Inhaber des gleichnamigen Kunsthauses mit Gemäldegalerie und Referent der Reichskammer der Bildenden Künste, taxiert die ihm von Emil Salfeld vorgelegten Gemälde, Radierungen, Lithographien und Reproduktionen und kommt zu dem Schluss, dass Dinge von überragender künstlerischer Bedeutung, deren Verbringung ins Ausland einen Verlust für Deutschland bedeuten würde, sich nicht darunter befinden. Eine Reiseschreibmaschine wird veräußert, ein Silberfuchskragen an die Schwägerin Anna Garden abgegeben, ein Fotoapparat Rolleiflex 4x4 verschenkt, der von Julius Polack geerbte

Flügel verbleibt in Hamburg. Der Spediteur »Röhlig & Co.« verschließt das Umzugsgut zollsicher in Liftvans; das Reisebüro Rudolf Postelt in der Poststraße, Ecke Neuer Wall besorgt die Schiffstickets. Dem »Jüdischen Religionsverband Hamburg« geht eine Wohlfahrtsabschiedsspende zu.

Julius Polacks Bruder Wolfram Charles Garden emigriert ein Jahr später, im Mai 1940. Seine Schwester Paula Meyer geb. Polack wird im Dezember 1941, am Vorabend ihrer drohenden Deportation, mit der Einnahme von Veronal ihr Leben beenden.

Schaden an der Seele

Olga von Löbbecke | Helmuth Behr + Richard Behr + Iris Behr + Dr. Edgar Behr + Gisela Behr | Wilhelm C. H. Möller

9. November: Wie allerorts im Deutschen Reich wehen über Hamburgs Straßen die Fahnen mit den Hakenkreuzen, auf Vollmast gesetzt, zum Gedenken an Hitlers Putsch 1923 in München. Die Alsterfahrgastschiffe, die Namen beim Putschversuch umgekommener NS-Kämpfer tragen, sind mit Lorbeerkränzen geschmückt. Nach Beendigung der dritten Unterrichtsstunde versammeln sich Schüler und Lehrkörper in den Gemeinschaftsräumen der Schulen, Gedichte wie »Heilig Vaterland« werden aufgesagt, anschließend Lieder gesungen, darunter Arno Parduns Hymne »Volk ans Gewehr«.

In der Nacht dieses 9. November 1938 ziehen SA-Männer in Zivil truppweise durch die Straßen der Innenstadt. Die großen jüdischen Geschäfte wie »Gebr. Hirschfeld« und »Gebr. Robinson«, »Optik, Photo und Kino W. Campbell & Co.« und »Gustav Wilhelm Unger, Damen- und Herren-Moden« werden gezielt angegriffen, Glasscheiben der Schaufenster und Auslagen zertrümmert. Am Steindamm demoliert der Mob das Geschäft für Damen- und Kinderkleidung von Marcus Galewski. In Rotherbaum, Stadtteil des NS-Kreisleiters Walter Gloy, beschädigen die getarnt agierenden Randalierer an vier verschiedenen Stellen – in der Rothenbaumchaussee, Beneckestraße, Rutschbahn und am Bornplatz – Fenster und Einrichtungen von Synagogen. In der Oberstraße zerstören sie die Ausstattung des Israelitischen Tempels. Das Äußere bleibt erhalten, in den Räumen werden in der Folgezeit Druckerpressen untergebracht.

Tags darauf ergeht die staatliche Verordnung, dass die Schäden von den Inhabern der Geschäfte und den Eigentümern sofort und auf eigene Kosten zu beseitigen seien. Waffenbesitz wird Juden verboten. Die Berichterstattung über den bevorstehenden Winterdom nimmt in der Hamburger Tagespresse mehr Raum ein als die Artikel über die verstörenden lokalen Ereignisse des 9. November und die sich anschließende Verhaftungswelle. Weitere Beunruhigung soll in die Bevölkerung nicht hineingetragen werden.

Kurz darauf, am 12. November, löscht die Feuerwehr im Inneren der Synagoge der orthodoxen jüdischen Gemeinde am Bornplatz ein Feuer. Drei Hamburger Abbruchunternehmen werden mit der Niederlegung des Gebäudes beauftragt, die Arbeiten ziehen sich ab dem Frühjahr hin bis in den nächsten Sommer. Zeuge des als »Reichskristallnacht« bezeichneten Pogroms ist der Schüler Helmuth Behr, genannt »Peggy«, jüngster Sohn der Familie Richard Behr im 3. Stock der Rothenbaumchaussee 26. Die Witwe Olga von Löbbecke hatte es für zweckmäßig befunden, da ihre Kinder bereits aus dem Haus sind, in eine kleinere, hellere Wohnung im 5. Stock des Hauses zu ziehen; den Wohnungsschlüssel hatte sie schon 1933 über die »Wohnhaus Rothenbaum GmbH« an die Behrs weitergereicht. Der 16-jährige Helmuth Behr trägt nach seinen Erlebnissen am Bornplatz nun blankes Entsetzen in das Haus und in dessen imaginäres Arsenal der Gefühle hinein. Schon am nächsten Tag protestiert er offen gegen die Verwüstungen – und wird festgenommen. Danach will er nicht mehr in Deutschland bleiben.

Der aufgeweckte »Peggy« hatte das Wilhelm-Gymnasium in der Moorweidenstraße besucht, gelegen neben dem Logenhaus der freimaurerischen »Provinzialloge« von Niedersachsen und dem Generalkonsulat von El Salvador, bis der besorgte Klassenlehrer bei den Eltern erschien. Er könne nicht mehr mit ansehen, in welch hässlicher Form und unerträglicher Weise Helmuth von Klassenkameraden wegen seiner Abstammung gehänselt werde; er müsse befürchten, dass Helmuth Schaden an seiner Seele nehme. Vater Richard Behr, selbstständiger Außenhandelskaufmann, ist jüdisch, seine in England geborene Ehefrau Iris Leila Charlotte geb. Möller nicht. Ihr zuliebe ist er aus der jüdischen Religionsgemeinschaft ausgetreten und betrachtet sich seitdem als konfessionslos. Die Söhne Edgar – er ist der Ältere – und Helmuth sowie die Tochter Gisela gelten im Jargon der Zeit als »Halbjuden«.

Über die Großmutter Leila Möller ist das »Royal Recipe« des britischen Königshauses für Orangenmarmelade in die Familie gekommen, eine Urgroßtante ist einst Hofdame bei Queen Victoria gewesen, sie hatte die streng geheime Anleitung für die exklusive Köstlichkeit der Windsors bei Gelegenheit transferiert und die Sippe restlos davon überzeugt, dass bittere Orangen die wahren Kronjuwelen sind. Nur in der fast dunklen Küche, bei geschlossener Tür, wird das Dokument mit der Zauberformel verschwörerisch hervorgeholt, und welche Zutaten es außer nicht gelierbarem Zucker braucht, geht im Flüstern unter. Die verwandtschaftliche Beziehung kam der Familie Behr auch beim Einzug in die Rothenbaumchaussee 26 zugute. Wilhelm »Bobby« Möller, Sohn des Firmengründers Carl Eduard Heinrich Möller in Firma »A. Suck & C. Möller«, Haus- und Hypothekenmakler, war seiner Schwester Iris und ihrem Mann dabei behilflich.

Im Februar 1938 musste Dr. Edgar Behr die Firma »Richard Behr & Co.« verlassen, Iris Leila Behr und ein Kommanditist waren als Gesellschafter eingetreten. Behr, Doktor der Rechtswissenschaften, war 1933 aus dem juristischen Referendardienst entfernt worden, aber bereits als Student kaufmännisch tätig gewesen. Da die Firma »Richard Behr & Co.« mit Wirkung vom 1. Juli 1938 durch den SS-Hauptsturmführer und Diplom-Kaufmann Alfred Schommer »arisiert« worden ist, darf Helmuth Behr dort keine Lehre mehr antreten. Schommer lehnt es ab, einen weiteren »Halbjuden« in der Firma zu beschäftigen. Wegen eigener fehlender Sachkenntnis in den Geschäftsfeldern kann er auf den in der Firma tätigen Edgar Behr nicht verzichten. Er selbst befand sich zum Zeitpunkt der Übernahme in Berlin-Halensee, wo das SS-Hauptamt Reichskommissariat für die Festigung deutschen Volkstums im Ostraum untergebracht ist. Schommers Prokurist ist der Versicherungskaufmann Kai du Roi Droege, Mitglied des »NRV«, des »Norddeutschen Regatta Vereins«, dem auch Dr. Edgar Behr früher angehörte. Im exklusiven »Club an der Alster« hatte Behr Hockey gespielt, zusammen mit Männern wie Alwin Münchmeyer dem Jüngeren. Und er war Leistungssportler bei nationalen und internationalen Segelwettbewerben gewesen. Als einer von zwei deutschen Seglern der 12-Fuß-Dinghi-Klasse hatte er 1932 an den Olympischen Spielen in Los Angeles teilgenommen und bei den Jollen-Rennen trotz eines zugelosten schlechten Bootes den dritten Platz belegt. Wegen angeblicher unzulässiger Berührung einer Boje wurde er allerdings disqualifiziert. Immerhin hatte er Gelegenheit gehabt, Chicago – leider, wie er scherzhaft bedauert, ohne Schießerei – und die Automassen im New Yorker Stau zu erleben.

Edgar, der sich mit Heiratswünschen trägt, liest die »Nürnberger Gesetze« sehr genau und findet eine Lücke: Die Kombination »Halbjude« und »Halbjüdin« ist nicht verboten. Also schaut er nach einer Frau, die wie er »halbjüdisch« ist. Als er Ilse Schüring aus Oberhausen kennenlernt, bei der Geburtstagsfeier seiner Schwester Gisela, ist er – ab nach Travemünde! – nach drei Tagen verlobt und drei Monate später verheiratet. Alwin Münchmeyer, Junior des gleichnamigen Bankhauses, Neffe der Frau von Löbbecke, Dr. Edgar Behrs Hockeyfreund, wundert sich über die offizielle Begründung der Hamburger »Rassenpfleger«, die die Genehmigung für diese Heirat erteilt haben. »Halbarier« und »Halbarierinnen« können nach ihrer Lehre angeblich keine Kinder zeugen, und so sei die Ehe »unschädlich«.

Trotz dieses frischen Eheglücks werden bei den Behrs die Herzen schwer.

Eine schmale Figur geht durch den hölzernen Türrahmen des Hauses Rothenbaumchaussee 26 hinaus. Aus dem für ihn unerträglich gewordenen Deutschland wandert der jüngere Bruder Helmuth Behr ganz alleine aus, zunächst für ein Jahr nach Lausanne, dann ins englische Sutton, wo er bei einem Geistlichen Unterkunft findet. Mit dem Fahrrad zwischen Sutton und Cambridge pendelnd, hängt »Peggy« sich eines Tages mit einer Hand an einen fahrenden Lastwagen an und verunglückt tödlich. Außer seinen Verwandten erfährt niemand von dieser Tragödie.

Für den diesjährigen Winterdom inserieren Schausteller wie die »Schippers & van der Ville«. Auch der Konzertbetrieb in der Stadt nimmt seinen gewohnten Fortgang; die Konzertdirektion Dr. Rudolf Goette kündigt einen neuen Liederabend der »Hammer« an, mit einem durchaus unkonventionellen Programm und teils schwierigen neuromantischen Werken.

Die Schlagzeile auf Seite eins der »Hamburger Nachrichten« vom 12. November 1938 lautet: »Theaterbesuch für Juden verboten«.

LEVY

2. Stock links,
1922 – 1936

1

2

3

4

Regelmäßig annonciert der jüdische Privatbankier **Paul Levy** ausführliche Jahresberichte über den Handel mit Wertpapieren und Beteiligungen an bergbaulichen Unternehmen (1). Familienbilder der Levys dokumentieren ihr Selbstverständnis als deutsche Patrioten: Ganz im maritimen Stil der wilhelminischen Kaiserzeit präsentiert **Anna Levy** ihre drei Söhne **Richard**, **Heinrich (Heinz) Bernhard** und **Alfred**, während Paul Levy, hier zu Beginn des Ersten Weltkriegs, sich mit seiner Tochter **Karla** (3) in der Uniformjacke des Infanterie-Regiments »Hamburg« (2. Hanseatisches) Nr. 76 abbilden lässt. Aus den 1920er-Jahren stammt das Doppelporträt von Anna Levy mit ihrer Tochter Karla (4).

1

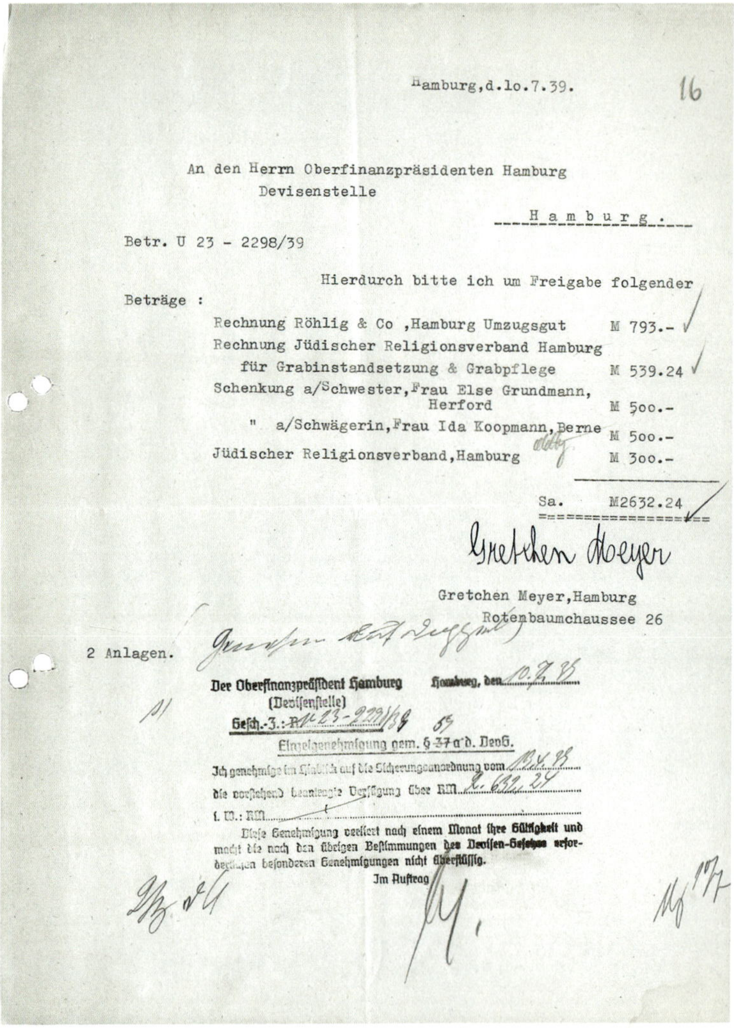
Hamburg,d.1o.7.39. 16

An den Herrn Oberfinanzpräsidenten Hamburg
Devisenstelle

Hamburg.

Betr. U 23 - 2298/39

Hierdurch bitte ich um Freigabe folgender Beträge :

Rechnung Röhlig & Co ,Hamburg Umzugsgut	M 793.-
Rechnung Jüdischer Religionsverband Hamburg für Grabinstandsetzung & Grabpflege	M 539.24
Schenkung a/Schwester,Frau Else Grundmann, Herford	M 5oo.-
" a/Schwägerin,Frau Ida Koopmann,Berne	M 5oo.-
Jüdischer Religionsverband,Hamburg	M 3oo.-
Sa.	M2632.24

Gretchen Meyer

Gretchen Meyer,Hamburg
Rotenbaumchaussee 26

2 Anlagen.

Der Oberfinanzpräsident Hamburg (Devisenstelle) Hamburg, den 10.7.39
Gesch.-Z.: U 23-2298/39
Einzelgenehmigung gem. § 37 a d. DevG.
Ich genehmige im Hinblick auf die Sicherungsanordnung vom 13.4.39
die vorstehend beantragte Verfügung über RM 2.632,24
i. W.: RM
Diese Genehmigung verliert nach einem Monat ihre Gültigkeit und macht die nach den übrigen Bestimmungen des Devisen-Gesetzes erforderlichen besonderen Genehmigungen nicht überflüssig.
Im Auftrag

MEYER

EG rechts, 1923 – 1939

Das übliche Verfahren der Hamburger Behörden im Falle einer Auswanderung von Juden muss auch Harry Meyers Witwe Gretchen geb. Plaut durchlaufen, obwohl sie die argentinische Staatsbürgerschaft besitzt. Ausgaben von ihrem gesperrten Konto sind bei der Devisenstelle des Oberfinanzpräsidenten zu beantragen und bedürfen der Genehmigung (1). Die Karte mit der handschriftlich korrigierten Ladenadresse der Meyers im vornehmen Geschäftsviertel von Buenos Aires erinnert an bessere Zeiten (2). Auf dem Grabstein in Hamburg-Ohlsdorf (3) sind Harry Meyers Lebensdaten sowohl nach dem christlichen als auch nach dem jüdischen Kalender aufgeführt.

2

FRIEDBURG

EG links, 1923 – 1931

Der jüdische Privatbankier Martin Eduard Friedburg (hier auf einem Gemälde von Theodor Zeller), Senior des Bankhauses »Martin Friedburg & Co.«, verbringt seine Jugendzeit in der Grindelallee. Trotz wirtschaftlicher Wechselfälle nach dem Krieg von 1870/71 führt er sein Haus erfolgreich, bis er sich 1907 zurückzieht. Nach seinem Tod 1929 übernimmt seine Tochter Auguste Friedburg die Wohnung.

LIEBMANN

1. Stock rechts, 1923 – 1938

Der im preußischen Wiesbaden geborene Friedrich (Fritz) Jacob Liebmann promoviert in Marburg/Lahn zum Dr. jur. Noch während seines Kriegseinsatzes wird er 1917 zum Amtsrichter in Frankfurt am Main ernannt. Seit Anfang 1920 ist er im Bankhaus »M. M. Warburg & Co.«, Hamburg, als Syndikus tätig. Liebmann, das »Gewissen der Bank«, emigriert 1938 mit Frau Anna geb. Oppenheimer und Tochter Lieselotte nach New York.

BEINE

5. Stock links, 1923 – 1935
3. Stock rechts, 1936 – 1982

Der gebürtige Hamburger Heinrich (Heinerle) Theodor Beine, Prokurist im Bankhaus »M. M. Warburg & Co.« seit 1919 und begeisterter Fußballsportler, engagiert sich im Vereinsvorsitz des »SC Victoria« und im »Norddeutschen Sportverband«. Für kurze Zeit ist er einer der Geschäftsführer der »Wohnhaus Rothenbaum GmbH«. Beine stirbt 1935 im Alter von 51 Jahren. Seine Witwe Marie Beine bleibt bis in die 1980er-Jahre im Haus wohnen.

LASPE

5. Stock rechts, 1923 – 1926

Adolf Laspe beginnt seine kaufmännische Karriere in Singapur, betreut das Shipping business und weitverzweigte Produktengeschäft des Ostasien-Handelshauses »Behn, Meyer & Co.«. Ab 1899 ist er Teilhaber der Firma »Arnold Otto Meyer«, der Hamburger Dependance des Stammhauses. Das Gründungsmitglied des »Ostasiatischen Vereins« stirbt 1936.

1

NORDHEIM

1. Stock links,
1923

2

Junge Frauen der Hamburger Gesellschaft drehen Zigaretten für Frontsoldaten des Ersten Weltkriegs, beaufsichtigt von **Stephanie Nordheim geb. Rubinstein** (1). Auch nach dem Tod ihres Mannes, des jüdischen Kaufmanns Louis Nordheim, engagierte sich die Trägerin hoher Auszeichnungen (2) in karitativen Einrichtungen, u.a. der Armenpflege und der »Zentral-Leih-Bibliothek für Blinde«.

VON LÖBBECKE

4. Stock rechts, 1923 – 1933
5. Stock rechts 1934 – 1958

1

2

Noch im fortgeschrittenen Alter macht Hamburgs bekannte Sport- und Turnierreiterin **Olga Karoline von Löbbecke geb. Münchmeyer** eine erstklassige Figur im Sattel, besonders im anspruchsvollen Dressurfach und in der sogenannten Materialprüfung (1). Auch bei waghalsigen Geländeritten des »Hamburger Schleppjagdvereins« steht die Witwe des Ulanen-Majors Ernst-Gustav von Löbbecke und Mutter von vier Kindern nicht zurück. Tochter **Asta von Löbbecke** (2) absolviert in Schweden eine Ausbildung als Gymnastiklehrerin. Unerwartet stirbt das Mitglied der NSDAP im Alter von 35 Jahren.

MAGNUS

4. Stock links,
1923 – 1934

1

4

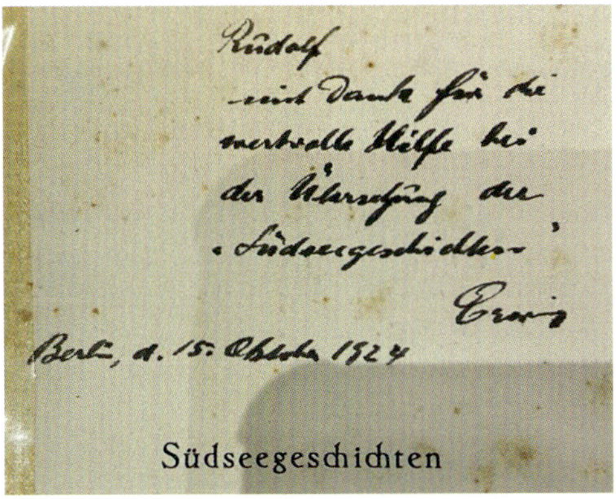
Rudolf
mit Dank für die
wertvolle Hilfe bei
der Übersetzung der
„Südseegeschichten"
Erwin
Berlin, d. 15. Oktober 1924

Südseegeschichten

2

5

3

Dr. Lilly Magnus geb. Rosenberg mit ihren Kindern Ernst Max und Eva Susanne Claudia (1). Auf dem Hofbalkon des Hauses Rothenbaumchaussee 26 kämmt die drei Jahre ältere Schwester mit viel Freude ihrem Bruder die Haare (2). Dr. Rudolf Magnus, jüdischer Rechtsanwalt mit Schwerpunkt Baugenossenschaftsrecht und erster Geschäftsführer der »Wohnhaus Rothenbaum GmbH«, er war einer der Vordenker des Projekts (3). Sein Bruder Erwin Magnus, Übersetzer der Werke des Schriftstellers Jack London, bedankt sich mit einer handschriftlichen Widmung für Hilfe bei den »Südseegeschichten« (4). Dr. Magnus und seine Kinder, ca. 1927 (5).

CAMPE & SAGET

2. Stock rechts,
1924 – 1930, 1930 – 1935

1

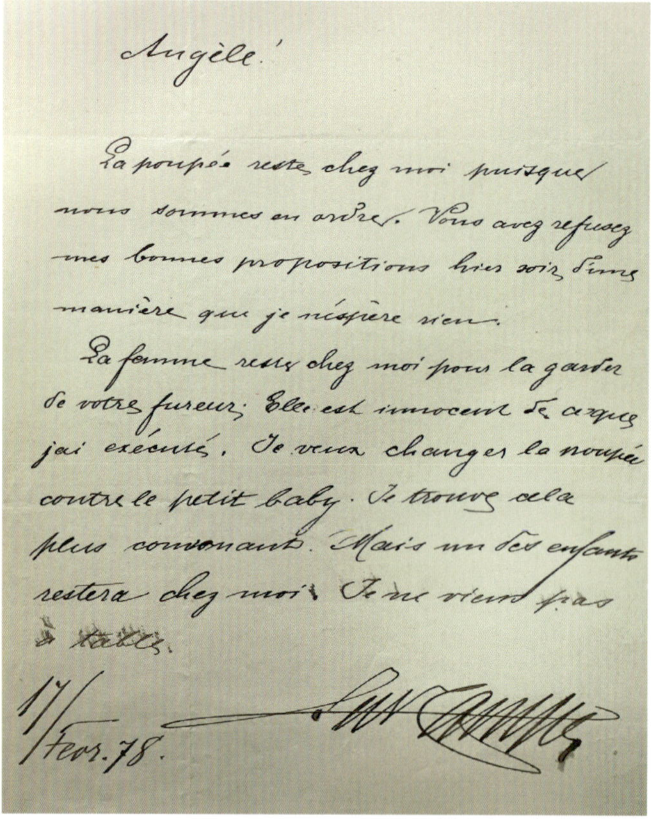

Angèle!

La poupée reste chez moi puisque nous sommes en ordre. Vous avez refusez mes bonnes propositions hier soir d'une manière que je n'espère rien.

La femme reste chez moi pour la garder de votre fureur: Elle est innocent de ce que j'ai exécuté. Je veux changer la poupée contre le petit baby. Je trouve cela plus convenant. Mais un des enfants restera chez moi. Je ne viens pas ~~à table~~.

17/Fevr. 78.

2

3

4

Im Februar 1878 lässt der Buch- und Kunsthändler Julius Heinrich Wilhelm Campe, Sohn des berühmten Heine-Verlegers Julius Campe, seine französische Frau **Marie-Angèle Campe geb. Lunot** brieflich wissen, dass er in ihrem Ehestreit eine der beiden kleinen Töchter für sich beansprucht (1). Das aus dem Besitz der Kaiserin Elisabeth von Österreich stammende Heine-Denkmal (2) lässt seine Witwe (3) später im Hamburger Barkhof aufstellen. Über ihre ältere Tochter **Gabrielle Saget geb. Campe** erbt Enkel **Yves Saget** (4) mehrere Immobilien in Hamburg, darunter die Wohnung in der Rothenbaumchaussee. Im KZ Neuengamme wird Saget, als Mitglied der französischen Résistance, im Dezember 1944 ermordet.

BRINCKMANN
3. Stock links,
1924 – 1951

1

2

Dr. Rudolf Brinckmann (1) auf dem Gipfel – seit 1938 ist er Teilhaber des Bankhauses »M. M. Warburg & Co.«, später »Brinckmann, Wirtz & Co.«. Jahrzehnte zuvor (2) steht der im türkischen Smyrna geborene vielsprachige Sohn eines dänischen Konsuls noch im Hintergrund (5. von links), doch bald erweist er sich vor allem im Geschäft mit dem orientalischen Raum als unentbehrlich. Auch nach ihrer »Arisierung« bleibt die Warburg-Bank bedeutend. In hoher Zahl werden unter Aufsicht des Oberfinanzpräsidenten Hamburg, Devisenstelle, Sperr- und Sicherungskonten emigrierter Juden verwaltet.

DAVIDSON
Dachgeschoss (Atelier),
1925 – 1932

1

2

Der jüdische Maler, Kostüm- und Bühnenbildner **Willy Davidson**, der das Atelier im 6. Stock des Hauses nutzt, engagiert sich in den 1920er-Jahren bei den legendären Künstlerfesten im Curiohaus als Gestalter und Kassenwart. Bei »Der siebente Krater« (1925) posieren für das Foto neben Davidson (hockend, 2. von links) der Schauspieler Paul Kemp, Erika Mann, Gustaf Gründgens und Klaus Mann (1). Für den Almanach der »Götzenpauke« (1921) steuert Davidson eine Druckgrafik bei (2).

1

3

4

2

Absender:

Wohnort: Straße, Hausnummer, Gebäudeteil, Stockwerk

Postkarte

BADEN-BADEN

in Hamburg

Straße, Hausnummer, Gebäudeteil, Stockwerk

BENJAMIN & HIRSCH

1. Stock links,
1924 – 1927, 1927 – 1939

In der orthodoxen Familie **Benjamin-Hirsch** wird viel korrespondiert, das eng aufeinander bezogene Leben mit dem erklärten Anspruch eines bewussten Judentums erfordert ständige Mitteilung über das Wohlergehen von Eltern und Söhnen. Auch während seiner zahlreichen Vortragsreisen versäumt der Röntgenarzt **Dr. Henri Hirsch** nicht, nahezu täglich wenigstens eine Postkarte (2) zu schicken. Sohn **Julius (Ulli) Hirsch**, Mitglied des jüdischen Jugendbundes »Zeire Misrachi«, ist der fleißigste und ernsthafteste Briefeschreiber (3), besonders zu Stiefbruder **Alfred Benjamin** (4) hält er engen Kontakt. Die Flucht von Dr. Hirsch nach Meran und das Schicksal der ganzen Familie in den Jahren danach bedrücken beide Brüder sehr. Häufiger Gast der Familie ist Oberrabbiner Dr. Joseph Carlebach (rechts, links Henri Hirsch), auch in ihrem italienischen Exil (1).

EHRLICH

3. Stock rechts, 1925 – 1929

Die weltberühmte Pianofirma »Steinway & Sons« – hier ein Bild des Hamburger Werkdirektors **Theodor Ehrlich**, der nach seiner Ehescheidung eine vorübergehende gemietete Bleibe im Haus fand – ist auch über die Namen Campe, Aleff und Neukircher mit der Geschichte des Hauses verbunden.

HEINEMANN

3. Stock rechts, 1930 – 1932

Noch als Witwe des jüdischen Münchner Kunsthändlers Hermann Heinemann ließ sich **Sophie Heinemann geb. Alexander** als »Frau Geheimrat« anreden. Die Versteigerung ihres außergewöhnlich hochwertigen Nachlasses durch den Auktionator Elsas wurde in großformatigen Anzeigen bekannt gemacht.

BUTLER

EG links, 1932 – 1933

Der Direktor der »Barclays Bank, Commonwealth, Dominion & Overseas, Hamburg Branch«, **Edward Francis Butler**, in Hamburg tätig von 1931 bis 1936. In den ersten beiden Jahren bewohnte er mit seiner Frau **Lilian Gladys Butler geb. Brunette** die Wohnung der Friedburgs. Sie hatten die südafrikanische Staatsbürgerschaft.

PARDO

3. Stock rechts, 1933

1

2

Der Rechtsanwalt und Politiker **Dr. Herbert Pardo** (1) war mehrfach Vorsitzender der Hamburger Portugiesisch-Jüdischen Gemeinde. Mit seiner Frau **Ruth geb. de Binjamin Neuländer** (2. von rechts) und den Kindern **Ernst Benjamin**, **Bertram David** und **Grete** bewohnte er im Jahr 1933 das Haus (2).

1

BEHR
4. Stock rechts,
1934 – 1966

2

3

4

Richard Behr und sein Sohn Dr. jur. Edgar Behr (1) am 18. Mai 1939 auf dem Balkon der Rothenbaumchaussee 26. Die Firma »Richard Behr & Co.«, Im- und Export, Transithandel für Federn, ist ein Jahr zuvor »arisiert« worden. Richard Behr (2) sieht sein Lebenswerk bedroht. Der jüngere Sohn Helmuth, genannt »Peggy« (3), ist nach den Ereignissen am 9. November 1938 nach England emigriert. Das Familienbild aus den frühen 1920er-Jahren mit der nichtjüdischen Ehefrau Iris Leila Behr geb. Möller und den Kindern Gisela und Edgar (4) dokumentiert einen geordneten Wohlstand.

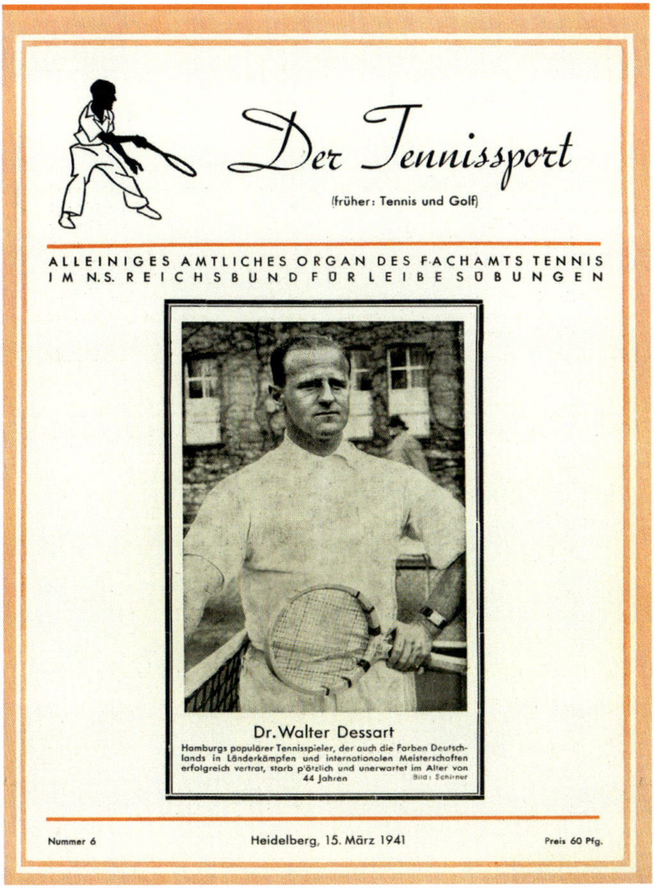
Der Tennissport

(früher: Tennis und Golf)

ALLEINIGES AMTLICHES ORGAN DES FACHAMTS TENNIS
IM N.S. REICHSBUND FÜR LEIBESÜBUNGEN

Dr. Walter Dessart

Hamburgs populärer Tennisspieler, der auch die Farben Deutschlands in Länderkämpfen und internationalen Meisterschaften erfolgreich vertrat, starb plötzlich und unerwartet im Alter von 44 Jahren

Bild: Schirner

Nummer 6 Heidelberg, 15. März 1941 Preis 60 Pfg.

1

DESSART

EG links, 1934 – 1941, 1941 – 1987

Dr. med. dent. Walther Dessart, dreifacher Gewinner der Hamburger Tennismeisterschaft am Rothenbaum, erlangt als Teilnehmer am Turnier in Wimbledon, an den Internationalen Deutschen Meisterschaften und als Mitglied der deutschen Davis-Cup-Mannschaft internationale Bekanntheit (1). Das Mitglied der NSDAP und der SS stirbt während des Frankreichfeldzugs der Deutschen Wehrmacht im Februar 1941. Seine Witwe Frieda wohnt bis 1987 in der Rothenbaumchaussee; im Sommer 1948 steht sie mit Kurt Detlev Siemssen (2), dem jüngsten Sohn ihrer Jugendfreundin Grete, unter dem Apfelbaum im Hof des Hauses. Im Jahr zuvor hatte die Familie Siemssen ihr langjähriges Domizil in China verlassen müssen und war zur Untermiete in die Wohnung der Dessarts eingezogen.

2

HAMMER

5. Stock, 1935 – 1937
Dachgeschoss (ehem. Atelier), 1938 – 1966

Die Hamburger Staatsoper als Bildmaschine kolossaler propagandistischer Prospekte: In Richard Wagners »Tristan und Isolde« agiert die Altistin Gusta Hammer (2. von rechts) als »Brangäne« (1). In der Zusammenarbeit mit Generalmusikdirektor Eugen Jochum und bei eigenen Liederabenden feiert die Kammersängerin (2) mit der warmen, dunklen Stimme und dramatischen Ausdruckskraft ihre größten Erfolge. Der widersprüchlich agierende Parteigenosse und Hausnachbar Kurt Albert Uebel findet anlässlich seiner Entnazifizierung ihre Unterstützung (3).

2

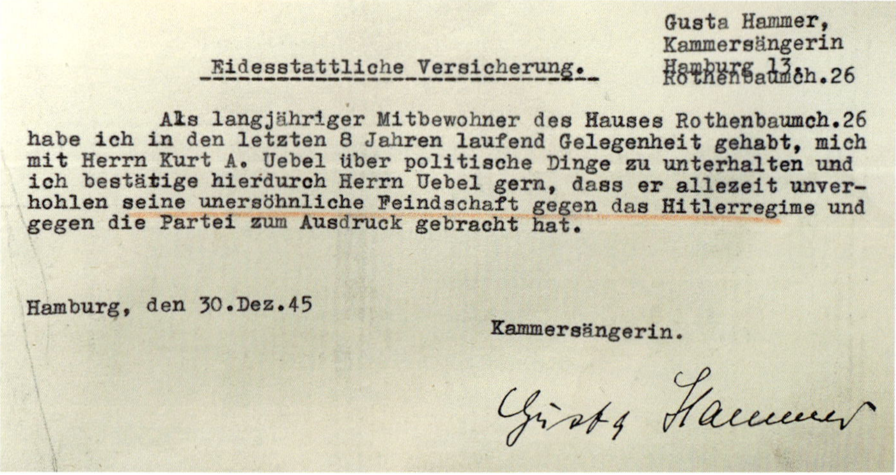

Gusta Hammer,
Kammersängerin
Hamburg 13,
Rothenbaumch.26

Eidesstattliche Versicherung.

Als langjähriger Mitbewohner des Hauses Rothenbaumch.26 habe ich in den letzten 8 Jahren laufend Gelegenheit gehabt, mich mit Herrn Kurt A. Uebel über politische Dinge zu unterhalten und ich bestätige hierdurch Herrn Uebel gern, dass er allezeit unverhohlen seine unersöhnliche Feindschaft gegen das Hitlerregime und gegen die Partei zum Ausdruck gebracht hat.

Hamburg, den 30.Dez.45

Kammersängerin.

Gusta Hammer

3

NEUKIRCHER

3. Stock rechts, 1935 – 1939

2

3 – 5

Else Neukircher geb. Schüler, nichtjüdische Ehefrau des jüdischen Kaufmanns für Produkte der Lederherstellung Carl Julius Neukircher, mit dem geliebten Familienhund Pat (1). Die Jahre ihrer Kindheit verbringen die Töchter Inge (links) und Maria (rechts) in einem Anwesen am Leinpfad (2). Im Brüsseler Exil lebt die Familie zunächst versteckt unter falschen Namen, kommt zuletzt jedoch noch in Lagerhaft und entgeht nur knapp der Deportation nach Auschwitz. Unmittelbar nach Kriegsende werden Ausweisbilder einer Hilfsorganisation angefertigt (3 – 5). Noch während des Krieges heiratet Maria Neukircher den aus Ungarn stammenden Zahnarzt Dr. Béla Steiner (6). Auf dem Hochzeitsfoto sind auch Inge Gonsenheimer-Neukircher (2. von links) und ihr Vater Carl Julius Neukircher (2. von rechts) zu sehen.

6

1

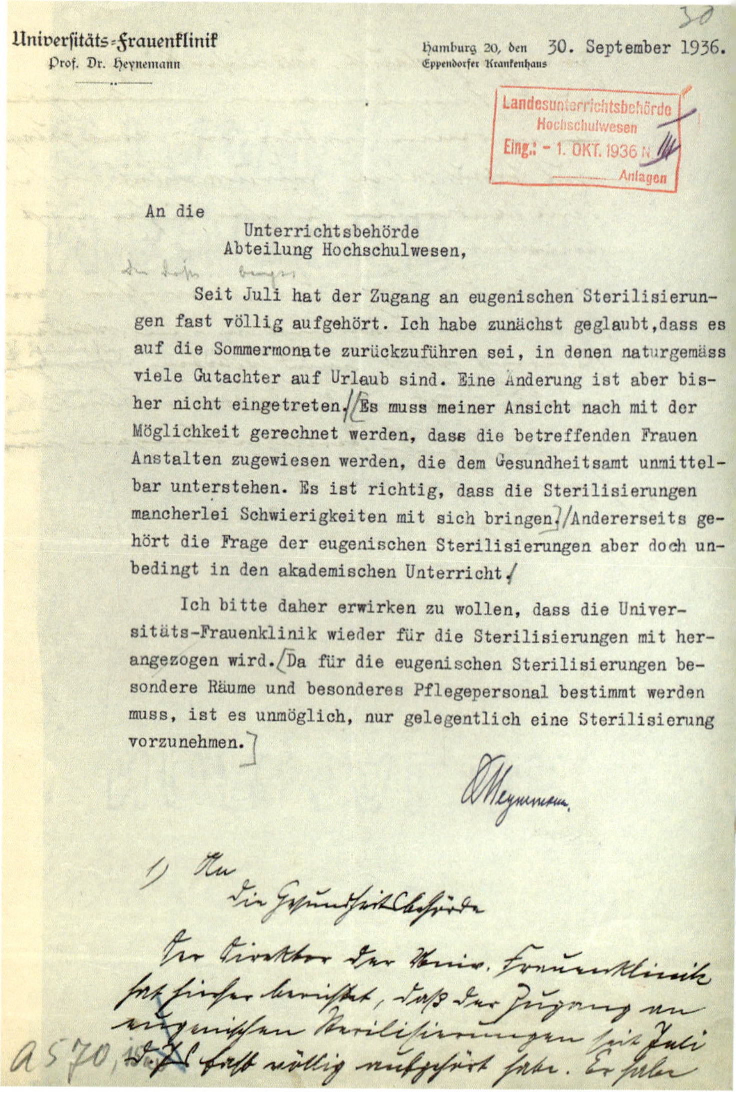

Universitäts-Frauenklinik
Prof. Dr. Heynemann

Hamburg 20, den 30. September 1936.
Eppendorfer Krankenhaus

Landesunterrichtsbehörde
Hochschulwesen
Eing.: - 1. OKT. 1936 N
Anlagen

An die
Unterrichtsbehörde
Abteilung Hochschulwesen,

Seit Juli hat der Zugang an eugenischen Sterilisierungen fast völlig aufgehört. Ich habe zunächst geglaubt, dass es auf die Sommermonate zurückzuführen sei, in denen naturgemäss viele Gutachter auf Urlaub sind. Eine Änderung ist aber bisher nicht eingetreten. [Es muss meiner Ansicht nach mit der Möglichkeit gerechnet werden, dass die betreffenden Frauen Anstalten zugewiesen werden, die dem Gesundheitsamt unmittelbar unterstehen. Es ist richtig, dass die Sterilisierungen mancherlei Schwierigkeiten mit sich bringen.] Andererseits gehört die Frage der eugenischen Sterilisierungen aber doch unbedingt in den akademischen Unterricht.

Ich bitte daher erwirken zu wollen, dass die Universitäts-Frauenklinik wieder für die Sterilisierungen mit herangezogen wird. [Da für die eugenischen Sterilisierungen besondere Räume und besonderes Pflegepersonal bestimmt werden muss, ist es unmöglich, nur gelegentlich eine Sterilisierung vorzunehmen.]

Heynemann

1) An
die Gesundheitsbehörde
Der Direktor der Univ. Frauenklinik hat hierher berichtet, dass der Zugang an eugenischen Sterilisierungen seit Juli fast völlig aufgehört habe. Er habe

HEYNEMANN

2. Stock links,
1936 – 1951, 1951 – 1971

2

In einem Schreiben an die Landesunterrichtsbehörde beschwert sich der Direktor der Universitätsfrauenklinik in Hamburg-Eppendorf, Prof. Dr. Theodor Heynemann, über mangelnden Zugang an Patientinnen nach Urteilen von Erbgesundheitsgerichten. Der Unterzeichner des Aufrufs deutscher Hochschullehrer für Adolf Hitler bezeichnet dabei eugenische Sterilisierungen als Bestandteil des akademischen Unterrichts (1). In der Rothenbaumchaussee nutzt der Gynäkologe mit den Schmissen im Gesicht (2) zwei Zimmer als Praxis. Das Mitglied der NSDAP heiratet seine Haushälterin Marie Tannrath, die nach seinem Tod bis 1971 in der Wohnung bleibt.

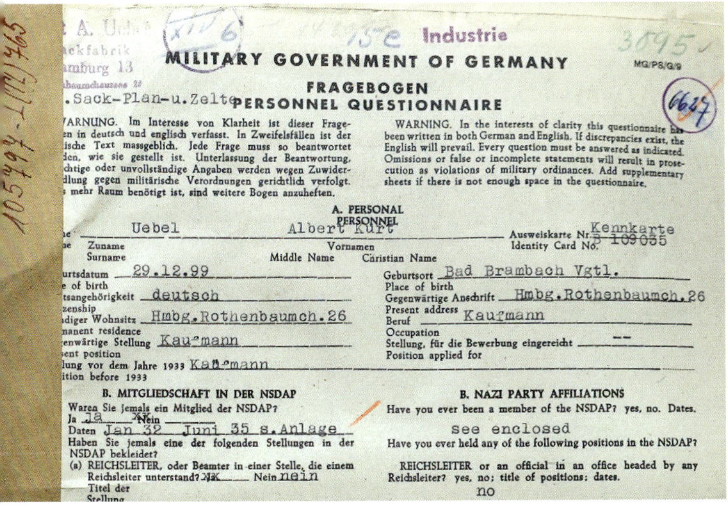

A. Uebel
Sackfabrik
Hamburg 13
Rothenbaumchaussee 26
.Sack-Plan-u.Zelte

Industrie

MILITARY GOVERNMENT OF GERMANY

MG/PS/G/9

FRAGEBOGEN
PERSONNEL QUESTIONNAIRE

WARNUNG. Im Interesse von Klarheit ist dieser Fragebogen in deutsch und englisch verfasst. In Zweifelsfällen ist der englische Text massgeblich. Jede Frage muss so beantwortet werden, wie sie gestellt ist. Unterlassung der Beantwortung, unrichtige oder unvollständige Angaben werden wegen Zuwiderhandlung gegen militärische Verordnungen gerichtlich verfolgt. Falls mehr Raum benötigt ist, sind weitere Bogen anzuheften.

WARNING. In the interests of clarity this questionnaire has been written in both German and English. If discrepancies exist, the English will prevail. Every question must be answered as indicated. Omissions or false or incomplete statements will result in prosecution as violations of military ordinances. Add supplementary sheets if there is not enough space in the questionnaire.

A. PERSONAL
PERSONNEL

Name Zuname / Surname: Uebel — Vornamen / Middle Name, Christian Name: Albert Kurt — Ausweiskarte Nr. / Identity Card No.: Kennkarte 109035

Geburtsdatum / Date of birth: 29.12.99 — Geburtsort / Place of birth: Bad Brambach Vgtl.

Staatsangehörigkeit / Citizenship: deutsch — Gegenwärtige Anschrift / Present address: Hmbg.Rothenbaumch.26

Ständiger Wohnsitz / Permanent residence: Hmbg.Rothenbaumch.26 — Beruf / Occupation: Kaufmann

Gegenwärtige Stellung / Present position: Kaufmann — Stellung, für die Bewerbung eingereicht / Position applied for: --

Stellung vor dem Jahre 1933 / Position before 1933: Kaufmann

B. MITGLIEDSCHAFT IN DER NSDAP

Waren Sie jemals ein Mitglied der NSDAP? Ja ja Nein
Daten Jan 32 Juni 35 s.Anlage
Haben Sie jemals eine der folgenden Stellungen in der NSDAP bekleidet?
(a) REICHSLEITER, oder Beamter in einer Stelle, die einem Reichsleiter unterstand? Ja Nein nein
Titel der Stellung

B. NAZI PARTY AFFILIATIONS

Have you ever been a member of the NSDAP? yes, no. Dates.
see enclosed
Have you ever held any of the following positions in the NSDAP?
REICHSLEITER or an official in an office headed by any Reichsleiter? yes, no; title of positions; dates.
no

1

In den Verfahren der britischen Militärregierung zur Entnazifizierung werden ehemalige Parteimitglieder der NSDAP sowie belastete Personen verpflichtet, einen Fragebogen auszufüllen und Angaben über Zugehörigkeit zu Organisationen und Aktivitäten zu machen (1). Der Sackgroßhändler Kurt Albert Uebel (2), seit 1932 Parteigenosse, stellt sich selbst dabei als Gegner des Nationalsozialismus dar, der das Regime bekämpft habe. Den Einsatz von Ostarbeiterinnen in seinem »arisierten« Betrieb verschweigt er.

UEBEL

1. Stock rechts,
1939 – 1954

2

LIEB

2. Stock rechts,
1939 – 1941, 1941 – 1963

»Fußklinik« nennt der Fußpraktiker, Bandagist und Kaufmann für orthopädische Artikel **Wilhelm Lieb** sein Fußbehandlungsinstitut, das er zusammen mit seiner geschiedenen Ehefrau **Margaretha Lieb geb. Thomsen** betreibt. Wegen seiner offen geäußerten Ablehnung des Nationalsozialismus wird Lieb zu Lagerhaft verurteilt und aus dem Geschäft gedrängt. Der sich anschließende Konflikt mit seiner früheren Partnerin eskaliert und wird noch nach dem Krieg weitergeführt.

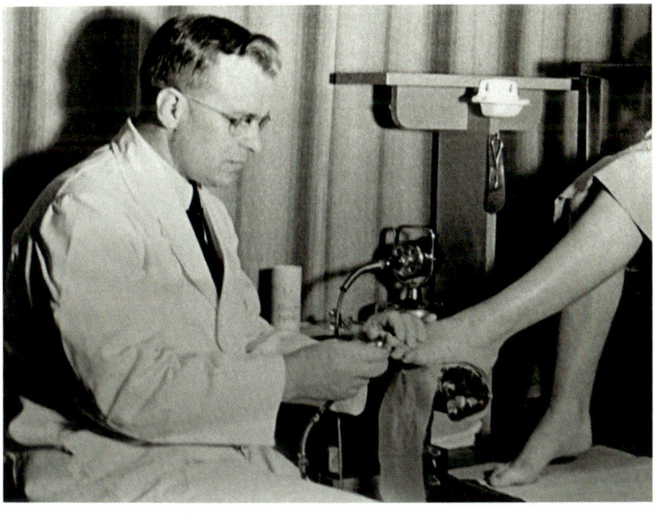

FALCKENBERG

EG rechts,
1941–1959

In die ursprünglich Harry unc Gretchen Meyer gehörende Woh nung im Parterre zieht kurz vo Beginn des Zweiten Weltkriegs die Familie des Spediteurs unc Kaufmanns für Güterfernverkeh Eduard Falckenberg. Als passic nierter Reiter und erfolgreiche Pferdezüchter interessiert er sich besonders für ostpreußische Tra kehner; das 1956 in einem Stal im Rothenbaumviertel geborene Fohlen nennt er »Aprilscherz« (1) Tochter Karin wird Turnierreiterin Schwiegervater und Mitbewohner Otto Tesch (2) ist damals Ham burgs ältester noch lebender Po lizist mit einem unerschöpflichen Vorrat an Geschichten aus seiner aktiven Zeit.

1

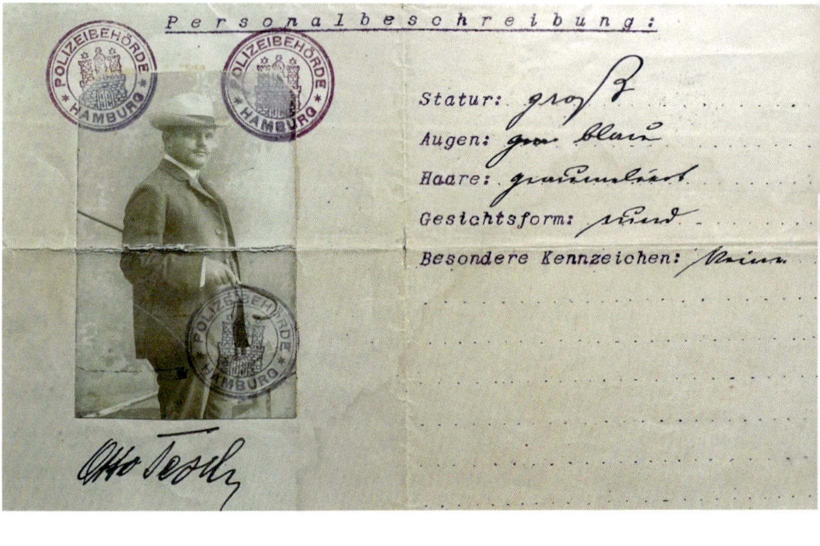
Personalbeschreibung:

POLIZEIBEHÖRDE HAMBURG

Statur: groß
Augen: blau
Haare: graumeliert
Gesichtsform: rund
Besondere Kennzeichen: keine

Otto Tesch

2

Auswanderungslage

Dr. Rudolf Brinckmann | Julius Hirsch

Mit Dr. Rudolf Brinckmann kommt ein Mann an die Spitze der »arisierten« Firma »M. M. Warburg & Co.«, der angesichts der fortschreitenden Ausgrenzung von Juden für die Bank schon länger als Generalbevollmächtigter unentbehrlich ist, ein Mann, den die Warburgs »unseren Arier« genannt hatten. Das seit 1797 bestehende Haus wird nun in eine Kommanditgesellschaft umgewandelt. Es scheiden aus die bisherigen Teilhaber Max M. Warburg, Dr. Fritz M. Warburg, Dr. Ernst Spiegelberg und Erich M. Warburg.

Dr. Brinckmann gilt als loyaler Treuhänder. Der Manager wird geschäftsführender Gesellschafter mit einem Gesellschaftsanteil von zunächst 200 000,- RM. Der zusammen mit ihm ernannte Kaufmann Paul Wirtz, früherer Inhaber der Salpeterfirma »Hugo Wirtz« und als langjähriger Generaldirektor der »Nitrate Corporation of Chile Ltd.« in London für die chilenische Salpeterindustrie tätig, hält Anteile in Höhe von 150 000,- RM. Dr. Rudolf Brinckmann, der ungern Zeit vergeudet, übernimmt ein schweres Erbe: Über die Bank laufen weiter viele Abwicklungen gesperrter jüdischer Konten, komplizierte Abgabezahlungen und Depotauflösungen.

Sekretärin Fräulein Beyer, die von einem Aufenthalt in New York zurückkommt, sieht alte Kollegen wieder, verschiedentlich tragen sie sogar das Parteiabzeichen, von manchen hätte sie es überhaupt nicht erwartet. Briefe sind jetzt mit »Heil Hitler« zu zeichnen, ihr Vorgesetzter ist ein überzeugter Nazi, der davon schwärmt, Deutschland habe eine wunderbare Abwehr. Sie ist sehr erschüttert, man wage kein Wort mehr zu sagen, man wisse nicht, mit wem man noch reden könne ohne Gefahr eines Angriffs oder einer Denunziation. Das ist ihr schlimmer Eindruck nach der Pogromnacht im November 1938. Sie wird ohnehin schon beobachtet, dazu auch ihr Hauswirt ausgehorcht, was mit ihr los sei, warum sie ins Ausland reise. Sie verbringt ihre Tage in Angst.

In der Ferdinandstraße 75 zeichnet die Bank »M. M. Warburg & Co.« für ihre Partner in New York ein Bild der Auswanderungslage in Deutschland. Die Hauptschwierigkeit sei nach wie vor die Zahl der Länder, in welche Auswanderungsinteressenten hineingelassen würden. Für die Vereinigten Staaten würden jetzt lediglich die alten Nummern der Visumsanträge von 1 bis 6000 in Hamburg aufgearbeitet; man könne eher von einer Erschwerung als einer Erleichterung der Einwanderung in die Staaten sprechen. Was Großbritannien angehe: Die Committees in London arbeiteten so langsam, dass der Erhalt von Einwanderungsgenehmigungen für einen Zwischenaufenthalt ohne Arbeitserlaubnis im Durchschnitt mindestens drei Monate brauche. Trotz dieser etwas bürokratischen Handhabung sei es in letzter Zeit grundsätzlich möglich gewesen, Auswanderer nach England auf den Weg zu bringen, insbesondere deshalb, weil männliche und weibliche Dienstboten in England gebraucht und zur Arbeit zugelassen würden. Eine Auswanderung nach Holland sei fast unmöglich, nur sehr wohlhabende oder Leute von wissenschaftlichem Interesse würden gelegentlich noch zugelassen. Nach Frankreich hineinzukommen, sei ohne Intervention eines einflussreichen Deputierten grundsätzlich ausgeschlossen, es sei denn, der Betreffende sei zufälligerweise im Elsass geboren und über seine im Jahre 1919 ausgesprochene Option wieder französischer Staatsbürger geworden. Südafrika habe in letzter Zeit nur noch gelegentlich einen Interessenten hineingelassen. Für Australien seien so viele Vormerkungen erfolgt, dass die dortige Quote für die nächsten drei Jahre um das etwa Fünffache überschritten sei. Die Folge dieses Massenansturms sei natürlich wieder eine völlige Verstopfung der australischen Behörden. Kanada: Man habe bisher noch nicht eine einzige Genehmigung gesehen.

Die einzigen Chancen für eine prompte Auswanderung bestünden für Bangkok und Shanghai. Neuerdings jedoch verlange Bangkok einen Unterhaltsnachweis durch einen eingesessenen Siamesen bzw. durch einen dort wohnenden wohlhabenden Europäer, außerdem ein Vorzeigegeld von 30,- britischen Pfund, das vor Ort zu hinterlegen sei. Nach Shanghai würden italienische Schifffahrtslinien Buchungen erst ab Juli dieses Jahres – bis dahin sei alles besetzt – entgegennehmen, wobei gleichzeitig die Rückfahrt bezahlt werden müsse. Vorzeigegeld werde von diesen Linien nicht verlangt. Über die Verhältnisse in Shanghai brauche man nichts Näheres zu schreiben. Es sei so, dass die dortigen jüdischen Organisationen keinerlei Mittel für Hilfeleistung mehr zur Verfügung haben, die Not solle sehr groß sein.

Die Rhodesien-Pläne seien leider Gottes noch immer keinen Schritt vorwärtsgekommen. Wenn die englische Regierung dieses Land, wie ursprünglich geplant, sozusagen als Palästina No. 2 freigeben würde, könnten dort bei den guten landwirtschaftlichen, bergbaulichen und klimatischen Verhältnissen mehrere Millionen Menschen untergebracht werden.

Damit habe man, so die Warburg-Bank, das Bild der Auswanderungslage jüdischer Flüchtlinge in großen Zügen gezeichnet.

Am Abend ist Dr. Brinckmann wieder daheim. Aus dem Radio erklingt klassische Musik. In der Staatsoper ist Richard Wagners »Siegfried« neu einstudiert worden, Eugen Jochum dirigiert leidenschaftlich wie immer, Gusta Hammer singt ruhig und überlegen wie von anderen Ufern her. Dem ehemaligen Kollegen Fritz Liebmann, weiß Dr. Brinckmann, soll es nicht gut gehen. Liebmann hat von New York aus hiesige Restguthaben aufgelöst, auch seinen Erbschaftsanteil an einem Grundstück seiner Mutter in Wiesbaden verkauft. Eine Reise nach Guatemala City ist geplant, um Tochter Lotte nach mehr als zwei Jahren wiederzusehen, doch auch ihm, dem disziplinierten Mann, haben die Ereignisse vor und seit der Abreise schwer zugesetzt, sodass er kränkelt. Dr. Brinckmann raucht seine Pfeife und lauscht weiter der Musik.

Weit entfernt, in Meran, wird für Julius Hirsch die Auswanderungslage immer verzweifelter, außerdem erreicht ihn die bestürzende Nachricht, dass Rabbiner Dr. Paul Holzer, der religiöse Lehrer der Familie, im Zuge der Pogromnacht am 10. November 1938 in Hamburg verhaftet und in das KZ Sachsenhausen gebracht worden ist. Julius erlebt ein einsames Chanukka. Ein Jahr zuvor hatte er einen Anschnauzer von seinem alten Herrn kassiert, weil er eine verkehrte zweite Stimme zum »Moaus Zur« gesungen hatte, das hatte Vater Henris musikalisches Feingefühl sehr gestört. Jetzt trägt Julius Papas Wintermantel, einen sehr guten, teuren Mantel, der 1935 für ihn zurechtgearbeitet worden war; auch eine Reihe von schönen seidenen Hemden hat er geerbt. Zum Fest des Lichts holt er die Unterhaltungsbeilage der »Jüdischen Bibliothek« heraus, er hat verschiedene Ausgaben der Zeitung aus Hamburg mitgenommen, und betrachtet die Bildgeschichte der »Makkabäer«, gezeichnet nach Art eines Comics. Der Kampf der Helden, die Erneuerung des Tempels, das unaufhörliche brennende Öl, aber auch sein eigenes Schicksal – alles das bedeutet ihm Chanukka.

Aus El Salvador teilt Roberta Hirschs Vetter mit, alle Visa der Familie seien ungültig. Julius reagiert bitter. Bourgeoisem Standesdünkel, schreibt er seinen Brüdern, habe er schon längst abgeschworen, und nun auch der Hoffnung, sich auf Verwandte verlassen zu können. León Liebes, der Bruder seiner Mutter Roberta, war 1937 zurückgegangen nach El Salvador. Nach seiner Emigration wurde die Firma »Goldtree & Liebes«, Import-Export und Kaffeehandel, in eine Kommanditgesellschaft umgewandelt und galt als »entjudet«. Auch Liebes kann in der Angelegenheit nichts tun.

Im Hafen von Genua sieht Julius Hirsch Schiffe ablegen mit Destination Shanghai, prachtvolle Dampfer wie die »Conte Verde«, die »Conte Biancamano« oder die »Giulio Cesare«; an Bord befinden sich Tausende von Juden als Passagiere. Die Ungewissheit ist furchtbar für den Letzten der noch nicht ausgereisten »Hirsche«. Schließlich, endlich!, kommt das Permit aus England, das quälende Warten hat ein Ende. Julius ruft innerlich »Hurra!« und macht sich auf den Weg.

Bruder Hermann Hirsch schreibt aus Hamburg, er sei in Gedenken an die Mutter auf dem Ohlsdorfer Friedhof gewesen und habe auch für Bruder Werner gebetet. Die Einreise nach Bolivien für ihn und seine Frau Rita sei genehmigt worden, aber trotz Beziehungen und ungeheurer Anstrengungen sei einfach keine Passage zu bekommen, bis August sei alles besetzt. Schließlich klappt es doch noch, sie bekommen am 1. März 1939 Schiffsplätze für den Dampfer »Copiaco« der chilenischen Dampfschifffahrtsgesellschaft. Das Kapitel »Deutschland« ist auch für diesen Zweig der Familie Hirsch beendet.

Ein stiller Exodus vollzieht sich im Haus in der Rothenbaumchaussee 26, Erinnerungen an seine dunkle Erscheinung mit den Rauheiten und Rissen der Fassade verblassen nach und nach, Erinnerungen an die Loggia zur Straßenseite, die Balkone mit den Blumenkästen und Korbstühlen zur Gartenseite, an die Geräusche und Gerüche im Treppenhaus, das helle Foyer, das sich vor dem Aufzug teilt und zwei Gewölbebögen bildet, die klingelnden Postboten, das immer weniger servil wirkende Dienstpersonal, die Bettler und Hausierer, die Missionare und Kohlenschlepper, die Zollfahnder und Gestapobeamten, die ewige Klaviermusik, die Möbelpacker und Scheuerfrauen, die Telegrammboten und die vielen, vielen Patienten, die zu den Ärzten im Haus wollen, die Tennisschläger und Turnierzylinder, die Pelze, Gehstöcke, die blauen Sommerkleider …

Und vor allem an die Zeit unvergleichlich behüteter Gemeinsamkeit.

Säcke en gros

Prof. Dr. Theodor Heynemann | Kurt A. Uebel + Spassena Uebel | Dr. Walther Dessart

In Paris, der Stadt des Yves Saget, herrscht nach diesem Jahr politischer Hochspannung in Europa Hochbetrieb in den Kinos und Cabarets, das »Théâtre de la Madeleine« spielt »Un monde fou«, eine verrückte Welt. Die Metropole liegt unter Schnee. Ein paar Tage vorher waren viele Pariser gegen 7 Uhr morgens von einer merkwürdigen Erscheinung erwacht: Blitze durchschossen die Atmosphäre, mysteriös und durch die Wetterlage nicht zu erklären.

In Hamburg ist das Curiohaus nach seiner Entrümpelung umgebaut und durchgreifend erneuert worden, alte Reklameplakate sind entfernt, auch die Festsäle, hell angestrichen, sind wieder in Betrieb. Gastronom Henry Giele ist raus, auf ihn folgt Hermann Henning, dem die Kreisleitung ohne Weiteres zutraut, den Laden heimatgebunden und erfolgreich zu führen. Der singende Stimmungsmacher Bernhard Jakschtat, beim »Reichssender Hamburg« fest angestellt, darf bei den nahenden Silvesterfeiern nicht fehlen. Wie der Schriftsteller und Künstler Hans Leip ist Jakschtat in jungen Jahren eines der »singenden Drachenkälber« im Chor des St. Georger Kantors Georg Aleff gewesen. Der Kantor ist der Vater von Curt Aleff, der im Dachatelier der Rothenbaumchaussee 26 gewohnt hat, ein strenger, aber eleganter Lehrer, erinnert sich Leip, ein Ritter an Gesinnung und Haltung mit schwarz geränderten Brillengläsern, eine gepflegte Erscheinung, gekleidet in einen edlen gelben Mantel unter einem hellen kecken Hut. Und ein idealer Repräsentant der größten deutschen Flügelfabrik, »Steinway & Sons«.

Repräsentation ist ebenfalls ein wichtiges Anliegen für den Direktor der Universitäts-Frauenklinik Eppendorf, Prof. Dr. Theodor Heynemann. Im Bestreben, seine Frauenklinik weiter aufzuwerten, erachtet er es für dringend notwendig, dass seine Klinik noch einen weiteren Vertreter mit Professorentitel vorweisen kann. Er beantragt, Dr. med. Willi Schultz, früher vorübergehend Schiffsarzt bei der »Hamburg-Amerika-Linie«, zum außerplanmäßigen Professor zu ernennen. Ausdrücklich verweist er in seinem knappen Schreiben darauf, dass Dr. Schultz der NSDAP angehöre, seit 1933 Mitglied der SS und Oberscharführer in der SS-Sanitätsstaffel I/28 sei. Dr. Schultz erhält den Titel.

Die Firma »Moritz Nordheim jr.« ist seit 1937 »arisiert«, im Handelsregister stand zu lesen, dass sie von dem Gesellschafter Friedrich Ludwig Arnold Behrens, Kaufmann zu Hamburg, unter dem Namen »Hermann Samtleben & Co.« weitergeführt wird. In derselben amtlichen Bekanntmachung wird weiterhin angezeigt, dass der aus Kiel stammende Kaufmann Kurt Albert Uebel seit Februar 1937 alleiniger Gesellschafter der Sackgroßhandlung »Kurt A. Uebel Säcke en gros«, Spaldingstraße 203, ist. Zu den Kunden des Sackfabrikanten und -großhändlers zählen Bauern in Schleswig-Holstein, die »Chemische Düngerfabrik« in Rendsburg, die »Kraftfutterfabrik Aspe«, die Lägerdorfer »Dampf-Schlammkreidefabrik« und das Säckelager in Sonderburg. Uebels Sortiment umfasst Soyasäcke, Kalkuttasäcke, Saigonsäcke, Austral-Twilleds, Getreidesäcke, Amerikanische Mehlsäcke, Zuckersäcke, Kleiesäcke, Fischmehlsäcke, La-Plata-Säcke, Thomasmehlsäcke, Kolonial-Warenbeutel.

Kurt A. Uebel wird im Dezember 1938, kurz vor Weihnachten, neuer Bewohner des Hauses Rothenbaumchaussee 26. Seine Familie und die Hausangestellte Bertha Erhorn beziehen die 5 ½ Zimmer im 1. Obergeschoss rechts, die frühere Wohnung der Liebmanns. Mit Uebel tritt im Spektrum der Bewohner eine Person in Erscheinung, die Fanatismus zu ihren Eigenschaften zählt und reich an Widersprüchen ist. Der schlanke, für den Wehrdienst als untauglich eingestufte Mann besitzt das NS-Parteiabzeichen, das er aber nie zeigt, er bezeichnet »Nichtarier« als seine besten Freunde.

»Arglos« sei er im Januar 1932 bei einer politischen Veranstaltung gewesen, als er zum Eintritt in die Partei aufgefordert wurde, er habe das Aufnahmeformular unterschrieben und die geforderte Gebühr bezahlt. Nachdem er Heuchelei, Brutalität und Machtstreben um jeden Preis bei den Nationalsozialisten festgestellt habe, sei seine anfängliche Sympathie in Misstrauen und – so seine spätere Darstellung – fanatischen Hass umgeschlagen. Der Reichstagsbrand, das Verbot der Oppositionspresse, die Verhaftung der politischen Führer der Linken, der Einsatz der SA als Polizei und zahlreiche andere Ungesetzlichkeiten hätten seinen Protest entflammt; nach einem Adresswechsel in Hamburg habe er sich nicht wieder bei der Partei gemeldet, sich somit von ihr getrennt.

Erlittene persönliche Kränkungen durch rücksichtslose NS-Konjunkturritter deutet Uebel im Zusammenhang zeitgeschichtlicher

Erlebnisse an, sie wachsen sich zu einer unverhohlenen, offenen Erbitterung gegen das Regime und seine Vertreter aus. Schon 1935 war der Plan bei ihm entstanden, auszuwandern. Da der jüdische Branchenkollege Leopold Löwensberg, Inhaber der »Hanseatischen Jute-Erzeugnisse GmbH« und Gesellschafter der »Leopold Löwensberg AG«, ebenfalls an Emigration dachte, hatten sie zusammen eine vorbereitende Reise nach Ägypten und Palästina unternommen. Während seiner Abwesenheit jedoch war Uebel von einem anderen Konkurrenten denunziert worden: Sein auffälliges Verhalten und der teilweise freundschaftliche Umgang mit zahlreichen Juden stünden in großem Gegensatz zur Parteileitung. Nach einem Verhör durch die Gauleitung war Uebel noch im Jahr 1935 erneut in die Partei eingetreten. Angeblich sei dies die Voraussetzung dafür gewesen, doch noch auswandern zu können. Das allerdings kam dann nicht mehr zustande.

Der Pg. Uebel grüßt nie mit »Heil Hitler«, sondern sagt stets »Guten Morgen« oder »Guten Tag«. Er opponiert in seinen zur Schau gestellten Umgangsformen gegen Anforderungen des Hitler-Staats, aber nutzt die Möglichkeiten der Zeit. In Hammerbrook hat Kurt A. Uebel, der nie an einer »Arisierung« beteiligt gewesen sein will, das Gelände Victoriastraße 11–17 erworben, ein gewerbliches Areal zwischen Spaldingstraße und Victoriakanal; seine bulgarische Frau Spassena Regina Uebel geb. Balaktschieff hat er als Eigentümerin ins Grundbuch des Bezirks St. Georg-Süd eintragen lassen. Grundstücke wie dieses sind gesucht, insbesondere von Firmen wie Uebels, die Rohmaterial auf dem Wasserweg erhalten. Seine Fabrik stellt große Mengen von Säcken selbst her.

Der jüdische Vorbesitzer des Areals, Kaufmann »in Haaren und Wollen« Otto Meyer, ist nach Holland ausgewandert und hat seine Grundstücke durch den jüdischen Makler Adolph Cohen weit unter Wert an Uebel verkaufen müssen. Der Oberfinanzpräsident, Devisenstelle, genehmigt Ende Mai 1938 den Kaufvertrag; der Kaufpreis in Höhe von 46000,- RM geht auf ein Sperrkonto, das Rechtsanwalt Dr. Henry Minden, Neuer Wall 54, betreut. Es ist eine der letzten Tätigkeiten von Dr. Minden, dem früheren Bürovermieter von Dr. Rudolf Magnus, bevor er nach England emigriert.

Sack-Unternehmer Uebel, impulsiv und mit ausgeprägtem Drang zur Selbstdarstellung, habe, wie er nach Kriegsende vollmundig behauptet, alles unternommen, um das »Dritte Reich auf Schritt und Tritt zu bekämpfen«. Er habe Auslandssender abgehört und sei nicht mehr ins Kino gegangen, um sich nicht über die »Wochenschauen« ärgern zu müssen. Seine beiden Kinder habe er in antinationalsozialistischem Sinne erzogen. Bilder von Nazigrößen seien in seiner Wohnung in der Rothenbaumchaussee nicht zu sehen gewesen, anlässlich der Beflaggung an den Nationalfeiertagen habe bei ihm meistens die Fahne gefehlt.

Uebels Hausangestellte Bertha Erhorn bestätigt, dass ihr Arbeitgeber im Sommer 1937 die Familie des jüdischen Kaufmanns für Jutefabrikate und Direktors der »Norddeutschen Jutespinnerei« Richard Streit, die wegen ihrer jüdischen Abstammung aus ihrer Wohnung vertrieben wurde, für etwa drei Wochen bei sich aufgenommen habe. Familie Streit habe aus Dankbarkeit einen großen Korb schöner Blumen zum Abschied übersandt. In Uebels eigener Darstellung erscheint der Vorgang wesentlich dramatischer: Er habe die Familie seines besten Freundes, den die Gestapo gesucht habe, um ihn nach Oranienburg zu bringen, in seiner Wohnung versteckt, um sie dem Zugriff des SD zu entziehen. Bis zu ihrer Emigration Anfang März 1938 geben die Streits allerdings regulär die Brahmsallee 26 als ihren Wohnsitz an, bevor sie offiziell Geld transferieren und mit der »President Harding« der »United States Lines« nach New York ausreisen. Jahre später, bei Ausführungen zu seiner Entlastung, erwähnt Uebel zwei weitere Episoden aus dem November 1938: Als anlässlich der Zertrümmerung jüdischer Geschäfte in Altona ein SA-Mann einen Juden mit Fußtritten am Betreten seines Ladens hindern wollte, sei Uebel dazwischengesprungen, sodass er einen Tritt bekam und auf die Fahrbahn flog. Am Nachmittag desselben Tages sei er von SA-Leuten zu Boden geschlagen worden, weil er die Hakenkreuzfahne ihres Trupps nicht mit erhobener Hand gegrüßt habe.

Konjunkturell nimmt Uebels Betrieb gut Fahrt auf. Als Transport-, Lager- und Verpackungsmaterial sind Säcke jeglichen Formats stark nachgefragt. Zumindest geschäftlich bekämpft Uebel das NS-Regime nicht.

Ein weiterer Sommer gewaltiger Kampagnen setzt ein. Am 31. Mai 1939, die Kastanien blühen schon ab, muss die Moorweide herhalten als Festwiese und Schauplatz eines groß inszenierten Militäraufmarsches, kurz nachdem »Arbeitsfront« und NSDAP zur Feier des 1. Mai bereits 70000 Menschen mobilisiert hatten. Neben den Bäumen ist eine mit Girlanden geschmückte Rednerbühne vor einer stilisierten Kulisse errichtet worden, sie zeigt den Reichsadler sowie die Symbole der spanischen Falangisten und die Truppenstandarte der deutschen Luftwaffe. Militärs aller Ränge säumen das Rednerpult, Menschenmassen füllen die Anfahrtstraßen rund um die Moorweide.

Nach ihrem Paradezug vom Baumwall durch die Stadt – bei schönstem Sonnenwetter und unter lebhafter Anteilnahme der Bevölkerung – nimmt die »Legion Condor« im Rechteck Aufstellung vor Reichsmarschall Hermann Göring. Die braun gebrannten jungen Soldaten haben ihre Käppis mit Fransenquasten verziert und stehen stramm unter chorischem Gesang: »Wir jagten sie wie eine Herde, und der Teufel, der lachte dazu«. Großzügig verschenken die Legionäre ihren überschüssigen Proviant von Bord des Transportschiffs »E.S. Robert Ley« an die anwesende Hamburger Jugend, die schulfrei hat. Singend wird abmarschiert, und wieder lacht der Teufel unter den Kastanien.

Bald danach biegen zahlreiche Autos ein in die Chaussee der vielen Sportstätten. Wie jedes Jahr steigt im Juli 1939 ein umfangreiches Tennisprogramm am Rothenbaum, mit einem frühen Aus für den »Tennis-Doktor« Walther Dessart in Runde 2. Ein Wolkenbruch, der in wenigen Minuten alles überschwemmt, zwingt Mann und Maus unter die schützenden Dächer. Es sind die letzten »Weißen Tage« für Hamburgs Tennislegende.

Gleichzeitig, der Platzregen hat sich noch nicht ganz verzogen, quillt in dieser Woche die Innenstadt über von Menschenmassen. Auf den Bürgersteigen steht man dicht gedrängt, die 5. »KdF«-Reichstagung macht Jungfernstieg und Rathausmarkt zur Arena eines gewaltigen, nicht enden wollenden Festzuges ausländischer Trachtenträger und volksdeutscher Auslandsgruppen, die einem großen goldenen Sonnenrad hinterhermarschieren. Wenig sonnengleich hinterlassen die Kostümierten Berge handfesten Mülls. Sobald der Festzug in der Mönckebergstraße verschwunden ist, macht sich die Straßenreinigung mit Kehr- und Sprengmaschinen an die Arbeit.

Schwerelosigkeit

Gretchen Meyer

Es kommen die Tage des Abschieds für Gretchen Meyer, Witwe des ehemaligen Konsuls von Bolivien, Harry Meyer. Das Jahrzehnt nach seinem Tod hatte sie aufgrund ihrer argentinischen Staatsbürgerschaft in Hamburg durchgehalten, sich behauptet in der schönen Wohnung an der Rothenbaumchaussee, die Heirat der Tochter Lotte gefeiert, sich um Verwandte in Harburg und Berne gekümmert und mit wachsender Sorge die allgemein zunehmende Bedrängnis wahrgenommen. Schwer wogen Ereignisse im Haus wie der Wegzug der Familie Dr. Magnus, die Flucht des Dr. Hirsch, die Emigration der Liebmanns und die Trennung von der vertrauten Mitbewohnerin Anna Levy, schließlich das Erscheinen von Zollfahndung und Gestapo im Haus und die Verhaftung von Nachbar Julius Neukircher.

Nach dem katastrophalen Pogrom im November 1938 ist die Entscheidung zu gehen unausweichlich geworden. Seit den Behörden ihre Absicht, das Land zu verlassen, bekannt geworden ist, besteht eine Sicherungsanordnung über ihr Vermögen, vor allem über Wertpapiere, Pfandbriefe bei Bodenkreditbanken und Hypotheken. Ihr Besitz von Bauland in Argentinien erbringt keinen Ertrag. Die Geschäftsführer Möller und Kohlhase der »Wohnhaus Rothenbaum GmbH« bestätigen Anfang Mai 1939, dass die Witwe Gretchen Meyer geb. Plaut an der Gesellschaft mit einer Stammeinlage von nominal 800,- Goldmark und einer unkündbaren Darlehensforderung von 9 556,- RM beteiligt ist. Das damit verbundene Wohnrecht betreffe die Wohnung im Erdgeschoss rechts.

Verstörend wirkt die Volkszählung am 17. Mai 1939, nicht nur auf sie. Wie damals beim »Censo Nacional« am 1. Juni 1914 in Buenos Aires trägt sie alle gewünschten Angaben in die Spalten ein, doch mit anderen Gefühlen. Dieser Zensus wird ergänzt durch besondere familienstatistische Feststellungen; über »Ergänzungskarten« mit Angabe der Religionszugehörigkeit entsteht faktisch eine reichsweite »Judenkartei«, in der sich auch Richard Behr, Dr. Edgar Behr und Ilse Behr sowie Carl Glaser, Carl Julius Neukircher und Minka Wendt wiederfinden werden. 20000 Zähler sind in der Stadt unterwegs, um die Bögen abzuholen. Die Formulare sind unverschlossen abzugeben, damit die Möglichkeit einer Überprüfung besteht.

Außenstände löst Gretchen Meyer auf, den Wert ihres Schmucks gibt sie mit 2200,- RM an, den Wert der Stammeinlage an der »Wohnhaus Rothenbaum GmbH« in Höhe von 800,- Goldmark beziffert sie mit 6000,- RM. Als ausländische Auswandererin gibt sie an, das gesamte Vermögen sei aus Argentinien eingebracht worden. Ihrem Schwager Eduard Meyer, Harrys jüngerem Bruder, Viehhändler und Landwirt in Delmenhorst, lässt sie 1000,- RM als Beihilfe für seine Auswanderung zukommen. Im Juni 1939 nehmen Eduard und Else Meyer das Schiff »Ubena« von Bremen nach Kapstadt. Die Vergnügungsreise der Olga von Löbbecke auf der »Ubena«, dem Post- und Feriendampfer der »Deutsch-Ostafrika Linie« mit Routen zu den Kanarischen Inseln und rund um Afrika, liegt lange zurück, jetzt machen die Reedereien das Geschäft mit der Emigration. Verschärfte Einreisebestimmungen und antisemitische Demonstrationen, organisiert von der Burenpartei, erwarten die jüdischen Flüchtlinge im Hafen von Kapstadt.

Damit muss die Bonarenserin Señora Meyer in Argentinien zum Glück nicht rechnen. Der umfangreiche Hausstand wird eingepackt und auch Harrys heiliges Schachbrett nicht vergessen, das Grübelholz seiner großen Passagen. Den Herrn Oberfinanzpräsidenten Hamburg, Devisenstelle, bittet Gretchen Meyer um die Freigabe von Geldbeträgen für die Spedition »Röhlig & Co.«, für den »Jüdischen Religionsverband Hamburg«, für Grabinstandsetzung und Grabpflege und für Schenkungen. Ihrer älteren Schwester Else Grundmann geb. Plaut in Herford und ihrer Schwägerin Ida Jette Koopmann geb. Meyer, wohnhaft in Berne, lässt sie jeweils 500,- RM zukommen.

Im Juli 1939 verlässt Gretchen Meyer die Wohnung in der Rothenbaumchaussee und ihre Heimat, geht, um sich vor den Verfolgungsmaßnahmen in Sicherheit zu bringen, zurück in die Stadt ihrer jungen Jahre, in das riesige, tosende, unvergleichliche Buenos Aires. Auf der Karteikarte der Deutsch-Israelitischen Gemeinde in Hamburg wird als Grund des Ausscheidens angegeben »nach Argentinien«. Bis zuletzt hat das Gemeindemitglied Gretchen Meyer ihre Kultussteuern entrichtet. Und weiterhin wird sie Neujahr stets im September feiern.

Durch Transferverlust von Reichsmark in US-Dollar – der Kurs ist miserabel – erleidet sie nach Auskunft ihrer Bank, der Firma »H. A. Jonas & Söhne«, einen schweren Vermögensschaden. Für die Passage mit Bordgeld und Trinkgeldern in der Mittelklasse auf der von vielen

Juden zur Auswanderung genutzten »Cap Norte« der Reederei »Hamburg Süd« sind 800,- RM zu zahlen. Gretchen Meyers Umzugsgut besteht aus 23 Kisten und einigen Koffern, die Teppiche, Kleidung, Wäsche, Silber und Porzellan enthalten. Nicht mitnehmen kann sie ihre Wohnungseinrichtung: Sie wird bei einer Versteigerung verschleudert und bringt den üblichen unangemessen niedrigen Verkaufserlös.

Auch an ihrer Gesundheit erleidet Gretchen Meyer Schaden, der eine Heilbehandlung erforderlich macht. Zu ihrem Glück kann sie auf alte Beziehungen in Buenos Aires zurückgreifen und bei Julia Schreiber im nur noch teilweise wiederzuerkennenden Stadtteil Belgrano, Barrio Chino, unterkommen. Julia, Tochter des Vertreters für Pianos und Musikalien Guillermo Neumann, hatte sich damals mit Rudolph Schreiber – zwei Tage vor den Meyers in Hamburg – verlobt. In der berühmten Calle Florida, unweit vom Ladengeschäft der Meyers, befanden sich die »oficinas« der norddeutschen »comerciantes«. Die exklusive »Florida«, die Straße der Banken und Luxusartikel, der Mode, Musik, Leuchtreklamen und patriotischen Manifestationen, bietet alles, was zum Inbegriff argentinischer urbaner Lebensart zählt. Nur leisten kann Gretchen Meyer sich das nicht mehr so selbstverständlich.

Bedeutungslos erscheint das romantische Tango-Motiv einer Rückkehr in das geliebte Buenos Aires, wichtiger sind die praktische jüdische Selbsthilfe und Selbstbehauptung. Gleich im April 1933 hatten in Buenos Aires ansässige jüdische Geschäftsleute es nicht einfach hingenommen, dass Einrichtungen wie »Deutsches Hospital« und »Deutscher Klub« im Handstreich nazifiziert wurden. Beim ersten Ruf »Juden raus« waren den Braunhemden Stühle über den Kopf gezogen und Zähne ausgeschlagen worden. Joseph Weil von der Firma »Weil Hermanos« gründete sofort einen »Hilfsverein für deutschsprechende Juden«, denn oft hatten Emigranten mit weniger Glück und Vermögen als Gretchen Meyer nicht mehr bei sich als die erlaubten zehn Reichsmark, eine Briefmarkensammlung und bestenfalls eine Leica-Kamera.

Sie alle finden nach und nach eine Form von Aufnahme in der La-Plata-Stadt, aber oft bleibt die Stadt ein Universum der Bodenlosigkeit und Schwerelosigkeit für die Flüchtlinge, wo man sich einen halbwegs günstigen »Esstisch für die Gegenwart« sucht. Manche richten sich geistig in ihrem Unglück ein, bleiben gefangen in dem immerwährenden Vergleich mit ihrem früheren Leben, wollen sich in keiner Weise umstellen und sich nicht von ihrer Vergangenheit befreien. Schon gar nicht, wenn noch Verwandte in Deutschland sind.

Gretchen Meyers Schwester Else und Schwägerin Ida Jette kommen beide im Ghetto Theresienstadt ums Leben.

Verwachsung des Herzens

Dr. Adalbert Saturski + Edith Saturski | Yves Saget

Morgens um 7 Uhr klingelt es in der Rothenbaumchaussee 26 bei dem vorübergehend eingesprungenen Hauswart Paul Schneider. So ein Geräusch schreckt auf in diesen Zeiten unangemeldeter Gestapobesuche, doch es ist nur der schwarze Kohlenmann mit übergehängtem Kopf- und Rückenschutz. Eierkohlen und Briketts wandern kübelweise in den Keller. Hauswart Schneider bleibt während der Lieferung stehen und schaut genau zu. Er kennt den gängigen Hamburger Spruch: »Ein Zentner Kohle wiegt achtzig Pfund, wenn's hoch kommt, neunzig!« Doch bei der Kohlenhandlung Johann Podemski aus der Königstraße in der Neustadt ist ein Zentner tatsächlich noch ein Zentner, das kleine Trinkgeld ist verdient und verschwindet sofort in der Tasche. »Mit Schangs« hat der Kohlenmann bis Mittag seinen Pritschenwagen auch bei seinen anderen erleichterten Kunden abgeladen, die nun keine Angst mehr vor dem Winter haben müssen.

Kaum ist der Kohlenlaster abgefahren, hält erneut ein Umzugswagen vor der Rothenbaumchaussee 26. Der nächste Wechsel findet statt, und wieder bringt er ein NS-Parteiabzeichen ins Haus, es ist das fünfte unheilvolle Fanal für das ehemals jüdische Projekt. In die Wohnung, die Gretchen Meyer soeben aufgeben musste, neben die Dessarts mit ihrer Klaviermusik, zieht der Frauenarzt Dr. Adalbert Saturski mit Familie ein, katholisch, nicht zum Wehrdienst gemustert, aber Leutnant der Reserve, Mitglied der NSDAP, Ortsgruppe Dammtor, seit 1933. Nach dem Ersten Weltkrieg war Saturski zum westfälischen Freikorps »Lichtschacht«, Wehrkreiskommando 6, gegangen und hatte auf Seiten der rechten Nationalisten gegen die Kommunisten im Ruhrgebiet gekämpft. In Wilhelmsburg hat er am 1. Juli 1935 das der Hamburger Wollkämmerei gehörende »Reiherstieg-Krankenhaus« als Selbstpächter vom »Evangelischen Diakonieverein Zehlendorf« übernommen und dort die »Privatfrauenklinik und Entbindungsanstalt Dr. Saturski« eingerichtet.

Es kommt zu Auffälligkeiten. Am 27. Juli 1938 schreibt der stellvertretende Leiter der Betriebskrankenkasse der »Hamburg-Amerika-Linie« an den Reichsverband der Betriebskrankenkassen, Landesstelle Nordmark, man habe erneut Veranlassung, über das Geschäftsgebaren des »Reiherstieg-Krankenhauses« in Wilhelmsburg Beschwerde zu führen. Um trotz wirtschaftlicher Schwierigkeiten seinen Klinikbetrieb aufrechtzuerhalten, erhebe Dr. Saturski von Kassenpatienten, die von ihm persönlich operiert zu werden wünschen, eine Liquidation von im Allgemeinen 25,- RM. Vereinzelt würden auch etwas höhere Sätze vor der Operation mit den Patienten vereinbart, insbesondere dann, wenn die Kranken gesondert in den Privaträumen der Klinik liegen wollen bzw. müssen.

Dr. Saturski will sich verändern, er schaut sich um.

Der weit über Hamburg hinaus bekannte jüdische Frauenarzt und Geburtshelfer Dr. Ascher Adolph Calmann hat sein Wohnhaus mit Praxis in der Johnsallee 64 und die auf eigenem Grundstück 1917 gebaute Klinik Johnsallee 68 modern eingerichtet. Sie läuft glänzend, die 31 Betten sind fast immer belegt. Noch bis zum Jahr 1933 zeigen die Steuerzahlungen, dass er eine außerordentlich einträgliche Praxis hat, auch wenn sich sein Einkommen bereits vor 1932 verringert, weil schon damals Patientinnen aus dem Kreise der höheren Beamtenschaft und des Militärs ausbleiben. Diese Abwendung von niedergelassenen jüdischen Ärzten in den vornehmen Stadtteilen geht einher mit den Ergebnissen der Bürgerschaftswahl 1932: Mit 38,1 % in Harvestehude und 39,5 % in Rotherbaum für die Nationalsozialisten liegen diese Stadtviertel deutlich über dem Hamburger Durchschnitt von 30,7 %.

Dr. Calmann hält Sprechstunde nur in seiner Praxis in der Johnsallee 64. Die Patientinnen, bei denen sich eine Operation als notwendig erweist oder die vor ihrer Entbindung stehen, lässt er in seine Klinik Johnsallee 68 aufnehmen. Auch Dr. Henri Hirsch hatte in der Calmann'schen Klinik Entbindungen, und sein Enkel Rudi war dort zur Welt gekommen, man war miteinander bekannt. Betrieben wird das Institut von Schwestern des Diakonissenvereins »Siloah«. Der Verein ändert später seinen jüdischen Namen in »Verein Albertinenhaus«, auf staatliches Drängen hin.

Dr. Saturski, der sich häufiger in der Johnsallee aufhält, denn seine NSDAP-Ortsgruppe Dammtor residiert in dem Haus Nr. 33, weiß jetzt, was er will.

Kurz nachdem die Bekanntmachung, dass jüdische Ärzte zum 1. Oktober 1938 ihre Praxis niederlegen müssen, in den Tageszeitungen veröffentlicht worden ist, überquert Dr. Adalbert Saturski die Rothenbaumchaussee, biegt ein in die Johnsallee, geht vorbei an den drei

Pappeln an der Ecke bis zum Grundstück Nr. 64. Er sucht Dr. Ascher Adolph Calmann auf. Für ihn steht einiges auf dem Spiel. Die sich häufenden wirtschaftlichen Schwierigkeiten seiner Wilhelmsburger Einrichtung bei anhaltendem Personalmangel und zuletzt seine für diesen Betrieb nicht mehr ausreichenden Kräfte zwingen ihn zu dem Entschluss, die Klinik schnellstmöglich abzugeben. Er schlägt Dr. Calmann vor, seine Praxisräume in der Wohnung Johnsallee 64 an ihn zu vermieten. Man einigt sich auf eine Miete von monatlich 125,- RM einschließlich Heizung und Warmwasser. Auf Saturskis Wunsch überlässt Dr. Calmann ihm auch die Sprech- und Wartezimmermöbel sowie einen großen Bücherschrank mit Fachliteratur. Dr. Saturski zahlt für die Einrichtung insgesamt 150,- RM. Auf den Gedanken, seine Praxis zu verkaufen, kommt Dr. Calmann nicht, da er den Verkauf einer Praxis von jeher für unvereinbar mit dem ärztlichen Standesbewusstsein hält.

Am Tag vor dem 1. Oktober 1938, dem verordneten Ende jeglicher Praxistätigkeit für jüdische Ärzte, hält Dr. Calmann seine letzte Sprechstunde in der Johnsallee 64 ab. Da laut Gesetz vom 2. Dezember 1938 alle sich in jüdischen Händen befindlichen landwirtschaftlichen und gewerblichen Betriebe, zu denen die Klinik gehört, sofort zu »arisieren« sind, und da die Beibehaltung der Klinik für Dr. Calmann von dem Augenblick an sinnlos ist, in dem er seinen Beruf als Arzt aufgeben muss, verkauft er seine Klinik Johnsallee 68 zum 1. Oktober 1938 an den Diakonissenverein »Siloah«. Damit kann er auch den Schwestern die ihnen lieb gewordene Arbeit erhalten.

Dr. Calmann bemüht sich um Visa für die USA, denn Tochter Eva lebt bereits seit ein paar Jahren dort. Er verschafft sich zu diesem Zweck Affidavits, Bürgschaften. Doch die Erteilung von Visa erfolgt nur bei Freiwerden einer Quotennummer, und diese lässt auf sich warten. Im August 1938 lag die deutsche Quote zur Einwanderung in die USA bei 27 000, es gab 300 000 Anträge. Das hätte zehn Jahre Wartezeit bedeutet.

Die Calmanns wenden sich auf Vermittlung eines Herrn Spiegel an das Generalkonsulat der Republik Haiti in Hamburg, da Herr Spiegel ihnen gesagt habe, dass Auswanderungsbedürftige vom dortigen Generalkonsul ein Visum für Haiti gegen Zahlung von 1 250,- RM pro Person erstehen könnten. In ihrer Not sind sie einverstanden, Calmann zahlt für seine Ehefrau und sich selbst an Herrn Spiegel, von Beruf Vertreter, die geforderten 2 500,- RM. Daraufhin erhalten sie die Visa. Eine Quittung bekommen die Calmanns nicht.

Es bleibt die Frage, was mit dem Grundstück in der Johnsallee und dem zu einem Dreifamilienhaus umgebauten Gebäude neben der Klinik passieren solle. Da erhalten die Calmanns einen Brief aus New York: Felix und Charlotte Schellenberger haben erfahren, dass ein Arztehepaar in Hamburg, Dr. Calmann und Frau, aus Deutschland auswandern will, aber keinen Bürgen für die Einwanderung nach USA finden könne. Da man selbst daran denke, nach Deutschland zurückzugehen und im Übrigen aus reiner Menschenfreundlichkeit handele, biete man an, Affidavits zu besorgen und die Häuser samt Inventar zu tauschen.

Jenny Calmann, die auch ihre Brüder mitnehmen will, und Adolph Calmann gehen auf dieses Angebot ein. Doch da für Geschäfte dieser Art nicht die Hamburger Devisenstelle, sondern die Zentralstelle in Berlin zuständig ist, verzögert sich die Liquidation der Calmann'schen Grundstücke. Die Calmanns, immer unruhiger wartend, bleiben vorerst noch in Hamburg.

Während die Calmanns noch warten, ist Pg. Dr. Adalbert Saturski Mieter des nicht mehr tätigen jüdischen Gynäkologen Dr. Adolph Calmann und praktiziert in kurzer Entfernung zu seiner Wohnung. Familiäre Sorgen beschäftigen Saturski dennoch weiterhin sehr.

1932 hatte Dr. Adalbert Saturski geheiratet: Edith Rau war damals Röntgen-Fotoassistentin bei dem Radiologen Prof. Dr. Hermann Holthusen, Mitglied diverser NS-Organisationen und berechtigt zu eugenischer Sterilisation und Kastration mittels Röntgenstrahlen. Eine Infektion bei Adalbert und eine von Komplikationen begleitete Schwangerschaft bei Edith Saturski führten bei beiden zur gelegentlichen Einnahme von Schmerzmitteln. Beim Tanzen und danach traten plötzliche krampfartige und intensive Schmerzen mit Erbrechen bei Edith Saturski auf. Dr. Saturski besorgte seiner Frau Morphiumpräparate, »Pantopon«, »Dilaudid« und »Eucodal«, und nahm sie auch selbst. Nach schweren persönlichen Problemen – das erste Kind der beiden, Jochen Adalbert, stirbt nach acht Monaten – hat sich bei beiden eine starke Abhängigkeit von den Medikamenten entwickelt. Sie unterziehen sich verschiedenen Entziehungskuren, werden aber immer wieder rückfällig. Dass verschiedene Hausangestellte in der Wohnung Rothenbaumchaussee ebenfalls kränkeln und ausfallen, macht die Situation vor allem für Edith Saturski nicht leichter. Personal ist in diesen Zeiten kaum zu bekommen, zuverlässiges noch schwerer. Immer wieder werden neue Angestellte oben unter dem Dach in der Bodenkammer untergebracht.

Wegen einer Grippeerkrankung, die sich infolge einer Verwachsung des Herzens bei Dr. Saturski durch starke Atemnot und Schmerzen bemerkbar macht, wird ihm erneut Morphium verordnet; er nimmt es, auch um die gerade neu eröffnete Praxis nicht gleich wieder wegen »Urlaubs« unterbrechen zu müssen. Im Mai 1939 geht er im

Sanatorium für Nerven- und Gemütskranke des Dr. Walter Benning in Bremen-Oberneuland erneut auf Entzug. Auch Dr. Bennings Institut praktiziert Zwangssterilisationen nach dem »Gesetz zur Verhütung erbkranken Nachwuchses« und Euthanasie an einigen Langzeitpatienten. Da Dr. Saturskis Ehefrau in der Rothenbaumchaussee 26 fest zu Bett liegt und die beiden Kinder ohne Personal nicht betreut werden können, schickt er die Familie aufs Land.

Derweil geht in Frankreich ein Ausflug aufs Land für den Automobilisten Yves Saget unglücklich aus. In der Normandie prallt sein schweres Fahrzeug mit hoher Geschwindigkeit auf den Wagen einer Bäuerin und schleudert ihn in den Graben neben der Landstraße. Madame Lelièvre und ihre Tochter überleben die Kollision schwer verletzt, Monsieur Saget aus Paris wird nur leicht blessiert.

Kamerad Pferd

Olga von Löbbecke | Jacques Sander

Georges Woltmann, SA-Oberscharführer und Leiter der Reitschule am Rotherbaum, geht einen schweren Gang. Ganz ähnlich empfinden es die Mitglieder des »Reitervereins Rotherbaum«, unter ihnen Olga von Löbbecke. Sofort nach Kriegsbeginn im September 1939 flattern Woltmann und den Pensionskunden Gestellungsbefehle zur Musterung ihrer Pferde ins Haus. Dreimal beordert man sie zum Voßberg am Stadtpark, dort haben sie die Pferde abzugeben, für sie ist es jedes Mal wie ein Gang zu einer Beerdigung.

Bis auf acht bis zehn Lehrpferde sind die Ställe am Rothenbaum nun leer, die gesamte Anlage mit den Stallungen übernimmt das Heimatpferdelazarett, Standort Bahrenfeld, als Krankenstall zuständig für alle Garnisonen des Wehrkreises X zwischen Flensburg und Bremen. »Wer kein Herz hat für das Tier, meide diese Stelle hier!« lautet ein dortiger Wandspruch. »Kamerad Pferd« zieht mit in den Krieg. Wundervoll gehaltenes Pferdematerial, der Stolz des Rothenbaumer, Harvestehuder und Uhlenhorster Bürgertums, flankiert von Motorrad- und Radfahrerschwadronen zur Musik des alten Reitermarsches, macht sich auf gen Osten.

Erst vor zwei Monaten, zu Beginn des Monats der gewaltigen Hamburger Festveranstaltungen im Juli 1939, bot die Trauerfeier für den verstorbenen Kommandierenden General des X. Armeekorps und Befehlshabers im Wehrkreis X, General der Kavallerie Wilhelm Knochenhauer, Gelegenheit für eine monumental angelegte propagandistisch-militärische Schauveranstaltung. Wieder war der Führer am Dammtorbahnhof angekommen, wieder hatte er den Fürstenausgang zur Seite Stephansplatz genommen, wieder zum Trommelwirbel Ehrenkompanien abgeschritten, wieder war er durch ein dichtes jubelndes Menschenspalier im Triumphzug zum Rathaus gefahren worden.

Auf dem Platz vor dem Rathaus standen mächtige Pylone, gekrönt von Opferschalen, in denen Feuer brannten, in der Mitte aufgebahrt, von Kränzen umgeben, lag der schwarze Katafalk, vor Zehntausenden von schweigenden Zuschauern. Unter Fahnen hatten sämtliche Truppenteile des X. Armeekorps vorschriftsmäßige Aufstellung genommen, Feier, Parade, Ansprachen, Kranzniederlegung liefen planmäßig ab, eine motorisierte Schwadron der Aufklärungsabteilung 20 überführte den Sarg zum Ohlsdorfer Friedhof, wo der Sarg zu den Klängen des Liedes »Ich bete an die Macht der Liebe« in die Tiefe sank. Jäger aus Munster bliesen ein letztes »Halali«.

Wieder wurde der Führer zum »Hotel Atlantic«, wieder zum Dammtorbahnhof gefahren, wieder vor Massen von Schaulustigen, und wieder bestieg er einen Sonderzug, der gleich darauf den Bahnhof verließ.

Jetzt ist der Krieg da, mit einem veränderten Bild der Kavallerie, jener traditionellen militärischen Form der Aufklärung, die neuerdings nicht mehr nur berittene, sondern auch motorisierte Schwadronen aufweist. Der Oberbefehlshaber des Heeres hat bekannt gegeben, dass Panzertruppe und Kavallerie zu einer einheitlichen neuen Waffengattung »Schnelle Truppen« zusammengefasst werden. Reiter- und Kavallerieregimenter gehören jetzt ebenso dazu wie Radfahr- und motorisierte Aufklärungsabteilungen. Ihren Einheiten ist die Bezeichnung »Schwadron« vorbehalten. Die gewohnte gelbe Farbe ist der Kavallerie verblieben.

In Deutschland hält eine euphorisch trommelnde Propaganda an. Die Zeitschrift der Pferdeliebhaber »Sankt Georg« vermeldet, dass auch im Kriege der Rennsport uneingeschränkt weitergehe, man richtet aber einen Appell an alle Pferdebesitzer: Das Reiten von Frauen und Kindern müsse hinter der wichtigeren vormilitärischen Ausbildung zurückstehen, und eine weitere Zuweisung von Futtermitteln für Reitpferde in Privatbesitz sei während des Krieges nur dann vertretbar, wenn die Pferdehalter dieser Forderung Rechnung trügen. Es sei nicht zu verantworten, dass noch Pferde ausschließlich zu reinen Luxuszwecken gehalten würden, während die mit der vormilitärischen Reit- und Fahrausbildung betraute SA-Reiterei nicht genügend Pferdematerial habe.

Da reitende Männer nun verstärkt anderweitig Verwendung finden, darf Frau von Löbbecke gezielt ihr Können einbringen und geeignete Jugend, vor allem die Jungen in der »HJ«, am Pferd ausbilden – so kann auch sie selbst weiter reiten. Wie immer tritt sie frühmorgens aus der Tür des Hauses Nr. 26. Dabei fällt ihr ein neuer Bewohner wegen seines maritimen Aufzugs auf.

Im Keller gemeldet ist seit Herbst 1938 der Schiffsoffizier Jacques Sander. Gewohnt an enge Kojen, hat er bei dem Staatsangestellten Hermann Albert aus der Familie eines »Schutenschubsers« Unterkunft gefunden. Der Hafen weiß seine Leute unterzubringen. Auf dem Segelschulschiff »Deutschland« hat der Sohn eines Berliner Arztes als Kadett begonnen, von 1928 bis 1929 ist er als Matrose der »Reederei F. Laeisz« auf der Viermastbark »Peking« um Kap Hoorn gefahren, zur Westküste Südamerikas und zurück. Bei der »Hamburg-Amerika-Linie« hatte er angeheuert, als 4. und 3. Offizier bei der Reederei »Hamburg Süd« Dienst getan. Seit Dezember 1938 besitzt er das Patent als Kapitän auf großer Fahrt, die Prüfung an der Staatlichen Seefahrtschule in Altona hat er mit »Gut« bestanden. Witzig findet er die Momente, wenn Trecker mal wieder das in Teile zerlegte Geisterschiff des »Fliegenden Holländers« aus dem Kulissen-Magazin der Staatsoper in der Binderstraße durch die Rothenbaumchaussee fahren, vorsichtig darauf achtend, nicht mit den Oberleitungen der Straßenbahn in Kontakt zu geraten.

Sein eigener Landgang endet gerade. Seit Beginn des Krieges ist er 1. Offizier bei der Reederei »Hamburg Süd«. Er weiß, dass der Handelskrieg gegen England eingesetzt hat, und wohl ist dem Sailor nicht bei dem Gedanken, dass laufend Handelsschiffe angegriffen und versenkt werden und mit Mann und Maus innerhalb von Minuten in der kalten See verschwinden.

Immerhin hat Sander eine Bleibe, wenn er mal wieder nach Hamburg kommt, und mit dem Zug zu den Eltern in Berlin ist es ein Katzensprung. Nicht so schön ist, dass nun die Zeit der »Fleischlosen Tage« begonnen hat. Dienstags und donnerstags dürfen Hamburger Gaststätten Fleisch in keiner Form, auch nicht als Aufschnitt, servieren. Stattdessen soll die Front an allen Tagen gut verpflegt werden. Das schmeckt der Heimat nicht besonders und einem Seemann schon gar nicht. Da hilft auch keine Propaganda. Doch eine Einschränkung wie diese spielt keine große Rolle, sofern er nur wiederkehrt vom Kriegsgeschehen, das die englischen Gegner seit jeher ein »Theater« nennen. An Ilse Albert, die Tochter von Hermann und Anna Albert, hat der Cap Hornier sein Seemannsherz verloren, und das Gefühl für sie ist es, das ihn zögern lässt, als er die Stufen aus dem Keller hinaus ins Ungewisse nimmt.

Feindliches Eigentum

Kurt A. Uebel – Yves Saget

Nicht die Reedereien, sondern Handelsbetriebe mit Flächen im Freihafen melden Klärungsbedarf an: Eigentum von Firmen nunmehr feindlicher Nationen lagert in ihren Lagerhäusern und Schuppen, und es stellt sich die Frage, wie damit umzugehen ist. Bei bestimmten Partiewaren bietet die Industrie- und Handelskammer eine schnelle Lösung an: Für den Bestand an leeren Jutesäcken der Firma »A. Elder Reed & Co. Ltd., London« sowie für die 150 Ballen Calcutta-Twilled-Säcke à 150 Stück der Firma »Henry C. Yeo & Co., London«, vorgehalten in Holzcontainern der Spedition »Blothner & Grafe, Dovenhof«, wird beispielsweise als Abwesenheitspfleger vorgeschlagen der Hamburger Sackgroßhändler Kurt A. Uebel. Die »Deutsche Dampfschifffahrts-Gesellschaft Hansa«, Chilehaus A, muss die bei ihr in Gewahrsam befindlichen und bei der »Woermann-Linie« eingelagerten 45 000 Jutesäcke an Uebel herausgeben.

Uebel, Mitglied der »Deutschen Arbeitsfront«, prosperiert. Er hat, um Rohstoffengpässen vorzubeugen, sein Geschäft stark auf den Verleih von Säcken ausgerichtet und in Wien eine Niederlassung neu gegründet. Als Bezirksobmann der Fachuntergruppe »Sack-, Plan- und Zelteherstellung« leitet er die Verteilungsstelle für Säcke. Die monatlichen Mitgliederversammlungen eröffnet und schließt er nie mit einem Gruß an den Führer. (Später wird ihm bescheinigt, keine Firmen bevorzugt zu haben, deren Inhaber der NSDAP angehörten.) In der Fachuntergruppe und bei den für sie zuständigen Behörden ist seine politische Haltung bekannt. Nach Überwachungen durch die Gestapo legt Uebel den Vorsitz nieder, bleibt aber Mitglied des Beirats der Fachuntergruppe. Sackhändler Emil Deiss erinnert sich, dass Uebel dem Leiter einer Fachgruppenversammlung mit äußerstem Ernst erklärte, dass er die Versammlung sofort verlassen werde, falls der Leiter sie mit »Heil Hitler« schließen würde. Der Gruß sei daraufhin unterblieben.

1940*

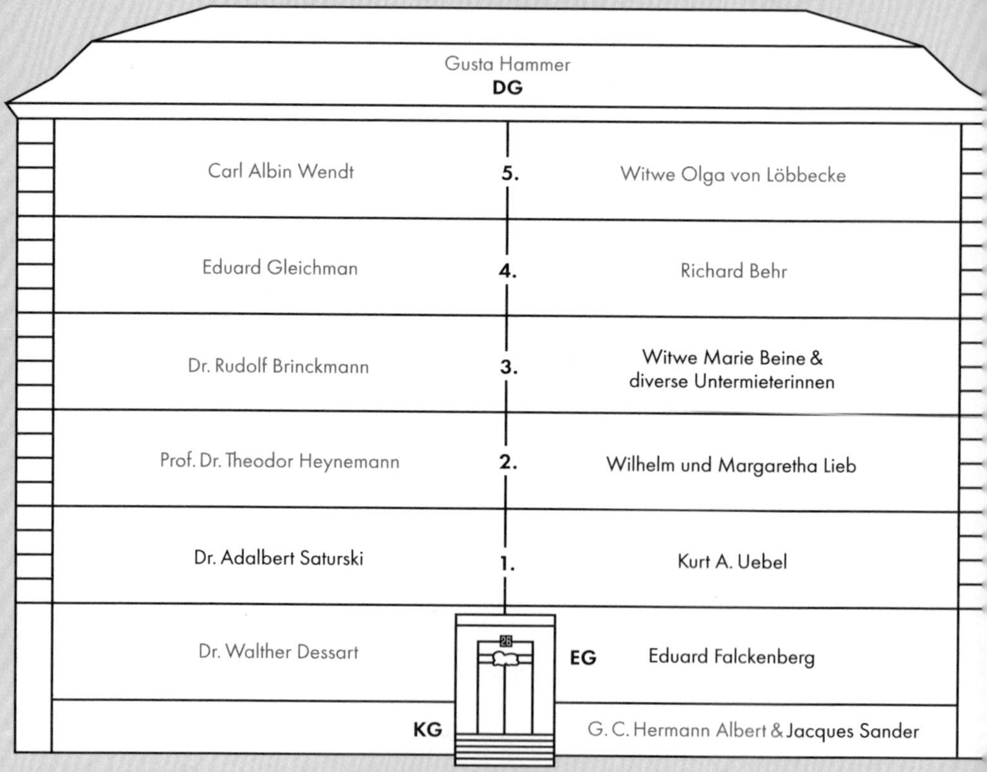

* Ab 1940 ist die Witwe Marie Beine gemeldet für den 3. Stock rechts. In der Kartei der Hausverwaltung ist sie als »Haushaltsvorstand« verzeichnet. Telefonisch erreichbar bleibt sie während der Kriegszeit weiterhin unter der Nummer von Dr. Rudolf Brinckmann.

Uebels mehrfach bezeugte schroffe Verweigerung gegenüber NS-Gepflogenheiten führt zum Erstaunen seines Umfeldes lediglich zu Verwarnungen. Eine Verhaftung, Uebel bedauert es in der Rückschau fast, erfolgt nicht.

Nicht nur England, auch Frankreich ist zur feindlichen Nation geworden und französische Staatsangehörige gelten als Feinde des Deutschen Reiches. Am 30. April 1940 legt Rechtsanwalt Dr. Alfred Engel dem Anmeldebogen B betr. Anmeldung feindlichen Vermögens bei dem Finanzamt Hamburg-Neustadt ein Schreiben bei in Sachen Frau Oliva Bouchard geb. Campe. Frau Bouchard sei Vorerbin zur Hälfte an dem Nachlass ihres Vaters, des verstorbenen Buchhändlers und Kaufmanns Julius Heinrich Wilhelm Campe, deutscher Staatsangehörigkeit. Die Vorerbin habe erst durch ihre Eheschließung die französische Staatsangehörigkeit erworben. Als Vorerbin stehe ihr der Anspruch auf die Hälfte der Erträge des Testaments zu. Alleiniger Testamentsvollstrecker von Julius Campe sei der Unterzeichnete, Rechtsanwalt Dr. Alfred Engel, Neuer Wall 16/18 II.

Dem Hanseatischen Oberlandesgericht Hamburg teilt Dr. Engel mit, dass der größere Teil des Campe'schen Nachlasses bereits verteilt sei. Bezüglich des Restes seien die beiden in Frankreich lebenden Töchter des Erblassers zu Vorerbinnen berufen, Frau Oliva Bouchard geb. Campe, Toulon, und Frau Gabrielle Saget geb. Campe, Paris. Der Nachlass bestehe im Wesentlichen nur noch aus in Hamburg belegenen Grundstücken bzw. Grundstücksanteilen. Er verwalte diese Grundstücke seit vielen Jahren. Diese Verwaltung geschehe gleichzeitig auch im Auftrag der Miteigentümerin jener Grundstücke, nämlich der aus dem Campe-Testament hervorgegangenen »Campe'schen Historischen Kunststiftung«. Die Leitung dieser Stiftung liege in den Händen der hamburgischen Finanzverwaltung, Gänsemarkt, Abteilung Domänenverwaltung, Stadtinspektor Paetow.

Das Grundstück Neuer Wall 46 sei auf Frau Oliva Bouchard übergegangen. Es sei hypothekarisch belastet. Das Vermögen der Frau Bouchard habe er ordnungsgemäß dem Finanzamt Hamburg-Neustadt als feindliches ausländisches Vermögen angemeldet. Frau Bouchard stehe im 64. Lebensjahr. Es erscheine nach Sachlage zweckmäßig, eine Abwesenheitspflegschaft für sie hinsichtlich des Grundstücks Neuer Wall 46, in vorzüglicher Lage zwischen der Poststraße und der Straße Bleichenbrücke, zu errichten. Es handele sich um eine der bevorzugten Kaufhausstraßen der Stadt.

Rechtsanwalt Dr. Engel, dessen Bürobetrieb ganz auf die Verwaltung von Grundstücken eingestellt ist, erlaubt sich in diesem Zusammenhang noch Folgendes vorzutragen: Aus dem Campe'schen

Nachlass habe auch der Sohn der anderen Tochter des Erblassers, Frau Gabrielle Saget geb. Campe, nämlich der französische Staatsangehörige Yves Saget, wohnhaft in Paris, im Wege des Erbgangs in Hamburg belegene Grundstücke erhalten. Für diese Grundstücke – die anders als der Besitz aus dem »J. H. W. Campe Testament« feindliches Vermögen darstellten und bisher durch den Justizinspektor i. R. Max Vollmer verwaltet würden – biete sich Dr. Engel an.

Sein Antrag hat Erfolg. Am 20. Juli 1940 bestellt das Hanseatische Oberlandesgericht den Rechtsanwalt Dr. Alfred Engel zum Verwalter für das Grundstück Neuer Wall 46. Am 30. Juli 1940 teilt Dr. Engel dem Herrn Reichskommissar für die Behandlung feindlichen Vermögens in Berlin, Mauerstraße 43, mit, dass sämtliche Räume des Hauses vermietet seien, die laufenden Mieten gingen ein. Die erzielten Überschüsse müssen zum Teil für die Einkommensteuer 1939 bzw. für Erhebung des Kriegszuschlages verwendet werden. Regelmäßig abzuziehen seien 6,- RM für Kammerjäger Arthur Christlieb.

Seit 1939 heißt das »Heine-Haus« am Jungfernstieg »Julius Campe Haus«, die Eigentümer werden behördlicherseits zunächst in Klammern als »(Julius Campe Erben)« geführt; ab 1940 übernimmt Dr. Alfred Engel die Verwaltung auch für dieses Objekt. Das Grundstück des Yves Saget an den Vorsetzen 1, schräg gegenüber vom neu errichteten Zombeck'schen Rundbunker am Baumwall, wird zum Gegenstand anderer Interessen.

Seit Hitler seine Vision von der Aufgabe Hamburgs als NS-Hafen- und Führerstadt mit der Planung gigantischer Bauten am Hafen verkündet hat, interessiert sich die Firma »Hansegesellschaft Aschpurvis & Veltjens«, Waffenlieferanten während des Spanischen Bürgerkriegs, für Grundstücke am Baumwall und an den Vorsetzen – wegen der geplanten Bauvorhaben im Zuge der späteren Hafenrandgestaltung. Dem Verwalter, Justizoberinspektor i. R. Max Vollmer, teilen sie über die Staatsverwaltung, Abteilung V, am 24. Januar 1940 für das Grundstück Vorsetzen 1, Neustadt-Süd, Blatt 58, Eigentümer Yves Saget, Paris, das größte Kaufinteresse mit und unterbreiten ein Angebot in Höhe von 65 000,- RM. Vollmer lehnt angesichts des tatsächlichen Wertes ab und verlangt 83 000,- RM. Da dieser Preis den zulässigen Rahmen von 30 Prozent über dem Einheitswert sprengt, kommt die Transaktion nicht zustande.

Aus Berlin richtet der Reichskommissar für die Behandlung feindlichen Vermögens im August 1940 an das Hanseatische Oberlandesgericht Hamburg ein Schreiben. Das Grundstück stehe unter maßgebendem feindlichen Einfluss, weil der Eigentümer die französische Staatsangehörigkeit besitze und in Paris XVII, Rue de l'Assomption 12, wohne. Es wird beantragt, den in Pflegschaftsangelegenheiten von Immobilien im feindlichen Besitz erfahrenen Rechtsanwalt Dr. Alfred Dormann, Hamburg, Alsterdamm 13/15, zum Verwalter für das genannte Grundstück zu bestellen. Der wiederum habe sich des Justizoberinspektors i. R. Max Vollmer als Bevollmächtigtem zu bedienen und die Aufsicht über dessen Handlungen zu führen.

Der Vorgang gerät ins Stocken. Der Krieg schiebt viele Planungen auf – auch die für die gigantische Führerstadt an der Elbe.

Unausgesetzt tätig ist die Hamburger Zollbehörde, vor allem in der Abteilung Zollfahndung. Die Überwachung des Freihafengebietes und seiner Grenzen bringt es mit sich, den Schmuggel von Zucker, Kaffee und Sprit aufzudecken und zu unterbinden. In jüngster Zeit bereitet die Überwachung jüdischer Umzugsgüter, verpackt in »Judenkisten«, unglaublich viel Arbeit. Auf den Schuppen im Hafen werden diese Behälter zum zweiten Mal überholt, und zwar alle, Stück für Stück. Das letzte Taschentuch falten die Fahnder bei der Revision auseinander, das kleinste Gerät wird sorgfältig untersucht. Nicht nur in Schuhen versteckte Devisen und Wertpapiere, Schmuck und Goldmünzen, Porzellangeschirre und Silbergeräte, auch Gemälde, Teppiche, optische Instrumente, Markenkameras werden beschlagnahmt. Nichts von solchen Werten soll das Deutsche Reich verlassen. Dass im Zusammenhang mit Lebensmittelrationierung und Kaffeeknappheit auch deutsche Volksgenossen als Pascher, Schmuggler, erwischt werden, wird in Berichten warnend erwähnt.

Eine Kiste mit besonderem Inhalt schafft auf dem Schiff »Provida« den Weg bis nach Marseille. Später reist die sperrige Fracht, an der der Aufkleber »Hamburg Hbf.« hängen bleibt, weiter nach Toulon und gerät im Zweiten Weltkrieg in ein Depot, wo sie vergessen wird. Es handelt sich um das Heine-Denkmal von Ludvig Hasselriis, das Oliva Bouchard und ihr Mann Edmond bei Kriegsbeginn durch ihren Hamburger Anwalt, Dr. Alfred Engel, von Altona nach Frankreich haben verschicken lassen. Anders als den Sagets ist den Bouchards das Heine-Denkmal keineswegs gleichgültig.

Der Geruch des Todes

Edith Saturski + Dr. Adalbert Saturski + Jutta Saturski + Karen Saturski

Anfang Oktober 1939 war Edith Saturski vom Landaufenthalt zurück in die Rothenbaumchaussee gekommen, sehr blass, sie hatte 30 Pfund abgenommen. Weil ihr Zustand schwierig war, eine Unterstützung von irgendeiner Seite oder Hilfskräfte nicht zu bekommen waren, behandelte Dr. Adalbert Saturski seine Frau im November wieder mit Morphium, um sie überhaupt ruhig im Bett zu halten.

Er selbst muss mit Beginn des Krieges an vier verschiedenen Kliniken praktizieren. Die ehemalige Calmann'sche Frauenklinik in der Johnsallee, in der er bis dahin meistenteils eigene Fälle operiert hat, dient seit 1940 als Krankenhaus für noch nicht deportierte Juden. Dr. Saturski verlegt seine Patientinnen daher in die Wünsch'sche Klinik, Mittelweg 144. Auch diese Umstände führt er später zur Erklärung seiner außergewöhnlichen Belastung an.

Vom 8. Februar bis zum 31. März 1940 halten sich Dr. Saturski und seine Frau Edith geb. Rau zusammen im Sanatorium in Oberneuland auf. Erst nach einer Woche kann Saturski sich wieder vom Bett erheben. Beide halten den Entzug in den folgenden Wochen nicht durch, besorgen abwechselnd Präparate in Bremer Apotheken. Dem Pächter der Bremer »Remberti-Apotheke«, Karl Bethge, fällt auf, dass der Bedarf des Frauenarztes Saturski aus Hamburg an Betäubungsmitteln recht hoch ist und im Februar 1940 fast täglich sowohl aus Ampullen wie aus Tabletten besteht. Die Rezepte sind ausgestellt für den eigenen Bedarf, für Frau Saturski und eine Frau Rau. Pächter Bethge informiert am 21. März 1940 die Gesundheitsverwaltung in Hamburg über diesen Tatbestand.

Kriminalsekretär Scharfenberger notiert, dass Dr. Saturski am 6. Mai 1940 um 12 Uhr wegen Vergehens gegen das Opiumgesetz vorläufig festgenommen und mit seinen verpackten Sachen dem Polizeigewahrsam im Stadthaus zum Weitertransport übergeben worden sei. Die Festnahme erfolgte, weil Dr. Saturski als morphiumsüchtiger Arzt eine Gefahr für die ihm anvertrauten Patienten bedeute. Seine Ehefrau Edith, die gleichfalls betäubungsmittelsüchtig sei und nach Angabe des Dr. Saturski wiederholt Selbstmordversuche unternommen habe, werde durch die Sozialverwaltung aufgrund des § 22 des Verhältnisgesetzes gleichfalls in eine geschlossene Anstalt überwiesen.

Um 17 Uhr wird der in Hamburg, Rothenbaumchaussee 26, wohnhafte morphiumsüchtige Arzt in das Untersuchungsgefängnis Hamburg-Stadt, Holstenglacis, eingeliefert. Obermedizinalrat Dr. Hans Koopmann vom Hafenkrankenhaus erstellt für die Gesundheitsverwaltung Hamburg ein gerichtsärztliches Gutachten. Der Untersuchte sei seit 1933 Mitglied der NSDAP, er sei katholisch und gehe zur Beichte. Er sei von kräftigem Knochenbau und befinde sich in gutem Kräfte- und Ernährungszustand. Dr. Koopmann notiert in Stichworten: »Haupthaar ergraut. Kurzsichtigkeit. Zähne defekt mit reichlich Gold versorgt. Verständnis für höhere ethische Vorstellungen genügend. Oberflächlicher Affekt.« Die Haft, beobachtet Dr. Koopmann, werde gut ertragen. Stimmung sei gut, trotz des laufenden Verfahrens, angeblich infolge der günstigen Kriegslage Deutschlands. Der Untersuchte verfüge nach eigener Angabe über einen sehr guten Geruchssinn, er sei imstande, eine Wetter-Geruchsdiagnose und eine Todes-Geruchsprognose zu stellen. Obermedizinalrat Dr. Koopmann fasst zusammen, es handele sich bei dem Untersuchten um einen oberflächlich anmutenden, kritikschwachen Psychopathen, ohne Intelligenzdefekte.

Es wird festgestellt, dass in der Zeit vom 13. Februar bis zum 30. März 1940 in Bremer Apotheken 320 Ampullen Rauschgifte bezogen worden seien, das entspreche einer täglichen Dosis von sieben Ampullen. Saturskis Verteidiger, Dr. Carl Stumme, bringt vor, dass der Beschuldigte, Dr. Saturski, an sich ein außerordentlich gewissenhafter Arzt sei und als besonders erfahrener und tüchtiger Arzt übermäßig in Anspruch genommen und überanstrengt gewesen sei, woraus sich erkläre, dass er selbst gelegentlich zum Morphium gegriffen habe.

Am 30. September 1940 verurteilt Amtsgerichtsrat Dr. Sophus Wilhelm Öhlckers den 44 Jahre alten Frauenarzt Dr. Adalbert Saturski wegen Vergehens gegen das Opiumgesetz zu einer Geldstrafe von 3 000,- RM, wovon 2 000,- RM durch die Untersuchungshaft als verbüßt gelten. Vor allem Edith Saturski, die 32 Jahre alt sei und ihrem Ehemann in der Praxis helfe, habe Schweres im Leben durchgemacht.

Dr. Saturski, der den Tod riechen kann, kehrt zurück in die Rothenbaumchaussee 26. Die milde Reststrafe wird in monatlichen Raten von RM 100,- abbezahlt, er praktiziert weiter in der Wünsch'schen

Klinik. An Arbeit fehlt es dort auch wegen der zunehmenden Zahl von traumatisierten Frauen nicht. Zu Weihnachten wird er einen Tannenbaum besorgen, auch Lackfarbe für das Schaukelpferd, die Mädchen, Jutta und Karen, werden beim Backen der Pfefferkuchen helfen, ihre Puppen neu anziehen und den vorgelesenen Weihnachtsmärchen lauschen, wenn am Baum die Lichter brennen.

Freedom Lodge

Anna Levy + Alfred Levy + Henry B. Lennert + Carla Zeelens geb. Levy | Prof. Dr. Theodor Heynemann

Anna Levy, mit ihren Kindern Heinz Bernhard – er nennt sich jetzt Henry B. Lennert – und Carla – sie schreibt sich jetzt mit C – in New York lebend, löst ihre letzte materielle Bindung an die alte Heimat Hamburg. Von ihrem Auswanderersperrkonto hat sie ihrem Sohn Alfred immer mal wieder eine Zuwendung zukommen lassen, etwa anlässlich seines Geburtstags oder dem ihres Enkels. Dankbar wird das Geld in Empfang genommen, auch angesichts zunehmender willkürlicher Einschränkungen in Deutschland. Gleich im September 1939 hatte die Gestapo zum Beispiel Alfred Levys Radioapparat beschlagnahmt.

Tochter Carla Levy verheiratet sich mit dem früheren Mitarbeiter des 1933 gegründeten Berliner »Kulturbunds Deutscher Juden« Dr. jur. Rudolf Max Zielenziger, der in New York einer der Begründer der ersten amerikanischen Loge deutsch-jüdischer Einwanderer ist. »Freedom Lodge« nennt sich der Anschluss an die »Grand Lodge of the Free Sons of Israel«, erklärte Absicht ist es, dem »In-der-Luft-zwischen-Deutschland-und-Amerika-Schweben« und dem daraus resultierenden Angstgefühl vor der ins Schloss gefallenen Tür wirksam zu begegnen. Da der Name »Zielenziger« sich für englischsprachige Zungen als unpraktisch erweist, wird er geändert in »Zeelens«, seine Freunde unter den amerikanischen Kriegsveteranen nennen ihn »Zilli«. Carlas und seine Kinder heißen Barbara und Ronald. Zeelens, bemüht um ein »geistiges resettlement«, schreibt Gedichte, etwa die »Hymne eines Immigranten«, erinnert an die Geschichte früherer jüdisch-sephardischer Einwanderung in Amerika, hält Vorträge über das amerikanische Theater, das den Vertriebenen viel zu wenig bekannt sei. Die gelernte Bibliothekarin Carla Levy Zeelens geht mit ihrer Situation in Amerika praktisch um. Um die Einkünfte ihrer Familie zu verbessern, beginnt sie, Ausbesserungs- und Änderungsarbeiten anzubieten, für Bettwäsche, Kragen, Kleider und Manschetten an Herrenhemden.

Carlas Bruder Henry B. Lennert, dem engsten Vertrauten der Hamburger Jahre, bleiben die Härten eines Emigrantenschicksals nicht erspart. Erst im Oktober 1936, zwei Jahre nach seiner Emigration, kann er eine erste Stellung finden, 1938 macht er sich zusammen mit dem Berliner Max Kaminski in Chicago als Getreidehändler selbstständig. Auf dem Markt der dortigen Warentermingeschäfte – direkter Kauf von den Silos oder großen Farmern mit Gegenposition im Future-Markt – können sie sich allerdings nicht halten, sie gehen nach einem halben Jahr in Konkurs. Mittellos kehrt Henry B. Lennert zurück nach New York.

Jackson Heights, im Nordwesten des Stadtteils Queens, ist Anna Levys erste amerikanische Adresse geworden. Wer an große Wohnungen gewohnt ist, fühlt sich schnell eingesperrt in den üblicherweise engen Unterkünften der Immigranten; die Vorstadt insgesamt ist schmutzig, laut, ständig sind Trucks unterwegs auf der Straße von Long Island nach New York, die Hitze im Sommer strengt an. Doch ihre Wohnung im vor Kurzem errichteten Apartmentblock in der 74. Straße, das Material der Fassade besteht aus gelbem Klinker, passt für sie. Und da sie es geschafft hat, eigenes Mobiliar bei der Schiffspassage mitzubringen, ist sie nicht darauf angewiesen, bei Herman Kern, dem Innendekorateur im selben Haus, Polstermöbel, Tische oder Schränke nach europäischem Muster zu besorgen. Tochter Carla und Sohn Henry haben beim Einzug geholfen.

Jetzt also Amerika.

»Wolke's Café und Restaurant« liegt in Fußnähe, man bietet hausgemachten Kuchen und Ice Cream bei aufmerksamer Bedienung. Außerdem ist es beruhigend zu wissen, dass Dr. Schneeweis, Augen-Untersuchung und korrekte Anfertigung von Brillen, sich in der Nähe befindet. In der »Kew Gardens Synagogue Adath Jeshurin« predigt Rabbi Dr. Felix Aber, und es gibt das »Jackson Heights Jewish Center«, einen beliebten Treffpunkt. »Martin Koster's Delicatessen« bietet Home Cooking and Salads an, »Florist Erwin Koopmanns« verkauft Blumen, »Bauer's Meat Market« garantiert koscheren Aufschnitt. »H. J. Barry«, das bekannte Einheitspreis-Geschäft, führt Haushaltsgegenstände, Schönheitsmittel, Strumpfwaren, Spielzeuge, Papier, Schokolade, alles für 5 Cent, 10 Cent oder 1 Dollar.

Das »Simchas Thorah Fest« findet statt im »Homestead Hotel«, Karten gibt es im Vorverkauf in »Mimi's Candy Shop«, seit 1939 bekannt für feinste Schokoladen, oder – tatsächlich – bei »Paul Levy«. Wehmütig liest Anna Levy diesen Namen.

Zu den Erinnerungen an Hamburg, die sie mit hinübergetragen hat, zählt der Eindruck der tiefen Andacht, die Paul Levy nach der Wiedereröffnung der Neuen Dammtor-Synagoge erfüllt hatte. Von Neuem war ihm die Bedeutung der Lade bewusst geworden, zu deren sichtbaren Bedingungen gehört, dass Äußeres und Inneres gleich gestaltet zu sein haben und ihre Tragstangen nie entfernt werden dürfen, denn die Tora ist an keinen Ort gebunden. Die Schändung der Synagoge während des November-Pogroms und die Verschleppung Dr. Holzers in das KZ Sachsenhausen hätten Paul Levy zutiefst getroffen – hätte er sie miterleben müssen.

Die in Hamburg verbliebene Familie macht Anna Levy Sorgen.

Die jüdische Community in Jackson Heights und Kew Gardens in Queens, New York, ist stark angewachsen, man spricht deutsch, und fast alle Emigranten teilen nach dem Verlust von Familienangehörigen und Verwandten im Holocaust das Gefühl einer Schuld, überlebt zu haben. Kaum jemand ist in der Lage, im Alltag »goodbye« zu sagen und sich innerlich dabei tatsächlich zu verabschieden. Mit der bleibenden Empfindung von Ruhelosigkeit fügt man sich ein in das amerikanische Leben. Die Ortsgruppen der »Immigrant Jewish War Veterans« und des »New World Club« laden ein zu Kundgebungen und erwarten, dass die Immigranten in Queens in Massen erscheinen. Und das tun sie.

Zahlreich strömen die Besucher zum Fest herbei, sogar die Stehplätze sind besetzt. Tapfer singt man die Nationalhymne mit, hört Wortbeiträge an über die Stellung der neuen Immigration im amerikanischen Judentum. Doch das ist Theorie. Zwar werden die Sprachlektionen im »Aufbau« – »1000 Worte Amerikanisch« – regelmäßig gelesen, doch die Erfahrung, fremd unter Fremden zu sein, setzt enorm zu.

Im Rahmen der nachbarschaftlichen deutsch-jüdischen Selbsthilfe veranstaltet die Frauengruppe des »German-Jewish Club« sogenannte »We for You«-Nachmittagstees im »Hotel Empire«; feste Zirkel haben sich gebildet, und auch dort wird deutsch gesprochen. Zumindest diesen Halt gibt es. In ihrem Apartment hat Anna Levy Erinnerungsfotos aufgestellt, darunter Paul mit Karla und die Aufnahme aus Venedig, die ein lächelndes älteres Paar unter einem weißen Sonnenschirm zeigt.

Im April 1940 gibt Anna Levy die Wohnung Rothenbaumchaussee endgültig auf.

Otto Kohlhase, immer noch einer der beiden Geschäftsführer der »Wohnhaus Rothenbaum GmbH« und zusammen mit Max Jacob Icheln Prokurist der »Allgemeinen Verwaltungsgesellschaft«, hat anlässlich der 1938 erfolgten Sicherungsanordnung des Oberfinanzpräsidenten bestätigt, dass Anna Levy am Stammkapital der Gesellschaft beteiligt ist. Der Notar Dr. Ulrich Sieveking lässt in der Amtsstube in der Bergstraße 1 protokollieren, dass die Witwe Anna Levy geb. Kahn, nunmehr wohnhaft in New York, 88–11 Elmhurst Avenue, an der »Wohnhaus Rothenbaum GmbH« mit einem voll eingezahlten Geschäftsanteil beteiligt sei, verbunden mit dem Recht auf Nutzung der Wohnung in der 2. Etage links. Die im Protokoll Anna »Sara« Levy genannte Vorbesitzerin verkaufe Anteil und Wohnung an Frau Martha Bertha Cuno geb. Wirtz, Witwe des Reichskanzlers a.D. Dr. Carl Joseph Wilhelm Cuno und Schwester des Paul Wirtz, Partner von Dr. Rudolf Brinckmann in der »arisierten« Firma »M.M.Warburg & Co.«.

Geheimrat Wilhelm Cuno hatte seine Tätigkeit beim Aufbau der deutschen Handelsflotte und als Generaldirektor der Hapag, der »Hamburg-Amerika-Linie«, unterbrochen durch die Übernahme der deutschen Kanzlerschaft, dies allerdings ohne Fortune. Die deutsche Währung war ins Bodenlose vorher nie gekannten Inflation gefallen, weswegen Cuno im Vergleich mit Bismarck als »Baissemark« tituliert wurde. Bei seinem Rücktritt hatte er einen Trümmerhaufen hinterlassen. Als Wirtschaftsführer im Reedereigeschäft vor allem mit den USA durchaus erfolgreich, privat dem Reitsport leidenschaftlich nachgehend, war das Mitglied zahlreicher Vorstände und Aufsichtsräte 1933 unerwartet einem Herzinfarkt erlegen. Der Hafen und öffentliche Gebäude hatten Halbmast geflaggt, Kondolenzanzeigen hatte ganze Zeitungsseiten gefüllt, im St. Adolf-Stift in Reinbek hatte ein Requiem stattgefunden.

Notar Dr. Sieveking schaut hoch von seinen Papieren, um sich zu vergewissern, dass die potenzielle Käuferin die Übertragung annimmt. Martha Cuno nickt.

Die Parteien sind sich darüber einig, dass die Einnahmen aus der Wohnung der Käuferin ab demjenigen Monatsersten zustehen, der der Erteilung der behördlichen Genehmigung am nächsten liegt, und dass die Käuferin vom gleichen Zeitpunkt an die entsprechenden Lasten zu tragen hat. Der Notar hält schriftlich fest: Die Verkäuferin ist Jüdin, die Käuferin nicht. Martha Cuno wird auferlegt, eine Ausgleichszahlung zugunsten des Deutschen Reiches – zahlbar an das für ihre Einkommensteuer zuständige Finanzamt – in Höhe von 1 500,- RM zu leisten. Eine Weiterveräußerung des erworbenen Anteils nebst Wohnrecht innerhalb der nächsten fünf Jahre unterliege der Genehmigung der Verwaltung für Handel, Schifffahrt und Gewerbe in Hamburg.

Mit dem Kauf dieser Immobilienanlage wird die frühere Sängerin Martha Cuno geb. Wirtz Vermieterin von Prof. Dr. Theodor Heynemann, der bereits seit 1936 dort wohnt. Zwölf Jahre zuvor, anlässlich des Abendtees der Universität im »Uhlenhorster Fährhaus« 1928, war man sich bereits gesellschaftlich begegnet. Da Witwe Cuno in der Alten Rabenstraße 6, neben dem ehemaligen Röntgeninstitut des

Dr. Henri Hirsch, ein ihren Ansprüchen genügendes Domizil besitzt, beansprucht sie die nun erworbene Wohnung in der Rothenbaumchaussee nicht selbst. Die jährliche Mietforderung für die Wohnung in Höhe von 3120,- RM geht nun von Anna Levy auf sie über.

Im Universitätskrankenhaus Eppendorf muss sich Prof. Dr. Heynemann auf die Kriegssituation einstellen. Nachdrücklich aufgedrängt hat sich das Thema »Luftschutz«, das Ausweichen unter die Erde und hinter Bunkerbeton für Entbindungen und Operationen. Eugenische Sterilisierungen, weil nicht kriegswichtig, unterbleiben.

Welt in Bewegung

Charles Jules (Carl Julius) Neukircher + Inge Gonsenheimer geb. Neukircher + Maria Neukircher | Prof. Dr. Theodor Heynemann | Julius Hirsch + Roberta Hirsch verwitwete Benjamin + Edgar Hirsch + Otto Benjamin | Dr. Frederick J. Liebmann + Anna Liebmann

In Brüssel, im Juli 1939, trifft Kaufmann Charles Jules – früher Carl Julius – Neukircher seine Tochter Inge wieder, sie hat Italien bereits kurz vor Erlass der italienischen Rassegesetze im November 1938 verlassen. In Nizza hatte die blonde Frau mit den blauen Augen den aus Berlin stammenden Versicherungsvertreter Albert Curt Gonsenheimer geheiratet, die Ehe mit dem elf Jahre älteren Mann bleibt kinderlos. Auch Schwester Carla – sie schreibt sich jetzt ebenfalls mit C – Maria, geschiedene Pimentel, lebt in Belgiens Hauptstadt und führt anstelle der erkrankten Mutter den Haushalt in der kleinen Wohnung in der Rue Antoine Bréart 26. Weder sie noch Charles Jules halten Gonsenheimer für besonders gesellschaftsfähig, sie bleiben auf Abstand.

»Mia« Neukircher hat eine aufregende Zeit hinter sich. Ende Juli 1939 hatte sie der Devisenstelle beim Oberfinanzpräsidenten einen Antrag auf Mitnahme von Umzugsgut eingereicht, gleichzeitig die Spedition »Adolf Blum & Popper Nachf.« mit dem Transport beauftragt. Mit Hinweis auf ihre holländische Staatsangehörigkeit hatte sie versucht, Einrichtungsgegenstände und Familiensilber ihrer Eltern außer Landes zu schaffen, indem sie die Gegenstände als ihr Eigentum ausgab. Zu ihrem Pech war sie an denselben Zollbeamten geraten, der bereits ihren Vater im Jahr zuvor vernommen hatte.

Zollfahnder Prehn, verwundert, dass sie »keineswegs jüdisch« aussehe, hatte sie wiedererkannt, unter Druck gesetzt und die Beschlagnahme der Transportkiste angeordnet. Schließlich musste sie alles zugeben. Mit der Eröffnung einer Devisenstrafsache und mit der Androhung einer Verhaftung hatte man sie in einer Unterwerfungsverhandlung dazu gebracht, einer Geldstrafe von 1 000,- RM zuzustimmen, bevor man sie gehen ließ. Alle Silbersachen blieben konfisziert, die Kaffeemaschine der Neukirchers wurde dem Herrn Oberstaatsanwalt beim Landgericht Hamburg zur Verfügung gestellt.

Der ungebrochene und gut Französisch sprechende Neukircher nimmt Fühlung auf zum größten belgischen Lederhändler und gründet die Firma »Chataignier«. Sie befasst sich mit der Einfuhr der gewohnten Waren aus Italien, vor allem Gerbstoffe und Bräunungsmittel, nach Belgien und anderen Ländern und hat wegen seiner alten Kontakte, besonders nach London, auch gleich gute Erfolge. Nach wie vor bleiben Substanzen zur Lederbearbeitung sehr gefragt, denn in den massiven Rüstungsprogrammen der europäischen Länder sind Höchstmengen an Stiefeln, Gürteln, Schuhen, Taschen, Riemen, Sätteln, Zaumzeug vorgesehen.

Die ganze Welt ist in Aufregung und Bewegung, es riecht und schmeckt nach Krieg.

Prof. Dr. Theodor Heynemann hatte der Kriegsbeginn in Italien überrascht. Bereits am ersten Tag, dem 1. September 1939, hatte er seinen Urlaub in Meran abbrechen und nach Hamburg zurückkehren müssen. Dieses Mal hatte er keine Annonce seiner Rückkehr aufgegeben. Schon im August hatte Neukirchers Untermieter, der englische Mister Godwin, hastig das Haus Rothenbaumchaussee 26 verlassen, die Koffer ins Auto geworfen und sich ein »Bye-bye« verkniffen.

Für die Brüder Hirsch in Italien ist der ungewisse Schwebezustand in Meran, ist die Odyssee ihrer Ausreise jetzt Geschichte. Julius befindet sich in England, wohin auch »Lisl« gekommen ist, aus Budapest. Sie haben im Dezember 1939 geheiratet. Er ist den Nazis entkommen und genießt die wunderbare Freiheit in London, hört den Speakern im Hyde Park zu, die alles, was sie möchten, laut sagen dürfen; seit Jahren hat er so etwas nicht mehr erlebt, weder in Deutschland noch in Italien.

Roberta, Edgar und Otto sind tatsächlich schon in der »Neuen Welt« angekommen und grüßen aus New York. Die vielen jüdischen Emigranten aus Europa suchen vorzugsweise im dortigen Stadtteil Queens, besonders in Kew Gardens, nach einer Unterkunft; sie werden im Verlauf des Krieges immer zahlreicher. Neue Apartmenthäuser mit modernen Wohnungen sind seit Beginn der 1930er-Jahre entstanden; die Makler verweisen gern auf die Annehmlichkeiten der »cross ventilation« und des »self-service elevator« und die kurzen Wege von zwei bis drei Blocks bis zur Subway, die in zwanzig Minuten Manhattan und den Times Square erreicht.

Das Quartier Kew Gardens, in den Anfängen als Wohnsitz beliebt bei Filmschauspielern, hat das friedliche Flair eines Dorfes inmitten der großen Stadt. Die weitläufigen Straßen sind ruhig, von Bäumen gesäumt, es gibt viel Grün. Mittendrin, in 83–26 Lefferts Boulevard, haben Dr. Fritz und Anna Liebmann, früher Hamburg, eine Wohnung gefunden. Sie liegt in einem sechsstöckigen Gebäude mit einer Front aus dunkelrotem Klinker, nicht gerade geeignet für »penniless people«, aber noch bezahlbar, und bis auf einige helle Verblendungen in der Fassade hat das Haus unverkennbar Ähnlichkeit mit jenem, das sie im Jahr zuvor verlassen mussten. Selbst die Ziffer 26 begleitet die Liebmanns weiter.

Da ein deutscher Rechtsanwalt in Amerika ziemlich nutzlos ist, stellt sich Dr. Fritz Liebmann – jetzt »Fredrick J.« – um auf die neuen Verhältnisse. Sofort nach der Ankunft ist er zu »Herrn Erich« – jetzt Eric M. Warburg – geeilt, der sich freute, den früheren Syndikus wieder begrüßen zu können. Dann war Liebmann erkrankt, die beginnende Unpässlichkeit hatte sich gesteigert, sechs Wochen lang ist er schließlich ans Bett gefesselt. Anna Liebmann geht allein los, um einzukaufen und Besorgungen zu machen. Die Stadt ist nicht so schrecklich überwältigend wie eigentlich erwartet, aber billig ist sie nicht, und auf den Straßen von Long Island riecht es heftig nach Benzin oder Teer. Für Dr. Liebmann wird die Zeit des Krankseins lang. Nachts, in Fieberträumen, ziehen die Kara-Fälle des Jahres 1938 an ihm vorüber, die panischen Abreisen mancher Antragsteller, auch Hilferufe aus KZs oder die Verzweiflung des Wiener Pianisten Ernst Friedrich Rapaport, der, völlig am Ende, nach Shanghai gegangen war, ohne zunächst seine Frau Anna mitnehmen zu können. Als die Sorge um sie ihm das Herz abdrückte, hatte er flehentlich darum gebeten, auch für sie nachträglich noch einen Reisekostenzuschuss zu erhalten. Bauch- und Kopfschmerzen hatten Liebmann viele dieser Fälle bereitet. Nach seiner allmählichen Genesung im Frühjahr 1939 tritt er einen Job in dem Unternehmen »E. M. Warburg & Co.« an – ihr amerikanisches Leben beginnt. Seine Frau Anna trifft alte Bekannte aus Wiesbadener Zeiten, bald spielt man jeden Abend Bridge miteinander – jenes Spiel, das bei den Dessarts in der Rothenbaumchaussee zur ständigen Unterhaltung gehörte, denn die schottische Großmutter, Mary Krüder geb. Webster, war darin Meisterin.

Während für die Liebmanns Politisches im Privaten nur gelegentlich angesprochen wird, äußerst sich der als Chairman der »Resettlement Division« des »National Refugee Service« tätige Eric M. Warburg im »German-Jewish Club« häufiger über die Industrien Amerikas, Finanz- und Wirtschaftsfragen. Der Leitung des Clubs, in dem auch Albert Einstein schon gesprochen hat, ist bewusst, dass die niedergeschlagenen jüdischen Einwanderer aus Zentraleuropa mehr brauchen als »charity«. Um Selbstvertrauen und neuen Lebensinhalt zurückzugewinnen, bedürfen sie der Pflege ihres Geisteslebens, der Vermittlung von Literatur und Kunst.

Da die »Literarische Gruppe« des »Aufbau« in ihrem Clubhaus einen »Heinrich-Heine-Abend« veranstaltet – Annelies von Molnar singt aus dem »Buch der Lieder«, Eric de Jonge spricht über den Pariser Friedhof »Père Lachaise« und das Heine-Denkmal in der Bronx –, schweifen Liebmanns Gedanken zurück zu jenem Nachmittag in der Stahlkammer der Warburg-Bank, als die letzten Effekten des Nachlasses von Salomon Heine gesichtet wurden. Das ist jetzt unwirklich lange her.

Viel früheres Hamburg hat sich in New York eingefunden. Der »New World Club« veranstaltet Purim-Feiern, Bälle, Bridge-Nachmittage – eigene Karten sind mitzubringen – und »Hausfrauen-Abende« mit Ratschlägen »How to save money whenever you buy fish«. Für Jobsuchende ist die Geschäftslage ungünstig, viele Kaufleute klagen, das Geschäft sei tot, Firmen sind froh, wenn sie niemanden abbauen müssen, und Banken sind ohnehin schon overstaffed. Selbst für einen jungen Menschen ist es verteufelt schwer, etwas zu finden, nicht mal als Verkäufer, Checker, Runner, Elevator Boy oder Ähnliches, und wenn sich doch etwas bietet, werden die allzu Bereitwilligen als billige Kräfte ausgebeutet. Bei einer Arbeitslosenzahl von über zehn Millionen Menschen besteht einfach keine Nachfrage nach einem ungeschulten und unerfahrenen Neueinwanderer. Wer kann, lebt von der Substanz, immer in der Gefahr, sich schlecht zu akklimatisieren und das alte Leben unter seinesgleichen fortzusetzen. Wer sich als Salesman versucht, vor allem Männer der älteren Jahrgänge, erreicht schnell den Stand eines Hausierers.

Die Avenues der großen Stadt sind zum Schauplatz täglicher internationaler Begegnungen geworden; es gehört zu den New Yorker Erfahrungen, dass sich die Welt verengt. Man trifft, so beschreibt es der »Aufbau«, an der einen Straßenecke einen Bekannten aus Norderney von vor achtzehn Jahren, an der anderen einen aus Berlin von vor sechs Jahren und in der Cafeteria einen aus Wien aus dem letzten Jahr. Man trifft sich und ist so gar nicht erstaunt darüber, dass man sich trifft, dabei hat sich hier niemand ein Rendezvous gegeben.

1940 — Kapitel 65

Theatergermanen

Gusta Hammer

Kammersängerin Gusta Hammer aus dem 6. Stock des Hauses Rothenbaumchaussee 26 ist auf dem Weg zum Dammtorbahnhof, es sind nur wenige Minuten zu gehen. Es ist ein lieb gewordener Weg, vorbei an der Moorweide mit ihren Kastanien im Wechsel der Jahreszeiten. Bei ihren Auftritten in der Staatsoper, meist unter der leidenschaftlichen Stabführung von Eugen Jochum, erreicht Gusta Hammer nach Meinung von Kritikern das Höchste und Beste an musikalischer Kultur, was sich nur denken lässt. Kritiker Dr. Walter Hapke hat bei aller Würdigung des vielseitigen Reichtums der Stimme, des Ernstes der Gesinnung und einer um Größe der Darstellung ringenden Auffassung doch eine Einschränkung am »Ton« vorgebracht. Die glückliche Verwendung des eigentlichen Altregisters habe eine gewisse Resonanzarmut der hohen Lage zur Folge gehabt.

»Dioskuren, Zwillingssterne, die ihr leuchtet meinem Nachen« – die Anfangszeilen von Franz Schuberts »Lied eines Schiffers« hatte Gusta Hammer in eindringlichem Gesang gleich eingangs ihres Liederabends Ende November 1939 ausgerufen. Unter dem Zwillingsstern des achtsam gehüteten kulturellen Erbes und seiner tagespolitisch eindeutigen Verwendung, in diesem unauflösbaren, immer dunkler werdenden Mischlicht vollzieht sich ihre weitere Karriere.

Zwei Ereignisse sind jedoch eingetreten. Es ist Krieg, und – für die »Hammer« zurzeit nicht weniger bedeutend – es gibt einen neuen Generalintendanten, Alfred Noller. Heinrich K. Strohm ist von Reichsminister Goebbels in die Wiener Oper abgestellt worden, wo er bald überfordert zusammenbricht, zumal sein bevorzugter Bühnenbildner Reinking beim zuständigen Finanzministerium mit seinen Honorarforderungen nicht akzeptiert wird. Noller, der auch inszeniert, ist nach überstandenem Theaterskandal und Erlebnissen mit der Gestapo vom »Grillo-Theater« aus Essen gekommen. Zuvor war er betraut mit wichtigen Sonderaufgaben der nationalsozialistischen Kulturpolitik, so der künstlerischen Leitung der »Reichsautobahn-Bühne« und der

»Baulager-Bühne am Westwall«, Vorgängern der Fronttheater; man gab dort Klassik und derbe »Schweinekomödien«. Wie von ihm erwartet, propagiert Noller das Ziel, mit einem nationalsozialistischen Volkstheater zur Volksgemeinschaft zu gelangen, doch hat diese Vorgabe den neuen Mann an der Spitze nicht blind werden lassen für künstlerische Qualität. Ganz unbrauchbare Sänger, selbst wenn sie der Partei angehören, passen ihm nicht. Er rühmt den großartigen Stimmbesitz der Hamburgischen Staatsoper und vertritt vor allem die Anliegen der reinen Kunst, mit einer gewissen Dosis Fanatismus.

Geprobt wird nach wie vor sehr viel. Im Mantel, mit Hut und Krawatte, seriös wie Bankangestellte stehen Solisten und Choristen täglich vor dem Bühneneingang, Partituren im Arm wie Akten, inkorporiert in einer schwergewichtigen Institution mit staatlich vermeintlich garantierter Freiheit der Kunst, strikt geregelten Pausenzeiten und sich ansammelnden Ansprüchen an die Pensionskasse.

Die überwiegende Mehrheit des Opernensembles grüßt beim Bühnenpförtner nicht mit »Heil Hitler«, bleibt unauffällig, gibt hin und wieder kleine Komödien der Anpassung bis hin zum »Partei-Bonbon« am Revers, tritt zum Dienst an wie gewohnt, singt und spielt, als sei und würde nichts geschehen. Man erfüllt seinen Vertrag, und zwar auf hohem technischen Niveau. Kontinuierliche Arbeit, möglichst in Eintracht und Harmonie und bei nervenschonender Konfliktvermeidung, ist ein Segen. Während der von vielen Händen im Hintergrund ermöglichten Vorstellungen verwandeln sich die Fachkräfte des gehobenen Repertoires in Götter, Helden, Dämonen, Priester, Kobolde und Bajazzos, um kurz darauf korrekt im Mantel, mit Hut und Krawatte wieder nach Hause und in die Camouflagen ihres Alltags zu gehen. Entsprechend agieren die Damen. Dass die Gagen regelmäßig angepasst werden, gilt angesichts der erbrachten Leistungen als hochverdient.

Vor allem während der ersten Aufführungen einer neuen Einstudierung behalten die Solisten Frieda Schmidt fest im Blick, die Einsagerin in der Höhlenwohnung des allwissenden Flüstergeistes. Sie ist die Souffleuse, die bei Wagner-Stücken abends volle fünf Stunden im Kasten sitzt, winkend, flüsternd, zischend. Die Steuerung der Lichtanlage befindet sich gleich neben ihr, die »Elektriker« drücken die großen Hebel im Schweiße ihres Angesichts herunter.

In den Umbaupausen sitzen die Tragöden und mythischen Gestalten in Maske vorm Spiegel, legen sich, wie Hans Hotter, Karten oder signieren Autogrammkarten. Das »Hamburger Fremdenblatt« bespricht die jüngste Premiere der »Götterdämmerung« günstig. Bariton Hotter, Gusta Hammers Partner in zahlreichen Partien, reich an Anekdoten über das Hamburger Opernpublikum, hätte Gefallen gehabt an der Rückseite des Kulturteils, wo sich das »echte« Leben niederschlägt: Dort inserieren zum Beispiel »Budnikowskys Seifenläden« Edel-Bohnerwachs, weiß und gelb, die 500g-Pergamenttüte für 39 Pfennige.

Eine einschneidende Neuerung im Opernbetrieb betrifft die »Theatergermanen«: Sie werden abgeschafft. Eine völkische Forschung im Auftrag Alfred Rosenbergs hat den wahren Germanen wiederentdeckt und damit Aufruhr in der Requisitenkammer ausgelöst. Liebevoll gepflegte pompöse Panzer, gewaltige Schilde, wallende Mäntel, zottige Felle, malerischer Kopfputz und Met-Horn gelten nun als lächerliche Klischees und der germanischen Rasse nicht angemessen. Gewittrige Finsternis und schwefelige Diesigkeiten allerdings bleiben der Bühne erhalten.

Mehrere Komponisten für Gegenwartswerke mit Zeitbezug haben sich dem Kulturbetrieb angeboten und sind dankend gefördert worden. Zu ihnen gehört der frühere Musikkritiker des »Hamburgischen Correspondenten« und derzeitige Studienrat an der Hamburger Bismarck-Oberschule Hans Ferdinand Schaub. Der Mann mit der runden, schwarz umrandeten Brille und dem hessischen Akzent, er stammt aus Frankfurt am Main, wohnt wie Gusta Hammer in der Rothenbaumchaussee, weshalb er hin und wieder mit ihr zusammen ein paar Schritte geht. Sein Auftragswerk »Ein Deutsches Te Deum« ist auf der Gau-Kulturveranstaltung der NSDAP in Hamburg am 17. März 1940, Palmsonntag, Hamburg lag wieder unter Schnee und Matsch, uraufgeführt worden; Generalmusikdirektor Eugen Jochum dirigierte. Nach der Darbietung von Textzeilen wie »Herr, lass uns unsere Wachsamkeit, die Zeit zum Schlafen ist vorbei« sprach Gauleiter Kaufmann dem Schöpfer neuromantischer Gefühlsprägungen öffentlich seine Anerkennung aus. Auch er, versicherte Schaub, müsse sich bedanken. Mit der Prüfung Deutschlands im Feuer habe eine ernste, angespannte Zeit begonnen mit Bedarf an musikalischen Mahnmalen, da wolle er sich gern mit einbringen, bereits im Juni werde eine weitere Arbeit aus seiner Feder den Weg auf die Bühne finden. Und natürlich freue er sich, dass Frau Hammer, die so viele konzertante Triumphe feiere, seinem musikalischen Opferwerk wieder ihre eindrucksvolle Stimme verleihe. Vor dem Haus Nr. 26 winkt der solide musikalische Satztechniker vierstimmiger Doppelfugen zum Abschied und wünscht noch einen schönen Abend.

Für die von ihm erwähnte Aufführung im Juni 1940 ist Gusta Hammer gut vorbereitet. Die NSDAP-Führer-Tagung im »Ufa-Palast« am Gänsemarkt steht ganz im Zeichen der Zeitereignisse, Gauleiter Kaufmann und alle führenden Persönlichkeiten des Gaus gedenken der

Toten des Weltkrieges und der Bewegung. Auch bei dieser Gelegenheit bekräftigen die Teilnehmer das rituelle Treuegelöbnis auf Führer und Vaterland mit den üblichen Schwüren. Die Aufführung der Kantate »Den Gefallenen« von Hans F. Schaub und die sich anschließende Vorführung der neuesten filmischen Frontberichte geben der NS-Veranstaltung die gewünschte unmittelbare Verbindung zur Front und einen wuchtigen emotionalen Eindruck von der Sinnhaftigkeit deutscher Kriegführung. Schaub hat Texte vertont, die das Heldische des deutschen Menschen verherrlichen, zunächst aus der germanischen Edda; darüber hinaus setzt er Zitate des NS-Kulturfunktionärs Herbert Böhme, des national-konservativen Lyrikers Walter Flex, des NS-Barden Ferdinand Oppenberg, des von Goebbels protegierten Reichsdramaturgen und Redakteurs des »Völkischen Beobachters« Rainer Schlösser und des Reichsjugendführers Baldur von Schirach ein.

Nichts Sarkastisches oder gar der gewünschten Ausrichtung klar Widersprechendes wird im Kunstbetrieb der kommenden Jahre das Licht der Öffentlichkeit erblicken, anders als noch im Mai 1935, als die Staatsoper an der Binderstraße den großen Holzschuppen als Kulissenhaus nutzte, schräg gegenüber der dortigen »Orgel-Synagoge« der Deutsch-Israelitischen Gemeinde. Morgens und mittags, schildert es ein naserümpfender Augenzeuge, sehe man die Versatzstücke des laufenden Tages oder des vorangegangenen Abends auf Lastwagen oder von Treckern gezogen von der Dammtorstraße zur Binderstraße wandern. All die Schlösser und Tempel, Berge und Wälder, Salons und Kabinette, die im Quecksilberdampflicht überirdische Wirklichkeit vortäuschen und in eine gehobene Stimmung versetzen, würden bei Tageslicht und auf der Straße wie unverhüllter armseliger Plunder erscheinen. Die Vorbeigehenden, sie würden spöttisch oder enttäuscht auf die zusammengenagelten Latten, kaschierten Drahtrupfen und bemalten Leinwandstreifen schauen. Man möge doch ein paar Planen beschaffen, um so desillusionierende Schocks zu vermeiden.

Jetzt, im Krieg, dient die Kunst dem Krieg. Trotz stärkster Inanspruchnahme durch die theaterhungrige Hamburger Bevölkerung müssen die Gefolgschaften des Theaters sich auch intensiv der Truppenbetreuung widmen. In deutschen Landen treten die Bühnenzauberer im Staatsdienst an, um kostbares Kulturgut zur Erbauung, Ablenkung und zum Durchhalten zu vermitteln. Das Haus an der Dammtorstraße mit seinem säulenbestandenen Portikus liegt immer öfter verlassen da. Man tourt herum.

Gemeinsam mit dem Reichspropagandaamt Hamburg bietet die Hamburgische Staatsoper eine Reihe von acht geschlossenen Sonderveranstaltungen für Angehörige der Wehrmacht, hinzu kommen

Auftritte bei den Truppenteilen, in Fliegerhorsten, Kasernen und Lazaretten. 25 000 Soldaten dürfen sich der kulturellen Betreuung erfreuen. Gusta Hammer singt nach Jahren wieder in Kiel, im »Haus der Arbeit«, dem von der »Nationalsozialistischen Betriebszellen-Organisation« besetzten ehemaligen Kieler Gewerkschaftshaus.

Kriegsereignisse bilden sich unmittelbar in großen Artikeln der Tagespresse ab. Die »Hamburger Neueste Zeitung«, die über Nollers glänzenden Premierenerfolg berichtet, bringt auf den vorderen Seiten eine Reportage über das brennende London. Unvorstellbar sei das, was sich unten aus Sicht der Bomberpiloten zeige: Bomben, immer wieder Bomben, unheimliche Detonationen und Brände, die ganze Stadt scheine in Flammen zu stehen.

All das hält man fern von der Arbeit. Die Hamburgische Staatsoper eröffnet die Winterspielzeit 1940/41 mit Mozarts »Zauberflöte«, Staats-Chef-Dirigent Eugen Jochum sorgt für eine selten gehörte Sublimierung und Transparenz des Klangs. Gusta Hammer, an der Seite von Martina Wulf, Annelies Kupper und Thorkild Noval, ist in einer Nebenrolle besetzt, als »Dame«. Betont konzentriert gehen die Tonkünstler der Oper ihrer Stundenplanung weiterhin nach. Doch manche Blicke untereinander werden bedeutungsvoller, Gespräche unverbindlicher, kleine hingesagte Bemerkungen hallen länger nach. Libretto-Zitate bekommen die Eigenschaft, mehrdeutig zu werden. Vorteilhaft erweisen sich antike und mythische Stoffe, im Indirekten, in Gleichnissen lässt sich Zuflucht suchen. Äußerst unangenehm allerdings ist die Anwesenheit von Spitzeln, ein Garderobier und ein fanatischer Fensterputzer fallen als Denunzianten besonders auf.

Wie es gehe, fragt Komponist Hans F. Schaub über die Straße hinweg und zieht dabei den Hut, schön, dass sie wieder dabei sei; Frau Hammer winkt zurück. Zu Schaubs 60. Geburtstag veranstaltet der Reichssender Hamburg für den »Kämpfer der deutschen Musik« im September 1940 eine Feiersendung, die als Reichsprogramm über den gesamten deutschen Rundfunk verbreitet wird. Man bringt Orchesterwerke und den Satz »Deutschland, wir glauben an dich« aus Schaubs deutscher Kantate »Den Gefallenen«. Gusta Hammer singt die Altpartie. Da die Kunst auch im Dienst des »Kriegs-Winterhilfswerks« steht, gibt es für sie keine Pause. Beim großen Wunschkonzert im »Conventgarten« steht sie neben Stimmungssänger Bernhard Jakschtat auf dem Podium. Die Opern-Kollegen Erna Schlüter und Josef Degler – seinerzeit im satirischen »Mikado« in einem Kostüm von Willy Davidson – treten im »Ufa-Palast« auf.

Zu Hause in der Rothenbaumchaussee legt sie die doppelreihige Perlenkette ab und liest die aktuellen Kritiken der Tagespresse. Über der Ankündigung der 45-minütigen Sendung für Komponist Schaub auf der ersten Seite der »Hamburger Neuesten Zeitung« steht die Schlagzeile »Bomber streifen fast Londons Hausdächer«. Ausführlich wird die Bevölkerung Hamburgs darüber informiert, warum Verdunkelung vollständig sein muss. Im neuzeitlichen Luftkrieg seien die passiven Maßnahmen von entscheidender Bedeutung. Die Tarnung, das »Erschweren der Erkenntnis durch künstliche Mittel«, gehöre zu ihnen. Jeder kleinste Lichtreflex verrate ein Ziel. Im Zeitalter des totalen Krieges müsse daher auch die Frau kriegerische Disziplin lernen und halten.

Rechtzeitig löscht Frau Hammer ihre Lichter.

Eine Geschichte der Heimtücke

Wilhelm Lieb + Margaretha Lieb geb. Thomsen

Die von Kaufmann Carl Glaser verlassene Wohnung in der Rothenbaumchaussee 26, 2. Stock rechts, beziehen im Sommer 1938 der Kaufmann und Bandagist Wilhelm Lieb und seine frühere Ehefrau Margaretha Lieb geb. Thomsen, sie ist die Mieterin. Bereits geschieden – schuldig Wilhelm Lieb –, leben sie dennoch zusammen. Bekannte von ihnen vermuten, wohl auch aus sexueller Hörigkeit, und es entsteht der Eindruck, aus beiden würde vielleicht doch wieder ein Paar. Ein Ausdruck, der das Verhältnis nicht wirklich trifft, denn Lieb unterhält mehrere Beziehungen und hat einige »Frauengeschichten« hinter sich, inklusive einer zweiten Scheidung.

Die von Eduard August Wilhelm und Paula Johanna Margaretha Lieb in den Großen Bleichen 31 a gemeinsam geführte Firma »Fußklinik W. & M. Lieb – Entfernung von Hühneraugen, Hornhaut, Schwielen, Herstellung von Fußstützen und Bandagen aus orthopädischer Werkstatt« beschäftigt bis zu 22 junge Frauen in braunen Kitteln mit weißen Hauben. Der Umfang des Unternehmens geht über den Rahmen eines Kleingewerbes hinaus und erfordert kaufmännische Einrichtungen.

Die Fachzeitschrift »Der Fußpfleger, Der Fußpraktiker« beschreibt im Januar 1935 die Fußklinik Lieb als einen modernen Betrieb, in dem bereits der Warteraum absolut peinliche Sauberkeit zeige. Sämtliche Möbel und Einrichtungsgegenstände seien in hellblauer Farbe mit Orange abgetönt, sodass das Ganze einen sehr hellen und freundlichen Eindruck mache. Hinter dem Warteraum gebe es 15 Behandlungskabinen, in Seegrün gehalten, die alle nach den gleichen Grundsätzen eingerichtet seien. Jede Kabine habe ihr eigenes Instrumentarium, unter anderem auch ihren eigenen elektrischen Apparat mit Fräsen in Form von Bohrer, Knospe, Birne, Rund, Eiform, Rad, Hohlrad, Messer. Eine Erfindung Liebs ist die schmerzlose Behandlung der Füße mit einer rotierenden Feile, eine in Hamburg einzigartige Behandlungsweise.

Jede der Angestellten, so führt der Artikel weiter aus, habe die volle und ganze Verantwortung für die Sterilhaltung ihrer Instrumente und für die absolute Sauberkeit ihrer Kabine. In einem besonders ausgebauten Raum seien eine Kantine und ein Aufenthaltsraum geschaffen worden, wo die Angestellten für den geradezu erstaunlich niedrigen Preis von 30 Pfennigen ein fertiges Mittagessen mit Suppe, Fleisch, Kartoffeln, Gemüse und Nachmittagskaffee erhielten.

Durch die Bezeichnung »Fußklinik« hat sich Wilhelm Lieb in einen jahrelangen Rechtsstreit mit dem Reichsinnungsverband des Bandagisten- und Orthopädie-Mechaniker-Handwerks, Berlin, verstrickt. Mit dem ergänzenden Hinweis, keine ärztlichen Leistungen anzubieten, darf er die Firmierung beibehalten. Dank seiner Zähigkeit erreicht er zudem ein Urteil des Hamburgischen Oberverwaltungsgerichts, das ihm erlaubt, eine neu von ihm ins Leben gerufene Fußpraktiker-Innung weiterzuführen, die durch Bescheid der Behörde für Wirtschaft bereits aufgelöst worden war. Der Innung steht er als Obermeister vor.

Den Gerichten ist Lieb auch als Person kein Unbekannter. Der gelernte Krankenpfleger – im Laufe seines Lebens auch Fahrkartenverkäufer bei der Hochbahn und Pfleger in der sogenannten »Irrenanstalt« Friedrichsberg – und immer mal wieder als Kommunist denunzierte Lieb hatte 1923 mit der Friseurin Helene Bolte aus St. Pauli ein Massageinstitut eröffnet, was ihn ins Visier des erpresserischen Hamburger Redakteurs Hermann Abel gerückt hatte.

Abel, Abgeordneter der Hamburgischen Bürgerschaft, gibt seit 1924 »Abel's Nachtpost. Offizielles Organ des Vereins zur Bekämpfung der Straßenprostitution« im Selbstverlag heraus, eine zum Preis von zwei Groschen wöchentlich erscheinende, heftig umstrittene Zeitung. Nicht wenige bezeichnen die »Nachtpost« als übelstes Revolverblatt von und für Schweinigel. Abel führt, angeblich um die Sittlichkeit im Volk zu heben, mit moralischer Pose und schmetternder Skandalposaune einen reißerisch angelegten Feldzug gegen vermeintliche Verwahrlosung der Jugend, Unzucht und Unmoral.

Fasziniert vom Milieu der Prostitution bei gleichzeitig geheuchelter Empörung, erhebt er massive, direkte Beschuldigungen, bezeichnet namentlich Wilhelm Lieb als Zuhälter und »Massage-König«, der perversen Sadistenverkehr in seinen Räumen dulde. Ungeniert betreibt Abel das Geschäft übler Nachrede in schlüpfrigen und verunglimpfenden Artikeln, die er erst gegen Schweigegeld unterlässt, sofern die Betreffenden gewillt und in der Lage sind, sich freizukaufen.

Von den meisten Kiosken wird der Vertrieb seines rufschädigenden Schmähblatts boykottiert; die Bürgerschaft hebt seine Immunität einstimmig auf, er wird zu vier Monaten Gefängnis verurteilt.

Dennoch gelangen Abels Schmähartikel in Liebs Akten.

Tatsächlich verfolgt die Staatsanwaltschaft Hamburg den Masseur Lieb im Jahr 1927 auf eine Anzeige hin als gewerbsmäßigen Abtreiber und lässt ihn in Untersuchungshaft nehmen. Die Geschworenen des Landgerichts verurteilen Wilhelm Lieb, gegen den bereits früher ein Verfahren wegen gewerbsmäßiger Abtreibung und Kuppelei anhängig gewesen war, zu einem Jahr Gefängnis. Strafmildernd wirkt sich aus, dass er mit einer gewissen Sauberkeit vorgegangen ist. Gegen Zahlung einer Geldbuße gewährt der Senat ihm zunächst Strafaufschub, im November 1932 wird er begnadigt.

Man hat von Amtsseite festgestellt, dass Lieb zugelassen ist als Fußbehandler bei verschiedenen privaten Krankenkassen. Seit Oktober 1929 betreibt er die Fußklinik in den Großen Bleichen, und der Zuspruch für sein Geschäft ist groß, sodass er die laufenden Unkosten bequem tragen kann. Lieb zahlt seine Miete pünktlich, ebenso seine Materialien. Er scheint in geordneten Verhältnissen angekommen zu sein. Und trotzdem befasst sich die Staatspolizei verschiedentlich mit ihm. 1937 steht er zum Beispiel unter dem Verdacht, sich kommunistisch zu betätigen, wofür jedoch Beweise nicht zu erbringen sind.

Lieb bleibt unter Beobachtung.

1925 war Margaretha Thomsen nach der Scheidung ihrer ersten Ehe mit dem Handlungsgehilfen Carl August Sachse nach New York ausgewandert, hatte ein halbes Jahr später der dortigen Arbeitsbehörde gegenüber erklärt, keine Anarchistin und keine Polygamistin zu sein, und die Absicht bekundet, die amerikanische Staatsbürgerschaft annehmen zu wollen. Allerdings hatte sie ihre Pläne geändert, seit 1929 war sie wieder in Hamburg.

Sowohl Wilhelm als auch Margaretha Lieb sind keine Nazis, besitzen keine Naziflagge und zeigen nie eine, bis ihnen 1938 anlässlich der Besetzung Österreichs die Partei das Hakenkreuztuch kostenlos vorbeibringt, damit sie sich in ihrem Schaufenster zum nationalen Deutschland bekennen. Lieb bezeichnet die Fahne als »Drecklappen«, was ihm 1938 ein Verfahren beim Sondergericht wegen Vergehens gegen das Heimtückegesetz einbringt. Er entgeht haarscharf einer Strafe, der Prozess wird mangels Beweisen eingestellt. In den Augen von Oberstaatsanwalt Edmund Suhr, in späteren Jahren am Volksgerichtshof tätig, stellt der Fußpraktiker Lieb eine sehr unerfreuliche Erscheinung dar.

Auch nach Betriebsschluss macht Lieb keinen Hehl aus seiner politischen Einstellung, so streitet er sich etwa auf dem Weg zum Kino lebhaft mit seiner Angestellten Dora Springe, die überzeugte Nationalsozialistin ist.

In jungen Jahren hat Lieb sich in der religiösen Freidenkerbewegung sowie der sozialistischen und gewerkschaftlichen Bewegung betätigt, bei der Gestapo gilt er daher als »politisch verseucht«. Am 9. November 1939, am Tage nach Georg Elsers Attentat in München auf Hitler, sagt Lieb in seinem Laden: »Wenn Hitler tot wäre, dann hätten wir Frieden – hätten nicht Zehntausende ihr Leben lassen müssen.« Seine Kontoristin Emmy Drüphake geht daraufhin zur Gestapo, denunziert ihren Chef.

Am 13. November 1939 nimmt die Gestapo Wilhelm Lieb fest, einen Monat später ergeht der richterliche Haftbefehl. Die Geheime Staatspolizei, Staatspolizeileitstelle, Stadthausbrücke 8, richtet am 9. Januar 1940 ein Schreiben an die »Deutsche Arbeitsfront«, Gauwaltung Hamburg, betreffend den »selbständigen Fußpraktiker und Schuhhändler Eduard August Wilhelm Lieb, geb. 27.5.1897 zu Altona, wohnhaft Hamburg 13, Rothenbaumchaussee 26 II«.

Der Bericht ist detailliert: Am Tag nach dem Münchner Attentat habe Lieb einer 21-jährigen Verkäuferin gegenüber, die allein im Laden gewesen sei, mit lächelnder Miene geäußert: »Nun hätten wir ja beinahe Frieden gehabt. Das Attentat wäre ja doch einmal gekommen. Einmal wird ja doch etwas passieren.« Auf die Antwort der Zeugin Drüphake, dass sie auf so einen Frieden verzichte, habe Lieb entgegnet: »Sie sind ja noch jung und verstehen nicht viel davon. Oder sollen erst Bomben über Hamburg kommen?« Am selben Tage habe er die gleiche Äußerung einer ebenfalls 21-jährigen Kontoristin gegenüber gemacht mit dem Zusatz, es sei besser, wenn es jetzt passiere als später, wenn erst zehntausend ihr Leben gelassen hätten.

Und weiter: Man habe Lieb vorgeladen. Dieser bestreite die Äußerungen bzw. versuche ihnen einen ganz anderen Sinn zu geben. Lieb sei zweimal geschieden. Die Ortsgruppe der NSDAP habe bemerkt, dass es in der ganzen Zeit nur ein Mal gelungen sei, Lieb zur Hergabe einer Eintopfspende von –,60 RM zu veranlassen, da er sonst nie anzutreffen war. Aus einem Aktenvermerk beim SD gehe hervor, dass der Betrieb des Lieb als völlig unsozial zu bezeichnen sei. Er gebrauche gerne und oft seinen Gefolgschaftsmitgliedern gegenüber die Worte: »Da müssen Sie sich an Ihren Führer wenden. Es ist ja nicht mein Führer. Ich habe ihn ja nicht gewählt.« Bezeichnend sei auch, dass kein Bild des Führers im Betrieb des Lieb vorhanden sei. Den Wunsch der Angestellten, ein Bild des Führers zu beschaffen, etwa anlässlich des Falles von Warschau, als Hamburger Schaufenster geschmückt wurden, habe er mit den Worten erledigt: »Wenn ihr ein Bild haben wollt, kauft euch eins.«

Es wird von Seiten der Gestapo darum gebeten, gegen Lieb ein Verfahren einzuleiten und ihm die Eigenschaft als Betriebsführer wegen bewiesener politischer Unzuverlässigkeit dauerhaft abzuerkennen.

Die Gestapo lässt Lieb verhaften.

Die von ihm geschiedene Margaretha Lieb führt das Geschäft in den Großen Bleichen allein weiter. Sie geht für Wilhelm Lieb Risiken ein, entlässt die Denunziantin Emmy Drüphake, bringt Pakete in die U-Haft, geht zur Gestapo, um Lieb vor dem KZ zu bewahren.

Dem Hanseatischen Sondergericht, Kammer II, wird Wilhelm Lieb vorgeführt als Angeklagter, der zu Beginn des Weltkrieges den Krankenpflegerberuf erlernt habe. Man stellt fest: Auch die zweite Ehe sei wieder geschieden, und zwar 1938. Mit seiner geschiedenen zweiten Frau, Margaretha Lieb, habe er jedoch in der bis dahin innegehabten Wohnung Rothenbaumchaussee 26 weiter gelebt. Aus erster Ehe habe der Angeklagte einen 18-jährigen Sohn, der seit seinem zehnten Lebensjahr beim Angeklagten lebe und sich, wie der Angeklagte sage, im Juni 1939 freiwillig zur »Leibstandarte SS Adolf Hitler« gemeldet habe.

Dem Angeklagten Lieb wird zur Last gelegt, zu Hamburg am 9. November 1939 nicht öffentlich böswillige, gehässige, hetzerische und von niederer Gesinnung zeugende Äußerungen über den Führer und Reichskanzler gemacht zu haben, die geeignet seien, das Vertrauen des Volkes zur politischen Führung zu untergraben. Das Gericht gewinnt von dem Angeklagten den Eindruck, er sei verärgert darüber, dass ihm durch die Kriegsverhältnisse einstweilen die geschäftliche Auswertung seines Schuhpatents unmöglich gemacht ist.

Wilhelm Lieb ist davon überzeugt, dass ihm und seiner Ex-Frau dasselbe Schicksal wie den Juden drohen könne und die herrschenden Stellen ein recht großes Interesse daran hätten, die beiden Nazigegner Lieb & Lieb wirtschaftlich zu schädigen. Wilhelm und Margaretha Lieb erörtern bei Besuchen in der Untersuchungshaft das weitere Schicksal der Firma.

Da eine Verurteilung des politisch Missliebigen unausweichlich scheint, daher die Schließung des Betriebes droht und Margaretha Lieb sich in Gefahr sieht, in Sippenhaft genommen zu werden, fängt sie an, sich von ihrem geschiedenen Mann zu distanzieren. Sie schlägt ihm vor, freiwillig aus der Firma auszutreten, damit sie das Unternehmen retten kann. Sie fühlt sich von der Gestapo unter Druck gesetzt und versichert sich der Hilfe des Rechtsanwalts Dr. Hartwig Friedrich Rudolf von Bülow, eines alten Kämpfers der NS-Bewegung. Zusammen mit Dr. von Bülow sucht sie ihren geschiedenen Mann nach dessen Festnahme 1939 in der Haft im Polizeigefängnis Fuhlsbüttel auf. Bei der Besprechung ist Gefängnis-Inspektor und Lagerkommandant Johannes Rode, SS, zugegen.

Dort erklärt sie Lieb, dass es für das Geschäft besser sei, wenn sie allein die Vertretung habe und er nicht mehr. Lieb zeigt sich einverstanden damit, dass sie sich als alleinvertretungsberechtigte Gesellschafterin in das Handelsregister eintragen lässt – allerdings unter der Voraussetzung einer von ihr unterschriebenen Bescheinigung, dass der alte Zustand wiederhergestellt werden solle, sobald das Strafverfahren abgeschlossen sei und Lieb sich wieder auf freiem Fuß befindet.

Bei Unterschrift aber, in Anwesenheit des Notars Dr. Edmund Cadmus und von Liebs Verteidiger Rechtsanwalt Dr. Ernst Häckermann, stößt Lieb sich an dem Ausdruck, dass er von der Vertretung »ausgeschlossen« werde, weil ihm diese Formulierung als ehrenrührig erscheint. Dr. Cadmus setzt ihm auseinander, dass es sich um den gesetzlichen Ausdruck handele. Lieb besteht auf einer anderen Formulierung. Doch es bleibt bei der schriftlichen Fassung des Notars.

Es kommt zum Eklat.

Lieb betrachtet den Ausschluss aus der gut gehenden Firma als eine von den Nazis betriebene zweite Strafe und als Verrat seiner Ex-Frau. Als klar wird, dass es tatsächlich beim Ausschluss bleibt, beginnt ein rücksichtsloser Krieg zwischen Lieb & Lieb. Gezielt bedienen sich jetzt beide der Mittel des NS-Regimes, gegeneinander.

Lieb zieht während des Verfahrens alle Register der Verteidigung und Erpressung, verweist darauf, dass sein Sohn Rolf aus erster Ehe Freiwilliger der »Leibstandarte SS Adolf Hitler« ist, was er in Wahrheit zu verhindern versucht hatte. Er beschuldigt Margaretha Lieb, hinter der Denunziation zu stecken, die Angestellte Emmy Drüphake geradezu aufgefordert zu haben, zur Gestapo zu gehen, ausländische Sender abzuhören, sich abfällig über den Führer zu äußern und außerdem ein »rassenschänderisches« Verhältnis mit dem Mann ihrer Freundin Lilly Scharlach, dem Juden Fritz Scharlach, zu haben. Lieb macht Versuche, in den Besitz eines von ihm aufgenommenen privaten Films zu kommen, auf dem eine freundschaftliche »Kuss-Szene« zwischen Margaretha Lieb und Fritz Scharlach zu sehen ist.

Margaretha Lieb fühlt sich unmittelbar bedroht. Sie fürchtet, unter dem Verdacht eines »Rassenschandevergehens« als zur Führung des Geschäfts unfähig hingestellt zu werden. Fritz Scharlach, der als Rechtskonsulent in zahlreichen Fällen jüdischer Auswanderung tätig ist und sehr oft mit der Gestapo in Berührung kommt, wird wegen des Verdachts auf »Rassenschande« angezeigt. Es bleibt unklar, ob die Anzeige direkt durch Wilhelm Lieb oder durch dessen Sohn, den SS-Mann Rolf Lieb, erfolgt ist. Das in Dachau stationierte Mitglied der »Leibstandarte« hegt starke Abneigung gegen Margaretha Lieb und hält zum Vater – trotz aller weltanschaulichen Differenz.

Bei der Beweisaufnahme im Prozess stellen sich Wilhelm Liebs Behauptungen über Margaretha Lieb und ihr angebliches »rassenschänderisches« Verhältnis als unrichtig heraus. Fritz Scharlach wird trotzdem eine Woche lang inhaftiert. Man kann dem früheren Vorsitzenden des Gewerbevereins vor dem Dammtor jedoch nichts beweisen und entlässt ihn wieder.

Am 27. Februar 1940 verurteilt das Hanseatische Sondergericht den Angeklagten Wilhelm Lieb wegen heimtückischer Äußerungen, die er im November 1939 gemacht hat, zu zwei Jahren Gefängnis. Eine hohe Strafe, die nicht allein seiner Äußerung gilt, sondern seiner politischen Einstellung. Für die »Hamburger Neueste Zeitung« ist Lieb, gegen den seit dem Jahr 1922 unzählige polizeiliche Vorgänge aktenkundig seien, ein typischer Meckerer mit passiver, renitenter und nörglerischer Einstellung. Einen Staatsfeind habe das Gericht allerdings nicht in ihm gesehen.

Das Regime macht weiter Front gegen »schlechte Elemente«. Immer häufiger vermitteln die Berichterstattung über sie und Urteile wie das gegen Lieb der Öffentlichkeit unmissverständlich, dass Schimpfen aus Ärger auf Partei und Regierung strafbar ist und als politische Heimtücke geahndet wird.

Gleich nach Urteilsverkündigung schickt Margaretha Lieb Herrn Wilhelm Lieb, zzt. Holstenglacis 3, Untersuchungsgefängnis, per Einschreiben die Mitteilung, dass – nachdem am heutigen Tage eine Verurteilung durch das Sondergericht stattgefunden habe – sie sich leider veranlasst sehe, den zwischen beiden bestehenden Gesellschaftsvertrag vom 22. Juni 1938 laut § 11 dieses Vertrages aus einem wichtigen Grunde mit dem heutigen Tage zu lösen. Polizeimeister Otto Renneberg schreibt am 5. August 1940 den Vermerk, dass Frau Paula Margaretha Lieb, geb. Thomsen, wohnhaft Rothenbaumchaussee 26 II., ein Verfahren zum Zwecke des Ausschlusses des Mitinhabers Lieb eingeleitet habe. Eine Schließung des Geschäfts, wie von der »Deutschen Arbeitsfront«, Gauwaltung Hamburg, gefordert, wird nicht vollzogen, weil die geschiedene Ehefrau, Mitinhaberin des Geschäfts, »arisch« sei und selbst ein Interesse daran habe, dass ihr früherer Ehemann aus dem Geschäft ausscheidet.

In die Hausmeldekartei des Hauses Rothenbaumchaussee 26 wird eingetragen, dass Wilhelm Lieb in Haft ist. Margaretha Lieb wohnt jetzt ohne ihn in der Wohnung, unter dem Firmennamen »Fußklinik W. & M. Lieb«. Sie nimmt Verwandte auf, darunter ihre 75-jährige Mutter, die bereits der Pflege bedarf.

Am 31. Mai 1941 erscheint im »Hamburger Tageblatt« eine Kleinanzeige mit der Annonce, dass aufgrund des rechtskräftigen Urteils des Landgerichts Hamburg, Kammer 4 für Handelssachen, vom 31. Oktober 1940 die offene Handelsgesellschaft aufgelöst worden und Frau Paula Johanna Margaretha Lieb, geb. Thomsen, Alleininhaberin geworden sei. Der Firmenname sei geändert in »Fuß-Klinik Margaretha Lieb geb. Thomsen«.

Wilhelm Lieb wird als Häftling in die Strafanstalt Glasmoor verlegt. Über dem Eingangstor des Lagers steht der Satz: »Bessert die Erde durch den Menschen und ihr bessert den Menschen durch die Erde.« Wilhelm Lieb bekämpft seine Ex-Frau erbittert weiter. Auch ihn bessern die Lager nicht.

Tauschgeschäfte

Dr. Walther Dessart | Charles Jules Neukircher | Eduard Gleichman | Julius Hirsch | Dr. Rudolf Brinckmann | Kurt A. Uebel | Dr. Adalbert Saturski | Edward F. Butler

»Sankt Georg«, Fachzeitschrift für Reitsport und Pferdezucht, druckt einen Liedtext mit Frankreich-Bezug ab: »Kamerad, wir marschieren im Westen, mit den Bombengeschwadern vereint.« Am 10. Mai 1940 hatte die Westoffensive deutscher Heeresverbände begonnen, das neutrale Belgien war angegriffen und überrollt worden. Am 18. Mai sehen sich die Städte Lüttich, Brüssel und Antwerpen vollständig von deutschen Truppen besetzt. Am 3. Juni bombardiert die deutsche Luftwaffe erstmals Gewerbegebiete im Nordwesten von Paris. Menschen ohne Obdach bevölkern die Bürgersteige der Stadt, grüne Stadtautobusse transportieren Geflüchtete in Schulen oder öffentliche Gebäude, um sie irgendwo unterzubringen, bei Alarm strömen alle Passanten sofort hinunter in die nächstgelegene Metrostation.

Mit der Besetzung erreicht der Krieg auch die Sagets, die Bouchards sowie alle aus Deutschland an die Seine Emigrierten, unter ihnen Edmund Nordheim, den zweiten Sohn der Stephanie Nordheim. Sieben Jahre hat der begeisterte Segler und Liebhaber von Rennjachten, einst Mitglied des »Norddeutschen Regatta Vereins«, in der Pariser Emigration verbracht. Nach dem Einmarsch der deutschen Truppen nimmt er sich 1941 in einem Hotelzimmer das Leben.

Die Hakenkreuzfahne weht oben auf dem Arc de Triomphe, deutsche Wehrmacht kontrolliert mit ihren Verbänden seit dem 14. Juni 1940 eine zunächst von Flüchtlingen aus Belgien und Nordfrankreich überfüllte Ville lumière. Doch danach hat eine Massenflucht eingesetzt, beim Einzug der deutschen Truppen zeigt sich die Metropole leblos und menschenleer. Alle Geschäfte, Kinos, Theater, Gaststätten und Cafés sind geschlossen. Es gibt weder Elektrizität, Licht, Wasser noch Telefon. Kein Fahrzeug rollt durch die Straßen, nur die Metro verkehrt noch. In den nächsten Tagen spazieren Wehrmachtssoldaten, den Stadtplan der deutschen Kommandantur in der Hand, vorbei an der

Oper, den vielen Cafés und Metrostationen, über die Brücken der Seine. Erst Anfang Juli 1940 öffnen Geschäfte und Restaurants wieder, zwei Zeitungen mit jeweils nur einem Blatt Umfang erscheinen.

Mit dabei im Westen ist der Leutnant der Reserve, der Hamburger »Tennis-Doktor« und SS-Sturmführer Dr. Walther Dessart. In Wehrmachtsuniform, lachend und winkend, einen seiner berühmten Smashes andeutend, hatte er vor dem Haus in der Rothenbaumchaussee gestanden und zuletzt noch eine Kusshand geworfen. Dem Cousin seiner Frau Frieda, Kapitän zur See Ernst-Felix Krüder, der mit seinem Hilfskreuzer »Pinguin« schon im Krieg operiert, will er in nichts nachstehen. Am 8. Juli 1940 erreicht seine »Flakscheinwerfer-Transport-Batterie 1/112« Belgiens Hauptstadt Brüssel, die Stadt ist fast unversehrt, Quartiere zu finden kein Problem. Euphorische Stimmung herrscht in seinem Truppenteil. Sensationell schnell ist der Vormarsch erfolgt und mit einer Wucht, die tatsächlich einem Sledge-Hammer-Aufschlag des Rothenbaumer Tennis-Ass aus seinen besten Tagen gleicht.

Stadtbesuche werden den deutschen Soldaten auch in Brüssel ermöglicht, doch davon, dass sich nun der einstige Wohnungsnachbar Charles Jules Neukircher am selben Ort aufhält, wird Dr. Dessart nichts erfahren. Er wartet mit seiner Batterie in der Zwischenzeit gut gelaunt auf den Einmarschbefehl für Frankreich. Das Stimulans »Pervitin« der »Vereinigten Chemischen Fabriken H. Temmler« ist bei der Truppe reichlich vorhanden, auch das eine oder andere »Kalenderblatt für die Ärzteschaft« findet sich im Marschgepäck.

Im Raum der »größten Einkreisungs- und Vernichtungsschlacht der Geschichte«, im belgischen Artois und in Flandern, so formuliert es Dramaturg Carl Werckshagen, ist die »Frontbühne der Hamburgischen Staatsoper« unterwegs. An der Seite von Pg. Josef Degler geht es für den Leiter des künstlerischen Betriebsbüros mit einem ausgesuchten Ensemble nach Lille, Ostende, Brügge, Brüssel und Lüttich. Gesangs- und Tanzdarbietungen begeistern die Soldaten der Division Schaumburg; ihrerseits beeindruckt durch die Landschaft des Krieges, formiert sich die Tourneetruppe auf der Loretto-Höhe zu einem Gruppenbild auf einem erbeuteten französischen Panzer. Werckshagen, noch von Intendant Heinrich K. Strohm zum 1. August 1939 von Essen nach Hamburg geholt, als Schriftleiter verantwortlich für die Programme der Staatsoper, verfasst einen Bericht mit einem Bekenntnis zum Führer, der das ganze Volk auf Leben und Sterben zusammengeführt hat. Am glücklichsten seien darüber die Künstler, die freudig in den Reihen ihres Volkes in ein neues, freies und stolzes Reich marschierten.

Seit die deutsche Wehrmacht in Belgien einmarschiert ist, denken die Neukirchers an Flucht. Sie versuchen, die Grenze nach Frankreich zu überqueren, schaffen es bis zu der belgischen Küstenstadt La Panne in Westflandern. Weil sie von französischen Grenzwächtern schroff zurückgewiesen werden, schauen sie sich nach einer Überfahrt Richtung England um, aber auch dabei haben sie keinen Erfolg. Nach drei Tagen kehren sie nach Brüssel zurück, in den hektischen Wirren der Ereignisse werden sie von Inges Mann Albert Curt Gonsenheimer getrennt, verlieren den Kontakt zu ihm. Sie sehen ihn nie wieder. Belgische Nationalisten fahnden nach Deutschen im Land, nehmen Gonsenheimer fest und bringen ihn zunächst in ein belgisches Lager, schieben ihn dann ab in das französische Internierungslager Camp de Gurs. Im Zuge der sogenannten »Ausweisungen« nach Deutschland unter Marschall Pétain wird Gonsenheimer 1942 nach Auschwitz gebracht. Im KZ Groß-Rosen in Niederschlesien kommt er ums Leben.

Kohlenhändler und Kavallerist Eduard Gleichman, der ehemalige Nachbar, ist aus der Rothenbaumchaussee in Geschäften nach Brüssel geeilt, zur Firma »Floridienne J. Buttgenbach & Co.«, um die durch den Kriegsausbruch geschaffene Lage zu besprechen und ob abgeschlossene Phosphatkontrakte gekündigt oder aufrechterhalten werden sollen. Er genießt den Aufenthalt in der schönen Stadt.

Julius »Ulli« Hirsch, in England, bleibt nicht in Freiheit. Der Krieg weitet sich aus, und als jemand, der in Deutschland geboren ist, findet er sich eines Morgens interniert, im »Hutchinson Internment Camp« auf der Isle of Man auf einer Farm, die als Auffanglager dient, zusammen mit Hunderten von weiteren Emigranten und Flüchtlingen. Die Briten sind misstrauisch, betrachten Deutsche grundsätzlich als Feinde.

Wegen der vielen Künstler, Wissenschaftler und Intellektuellen unter den Insassen hat »Hutchinson« einen besonderen Ruf. Berühmtheiten wie Kurt Schwitters sitzen dort ein, auch der Rabbiner Dr. Paul Holzer ist hier, er ist Julius Hirsch seit Hamburger Zeiten vertraut. Nie redet Dr. Holzer über seine Erlebnisse im KZ Sachsenhausen, er war in der Pogromnacht im November 1938 verhaftet worden. Auch ihn verbittert die Tatsache, als Verfolgter und Flüchtling von den Engländern für einen »alien enemy« gehalten zu werden. Zu Rosh Hashana 1940 richtet der frühere Hamburger Gefängnis-Rabbiner in der Lagerzeitung »The Camp« einen Neujahrsgruß an die »Freunde und Kameraden« in Unfreiheit, den brennenden Schmerz der Trennung niederzuhalten durch die Hoffnung, bald wieder mit den Angehörigen vereint zu sein. Nach Ankunft einer Torarolle im Camp lädt er die Insassen zu einer Zeremonie ein, bei der die vertrauten Melodien erklingen.

Bitter empfindet »Ulli« Hirsch den Verlust der Freiheit hinter dem Stacheldrahtzaun, wo er siebzehn Monate verbringen muss. Wie in kochend heißes Wasser geworfen fühlt er sich, widersetzt sich heftig der Festsetzung und befürchtet deswegen schlimme Folgen. Doch bald sieht er ein, dass Aggressivität nichts nützt, und ergibt sich in seine Lage. Auch, weil er eine neue Erfahrung macht.

Zwischen den Blocks gibt es eine Grünfläche mit Blumen, die Häftlinge nennen das Stück Rasen ihren »Park«, in der Sonne lässt es sich dort träumen, Golf oder Schach spielen, man kann spazieren und plaudern, Englisch lernen oder es halten wie König Salomo und auf der Mauer die Beine baumeln lassen. Bei den Gesprächen und Diskussionen untereinander ist jede Meinung erlaubt, und dann ist wieder ein bisschen Hyde Park, ein offener Platz der Kulturen, zu spüren. Mit einem Mal kann er Frieden machen mit dem Schicksal der Internierung und wird wieder ganz der alte »Ulli«, der den Lack und die Lügen des konventionellen Lebens immer abgelehnt hat. Alle Gespräche mit den Kameraden dort im Lager erscheinen ihm ernsthaft, ehrlich und alles andere als oberflächlich; er empfindet eine Atmosphäre wirklicher Freundschaft, in der sich die Geflüchteten untereinander öffnen können, und eine innere Freiheit.

Jäh endet der trügerische paradiesische Frieden hinter Stacheldraht, als aus Lautsprechern Kriegsmeldungen dröhnen und Luftalarme einsetzen. Doch entschlossen, die Lektion des Lagers und die erlebte innere Freiheit in sein zukünftiges Leben hinüberzutragen, legt Julius Hirsch im November 1940 in einem Bericht Rechenschaft über seine Gedanken und Empfindungen ab. Den vierseitigen Text veröffentlicht er unter dem Titel »Freedom« in der Lagerzeitung.

Interniert bleibt er weiterhin.

Deutschlands militärischer Vormarsch im Westen schreitet voran. Derweil hat es Bankier Dr. Rudolf Brinckmann weit weniger leicht, unter schwierigsten Reiseverhältnissen ist er auf Achse. Manch wichtige Kundschaft gilt es bei der Stange zu halten, möglichst auch neue Unternehmungen hinzuzugewinnen, ohne sich auf Risiken einzulassen. Am 9. September 1940 fährt Dr. Brinckmann nach Amsterdam, betrachtet in den Räumen der Bank »Warburg & Co.« die vertrauten Bilder aus dem Hamburger Zimmer in der Ferdinandstraße, aus dem Rahmen genommene Familien- und sonstige Fotografien und Erinnerungsgegenstände. Im Juli 1939 waren sie ohne Anmeldung bei der Devisenstelle auf den Weg gebracht worden, was zu einer scharfen Abmahnung geführt hatte. Er besucht den deutschen Kommissar bei der »Nederlandsche Bank«, Staatsrat Dr. Helmuth Wohltat, bedankt sich zunächst für dessen Unterstützung, ihm eine Reisegenehmigung nach Holland zu verschaffen, bemerkt jedoch gleichzeitig, dass die von den deutschen Behörden so sehr gewünschte Intensivierung der deutsch-holländischen Wirtschaftsbeziehungen praktisch wohl kaum durchgeführt werden könne, solange die jetzigen Reiseschwierigkeiten bestünden. Es könne niemandem zugemutet werden, volle fünf Wochen auf die Einreiseerlaubnis zu warten. Auch in Kriegszeiten liebt es Dr. Brinckmann nicht, Zeit zu verlieren.

Dr. Wohltat ist die Beschwerde zu hören sichtlich unangenehm, er sagt wesentliche Beschleunigung zu. Dann bespricht man Möglichkeiten einer engeren wirtschaftlichen Verflechtung in Form von Bankübernahmen, etwa der in Liquidation befindlichen Firma »Mendelsohn & Co.«. Dr. Brinckmann antwortet, für ihn käme grundsätzlich nur eine Beteiligung bei einem Bankunternehmen in Frage, das dem Range der Firma »M. M. Warburg & Co. KG«, Hamburg, entspräche. Dem stimmt Dr. Wohltat ohne Weiteres zu.

Nun sei es aber so, argumentiert der Hamburger, dass es der Bank »Warburg & Co.«, Amsterdam, nicht anders ginge als den anderen Privatbanken, nämlich dass ihr Geschäft seit dem 9. Mai 1940, dem Beginn der deutschen Offensive, völlig zum Erliegen gekommen sei. Wozu man sich jetzt noch beteiligen solle? Doch Staatsrat Dr. Wohltat weiß sehr wohl, dass die Hamburger Bank vom Reichswirtschaftsministerium, Berlin, aufgefordert ist, im von Deutschland besetzten Holland die Amsterdamer Firma »Warburg & Co.« zu übernehmen. Es bleibt Dr. Brinckmann also nichts anderes übrig, als diesen »Befehl« auszuführen. Er stellt jedoch die Bedingung, dass sämtlichen jüdischen Angehörigen der Amsterdamer Firma nebst Familien Erlaubnis zu erteilen sei, aus Holland weiter zu emigrieren – das wird ihm zugestanden.

Mit SS-Eskorte werden die Betreffenden durch Frankreich bis an die spanische Grenze gebracht. Dr. Brinckmann, der den Transport begleitet, verabschiedet sich von den Ausreisenden auf dem Bahnsteig und sieht den Zug nach Spanien weiterfahren. Von dort geht es für die »Warburger« weiter nach Kuba. Durch das besetzte Frankreich fährt der Banker zurück nach Hamburg.

Überall, an allen Bahnhöfen, sind Soldaten. Bereits jetzt schreibt sich der Krieg spürbar in den Alltag ein, es leidet zum Beispiel die pünktliche Zustellung der Tageszeitung darunter, was bei vielen Abonnenten Ärger hervorruft. Ein Weltgeschehen, das ihre morgendliche gemütliche Lektüre eben der Katastrophen des Weltgeschehens stört, ist unhöflich. Die »Hamburger Neueste Zeitung« entschuldigt sich für die Verspätungen und teilt mit, dass man leider abhängig sei von dem Zeitpunkt der Bekanntgabe des täglichen Lageberichts des Oberkommandos der Wehrmacht. Das rastlose Vorwärtsdringen der deutschen Westarmee bringe es – wie bereits vorher beim Polenfeldzug und der Besetzung Norwegens – mit sich, dass dieser Bericht nicht immer zur gewohnten Mittagsstunde eintreffe und den Redaktionsschluss verschiebe.

Die Stadtteile Harvestehude und Rotherbaum kommen an die Reihe für die Hamburger Sammelaktion von Altpapier und Jutesäcken. Die Einwohner werden gebeten, entsprechende abzugebende Sachen für die Abholer bereitzuhalten. Baststoffe sind knapp und begehrt. Kurt Albert Uebels Geschäftsentscheidung, sich von Rohstoffen weitgehend freizumachen, zahlt sich aus.

Seine Nähe zu verfolgten jüdischen Kaufleuten schadet ihm weiterhin nicht. Nachdem der jüdische Branchenkollege Leopold Löwensberg im Zuge des November-Pogroms von der Gestapo verhaftet wurde und vier Wochen bei schlimmster Behandlung im KZ Oranienburg verbringen musste, hatte er alle Geschäftstätigkeiten aufgegeben und seinen Großhandel veräußert. Mit Hilfe eines Bankkredits übernimmt Uebel seine »Hanseatische Jute-Erzeugnisse GmbH« in der Volksdorferstraße 169–171 zu einem günstigen Preis. Löwensberg verrichtet inzwischen Hilfsarbeit in einem Schuhlager als Lagerarbeiter, haust mit seiner Frau in einem behelfsmäßig eingerichteten Bodenraum in der Isestraße auf Luftschutzbetten.

Uebels Wohnungsnachbar Dr. Adalbert Saturski profitiert von der »Arisierung« der Praxis in der Johnsallee. Mit Erleichterung vernimmt er, dass Dr. Adolph und Jenny Calmann endlich Deutschland verlassen können. Der mit den Schellenbergers in den USA lange geplante Tausch der Grundstücke – Johnsallee 64, Hamburg gegen 1986 Madison Avenue, New York – ist genehmigt und notariell beglaubigt worden. Die Visa für die Calmanns für Haiti liegen vor.

Die Reise dorthin ist im Oktober 1940 nur über Russland und Japan möglich. Bis Yokohama kann Dr. Calmann die Reise- und Transportkosten mit deutschem Geld begleichen, die Weiterreise muss in Dollar bezahlt werden. Für die Reise ab Yokohama werden seiner Frau und ihm je 400 US-Dollar in Travellerschecks bewilligt. Er hat pro Dollar 62,50 RM zu zahlen statt den offiziellen Kurs von 2,50 RM, ein Verlust von mehr als 90 Prozent. Als Gepäck sind nur Koffer erlaubt. Auch wird ihm abgeraten, bei der Reise durch Russland Dokumente mit sich zu führen. So ist er gezwungen, fast seine gesamte bewegliche Habe einschließlich aller Dokumente in Hamburg zurückzulassen. Die Devisenstelle erteilt ihm die Auskunft, er könne die in drei Lifts verpackte Einrichtung seiner beiden Wohnhäuser unbesorgt im exterritorialen Gebiet des Freihafens zurücklassen, sein Eigentum sei dort jedem Zugriff entzogen.

Dr. Adolph und Jenny Calmann geben ihr Silberzeug ab, hinterlassen im Zuge des Tauschgeschäfts mit dem amerikanischen Ehepaar Schellenberger ihr Haus in bester Lage und betreten am 14. Oktober 1940 die Gangway eines japanischen Dampfers mit Ziel Haiti.

Nur einen Tag zuvor, am 13. Oktober 1940, hat eine junge Frau in der Adderly Street in Cape Town, Südafrika, die großen Bronzetüren einer Bank mit würdevoller Fassade durchschritten. Hermione Countess of Ranfurly hat die imposante Bankhalle entschlossen durchquert, sie will dringend den Manager sprechen. Sie findet den untersetzten Mann hinter einem riesigen, polierten Schreibtisch vor. Er trägt Hornbrille, und sein Einstecktuch passt perfekt zu seiner Krawatte. Was er für sie tun könne?, fragt Mr. Edward Francis Butler, Geschäftsführer der »Barclays«-Bankfiliale in Cape Town, ehemaliger Bewohner der Rothenbaumchaussee 26.

Lady Ranfurly sagt, dass sie zurück nach Norden gehen wolle, und erzählt ihre Geschichte. Ihrem Mann Dan war sie zu seinem Einsatz bei den britischen Truppen ins Hoheitsgebiet Palästina gefolgt, unter Missachtung aller offiziellen Vorschriften, die es Ehefrauen untersagen, sich den Hilfsmilizen anzuschließen. Im September 1940 hatte darum ein einäugiger Brigadier die gewaltsame Rückführung aller »illegalen« Ehefrauen nach Großbritannien angeordnet. Unter Militärbewachung war sie mit anderen betroffenen Frauen nach Suez gebracht worden, auf dem Truppentransportschiff »Empress of Britain« war es dann – eine Passage durch das Mittelmeer war nicht mehr möglich – zunächst weiter bis nach Cape Town gegangen. Im dortigen Hafen hat sie soeben unerlaubterweise das Schiff verlassen, ausgestattet mit einem Empfehlungsschreiben, das ihr ein Freund in Haifa, ein Bankmanager, ausgestellt hat. Dieser Freund habe Mr. Butler im Gespräch immer als »The Battling Butler«, den kämpfenden Butler, bezeichnet. Der kleine Mr. Butler muss lächeln. Man habe eben sehr oft zusammen in Schwierigkeiten gesteckt.

Er lädt Lady Ranfurly zum Mittagessen ein und bestätigt ihr auf ihre Frage hin, dass es nicht möglich sei, von Kapstadt nach Kairo mit dem Taxi zu fahren. Er lacht, lange. Ein Visum, meint er frohgemut, lasse sich in einigen Tagen besorgen, mit dem Zug solle sie dann nach Durban fahren, Mr. Hapgood, der bei »Cook's Travel« als Reiseagent arbeitet, würde ihr einen Flug besorgen, wenn ihm zu Ohren käme, dass sie nichts sagen dürfe und einfach nur raus aus dem Land müsse. Er werde sie mit Sicherheit für eine Spionin halten.

Wieder schüttelt »Battling Butler« sich vor Lachen. Er leiht der Countess 125 britische Pfund und weist ihr Angebot zurück, Ehering und goldene Brosche als Sicherheit zu hinterlassen. »Nicht im Leben«, antwortet er galant, »ich weiß, dass Sie es mir zurückzahlen.« Er liebe eben rebellische Persönlichkeiten, wie sie eine sei – außerdem Romanzen und Abenteuer.

Lady Ranfurly bekommt ihr Visum. Als sie den Zug nach Durban besteigt, steht Mr. Butler am Bahnsteig. Nie im Leben, sagt er zum Abschied, werde er vergessen, dass sie ernsthaft gefragt habe, was ein Taxi von Kapstadt nach Kairo koste.

Tranvía

Luis (Ludwig) Hirsch | Gretchen Meyer

Wenige Monate nach ihrer Auswanderung werden die drei Lifts von Dr. Adolph Calmann und seiner Frau Jenny in Hamburg von der Gestapo erfasst und – vom Leiter des Judenreferats Claus Göttsche angewiesen – durch den Gerichtsvollzieher Heinrich Bobsien zu Schleuderpreisen versteigert. Gastwirt Oskar Eichler, der in der Rothenbaumchaussee 107 eine Gaststätte betreibt, erwirbt aus dem Bestand, was er gebrauchen kann: Aschenbecher, Kuchenteller, Aufschnittplatte, Tischservice, Spei-Säule und zur Dekoration ein Bild »Alt-Hamburg«.

Am 23. Dezember 1940 erreichen die Calmanns auf ihrer Reise nach Haiti Balboa in Panama. Dort erfahren sie, dass die Regierung von Haiti ihre Visa, ausgestellt vom Hamburger Generalkonsulat, nicht anerkennt, sie müssen weiterreisen. Die Fahrt des japanischen Schiffes endet in Buenos Aires, von dort wird es nach Japan zurückkehren. Keine der Zwischenstationen ist bereit, die Calmanns aufzunehmen – trotz aller Bemühungen der dort befindlichen jüdischen Komitees. Am Tag der Abreise des Schiffes aus Panama dürfen sie von Bord gehen, aber sie werden sofort im Einwanderungsgebäude interniert. Dort müssen sie bis Anfang März 1942 bleiben, unter ständiger militärischer Bewachung durch einen bewaffneten Marinesoldaten und ohne das Gebäude verlassen zu dürfen.

In der für sie unerreichbaren Stadt Buenos Aires befindet sich die Mehrheit der sogenannten »Deutschen Kolonie« Argentiniens – sie zählt etwa 160 000 Personen. Großkaufleute bilden hier die führende Schicht – gleichgeschaltet unter dem Hakenkreuz, genauso wie Schulen und Vereine. Im April 1938 hatten 10 000 Teilnehmer einer Kundgebung im Luna-Park lautstark den Anschluss Österreichs gefordert. In den »Deutschen Volksbund« und die »DAF«, die »Deutsche Arbeitsfront«, drängt das Konsulat jeden Auslandsdeutschen, der in einer deutsch-argentinischen Firma arbeitet. Auf der Gegenseite wird ein »Komitee gegen Rassismus und Antisemitismus« tätig; nach antijüdischen Ausschreitungen im November 1938 nehmen mehr als 15 000 Personen an einer Kundgebung teil, sie findet ebenfalls im Luna-Park statt.

Um die öffentliche Meinung wird gekämpft. Die »Deutsche La Plata Zeitung« vertritt konsequent den Standpunkt des Nationalsozialismus. Nur das »Argentinische Tageblatt«, aufgemacht wie eine Boulevardzeitung, richtet flammende Proteste gegen das NS-Regime. Aus diesem Grund wird es vor allem von jüdischen Emigranten gelesen.

Günter Arnold Friedburg, der Enkel Martin Friedburgs aus der Rothenbaumchaussee, nach Lehrjahren in der Firma »Arnold Otto Meyer« des Adolf Laspe im Jahr 1936 in die argentinische Niederlassung der Firma »Hugo Stinnes Lda.« übernommen, beginnt als kaufmännischer Angestellter mit einem Gehalt von 150,- argentinischen Pesos im Monat. Zwei Jahre danach verlässt »Arnoldo« die deutsche Firma und beginnt in einem argentinischen Unternehmen im Getreideprodukthandel; sein Monatsgehalt steigt auf 180,- Pesos. Weil er sich nicht als »Halbjude« betrachtet, kommt er nicht in Kontakt mit »rassisch« Verfolgten oder deren Immigrantenorganisationen, zumal er als Protestant weniger Veranlassung dazu hat. Damit entfällt für ihn das Leben in einer Community, die Friedburgs bleiben ganz auf sich allein gestellt.

Auch Emigrant Luis Hirsch, der frühere Ludwig, entscheidet sich für eine Tätigkeit im argentinischen Getreidehandel, er findet im Export von Schafsfleisch ein Geschäftsfeld. Sich außerhalb der Heimat aufzuhalten, ist nichts Neues für ihn, auch Buenos Aires kennt er bereits von früher. Er ist lebens- und weltgewandt, solange er nicht staatlicherseits verfolgt wird. An seine Stiefmutter Roberta Hirsch und seine Brüder denkt er viel, schreibt auch manchmal. Jedes Jahr zu Chanukka aber zündet er, wie zuletzt in Hamburg, zwei Kerzen an, für sich und seinen Sohn Rudi. Das bleibt, egal wo auf der Welt.

Für Frau Konsul Gretchen Meyer gestaltet sich die Rückkehr nach Buenos Aires wegen verschiedener mitgebrachter Leiden und Kränklichkeiten nicht einfach. In den Stadtteil Caballito ist sie gezogen, wohnt dort unter der Adresse Formosa Nr. 240, nur wenige Meter entfernt von der belebten Avenida La Plata. Die gefühlt maßlose Stadt an der Mündung des Flusses, der durch seine unerhörte Breite vortäuscht, ein Meer zu sein, ist zu schwindelerregender Größe angewachsen, im Zentrum hat die Expansion ganze Reihen von Häuserblocks verschwinden lassen und ein Netz großzügiger Diagonalen veranlasst, auf denen bis zu sechs Reihen Autos Stoß an Stoß fahren. Der Verkehr kennt keine Unterbrechung, auch die Taxis haben keine festen Parkplätze. Kleine verschiedenfarbige Autobusse, »collectivos«, sind allgegenwärtig und ununterbrochen in Bewegung, sie haben keine festen Haltestellen, verlangsamen ihr Tempo nur zum Ein- oder Aussteigen; dabei ist Vorsicht geboten, will man nicht unter die Räder kommen.

An Tagen ohne Beschwerden und bei angenehmem Wetter – ohne die drückende Hitze des südamerikanischen Sommers von November bis März – nimmt Gretchen Meyer die Straßenbahn, den »Tranvía Metropolitano«, auch wenn sie nur in einen der Parks will. Der Grund ist unweigerlich sentimental wie alles, was an damals erinnert. Seinerzeit hatte Harry Meyer – »Haim« – mit ihr und der kleinen Charlotte die »Elektrische« bestiegen, dieses »teuflische Fahrzeug«, das Entfernungen mit Funken sprühenden, quietschenden Rädern und einer beängstigenden Geschwindigkeit verschlang. Kundig in kaufmännischen Dingen, war dem »comerciante« Meyer damals nicht entgangen, dass sich die »Deutsch-Überseeische Elektrizitätsgesellschaft« in Berlin an dem Unternehmen beteiligt hatte.

Mit den argentinischen Jahren war damals auch der Begriff »Plötzlichkeit« in das Leben der gebürtigen Harburgerin Gretchen Meyer getreten: Politische Revolten, nationale Feste und Kriegsaufregungen wechselten einander ab, Kioske wurden demoliert und in Brand gesteckt, Pferdegetrappel des Militärs ertönte auf der Straße Rivadavia, aus den Restaurants schleppte man Tische auf die Straße, leidenschaftliche Porteños, Einheimische, schwangen sich hinauf und brüllten in die Menge, man ließ die Unabhängigkeit hochleben, und Musikkapellen schmetterten die Nationalhymne. Der vorsichtige Harry war dem allem aus dem Weg gegangen, hatte sich konzentriert auf das Geschäft, die Immobilien und das jüdische Gemeinschaftsleben.

Kaum verändert findet sich nach so langer Zeit der »Tranvía«, altertümlich wirkt der städtische Bummelzug nun, doch immer noch zielstrebig und würdevoll, und unwillkürlich muss die frühere Frau Konsul an die Schaffner der Linie 18 in der Hamburger Rothenbaumchaussee denken, die sich an der Eleganz der »Guardas« nicht hätten messen können – und wohl auch nicht hätten wollen. Enger noch als früher wirken die Straßen, deren ursprüngliche Anlage darauf zurückgeht, dass in der heißen Saison immer eine Seite der Häuserfront im Schatten liegt, es sei denn, die Sonne steht im Zenit.

Gretchen Meyer betätigt die Schnur, die unter der Decke hängt, das ist das Zeichen zum Ausstieg. Im Palermo-Park setzt sie sich auf eine Bank, um sich an Palmen und zahllosen Rosen zu erfreuen, die hier ebenso schön blühen wie anderswo.

Jetzt wird die Einsamkeit spürbar.

Auch damals schon, in den ersten Jahren ihres Aufenthalts in Buenos Aires, war der Park mit dem kleinen See und den Denkmälern eine beliebte Flaniermeile, aber auch ein Platz animierter Ruhe gewesen; deutlich erkennbar zog sich die Handschrift französischer Landschaftsgestalter durch die Anlagen. Zum ersten Mal hatte Harburg damals in unwirklich weiter Ferne gelegen, das Manufaktur- und Modewarengeschäft des Vaters Sally Plaut in der Lüneburger Straße, er bot Herren- und Damen-Confection an, auch reichlich Aussteuergegenstände. Zu früh war er gestorben, im Alter von nur 36 Jahren. Und so war sie schon als Vierjährige Halbwaise gewesen.

Haim Herri Meyer, der »Argentinier«, stellte sich bei seiner Suche nach einer deutschen Frau mit Erfahrung in der Textilbranche dem Fräulein Junior im Geschäft der Plauts vor. Sie verlobte sich mit dem vierzehn Jahre älteren Kaufmann; entsprechende Inserate »Harburg – Buenos Aires« fanden sich im April 1906 in mehreren Zeitungen. Ein Jahr später heirateten sie nach jüdischem Brauch, und nach der Hochzeit waren sie schnell nach La Plata gefahren, in einer Kabine der 1. Klasse des »Hamburg Süd«-Dampfers »Cap Frio«.

Anlässlich des Todes ihrer Mutter Emilie Plaut geb. Cussel waren die Eheleute Meyer noch einmal nach Harburg zurückgekehrt, hatten den Friedhof und die Synagoge der gar nicht mehr so kleinen, dafür nach wie vor sehr rührigen Harburger Gemeinde aufgesucht. Charlotte, die kleine Tochter, noch keine zwei Jahre alt, hatte da schon mehr von der Welt gesehen als mancher alte Rabbiner. Als zweisprachige Deutsch-Argentinierin wuchs »Lotte« auf, als deutsch-jüdisch verstanden sich die Meyers, fühlten sich weit entfernt von den russischen Juden, den in der Pampa angesiedelten »rusos«. Über ihre Oldenburger und Bremer Verwandtschaft gab es eine Nähe zu nationalistisch-zionistischen Kreisen, die den Publizisten Theodor Herzl anlässlich des jüdischen Neujahrsfestes 1908 bei der »Philharmonischen Gesellschaft« im »Salon José Verdi« in Buenos Aires feierten. Als Geschäftsleute arbeiteten die Meyers daran, ihr Glück zu machen, sie lebten ihr jüdisches Leben, gingen zu Neujahr an ein fließendes Gewässer, um die Sünden des alten Jahres hinter sich zu lassen, und achteten stets auf den wandernden Mond, den Stern der Juden.

Zwar hatten etliche Abonnenten der ersten jüdischen Zeitungen um Zustellung in einem Umschlag gebeten, um die hebräischen Buchstaben zu verdecken, doch in der kosmopolitischen Welt der Einwanderer und Geschäftsleute waren Juden zwar wahrgenommen, aber damals nicht feindlich bedrängt worden, weder als arme, jiddisch sprechende Hausierer in der Calle Lavalle noch als Betreiber eines »Compra-Venta«-Ladens in der Calle Junin, der Straße der traurigen, abgenutzten Kleider, die so durchdringend nach Naphtalin rochen. Größere gesellschaftliche Bedeutung kam dem Herkunftsland zu, auch bei den Meyers. Feierlich war es gewesen bei der Kaiserfeier der deutschen Kolonie im Jahr 1911, Lichtgirlanden durchzogen den Pavillon im Palermo-Park, Glühlampen bildeten das Reichswappen ab, zur Musik der Kapelle des Dampfers »Cap Blanco« ließen die Redner sehr ausgewogen den deutschen Kaiser und die Republik Argentinien hochleben.

Die weiteren Jahre in Buenos Aires verliefen für die kleine Familie ruhig am Rande der fortgesetzten Revolten, der stetigen Zuwanderung und explodierenden Stadtentwicklung. Die »camisería«, das Konfektionsgeschäft, in der Calle Esmeralda 274 forderte alle Zeit und Konzentration, und trotz starker Konkurrenz stellte sich der notwendige Erfolg im Geschäft mit exklusiven Marken ein, teure Importartikel wie das Kölner Duftwasser »4711« zählten zum Sortiment, beliebt nicht nur bei deutschstämmigen Damen der besseren Gesellschaft.

»Cómo te va, amigo?« Stets erklang – kratzig, aber pathetisch – Tangomusik, denn der Musiker Alfredo Améndola hatte seine Firma »Atlanta« im selben Haus untergebracht. In Deutschland konnte er einen Apparat zur phonographischen Aufzeichnung der schmachtenden »canciones« erwerben, ließ die besungenen Rohlingswalzen aus Wachs zum Vervielfältigen nach Hamburg in eine Pressfabrik verschiffen und verkaufte Scheiben wie »Sentimiento criollo« und »La Mishadura« als »El mejor Disco doble del Mundo« für 2,50 Pesos das Stück. Améndolas Verkaufsladen entwickelte sich zu einem beliebten Schauraum, mit Harry Meyers allzu bereitem Einverständnis, denn die Kunden liebten die populäre Musik.

Wäre der unselige Weltkrieg nicht plötzlich gewesen, ein paar weitere Jahre in der faszinierenden Metropole hätten es für die Meyers schon sein können. Einem »Ghetto porteño« jüdischer Immigranten hatten sie nie angehören wollen, und jetzt, nach der bösen Drehung des Schicksals durch das NS-Regime, war es für Gretchen Meyer schließlich doch noch so gekommen. Nicht als Juden, sondern wegen ihrer deutschen Herkunft und Sorge um ihre Angehörigen in der Heimat hatten Harry und sie das Land damals zu Beginn des ersten Weltkriegs verlassen. 1939 dagegen musste sie gehen nicht als Deutsche, sondern als Jüdin.

Im Gegensatz zu den allermeisten Emigranten hat sie keine Probleme mit der Sprache, sie kennt die Mentalität der Einheimischen, ihr älterer Bruder Siegfried Plaut ist aus Berlin nachgekommen, Tochter Lotte und ihr Felix leben ihren Alltag, gehen in die Gärten und genießen ihr Helado so selbstverständlich, wie es alle Porteños machen. Aber auch ihnen gelingt in der allgemeinen Niedergeschlagenheit und vor lauter unausweichlichem Weltgeschehen kaum ein wirkliches Privatleben.

Das Licht des Nachmittags rötet sich, la Señora Plaut de Meyer verabschiedet sich für diesmal von alten Sentimenten und den Rosen im Park; an der Haltestelle des Tranvía wartet sie auf den nächsten Zug für den Rückweg. Erst wenn sie wieder in der Calle Formosa 240 zurück ist und sicher sein kann, weder einem »Volksdeutschen« noch einem »Peronisten« in der gegenwärtigen autoritären und stark antisemitischen politischen Landschaft zu begegnen, wird sie die »Jüdische Wochenschau«, die »Semana Israelita«, vom November 1940 hervorholen und den Bericht von Dr. Hugo Chanoch Fuchs, Rabbiner der »Nueva Comunidad Israelita«, einer der drei deutsch-jüdischen Synagogengemeinden, lesen. Er erinnert in einem Artikel an den Novembertag des deutschen Pogroms, des »Synagogenbrands«, und unter den abgebildeten Synagogen findet sich auch ein Foto des Tempels in der Hamburger Oberstraße. An den Bau mit dem flachen Dach erinnert sich Gretchen Meyer noch sehr gut, der Weg von der Rothenbaumchaussee dorthin war kurz.

Vielleicht, eines Tages, wird sie ihren Enkelkindern, Inés und Roberto, davon erzählen.

Am anderen Ende der Welt

Carl Glaser + Alice Glaser

Am anderen Ende der Welt erlebt Carl Glaser, der jüdische ehemalige Meisterläufer, eine Katastrophe mit. Im Oktober 1938 hat eine Massenflucht der Chinesen aus der Metropole Hongkong eingesetzt, in panischem Schrecken vor den anrückenden japanischen Truppen werden die Bahnhöfe gestürmt. Obwohl er ein »J« für »Jude« im Pass stehen hat, wird er von den englischen Behörden wegen seiner deutschen Herkunft im »Stanley Internment Camp«, einem Lager im Süden der Stadt, festgehalten.

Die Glasers und die mit ihnen emigrierten Schwiegereltern, Alexander und Anita Goldschmidt, werden Leidtragende der kriegerischen Ereignisse zwischen China und Japan. Über ein Jahr lang sitzen sie fest in Hongkong. Nach und nach schnüren japanische Truppen die Halbinsel mit dem traditionell britischen Pachtgebiet vom Festland ab, es droht die Besetzung der internationalen Niederlassung. Vor Banken, Konsulaten und Reedereikontoren bilden sich lange Schlangen von Wartenden. US-Dampfer schiffen amerikanische Staatsbürger nach den Philippinen aus.

Ab Juni 1940 beginnt die britische Kolonialregierung mit der Evakuierung Hongkongs. Auch der deutsche Refugee Glaser und seine Angehörigen werden von den Engländern aufgefordert, die Kronkolonie umgehend zu verlassen. Es bleibt für die weitere chaotische Flucht nur noch die Destination Shanghai, das größte jüdische Immigrationszentrum jener Zeit. Am 2. Juli 1940 kommen sie in Shanghai an. Kaum jemand unter den dort hereinströmenden Europäern hat sich diese Stadt mit dem schlechtesten Ruf der Welt als neue Heimat vorstellen könne. Doch seit Dezember 1938 bringen italienische Passagierschiffe fast pausenlos jüdische Emigranten in den rettenden Hafen Shanghais. Bald gibt es im International Settlement und im Gebiet der französischen Konzession keine freien Wohnungen mehr.

Shanghai, müssen Carl und Alice Glaser erleben, ist keineswegs ein zweites Uhlenhorst, das sich für die westlich der Alster wohnenden Hamburger immer so weit weg angefühlt hatte wie die asiatische Metropole. Shanghai ist wirklich Übersee, es ist tatsächlich ganz anders, mit Riesenpalästen britischer und amerikanischer Banken, Reedereien, Ölkonzerne und Importhäuser, und leider, zu seiner Bestürzung, gibt es auch Bekanntes.

Die öffentlichen Auftritte der Ortsgruppe Shanghai der »Auslandsorganisation« der NSDAP, AO, mit Hakenkreuzfahnen, Bannern und Braunhemden unterscheiden sich nicht von denen in Deutschland, ebenso wenig die zackigen Ansprachen anlässlich der Maifeierlichkeiten. Zwischen den Parteigenossen gilt auch auf der Straße der deutsche Gruß, und ganz nach Heimatbrauch werden Flaggen gehisst und Fahnen geweiht. Der Ortsgruppenleiter verfügt über einen Stab bewährter politischer Leiter, mindestens einer von ihnen sorgt für Fühlungnahme mit den übrigen am Ort noch bestehenden deutschen Einrichtungen. Alle zwei Wochen findet eine öffentliche Veranstaltung statt, mit dem Ziel, Menschen zu überzeugen, die zum Teil seit Jahren von der Heimat entfernt leben. Deswegen müssen Schallplattenaufnahmen der Reden des Führers, Filmvorführungen und Erlebnisschilderungen den Eindruck vermitteln, der die Massen in Deutschland so hingerissen hat.

Unentwegt trafen noch vor Kurzem, bis 1940, italienische Schiffe mit jüdischen Flüchtlingen ein; später funktionierte nur noch der schwierigere Landweg über Russland, die »Sibirienfahrer« strömten in Mengen nach. Nicht lange nach ihrer Ankunft in Shanghai erfahren die Glasers und ihre Schwiegereltern, was ein Taifun ist, begleitet von einem ununterbrochenen Tropenregen, dem ergiebigsten seit dreißig Jahren. Hunderte von Autos, abgestellt an den Straßenrändern, laufen voll, Kaufhäuser und Schulen schließen, Schaufensterauslagen treiben in den Fluten umher. Nur ein paar Wochen danach bricht plötzlich eine ungewöhnlich strenge Kälte herein und fordert zahlreiche Todesopfer, vor allem unter den Zehntausenden von Obdachlosen in der Stadt.

Shanghai wird trotzdem mehr und mehr zu einer Hauptstadt der Emigration, ein Spiegelbild des jüdischen Europa, ein »Little Vienna« mit Roof Gardens, Cafés und Konzerten, Liederabenden, Theater und russischen Ballettaufführungen. Im Kampf um Selbstbehauptung und Anerkennung stellt sich bei den Flüchtlingen aber schockartig die Erkenntnis ein, dass die Wiederherstellung des einst bourgeoisen Ideals einer bequemen Assimilation romantisches Wunschbild bleiben wird. Um die Miete zu zahlen, versetzt man Montblanc-Füller und Kameras, für ein paar Cents bringt der »Wasser-Chinese« kochendes Wasser, Kaffeetrinker brühen Kaffeesatz mehrmals auf, von den Dächern der benachbarten Häuser hört man das Klappern von Mah-Jongg-Steinen und chinesische Fünfton-Musik.

In den dicht bewohnten »Lanes« zirkulieren bei schwankenden Stimmungen Klatsch und Tratsch, »Bonkes« genannt; Gerüchte fluten ungehemmt auf und ab durch die eng bevölkerten Gassen. Shanghai ist kalt im Winter, heiß im Sommer, eine schwüle, schweißnasse Hitze macht allen zu schaffen, ebenso die hohe, ungewohnte Luftfeuchtigkeit und die Plage der Moskitos. Erst in den kühleren Morgenstunden findet man in den Schlaf und auch dann oft nur kurz. Das Klima führt bei längeren Aufenthalten dazu, dass das Interesse an geistigen Dingen entschieden abnimmt. Übermäßiges Schwitzen begünstigt Hautkrankheiten, Vitaminmangel aufgrund einseitiger Ernährung führt zu nervösen Störungen und chronischer Müdigkeit. Häufig tritt das Shanghai-Fieber, eine Form der Grippe, unter den Emigranten auf, unzweckmäßige Kleidung sowie das enge Zusammenleben in den Heimen und kleinen, oft unhygienischen Wohnungen fördern die Übertragung. Und dann sind da noch die Wanzen und Läuse.

Im Juli 1941 geht wieder einmal ein mehrstündiger, von schweren Gewittern begleiteter Wolkenbruch über der Stadt nieder und setzt in kurzer Zeit Wohnviertel und große Teile des Geschäftsviertels metertief unter Wasser. Die Straßen sind kilometerweit überschwemmt, der Rennplatz ist ein großer See, Baugerüste stürzen zusammen, Holzverschläge werden fortgerissen, starke Bäume entwurzelt. Auf dem Huangpo treiben gekenterte kleine Boote. Im August legt die japanische Besatzung, die große Teile der Stadt fest im Griff hat, Drahtverhaue in allen Straßen an, die zur französischen Konzession und internationalen Niederlassung führen. Brücken, die von der internationalen Niederlassung über den Soochow Creek zum Stadtteil Hongkew hinüberführen, werden abgeriegelt. Gemüse, Obst und Fleisch verteuern sich, auf dem Schwarzmarkt wird ein US-Dollar zum Rekordpreis von 33 Shanghai-Dollar getauscht. In Hongkew mehren sich Attentate, Angehörige der japanischen Streitkräfte geraten auf offener Straße unter Beschuss. Im Dezember erklärt die japanische Regierung Großbritannien und den USA den Krieg. Vor Shanghai wird ein englisches Kanonenboot versenkt.

Der Hamburger Kaufmann und Flüchtling Carl Glaser versucht trotz allem, sich eine neue Existenz aufzubauen. Er greift auf verwandtschaftliche Beziehungen seiner Frau Alice – sie entstammt der sephardischen Familie de Sola – zurück, erhält vom portugiesischen Konsulat im »Sassoon House« in der Nanking Road Schutzpapiere und nennt sich fortan Carlos de Sola Glaser.

Fronttheater

Gusta Hammer | Dr. Walther Dessart + Frieda Dessart + Margrit Dessart | Yves Saget

Die Staatsoper bewährt sich weiterhin als unentbehrlicher Faktor in Hinblick auf die Kriegsvorbereitung der Volksseele. Medizinisch betreut von den Theaterärzten Prof. Dr. Willy Holzmann und Dr. Wilhelm Lochmann, ist das mit Vorständen, Verwaltung, Ensemble, Orchester, Chören, Sonderchören, Tänzern, Statisterie und technischen Abteilungen riesig besetzte Haus auf seine Aufgaben gut eingestellt.

Beide Herren sind politisch hochengagierte Parteigenossen. Prof. Dr. Holzmann, Facharzt für Nervenleiden, 1923 in die Partei eingetreten, ist Mitglied des Erbgesundheitsobergerichts seit Dezember 1934. Besonders engagiert gezeigt hatte sich Holzmann in Kampagnen gegen jüdische Angehörige der Staatsoper wie den Chorsänger Kurt Abraham Salnik. Als Leiter der Ärztekammer in Hamburg und Gauamtsleiter des Hauptamtes für Volksgesundheit sowie des Rassenpolitischen Amtes der NSDAP, Hamburg, mit Sitz im Besenbinderhof 41, gilt sein vehement geäußertes Interesse der »Rassenhygiene« und dem »rassischen Wiederaufbau« des Volkes. Im Juli 1941 wird er zum Honorarprofessor der Hansischen Universität ernannt und mit der Vertretung der Rassenkunde in Vorlesungen und Übungen in der medizinischen Fakultät betraut. Der praktische Arzt Dr. Lochmann, Leiter der Hamburger Landesstelle der Kassenärztlichen Vereinigung im Haus der Ärzte, An der Alster 49, fungiert zusätzlich zu seiner beruflichen Tätigkeit als SA-Oberführer beim Stab der »Gruppe Hansa«. Für Januar 1941 steht die Beförderung des Mannes mit dem Hitler-Bärtchen zum SA-Brigadeführer an.

Das erste Konzert der Spielzeit 1940/41 widmet Generalmusikdirektor Eugen Jochum »Dem Gedenken unserer Helden«. Requiem-Stimmung und Totentanz unter subtiler Klangregie vermitteln dem Kritiker Dr. Walter Hapke ein echt deutsches Bild vom Tod. Es erklingt Hans Pfitzners Chorphantasie »Das dunkle Reich«, allerdings – die Enttäuschung ist spürbar – ohne erschütternde Wirkung, stattdessen gewinne eine trübe Stimmung mehr und mehr die Oberhand, das passe nicht in heldisches Gedenken.

Dass Musik eine äußerst fragwürdige politische Mission haben kann, ist auf ein und derselben Zeitungsseite eine mögliche Lektüre. Im europäischen Norden und Westen soll und will die Krieg führende Deutsche Wehrmacht von Künstlern aus der Heimat unterhalten werden. Die »Hamburger Philharmoniker« haben sich bereits im großen »Conventgarten«-Saal auf Konzerte vor Angehörigen der Wehrmacht eingestimmt. Bei der »KdF«-Veranstaltung der Gaudienststelle Hamburg in Zusammenarbeit mit dem Reichs-Propagandaamt, Referat Truppenbetreuung, jubeln die feldgrauen Zuhörer ungewohnt klassischer Musik von Mozart und Schubert zu.

Am 1. Oktober 1940 besteigen im Hamburger Hauptbahnhof 160 Angehörige der Staatsoper, unter ihnen Gusta Hammer, einen Sonderzug zu einer Fahrt in das okkupierte Norwegen. Überaus fröhlich geht es auf dem Bahnsteig zu, man lacht und winkt, Eugen Jochum lehnt sich beim Abschied aus dem offenen Fenster, Kulissen werden in großer Zahl mitgeführt. Generalintendant Alfred Noller leitet die Exkursion. Nach der militärischen Eroberung will man nun eine Schlacht mit friedlichen Mitteln schlagen und das besetzte Land für Deutschlands Kultur gewinnen. Eine lange Reise durch herbstliche Gegenden steht bevor, Gusta Hammer schaut hinaus, sie mag die vorbeiziehenden Farben der Felder; in den Bildern des vergessenen Malers und Bühnenbildners Willy Davidson, in dessen ehemaliges Atelier sie voll Freude gezogen ist, hätte sie ähnliche finden können.

Zum Auftakt des Gastspiels präsentiert Jochum im Osloer Nationaltheater die Früchte seiner sinfonischen Erziehungsarbeit, er dirigiert Werke von Bach, Mozart und Beethoven. Der Bericht über das Konzert, das eine eindringliche Offenbarung deutscher Musik gewesen sei, findet sich in der »Hamburger Neuesten Zeitung« unmittelbar unter der Titelgeschichte über die nächtliche Bombardierung Londons. Beigefügt ist ein Bild im grafischen Stil von Landser-Heften: Es zeigt deutsche Bomber im Sturzflug auf Industrieanlagen an der Themse. London, dem Untergang geweiht, sei ein zweites Karthago.

In Oslo feiert die Staatsoper Erfolge und bunte Abende. Bei der Darbietung von Wagners »Walküre« beobachtet Sonderberichterstatter Dr. Hapke bei Sängern und Musikern eine hohe Anspannung. Allen sei bewusst, dass jede Bequemlichkeit eine unverzeihliche Gewissenlosigkeit bedeute. Man sei zum Erfolg verdammt, und hier sei ein Pulikum mit einer einzigen Aufführung zu überwältigen. Das Vorhaben gelingt, durch die enorme Durchschlagskraft der Stimmen. Beifall, Beifall dröhnt durch das Nationaltheater, nach Schluss der

Aufführung bearbeiten Soldatenstiefel den Fußboden bis hin zur Ovation.

Am 8. Oktober 1940 fährt der Sonderzug vom Osloer Ostbahnhof wieder ab. In Hamburg zurück, müssen die Künstler zur Kenntnis nehmen, dass Suppenklöße nun kartenpflichtig sind. Auf den Einzelabschnitten der Reichsbrotkarte werden anstelle von 100 Gewichtseinheiten Brot jetzt 75 Gewichtseinheiten Suppeneinlage verabfolgt.

London liegt weiter unter dem Bombardement deutscher Stukas, die Rede ist von »wuchtigen Hammerschlägen«.

Die NS-Gemeinschaft »Kraft durch Freude« vermeldet stolz, dass man sich auch im Krieg bewähre. Die repräsentativsten Bühnen und Orchester, die hervorragendsten Dirigenten und Solisten führen in die Ruhequartiere hinter den Frontlinien, Gebiete weitaus größer als das Altreich würden dabei erfasst. Die »KdF«-Trupps, als des Reiches Musikgesandte, erscheinen oben in Narvik und Oslo wie in Brüssel, Paris und Bordeaux und an der spanischen Grenze, im Generalgouvernement und im Protektorat. Keine Erwähnung hingegen finden die Transporte von Juden, politischen Gegnern und Widerstandskämpfern auf Schiffen der »KdF«-Flotte. Gerade hat die »Monte Rosa« von Oslo aus Menschen in deutsche Konzentrationslager gebracht.

Die Hamburgische Staatsoper ist weiter dabei, sie gastiert wenige Wochen später auf Einladung des Luftgaukommandos Belgien-Nordfrankreich im besetzten Brüssel. Da das Ballett der Staatsoper nicht abkömmlich ist, hat das Staatliche Schauspielhaus bereitwillig die »Tanzgruppe Lola Rogge« zur Verfügung gestellt. Angeführt wird das Ensemble von dem auf dem Gebiet der künstlerischen Soldatenbetreuung erfahrenen Kammersänger und Pg. Josef Degler.

Deglers frühere Auftritte waren bereits opernhaft inszeniert. Im Rahmen der Gedenk- und Totenfeiern des Kreises 6 der NSDAP zum 9. November 1938 – vom Podium leuchtete, eingefasst von einem goldenen Kranz, das schwarze Hakenkreuz, der SA-Sturm 14/45 sang das alte Kampflied »Wir sind die Sturmkolonnen« – spielte Gerhard Gregor an der Orgel leise das »Lied der Deutschen«, während Josef Degler Worte zum Totengedenken sprach. Die Fahnen, die sich zu Ehren der Toten der Bewegung gesenkt hatten, wurden emporgehoben, Fanfarenruf klang auf, leitete über zu Beethovens Lied »Die Himmel rühmen des Ewigen Ehre«, gesungen von Bariton Degler.

Zur ersten Vorstellung der Staatsoper in Brüssel erscheinen die Vertreter des Luftgaukommandos sowie einige italienische Offiziere, und wieder ist dem Abend ein rauschender Erfolg beschieden. Das Hamburger Ensemble, dieses Mal aus sechzehn Personen bestehend, fährt in einem großen Bus weiter zur Front an der Kanalküste. Den schwungvollen Busfahrer Eugène nennt Choreographin Lola Rogge einen »musikalischen Fahrer«. In der Ausgabe der »Hamburger Neuesten Zeitung«, die auch über das Gastspiel der Hamburger Künstler in Brüssel berichtet, lautet die Schlagzeile: »Der verheerende ›Nonstop-Angriff‹ auf Bristol«.

Musikalisch in Hochstimmung, fährt die Delegation durch das industriell geprägte Nordfrankreich und eine bedrückende Landschaft der Zerstörung. Vor den Frontsoldaten werden Lieder aus »Tannhäuser«, »La Bohème«, »Don Giovanni« und »Die Zauberflöte« gegeben. Beim Schlager »Auf dem Dach der Welt« steigert sich der Jubel der zuhörenden Landser geradezu zur Euphorie.

Bei seinem 7. Philharmonischen Konzert im Februar 1941 präsentiert Jochum eine junge Geigerin mit Paganini-Locken, Guila Bustabo, der Erfolg erreicht Ausmaße einer Sensation. Die exzentrische gebürtige US-Amerikanerin, in nationalsozialistische Kreise geraten, spielt mit hoher Virtuosität bei Veranstaltungen der Partei und ihrer Gliederungen, im Reich und in den besetzten Ländern. Ihr intensiver musikalischer Ausdruck wird als Zustimmung zum Nationalsozialismus gewertet.

Über dem Strich unten auf der Seite berichtet der »Hamburger Anzeiger« in der Ausgabe vom 4. Februar 1941 über ein »Juden-Ghetto von 16 Kilometern Umfang«, gemeint ist das Ghetto in Litzmannstadt. Zu seiner Bewachung sei ein volles Polizeibataillon eingesetzt, die 160 000 Juden würden zur Arbeit in Großschuhmachereien, Tischlereien, Schneidereien und Kürschnereien herangezogen.

Für den Soldaten Dr. Walther Dessart geht der Krieg nicht gut aus. Im weiteren Verlauf seines Westfeldzuges zieht er sich eine langwierige Erkältung zu, die ihm so zusetzt, dass er sie in den Tiroler Bergen auskurieren will. Dann rafft ihn eine Verschlechterung seines Zustandes in wenigen Tagen dahin. Am 25. Februar 1941 stirbt der SS-Sturmführer im Lazarett Innsbruck an einer Hirnhautentzündung. Der überraschend frühe Tod des fröhlichen, urwüchsigen Mannes verstört Familie, Vereine und Tennisfreunde. Das Urbild äußerer Gesundheit, beschreibt es ein Nachruf, sei einem inneren Leiden erlegen.

Im Hamburger Krematorium wird der mit der Reichskriegsflagge bedeckte Sarg, auf dem der Stahlhelm des Entschlafenen platziert ist, aufgebahrt, von einer Fülle prachtvoller Kränze umrahmt. Auf den glatt gezogenen Schleifen stehen die Namen der Reichsführung des »Nationalsozialistischen Reichsbunds für Leibesübungen«, Fachamt Tennis, die von Dessarts letzter Wehrmachtseinheit, des SS-Abschnitts XV, des »NS-Ärztebunds«, der »Deutschen Zahnärzteschaft«, des »Klipper Tennis- und Hockey-Clubs auf der Uhlenhorst e.V.« und des »Harvestehuder Tennis- und Hockey-Clubs«, HTHC. Die Halle ist bis auf den letzten Platz gefüllt. Kammersängerin Gusta Hammer von der Hamburgischen Staatsoper, Nachbarin des Verstorbenen, tritt vor und singt die »Litanei auf das Fest Allerseelen« von Schubert. Wie eine Übersetzung des Bühnengeschehens vom Oktober 1935, als sie vor übergroßem Sarkophag und Helm des »Julius Caesar« stand, in die harte Realität wirkt nun ihr Solo. Dr. Johannes Reinhard, Pastor zu Harvestehude, zeichnet ein Lebensbild des Heimgegangenen, Bereichsfachwart Kurt Lindener würdigt den Sportler Dessart. Unter den Klängen des »Liedes vom guten Kameraden« versinkt der Sarg.

»Der Tennissport«, amtliches Organ des Fachamts Tennis im »NS-Reichsbund für Leibesübungen«, widmet dem verstorbenen treuen Kameraden ein Titelbild. Seine SS-Zugehörigkeit findet im Heft keine Erwähnung. Auch Hans Sommerhäuser, Schriftleiter des »Hamburger Anzeigers«, schreibt einen Text zum Gedächtnis des großen Sportlers und lieben, fröhlichen Kameraden, der bei Misserfolg allerdings auch schnell verstimmt sein konnte.

Frieda Dessart zeigt sich den zahlreichen Kondolenzbesuchern in schlichtem Schwarz. Für die Zeit der Trauer meidet sie das Klavier, an Sport ist ohnehin nicht mehr zu denken; Tochter Margrit Mary setzt ihre Besuche in der Bücherei des Curiohauses vorerst aus. Beim »BDM«, dem »Bund Deutscher Mädchen«, hat sie weiter vorstellig zu werden, sie tritt aus der Reihe der Mädchen hervor, als ihr Vater als Held gelobt wird.

Der zweite schwere Schlag trifft Frieda Dessart geb. Krüder im Mai 1941. Ihr Cousin Ernst-Felix Krüder, Kapitän zur See und Ritterkreuzträger – er ist es, dem ihr Walther in nichts nachstehen wollte –, ist mit seinem Hilfskreuzer »Pinguin« im Indischen Ozean bei einem Gefecht mit dem britischen Kreuzer »Cornwall« versenkt worden. Damit hat sie die beiden Kämpfer ihrer Familie verloren, so bitter früh, wo doch alles nach einem Sieg aussieht. Eine Erkältung überwältigt ihren Walther, das ist lächerlich; ausgerechnet Engländer versenken ihren Ernst-Felix, das bringt die Gefühle durcheinander. Dennoch setzt sie die Besuche bei ihrer schottischen Mutter Mary Krüder im Leinpfad nicht aus.

Auch nach der Trauerfeier für Dr. Dessart bleibt Kammersängerin Gusta Hammer im propagandistischen Einsatz. Beim Wunschkonzert anlässlich des »7. Reichssammeltags« der »Deutschen Arbeitsfront« agiert sie an der Seite von Josef Degler, eine Regimentskapelle und ein gut geschulter Soldatenchor sorgen im »Conventgarten« für schmissige Einlagen.

An der Heimatfront organisiert NS-Kreisleiter Walter Gloy bunte Nachmittage für Soldatenfrauen des Kreises 2 der NSDAP, Rotherbaum und Harvestehude. In Verbindung mit der NS-Gemeinschaft »Kraft durch Freude« lädt er zu fröhlichen Stunden ein in das Varieté »Allotria« auf St. Pauli. Die Programme sind von allem gesäubert, was diesen Ort einst zum Mekka großstädtischer Unterhaltung schlechthin gemacht hatte. Keine Schönheitsnächte für Erwachsene mit Pariser Charleston-Exotik, keine Cancaneusen und burlesken Girls, kein Striptease einer Celly de Rheydt oder Grotesk-Tänze einer Anita Berber erwarten die Besucher und Besucherinnen, sondern solide Akrobatik, kleidsame Ballette, lustige Einlagen und Stimmungsschlager zum Mitklatschen.

Seit im Spanischen Bürgerkrieg die Festung der Stadt Toledo, der Alcázar, einer monatelangen Belagerung durch republikanische Truppen getrotzt hat, kultiviert die braune Partei den Mythos nationalistischer Unbesiegbarkeit. Rudolf Heß, Stellvertreter des Führers, hat bei einer Rheinfahrt vor alten Kämpfern geprahlt, im Falle eines bolschewistischen Angriffs werde ganz Deutschland »ein Alkazar« sein. Angesichts derart martialischer Verklärung war es Vergnügungsstätten, Kabaretts und Nachtlokalen polizeilich untersagt worden, weiterhin den Namen der spanischen Festung zu führen. Das Verbot betraf auch eine weltbekannte Hamburger Legende, das Groß-Ballhaus an der Reeperbahn 110–114, das sensationelle, ständig ausverkaufte »Alkazar«, gefeiertes Herz des Hamburger Nachtlebens.

Was in dem glitzernden Vergnügungslokal bis dahin geboten worden war, war das Neueste, Heißeste, Frivolste, das Erstklassige aus aller Welt. Es gastierten die Stars der »Ziegfeld Follies«, des »Empire-« und des »Apollo-Theaters«, nackte Najaden formten lebende Kronleuchter und schwebten vor silbernen Weltkugeln, Abend für Abend versetzten Fontänen- und Eis-Shows und die rasanten Rhythmen von Jazz-Kapellen mehrere Hundert Menschen, die es sich leisten konnten, in einen Taumel turbulenter Freude.

Im Mai 1931 waren die Aufführungsrechte der neuen Revue der Pariser »Folies Bergères« für fünf Millionen Francs nach Hamburg gegangen. Im Programm »Usines des Folies« traten die Pariser Luxusstars »Irvin Sisters«, die hüllenlose Sängerin Myrielle Guien und die amerikanischen Tänzer »Three Blue Flashes« auf. Dem Cabaret in Paris immer schon zugeneigt, erschien auch Yves Saget, der lebenslustige Campe-Enkel mit dem geerbten Ring am kleinen Finger, im Tableau der nächtlichen Besucher des Hamburger »Alkazar«. Nun dient das aller Pikanterie weitestgehend entledigte »Allotria« in parteikonformer Funktion der »Deutschen Arbeitsfront« als Unterhaltungsstätte, in erster Linie für Betriebsgemeinschaften und Volksgenossen, für Arbeitsopfer, Altrentner und die Verwundeten der Reserve-Lazarette. Und Pg. Gloy kann hier seine bunten Nachmittage abhalten. Das Bedürfnis nach aufsässiger Lebensfreude ist damit freilich nicht aus der Welt verschwunden.

Im Frühjahr des Jahres 1940, am Abend des 2. März, ein paar Tage war es schon frühlingshaft warm, wird im Saal des Curiohauses wieder einmal gehottet. Ein Teil der bürgerlichen Jugend, darunter Mitglieder der besten Hamburger Sportclubs, veranstaltet ein geschlossenes Tanzfest, singt die englischen Songtexte mit und swingt mit langen Haaren. Einen hemmungslosen Tanzbetrieb registrierend, veranlassen die Spitzel eine Razzia.

Die vom Kriegsgegner USA importierte schlaksige Bewegungsform wird als tänzerische Unsitte bezeichnet, sie entspreche nicht deutscher Eigenart. Zur Klärung der Frage, was »Swing« eigentlich sei und ab wann man bei Tanzveranstaltungen Verbotsschilder aufstellen müsse, hatten Hamburger Gastwirte noch vor dem Krieg eine Aktion gestartet. Bei einer Versammlung aller Betriebsführer von Tanzgaststätten im »Klinker« hatten zwei von der Fachschaft Tanz bestimmte Paare verschiedene Tanzarten vorgeführt und damit zu einer klaren Vorstellung über »Swing-Tanz« beigetragen. Aber nicht zu dessen Beendigung.

Aus den Fenstern des Hauses Rothenbaumchaussee 26 lässt sich beobachten, wie Polizeiwagen geräuschvoll vor dem Curiohaus vorfahren. »Hitler-Jugend« und Gestapo umstellen das Gebäude, die »Swings« werden abgeführt. Mit einer scharfen Verwarnung auf der Polizeiwache kommen sie davon. Das war auch dem zur Tanzform passend schlaksigen Hans Hirschfeld schon einmal passiert, als eine Schweizer Kapelle im Curiohaus für die Harvestehuder Jugend gespielt hatte und prompt die Gestapo aufgetaucht war. In Zukunft wird gegen die »Swings«, die die NS-Führung durch ihren lässigen und witzigen Widerstand in helle Wut bringen, sehr viel härter durchgegriffen.

Die Macht der Liebe

Eduard Falckenberg + Maria Falckenberg + Karin Falckenberg + Ingeborg Falckenberg + Otto Tesch

Durch das Oberlicht im Treppenhaus der Rothenbaumchaussee 26 fällt in alle Etagen mildes Licht, immer noch dient das Geländer mit dem schwarzen Handlauf als Rutschschiene für Kinder, allerdings wird sie nicht mehr so rege genutzt wie zu Zeiten der flotten Hirsch-Söhne. In die noble Parterrewohnung des vormaligen Konsuls von Bolivien Harry Meyer zieht von der Straße Vorsetzen am Hafen Spediteur Eduard Falckenberg samt Familie, Bowler und Zigarrre.

Die Fabrikantenfamilie Falckenberg in Firma »J. H. C. Falckenberg, Bürsten- und Pinselfabrik« bestand ursprünglich aus Max und Franz Falckenberg. Während Eduard Falckenbergs Vater Max mit seiner Adresse im Herrengraben dem Hafen noch verbunden blieb und mit Kokosmatten, Kokosläufern, Schwämmen und Co. handelte, bevorzugte Onkel Franz mit Wohnung in der Hallerstraße bereits das bürgerliche Rothenbaum-Quartier.

Den Habitus Hamburger Quartiersleute und Lagerhalter hat Eduard Falckenberg beibehalten, als er 1933 zusammen mit Wilhelm Jürss das Transport-, Lagerungs- und Kontrollgeschäft »Falckenberg & Jürss« mit Sitz in der Kleinen Reichenstraße, Lager im Brook 4 in der Speicherstadt, eröffnete. Ab November 1936, als die Geschäftspartner sich trennten, machte er alleine als Kraftwagenspediteur weiter, nun in der Ditmar-Koel-Straße 2, der Straße der Bugsiergeschäfte, Heuer-Baase, Schauerleute, Stauervizen, Segelmacher, Zigarrenverkäufer und Fischräucherer. Der Hafen gibt, der Hafen nimmt, Beziehungen zum Hafen vergehen nie ganz.

Falckenberg ist verheiratet mit Maria geb. Tesch, sie haben zwei Töchter, Karin und Ingeborg. In der Rothenbaumchaussee 26 haben die Mädchen die Zimmer nach hinten raus, zur Hofseite. Die Liebe zu den Pferden teilt die ganze Familie, Pferde tragen Menschen, auch hinein in die bürgerlich-elitären Kreise am Rotherbaum. Inzwischen sind Pferde in der Stadt allerdings rar geworden.

Schwiegervater Otto Tesch, seit 1931 im Ruhestand, Polizist a.D. und altgedienter Hilfskommissar auf St. Pauli, gewöhnt an Manöver und Paraden seit Kaiser Wilhelms I. Zeiten bei den 13. Dragonern, spielt auf der Trompete »Ich bete an die Macht der Liebe«, mit genug Puste, um die Wäsche der halben Straße zu trocknen. Der alte Spott, dass die Dänen sich weniger vor den Hamburger Gewehren als vor der Hamburger Musik fürchten, findet bei der anderen Hälfte der Straße erleichterte Zustimmung. Wenn draußen auf der Moorweide etwas passiert, ist Otto Tesch zur Stelle, das Viertel ist jetzt sein Pensionärs-Revier, wo er nach dem Rechten schaut.

Wie alle Spediteure ist auch Eduard Falckenbergs Fuhrunternehmen der »Fachgruppe Kraftwagenspedition der Reichsverkehrsgruppe Spedition und Lagerei« mit Untergliederung »Güterfernverkehr« eingegliedert. Es ist eines von 350 Unternehmen in der verkehrsreichen Hafenstadt Hamburg, die Möbel, hochwertiges Stückgut und Eilfracht transportieren. Die Kraftwagenspeditionen gelten als Vorreiter der Motorisierung des Güterfernverkehrs, und seit dem Anschluss Österreichs an das Deutsche Reich soll die Stadt Wien – das »Hamburg des Ostens« – Ausgangspunkt sein für die Erschließung des deutschen Wirtschaftsraums, insbesondere in Richtung Südosten. Trotz politischer Bevorzugung der Reichsbahn prosperiert das Gewerbe des Güterverkehrs auf der Straße.

Ein ländliches Quartier als Nebenwohnsitz hat Falckenberg in Zarpen bei Reinfeld. Er hält sich so oft dort auf, dass er eine eigene Telefonnummer, Reinfeld 477, einrichten lässt. 1939 zählt der Ort in der weiten, an Seen reichen Landschaft Stormarns 619 Einwohner. Bei den Wahlen zu den Preußischen Provinziallandtagen am 12. März 1933 kommt die NSDAP auf 80 Prozent der Stimmen. In den Jahren danach steigt diese Zahl auf 98. Die üblichen Fackelzüge der NS-Organisationen gehören auch hier zum alltäglichen Erscheinungsbild, genauso wie die allgegenwärtigen Hakenkreuze. Lokale Bauernverbände und Reitervereine bekennen sich zum »Dritten Reich«, und vor allem die örtliche NS-Frauenschaft agitiert auf ihren Veranstaltungen stark antisemitisch.

Pferde hält sich Falckenberg trotz motorisierter Zeiten. Der Ablieferung ans Militär entgeht seine Stute zu Beginn des Krieges eher zufällig, sie ist trächtig. Beim Zarpener Bauern Hans Rieck hat Falckenberg zwei Pferde aus seinem Bestand untergestellt und somit vorerst als »Arbeitstiere« vor der Ablieferung in Hamburg in Sicherheit gebracht. Oberhalb des Ortskerns, vor dem Zarpener Wald, Wohld genannt, zu erreichen über einen sandigen Feldweg, der sich bei Regen in eine schwer passierbare Matschpiste verwandelt, befinden sich zwei

Jagdhütten mit gehobener Ausstattung. Eine der beiden Hütten benutzt seit 1930 Eduard Falckenberg, die andere Ewald Eylmann, ein Geschäftsführer der »Hamburger Margarine-Werke von Hinrich Voss« und Inhaber der »Hamma – Drogen- und Chemikalien Vertriebsgesellschaft mbH«.

Geschäftsbeziehungen und das gemeinsame Interesse an der Jagd haben die Herren hierhergebracht, in die wildreiche Gegend mit den komfortablen Hütten, die für 'n Appel und 'n Ei zu pachten waren. Ansonsten bilden die beiden Jägersleut ein auffallendes Gegensatzpaar. Der in den Augen Bauer Riecks stets unmissverständlich auf seinen Vorteil bedachte Güterverkehrsspediteur Falckenberg, an wenig sensible Hafenusancen gewohnt und auch Platt schnackend, und der im Mercedes mit Fahrer erscheinende ruhige Eylmann führen der ländlichen Bevölkerung zwei sehr unterschiedliche Typen des Stadtlebens vor Augen. »Der Falckenberg hat einen gesucht mit Geld«, heißt es bei den Bauern in Zarpen.

Neben den Hütten auf der Koppel befindet sich ein großes Fasanengehege, und es stehen dort drei Kastanien, die im Herbst ideales Wildfutter liefern. Von der Anhöhe kann man bis zum Horizont über leicht hügeliges Land mit großen Getreidefeldern schauen. In der Ferne sind die sieben Kirchtürme der ehrwürdigen Hansestadt Lübeck zu sehen. Gejagt werden Rehe und Wildschweine, an denen es keinen Mangel gibt. Auf Lebensmittelmarken sind Zarpens Dorfbewohner während der Kriegszeit nicht ausschließlich angewiesen.

Viele der jungen Männer des Ortes, früh an Pferde gewöhnt, haben über den Wehrdienst Erfahrungen mit der Kavallerie, deren Einrichtung liegt ganz in der Nähe. Vom Dorf Zarpen zum Dorf Wiemerskamp bei Bad Oldesloe beträgt die Entfernung 42 Kilometer, die Gegend dort nimmt Heidecharakter an. Seit 1935 befindet sich ein Jagdstall des »Hamburger Schleppjagd-Vereins« in diesem kleinen bäuerlichen Ort, betreut von Offizieren des Kavallerie-Korps der Wehrmacht, Wehrkreis X. Das Herrenhaus mit Gut in Grabau bei Bad Oldesloe dient dem Wehrkreis X und dem Heeres-Remonteamt seit der Übernahme 1936 zur Züchtung, Versorgung und Ausbildung von Armeepferden. Alljährlich werden von den Remontekommissionen für das Heer dreijährige Pferde, eben die sogenannten Remonten – »Herausgezogenen« –, angekauft und kriegstauglich gemacht. Oberst von Berg, Kommandeur des Remonteamts Grabau, betreut Pauken- und robuste Geländepferde, die ausersehen sind, Maschinengewehr- und Gefechtswagen zu ziehen. Nur wenige Jahre später werden auf Gut Grabau russische Kriegsgefangene eingesetzt und ostpreußische Flüchtlinge untergebracht. Mit ihnen kommen auch ihre Trakehner.

Nördlich von Wohldorf-Ohlstedt, gleich neben Wiemerskamp, erstreckt sich das Duvenstedter Moor, in dessen Zentrum der Duvenstedter Brook liegt, benutzt als riesiges privates Jagdgelände des Hamburger NS-Reichsstatthalters Karl Kaufmann. Sein Wohndomizil auf dem umzäunten Gelände, das zum Naturschutzgebiet erklärt worden ist, um sichere Abgeschiedenheit zu garantieren, ist aus Hamburger Steuermitteln finanziert. Kaufmann führt dort das Leben eines NS-Provinzfürsten. Der Hamburger Tierhändler Carl-Lorenz Hagenbeck besorgt dem leidenschaftlichen Jäger Kaufmann zusätzlich Rothirsche aus Schlesien, Polen und Ungarn.

Spediteur Eduard Falckenberg lädt des Öfteren zu Jagdgesellschaften nach Zarpen ein. Keineswegs alle Teilnehmer dieser Treibjagden sind jagdberechtigt, aber wie im Dorf erzählt wird, schießen die Herren in Ballerlaune trotzdem auf alles, was zwei Hörner und vier Beine hat. Falckenberg, von dem Bauer Hans Rieck sagt, dass er »rabiat« nur an sich selbst denke, betrachtet Wald und Flur als seine ureigenste Domäne. Auch von eingezäunten Weiden lässt er sich auf Schießtour nicht aufhalten, er schneidet einfach den Draht durch und schafft für seine Büchsentrupps freie Bahn. Bauer Rieck, der anschließend seine ausgebüxten Kälber und Starken wieder einfangen muss, gerät in Wut und schreit Falckenberg an: »Wenn du das noch ein Mal machst, bring' ich dich um!« Falckenberg ficht das nicht an.

In Hamburg hat sich auch Reichsstatthalter Karl Kaufmann im Stadtteil Harvestehude-Rotherbaum niedergelassen. Ab Januar 1938 wird das Budge-Palais, die ehemalige Villa des jüdischen Kaufmanns Henry Budge im Harvestehuder Weg, zur Residenz des NS-Gauleiters. Auf dem Grundstück lässt er sich einen eigenen Bunker errichten.

Bunkerbau ist ohnehin an der Zeit. Im abgelegenen Zarpener Wohld, dem Waldgebiet der Karpfenstadt Reinfeld und Halali-Terrain Hamburger Schießfreunde, entstehen Munitionsbunker. Abends legt sich eine große Stille über die Felder, ein riesiger Sternenhimmel spannt sich grenzenlos, der Mond sichelt dahin, und manchmal steigt so viel weißer Nebel auf, dass der Schnaps in den Jagdhütten das einzige Mittel gegen den Weltverlust zu sein scheint. Vorzugsweise in diesem Umfeld verbringt der Hamburger Spediteur und Pferdezüchter Falckenberg die Kriegsjahre, während Schwiegervater Polizist a. D. Otto Tesch in der Rothenbaumchaussee 26 einhütet, von Zeit zu Zeit die göttliche Liebesmacht mit seiner Trompete preisend.

Geselliges Beisammensein

Prof. Dr. Theodor Heynemann | Edith Saturski | Otto Tesch | Olga von Löbbecke | Gusta Hammer | Frieda Dessart | Carla Zeelens geb. Levy

Verdunkelung ist zum nächtlichen Dauerzustand geworden. Bomben britischer Flugzeuge haben die Hansestadt erreicht, die »Hamburger Neueste Zeitung« zitiert Meldungen New Yorker Abendblätter, wonach britische Bomber Hamburg »pulverisiert« hätten.

Wenn die Sirenen heulen, bei Fliegeralarm, geht es für alle Anwesenden im Haus Rothenbaumchaussee 26 eiligst hinunter in den ausgebauten Luftschutzkeller, der Ende April 1940 eingerichtet worden ist. Ungewohnte Nähe zu den Mitbewohnern entsteht, eine Art zusammengewürfelte Vollversammlung von Eigentümern und Mietern, die sonst eher zufällig aufeinandertreffen oder sich mitunter sogar aus dem Weg gehen. In der vermeintlichen Hausgemeinschaft gelten untereinander weiter die Umgangsformen konventioneller bürgerlicher Höflichkeit, sie erleichtern das angespannte, dichte Nebeneinander so sehr verschiedener Menschen und Ansichten in stickiger Luft. Bei der Platzverteilung und Konversation bilden sich Gewohnheiten heraus, die über lange Zeit beibehalten werden; eine gewisse Rangordnung, vor allem Akademikern wie dem Herrn Professor und den Herren Doktoren gegenüber, wird respektiert.

Da der Aufenthalt im Luftschutzkeller nicht zerstreuen, sondern trotz Müdigkeit und wachsender Gereiztheit die Wachsamkeit erhalten bleiben soll für den Fall plötzlich notwendiger Evakuierung, geht es darum, die Gespräche möglichst flott zu halten. Berufliches spielt als Thema kaum eine Rolle, Fragen der Zukunft und der täglichen Versorgung dagegen mehr. Eher selten werden Erinnerungsbilder der Vergangenheit ausgetauscht, etwa von Schiffsreisen oder aus New York, die Gegenwart löscht das Gewesene aus wie einen Traum.

Von draußen ertönt das Dröhnen der Abwehrfeuer, mit zunehmend zermürbender Wirkung auf die Insassen. Da die Außenwände bei Detonationen häufig stark erschüttert werden, soll man sich weder stehend noch sitzend an sie anlehnen. Bei längerem Aufenthalt kommt es leicht zu Verspannungen. Kühl ist es im Keller, man sitzt im Mantel, der kahlköpfige Prof. Heynemann nie ohne Hut. Er hat sich längst eine ärztliche Meinung von den anwesenden Frauen gebildet, Edith Saturskis Zustand gefällt ihm am wenigsten. Blass sitzt sie da, mit den beiden Töchtern auf der Bank.

Seit Mitte Oktober 1940 ist Heynemann Mitglied der neuen »Akademie der ärztlichen Fortbildung für Schiffahrts- und Tropendienst in Hamburg«. Bei der Eröffnungsfeier im Konzertsaal des Gerhard-Wagner-Krankenhauses im Eilbektal – Staatskapellmeister Schmidt-Isserstedt hatte dirigiert – trafen sich führende Männer aus Partei, Staat, Wehrmacht, Wissenschaft und Wirtschaft. Da die Akademie auch der weltanschaulichen Ausrichtung besondere Sorgfalt zuwenden soll, wird im Lehrbetrieb, wie es heißt, innerlich gefestigter, bewusster Nationalsozialismus angestrebt. Nicht zufällig ist Heynemann in das Gremium aufgenommen worden, denn bei der Ausbildung künftiger Kolonialärzte für ihren Einsatz in den zurückzugewinnenden ehemaligen Kolonien sind auch Kenntnisse in Geburtshilfe, Frauen- und Kinderheilkunde sowie Rassenkunde gefragt.

Es wird lauter im Keller. Von der unausgesprochenen Rangordnung unbeeindruckt, lässt der pensionierte Polizist Otto Tesch die Reiterin Olga von Löbbecke wissen, auch er habe mit dem Reiten früh begonnen, und zwar beim kaiserlichen Militär. Bei den ersten Ritten habe sich das ganze Regiment der aus Stadtbewohnern bestehenden Rekruten den Hintern in der Mosel gekühlt. Jedenfalls, die Manöver mit Marschmusik waren immer famos. Dann folgt ungefragt der restliche Lebenslauf des Otto Tesch, allen Anwesenden referiert zur mehr oder weniger erbaulichen Kenntnis.

Nach dem Militär hatte er sich bei der Polizei gemeldet, dort die Pickelhaube und den kurzen Degen an der Lederkoppel getragen. In der Hafengegend hat er auf die Kutscher geachtet, die in den Köminseln, Eckkneipen, zechten, bis die Flut kam, und dann schwimmend auf den Kutschbock kletterten. Und wo man schon im Keller sitze … Er seinerseits könne sich gut an die berüchtigten Kellerherbergen erinnern, wo die Schnorrer und Schnapsdrosseln hackebreit für zwei Pfennige die Nacht über einer Leine hingen. Wenn der Wirt sie morgens weckte, schnitt er einfach die Leine durch, und die ganze Gesellschaft purzelte auf den nicht gerade sauberen Fußboden. Aber in diesem Keller sitze man ja manierlich, und solange er da sei, würde auch niemand auf die Idee kommen, draußen auf der Treppe zu rauchen. Zu essen, erzählt er, gab es in so einem Keller-Etablissement Suppe, Marke »quer durch den Garten«. Sie wurde mit der Spritze auf den Teller gezischt, der war auf der Tischplatte angenagelt. Der Löffel hing natürlich an der Kette. Wer nicht zahlen konnte, hatte Pech. Der unbarmherzige Wirt saugte die Suppe mit der gleichen Spritze fein säuberlich wieder hoch vom Teller.

Nach dem Ersten Weltkrieg sei er, Tesch, nach St. Georg in das dortige Bezirksbüro der Polizei versetzt worden, zur Abteilung »Sicherheit und Feuerschutz«, wo er Dienst im Theater gemacht habe, jede Oper und Operette habe er hundert Mal gesehen. Der im Keller anwesenden Opernsängerin Gusta Hammer gibt er spontan ein paar Kostproben seines Repertoires zu hören. Damals, in St. Georg, hat er den Schauspielern die glimmenden Zigarren weggenommen und den Souffleusen das Stichwort gegeben, wenn sie sich in ihren Kästen die nassen Augen wischen mussten. Das sei ab und zu nötig gewesen, weil die lungenstarken Mimen jener Zeit beim Deklamieren feuchte Stürme entfesselt hätten, sodass bis runter ins 1. Parkett leichter Sprühnebel herrschte.

Frau Hammer hält den Kopf schräg.

Dem volksnahen Alten mit dem weißen Haarschopf gehen weder Sprüche noch Anekdoten menschlicher Höhen und, vor allem, Tiefen aus. Ob es eigentlich bekannt sei, dass gleich hinter der feinen Staatsoper die Straße Kalkhof liege und dass das eine Bordellstraße mit diversen Kneipen gewesen sei, stark frequentiert auch von Mitgliedern des Bühnenpersonals? Die dann manchmal in den Zwischenakten die Umbaupausen verschlampten, was die Opern noch erheblich länger machte, als sie ohnehin schon seien.

Im Keller wird sich geräuspert. Für Teschs Angebot, Märsche auf der Trompete zum Besten zu geben, bedankt man sich höflich, lehnt jedoch kategorisch ab.

Witwe Frieda Dessart, als unmittelbar in der Kriegszeit Geschädigte, hängt traurigen Gedanken nach. Als Otto Tesch beginnt, Einzelheiten über den Glanzpunkt seiner Laufbahn, die Festnahme der berüchtigten Kindesmörderin Elisabeth Wiese, der Engelmacherin von St. Pauli, zu schildern, protestiert sie heftig. Es reiche jetzt, und es gehöre sich nicht, vor Kindern solche Schrecklichkeiten zu beschreiben.

Tesch beginnt, von Pferden zu reden. Sein Schwiegersohn Falckenberg sei ein richtiger Hufeisenkönig, auch sonst ziemlich erfolgreich, besonders in letzter Zeit, gerade sei er dabei, zusammen mit anderen eine Stadtvilla im Mittelweg zu kaufen, die Nr. 49, eine richtige Perle, der Junge wisse einfach, wo's langgeht. Müsse er ja auch, als Spediteur. Man stimmt nicht ein in sein Lachen.

Immer fühlt es sich an wie eine Ewigkeit, bis endlich Entwarnung gegeben wird. Nach Beendigung des Hausalarms müssen die Herren Albert oder Schneider jedes Mal nach oben, um den Boden auf Brandwirkung zu überprüfen. Zum Glück liegt das Haus in einem Viertel, das für alliierte Angriffe auf kriegswichtige Ziele keine Priorität hat, und »pulverisiert« ist Hamburg noch nicht. New Yorks Abendblätter waren ein wenig voreilig.

Wieder stehen auch in Hamburg Chanukka-Feiern an, statt im trauten Familienkreis werden sie in Heimen begangen oder im Gemeinschaftshaus in der Hartungstraße zugunsten der jüdischen Winterhilfe. Während der dortigen Feier kommt eine historische Modenschau zur Aufführung, sie ist außergewöhnlich gut gelungen und hat erstaunliches künstlerisches Niveau, obgleich alle Kostüme aus Papier angefertigt sind. Auch die Tombola, die Frau Solmitz, die gelernte Gärtnerin, mit Alpenveilchen und Kakteenschalen veranstaltet, trägt zum Gelingen des Festes bei und findet großen Beifall. Bei der Kaffeetafel am Schluss der Chanukka-Feier hält Oberrabbiner Dr. Joseph Carlebach eine temperamentvolle und launige Ansprache. Unter den Jugendlichen herrscht eine vergnügte Stimmung; es wird sogar getanzt.

Robert Solmitz, der das Sekretariat der Brüder Warburg seit dem Umzug im November 1939 von der Alsterterrasse 1 in den Mittelweg 17 leitet, berichtet an Dr. Fritz Warburg nach Stockholm, dass der Nachmittag eine wirklich erfreuliche Unterbrechung des grauen Alltags war. Er hätte ihn nicht nur grau, sondern auch brutal nennen können. Die alltäglichen Einschränkungen, etwa das Verbot, in der Straßenbahn einen Sitzplatz einzunehmen, sind entsetzlich demütigend. Und die Trennung von ihren drei Kindern, die das Ehepaar Solmitz bereits auf einen Kindertransport nach England gegeben hat, ist schmerzhaft, auch wenn es ein beruhigender Gedanke ist, sie in Sicherheit zu wissen.

Während die Calmanns in Buenos Aires interniert sind, erreichen auch sie böse Nachrichten aus New York, sie betreffen das Haus in Ost-Harlem, das sie mit den Schellenbergers gegen das Gebäude in der Johnsallee getauscht haben. Weil die vereinbarten Mietzahlungen ausbleiben, fahren Tochter Eva und ihr Ehemann Dr. Kurt Shell hin, um nach dem Rechten zu sehen. Das fragliche Haus ist bereits eine Rumpelbude und steht kurz vor der baupolizeilichen Schließung. Lage und Zustand des Hauses hatten ihnen schon bei der ersten Besichtigung 1939 nicht gefallen. Das Objekt, ein sehr schmales Steingebäude, das dem Wert der Immobilie in der Hamburger Johnsallee in keiner

Weise entspricht, ist inzwischen völlig heruntergekommen. Die Wasserleitung ist gebrochen, die Möbel sind zerstört, Matratzen zerrissen und übersät mit Brandlöchern durch Zigarettenglut. Es gibt Kopfkissen, die aus alten Zuckersäcken gemacht sind. Das Haus ist völlig verwahrlost. Die Schellenbergers, die bei früherer Gelegenheit geäußert hatten, dass die Juden in Deutschland alles an sich gerissen hätten und Hitler ganz recht daran täte, ihnen die zu Unrecht erworbenen Besitztümer wieder abzunehmen, sind getürmt. Das bestätigt Mrs. Kermedy, die schwarze Inhaberin des Gemüseladens auf der anderen Straßenseite. Es ist ein völliges Desaster.

Den Katastrophen der Gefühle in der jüdischen Emigranten-Szene Anmut, Schönheit und Humor entgegenzusetzen, bemühen sich Kabaretts wie »Lublo's Palmgarten am Broadway«. Der aus Stuttgart stammende Ludwig Bloch lässt vor ausverkauftem Haus Revue-Tänzerinnen und Komiker auftreten, es gibt sogar einen »Witz-Kontest«, das Publikum prämiert den besten vorgetragenen oder eingesandten »Witz der Woche«.

Anna Levy findet sich ein in ihr eigenes deutsches New York. Sie gibt wohlhabenden Damen französischen Sprachunterricht, einmal in der Woche spielt sie Bridge, und sie hält Kontakt zu ihrer Schwester Helene Kahn Franc. Regelmäßig besucht sie die Synagoge der Congregation Habonim, die der Architekt Fritz Nathan, Bruder von Dr. Otto Nathan, entworfen hat. Und natürlich kümmert sie sich um die Söhne Richard und Heinz und um Tochter Carla.

Im »Aufbau«, der New Yorker Zeitung jüdischer Emigranten, findet Anna Levys Tochter Carla am 8. November 1940 einen Artikel, den sie aufhebt. Ihr Ehemann Dr. Rudolf Max Zeelens schlägt in ihm ein »Grabmal des unbekannten Juden« vor. Er schreibt, dass die jüdischen Toten in fremder Erde lägen, auf den Friedhöfen der verlorenen Heimat, auf den Schlachtfeldern Europas und auf den Jammerstraßen ihrer Flucht in die weite Welt. Eine Zwiesprache von Kindern und Kindeskindern mit der Vergangenheit an den Gräbern sei nicht mehr möglich, die Friedhöfe des europäischen Judentums vereinsamten, verfielen, verschwänden als Folge brutalen Menschenwerks. Er spricht sich aus für die Idee der symbolhaften Ehrung aller Toten durch die Ehrung eines Einzigen – wie beim »Grabmal des unbekannten Soldaten« – und für die Errichtung eines herzerhebenden Mahnmals in den Vereinigten Staaten. Eine passende Inschrift findet er in einer Ode des lateinischen Dichters Horaz:

»Non omnis moriar« – »Ich werde nie gänzlich sterben«.

Offizier z.V.

Eduard Gleichman

Der Krieg gegen Russland greift ein in das Leben des Hamburger Kohlengroßhändlers Eduard Gleichman. Die Umsätze der Firma »T. G. Gleichman« sinken ab 1940 beträchtlich. Die Importe leiden unter dem Krieg, es gibt nicht mehr viel frei zu handeln, die Bewirtschaftung erfolgt nach Plan. Dabei ist der Winter 1939/40 wieder ein sehr kalter gewesen. Die allgemeine Gewohnheit des Menschen, an den Kauf von Kohlen erst bei Eintritt des ersten Frostes zu denken, hat sich mit Kriegsbeginn auf den Herbst verschoben, aus Sorge, den Keller womöglich nicht mehr gefüllt zu bekommen.

Reichskohlenkommissar Paul Walter beeilt sich mit der Mitteilung, dass eine mehrmonatige Kohlenreserve im Reich vorhanden sei. Obwohl ein Drittel aller Transportmittel für die Kohlenbeförderung mit Beschlag belegt sind, sieht sich die Reichsbahn weniger belastet. Ihr Bestand an rollendem Material ist durch Beutewagen sehr stark erhöht. Die Kohlenhandlung Johann Podemski liefert nicht mehr, gegen den Mann aus dem polnischen Janków Przygodzki war ein Verfahren wegen gewerblicher Hehlerei anhängig. Für die ersehnte schwarze Fracht gibt es aber genügend andere Bezugsquellen. Die Hausbewohner sind es gewohnt, wenn es mal wieder staubt. Die Fenster zur Straße bleiben geschlossen, bei Dr. Brinckmann im 3. Stock ohnehin, er ist verreist. In der Schweiz holt er sich eine Grippe und muss sich in Basel in ein Krankenhaus begeben. Was ihn nicht hindert, sich telefonisch noch um die ein oder andere geschäftliche Angelegenheit zu kümmern.

Von der Ostfront kommen Anfragen betreffend Verstärkung. Gleichman tauscht den dunklen Anzug des Geschäftsmanns gegen die Uniform eines Kavalleristen der Wehrmacht und verlässt in diesen kalten Tagen die schöne Wohnung im 4. Stock links mit ihren Rollos für die allabendliche Verdunkelungen. Gleichman, er ist 63 Jahre alt, wird geführt als »Offizier z. V.«, Offizier zur Verfügung, und gehört damit zur Personalreserve ausgebildeter, älterer Offiziere, die bei Dienststellen und Einheiten außerhalb der Front eingesetzt wurden, um junge und aktive Truppführer freizukriegen. Er hängt sich die Erkennungsmarke um und zieht mit der leichten Nachschubkolonne Abt. 792 des Wehrkreises X im März 1941 in seinem alten Rang als Rittmeister, Truppenteil Kavallerie, in Richtung Osten, wo er als Kolonnenführer den Dienst antritt. Sein Einsatz für die Wehrmacht bringt ihn ins polnische Bromberg, den Geburtsort des Künstlers der »Hamburgischen Sezession« Willy Davidson, der bis 1932 sein Atelier im Dachgeschoss des Hauses Rothenbaumchaussee 26 hatte.

In Bromberg und Umgebung werden Vorstellungswelt und Tradition ständischen Offizierswesens nach preußischem Vorbild und in schneidigem Reitergeist voll ausgelebt. Auch dort gibt es eine Adolf-Hitler-Straße. Auch dort hängen Hakenkreuzfahnen an den Hausfassaden. Auch dort fährt eine Straßenbahn, rumpeln Karren gemächlich dahin. Auch dort pflegt man im Casino den kultiviert schnarrenden Ton, was bei dem hohen Durchschnittsalter der Offiziere, 45 Jahre, nicht überrascht. Wie Gleichman waren viele unter ihnen Teilnehmer bereits des Ersten Weltkrieges. In Polen operiert die 1. Kavallerie-Division. Das Pferdematerial der deutschen Wehrmacht gilt als ausgezeichnet. Natürlich sind die Reitvorschrift HDV 12 von 1937 und die Kavalleriefibel von Max Werner-Ehrenfeucht jedem Kavalleristen bekannt.

Als Mitglied eines Fronttruppenteils im als »Generalgouvernement« bezeichneten früheren Polen, Bereich rückwärtige Dienste, wird Major Eduard Gleichman Teil des großen Bildes der Aktionen in jenen Gebieten, die als zukünftiger Lebensraum der »arischen Rasse« vorgesehen sind. Ein umfassender rassenideologischer Weltanschauungs- und Vernichtungskrieg ist in vollem Gange. Nach groß angelegten und systematischen Massakern gilt die vorher stark jüdisch geprägte Stadt Bromberg zur Zeit des Einsatzes des Kavalleristen aus Hamburg als »judenfrei«.

Noch im März 1941 wechselt Gleichman zur leichten Behelfs-Nachschub- und Fahrkolonne 763 in Bromberg. Auch diese Einheit gehört zu den Front-Truppenteilen, die die Landesschützen-Bataillone unterstützen, zu Fuß, mit Pferd und Wagen wie weiland zu Napoleons Zeiten. Zu den Aufgaben der Nachschubkolonnen gehört der massenhafte Transport von Ausrüstung, Munition, Waffen, Verpflegung. Verwundete Soldaten und Pferde sind hinter die Linien zu bringen, ebenso zahlreiches Leergut wie Munitionskisten und Kanister. Außer Pritschen-Lkws kommen Pferdegespanne zum Einsatz, die vor allem in unwegsamem Gelände unverzichtbar sind.

Major Gleichman, der Kaufmann aus der Hamburger Rothenbaumchaussee, hat sich um Koordination und natürlich um »Kamerad

Pferd« zu kümmern. Mit Beutepferden werden die dahinschwindenden eigenen Bestände aufgestockt. In Bromberg soll eine Kavallerieschule eingerichtet werden, allerdings gibt es zunehmend weniger geeignete Pferde, die Aufklärungseinheiten steigen bereits auf Fahrräder um.

Drill, Schleiferei und Standesdünkel bleiben an der Tagesordnung, »Koofmichs«, das weiß Gleichman gut, zählen nicht im Kasino, da gelten Rangabzeichen und tadellos erzählbare Fronterlebnisse. Der Begriff »Säuberungsaktion« in Bezug auf Juden ist durchaus bekannt, das Bromberger Sondergericht verhängt zahlreiche Todesurteile gegen polnische Partisanen; hingegen wird strikt nicht über die unerwartete Stärke der Roten Armee in Kreisen der Wehrmacht gesprochen.

In ihrer freien Zeit nutzen die Kavalleristen, reitende Artilleristen und Infanteristen gern die Gelegenheiten zu Jagd- und Geländeritten, schreiben Feldpostbriefe, lesen die Grüße aus der Heimat, betrinken sich. Um die Stimmung in der Truppe angesichts täglicher belastender Erlebnisse aufrechtzuerhalten, achten die Führungsstäbe gezielt auf Abwechslung. Wie in Belgien, Frankreich, Griechenland finden Turniere auch im »Generalgouvernement« statt, in einer Landschaft voll reiterlicher Reize.

In Krakau hat die SS im Sommer 1940 ein Turnier für Angehörige veranstaltet, jetzt im Juni 1941 folgt ein Reit- und Fahrturnier in Warschau, dessen Reinerlös als Spende an das Kriegshilfswerk des Roten Kreuzes geht. Das erste Wehrmachtsreitturnier im Stadion von Jaroslau sieht 6000 Zuschauer bei Vorführungen von Spähtruppreiten, Springwettbewerben, Vielseitigkeitsprüfungen und Springquadrillen der Artillerie. Die Eröffnung des Lubliner Pferderennens am 10. August 1941 in Anwesenheit von NS-Prominenz des Generalgouvernements findet große und allgemeine Beachtung. Sämtliche Bahnen und Ställe sind belegt von militärischen Dienststellen.

Im Frühsommer 1942 befindet sich Major z.V. Eduard Gleichman wieder auf dem Weg zurück in den Westen. Er wird am 11. Juni versetzt zur Fahr-Ersatz-Abteilung 10 in Neumünster. Die Zeit des alten Herrn in den Landschaften deutscher Vernichtungslager auf polnischem Boden ist beendet.

Bei der Ausbildung in Neumünster – es gibt auch eine Nebenstelle in Alsterdorf – wird vor allem Gewicht auf die soldatische Erziehung gelegt, man will gewandte Fahrer, aber auch »ganze Kerle«, Soldaten mit eiskaltem Blut, die, im Gelände beim Nachschub auf sich allein gestellt, auch mit schwierigen Situationen fertigwerden, Draufgänger eben – im doppelten Sinne des Wortes. Der alte Reitergeist ist gefragt, wenn es darum geht, bei zumeist unerwartet plötzlicher Feindeinwirkung die Nerven nicht zu verlieren und Munition, Brennstoff,

Tagesverpflegung an die Front zu befördern. Nicht nur junge Rekruten werden an Krad und Beiwagenrad herangeführt, auch ältere Jahrgänge sind dabei und Menschen vom Lande, wenn es darum geht, auf rasender Kurvenfahrt um den Hof herum ein Rad am Beiwagen auszuwechseln, nahezu senkrechte Hänge hochzufahren und unter wildem Motorendonner durch das Gelände zu preschen.

Für die gefällige Unterhaltung werden aber weiterhin Pferde bevorzugt – hier wie im Osten: Noch Ende 1942 veranstalten Wehrmacht und SS »Reitertage« in Krakau, an denen ebenfalls die Reit- und Fahrschule der Ordnungspolizei teilnimmt. Auch der Reinertrag des ersten Reit- und Fahrturniers im nördlich von Warschau gelegenen Bialystok mit Reitern der Wehrmacht, Polizei, SA und SS geht wieder an das Rote Kreuz. Die Hubertus-Jagd bildet wie üblich den Abschluss. Sie endet auf dem Gut Dolidy, wo es in einem hergerichteten Pferdestall eine gemütliche Kaffeetafel gibt, bevor der auf Endlösungen angelegte Weltanschauungsfeldzug fortgesetzt wird.

Einkaufen

Prof. Dr. Theodor Heynemann +
Marie Heynemann geb. Tannrath

Noch einmal haben für Hamburgs Versteigerer besonders arbeitsreiche Monate begonnen: Die Bevölkerung ist durch Zeitungsartikel informiert worden über die Versteigerung von »Judenkisten«. Im Auftrag der Geheimen Staatspolizei, Staatspolizeileitstelle Hamburg, werden fast täglich Auktionen durchgeführt. Bei den zur Versteigerung kommenden Sachen, so die Erklärung, handele es sich um jüdisches Umzugsgut, das infolge des Krieges nicht mehr hätte versandt werden können. Die Kisten müssten aus den bisher mit ihnen belegten Lagern entfernt werden, um Platz für wichtige Erfordernisse zu machen. Da andere Unterbringungsmöglichkeiten nicht vorhanden seien, würden die Sachwerte liquidiert.

Der Sozialverwaltung wird ein Vorkaufsrecht eingeräumt, um einen Reservefonds an lebenswichtigen Gebrauchsgegenständen wie Betten, Schränke, Tische, Stühle, Wäsche anzusammeln. Solche Sachen sollen ausschließlich den durch Feindwirkung geschädigten Volksgenossen zugutekommen. Entsprechende Anträge nehmen die Kreisdienststellen der Sozialverwaltung entgegen. Um unnötige Wartezeiten zu vermeiden, machen sie die genauen Termine der Wäscheversteigerungen in den separaten Versteigerungsanzeigen bekannt. Die Ware wird zum Stopp-Preis zugeschlagen, um unliebsamen Preissteigerungen vorzubeugen. Beim Verkauf von Möbeln werden junge Eheleute bevorzugt. Vor Eile wird gewarnt. Da die Versteigerungen noch geraume Zeit andauern würden, bestehe kein Anlass zu unüberlegten Käufen. Es sei der ausdrückliche Wunsch aller beteiligten Dienststellen, die Waren zu angemessenen Preisen in möglichst weite Kreise der Bevölkerung zu bringen. Das gelingt.

Im Radio ertönen ständig die Fanfaren der Sondermeldungen, der Alltag ist überaus anstrengend geworden, für alle Bedarfe des Lebens braucht es Zuteilungskarten, vom Brot bis zum Kuchen, von der Butter bis zu Strümpfen. Schon im September 1940 hatte der

»Hamburger Anzeiger« vom »totalen Krieg« geschrieben. Jeder verstehe, was es heiße, dass auch die Heimat »Front« geworden sei, es sei gut, sich darüber im Klaren zu sein.

Inzwischen ist die Elbestadt bereits sichtbar getroffen. Der Mittelteil der Börse am Adolphsplatz ist vollständig zerstört, die Deutsche Bank gegenüber zur Hälfte. Demoliert ist das Gebäude Adolphsplatz Nr. 4, Residenz der »Barclays Bank, Commonwealth, Dominion & Overseas, Hamburg Branch«, in der »Battling Butler« seine Hamburger Jahre verbracht hatte. Schwer beschädigt sind das Levantehaus und die Petri-Kirche in der Mönckebergstraße, sie ist für drei Tage gesperrt. Das Hauptpostamt am Dammtorwall ist direkt getroffen, das »Carl-Schulze-Theater« auf der Reeperbahn ist ein Trümmerhaufen, ebenso das Bürogebäude »Deutscher Ring« am Karl-Muck-Platz, das Chilehaus ist gerade noch mit Glasbruch davongekommen. Sehr schnell werden um zerstörte Gebäude Bretterzäune errichtet, auf denen am nächsten Morgen manchmal die Aufschrift steht: »Dies alles verdanken wir dem Führer.«

Vorsorglich werden Entscheidungen getroffen, offiziell und privat.

Am 23. Juli 1941 heiratet Prof. Dr. Theodor Heynemann im Alter von 63 Jahren seine langjährige Haushälterin Auguste Marie Tannrath. Mit der Ehe erhält sie Pensionsanspruch, wird aber auch jetzt keine »öffentliche« Person, weiterhin erscheint sie nie bei offiziellen Anlässen. Bei ihren Besorgungen in den Geschäften der Straße ist sie dagegen schon lange die »Frau Professor«.

In diesen Tagen einkaufen zu gehen, gleicht einer Vergewisserung – über den Weggang jüdischer Nachbarn und auch über das Ausmaß der Zerstörungen.

Reste von nicht zusammengekehrtem Sand säumen den Gehweg der Rothenbaumchaussee. Angehörige der Wehrmacht und des SHD – des Sicherheits- und Hilfsdiensts – hatten in allen Straßen Sandhaufen vor den Häusern abgeladen. Der Sand wurde für die Dachböden verteilt, um dort bei Brandgefahr gestreut zu werden. Begeisterte Kinderscharen hatten die neuen Spielplätze direkt vor der Haustür entdeckt und sich mit kleinen Schaufeln und Eimern durch die Berge gearbeitet, um sie zu Stränden zu verteilen.

In Richtung Klosterstern geht Marie Tannrath, nun Heynemann, auf der Straßenseite mit den ungeraden Hausnummern, dort sind die meisten Läden; bei den Sportplätzen gibt es nichts zu kaufen, dort kann man nur tanken, vorausgesetzt, man hat die Marken für Benzin. Das Geschäft des Grünhökers Kludas ist noch da, ebenso sind noch da die Schuhmacher Klapper, Ivens, Krischanowski, desgleichen die »Konditorei Schuback« und »Brandts chemische Reinigung«, die

Zigarrenhandlung »Schwinkendorf« und die »Drogerie Wienke«. Hinter dem Tresen stehen jetzt Frauen, viele der Männer aus dem Stadtteil wurden eingezogen. Witwe Preislers Milchhandlung befindet sich nach wie vor neben der Wirtschaft der Witwe Isenbart, und Luise Kleist führt weiter ihr Kaffeehaus.

Im »Dorf« des Rothenbaumviertels kennt man sich, weiß um die Gewohnheiten. Feinkost-Brügmann und Kolonialwaren-Kröger reichen der »Frau Professor« gegen die Abschnitte der Lebensmittelkarten Gewünschtes sofort über die Theke, ebenso die »Bäckerei Busch«. Oskar Wriedt, er ist jetzt Bezirksschornsteinfegermeister, steigt nicht mehr selbst auf jedes Dach, um Kamine zu putzen. Dafür hat er seine Leute, wenn auch leider nicht genug. Er kümmert sich – außer um Sand – um die Brandschutzverordnungen und die Zustände auf den Dachböden mit ihren vielen Rumpelecken und Bodenkammern, bespricht sich mit Haus- und Blockwarten und Verwaltern. Den Wegzug jüdischer Klientel im Haus in der gesamten Straße hat er, schon aus beruflichen Gründen, deutlich wahrgenommen. So wie ihm geht es auch dem Postboten im Quartier, er trägt außer den privaten Briefsendungen auch die amtlichen Schreiben aus …

Haus Nr. 65, früher im Eigentum des jüdischen Hausmaklers Salomon Eschwege, ist verkauft an Witwe Frau Marie Saager in Firma »Saager's Fischräucherei Saager & Co.«. Ihr Mann, der Fischindustrielle Hermann Saager, war bereits im November 1933 verstorben.

Im Haus Nr. 67 der jüdischen Witwe Albert Wolff, dort war wohnhaft Walter Wolff in Firma »Louis Wolff«, residiert nun die »Universal-Film-AG«, Berlin.

Haus Nr. 85 ist aus dem Gesamtgut des Hausmaklers Alfred Levy in das Eigentum des Kaffeeimporteurs und Pg. Kurt Fischmann in Firma »List & Heineken«, Sandtorquai 9, Speicherstadt, übergegangen.

Das Haus Nr. 116 ist nicht mehr im Besitz der beiden Brüder Rechtsanwalt Dr. Alfred August Cohen und Kaufmann Walter Erich Cohen in Firma »Carl Cohen & Co.«, Rohtabak-Großhandlung. Die Witwe Gertrud von Inten hat es übernommen. Walter Erich Cohen, 1938 in das KZ Sachsenhausen eingeliefert, wird im November 1941 nach Minsk deportiert, wo er stirbt.

Das Haus Nr. 148, früher Eigentum der Witwe des jüdischen Arztes Dr. Alfred Heymann, gehört nun der Familie des Prokuristen Otto Schröder.

Nr. 152 ist von Frau Nussbaum an den Getreide- und Futterimporteur Franz J. B. Schinckel übergegangen.

Nr. 154, früher Ludwig Bernsteins »Kaffeeagentur Siegfried Bernstein«, Sandtorquai 20, besitzt jetzt Friedrich Petersen, Tornquiststraße 75, Kapitän des »KdF«-Kreuzfahrtschiffs der Deutschen Arbeitsfront »Wilhelm Gustloff«.

Über Nr. 158, früher Maurice Nathan in Firma »Gebr. Nathan«, Papierkonfektion, verfügt Max Schärnack, Wirkwaren-Geschäft in der Mönckebergstraße 3.

Unverändert geblieben sind die Adresse der »Deutschen Arbeitsfront« in Haus Nr. 41 und die der NS-Frauenschaft Harvestehude in Haus Nr. 153 a.

Marie Heynemann beendet ihre Besorgungen und kehrt zügig zurück in die Nr. 26, am Abend will man ausgehen. Die Heynemanns gehen gern ins Theater, meist samstags und oft zusammen mit dem Ehepaar Fahr aus der Feldbrunnenstraße. Oder sie besuchen das Gartencafé »Louis C. Jacob« an der Elbchaussee, wo man so schön auf der Terrasse sitzen kann wie in einem Bild von Max Liebermann. Prof. Dr. Theodor Fahr, Direktor der Pathologie am Universitätskrankenhaus Eppendorf, kein Mitglied der Partei, aber ebenfalls Unterzeichner des Aufrufs der Hochschullehrer für Adolf Hitler und kein Gegner des Regimes, ist mit Heynemann befreundet und beruflich verbunden. Bei Todesfällen in der Klinik, etwa nach Einlieferungen von Patientinnen mit septischem Abort, ist es Fahr, der die Sektionen vornimmt.

Über die Herkunft der Leichen, die dem Leichenkeller des Universitätskrankenhauses zu wissenschaftlichen Zwecken aus den Konzentrationslagern zugeführt werden, darf das dort tätige Personal nicht sprechen. Eine chronische Depression, die immer wieder akut wird, bestimmt das schon länger bestehende Krankheitsbild des Pathologen Prof. Dr. Theodor Fahr. Eine Befindlichkeit, die der psychisch stabile Mensurfechter Heynemann nicht nachvollziehen kann.

Deportation

Olga von Löbbecke | Else Neukircher | Frieda Dessart + Margrit Dessart

In dem Bemühen, der Kavallerie ihre Tauglichkeit als Nachwuchs unter Beweis zu stellen, hält die neu aufgestellte »Reiter-Hitler-Jugend Hamburgs« auf der Moorweide ihren ersten Appell ab. Ein sommerlicher Termin, der angesichts ihres Beitrags zur Ausbildung der jungen Reiter unbedingt in Frau von Löbbeckes Kalender gehört.

Einige Zeit später, im Herbst 1941, die Schalen abgeworfener Früchte liegen breit verstreut unter den Kastanienbäumen, sind zur Vereidigung junger Rekruten der Stellvertretende Kommandierende General des X. Armeekorps und Befehlshaber im Wehrkreis X sowie der Höhere SS- und Polizeiführer Nord anwesend. Wieder halten sich zahlreiche Passanten und Angehörige am Rand der Rasenfläche auf, um die Feierstunde mitzuerleben. Der Kommandant von Hamburg wendet sich an die Rekruten, die für den Einsatz im Osten vorgesehen sind, mit den Worten: »Ihr wisst, worum es geht.« Die jungen Männer wissen, worum es geht, die Todesanzeigen gefallener Soldaten in den Zeitungen füllen ganze Seiten. Mit erhobener Hand sprechen sie den Eid Wort für Wort nach: »Ich schwöre bei Gott diesen heiligen Eid, dass ich dem Führer des Deutschen Reiches folge, Adolf Hitler, dem Obersten Befehlshaber der Wehrmacht unbedingten Gehorsam leisten und, ein tapferer Soldat, bereit sein will, jederzeit für diesen Eid mein Leben einzusetzen!«

Die Tage dunkeln früh ein, Kinder liegen den Eltern in den Ohren, sie wollen »Laterne gehen«. Sie dürfen, allerdings nur am hellen, wirkungslosen Nachmittag, in den Abendstunden erlaubt es der Luftschutz nicht. Ebenso wenig dürfen Drachen über der Moorweide aufsteigen, das ist genauso verboten wie das Werfen nach den Kastanienfrüchten mit Stöcken oder Steinen.

Im November 1940 wechseln die Neukirchers die Wohnung, sie ziehen in die Avenue Molière 210. Am 3. Dezember 1941 stirbt Else Neukircher in Brüssel an einem Herzinfarkt, auf dem Friedhof in

Ixelles wird sie beigesetzt. Ihr ganzes Leben lang war es ihr Wunsch gewesen, an einem Herzinfarkt zu sterben, und zwar, bevor sie 60 Jahre alt sein würde und das Gesicht der Frau im Spiegel nicht mehr hätte anschauen mögen. Ihr Wunsch war in Erfüllung gegangen. Mit 59.

Staatsopern-Dirigent Eugen Jochum tourt in diesen Tagen mit den »Berliner Philharmonikern« nach Belgien und Frankreich, um für die Wehrmacht eine Reihe von Konzerten in Brüssel und Paris zu geben. Weitere Veranstaltungen sind in der Mailänder »Scala« und in Amsterdam geplant. Zum 150-jährigen Todestag Wolfgang Amadeus Mozarts am 5. Dezember 1941 erlebt die Hamburgische Staatsoper glänzende Festaufführungen unter der Leitung von Dirigent Dr. Hans Schmidt-Isserstedt und Generalmusikdirektor Eugen Jochum, man gibt Buffo-Partien aus der »Zauberflöte«. Mit Luigi Amodio, dem Ersten Solo-Klarinettisten an der Mailänder »Scala«, kommt ein Kammermusiker allerersten Ranges in die Hansestadt. Am Mozart-Gedenktag spielt er das »Larghetto« aus Mozarts Klarinettenquintett.

Der »Hamburger Anzeiger« berichtet an diesem Advents-Wochenende, dass in Wien Reichsstatthalter Baldur von Schirach mit erhobener Rechter vor die Opferflamme zur Ehrung Mozarts getreten ist, der Reichsminister für Volksaufklärung und Propaganda, Dr. Goebbels, ließ einen Kranz niederlegen. Auch den Hamburger »BDM«-Mädchen ist das Thema »Mozart« zur Aufgabe gestellt worden, sie musizieren im Haus der »Patriotischen Gesellschaft« um die Wette. Margrit Mary Dessart genießt bei der Vorbereitung die Unterstützung ihrer Mutter Frieda, die sich inzwischen wieder ans Klavier setzt. Ihr Mann ist jetzt bald ein Jahr unter der Erde.

Ein nervöser, in den Zeitungen unerwähnt bleibender Betrieb setzt in diesen Tagen vor dem ehemaligen Logenhaus in der Moorweidenstraße 36 ein. Ursprünglich war vorgesehen, dass das »Institut für Vor- und Frühgeschichte« vom Rothenbaum hierherziehen solle, doch Kriegseinsätze der Dozenten kamen der völkischen Germanenforschung dazwischen. Jetzt weist die Gestapo, Staatspolizeileitstelle Hamburg, dem im Eigentum der Freien und Hansestadt Hamburg befindlichen Gebäude eine andere Aufgabe zu. Gauleiter und Reichsstatthalter Karl Kaufmann verfolgt die Doppelstrategie, Juden abzuschieben und ihre Wohnungen für Bombengeschädigte frei zu machen, wobei das ehemalige Logenhaus beim Dammtorbahnhof eine wesentliche Rolle spielen wird.

Schon im Frühjahr war das Gebäude Schauplatz größerer Aktivität. Vom 12. bis 14. Mai 1941 erledigten die vereidigten und öffentlich bestellten Versteigerer Heinz Landjunk in Firma »Arthur Landjunk« und Rudolf Bussau einen behördlichen Großauftrag. Von jeweils

10 bis 17 Uhr wurden im Großen und im Kleinen Saal meistbietend versteigert: eine große Anzahl gebrauchter augenärztlicher und medizinischer Geräte und Instrumente, moderne Zimmereinrichtungen, Möbel, Nähmaschinen, Beleuchtungskörper, Staubsauger, Blüthner-Flügel und Steinway-Klaviere, Bett-, Leib- und Tischwäsche, Ober- und Unterbetten, Steppdecken, Herren- und Damenbekleidung, Porzellane, Kristalle, Gläser, Haus- und Küchengeräte, 8 000 Bücher, darunter Klassiker, wissenschaftliche Werke, Kunstbände und schöne Literatur, Orientteppiche und Brücken sowie vieles, vieles Nichtbenannte. Die wegen ihrer Größe ohnehin sehr auffällige Annonce in der Tageszeitung befindet sich neben den viel gelesenen kirchlichen Anzeigen, sie wird wahrgenommen.

Die Verkaufskampagne mit Bergen an gebrauchten Gegenständen setzt sich fort, am 16. und 17. Mai, erneut sehr groß angekündigt, in den »Bürgersälen« des Eilbecker »Gesellschaftshauses« und vom 27. bis 29. Mai in den Festsälen des »Hotels Esplanade« am Stephansplatz. Heinz Landjunk, Sprecher des Fachverbandes der Hamburger Versteigerer und mit seiner Verkaufsstelle in Altona ansässig, inseriert seine »Freiwilligen Versteigerungen« von Möbeln und Einrichtungen auch schon mal mit dem offenen Hinweis: »zum Teil aus jüd. Besitz stammend«.

Im letzten Monat des Jahres werden »Sipos«, Sicherheitspolizisten, vor dem Haus postiert. Wie immer fließt Liefer- und Berufsverkehr vorbei, seit dem Sommer fahren die Züge der neuen S-Bahn in Sichtweite vorüber. Vor dem Logenhaus sammeln sich Menschen mit Gepäckstücken.

Am Donnerstag, dem 4., und Freitag, dem 5. Dezember 1941 finden sich Mitglieder der Deutsch-Israelitischen Gemeinde, mehr als 1 000 Personen, die einen Deportationsbefehl erhalten haben, mit Gepäck in der Moorweidenstraße 36, vor dem ehemaligen Logenhaus ein. Sie alle tragen den seit September für Juden verpflichtenden »Judenstern«. Für die große Zahl der Betroffenen sind die sanitären Anlagen völlig unzureichend. In einer Liste stehen alle Gegenstände verzeichnet, die mitgenommen werden dürfen, darunter Frostsalbe, Wolldecken, Matratzen. Sämtliche Sachen müssen namentlich gekennzeichnet sein, jedes persönliche Kontingent wird gewogen.

Gertrud Sander läuft über die Grindelallee, vorbei am NS-Sturmlokal »Schinkenkrug« zum Geschäft des Damen-Friseurmeisters Hermann Gräbe und kauft dort eine kleine Haarbürste für ihre Schwester Gretchen Susmann, als Ersatz für die, die zu Hause vergessen wurde. Auf diese Weise erfährt Friseur Gräbe, was in der Moorweidenstraße vor sich geht. Gertrud Sander, mit einem »Arier« verheiratet, kann noch in Hamburg bleiben. Sie ist gekommen, um Abschied von ihrer Schwester zu nehmen. Gretchen Susmann ist 56 Jahre alt, ihre Nummer auf dem Transport ist 2144.

Es regnet am Tage des Fortgangs. Der Abtransport erfolgt am Samstag, den 6. Dezember. Um 0.11 Uhr verlässt der Zug mit 753 Personen den Hannoverschen Bahnhof. In Oldesloe wird der Lübecker Transport – auf ihm sind über 100 Personen – dem Hamburger Transport angeschlossen. Oberrabbiner Dr. Joseph Carlebach, der sich mit seiner Familie ebenfalls unter den Deportierten befindet, schreitet, immer wieder grüßend und den Hut ziehend, auf dem Bahnsteig an den Wagen vorbei. Der Zug fährt nachts durch Reinfeld, vorbei an Zarpen und dem Zarpener Wohld mit den idyllischen Jagdhütten. Der Zweck des Transports und auch sein Ziel sind den Deportierten vollkommen unbekannt. Tag und Nacht fahren sie, ohne Halt bis Riga, der Hauptstadt von Lettland. Für fast alle Menschen in diesem Zug ist es eine Fahrt in den Tod.

Alice Ascher, Sekretärin im Warburg'schen Büro im Mittelweg, gehört zu den Personen, über deren Verbleib es keine Nachricht gibt. Anfang April 1941 hatte sie noch an Dr. Anna Warburg, Fritz Warburgs Frau, vom Frost berichtet und davon, dass es auch über Tag in Hamburg nach dem langen Winter noch immer recht ungemütlich sei. »Ich werde«, hatte sie geschrieben, »ja nun bald nur noch allein hier bleiben, Sie werden sich denken können, wie schwer es ist, einen nach dem anderen fortgehen zu sehen und nicht zu wissen, wann man selber einmal herausgehen kann und ob überhaupt.« Und auch sie hatte, wie früher Dr. Liebmann, vor dem Bild des Hamburger Hafens gestanden, das von der Alsterterrasse mit in den Mittelweg gewandert war, wo es über dem Kamin hing, bis das Büro erneut umziehen musste, in die Böttgerstraße 5, in ein sogenanntes Judenhaus.

Als Beitrag der »Philharmonischen Gesellschaft« zur Mozart-Gedenkfeier bietet das Fünfte Philharmonische Konzert der Saison Mozarts »Requiem«, wieder dirigiert Eugen Jochum die Aufführung, die – nach Meinung der Musikkritikerin Dr. Hortensia Weiher-Waege – vom Geist ernster Schönheit und gläubiger Ehrfurcht erfüllt sei. »Mozart und der Tod« ist ihre Besprechung überschrieben.

In Hamburgs »Passage-Kino« in der Mönckebergstraße läuft der Film »Jenny und der Herr im Frack«. Neben dem niederländischen Sänger Johannes Heesters ist in der Kriminalkomödie auch der Schauspieler Paul Kemp zu sehen, der den Hirsch-Brüdern seinerzeit so gut gefallen hatte. Auf dem Weihnachtsmarkt auf dem Heiligengeistfeld haben dieses Jahr die Geschäfte der Firma »Schippers & van der Ville« gefehlt, die Karussells und Achterbahnen sind in die Stadtteile verlegt

Martin E. Friedburgs Enkel Helmut Victor Friedburg, auch aus dem Grund, weil gegen Victor Leopold Friedburg die Reichsfluchtsteuer auf eine Höhe von 44000,- RM festgesetzt worden war. Auguste »Gusti« Friedburg, die noch zwei Jahre nach dem Tod ihres Vaters in der Rothenbaumchaussee gewohnt hatte, war in das »Senator-Erich-Soltow-Stift« am Braamkamp 34 gezogen. Die Bilder vom Falkensteiner Ufer wandern mit »Gusti« mit in die neue Wohnung.

In der Bank »Brinckmann, Wirtz & Co.« in der Ferdinandstraße stellt Dr. Rudolf Brinckmann für die Firma den streng vertraulichen Rückblick auf das Berichtsjahr 1941 zusammen. Zwar ist ein einschüchternd aussehender SS-Mann als Prokurist mit eigenem Zimmer in die Firma gesetzt worden, und ihm muss alles Mögliche zur Durchsicht vorgelegt werden, doch erweist er sich letztlich als ziemlich harmlos. Dr. Brinckmann führt aus, dass das Jahr 1941 im Zeichen einer erheblichen Kriegsausweitung stand. Im April und Mai wurden Jugoslawien und Griechenland besetzt, im Juni begann der Feldzug gegen Russland, Ende August okkupierten die Engländer und Russen den Iran, im Dezember traten Japan und die USA in den Krieg ein. Die Ereignisse hatten eine sprunghafte Verlagerung des Außenhandels zur Folge, für dessen Finanzierung man im Interesse der Kundschaft tätig gewesen ist. Die Importe aus Russland, aus dem Fernen Osten und dem Iran kamen zum Stillstand; an ihre Stelle trat die Finanzierung von Importen aus Spanien und Portugal, von Transitgeschäften innerhalb Europas und von innerdeutschen Geschäften. Es gelang, neue Kunden zu gewinnen und im Ganzen gesehen das Kreditgeschäft im Vergleich zum Vorjahr nicht unerheblich zu erweitern.

Am 1. März 1941 war die Firma »M. M. Warburg & Co. KG Amsterdam« gegründet worden, die einen Teil der Geschäfte der in Liquidation getretenen Firma »Warburg & Co., Amsterdam«, übernommen hatte. Die neue Firma konnte ihren Kundenkreis und ihre Geschäfte ausdehnen und hat unter Berücksichtigung der gegenwärtigen schwierigen Umstände zufriedenstellend gearbeitet. In Verbindung mit »M. M. Warburg & Co. KG Amsterdam« wurden gute Umsätze in holländischen Werten getätigt. Das Devisengeschäft ist trotz des beschränkten Arbeitsfeldes recht lebhaft gewesen und hat die Umsätze des Vorjahres erheblich überstiegen.

Im Laufe des Jahres wurde im eigenen Betrieb die neunstündige Arbeitszeit eingeführt. Am 22. Juli 1941 ist im Osten der junge Mitarbeiter Gerhard Krebs im 21. Lebensjahr gefallen. Er hatte, als er ins Feld zog, eben seine Lehrzeit in der Bank beendet, und die Bank hatte große Hoffnungen auf ihn gesetzt. Am 15. August 1941 ist im Osten Alfred Bode im 22. Lebensjahr gefallen, er war seit dem 5. Dezember

1938 in der Firma tätig. Mit seinem Vater, der als Bote dem Hause seit 1922 angehört, wird um seinen Tod getrauert.

Das Bankgebäude hat im März, bei einem der frühen Luftangriffe auf Hamburg, einen schweren Bombenschaden erlitten, der besonders die Mieter der oberen Stockwerke in Mitleidenschaft gezogen hat. Das Haus ist voll getroffen worden, die Bombe aber auf einen eisernen Träger, der den Zweck hatte, Tresore in die oberen Stockwerke hochzuwinden, geschlagen und zur Explosion gekommen, sodass die Wirkung sich mehr nach außen als nach innen verbreitet hat. Da auch die benachbarte amerikanische Botschaft von dem Schaden betroffen war, hatte Reichsstatthalter Kaufmann die sofortige Reparatur veranlasst. Die Wiederherstellung des Gebäudes erfolgte im Wesentlichen in der gleichen Ausführung wie früher. Die Firma konnte, wenn auch unter Schwierigkeiten, den Betrieb in ihren Räumen aufrechterhalten. Durch den Krieg mit Russland kam naturgemäß das komplette Geschäft mit den Sowjets zum Stillstand, ebenso das durch Russland geleitete Fernost-Geschäft.

Dr. Rudolf Brinckmann unterschreibt seinen Bericht. Und denkt zurück an jenen Tag, als er wegen der Namensänderung nach Berlin beordert worden war. Die Reichsbank hatte – um den Schein zu wahren und aus Gründen der Reputation des Instituts – lange gezögert, doch als sich der Krieg mit den USA abzeichnete, darauf bestanden, dass der Name »Warburg« verschwindet. Stattdessen trat am 27. Oktober 1941 der Name »Brinckmann, Wirtz & Co.« in Erscheinung.

Die Sängerin und ihr Pianist

Otto Tesch | Olga von Löbbecke | Gusta Hammer | Albin Wendt

Menschenleer sind draußen die Straßen, Einsatzwagen mit blauem Licht rasen über Kreuzungen, am Himmel suchen Scheinwerfer nach dem Feind, abends sitzen die Einwohner des Hauses Nr. 26 im Luftschutzkeller.

Der Polizist a. D. Otto Tesch ist immer noch nicht durch mit seiner Biografie, doch da Frau von Löbbecke St. Pauli-Döntjes nur bedingt zu schätzen weiß, erzählt sie dem Veteranen mit den weißen Haaren auch mal eine Geschichte, etwa von den Herrenreitern der Kaiserzeit und ihren waghalsigen Rennen. Beim »Lydia Steeple Chase«, einem für sein kolossales Tempo bekannten Galopprennen über Hindernisse, war ihr verstorbener Ehemann Ernst-Gustav von Löbbecke einst beim Einbiegen auf die Tribünengerade im hohen Bogen vom Wallach gestürzt; beim »Handy Andy Steeplechase« Anfang Juni 1905 hatte es den »Steepler« noch krachender aus Sattel und Steigbügeln geworfen. Im Unterschied zu den hilfsbereit Herbeieilenden, die den an der linken Schulter Verletzten ins Allgemeine Krankenhaus Eppendorf schafften, hatte es Gemahlin Olga bei der Bemerkung belassen, er sei geritten wie ein Schwein. Von Löbbecke hatte damals bis zum September gebraucht, um sich zu erholen. Und kaum aufgestanden, hatte ihn eine Blinddarmentzündung ereilt.

Auch im Luftschutzkeller ist es nicht so, dass Frauen nichts zu erzählen hätten.

Gelegentlich kommt Altistin Gusta Hammer ins Gespräch mit dem schwedischen Hausnachbarn Albin Wendt. Sehr gern wäre sie letztes Jahr im November beim Gastspiel der Staatsoper in Stockholm mit dem »Freischütz« dabei gewesen; die komplette Bühnenausstattung, von den aufragenden Fichten des Hochwaldes bis zu den mächtigen Felsbrocken der Wolfsschlucht, wurde in Güterwagen mitgeführt. Die schwedischen Bühnenarbeiter mussten sogar auf ihre Mittagspause verzichten, um den Aufbau rechtzeitig zu schaffen. Albin Wendt nickt, natürlich ist ihm die Königliche Oper am Norrström aus jüngeren Tagen gut bekannt. Nicht nur mit Holz kennt er sich aus, und sein Grammophon ist nicht allein Schaustück, Musik hat ihn im Leben stets begleitet, wie auch die Literatur.

Wunderbar, malt Frau Hammer sich und den anderen aus, muss es in Schweden gewesen sein. Ein grandioser Erfolg, ja ein Triumph, hätten anschließend die Kolleginnen aus dem Sopran-Fach Annelies Kupper und Martina Wulf geschwärmt, und so stand es auch zu lesen. »Gute Stimmen haben Sie in Hamburg«, wurde der schwedische König zitiert. So etwas hätte sie gern mit eigenen Ohren gehört. Dass bei der Abfahrt am Bahnhof in Stockholm ein älterer Herr erschienen sei und – in Kriegszeiten! – eine stattliche Anzahl köstlicher Pralinen- und Schokoladenpakete an die entzückten Kolleginnen verteilt habe, erwähnt sie lieber nicht, spricht auch nicht darüber, dass sie an einem der nächsten Nachmittage gewissermaßen schwedischen Besuch bekommen wird.

Sie ist mit Kapellmeister Wilhelm Freund verabredet, ihrem treuen Begleiter während so vieler Liederabende. Der höchst einfühlsame und mitgestaltende Partner am Steinway-Flügel hat bis 1940 ganz in der Nähe, in der Rothenbaumchaussee 35, gewohnt, ist seit Kurzem aber in den Alsterkamp 11 gezogen. Der technisch perfekte, stets sensibel reagierende oder delikat führende Pianist ist jüdischer Herkunft, aber christlich getauft. In Schweden hat er seine Frau Solfrid, eine geborene Berg, geheiratet, sie erwarten gerade das zweite Kind. Freund arbeitet als freier Liedbegleiter und Gesangspädagoge, hält sprachlich ausgefeilte Vorträge über die großen Epochen des Liedes und der Oper, etwa im Rahmen der Veranstaltungen für die Theatersammlung.

Natürlich ist er pünktlich. Die Sängerin und ihr Pianist trinken Tee und arbeiten am kommenden Lieder-Programm. Werkgetreu soll jede Interpretation sein, das richtige Zeitmaß muss festgelegt werden, ein Grundrhythmus in der Abfolge der Lieder, danach werden Schritt für Schritt jede Phrase und jede Tonschwebung fixiert. Zuletzt, hatte Freund dem Musikjournalisten Dr. Walter Hapke gesprächsweise einmal erläutert, gehe es darum, die »Richtigkeit« des Vortrags, die Konzentration des Ausdrucks mit jener menschlich packenden Kraft zu durchleuchten und überzeugend zu gestalten, wie sie aus der einmaligen Persönlichkeit hervorbrechen müsse. Dass Gusta Hammer bei passender Gelegenheit die Stücke erklärend einleitet und dem Publikum etwas Bedeutungsvolles zu denken und etwas Würdiges zu empfinden gibt, bevor sie die Musik einhüllt in das Gewand ihrer volltönenden Stimme, findet seine volle Zustimmung.

Wenigstens in der Musik wollen beide Künstler noch Menschlichkeit und Verständnis aufrechterhalten.

Beim Abschied ist Wilhelm Freund anzumerken, dass ihm jegliche Unbeschwertheit abhandengekommen ist. Zwar wird sein perlendes, stilvolles Klavierspiel in den Kulturberichten der Tagespresse unter dem Strich stets positiv gewürdigt, es sei durchsichtig und hell, vornehm unaufdringlich und doch sinnlich leuchtend, aber seine Kunst ist dem Leben mühsam abgerungen, einem Leben, das an Demütigung reich und an Ruhe arm ist. Nach den »Nürnberger Gesetzen« gilt er als jüdischer »Mischling 2. Grades« und darf somit keine leitende Kapellmeisterstelle antreten. Weil andere Bühnenangehörige zum Wehrdienst eingezogen sind und Kräfte fehlen, hat ihm die Reichskulturkammer eine Sondergenehmigung erteilt, befristet bis Kriegsende und zum vorläufigen Verbleib.

Götterdämmerung

Olga von Löbbecke | Dr. Rudolf Brinckmann | Gusta Hammer | Prof. Dr. Theodor Heynemann | Wilhelm Lieb

Zu Beginn des dritten Kriegsjahrs greifen erneut britische Maschinen Hamburg an. Mitte Januar 1942 entgeht das Völkerkundemuseum in der Rothenbaumchaussee nur knapp der Zerstörung. An der Kreuzung zur Binderstraße durchschlägt eine feindliche Sprengbombe den Deckel des U-Bahn-Tunnels. Am Tag danach trifft Reichsminister Dr. Goebbels am Dammtorbahnhof ein, verkündet im Festsaal des Hamburger Rathauses den deutschen Endsieg als Tatsache und führt mit Bezug auf die Luftangriffe aus, dass Opfer und Sorgen nur hart machten.

Olga von Löbbecke, auf ihrem morgendlichen gewohnten Weg zur Reithalle, schlägt einen Bogen um die Schadensstelle der U-Bahn an der Binderstraße. Das Leben mit Pferden, wie man es kannte, gibt es nicht mehr, doch immerhin ermöglichen der »Flottbeker Reiter-Verein« und die SA-Gruppe »Hansa« im März 1942 das erste Kriegs-Reit- und Springturnier der »Reiter-HJ« in Hamburg, zu der etwa 300 Jungen gehören. Es bietet sich damit den Veranstaltern eine gute Gelegenheit, den Stand der Wehrertüchtigung zu zeigen und an das vorangegangene nicht öffentliche Reit- und Springturnier im November 1941 anzuknüpfen.

Annähernd 1 000 Besucher werden gezählt, beritten treten die Teilnehmer in der Reithalle Rotherbaum an, darunter auch ganz winzige Kerlchen. Die Vielseitigkeitsprüfung, bestehend aus Dressur, Jagdspringen, Handgranatenzielwurf und Kleinkaliberschießen, endet mit einem Sieg des »HJ«-Bannes 188. Der »HJ«-Reiter Hans Giele, Neffe des früheren Gastwirts Henry Giele im Curiohaus, über dessen Krabbenmayonnaise sich der Hamburg-Besucher Samuel Beckett abfällig geäußert hatte, gewinnt das Jagdspringen mit null Fehlern. Das Turnier ist ein voller Erfolg, Frau von Löbbecke hat ihre »HJ«-Jungen reiterlich auf den Punkt ausgebildet.

Ihr Kommanditistenanteil am Bankhaus »Münchmeyer & Co.« entwickelt sich erfreulich für die Witwe von Löbbecke. Das Unternehmen hat von der Militarisierung des Reiches bereits profitiert, jetzt baut Neffe Alwin Münchmeyer d. J. in Frankreich ein Unternehmen für Leder und Lederprodukte auf, »Socolilex«, das recht erfolgreich agiert, bald dreißig Angestellte hat und acht Millionen Reichsmark umsetzt. Die Anteilseigner von »Münchmeyer & Co.« sind zufrieden.

Im März 1942 reist die Familie Dr. Rudolf Brinckmann von Hamburg aus nach Österreich. An die Industrie- und Handelskammer, die Bescheinigungen für Erholungsreisen von Betriebsinhabern ausstellt, hat man geschrieben, dass der Mitinhaber der Firma »Brinckmann, Wirtz & Co.«, Herr Dr. Rudolf Brinckmann, dringend einen Erholungsurlaub benötige. Da die geschäftliche Beanspruchung eine längere Abwesenheit jedoch nicht gestatte, beabsichtige Herr Dr. Brinckmann, zunächst nur einen zweiwöchigen Erholungsurlaub zu nehmen, der ihm und seiner Familie bei Freunden in Alkoven bei Linz an der Donau ermöglicht werde. Man bitte aus diesem Grund höflich um eine entsprechende Bescheinigung für Herrn Dr. Brinckmann und Familie. Natürlich bekommt er sie. Die Wohnungstür in der Rothenbaumchaussee 26 schließt sich, der Urlaub im deutschen Österreich kann beginnen.

Der englische Schurke »Macbeth« aus Verdis Opernversion betritt die Bühne der Hamburgischen Staatsoper, und es erscheint – wie das Prinzip des Bösen selbst mit dunkel-dämonischem Stimmenklang – die Altistin Gusta Hammer als »Lady Macbeth«, um am Schluss der Nachtwandlerszene als schauerliche Ruine zu enden. Weder als Nachtwandlerin noch als Ruine erscheint Gusta Hammer dem Streife gehenden Revierpolizisten, wenn sie am späten Abend oder bereits nachts in die Rothenbaumchaussee zurückkehrt. Schon öfter ist ihm die Dame in dem dunklen Mantel aufgefallen, die stets allein das Stück von der Straßenbahnhaltestelle zu Fuß zurücklegt und sich augenscheinlich sicher fühlt.

Früh muss sie wieder los, Ende März 1942, zur Teilnahme an einer morgendlichen Feierstunde. Die Gauleitung Hamburg der NSDAP hat den Großen Saal der Musikhalle am Karl-Muck-Platz als würdige Feierstätte für große Parteiveranstaltungen erkoren und zweckentsprechend umgestalten lassen. Weiße Stoffbespannung, mit Goldrändern und einem großen goldenen Hakenkreuz geschmückt, verhüllt die Orgel. Helles Licht fällt auf das Podium, dessen Sockel leuchtend rot verkleidet ist. In diesem festlichen Rahmen veranstaltet die Gauleitung Hamburg eine Morgenfeier großen Stils unter dem Leitwort: »Das Reich ist unseres Kampfes Ziel, ist Anbeginn und Amen!« Zur

Aufführung kommen der Trauermarsch aus Wagners »Götterdämmerung« und »Ein Deutsches Te Deum« von Hans Ferdinand Schaub. Es spielt das »Philharmonische Staatsorchester« unter der Leitung von Eugen Jochum, es singen Ilse Koegel und Gusta Hammer; Gauleiter Karl Kaufmann schließt die Veranstaltung mit dem »Sieg Heil« auf den Führer. Der ganze Saal steht dabei.

Da Prof. Dr. Heynemann von seinen Mitarbeitern ständige Bereitschaft für alle seine Stationen einfordert und es für eine Frauenklinik als unmöglichen Zustand betrachtet, wenn Assistenten außerhalb des Klinikbereichs wohnen, mischt er sich in ihre persönlichen Lebensverhältnisse ein. Er mag es grundsätzlich nicht, wenn sie heiraten wollen. Hinzu kommt in Kriegszeiten die Schwierigkeit, für Ehepaare institutsnahe Wohnungen zu finden. Als Dr. Wolfgang Altrogge den Chef und Patriarchen um Erlaubnis bittet, heiraten zu dürfen, richtet Heynemann einen Brief an die Hochschulbehörde: Von den fünf Assistenten der Frauenklinik seien drei bereits verheiratet. Dr. Hanns Dietel wohne zu weit weg, Dr. Hans Mittelstrass und Dr. Kurt Schmidt hätten keine Wohnung, sie seien seit Beginn des Krieges im Felde. Da die beiden ersten Oberärzte der Frauenklinik, Prof. Dr. Ludwig Nürnberger und Prof. Dr. Gustav Haselhorst, ebenfalls zu weit entfernt wohnen würden, habe er dem dritten Oberarzt, Prof. Hans-Ulrich Hirsch-Hoffmann, für die Heiratserlaubnis damals im September 1933 als Vorbedingung gemacht, eine Wohnung in nächster Nähe zu finden. In einem direkt angrenzenden Haus habe jener tatsächlich Erfolg gehabt und einen Türdurchbruch zur Klinik angelegt. Seit dem Weggang von Dr. Hirsch-Hoffmann nach Bremen sei Prof. Dr. Willi Schultz dort eingezogen. Er, Heynemann, halte es für notwendig, dieses Haus für die verheirateten Assistenten anzukaufen.

Die Hochschulbehörde prüft, es kommt zu keinem Kauf. Der Herr Professor ist verärgert.

Anfang Juni 1942 tätigt Dr. Rudolf Brinckmann nach seinem Urlaub bereits wieder Geschäftsreisen, unterschreibt Korrespondenz auf altem Briefpapier mit geschwärztem Namenszug »M. M. Warburg & Co.«, darüber gedruckt: »Brinckmann, Wirtz & Co., Drahtanschrift: Brinckbank«. Der Betriebsobmann der Bank teilt die Gefolgschaftsmitglieder zu Luftschutz-Wachen ein und zum Zusammenfegen der Glasscherben nach den Luftangriffen. Es sind Traumzeiten für die »durchsichtige« Branche.

Oft geschieht es, dass keine Fahrgelegenheit vorhanden ist, um in die Stadt zur Bank zu kommen. Der Bankangestellte Gustav Seifert, der, wie die Sekretärin Martha Beyer, in Blankenese wohnt, bringt es fertig, dass sie zusammen mit dem Boot zur Arbeit fahren. Wenn sie bei den

St. Pauli-Landungsbrücken ankommen, heult schon wieder der Alarm. Sie warten dessen Ende ab, dann kehren sie an die Schreibtische zurück und widmen sich der Korrespondenz mit der »Reichsvereinigung der Juden in Deutschland«, Berlin, Finanzabteilung, und ihren Anfragen zu Sicherungskonten Hamburger Juden bei »Brinckmann, Wirtz & Co.«. Bei dieser teils langweiligen, teils bedrückenden Arbeit wandern die Blicke von der Armbanduhr sehnsüchtig Richtung Fenster.

Fußpfleger Wilhelm Lieb wird am 7. Mai 1942 aus der Strafhaft in Glasmoor entlassen. Auf Antrag der Bandagisten-Innung bleibt er wegen seiner politischen Verurteilung von allen Krankenkassenlieferungen und Materialzuteilungen für die Herstellung von orthopädischen Fußbehelfen ausgeschlossen. Auch die Wohnungstür der Margaretha Thomsen, ehemals Lieb, in der Rothenbaumchaussee ist für ihn verrammelt. Lieb hält sich an die nächste Frau. Nach der Haftentlassung arbeitet er im Geschäft »Fußpraktiker-Lieb«, Hermannstraße 23, das seine dritte Ehefrau Elisabeth geb. Hamann für ihn führen muss. Die Ferdinandstraße mit der Bank »Brinckmann, Wirtz & Co.« liegt um die Ecke.

Prof. Dr. Heynemanns Frauenklinik sieht sich großen Belastungen ausgesetzt. Das Universitätskrankenhaus in Eppendorf, im Juli 1942 von Bomben getroffen, verzeichnet schwere Verwüstungen. Die Schwestern stehen mit ihren weißen Hauben und Schürzen in Trümmerhaufen, räumen tagelang Schutt beiseite.

Auf dem Friedhof Ohlsdorf, bei Kapelle 10, werden weitere Bombenopfer nach Fliegerangriffen beigesetzt. Zum letzten Mal setzt das große propagandistische Schauspiel ein, das feierliche Zeremoniell des Todes, wieder ragen Hakenkreuzfahnen vor grüner Tannenwand, wieder steigt Feuerschein aus schwarz verkleideten Pylonen hoch. Musik von Mozart und Schubert erklingt, dann senken sich die Fahnen über den hinabsinkenden Särgen.

Mit zunehmender Zahl der Opfer unterlässt das Regime weitere Auftritte. Erfolgsgeschichten werden Mangelware.

Schweigen

Prof. Dr. Theodor Heynemann | Richard Behr + Dr. Edgar Behr | Kurt A. Uebel | Frieda Dessart | Gusta Hammer | Jutta Saturski + Karen Saturski | Auguste Friedburg | Dr. Berthold Loewy | Marie Beine + Elena Ringel

Im Luftschutzkeller der Rothenbaumchaussee 26 bilden Prof. Dr. Heynemann und die anderen Bewohner mehr und mehr eine Schweigegemeinschaft. In Tageszeitungen wird gewarnt, Schwatzen ziehe Bomben an, man habe zu schweigen. Von den Alliierten in den Straßen abgeworfene Flugblätter sind kein Thema unter dem grellen Deckenlicht, Kommentare zu militärischen Meldungen bleiben unausgesprochen.

Kaufmann Richard Behr, Vater des in England verunglückten Helmuth Behr, muss auf Befehl der Gestapo Hamburg im Keller den Platz in der Ecke hinten links einnehmen. Und schweigen. Die Unterhaltung mit den übrigen Einwohnern ist ihm polizeilich untersagt. Der Beamte des Judenreferats der Gestapo Walter Mecklenburg hat verfügt, dass Behr seine Mietwohnung im 4. Stock rechts innerhalb einer Woche zu teilen hat, die Zugänge zu dem ihm belassenen Raum sind zu vermauern. Sein WC ist mit seinem Namensschild zu versehen, die Benutzung der Toilette im Bad ist ihm verboten. Im rückwärtigen Teil des abzuteilenden Hausflurs sind für die »arischen« Bewohner Küche und Abwasch einzurichten, gemeinsames Kochen mit ihnen bleibt untersagt. Er hat eine eigene Waschgelegenheit im Durchgangsraum zwischen Küche und Wohnraum einzurichten, die Benutzung der Badewanne oder die Einrichtung einer eigenen Badegelegenheit sind ausgeschlossen. Seinem Schwager Wilhelm »Bobby« Möller hat er es wohl zu verdanken, dass er nicht in ein KZ gekommen ist. Der Hausmakler hat der Gestapo gegenüber versichert, dass Behr seine Kinder »arisch« und nicht nach den Grundsätzen der jüdischen Religion erzogen habe. Damit galt Behrs »Mischehe« als »privilegiert«. Enkelin Iris, vier Wochen nach Kriegsbeginn geboren, darf nicht Iris heißen. Ausländische Namen, hieß es auf dem Standesamt, seien verboten.

Also musste sie Barbara Iris heißen. Später wird sie in eine Klasse gehen, in der es sieben Barbaras gibt.

Von den Hausbewohnern und -bewohnerinnen wagt es niemand, mit dem Juden Richard Behr zu sprechen, außer Sackhändler Kurt Albert Uebel, mehr noch, er spielt offen und demonstrativ vor aller Augen im Luftschutzkeller mit ihm Schach. Dass er nicht an einen Sieg in diesem unsinnigen Krieg glaubt, hat Uebel bereits des Öfteren kundgetan. Seine Parteizugehörigkeit verschweigt er auch hier, äußert seine Ablehnung gegen den »Hitler-Staat« und seine »Bonzen« dagegen in einer Weise, dass man fürchtet, er werde noch in ein KZ kommen. Am Tag nach diesem Vorkommnis wird Uebel von anderen, nicht namentlich genannten Hausbewohnern verwarnt.

Für dic Familie Behr sind Ölsardinen die beste Währung im Krieg. Dr. Edgar Behr, vorausschauend und entschlossen, ist rechtzeitig nach Ankara und von da aus weiter auf der alten Seidenstraße gefahren und hat alles an Lebensnotwendigem und Haltbarem eingekauft, was er bekommen konnte, für absehbare schwierige Zeiten. Zurück ging es per Schiff um Portugal herum, dort hat er noch eine Lastwagenladung Ölsardinen in Dosen besorgt.

Ohne Genehmigung durch die NS-Ortsgruppenleiter darf Hamburg von den Einwohnern jetzt nicht mehr verlassen werden; Lebensmittelkarten lassen sich nur in denjenigen Geschäften einlösen, bei denen man gemeldet ist. Wer Besitz zu verlieren hat, grübelt über Verstecke nach. Ölgemälde sind im Haus von den Wänden genommen, kostbare Vasen, Kristalle, Porzellane und das feine Silber verpackt worden für plötzlich notwendig werdenden Transport. Wie beim Einzug wirken jetzt manche Zimmer, vollgestellt, aber uneingerichtet, jeder bürgerlichen Pracht beraubt.

Frieda Dessart hat ihre Heiligtümer in einem Koffer verstaut. Nie würde sie sie hergeben, die Tennisschläger ihres Mannes, die seine größten Erfolge begleiteten, denn wichtiger als Urkunden und Pokale sind die Waffen der Siege. Wenigstens die Triumphe bleiben unsterblich.

Gegenüber der Rothenbaumchaussee 26, im und neben dem Curiohaus, geht die kulturelle Wehrbetreuung mit verordneten Erfolgsmeldungen in das vierte Kriegsjahr. Die Landesbildstelle »Hansa« zeigt Unterrichtsfilme, die gleichfalls dort untergebrachte Gaufilmstelle der NSDAP vor allem Spielfilme. Ablenkung, Trost und Ermutigung sind gefragt. Lesestoff wird gebraucht, die Bibliothek des Curiohauses leiht Zehntausende von Büchern aus. Alle Unterhaltungseinrichtungen sind gut besucht, Kinos ohnehin, und auf großer Bühne präsentieren sich Staatstheater und Staatsoper wie gehabt leistungsstark. Wandert auch die Kunstausübung von Werken der Gegenwartsmusik durch Täler und

Tiefebenen, so bleibt immerhin der Rückgriff auf das stets erfolgreiche traditionelle Repertoire.

Nach Premieren liest Altistin Gusta Hammer regelmäßig Zeitung, so auch am 10. Juni 1942. Unten auf der Seite, unter dem Rubrikenstrich, findet sich wie gewohnt der Kulturteil. Musikkritikerin Dr. Hortensia Weiher-Waege hat im »Hamburger Anzeiger« die Gastinszenierung des »Rosenkavaliers« in der Staatsoper besprochen. Sie rühmt Eugen Jochums leidenschaftlich erregte Hingabe an die Partitur und die wundervolle Ausstattung, immerhin gegen Ende der dritten Kriegsspielzeit. Gusta Hammers »Marschallin« verbinde Klugheit und Sentiment miteinander in guter Dosierung. Gleich über dem Strich und der für die Sängerin günstigen Besprechung, auf der Mitte derselben Seite, berichtet das Blatt großflächig vom feierlichen Staatsakt in Berlin anlässlich des Todes von SS-Obergruppenführer Reinhard Tristan Heydrich. Trauermusik aus Wagners »Götterdämmerung« habe die Totenwache eingeleitet, Reichsführer SS Heinrich Himmler die Rede auf den Verstorbenen gehalten – man zitiert ausgiebig –, und der Führer habe posthum die oberste Stufe des Deutschen Ordens verliehen. Das »Lied vom guten Kameraden« und Töne der »Eroica« Ludwig van Beethovens hätten den Schluss des Gedenkens gebildet.

Es klingelt unangemeldet an der Tür.

Die kleinen Töchter des Dr. Saturski sind es, Jutta und Karen, acht und vier Jahre alt, sie freuen sich, die nette Tante oben in ihrem Haus wieder einmal besuchen zu können. Sie wissen, dass Gusta Hammer aus dem Opernfundus hin und wieder etwas von »abgespielter« Ausstattung nach Hause mitbringt, und vor allem für die jüngere Karen ist es herrlich, sich zu kostümieren, sich mit bunten Hüten und Tüchern in eine wunderbare Märchenwelt, ohne alle Angst zu begeben. So etwas vergessen Verzauberte ihr Leben lang nicht.

Gusta Hammer legt die Zeitung in ihre Mappe und zieht sich mit den kleinen Mädchen zurück in das Reich des Schönen und den Glauben daran. Eine lustige Stunde vergeht im häuslichen Olymp der Kammersängerin, bis sich die Schwestern beglückt wieder verabschieden. Abends sieht man sich wieder im Luftschutzkeller, und diesmal gibt es für die Töchter Saturski etwas zu berichten, so wunderbar entrückt sind die Momente des Spiels in fremden Tüchern heute gewesen.

In den Monaten darauf rollen weitere Züge mit deportierten Juden aus Hamburg heraus.

Das Hamburger »Polizeireserve-Bataillon 101« rückt vom Bahnhof Sternschanze über den Dammtorbahnhof fahrend nach Polen aus, für Ghettoräumungen und Massenerschießungen. Die alten Frontsoldaten des Ersten Weltkriegs gewöhnen sich schnell wieder ein in das Leben in Feindesland.

Transporte gehen vom Hannoverschen Bahnhof ab nach Theresienstadt, der propagandistisch als »Altersghetto« bezeichneten Garnisonsstadt in der Tschechoslowakei, so auch am 19. Juli 1942. Margarethe Davidsohn geb. Sachs, in deren Wohnung am Kurzen Kamp 6 vor vielen Jahren ihr Sohn, der Kunstmaler Willy Davidson aus dem Dachatelier der Rothenbaumchaussee, von Kriminalsekretär Wolff vernommen wurde, wird nach Theresienstadt deportiert. Sie stirbt dort am 6. August 1942. Mit demselben Transport kommt Auguste Friedburg, Tochter des Bankiers Martin Friedburg, nach Theresienstadt. Vom »Senator-Erich-Soltow-Stift« hatte sie noch vor Kurzem nach Fuhlsbüttel in das »Mendelson-Israel-Stift«, Kurzer Kamp 6, wechseln müssen, ein sogenanntes »Judenhaus«. Das Bankhaus »Brinckmann, Wirtz & Co.« verkauft nun für ihren »Heimeinkaufvertrag« – für den Erwerb ihres neuen »Heimes« in Theresienstadt – letzte Wertpapiere der Deutschen Reichsbahn und der Hamburgischen Elektrizitätswerke. Den Erlös führt sie ab an den »Jüdischen Religionsverband Hamburg«. Auguste Friedburg stirbt in Theresienstadt acht Monate später, am 20. März 1943.

Auch Dr. Berthold Loewy, der aus Breslau stammende Zahnarzt, wird von der Hartungstraße 9/11, dem jüdischen Gemeinschaftshaus, in demselben Zug wie Margarethe Davidsohn und Auguste Friedburg nach Theresienstadt gebracht, und auch er kommt um. Sein geringer Besitz geht zum Versteigerer. Unter den Käufern befindet sich das Thalia Theater Hamburg, dort kauft man am 25. September 1942 aus dem Bestand des Dr. Loewy, früher Bundesstraße 43, linkes Haus, vier Sessel für 350,- RM und einen deutschen Teppich, 2 x 3 Meter, für 180,- RM.

In diesem Herbst ist es in Hamburg ungewohnt warm. Kastanien prasseln von den Bäumen, springen und rollen über Gehwege und Chaussee, schnell werden sie eingesammelt, wie Glücksbringer. Passanten eilen an Möbelträgern vorbei. In der langen Reihe der Personen, die im Haus Nr. 26 mehr oder weniger schicksalhaft unterkommen, erscheint nun, in den schweren Kriegsjahren, Frau Carolina Elena Ringel geb. Stoltz im 3. Stock rechts. Sie zieht ein bei der alleinstehenden Marie Beine.

Frau Ringel ist Witwe des Leitenden Oberarztes der 1. Chirurgischen Abteilung des Krankenhaus St. Georg, Prof. Dr. med. Tom Ringel, er war 1934 verstorben. Unzählige Kränze an der Bahre, die große Schar der Freunde und Berufsgenossen, die Pflegerschaft und die Schwestern aus dem Krankenhaus, das Rote Kreuz, die »Ortsgruppe

Andreas« der NSDAP, die »NS-Frauenschaft«, der »Ärztliche Verein« in Hamburg, die »Vereinigung nordwestdeutscher Chirurgen«, das Barmbeker Krankenhaus – frühere Wirkungsstätte des Prof. Dr. Heynemann –, das Korps »Albingia« aus Freiburg im Breisgau und viele andere mehr hatten ihre Anteilnahme bekundet. Seit 1895 war Dr. Ringel den St. Georger Krankenanstalten verbunden gewesen, unterbrochen nur durch seine Teilnahme an der Expedition des Roten Kreuzes zum 2. Burenkrieg und durch Kriegseinsätze. »Erfahrungen aus dem südafrikanischen Kriegsschauplatz« hatte der Feldarzt seinen damaligen Lichtbildervortrag betitelt, den er in der Aula des Johanneums gehalten hatte. Den Anbruch der neuen Zeit, bescheinigt ihm der Nachruf in den »Hamburger Nachrichten«, hatte er von vornherein mit den größten Hoffnungen begrüßt und sich der neuen Bewegung schon früh mit Begeisterung angeschlossen.

Für Frieda Dessart ist Elena Ringel eine willkommene Gesprächspartnerin an den durch keinen Alarm unterbrochenen Nachmittagen. Auch sie ist in Brasilien geboren, auch sie kennt die Zeiten des europäisch-kolonialen Lebensstils im alten Rio de Janeiro. Ihr Großvater war Valentin Lorenz Meyer, Bruder des Arnold Otto Meyer, ihre Großmutter eine geborene Sieveking, ihr erst kürzlich verstorbener Vater, der Kaufmann Georg Hermann Stoltz, einer der reichsten Kaufleute der Stadt. Sein bedeutendes Handelshaus hatte seit den Anfängen, die im Umfüllen gesalzener französischer Butter aus Holzfässern in kleine Weißblechdosen bestanden hatten, einen kometenhaften Aufstieg erlebt; die Firma hatte Niederlassungen in São Paulo, Recife, Pernambuco. Ein Landsitz mit Parkgrundstück in Wentorf – Stoltz, in Lüneburg zur Schule gegangen, war nie Hamburger Bürger geworden – bildete den Rahmen für das Familienleben nach der Rückkehr aus Südamerika. Stoltz' gute Beziehungen zu Max M. Warburg hatte Dr. Rudolf Brinckmann übernommen und in tätiger Hilfe weitergeführt – bis hin zur Unterbringung der vierten Tochter des impulsiven Königlich Preußischen Kommerzienrats Elena Ringel im Haus Nr. 26.

Richtig anregend wird das Gespräch der beiden Damen bei ihrer Tasse Ersatzkaffee, wenn sie auf die »Cia. de Charutos Dannemann« im Osten Brasiliens zu sprechen kommen. Die Firma »Herm. Stoltz & Co.« hatte sich an deren Gründung beteiligt. Die Dannemann-Zigarrenfabriken lagen in Bahia, São Felix, am Ufer des Rio Paraguaçu, der in die Bahia de Todos os Santos mündet. Und eben dort war Frieda Dessart geb. Krüder aufgewachsen.

worden oder im besetzten Osten unterwegs, vor allem im Generalgouverment und im Protektorat. An diesem Wochenende wird der Markt zu Ende gehen, es beginnt die Anlieferung von Tannen. Lastwagen und Güterzüge bringen die harzduftende Last aus den Wäldern vor der Lüneburger Heide in die Stadt. Bis zum 20. Dezember kann die Hamburger Bevölkerung noch ihren Bohnenkaffee für Februar 1942 vorbestellen. Dazu ist der Bestellschein »N 28/N 29« der rosa oder blauen Nährmittelkarte beim Verteiler abzugeben. Hamburg verdunkelt von 17 bis 9 Uhr.

Jahresbericht

Martin E. Friedburg + Auguste Friedburg | Dr. Rudolf Brinckmann

In Hamburg bleibt der Verkauf jüdischen Eigentums an der Tagesordnung. Die Familie des Ruheständlers Martin Eduard Friedburg, der im Erdgeschoss gewohnt hatte, bekommt es zu spüren.

Nachdem die Reichsfluchtsteuer auf 44 000,- RM festgesetzt worden war, hat sein Sohn, der jüdische Bankier Victor Leopold Friedburg, am 27. Dezember 1938 seinen Anteil an der Friedburg GmbH veräußert. Devisenprüfer Wolferstetter, mit Prüfungsauftrag Nr. 8458 des Oberfinanzpräsidenten Hamburg ausgestattet, hatte bei der Bankfirma »Martin Friedburg & Co.«, Alsterdamm 16, im Herbst 1938 eine Devisenprüfung vorgenommen. Zu beanstanden war nichts gewesen. Es fiel jedoch auf, dass der persönlich haftende Gesellschafter Rudolf Friedburg – ein Sohn von Victor Leopold Friedberg – bzw. die gegenwärtigen Kommanditisten der Berichtsfirma nach ihrer Erklärung dem Prüfer gegenüber keine Juden im Sinne der »Nürnberger Gesetze« sein wollten. Es wurde nachgefragt und wiederum vermerkt, dass laut Rücksprache mit dem Firmeninhaber Rudolf Friedburg die Firma »Martin Friedburg & Co.« nicht als jüdisches Unternehmen anzusehen sei. Die drei Brüder Rudolf, Helmut und Günter seien Mischlinge, die christlich erzogen worden seien, und Reichsbürger. Der Vater Victor Leopold Friedburg sei Jude, die Mutter »arischer« Abstammung.

Die Erbengemeinschaft Friedburg – bestehend aus sechs Personen, darunter Martin Friedburgs Tochter Auguste, die zu einem Drittel beteiligt war, und Sohn Victor Leopold – besaß seinerzeit als noch nicht verteiltes Vermögen immer noch einen Anteil von 11 Prozent an der »Wohnhaus Rothenbaum GmbH«. Der Einheitswert wurde mit 22 800,- RM beziffert. Außerdem hatte die »Wohnhaus Rothenbaum GmbH« bei der Familie Friedburg ein Darlehen aufgenommen in Höhe von 10 511,60 RM. Im März 1939 verkaufte die Erbengemeinschaft ihren GmbH-Anteil und das Darlehen für 13 000,- RM an

Im Krieg

Jacques Sander | Charles Jules Neukircher + Inge Gonsenheimer geb. Neukircher + Maria Steiner geb. Neukircher | Carla Zeelens geb. Levy | Edgar Hirsch + Alfred Benjamin + Roberta Hirsch verwitwete Benjamin + Owen Benjamin + Julius Hirsch + Luis Hirsch

Der Seemann Jacques Sander, der Cap Hornier aus dem Keller der Rothenbaumchaussee 26, dienstverpflichtet zur Kriegsmarine, navigiert Nachschubtransporte durch das Mittelmeer. Während er Funksprüche dechiffriert, um die Route seines Frachters mit Vorräten und Munition für die deutschen Wüstenkorps hinter Tripolis anpassen zu können, kehren seine Gedanken immer wieder zurück zu Ilse Albert. Zu oft wird Hamburg bereits bombardiert, und Nachrichten aus dem Ort, den er jetzt sein Zuhause nennt, kommen nur verspätet oder sind schöngefärbt.

Trügerisch ruhig bleibt das Meer, gleißend hell ist das Licht der mediterranen Sonne; Kapitän Sander bemüht sich, auch an Deck im Schatten zu bleiben.

In Belgien ist Charles Neukirchers Firma seit Juli 1942 durch die deutschen Besatzungsbehörden unter Sequester – Treuhänder nach Zwangsvollstreckung – gestellt, eine Tätigkeit ausüben kann er nicht mehr. Tochter Mia verheiratet sich wieder, ihr zweiter Mann ist der Zahnarzt Dr. Béla Steiner, ein ungarischer Jude mit einer großen Praxis in der Rue Antoine Dansaert in Brüssel. Seine Tätigkeit in der belgischen Widerstandsbewegung – Beschaffung falscher Pässe – ist nicht unentdeckt geblieben, doch nach sechs Monaten Haft kommt er wieder frei. Unmittelbar nach der Hochzeit am 29. Juli 1942 verlassen Charles Jules Neukircher, seine Töchter Inge Gonsenheimer und Maria Steiner sowie der Schwiegersohn die Wohnung in der Rue Molière 210, aus Angst, die Gestapo würde sie abholen und nach Polen deportieren. Jeden Tag finden Massenverhaftungen von Juden statt. Es gibt Berichte, dass deutsche Besatzer in eine Brüsseler Synagoge eingedrungen sind und Feuer gelegt haben.

Die Neukirchers fangen an, unter verschiedenen falschen Namen und mit wechselnden Adressen in einer Reihe von Verstecken zu leben. Belgische Behörden erleichtern das Untertauchen durch falsche Identitätskarten. Vom Juli 1942 bis Januar 1943 bleibt Neukircher beispielsweise in der Rue Felix Delhasse 14 a unter dem Namen »Nicaise«. Da er nichts mehr verdienen kann, verkaufen die Töchter Inge und Mia ihren und ihrer Mutter wertvollen Schmuck. Damit schlagen sie sich eine Weile durch.

Im September setzen wieder Hausdurchsuchungen ein. Mitten in der Nacht werden Juden aus den Häusern geholt, sie verschwinden spurlos. Aus Angst vor der Gestapo wechselt Charles Neukircher noch einmal Adresse und Namen. Nach einigen Wochen auf dem Land findet er unter dem Namen »Brasseur« eine Wohnung in der Avenue Brugmann 147 im Ortsteil Ixelles, wo ihn der Vermieter Schrynemakers, ein in Brüssel lebender holländischer Geschäftsmann, versteckt. Arthur Schrynemakers, in früheren Jahren Manager des »Grand Hotel Blankenburg«, ist Mitglied der Widerstandsgruppe »Service EVA«. Außer den Neukirchers gewährt er einer weiteren jüdischen Familie Unterschlupf. Ab November 1942 können die Untergetauchten, finanziell unterstützt von Verwandten in Südafrika, in dem kleinen Haus zusammenbleiben. Sogar der Lieblingshund Pat ist bei ihnen. Auffällig aus dem Erkerfenster im 1. Stock zu schauen, vermeiden die Neukirchers jedoch.

Im sicheren Exil New York versuchen deutsche Juden zu amerikanischen Juden zu werden, auf unterschiedlichen Wegen. Carla Zeelens' Mann Dr. Rudolf M. Zeelens veröffentlicht einen Artikel im »Aufbau«, der ihm Widerspruch einbringt. »Das Spiel mit dem Heimweh« überschreibt er seinen Text, in dem er sich vorwurfsvoll gegen gesellige Veranstaltungen mit »heiterem Teil« wendet. Es gebe Veranstalter, die ihr Geschäft mit dem Heimweh der Menschen machen würden, Tausende Emigranten strömten wöchentlich zu solchen Abenden. Das Publikum kaufe sich diejenige Lebensfreude, die auf dem Markt sei, und selbst eine völlig vermottete und vermoderte jüdische Posse bringe ausverkaufte Häuser. Zeelens sieht darin ein Spiel mit dem Feuer, eine ernste Gefahr für die gesamte Einwanderung. Abgedroschenheit und Erinnerungsträumerei müssten vom Programm verschwinden. Wieder plädiert er für ein geistiges »resettlement«, einen kulturellen Neuanfang, der allerdings die Kenntnis der Kulturwerte Amerikas voraussetze. Der besagte Veranstalter, das »Kabarett der Komiker«, reagiert verärgert. Zeelens möge aufhören, der Einwanderung Unterricht zu erteilen.

Auf der Seite der Alliierten sind die Hirsch-Söhne in den Krieg eingetreten. Edgar Hirsch dient mit Duldungsstatus im Mannschaftsgrad eines PFC, »Private First Class«, in der US-Army. Aufgrund seiner Deutschkenntnisse wird er bei Verhören von Kriegsgefangenen eingesetzt, in Sizilien, Südfrankreich und Nordafrika, mittendrin in heftigen Bombardements. Stiefbruder Alfred Benjamin hat in London seine Freundin Selma geheiratet, zur Hochzeit gab es Swiss Roll, Banana Melba und Schokolade, es war ein Fest. Roberta und Bruder Otto, jetzt »Owen«, schicken zu dem Anlass ein Paket aus den USA, Zucker, Butter, Kakao, auch das ist alles Luxus.

Julius Hirsch braucht dringend Geld. Er ist aus dem Internierungslager ohne einen Penny entlassen worden und schreibt aus Manchester an Mutter Roberta, dass ein großer Teil seiner und Alfreds Sachen durch »enemy action«, deutsche Bombardierung, vollständig zerstört wurde. Er muss neue Kleidung anschaffen. Außerdem sind seine Füße krank, infolge unzureichender Nahrung, vor allem Fettmangel, er konnte lange nur unter Schmerzen gehen. Auch seine Zähne haben unter dem Campaufenthalt gelitten. Er ist allein in Manchester, möchte aber nicht, dass »Lisl« mit dem Baby anreist. Manchester hält er für eine ungesunde und dreckige Stadt. Das Leben sei kompliziert, und für einen »foreigner« gäbe es noch mehr »restrictions« und Erschwernisse. Er vermisse es sehr, bei »Lisl« und Töchterchen Amy zu sein.

Er kommt viel mit Hamburgern zusammen, darunter solchen, mit denen sie früher wenig gesellschaftlichen Umgang hatten. (Dr. Henri Hirsch pflegte sie abfällig als »Rapp-Dill-Rutsch« zu bezeichnen.) Bruder Alfred sieht er häufig, so oft wie möglich, beide verbindet ein besonders enges Freundschaftsband. Bruder Ludwig, jetzt »Luis«, hat versucht, ihn nach Buenos Aires zu holen, aber Julius will nicht. Wenn schon Auswanderung, dann nach New York, zu Mutter Roberta. Er wünscht sich sehr, dass der Krieg endlich vorbei und der »Antichrist Hitler« von der Erde getilgt wäre. Immer wieder denkt er an den Vater und daran, wie hoch Dr. Hirsch in allen Hamburger Kreisen als Mensch und Arzt angesehen war. Dass er trotz allem seinen Humor nicht verloren hat und dass es Dinge gibt, über die man in dieser kleinen komischen Welt wirklich lachen muss, beweist er Roberta Hirsch mit einer Geschichte, die der Familie Schiff seiner ungarischen Frau passiert ist: Einer ihrer Vettern war im Jahre 1937 im Nazihetzblatt »Der Stürmer« als Prototyp des »Ariers« abgebildet worden. Mit einer ungarischen Pfadfindergruppe war »Lisls« Verwandter auf Besuch in Deutschland gewesen, in Nürnberg wurden die fröhlichen Wanderer vom Gauleiter für Mittelfranken, Julius Streicher, eingeladen und bewirtet. Dem als Judenhasser bekannten Herausgeber des »Stürmer« war überhaupt nicht in den Sinn gekommen, dass der blonde, hübsche Junge namens »Schiff« ein Jude sein könne.

Résistance

Yves Saget | Anna Levy + Alfred Levy

Seit den Bombenangriffen auf den Westen von Paris im Juni 1940 befindet sich der Franzose Yves Jean Saget, Enkel der deutsch-französischen Großeltern Julius Heinrich Wilhelm und Marie-Angèle Campe, im Krieg. Jetzt betrifft ihn auch das Geschehen in Hamburg unmittelbar. Das geerbte antike Fachwerkhaus an den Vorsetzen 1 wird am 3. Oktober 1941 durch Bombenwurf so schwer beschädigt, dass das Grundstück geräumt werden muss. Infolgedessen gehen von den Mietern keine Mietzahlungen mehr ein, die übernimmt der Hamburger Staat. Das Haus selbst wird, da es als größtes noch vorhandenes Fachwerkhaus Hamburgs aus der Mitte des 17. Jahrhunderts unter Denkmalschutz steht, wiederhergerichtet, ebenfalls vom Staat.

In Paris hat sich sein Eigentümer, Yves Saget, einem Netzwerk der Résistance angeschlossen, dem französischen Widerstand gegen die deutsche Besetzung. Er ist Mitglied der konspirativen Gruppe »Jean Marie« unter dem Capitain Henri Frager, genannt »Paul«. Man verabredet kurze Treffen auf den Bürgersteigen, geht unauffällig ein Stück miteinander, trennt sich sofort wieder.

Aus London werden Netzwerke wie »Carte«, »Donkeyman« oder »Brutus« von der SOE, der »Special Operations Executive« des Nachrichtendienstoffiziers Maurice Buckmaster, unterstützt und teilweise versorgt. Er organisiert die Ausbildung und den Einsatz von Agenten, den »Johns« und »Johnnys«, die in den besetzten Teil Frankreichs eingeschleust werden, zur Sabotage und für subversive Aktivitäten. In einem anderen Teil des Netzwerks ist der junge Spanier Jorge Semprún für »Paul« tätig. Der Ire Samuel Beckett, Tarnname »Samson«, ist Mitglied des Netzwerks »Gloria SMH«, umgedreht für HMS, Her Majesty's Service in Paris. Beckett wohnt in der Rue des Favorites im 15. Arrondissement. Von der anderen Seite der Seine, in der Rue de l'Assomption, schaut Yves Saget auf den Eiffelturm.

Saget, der mehrere Sprachen spricht, holt für den Widerstand Informationen über die Gestapo ein, erkundet im Sektor Pouilly geeignete Gegenden für Fallschirmabsprünge, nimmt Abwürfe von Waffen entgegen, beherbergt untergetauchte Kämpfer und Agenten. »Pauls Möbel werden eintreffen« – mit diesem Code werden innerhalb des Netzwerks Fallschirmabwürfe angekündigt. Vom Himmel fallen längliche rohrförmige Behälter, die bis zu 220 Kilo Inhalt haben. Manchmal bleibt ein Container in einem Baum hängen. Die darin befindlichen Waffen werden herausgenommen und versteckt, die Verpackung vernichtet.

Yves Saget bekommt aus London Geldmittel für die Arbeit der Résistance, er stellt auch selbst Beträge zur Verfügung. In Widerstandskreisen ist er bekannt als »Capitaine CAP« oder »Capitaine Saget von Buckmaster«. Nach außen unauffällig, fährt er jeden Morgen vorbei am Bois de Boulogne in die Werkstatt der »Splendid-Garage«, Boulevard du Havre 5 in Colombes. Seit 1938 ist die Ehe seiner Eltern geschieden, Gabrielle Saget geb. Campe kränkelt hin und wieder. Nach wie vor besucht Yves seine Mutter, sie freut sich jedes Mal, ihren Liebling zu sehen, bevor er wieder in seine neue Schattenwelt abtaucht.

Die britische Royal Air Force attackiert Hamburg mit zunehmender Wirkung. Auch das Gebäude Neuer Wall 46 – es ist Erbe von Gabrielles Schwester, Oliva Bouchard geb. Campe – wird Ende Juli 1942 durch Feindeinwirkung erheblich beschädigt. Oliva Bouchards Rechtsanwalt und Verwalter Dr. Alfred Engel teilt dem Reichskommissar für die Behandlung feindlichen Vermögens in Berlin mit, dass das betreffende Grundstück in der Nacht vom 26. auf den 27. Juli 1942 durch Brandbomben nicht unerheblich beschädigt worden sei. Das Dachgeschoss sowie das darunterliegende Stockwerk seien ganz bzw. teilweise ausgebrannt.

Der Leiter der Devisenstelle des Oberfinanzpräsidenten in Hamburg, Oberregierungsrat Dr. Josef Krebs, setzt den Herrn Reichskommissar in Kenntnis, dass die Feststellungsbehörde der Hansestadt Hamburg eine Schadensersatzleistung im Hinblick auf die feindliche Ausländereigenschaft von Frau Oliva Bouchard abgelehnt habe. Da eine Kostenerstattung auch seitens des Reiches nicht stattfinde, müssen die Instandsetzungskosten von der Eigentümerin selbst aufgebracht werden, ein Teil der Mieten fällt aus.

Dr. Engel bringt angesichts der Ereignisse einen Verkauf der Immobilie ins Spiel. Er bittet den Reichskommissar für Mittwoch, den 26. August 1942, vormittags, unverzüglich nach Eintreffen des Hamburger Schnellzugs, um ein Gespräch in Berlin. Dort trifft er den Sachbearbeiter Dr. Schwerin und schlägt vor, das Grundstück Neuer Wall 46 an die Erbengemeinschaft »Julius Campe Testament« zu veräußern, da die Schäden von etwa 20000,- RM den momentanen Stand des Hauskontos von etwa 6000,- bis 7000,- RM überstiegen und Unrentabilität eintrete. Für den Fall der Veräußerung schlägt er als neuen Verwalter seinen Sozius Rechtsanwalt Dr. Oscar Waege vor.

Gegen einen Verkauf des Grundstücks an die Erbengemeinschaft hat Oberregierungsrat Dr. Krebs größte Bedenken, da die bisherige Grundeigentümerin Frau Oliva Bouchard und ihre Schwester Frau Gabrielle Saget Vorerbinnen des noch ungeteilten Campe'schen Nachlasses seien und demnach praktisch gesehen durch den Grundstücksverkauf ein tatsächlicher Besitzerwechsel gar nicht stattfinde. Der alleinige Grund für den Grundstückserwerb sei wohl darin zu suchen, dass für den neuen Eigentümer – das »Julius Campe Testament« – ein Erstattungsanspruch gegen das Deutsche Reich hergeleitet werden solle, um die Kosten für die Reparatur der entstandenen Sachschäden aufzubringen. Auch dürfe keine Veranlassung bestehen, Anträge, die das inländische Vermögen von Franzosen beträfen, entgegenkommender zu behandeln als solche anderer feindlicher Ausländer.

Dr. Alfred Engel wird als Verwalter abberufen und Sozius Dr. Oscar Waege eingesetzt. Der Verkauf kommt nicht zustande.

Anna Levy lässt aus New York weiterhin ihrem ältesten Sohn Alfred und ihrer Schwiegertochter Frieda Levy geb. Klodt Unterstützung zum Lebensunterhalt zukommen. Es dürfen von ihrem Sperrkonto bei der Bank »Brinckmann, Wirtz & Co.« monatlich 400,- RM in zwei Raten ausgezahlt werden.

Gestapomann Walter Wohlers hat Alfred Levy im Visier und schickt ihn zur Zwangsarbeit außerhalb der Stadt. Da Alfred nur über Sonntag zu Hause sein kann, wird seiner »arischen« Frau Frieda auf Antrag erlaubt, in der Woche in ihrer Wohnung Hoheluftchaussee 122 Radio zu hören, unter der Bedingung, dass der Apparat nicht angestellt wird, wenn Alfred Levy am Sonntag zu Hause ist. Eingeschüchtert, wie er seit dem Aufenthalt im KZ Sachsenhausen ist, hält er sich daran.

Anna Levy selbst hat ein langes, nicht enden wollendes Jahr der Trauer hinter sich. Ihr Sohn Richard, Dr. Richard Levy, ist im Mai 1941 von eigener Hand aus dem Leben geschieden, wegen einer unglücklichen Liebe. Jedes Mal, wenn sie zur Congregation Habonim in die West End Avenue fährt, denkt sie an ihn und auch an die Lüneburger Brüder ihres Mannes Paul Ernst und Otto Levy. Beide wurden nach Minsk in das Vernichtungslager Maly Trostinez deportiert und sind dort umgekommen.

Pioniere aus dem Osten

Dr. Rudolf Brinckmann | Prof. Dr. Theodor Heynemann

In Hamburg beugt sich Dr. Rudolf Brinckmann über den streng vertraulichen Jahresbericht der Firma für 1942. Er bringt zu Papier, dass der »Siemens«-Konzern in den Jahren 1941/42 verschiedene Beteiligungen, die nicht zu seinem eigentlichen Geschäftsbereich gehörten, ausgegliedert habe. Infolgedessen seien Anfang des Jahres 1942 die beiden »Siemens«-Gesellschaften auch bei »Brinckmann, Wirtz & Co.« als Kommanditisten ausgeschieden.

Im vierten Jahre des Krieges hat sich der Umfang des Bankgeschäftes, im Ganzen gesehen, weiter ausgedehnt. Rohstoffe und Fertigwaren sind knapper geworden. Die Anforderungen, die für einen Ausgleich der Handels- und Zahlungsbilanz mit den einzelnen europäischen Ländern an die deutsche Produktion für den Export gestellt werden müssen, stehen zurück hinter dem Bedarf der Rüstung. Transportschwierigkeiten und -störungen dehnen die Lieferzeit für solche Exporte oft weit über die vorgesehenen Fristen aus. Eingriffe des Preiskommissars und Verwertungsbeschränkungen, plötzlich auftretende internationale Preisschwankungen müssen bedacht werden. Alles dies sind Tatsachen, die das Risiko der Warenbevorschussung größer und vielfältiger werden lassen und zur Vorsicht mahnen.

Während Russland, der Ferne Osten und Iran gänzlich ausgefallen sind, hat sich das Geschäft mit dem südosteuropäischen Raum – Rumänien, Bulgarien, Griechenland – und mit der Iberischen Halbinsel – Spanien und Portugal – und neuerdings auch mit Italien belebt. Der Umfang des Geschäfts mit den besetzten Ländern Westeuropas – Frankreich, Belgien, Niederlande –, das schon im Vorjahr gewachsen war, hat sich ebenfalls erweitert; allerdings tritt für Frankreich jetzt, da Nordafrika ebenfalls zum Kriegsschauplatz geworden ist, ein Rückschlag ein. Das Transitgeschäft, insbesondere im Verkehr mit den nordischen Ländern, ist dagegen erheblich zurückgegangen. Im

1943

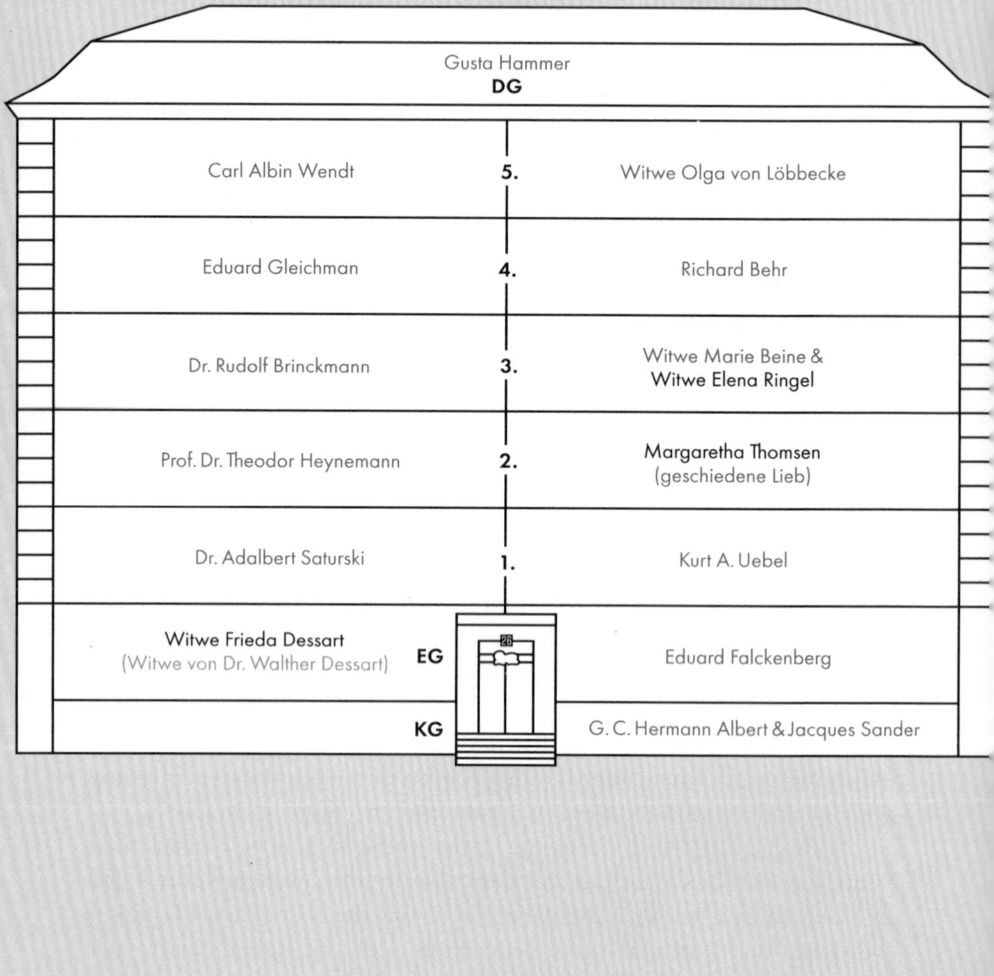
Gusta Hammer
DG
Carl Albin Wendt
5.
Witwe Olga von Löbbecke
Eduard Gleichman
4.
Richard Behr
Dr. Rudolf Brinckmann
3.
Witwe Marie Beine &
Witwe Elena Ringel
Prof. Dr. Theodor Heynemann
2.
Margaretha Thomsen
(geschiedene Lieb)
Dr. Adalbert Saturski
1.
Kurt A. Uebel
Witwe Frieda Dessart
(Witwe von Dr. Walther Dessart)
EG
26
Eduard Falckenberg
KG
G. C. Hermann Albert & Jacques Sander

Inlandsverkehr haben sich die Umsätze gegenüber dem Vorjahr geringfügig erhöht; nicht unerheblich haben sie sich im Verkehr mit dem »Generalgouvernement« und den Ostgebieten gesteigert. Auch das Emissions- und Konsortial-Geschäft war lebhafter als im Vorjahr. Wieder hat man sich nach Kräften an der Platzierung der dreieinhalbprozentigen Reichsschatzanweisungen beteiligt, die das ganze Jahr über verkauft wurden. Das Devisengeschäft war infolge der Schrumpfung des Außen- und Transit-Handels rückläufig.

Es starben im Laufe des Jahres die Gefolgschaftsmitglieder Herr Rutenick und Frau Auguste Langko. Für das Vaterland fielen im Osten Leutnant Erwin Lacina, Leutnant Ernst Schumann und Oberleutnant Ernst Thiede. Ihnen allen wird ein ehrendes Andenken bewahrt.

Mit den Kameraden an der Front steht man in dauernder brieflicher Verbindung, die nach Möglichkeit auch durch Bücher- und andere Sendungen bereichert wird.

Dr. Brinckmann fügt hinzu: Erstmalig übersteige in diesem Jahre, die zur Wehrmacht Einberufenen mitgerechnet, die Anzahl der Gefolgschaftsmitglieder in der Firma im Alter über 45 Jahre die Zahl derer im Alter unter 45 Jahre – ein Ausdruck für die langsam sich abzeichnende Überalterung des Betriebes, die sich hoffentlich später durch die Gewinnung geeigneten Nachwuchses wieder ausgleichen lässt.

Im Vergleich zu dem Stand vom 31. Dezember 1941 sei die Bilanz der Firma am 31. Dezember 1942 nicht unerheblich ausgeweitet. Dr. Brinckmann unterschreibt den Bericht.

Wohnungsnachbar Prof. Dr. Heynemann – seine Assistenten befinden sich in Lazaretten oder im Volkssturm, er ist selbst verantwortlich für die Verdunkelung seines Instituts – fährt Mitte April 1943 vom Dammtorbahnhof aus nach Posen, die Festungsstadt der SS. Sein ehemaliger Oberarzt Prof. Dr. Willi Schultz ist im Frühjahr 1943 an die Reichsuniversität Posen, die akademische Mustereinrichtung der NSDAP, notdienstverpflichtet worden. Als Direktor der dortigen Frauenklinik sucht er Heynemanns Rat beim Ausbau des Instituts. Es seien Fragen baulicher Veränderungen zu klären. Dr. Schultz' Verpflichtung steht im Zusammenhang mit der Anwerbung von Fachkräften im okkupierten Osten. Hochrangige Ostbeauftragte haben einen Werbefeldzug begonnen und richten Appelle an die Heimat, sie bei der Lösung der deutschen Aufgabe im »Warthegau« zu unterstützen.

Prof. Dr. Heynemann, der seit 1942 regelmäßig für mehrwöchige Kuren Bad Kissingen aufsucht – die Knochenhaut seines linken Fußes ist durch Überlastung entzündet –, lässt sich für ein paar Tage beurlauben. Er legt die für ihn anstrengende Zugfahrt nach Posen, die

»Gauhauptstadt des Warthelandes«, auf ein Wochenende, sie verläuft störungsfrei. Die Stadt liegt im Wirkungsbereich alliierter Bomber, es ist ihr aber bisher erspart geblieben, die volle Wucht eines Angriffs zu erleben. Heynemann reist »in die Vergangenheit«, in einen Zustand vor der Zerstörung.

Dem Wesen des »Warthegaus« entsprechend, ist die landwirtschaftliche Fakultät an der Reichsuniversität Posen besonders reichhaltig mit Ordinariaten, Instituten und Versuchsgütern ausgestattet worden. Es gibt einen Lehrstuhl für Deutsche Volkskunde und Volksmusik, einen Lehrstuhl für Rassenpolitik und, eine Neuerung, einen Lehrstuhl für Geschichte und Sprache des Judentums. Entsprechend stehen die Themen »Volk und Raum«, »Erb- und Rassenlehre« vorrangig auf dem Lehrplan. Prof. Dr. Schultz doziert bei seinen Veranstaltungen über Hormone und Techniken menschlicher Reproduktion. Das Gedankengut der Rassenhygiene bleibt bestimmend für die Projekte. Sein Kollege Dr. Boris Belonoschkin, Oberarzt der Gaufrauenklinik Posen, widmet sich dem Thema männlicher Sterilität und untersucht die Lebensdauer von Spermien bei Toten. Für derartige Arbeiten in der »experimentellen Spermaforschung« liefern die örtlichen Behörden nach Urteilen durch das Posener Standgericht der Klinik frisch exekutierte »Bandenmitglieder« in passender Zahl.

Beide Mediziner arbeiten in einer unruhigen Zeit. Die Gauhauptstadt Posen ist überfüllt von Menschen auf der Durchreise, eine großräumige Barackenstadt wurde schon errichtet, um sie unterzubringen. Konzerte, Fußballspiele und ein Lunapark dienen der Unterhaltung. Prof. Dr. Heynemann gönnt sich sein früher gewohntes, geliebtes Glas Bier. Nach mehrtägigem Aufenthalt im Osten und einer beschwerlichen Rückreise wird er es in den kommenden Jahren in Hamburg sehr vermissen.

Der »Osten« bleibt in Hamburg weiter präsent. Eine Delegation aus Litzmannstadt – dem besetzten polnischen Lodz – trifft im Curiohaus ein. Der Oberbürgermeister der Hamburger Patenstadt im eroberten Lebensraum, SS-Mann Werner Ventzki, will seinen bereits im Februar in der Kunsthalle gehaltenen Vortrag der Hamburger Öffentlichkeit noch einmal in Erinnerung rufen. Staatsrat und NS-Kreisleiter Walter Gloy begrüßt den Gast als »Pionier aus dem Osten«, der im Warthegau die Aufgabe erfülle, dieses Land, das der deutsche Infanterist erobert habe, mit seinen Menschen für Deutschland zu gewinnen. Ventzki bekräftigt seinen Wunsch, ihm möge die beste deutsche Jugend zum Aufbau seines Gaues geschickt werden.

Bei einer Darstellung der Textilindustrie seiner Stadt tags zuvor in den Eilbeker Bürgersälen ist er bereits auf die »Judenfrage« eingegangen. Im Ghetto Litzmannstadt habe man eine Vielzahl von Betrieben aufgezogen, in denen Juden für Deutschlands Soldaten zu arbeiten hätten. Dass das »Alsterhaus« am Jungfernstieg Teile seiner Konfektion im Ghetto Litzmannstadt anfertigen lässt und in seinen Schauräumen zum Verkauf anbietet, bleibt unerwähnt. Auch bevor Ventzki die Stadt mit seinen Besuchen beehrte, hatte es für viele hanseatische Kaufleute keines Appells bedurft, um im Osten zupackend und »arisierend« tätig zu werden. Inzwischen werden Gewerbelehrer zu Kursen abgeordnet, Vertreterinnen der NS-Frauenschaft zu Schulungszwecken in Betriebe und in die Mütterschulung nach Litzmannstadt geschickt. Eugen Jochum, Leiter des »Hamburger Philharmonischen Staatsorchesters«, gibt im Rahmen der kulturellen Städtepatenschaft ein gefeiertes Gastspiel in Litzmannstadt; der »Hamburger Anzeiger« vom 26. Juni 1943 berichtet weiter, dass ein Vortragszyklus der Hamburger Universität geplant sei, ebenso der Besuch bekannter Hamburger Künstler.

Über das dortige Juden-Ghetto informierte das Blatt seine Leser und Leserinnen bereits früher.

In eigener Sache vor Ort braucht Prof. Dr. Heynemann ebenfalls Unterstützung. Er lässt über ein Schreiben des Dekans der Universitätsklinik Eppendorf den Herrn Reichsminister für Wissenschaft, Erziehung und Volksbildung in Kenntnis darüber setzen, dass die Oberarztstelle der Universitäts-Frauenklinik durch die Ernennung von Herrn Prof. Dr. Willi Schultz zum Direktor der Gaufrauenklinik Posen frei geworden sei. Er stellt den Antrag, diese frei gewordene Stelle dem 1. Wissenschaftlichen Assistenten der Universitäts-Frauenklinik, Herrn Prof. Dr. Hanns Dietel, zu übertragen. Auch persönlich sei Prof. Dr. Dietel aufs Beste geeignet, den Posten des Oberarztes zu versehen. Politisch – im Sinne der Partei – sei er einwandfrei. Das Leben auf dem Gelände des UKE geht inzwischen ebenfalls einen einwandfrei disziplinierten Gang. Längst verhallt ist der Lärm der Exzesse besoffener Herrenmenschen in Weiß zwischen den Pavillons.

Die Vernichtungsaktionen dauern an. In den NS-Tötungsanstalten Hadamar und Meseritz-Obrawalde sterben Hamburgerinnen wie Margret Wischer, Erika Wallmann, Irmgard Uhl. Auch sie wurden sterilisiert im UKE, in Prof. Dr. Theodor Heynemanns Frauenklinik.

Aus Posen kommt, im Mai 1943, der Gauleiter und Reichsstatthalter des Warthegaus Arthur Greiser nach Hamburg. Ihm ist die Zivilverwaltung für das Gebiet der früheren Provinz Posen übertragen worden, die eine massenhafte Deportation von Polen zum Zwecke der Zwangsarbeit beinhaltet. Und damit in die hiesige Zuständigkeit des Gestapokommissars Albert Schweim fällt, der die Fremd- und

Ostarbeiter zu kontrollieren hat. Über die Rekrutierung menschlicher Arbeitskraft hinaus ist der Reichsgau Wartheland für die serienmäßige Herstellung von Möbeln und Hausrat aller Art für Bombengeschädigte eingespannt worden. 16 000 Waggons sind nötig, um die Schränke, Stühle, Büfetts, Tische, Anrichten und Betten ins Reich zu schaffen. Die Hansestadt, unter dauerndem Beschuss durch die britische Air Force, drängt wegen der massiven Verluste auf weitreichende Berücksichtigung.

Auf dem ehemaligen Reitplatz der Frau von Löbbecke, Rothenbaumchaussee 80 – in guten Tagen befanden sich dort die Schmiede des Karl Pfeil, das Restaurant der Witwe Marie Beermann, die »Standard Oil«-Tankstelle und die Reitschule –, erhebt sich der lang gestreckte Gefechtsstand mit Befehlsbunker der 3. Flak-Division. Nachts sitzen die Nachtjagdführer vor den Radarschirmen, um feindliche Bomber zu orten und ihnen deutsche Jagdflugzeuge entgegenzuschicken. Wegen der abgeworfenen Stanniolstreifen sehen sie auf ihren Geräten oft nur noch ein Rauschen.

Bei den heftigen Bombardements auf Hamburg werden im Luftschutzkeller Erinnerungen wach an die grandiosen Feuerwerke aus den Anfangsjahren des Regimes, an die Maifeier 1934, als ein Riesenfeuerwerk auf dem Heiligengeistfeld abgebrannt wurde, das anderthalb Stunden dauerte. Leuchtkugeln, Sonnenräder, schwere Kugel-, Verwandlungs- und Etagenbomben sowie Raketen stiegen bis zu 150 Meter auf, erzeugten Feuerregen, Blitz und Donner. Den Abschluss bildete eine bengalische Beleuchtung, wie sie noch nie in Deutschland gezeigt worden war. Zehn Minuten lang überzog sie damals den Himmel mit roter Glut – wie eine ungeahnte Prophezeiung.

Schwedische Erde

Minka Wendt + Carl Albin Wendt | Gusta Hammer

Im Verlag »Hoffmann und Campe« erscheint der Roman »Herrlich ist die Erde«. Die schwedische Autorin Eva Marianne Gowenius geb. Klinckwort stammt aus Hamburg. Jenseits des literarischen Genusses kommt der Herrlichkeit schwedischer Erde im zerbombten Hamburg höchste Glaubwürdigkeit zu, besonders im 5. Stock links des Hauses Rothenbaumchaussee Nr. 26.

Im Haus ist außer Richard Behr nur noch Minka Wendt geb. Labowsky, verheiratet mit dem schwedischen Staatsbürger Carl Albin Wendt, jüdisch. »Privilegierte Mischehe« und schwedischer Pass haben sie bisher geschützt. Minka Wendts Schwester, Gretchen Labowsky, pensionierte Volksschullehrerin und ohne den Schutz einer anderen Staatsbürgerschaft, hat sich nach Zustellung des Evakuierungsbefehls der Gestapo am Vorabend ihrer Deportation, am 23. Oktober 1941, das Leben genommen. Oberwachtmeister der Schutzpolizei Fassl und Wachtmeister der Reserve-Schutzpolizei Dunkelmann beschlagnahmen das Befehlsschreiben, das die Nummer 1523 trägt, bringen es zusammen mit sichergestellten Briefen der Toten zu ihrem Revier, erstatten Bericht. Der Distriktsarzt Dr. Karl Holzknecht stellt den Totenschein aus.

Das Königlich Schwedische Generalkonsulat richtet am 20. Februar 1943 ein Schreiben an die Staatsverwaltung der Hansestadt Hamburg vor dem Hintergrund, dass laut Mitteilung der deutschen Regierung an die schwedische Regierung vom 1. April 1943 ab ausländische Juden im Deutschen Reich den für andere Juden geltenden Maßnahmen – einschließlich Kennzeichnung, Internierung und späterer Abschiebung – unterworfen werden sollen. Soweit es dem Generalkonsulat bekannt sei, sei von den in Hamburg wohnhaften schwedischen Staatsangehörigen nur eine ältere jüdische Frau, verheiratet mit einem schwedischen »Arier«, von den neuen Vorschriften betroffen. Infolge ihrer Heirat sei sie von den meisten gegen Juden gerichteten Maßnahmen noch befreit, würde aber im Falle des Todes ihres Mannes, der kränklich und hochbejahrt sei, diese Bevorzugung verlieren. Es handele sich um die Jüdin Frau Minka Wendt, Hamburg, Rothenbaumchaussee 26.

Es wird mitgeteilt, dass die Obengenannte baldmöglichst nach Schweden übersiedeln möchte. Da sie betagt sei und dort weder Vermögen noch Verwandte besitze, bitte sie um die Möglichkeit, die für ihre Existenz notwendigen Mittel nach Schweden zu bringen. Das schwedische Generalkonsulat sei daher für eine gefällige Mitteilung dankbar, ob Hindernisse bestünden, der Betreffenden im Falle einer Übersiedlung die Genehmigung zu erteilen, monatlich einen für ihren Lebensunterhalt genügenden Betrag aus Deutschland nach Schweden zu überführen. Die Konsularabteilung der Staatsverwaltung der Hansestadt Hamburg antwortet, dass Anträge auf Genehmigung von Zahlungen für den Lebensunterhalt von hier nach Schweden durch Ermittlung der schwedischen Clearingbehörde Stockholm über die »Deutsche Verrechnungskasse« zu stellen seien.

Im Hauptzollamt St. Annen wird die Verbringung des Umzugsguts der Frau Minka Wendt, Rothenbaumchaussee 26, genehmigt. Am 12. Juni 1943 emigrieren die Wendts. Minka Wendts Reisetasche enthält etwas Verpflegung, Butterbrot und Thermoskanne, für die Reise benötigte Medikamente, eine Brille, zwei Füllfederhalter, ein Paar Brillant-Ohrringe, eine Nadel aus Gold mit einem Turmalin, eine goldene Uhr mit Doublé-Armband, ein goldenes Armband mit Saphiren, eine goldene Nadel mit acht kleinen Perlen. Am Körper trägt die 69-Jährige übliches Unterzeug und Unterwäsche, Schuhe, ein Kleid, einen Bisampelz, eine Perlenkette, ein Paar Perlenohrringe, eine goldene Nadel mit drei Brillanten, ein goldenes Kettenarmband, eine goldene Uhr mit Armband, ein weißgoldenes Armband mit einem Saphir und zwei Brillanten, einen Trauring, einen goldenen Ring mit einem Brillanten und einer Perle.

In seinem Handgepäck führt der 72-jährige Kaufmann und Holzmakler Carl Albin Wendt mit: diverse persönliche Kleinigkeiten, Brille, Visitenkarten, zwei Pakete Hansaplast, ein Halstuch, einen Kasten diverser Rasiermesser, eine Kiste Zigarren, ein Paar Frackperlen im Etui, eine Reisemütze. Am Körper bzw. in der Hand trägt er die übliche Bekleidung, eine goldene Krawattennadel mit Rubinen, eine goldene Springdeckel-Herrenuhr, eine goldene Uhrkette, einen goldenen Zigarrenabschneider, einen goldenen Bleistift, ein paar goldene Manschettenknöpfe, einen Füller, Brieftasche und Börse, zwei Zigarrenspitzen, ein silbernes Zigarrenetui, ein silbernes Taschenmesser, ein Notizbuch, eine Reiseschreibmaschine, einen Sommermantel, einen Schirm, ein Plaid und einen Gehstock.

Gegen die Überführung des Pkws mit dem Kennzeichen »HH 52857«, Marke »Wanderer«, nach Schweden hat die Wehrersatzinspektion Schwanenwik keine militärischen Bedenken. Die beiden Wendts verlassen Hamburg mit erteilter Genehmigung und fahren dem schwedischen Winter entgegen, der früh Einzug halten wird.

An den Straßenrändern der Hansestadt liegen wieder neue Sandhaufen, bestimmt als Brandschutz für die Böden in den Häusern. Alle Flächen müssen geräumt werden, alle dort untergestellten Habseligkeiten haben zu verschwinden. Es wird eng in den Wohnungen.

Kammersängerin Gusta Hammer beginnt angesichts nicht mehr zu übersehender Zerstörungen in der Stadt vorsorglich, Bilder von der Wohnzimmerwand zu nehmen, die sie in großen Rollen der vergangenen Jahre zeigen: als »Lady Macbeth« an der Stelle »Nun sinkt der Abend, schon lenkt zum Meer hinab Sonne des Tages feurige Pferde« im grellen Scheinwerferkegel stehend; als »Fricka« in der »Walküre«, Joachim Sattler gab den »Siegmund«; als »Feldmarschallin« im »Rosenkavalier«, Jochum hatte erbarmungslos viel geprobt; als »Gaea« in der »Daphne« von Richard Strauss, jedes Mal, wenn der Meister ihnen höchstpersönlich die Ehre seines Besuches hatte zuteil werden lassen, war er wohltuend leutselig gewesen. Sie legt die Bilder in einen Koffer, gewichtig fühlt er sich an, und an der leeren Wand bleibt ein Sammelsurium wie zufällig gesteckter Nägel zurück.

Schaufenster

Gusta Hammer | Wilhelm Lieb | Margaretha Thomsen geschiedene Lieb | Yves Saget

Im Frühjahr 1943 verdunkelt Hamburg in der Zeit von 19.30 bis 5.45 Uhr. Darüber hinaus muss Licht reduziert werden in Gaststätten und Hotels, Klubs, Kasinos, Ausstellungsräumen. Schlafmittel sind stark nachgefragt, trotz ständiger Übermüdung der Bevölkerung durch die angespannte Situation in der Stadt und die ungewohnte Belastung. In den Straßenbahnen sacken Menschen in kurze Schlafmomente, um plötzlich wieder hochzuschrecken, nachts stellt sich oft keine Ruhe ein. Klagen häufen sich über gefühlt wochenlange völlige Schlaflosigkeit. Empfohlen werden abendliche beruhigende Spaziergänge, warme Fußbäder und, als altes Hausmittel, ein Glas Zuckerwasser. Bei Knappheit fast aller anderen Lebensmittel sorgen die staatlichen Stellen dafür, dass es nie an Zucker mangelt.

Altistin Gusta Hammer gastiert vermehrt solistisch. Sie geht die wenigen Schritte von der Rothenbaumchaussee zur Staatsoper, vorbei an den noch winterlichen Kastanien zum Dammtorbahnhof; sie fährt mit der Reichsbahn nach Berlin, gibt Liederprogramme im Beethovensaal der Philharmonie. Unter den Zuhörern bei einer der Nachmittagsvorstellungen befindet sich Hauptmann Hermann Kaiser, eingesetzt beim Stab des Befehlshabers des Ersatzheeres, Generaloberst Friedrich Fromm. Kaiser schreibt in sein Tagebuch, dass er am 7. März 1943, 15 Uhr, das Konzert der Altistin Hammer aus Hamburg mit Liedern von Hugo Wolff gehört habe. Erstaunliches technisches Können, findet er, aber, bemängelt er, ohne sonore Klangfarbe in der Tiefe.

Hauptmann Kaiser wird noch 1943 wegen abwertender Äußerungen über Hitler denunziert. Am 17. Januar 1945 wird er – aufgrund seiner Mitgliedschaft in der Widerstandsgruppe um Oberst Claus von Stauffenberg – in Plötzensee hingerichtet. Gusta Hammer erfährt nie von seiner Meinung zu ihrer Sangeskunst, die so ganz anders ausfällt als die in den Kritiken üblicherweise veröffentlichte.

In der Hamburger Kunsthalle ist eine Ausstellung zu sehen, »Die Staatsoper im Krieg«, präsentiert von Generalintendant Noller als kulturelle Leistungsschau, die das gesamte Kriegsschaffen der Staatsoper in reichhaltiger Bild-, Foto- und Modellauswahl zusammenfasst. Eine lange Flucht von Räumen zeigt üppiges Material aus den Archiven der Oper, Inszenierungen der Vorkriegszeit und Reportagen der Wehrmachtbetreuung, die sehr großen Raum im künstlerischen Arbeitsprogramm der Staatsoper einnimmt, in Lazaretten, Garnisonen, Flakstellungen. Die Erinnerung an die großen Front- und Auslandsgastspiele in Oslo, in Flandern, Frankreich, Russland, dazu in Stockholm wird in Bildern und Zeitungsausschnitten festgehalten. Auch Altistin Hammer findet sich in der Ausstellung vertreten.

Gerichtsvollzieher Bobsien versteigert weiterhin ehemals jüdisches Eigentum. Für den Gegenstand Nr. 2 auf der Versteigerungsliste aus dem Bestand Dr. Loewy, Hartungstraße 9–11, einen Instrumentenschrank mit Aufsatz, interessiert sich am 13. April 1943 ganz besonders ein Mann, dem Instrumente immer schon wichtig waren. Er ersteigert ihn für 39,- RM zuzüglich 5,85 RM Kavelingsgeld, Aufgeld für den Versteigerer bei Aufteilung des gesamten Versteigerungsguts in Einzelteile. Die offensichtliche Herkunft aus jüdischem Besitz kümmert ihn nicht.

Der Käufer ist kein anderer als der Fußpraktiker Wilhelm Lieb, der einen neuen eigenen Laden in der Hermannstraße 23 unweit der Bank »Brinkmann, Wirtz & Co.« einrichten will. Lieb hat mit dem Kauf, ohne es zu wissen, ein zweites Mal vom jüdischen Zahnarzt Dr. Berthold Loewy profitiert. Der 2. Stock der Rothenbaumchaussee 26 – die ehemalige Wohnung von Paul und Anna Levy –, in der er etwa ein Jahr, von 1939 bis 1940, mit seiner Ex-Frau Margaretha Lieb verbracht hat, ist kurzzeitig auch Dr. Loewys Unterkunft gewesen.

Margaretha Lieb hat wieder ihren Mädchennamen, Thomsen, angenommen. Sie zahlt ihrem früheren Mann, der sie mit wütenden Klagen überzogen hat – unter ihnen auch eine auf die Auszahlung seines Anteils auf das Buchkapital in der Trennungsbilanz –, den Betrag von 7023,43 RM aus. Einen Rest behält sie zurück. Während des Krieges ist ihr gewerblicher Auseinandersetzungsprozess ausgesetzt, sie bleibt in der Wohnung und schaut hinaus auf eine Rothenbaumchaussee, die täglich bevölkert ist von Gruppen junger und alter Leute, Scharen von »Hitler-Jugend« und »BDM«. Unaufhörlich zieht ein Verkehr aus Karren, Fahrrädern, Lastwagen vorbei. Nach wie vor ist das Curiohaus, dessen Betrieb gegenüber weiterhin gut aus dem Haus Nr. 26 zu verfolgen ist, ein ständig belegter, nachgefragter Ort kultureller und geselliger Versorgung.

Der Kreis 2 der NSDAP, Rotherbaum, lädt Soldaten und Soldatenfrauen zu einem bunten Abend ein. Die »Koloniale Arbeitsgemeinschaft« der Studentenschaft an der Hansischen Universität und die »Gruppe Kolonien« der Arbeitsgemeinschaft nationalsozialistischer Studentinnen gestalten eine gemeinsame Semesterabschlussfeier unter dem Titel »Afrika als künstlerisches Erlebnis«. Anwesende ehemalige Angehörige der kaiserlichen Schutztruppen mit der rechts hochgeklappten Hutkrempe erbauen sich an afrikanischen Originalliedern in deutscher Fassung, vorgetragen von Sprechchören aus Studentinnen und Studenten. Sehr hübsche farbige Bilder aus Ostafrika runden die koloniale Schau ab. Die alten Afrika-Krieger sind gerührt.

Prominente Schaufenster mit viel Laufkundschaft in der Hamburger Innenstadt werden intensiv als Präsentationsräume genutzt. Soeben hat das »Alsterhaus« den Schaufenster-Wettbewerb im Zusammenhang mit der Ausstellung »Das Sowjet-Paradies« gewonnen, schon richten die Dekorateure unter der Leitung von Gebrauchswerbeleiter Walter Arnold das nächste Fenster her. Für eine Werbeschau der Flakartillerie des Luftgaus XI arrangieren sie bildliche Darstellungen, Waffenteile und Ausrüstungsstücke aus abgeschossenen Feindbombern.

Morgens, auf dem Weg zu den Proben, geht Gusta Hammer an einem russischen T52-Panzer vorbei. Am Haupteingang von »Planten un Blomen« an der Tiergartenstraße ist im Juli 1943 das wuchtige Beutestück ausgestellt, als Wahrzeichen der stark besuchten Ausstellung »Das Sowjet-Paradies«; sein drohendes Geschützrohr ist auf den Dammtorbahnhof ausgerichtet. Kinder klettern auf dem Ungetüm herum, begeisterte kleine Helden erobern es im Spiel. Spätabends, auf dem Rückweg nach einer Vorstellung, nimmt Gusta Hammer das martialische Gefährt in der Dunkelheit nur schemenhaft wahr, ein kantiges Fabelwesen in gespenstisch schweigender Kulisse.

Und sie beschleunigt ihren Schritt.

So wie am Jungfernstieg drängen sich auch in der Mönckebergstraße die Leute, hier vor einem der großen Fenster des »Karstadt«-Hauses. Zwischen Hakenkreuzfahnen über einer Führerbüste steht quer über die ganze Auslage in großen Buchstaben: »Der Infanterie gebührt der höchste Ruhm!« Bilder zeigen Infanteristen am MG, auf Grabenwache, im Schneehemd über die weite beschneite Fläche der östlichen Landschaft spähend. Ein schwerer Grabenwerfer ist ausgestellt, daneben hängt das Transparent »Deutscher Junge, das Heer ruft dich!«. Nicht vergessen worden ist das Schild mit den Bedingungen, unter denen sich jeder deutsche Junge vom 16. Lebensjahr an für die Offizierslaufbahn im großdeutschen Heer bewerben kann.

Vor Kurzem erst haben Stoßtruppmänner aus dem Osten bei einem Heimaturlaub die Staatsoper besucht, auf Einladung des Gauleiters; auf dem Programm stand Verdis »Troubadour«. Im Anschluss an die Vorstellung verbrachten die Heeresangehörigen gesellige Stunden mit den Künstlern im Theaterkeller. Chefdramaturg Carl Werckshagen sprach im Namen des Ensembles herzliche Begrüßungsworte und erinnerte an die enge Verbundenheit der deutschen Künstler mit der Wehrmacht durch die Truppenbetreuung. Seit den Tagen der »Frontbühne« in Belgien ist dem Verfasser von Liedtexten wie »Vorwärts, vorwärts, Kameraden«, die der SS-Hauptsturmführer und Hauptmann der Schutzpolizei Willy Lipp vertont, das Militär durchaus nichts Fremdes. »Trommellieder« wie das seinige werden von der Truppe gern gesungen und durch den Reichssender Hamburg häufig in das Reichssendeprogramm aufgenommen.

Für die deutsche Luftwaffe sind die Sänger und Sängerinnen auch selbst unterwegs, denn seit Kriegsbeginn stellt sich die Künstlerschaft der Hamburgischen Staatsoper alljährlich während der Theaterferien für die Wehrbetreuung zur Verfügung. Gerade hat man mit zwei Mozart-Opern in der bulgarischen Hauptstadt Sofia gastiert; für Soldaten der deutschen und der bulgarischen Wehrmacht fand eine Sonderaufführung statt, an der auch das bulgarische Königspaar teilnahm. Das Reichsministerium für Volksaufklärung und Propaganda, Theaterabteilung, hat einen Zuschuss von 40 000,- RM gewährt unter der Voraussetzung, dass keine zusätzlichen Devisen benötigt würden.

Als Reiseleiter für die anschließende Frankreichfahrt trägt Dramaturg Werckshagen den Einsatzplan und die Marschbefehle in der Tasche. Da kein Autobus für die Durchführung des Gastspiels vorhanden ist, müssen die Sänger und Sängerinnen Tag für Tag mit der Eisenbahn reisen. Sie sehen viel und erleben viel: die Städte Paris, Laval, Rennes, Nantes, Le Havre und wieder Paris. Der Sommer in Frankreich ist zauberhaft. Die Tage leuchten, die Nächte glühen warm über gesegneten Äckern.

Während die Hamburger Künstlertruppe in touristischer Fröhlichkeit durch das wunderbare Frankreich tingelt, zerschlägt die deutsche Gestapo in Paris die Résistance-Gruppe des Kommandanten Henri »Paul« Frager, deren Codename »Jean-Marie« ist. Der Campe-Enkel Yves Saget wird im Betrieb seines Vaters in Colombes in Paris durch den deutschen BDS, »Befehlshaber der Sicherheit«, verhaftet. Dies geschieht am 17. Juli 1943, kurz nachdem Saget eine Nachricht aus London erhalten hat, Aktivitäten des Widerstands betreffend.

Die britische »Special Operations Executive«, SOE, des Maurice Buckmaster hat unter dem Codenamen »Starkey« einen Invasions-

Probealarm inszeniert, es folgen hektische Aktivitäten bei Mitgliedern der Résistance. Die fallen den Besatzern auf, die Gestapo des SS-Obersturmbannführers Kurt Lischka kann mehr als 1 500 Agenten, Kuriere, Funker und V-Männer verhaften.

Mutter Gabrielle Saget ist verstört. Ihr unbekannte Leute tauchen auf, bringen Geld und Lebensmittel und sagen, die seien für Yves bestimmt, der in einem französischen Gefängnis einsitze. Saget ist interniert in den Lagern Frèsnes, Compiègne und Forbach.

Noch verbleiben große Teile Frankreichs in deutscher Hand. Am italienischen Mittelmeer entstehen tief gestaffelte Befestigungsanlagen. Die Sehnsuchtsküsten hustender Müßiggänger an der Côte d'Azur zeigen inzwischen ein hartes Gesicht: Durch Nizzas Prunkstraße, die Promenade des Anglais, marschieren deutsche Grenadiere mit Stahlhelmen und Karabinern; genagelte Stiefel knallen laut auf der weltberühmten Korsopromenade. Melder jagen auf ihren Krädern über die asphaltierten Uferstraßen. In den Fenstern und auf den Balkonen der mondänen Hotelpaläste drängt sich das Personal – ungläubig. Das ist auch so in Menton, dem Sterbeort des Harry Meyer, Konsul von Bolivien.

Aber der Sommer bleibt schön, das deutsche Opernensemble kehrt gesund und munter zurück nach Hamburg.

Krokodil, Tod und Teufel

Gusta Hammer | Otto Tesch | Richard Behr | Margaretha Thomsen geschiedene Lieb | Wilhelm Lieb | Yves Saget | Margrit Dessart | Olga von Löbbecke | Kurt A. Uebel + Spassena Uebel

Auf der Moorweide, unweit des seit 1940 dort befindlichen Zombeck'schen Luftschutz-Rundbunkers, umschließt ein Bretterzaun ein Stück der sommerlichen Wiese. Fußgänger, die einen Blick durch die Lücken des Zauns werfen, erblicken eine Mutterstute mit ihrem Fohlen, das fröhlich umherspringt. Pferde und Pferdegespanne sind wieder häufiger ins Stadtbild getreten, sie bewegen Droschken und Fuhrwerke. Sie fallen jetzt stärker auf, weil die Autos fehlen, die sind an der Front oder bei Einrichtungen der Wehrmacht. Vierbeiner haben Konjunktur.

Die Hamburgische Staatsoper gibt mit dem in Hamburg verbliebenen Teil des Ensembles »Die Götterdämmerung« aus Wagners »Ring des Nibelungen«, Gusta Hammer in der Rolle der »Waltraute«. Es wird die letzte Aufführung sein vor der Zerstörung des Zuschauersaals.

In der Hitze des Hochsommers 1943 werden der blaue Himmel über Hamburg und die strahlende Sonne hinter schwarzem Qualm verschwinden. Die Stadt erlebt ihren Höllensturz.

Am 24. Juli ist die kleine Künstlertruppe der Staatsoper nach der aufregenden Frankreichtour wieder in Hamburg eingetroffen. Eigentlich soll es in die Ferien gehen, jedem Gefolgschaftsmitglied stehen zweieinhalb Wochen Urlaub bis zum Probenbeginn für die neue Spielzeit zu. In der Nacht zum 25. Juli, es gibt Fliegeralarm, steht Operndramaturg Carl Werckshagen auf, lässt die Badewanne voll Wasser laufen und kontrolliert die Verdunkelung in der Wohnung. Eigentlich will er schlafen gehen. Plötzlich setzt ein Inferno ein, im Luftschutzkeller erlebt er den bisher stärksten Angriff. Erst zwei Tage später kommt er endlich durch bis zur Staatsoper, sieht brennende Häuser, auf den Straßen lange Reihen von Möbelstücken und Hausrat und viele Menschen, die mit gerettetem Hab und Gut auf Schubkarren aus Hamburg flüchten.

An diesem Tage findet er die Staatsoper noch unversehrt vor. Die weiträumigen Magazingebäude allerdings sind durch Volltreffer zerstört, und damit ist fast der gesamte Dekorationsfundus für mehr als 60 Operninszenierungen zu Asche geworden, mit ihnen alle möglichen und unmöglichen Landschaften der Phantasie. Die Wasseranlage der Staatsoper dient der Wasserversorgung der ganzen Wohngegend. In der Staatsoper selbst ist eine Gemeinschaftsverpflegung eingerichtet worden. In der Nacht vom 29. zum 30. Juli gehört Werckshagen zu einer Einsatzgruppe, die in einem Treppenhaus der Oper in Deckung steht und zeitweilig Beobachtungstrupps durch das Haus schickt. Während des Angriffs sieht er vom Dach des Hauses das brennende Hamburg in aller Dramatik; es ist ein erschütternder Anblick und ein schauderhaftes antikes Zitat. Zweimal wird die Staatsoper von Stabbomben getroffen, dann zündet Brandmunition im Gebälk des Zuschauerraums und löst einen Flammenherd aus, der sich nicht mehr ersticken lässt. Der Zuschauerraum brennt aus, nachts stürzt die Kuppel ein. Ständig bespritzt man den Eisernen Vorhang mit Wasser, so können Bühnen- und Probenhaus gehalten werden.

Am 30. Juli, mittags, erscheint der für die Verwaltung von Kunst- und Kulturangelegenheiten zuständige Senator Dr. Hellmuth Becker; es findet eine Versammlung des gesamten vor Ort befindlichen Personals auf der Bühne statt. Pg. Dr. Becker verkündet in schneidigem Ton, Hamburg sei ein Frontabschnitt geworden, der in soldatischer Pflichterfüllung gehalten werde, solange noch ein Mann in Hamburg sei. Frauen und Kinder sollten Hamburg verlassen. Die Staatsoper werde nicht aufgegeben.

Am anderen Morgen steht Werckshagen vor dem zerstörten Vorderhaus und kann nur noch helfen, Gepäckstücke aus dem Keller zu tragen und mit Glück gerettete Notenpakete zu bergen. Die Moorweide ist übersät mit ausgebombten Menschen, zusammengerafften Habseligkeiten, Taschen und Koffern, Fahrrädern und Kleidern, Weckgläsern mit Eingemachtem. Pferdefuhrwerke und Lastautos hasten hin und her, möglichst viele Betroffene sollen aus der Stadt geschafft, Kinder aufs Land verschickt werden. Im Curiohaus richtet die »NSV«, die »Nationalsozialistische Volkswohlfahrt«, eine Verpflegungsstelle ein, dort gibt es etwas zu essen. Abends im Rundbunker fliegt ein leuchtend gelber Kanarienvogel aufgeregt in seinem Käfig hin und her. Indem sie tröstend auf ihn einspricht, macht sich eine alte Dame selbst Mut, sie weiß nicht, wo sie bleiben soll, wenn sie den Bunker tagsüber wieder verlassen muss. Sie wird ihre Angehörigen suchen, aber niemanden mehr finden.

Otto Tesch, der Polizist im Ruhestand, schaut sich um in seiner Rothenbaumchaussee; von einem Einbruch in eine Schneiderwerkstatt hat er gehört, vom Diebstahl einer größeren Anzahl Herrenanzüge, Wintermäntel, Damenkostüme, Stoffe. Unfälle häufen sich. Eine junge Radfahrerin mit einem gefüllten Eimer und einer Handtasche an der Lenkstange wird von einem Lastwagen angefahren und tödlich verletzt. Auch in der Rothenbaumchaussee, an der Einmündung Moorweidenstraße, erfasst ein Personenkraftwagen einen Radfahrer und verletzt ihn schwer; ohne anzuhalten, fährt der Fahrer Richtung Eppendorf davon. Die Welt ist aus den Fugen, selbst für einen wie Tesch, der doch schon alles Menschliche und Tierische erlebt hat.

Die noch anwesenden Bewohner des Hauses Rothenbaumchaussee 26 versammeln sich weisungsgemäß im Luftschutzkeller, ihr Viertel ist von der Katastrophe des Feuersturms nicht unmittelbar betroffen, doch der tiefe Eindruck der Katastrophe ist da.

Richard Behr schweigt. Alle Personen im Raum schweigen.

»Nicht mehr so wichtig!«, wird ein viel gebrauchter Ausspruch in dieser Zeit. Nur Elementares ist noch wichtig, und junges Leben ist wichtiger als altes. Noch laufen zu können, ist für alle Altersklassen überlebenswichtig.

Richard Behrs Schwager Wilhelm C. H. Möller, in Firma »A. Suck & C. Möller«, ist auf das Nachbargelände der Warburgs in die Kösterbergstraße gezogen, gewissermaßen in politisches Niemandsland. Denn seit 1939 erscheint der Name der Straße und damit der früheren Angehörigen des Bankhauses Warburg nicht mehr im Hamburger Adressbuch, ihr amtliches Verschweigen erscheint den Machthabern tunlich.

Im Feuersturm der alliierten Bomberangriffe zerbirst auch die »Fußpflegestätte Inh. Marg. Lieb geb. Thomsen« in den Großen Bleichen 31. Der Fußpraktikerladen des Wilhelm Lieb in der Hermannstraße 23 – unter dem zertrümmerten Mobiliar befindet sich der von Lieb ersteigerte Instrumentenschrank des jüdischen Zahnarztes Dr. Berthold Loewy – wird gleichfalls im Bombenhagel zerstört.

Yves Sagets Campe'sches Erbe am Hamburger Hafen, das historische Fachwerkhaus Vorsetzen 1, kaum wiederhergestellt, verbrennt im Inferno. Das Campe-Haus in der Schauenburgerstraße, das »Braune Haus«, ist schwer beschädigt. Kaufmann Hinrich Wehrt verlagert sein Geschäft »Ausrüstung Nordmark« zum Adolf-Hitler-Platz 17. Weiterhin hält er für das »Deutsche Jungvolk« und die »Hitler-Jugend« »DJ«- und »HJ«-Winterbekleidung und Militäreffekten vorrätig.

Nach dem Feuersturm stellt sich eine unheimliche Ruhe ein, auch die Straßenbahn Linie 18 fällt aus. Umso lauter sind die Schreie zu hören, die aus der Rothenbaumchaussee 38 über die Straße dringen. Da das Stadthaus, Hauptsitz der Polizeibehörde, zerstört worden ist, ist die Hamburger Gestapo in das Gebäude Nr. 38 gewechselt und hat sich dort im Obergeschoss einquartiert. Durch Kaufvertrag vom 5. September 1939 war das baulich gut erhaltene Haus des »Jüdischen Religionsverbandes in Hamburg« für die Geheime Staatspolizei, Staatspolizeileitstelle Hamburg, von der Polizeiverwaltung des Deutschen Reichs angekauft worden. Das Grundstück wurde im November 1939 in das Grundbuch des zuständigen Amtsgerichts eingetragen, um als Dienststelle des Inspekteurs der Sicherheitspolizei und des SD im Wehrkreis X verwendet zu werden. Nach monatelangem Leerstand, knapp gehaltener Renovierung, dem Einbau einer Fernschreib- und Telefonanlage mit Zentrale im Kellergeschoss und der Vergitterung der Fenster im Parterre stand das frühere Gebäude der Deutsch-Israelitischen Gemeinde ab 1941 dem geheimen Polizeidienst zur Verfügung.

Liselotte Winter, dem Referat IV B als Geschäftszimmerangestellte zugewiesen, macht den Umzug mit und bezieht ihren Schreibtisch im Dachgeschoss. Der Kriminalsekretär Alfred Nörenberg von der Abteilung II, Arbeitsvertragsbrüche und Ausländerüberwachung, vor allem Russen und Ukrainer, foltert seine Opfer mit Reitpeitschen, Kabelenden und Ketten. Im Luftschutzkeller des Gebäudes setzt er die Misshandlungen fort. Mädchen werden derart geschlagen, dass sie nicht mehr in der Lage sind, aus dem Luftschutzkeller in das Vernehmungszimmer in der 3. Etage zu gehen, sie müssen dorthin getragen werden. Liselotte Winter kann die schrecklichen Schreie, die durchs Haus gellen, bald nicht mehr ertragen. Vergeblich fordert sie Nörenberg und seinen Dolmetscher Szyska auf, die entsetzlichen Prügeleien zu unterlassen. Mit ihrem Protest ist sie nicht allein. Leute in der weiteren Umgebung des Hauses in der Rothenbaumchaussee beschweren sich, dass fürchterliche Schreie von Gequälten zu hören seien. Das »Judenreferat« möchte weitere Proteste der ohnehin schwer gereizten Bevölkerung vermeiden und zieht weiter, an die entlegenen St. Pauli-Landungsbrücken.

NS-Kreisleiter Walter Gloy erhält den Titel »Gau-Beauftragter«, er hat sich um die nach Schleswig-Holstein evakuierte Hamburger Bevölkerung zu kümmern.

Die Hansische Lehrbücherei im Curiohaus bittet ihre Leser dringend um schnellste Rückgabe aller entliehenen Werke, sofern sie nicht verbrannt seien.

Im Oktober werden die Uhren umgestellt auf Winterzeit. Früh setzt Dunkelheit ein.

Bei Fliegeralarm, also ständig, bringen die Schwestern in Prof. Heynemanns Eppendorfer Frauenklinik ihre Patientinnen in den Bunker, wo die meisten von ihnen nicht verbleiben können und zur medizinischen Versorgung schnellstmöglich zurück in die Klinik müssen. Es ist ein Hin und Her.

Prof. Dr. Heynemann hat sich bei der Durchführung von Kriegsaufgaben Verdienste erworben, für die ihm das Kriegsverdienstkreuz 2. Klasse – ohne Schwerter – verliehen wird.

In den großen Wohnungen des Hauses heißt es enger zusammenrücken. Auch Olga von Löbbecke bekommt ausgebombte Volksgenossen zugewiesen, außer ihrer Tochter Ilse und der Hausangestellten Johanna werden die Witwe Frieda Jahrmärker aus Berne und ihr Sohn Rudolf, ein Zimmermann, bei ihr untergebracht. Gusta Hammer nimmt in ihrer Dreieinhalb-Zimmer-Dachgeschosswohnung die ledigen Frauen Marie Wohlau und Selma Klöpper auf. Alle Personen haben Bedarf, mitgebrachte Gegenstände unterzustellen, bald sind alle möglichen Winkel vollgestopft mit Sack und Pack, Plünnkram und Lieblingssachen und einfach nur irgendwie Gerettetem.

Das Scherbenfegen wird zum Regelfall für die Angestellten von »Brinckmann, Wirtz & Co.«. Man kommt morgens in die Bank, findet alles kaputt vor, fegt die Scherben zusammen, widmet sich der Tagesarbeit. Alle wichtigen Arbeitsmaterialien, auch Schreibmaschinen, müssen abends im Safe eingeschlossen werden, damit sie möglichst heil bleiben. Verkehrsmittel gibt es oft nicht, man läuft zu Fuß in die Stadt.

Die Betriebsführer der Hamburger Sackfabriken treffen sich im August zu einer Besprechung in der Wohnung von Kurt A. Uebel; dort ist genug Platz, und man ist unter sich, ohne Beobachtung. Spassena Uebel kümmert sich um das leibliche Wohl der Herren. Hausangestellte Bertha Erhorn hat den Haushalt nach ihrer Heirat verlassen.

Schon 1941 hat Uebel dem Amtsgericht Hamburg zur Eintragung gemeldet, dass er in Wien eine Zweigniederlassung seines Handelsgeschäfts – Herstellung und Vertrieb neuer und gebrauchter Säcke – errichtet habe, sie werde unter dem Namen »Kurt A. Uebel, Zweigniederlassung Wien« betrieben. Seinem Angestellten Peter Petersen hat er Prokura erteilt, die Geschäftslage lautet: Wien, Blüchergasse 5. Es wird die Adresse eines Zwangsarbeiterlagers.

Als wäre der gewaltige Feuersturm nur ein zweiter Winter gewesen, grünen im September 1943 die Bäume ein zweites Mal, wirft die Sonne den Schatten der Blätter auf bizarre Schuttberge zertrümmerter

Straßenzüge. Nackt und grau, schreibt der »Hamburger Anzeiger«, stehe wochenlang eine Litfaßsäule da, schmucklos und mit einem handgroßen Loch in der runden Wand nach einem Splittertreffer. Die einst so grellen Werbeplakate lägen zerfetzt am Boden, verkohlt, verschmutzt, unkenntlich. Nicht anders sei in den höllischen Sommernächten der ganzen Stadt das bunte, lebensfrohe Kleid vom Leibe gerissen worden.

Im Oktober prangt ein Sternenhimmel von ungewöhnlicher Schönheit über Hamburg. Die Venus strahlt hell als Morgenstern vom Himmel, Jupiter leuchtet mit ruhigem gelbem Licht. Prachtvolle Wintersternbilder stehen hoch am Südhimmel. Unten, in den Straßen der Stadt, irren verstörte, gebrochene Menschen umher in apokalyptischen Trümmerlandschaften.

Im Bühnenhaus der Staatsoper wird schon wieder gearbeitet, die leere Bühne, deren ganze Größe erst jetzt ersichtlich wird, ist zur Maler- und Tischlerwerkstatt geworden, es entstehen Dekorationen für die neue Spielzeit. Die nach Bombardierung der Magazine verloren gegangenen Dekorationen der »Walküre« sind aus einem brennenden Schuppen geborgen worden und nun auf einer Schute glücklich wiederaufgetaucht, allerdings mit erheblichen Wasserschäden. Aber immer noch ist die Hamburgische Staatsoper, deren Spielbetrieb für 500,- RM Pacht monatlich in das Thalia Theater ausgewichen ist, in der Lage, ihr herrliches Stimmenmaterial einzusetzen, in Beethovens »Fidelio« und Mozarts »Entführung aus dem Serail«. Man meldet sich spielbereit, doch die Verluste zwingen dazu, sich auf das Wesentliche des musikdramatischen Geschehens zu konzentrieren. In der Ausarbeitung menschlicher Charaktere kann Generalintendant und Regisseur Alfred Noller auf jede Opernschablone verzichten, und gerade das Fehlen bombastischer Bühnenbilder erhöht die Wirkung der Darbietung. Senator Dr. Becker denkt unvermindert in Vertragslaufzeiten, er stellt Noller die Verlängerung seines Anstellungsvertrages zu den gleichen Bedingungen, also mit einem Jahresgehalt von 33 000,- RM, bis zum 31. Juli 1950 in Aussicht.

Nach dem Willen der Gauleitung soll das Jahr 1943 – die Katastrophe von Stalingrad wirkt nach – möglichst ohne weitere Unruhe zu Ende gehen. Im Curiohaus veranstaltet die Wehrmacht ein Heereskonzert, auf dem Adolf-Hitler-Platz, dem Rathausmarkt, findet wieder ein Weihnachtsmarkt der »Hitler-Jugend« statt. Um den Riesentannenbaum stehen lange Tische mit Spielzeug, das gegen Vorlage einer Kinder-Kleiderkarte erhältlich ist. Es gibt Hampelmänner, Puppen, Steckenpferde, Holztiere, Eisenbahnen und sogar Bleisoldaten, vieles davon wurde eilig aus Kärnten antransportiert. Bevorzugt werden diejenigen Hamburger Eltern, die im Besitz eines Bombenpasses, dem Ausweis für Fliegergeschädigte, sind. Die Käufer treten an den Verkaufsstand, suchen sich ein Spielzeug aus, erfahren dann den Preis und werfen den entsprechenden Betrag in die Sammeldose. Dann erhalten sie einen Gutschein, auf dem der eingezahlte Betrag vermerkt ist, und ihre Kinder-Kleiderkarte wird mit dem Stempel »Weihnachtsmarkt 1943« versehen. Der Gutschein ist sodann am gleichen Verkaufsstand gegen das Spielzeug einzulösen.

Hamburger Altjahrswetter stellt sich ein zum Jahreswechsel, Schneeregen geht zwischen den Türmen nieder, im Hafen treiben Eisschollen. Auch wenn es nicht mehr viele populäre Pankoken-Kapellen gibt, bläst dennoch ein Blasorchester zünftige Märsche, eine Drehorgel orgelt das tragische Lied vom »Frauenzimmer Sabinchen«, und in seiner Bude kaspert der Kasper gegen Krokodil, Tod und Teufel.

Berichtslage

Carlos de Sola Glaser | Dr. Rudolf Brinckmann

In Shanghai bleibt ein kurzatmiger Mann auf der Straße stehen, unbeachtet vom Strom gleichgültig ausweichender Passanten. Erst nach einer ganzen Weile kann Carlos de Sola Glaser weitergehen. Niemals wird er glauben, dass es dieselbe Sonne ist, die über Shanghai und über Hamburg scheint.

Das Ghetto im »badland«, dem von den »foreigners« so genannten Stadtteil Hongkew, das im Mai 1943 von den japanischen Besatzern auf deutsche Veranlassung hin für staatenlose Flüchtlinge errichtet wird, bleibt Carl Glaser alias Carlos de Sola Glaser durch seine portugiesischen Papiere erspart, nicht aber Bedrängnis, Enge, Hunger und eine beginnende Erkrankung des Herzens. In Glasers Wohnung in der französischen Konzession haben sich Japaner einquartiert, die ihm, seiner Frau und dem Schwiegervater Alexander Goldschmidt nur ein Zimmer lassen. Der bereits über 70-jährige Goldschmidt kann zum Unterhalt nichts beitragen, an eine eigenständige Existenz ist nicht zu denken; die Goldschmidts sind angewiesen auf die Unterstützung durch ihren Sohn Robert in New York. Anita Caroline Goldschmidt, die einst so tatkräftige Frau, leidet an Arterienverkalkung mit hohem Blutdruck, sie ist in Behandlung bei Dr. Joseph Preuss, einem deutsch-jüdischen Arzt mit Zulassung für das Internationale Settlement. Schon Anfang 1942, wenige Jahre nach Ankunft in Shanghai, stirbt sie an den Folgen einer Herzthrombose und wird auf dem International French Cemetery beigesetzt. Der Gang dorthin ist für die Angehörigen schwer.

Beengt sind die alltäglichen und häuslichen Verhältnisse, doch anders als ein Großteil der Immigranten kann Glaser mit seinem erlernten Beruf noch etwas anfangen. Er ist kurze Zeit als kaufmännischer Agent selbstständig, arbeitet dann als Angestellter in einem Geschäft für Import und Export. Und versucht weiterhin, nicht aufzufallen.

Doch er fällt auf, dafür gibt es zu viele Kontrollen.

Als entdeckt wird, dass Glaser einen ungültigen deutschen Pass mit eingestempeltem »J« besitzt, wird er nicht anders als die meisten

Juden, die sich in Shanghai aufhalten, mit alltäglicher Diskriminierung seitens der Japaner konfrontiert. Dr. Preuss rät ihm, »vorsichtig« zu leben. Doch Glaser hat beschlossen, die hin und wieder auftretenden Schmerzen in der Brust nicht zu beachten, er wird es über Jahre nicht tun.

In der Ferdinandstraße in Hamburg beendet Dr. Rudolf Brinckmann seinen streng vertraulichen Jahresbericht der Bank »Brinckmann, Wirtz & Co.« für das Berichtsjahr 1943. Im Einzelnen seien die verschiedensten Momente zum Tragen gekommen. So sind durch die Entwicklung des Krieges große Importe aus den französischen Kolonien, die über Nordafrika hereinkamen, ausgefallen. Ähnliches galt für Importe aus Italien. Griechenland sah sich durch die schwierige Lage im Ernährungssektor genötigt, einen großen Teil seiner sonst exportierten Olivenernte im Lande zu halten. Auch aus anderen Ländern hat der Export nach Deutschland nachgelassen. Gewisse Vorfinanzierungen im Ausland, die früher von deutschen Banken vorgenommen wurden, sind im vergangenen Jahr von den lokalen ausländischen Banken selbst übernommen worden, so z. B. die Vorfinanzierung der Tabakernten auf dem Balkan.

In verschiedenen Fällen wurden die Kunden der Firma dadurch, dass sie an ihren Lagern Bombenschäden erlitten und alsbald eine Entschädigung oder jedenfalls eine nennenswerte Anzahlung darauf erhielten, in die Lage versetzt, ihre Kredite ganz oder zum Teil zurückzuzahlen. Die unmittelbare Wirkung der Katastrophe, von der Hamburg Ende Juli, Anfang August 1943 heimgesucht wurde, auf das Kreditgeschäft war verhältnismäßig gering. Die Schäden an den Warenlagern, die der Bank übereignet waren, hielten sich in verhältnismäßig engen Grenzen. Die von den Angriffen betroffenen Kunden führten, soweit sie nicht überhaupt in Hamburg verblieben, ihre Geschäfte von Ausweichstellen aus alsbald weiter.

Von den Angestellten erlitten rund 40 Prozent Totalschaden. Leider kamen auch zwei Angestellte, die Boten Paul Baack und Heinrich Pöckel, in ihren Wohnungen oder Luftschutzkellern ums Leben. Ein französischer Kriegsgefangener, der bei der Bank arbeitete, wurde ein Opfer des ersten Angriffs.

Zur Wehrmacht neu einberufen wurden sechs Angestellte. Trotz aller Schwierigkeiten konnte man den Kameraden an der Front auch diese Weihnachten noch eine kleine Sendung zukommen lassen, auch sonst wurde die Verbindung mit ihnen nach Möglichkeit aufrechterhalten.

Dr. Brinckmann unterschreibt seinen Bericht. Nachdenklich verlässt er sein Büro, mit dem streng vertraulichen Bericht in der Tasche.

Der französische Mitarbeiter, der bei »Brinkmann, Wirtz & Co.« im Alter von 33 Jahren am 25. Juli 1943 bei einem Bombenangriff ums Leben kam, ist Jacques Eugène Dugé de Bernonville, ehemaliger Auszubildender bei der »Banque de France«. Die weitverzweigte, streng katholische Familie des Grafen von Bernonville ist äußerst konservativ. Ein Verwandter von Jacques Eugène – Jacques Charles Noël Dugé de Bernonville – hat sich im selben Jahr der Waffen-SS angeschlossen und kollaboriert mit der deutschen Besatzungsmacht. In Lyon unterstützt der Angehörige der Vichy-Polizei den Gestapomann Klaus Barbie bei dessen Jagd auf Angehörige der Résistance. Wäre er in der Gegend von Paris eingesetzt gewesen, hätte er Jagd gemacht auf Menschen wie Yves Saget.

Die Hostie der Kunst

Gusta Hammer

Die Künstler des Reichssenders Hamburg in der Rothenbaumchaussee sind eingezogen worden oder arbeiten in der Rüstungsindustrie. Nur fest angestellte Sänger wie der populäre Bernhard Jakschtat werden als Stimmungsgaranten weiter beschäftigt.

Nach der weitgehenden Zerstörung der Staatsoper wird das »Jahr der Hausmusik« zur inneren Erbauung proklamiert. Für die Schallplatte besingt Gusta Hammer, die Kammersängerin mit der samtweichen Altstimme, die Schmerzen des deutschen Alltags, der keine guten Nächte mehr kennt. Sie nimmt die Partie der »Klytämnestra« aus der Oper »Elektra« von Richard Strauss auf, ein Werk ekstatisch grausiger Schwüle, wie die Kritikerin Dr. Hortensia Weiher-Waege befindet. Ende 1940 war die Tragödie bereits zur Aufführung gekommen, musikalisch geleitet von Eugen Jochum. Schrecklich, schrecklich ist Klytämnestras Lachen, es macht das Blut gefrieren, und aus Gusta Hammer bricht es nur so heraus.

Dirigent bei der Aufnahme ist Dr. Hans Schmidt-Isserstedt, mittlerweile Musikalischer Oberleiter und somit Vorgesetzter von Eugen Jochum. Beide sind verzeichnet in Hitlers »Gottbegnadeten-Liste«; wie Jochum weigert auch Isserstedt sich jedoch, der NSDAP beizutreten. Nach der Scheidung von seiner jüdischen Frau hatte er einen steilen Aufstieg als Erster Kapellmeister der Hamburgischen Staatsoper genommen. Reisen in die Schweiz und nach Italien indes nutzt er, um seine – geschiedene – Frau zu besuchen. Doch er kehrt immer wieder zurück.

Deutsche Opernkunst, »Kunstgesang« und »Wohllaut der Stimme« setzt das NS-Regime weiterhin zu Propagandazwecken ein. Reichsdramaturg Dr. Rainer Schlösser hält Anfang Januar 1944 in Hamburg vor Bürgermeister Krogmann, Senator Dr. Becker und zahlreichen Kulturschaffenden einen Vortrag zum Thema »Der Kulturschaffende und der Krieg«. Da Krieg und Kunst von jeher einander bedingt hätten, erhebe auch der gegenwärtige deutsche Künstler – bei aller Neigung zum Individualismus – die Hostie der Kunst gleichsam als weltliches Sakrament über den Häuptern der Kämpfer. Schlösser schließt zackig mit dem Satz: »Kunst kennt keine Kapitulation.« Und erhält reichlich Beifall.

Gusta Hammer, mit einer Hausgage von 19 200,- RM im Jahr 1943 sehr gut versorgt – die Kollegin und »Halbjüdin« Hedy Gura kommt nie über 9 600,- RM hinaus –, tourt, deutsche Kunst repräsentierend, durch die verbleibende Zeit des Krieges. Am 30. Januar 1944 singt sie im »Gran Teatro del Liceu« in Barcelona unter der Regie von Hans Meißner die Partie der »Brangäne« aus »Tristan und Isolde«. Kritiker Urbano Fernández Zanni rühmt in der Tageszeitung »La Vanguardia Española« den Bayreuther Hausdirigenten Franz von Hoesslin ebenso wie Gusta Hammer, sie sei eine Künstlerin mit großer Stimme, ganz im Wagner'schen Stile agierend. Nach jedem Akt gibt es enthusiastischen Applaus für das deutsche Ensemble und das Phänomen des Gesamtkunstwerks. Für das spanische Publikum, gewöhnt an reine Gesangsopern, ist das Zusammenwirken von singenden Darstellern, Orchester und Szene ein Novum.

Den Hamburger Gästen erscheint es wunderbar und unwirklich, durch eine Stadt ohne Bombenschäden zu gehen, über die am Abend beleuchteten, mit spanischem Leben erfüllten Ramblas. In den Kinos der von General Francos faschistischen Truppen besetzten katalanischen Stadt laufen zeitgleich zum Gastspiel der deutschen Künstler diverse US-Filme, u. a. mit Ginger Rogers. Der Schauspieler Henry Fonda ist gleich zweimal zu sehen, in »Acht Frauen und ein Verbrechen« und in »Man lebt nur einmal« in der Regie des aus Berlin emigrierten Regisseurs Fritz Lang.

Da die Bahnverbindungen der Reichsbahn trotz der widrigen Umstände und Beanspruchung durch Wehrmachtstransporte, Deportationen und Ausfälle aufgrund von Feindeinwirkung noch funktionieren, geht Gusta Hammers kriegswichtige Tournee weiter. Doch zunächst steht die Rückkehr in das zerbombte Hamburg an.

Schon lange ist es für die Bewohner der Stadt unmöglich, nachts durchzuschlafen. Man hört lakonische Abschiedsgrüße wie »Bolona«, Bombenlose Nacht, oder »SOS«, Schlafe ohne Sirenen. Auf Weisung des Statthalters ist die Stimmung in der Bevölkerung um jeden Preis zu halten. Für Soldaten, Soldatenfrauen und Bombengeschädigte veranstaltet die Staatsoper bunte Nachmittage in den Stadtteilen. Eine größere Anzahl kriegsversehrter Soldaten versammelt sich vor dem Curiohaus, die Kreisleitung Hamburg 1 der NSDAP bietet im

Rahmen der Truppenbetreuung den Besuch von »Gerhards Marionettentheater« an. Für berufstätige Soldatenfrauen des Kreises geht es zu einer Sonderaufführung der Staatsoper, in »Die Entführung aus dem Serail«.

Staatsopern-Intendant Alfred Noller zeigt sich mit der Verlängerung seiner Anstellung bis zum Juli 1950 grundsätzlich einverstanden. Da sein bisheriger Vertrag jedoch zusammen mit anderen wichtigen Akten in der Staatsoper verbrannt ist, bittet er um einen Durchschlag des bisherigen Kontraktes. Änderungswünsche seien später zu besprechen. Monate voller Überstunden warten auf ihn.

Prof. Dr. Heynemanns Krankenschwestern werden vor Ort unterhalten. Für die Schwesternschaft des Universitätskrankenhauses Eppendorf findet im Festsaal des Jungschwesternhauses ein Klavierkonzert mit klassischen Werken statt.

Am 29. Februar 1944 gibt Eugen Jochum im »8. Philharmonischen Konzert« die »Johannes-Passion« von Bach als große Konzertaufführung in der unzerstörten Musikhalle. Dramatische Wucht in der Schilderung der wilden Volksszenen, stürmische Erregung, Inbrunst und leidenschaftliche Empfindung werden in Jochums Wiedergabe des sakralen Werks beobachtet. Die Altistin Hammer gestaltet ihre Arien wie gewohnt beseelt und stimmlich auf der Höhe.

Während Kollege Josef Degler unentwegt für die »Deutsche Arbeitsfront« und ihre »KdF«-Angebote unterwegs ist, begibt sich Gusta Hammer wieder auf die Bahn. Bereits am 8. März 1944 gastiert sie zusammen mit Dirigent Eugen Jochum in Wien. Im Großen Saal des »Musikvereins«, unweit des Nobelhotels »Imperial« am Opernring, geben sie Beethovens »Eroica« und das »Magnificat« für Alt und Orchester des in Amsterdam wirkenden niederländischen Komponisten Rudolf Mengelberg. Im sich abzeichnenden Niedergang des Tausendjährigen Reichs steht Inbrunst hoch im Kurs, religiös verdichtet zu feierlicher Eindringlichkeit und auf ein vermeintlich geheimes Wissen verweisend. Sowohl in Hamburg als auch in Wien gilt Gusta Hammer mit ihrer starken Ausdruckskraft wie geschaffen für diese anspruchsvolle Aufgabe.

Die Rückreise mit der Bahn dauert quälend lange.

Trotz politischer Indoktrination haben Kriegsmüdigkeit, Weltflucht und Sehnsuchtsbilder Besitz ergriffen von der noch schaffenden Kunst. Der »Hamburger Anzeiger« sieht Künstler geradezu auf dem Weg zu einer neuen Romantik. Eine künstlerische Form für das ungeheuerliche Geschehen, welches die Wirklichkeit ausmacht, gebe es nicht, es würden wieder Bilder von einer Innerlichkeit und seelischen Tiefe gemalt, als sei die Welt noch ein Arkadien.

Wieder zurück in Hamburg, setzt sich für Gusta Hammer der bedrückende, so gar nicht feierliche Kriegsalltag ganz ohne höheres Wissen fort, mit Luftalarm und endlos scheinender Warterei im Luftschutzkeller der Rothenbaumchaussee 26. Die Erschütterungen nach Bombenabwürfen sind spürbar im Beton des Kellerbodens, feine Risse werden sichtbar, die Furcht, verschüttet zu werden, lastet auf der Notgemeinschaft. Die Gesichter sehen deutlich gealtert aus, nervöse, nichtssagende Wortwechsel sind die normale Konversation, das Marschgepäck ist noch einmal verkleinert worden. Längst lehnt man sich auch gegen die Wände, damit der Rücken nicht verkrampft. Jedes Mal ist ungewiss, ob das vertraute Bild der Nachbarschaft nach Verlassen des Kellers noch vorhanden ist. Vor dem Dammtorbahnhof wurden Splittergräben ausgehoben. Im Grindelviertel nebenan raucht es aus den Trümmern des ganzen langen Straßenzugs.

Das Feuilleton der einzigen noch erscheinenden Zeitung, des »Hamburger Anzeigers«, veröffentlicht O-Mensch-Lyrik, Begriffe wie »Todeswolke« oder »bitteres Aschenbrot« beschwören die düstere Stimmungslage. Künstlerischer Arbeitsdienst, möglichst mit animiertem Humor, ist von den Mitgliedern der Oper zu leisten, exakt nach Wochenplan. Unter der unermüdlichen Gesamtleitung des Obmanns und Kammersängers Josef Degler singen Solisten und Solistinnen der Staatsoper Lieder und Arien für Soldatenfrauen in Ortsgruppenhäusern und Wehrmachtstagesheimen. Zum »Tag der Wehrmacht« stellen die Künstler der Staatsoper in der »General-Litzmann-Kaserne« in Hamburg-Horn ihre Kunst in den Dienst des Opfersonntags. Ende Februar gibt Gusta Hammer wieder die »Fricka«, die Staatsoper gastiert im Thalia Theater mit der stark verschlankten »Walküre«. Bei deutlich reduzierter Orchesterbesetzung muss die vermeintliche Entdeckung des kammermusikalischen Wagner allerdings genügen.

In allen deutschen Städten tritt im März 1944 die Partei zu weltanschaulichen Feierstunden zusammen. Beethoven'sche Musik, geeignet für seelische Erschütterung und Aufrichtung zugleich, wird vorgetragen vom »Philharmonischen Staatsorchester«. Im Beisein des NS-Ideologen Alfred Rosenberg findet die »Reichsfeierstunde« in Hamburg statt, es ertönen dringlicher vorgetragene Durchhalteparolen.

Hamburgs künstlerisches Personal hält durch an der Heimatfront.

Kaum noch als Theaterarzt, dafür mehr als Präsident der 1940 gegründeten »Akademie der ärztlichen Fortbildung für Schiffahrts- und Tropendienst«, der auch Prof. Dr. Heynemann angehört, ist Prof. Dr. Willy Holzmann beschäftigt. Vorbei sind die Zeiten, in denen der Rassenhygieniker, der Instinkt weit höher schätzt als Verstand, den Jugendgruppen der NS-Frauenschaft zurufen konnte: »Halte dein Blut rein!« Jetzt geht es vermehrt um Fortbildungskurse für Lagerärzte, die in Kriegsgefangenen- und Ausländerlagern eingesetzt werden sollen. Der Seuchenbekämpfung, der Lagerhygiene und der Ernährung im Lager sind besondere Vorträge gewidmet.

In der Musikhalle, dem zweiten Ausweich- und Behelfsort, bringt die Staatsoper Mozarts »Zauberflöte« als Regie-Experiment heraus, mit reduziertem Einsatz des dekorativen Elements. Gerühmt wird nun die mitschaffende Phantasie der Besucher, die es ermögliche, den geistigen Gehalt des Werks in den Vordergrund zu stellen. Bühnenbildner Caspar Neher, anders als Vorgänger Wilhelm Reinking in opulenten Zeiten, belässt es bei Andeutungen von Palmen und Sonnensymbolen in Blau und Gold.

Am 3. Mai 1944 muss Gusta Hammer in der Zeitung eine Besprechung der Wiederaufnahme vom »Rosenkavalier« zur Kenntnis nehmen; eine wichtige Rolle ihres einstigen künstlerischen Durchbruchs, die »Marschallin«, ist nun mit Erna Schlüter besetzt. Auf der Bühne, so ist zu lesen, beherrsche Frau Schlüter die Szene gesanglich und darstellerisch, ihre Marschallin erscheine keineswegs als Matrone, sondern lasse nur gerade den ersten Hauch des Alters spüren. Dieser Artikel mit seiner uncharmanten Andeutung ist des Aufhebens nicht wert, und der genau über dem Kulturteil stehende Artikel über die »Entjudung« Ungarns entgeht der weiteren Beachtung.

Manch einem Kollegen spricht Bariton Hans Hotter aus der Seele, wenn er sagt, man befinde sich in einem Zustand von Apathie und Fatalismus in dieser Zeit des Unguten und der ständigen Furcht, die gerade eine künstlerische Arbeit ungemein erschwere, aber auf die man sich angesichts der Ohnmacht umso mehr und möglichst ausschließlich konzentriere. Mehr sagt auch Hotter nicht.

Zeit für Befindlichkeiten bleibt nicht, für den 9. Mai steht das »10. Philharmonische Konzert« an, Komponist Hans Pfitzner ist aus Anlass seines 75. Geburtstags zu ehren, unter der Leitung von Eugen Jochum singt Gusta Hammer die Altpartie der Kantate »Von deutscher Seele«. Zur Feier des 80. Geburtstags von Richard Strauss im Juni 1944 tritt Frau Hammer erneut in der Musikhalle auf, mit dem sensiblen Wilhelm Freund an ihrer Seite. Die vielen Auftritte strengen an, vor allem bei der unzureichenden Ernährung über Lebensmittelkarten. Aber nicht deswegen sieht der treue Begleiter ihrer Liederabende schlecht aus.

1943 wurde die Villa, in der Wilhelm Freunds Familie eine Wohnung hatte, durch Bomben völlig zerstört. Durch Vermittlung von Freunden fand er bei einem gewissen Nils Haagensen im Leinpfad 58 Unterschlupf, ohne zu ahnen, dass der Herr Direktor ein wilder Anhänger und Mitglied der norwegischen nationalsozialistischen Quisling-Partei war. Im Herbst hatte dann eine wahre Leidenszeit für Freund begonnen, denn als Haagensen seine »rassische Nichtvollwertigkeit« entdeckte, versuchte er mit allen Mitteln, ihn wieder aus seinem Haus zu entfernen. Haagensen beleidigte, drohte und schikanierte ihn mit Briefen. Sofort setzte der Fluchtreflex ein, aber das Ordnungsamt war unfähig, eine andere Wohnung für Freund, seine Frau und die beiden Kinder zu finden. Das Musizieren und Unterrichten – Freunds Lebensunterhalt und bei Mietbeginn von Haagensen genehmigt – untersagte der Quisling-Mann und kündigte an, den »Halbjuden« unter Zwang entfernen zu wollen.

Unter diesem Druck steht Wilhelm Freund, doch sobald er spielt, ist nichts davon zu merken, und wie gewohnt fühlt sich Gusta Hammer von ihm, der selbst keinen Boden mehr unter den Füßen hat, auf wunderbare Weise gestützt. Ganz unmittelbar erlebt sie aber auch, in welcher nicht nur doppelbödigen, sondern für andere Menschen offen inhumanen Realität sich ihr privilegiertes Künstlerinnendasein abspielt.

Ganz ohne große Bühne und professionelle Akustik geht es im Juni 1944 bei der anschließenden Truppenbetreuung der Staatsoper in einer Hamburger Kaserne am Stadtrand zu. Zwei einfache Lkws mit provisorischen Bänken auf der Ladefläche bringen die singenden und tanzenden Solisten zu den über 1 000 Soldaten. Chefdramaturg Werckshagen ist wieder in seinem Element. Wenige Tage später wird in der dortigen Exerzierhalle das Ensemble des Thalia Theaters mit heiteren Einaktern gastieren. Aber das sind ja die Kollegen vom »anderen Fach«, genauso wie Lola Rogge mit ihrer Tanzgruppe und ihrem Wehrbetreuungsprogramm.

Von der »Halbfinsternis« über die schiefe Ebene in den freien Fall – die Dynamik der beginnenden Endzeit kennt im Alltag der Stadtbewohner kein Halten mehr. »Weitermachen« und »Jetzt erst recht« lauten die Parolen, mit denen Staats- und Parteistellen sich der zunehmend katastrophalen Stimmung an der Heimatfront entgegenstemmen.

Für das Leben jedes und jeder Einzelnen dagegen ist es weitaus wichtiger, dass abends oder in der Frühe immer noch Vogelstimmen zu hören sind, genauso wie immer, als würde es keine Schrecken geben.

Der leidenschaftliche Romantiker Jochum bleibt der Musik Anton Bruckners treu; niemand dirigiert mehr Bruckner-Werke als er. In der sich über die Welt erhebenden Musik des österreichischen Gottsuchers – einer von Glaubensmysterien und tönenden Harmonien der Sphären beseelten Kunst, die selbst Richard Wagner erschüttert haben soll – spiegelt sich der letzte emotionale Ausweg aus den Erfahrungen des

Krieges wider. Ein vom Luftbombardement stark betroffener Bläser des »Philharmonischen Staatsorchesters« lässt sich nach einer Aufführung mit den Worten vernehmen, wenn er Bruckner blasen dürfe, gehe es ihm gut.

Immer noch trotzig und bedrohlich demonstriert der SA-Sturmbann z. b. V. »Hansa« seine Anwesenheit in einer zerstörten Welt; man tritt auf der Moorweide an und marschiert dann geschlossen und geräuschvoll wie eh und je durch die Rothenbaumchaussee am Haus Nr. 26 vorbei. Oben im 6. Stock nimmt Gusta Hammer die Gedanken an den verfolgten Pianisten Wilhelm Freund mit in ihr Schlafzimmer. Dann löscht sie das Licht, in der Hoffnung, nicht gleich wieder von Sirenen geweckt zu werden.

Immediate Danger

**Julius Hirsch + Alfred Benjamin |
Roberta Hirsch verwitwete Benjamin |
Gusta Hammer | Klaus Dessart |
Olga von Löbbecke | Richard Behr**

In den Vormittagsstunden des 18. Juni 1944, ein Sonntag, fliegen alliierte Verbände einen Luftangriff auf Hamburg. Weitere Schäden entstehen durch Abwurf von Brand- und Sprengbomben. St. Jakobi, eine der ältesten Kirchen der Hansestadt an der Steinstraße, verliert ihren Turm.

Die Jugend, im Glauben an den Führer, soll das Regime mit der Waffe verteidigen. Auf der vormilitärischen Ausbildung der »Hitler-Jugend« aufbauend, erfolgt die Aufstellung geschlossener Einheiten nach Jahrgängen anschließend im »Volkssturm«. Margrit Mary, Dr. Dessarts Tochter, tritt an beim »RAD«, dem »Reichsarbeitsdienst«, der bildet aus am Gewehr und hält Lehrgänge ab zur »RAD«-Flakwaffenhelferin. Unter den jungen Frauen in blauen Hosen, die zum Dienstbetrieb als Waffenwartin oder Scheinwerferführerin verpflichtet sind, finden sich Kontoristinnen, Lageristinnen, Schauspielerinnen, Schneiderinnen, Rüstungsarbeiterinnen, aus Hamburg ebenso wie aus dem Rheinland oder Ostpreußen. Dazu auch die »englische« Haustochter Mary, die nach ihrer schottischen Großmutter benannt ist. Sie alle nennen sich Kameradinnen.

Am 19. Juni meldet der deutsche Wehrmachtsbericht, dass London weiter unter schwerstem Störfeuer durch V1-Raketen liege. Große Brände würden so viel Licht abstrahlen, dass deutsche Flieger über den Wolken den Eindruck hätten, über einer riesigen, hell erleuchteten Mattscheibe zu fliegen.

In England erlebt Julius Hirsch die deutschen Angriffe vor Ort mit, er arbeitet wie sein Bruder Alfred mittlerweile für die britische Kriegsindustrie. Im Londoner »Queen Mary's Roehampton Hospital« gründet Alfred Benjamin eine fotografische Abteilung, das »Department of the Plastic Surgery and Jaw Injuries Service«, in der er schwerste Kriegsverletzungen dokumentiert, um neue Methoden der plastischen Chirurgie zu unterstützen.

Für Julius ist die körperliche Arbeit in der Munitionsfabrik anstrengend, doch er weiß, der Krieg wird auch mal ein Ende haben. Wirklich konzentrieren kann er sich nur auf die Musik, sie ist für ihn das höchste der Gefühle. Er hört den Zyklus »Mein Vaterland« von Bedřich Smetana, das Cello-Konzert von Antonín Dvořák, das sein früh verstorbener Bruder Werner spielen konnte, und Dvořáks Symphonie »Aus der Neuen Welt«, die er ganz besonders liebt. Mit der Musik verbinden sich Erinnerungen an gemeinsam verbrachte Stunden am Radio, damals in Hamburg, wenn sie mit den Eltern zusammensaßen. Studienrat Johannes »Johnny« Harder, der Musiklehrer an der Heinrich-Hertz-Schule, kommt ihm wieder in den Sinn, er hatte es verstanden, ihre Liebe zur Musik zu wecken, und ihnen sogar einige Stunden Kompositionslehre gegeben.

Den gemeinsamen Raum mit seinen Brüdern bilden jetzt die Briefe, die sie sich schreiben. Zwar ist die Zeit des Schreibens sehr langer und sehr vieler Briefe vorbei – aus Meran hatte »Ulli« an »Lisl« noch über 2000 geschickt –, doch bleiben sie für ihn geistiges und emotionales Lebensmittel und wichtiger Ausdruck der Verbundenheit.

Wie häufig seit den Tagen seiner Jugend denkt Julius viel über seine jüdische Existenz nach. Sein Freundeskreis setzt sich seit der Emigration bunt zusammen, nicht nur aus Menschen derselben Herkunft und Denkungsart, sondern aus Personen, die ihm durch ihre menschliche Qualität liebenswert erscheinen. Wieder muss er an seinen Vater denken, der keine Zeloten-Söhne, religiösen Eiferer, wollte und dessen Toleranz bewundernswert war. Julius schätzt es, wenn Freunde einen Sinn für die Realitäten des Lebens haben und die Dinge nicht nur aus dem engen Winkel der »vier Wände des jüdischen Gesetzes« sehen.

Am 25. Juni 1944 tippt er in London einen langen Brief an seine Brüder, er schreibt, dass der deutsche Beschuss mit Raketen, obwohl nicht so wirkungsvoll wie die früheren »Blitze«, durchaus einen starken psychologischen Effekt auf die Bevölkerung habe. Geräuschlos würden sich die »robot planes« annähern, um plötzlich laut wie ein abstürzendes Flugzeug aufzuschlagen, gefolgt von einer schrecklichen Explosion. Einige dieser Projektile habe er detonieren sehen. Seit zehn Tagen gebe es Tag und Nacht Luftalarm, daher versuche er, »Lisl« und die Kinder zu evakuieren; geschlafen werde im Untergeschoss, dort hielten sich drei Ehepaare mit sechs schreienden Babys auf. Man versuche, ruhig zu bleiben, aber alles sei sehr anstrengend, und er fühle sich sehr müde. Auf den Dächern der Stadt hätten sich Beobachter postiert, und bei dem Ruf »Immediate danger!« beginne das Rennen in die Schutzräume. Er dankt Otto und Edgar, sie haben zu seinem Geburtstag Geld aus den USA geschickt, was dringend gebraucht werde, und überhaupt sei es wunderbar, wie eng man zusammenhalte. In seine Freude, demnächst in die USA immigrieren zu können, mischt sich Trauer über »Mamas« – Roberta Hirschs – Tod, die er seit ihrer Ausreise in die USA nie wiedergesehen hat. (In der deutsch-jüdischen Exilzeitung »Aufbau« in New York ist im Mai 1944 die Todesanzeige erschienen für Roberta Hirsch, die geliebte Mutter und Stiefmutter der Hirsch-Benjamin-Brüder, die verstreut leben zwischen Sucre/Bolivien, Buenos Aires/Argentinien, London, New York und »somewhere in Italy« – dort ist Edgar noch im Krieg.)

»Lisl«, schreibt der traurige Julius weiter, arbeite im Kindergarten von Anna Freud, ohne Bezahlung, dafür könne sie Fräulein Freuds Vorträge über Psychologie und Kinderanalyse hören. Die Nacht vor seinem Geburtstag habe er Feuerwache leisten müssen, der Tag selbst sei sehr still verlaufen. Ein Geburtstagsgeschenk sei die Radioübertragung des Promenadenkonzerts gewesen, es gab das »Violinkonzert« von Felix Mendelssohn.

»Lots of Love, yours Ulli«, setzt er handschriftlich unter den Brief.

Und wieder schlagen irgendwo in London deutsche V-Raketen ein. In Gegenrichtung, mit Kurs auf Hamburg, sind massive englische Bomberverbände unterwegs, ihre Angriffswucht bleibt verheerend. So auch für den Versteigerer ehemals jüdischen Eigentums Heinz Landjunk, der seine Adresse vom stark durch Fliegerangriffe betroffenen Altona bereits in die Rothenbaumchaussee 239 verlegt hatte, als er im August 1944 bei einer weiteren Bombardierung ums Leben kommt.

Am 23. August teilt die Hamburgische Staatsoper in knappen Worten mit, dass im Zusammenhang mit den Maßnahmen im Rahmen des totalen Kriegseinsatzes die Platzmiete der Abonnenten für die Spielzeit 1944/45 aufgehoben werden müsse. Die Kunst ist beim jetzigen Stand des Krieges für das NS-Regime weder absolut noch relativ erforderlich. Dennoch wird an ihr festgehalten. Unermüdlich gibt Generalmusikdirektor Eugen Jochum philharmonische Konzerte, Wagner, Brahms und natürlich Bruckner stehen im September 1944 auf dem Programm in der Musikhalle. Dort ist Gusta Hammer, begleitet von Albert Bittner am Flügel, auf einem Liederabend zu erleben; auch auf einer Veranstaltung des »Richard-Wagner-Verbandes Deutscher Frauen e.V.« zugunsten des Deutschen Roten Kreuzes singt sie.

Düstere Botschaften erreichen die Staatsoper. Chefdramaturg Carl Werckshagen muss zur Kenntnis nehmen, dass SS-Hauptsturmführer Willy Lipp – Komponist von Liedern wie »Draußen in fremder Erde«, »Einer reiht sich an den andern« und seines eigenen »Trommelliedes« –

im September 1944 bei einer »Säuberungsaktion« in Warschau ums Leben gekommen ist. Posthum wird Lipp zum SS-Sturmbannführer befördert. Werckshagen selbst erhält die Einberufung zur Wehrmacht.

Am 9. Oktober präsentiert Hamburgs »Hitler-Jugend«, zu der auch Dr. Dessarts Sohn Klaus gehört, vorbildliche Leistungen zum »Tag der Wehrertüchtigung«. Die neuen Jahrgänge der »Reiter-HJ«, betreut von Frau von Löbbecke, zeigen sich erneut sattelfest und gut unterrichtet in der Fachlehre.

Drei Tage später, am 12. Oktober 1944, wird das Vorlesungsgebäude der Universität Hamburg in der Edmund-Siemers-Allee schwer von Bomben getroffen; es steht fensterlos da als dunkler, von Löchern übersäter Moloch. Wieder irren ratlose, erschöpfte Menschen durch die Trümmerlandschaft, immer noch schaut der Askari nach oben, doch der Sockel neben ihm steht leer, die Statue des Kolonialkriegers Hermann von Wissmann ist weggefegt von den Bomben. An der Rückseite, zur Rothenbaumchaussee hin, liegen nur noch die Späne umgestürzter und danach zersägter Bäume. Passanten eilen vorbei unter einem makellos blauen Himmel. Im gleichen Bombardement ist das Eckhaus Rothenbaumchaussee und Moorweidenstraße, nur hundert Meter entfernt, zu Schutt zermalmt worden. Auch die bis dahin kaum betroffenen vornehmen Stadtteile Harvestehude und Rotherbaum spüren das Grauen nun unmittelbar. Wer immer kann, meidet »Groß-Hamburg«.

Atemlos ist diese Zeit.

Die Hamburger Schornsteinfeger-Innung verliert den Wettlauf mit den Zerstörungen. Bezirksschornsteinfegermeister Wriedt und seine Kollegen weisen mit Rücksicht auf die Zeitverhältnisse ihre Mitglieder an, von Mängeln an Schornsteinanlagen nur diejenigen den Grundeigentümern zu melden, deren Beseitigung im Interesse der öffentlichen Sicherheit unaufschiebbar sind. Ebenso sind zur Vermeidung von Unfällen solche Mängel schnellstens zu beheben, die das Leben und die Gesundheit des Schornsteinfegers bzw. der Straßenpassanten gefährden. Hierzu gehören auch schadhafte und nicht betriebssichere Laufbohlen und -stützen, Leitern, Steigeisen, Aussteigfenster und -luken. Doch kaum jemand braucht überhaupt noch einen Schornsteinfeger.

Kammersängerin Gusta Hammer ist mehr als beunruhigt, Pianist Wilhelm Freund ist erkrankt, geplante Konzerte in der Kleinen Musikhalle müssen verlegt werden, ein Violinabend, bei dem er hätte begleiten sollen, Ende Mai 1944, fällt ganz aus. Freund, voller Angst, hatte die Sängerin bei einer Probe in die unglückselige Entwicklung seiner Verhältnisse eingeweiht; Gusta Hammer weiß nun, dass der Vermieter des Hauses Leinpfad 58, Haagensen, die Gelegenheit genutzt hat, seinen Untermieter endlich loszuwerden. Der Pianist hatte gegenüber anderen Ausgebombten, die ebenfalls im Haus im Leinpfad wohnten, die Befürchtung geäußert, dass – im Falle einer Niederlage – das gesamte deutsche Volk eventuell für das begangene Unrecht an Einzelnen einstehen müsse. Damit wurde das Schicksal der Juden in Deutschland offen angesprochen. Direktor Nils Haagensen hatte die Abhängigkeit der anderen bei ihm im Haus Untergebrachten ausgenutzt und sie gezwungen, Freunds gegnerische Einstellung zum Nationalsozialismus zu bestätigen. Kurz darauf hatten Gestapobeamte ihn aufgesucht, ihn zu Hause verhört und dann zu weiteren Verhören in das Gestapoquartier in der Düsternstraße bestellt. So weit sein hastiger Bericht.

Gusta Hammer schaut lange auf ihren Schreibtisch, auf die im Laufe ihrer Karriere gesammelten Blätter und Hefte mit Noten, Opernauszügen und Partituren, ein imponierender Bestand gedruckter Musikkultur des Abendlands; sie ist froh, ihn noch zu besitzen, denn ausgebombte Philharmoniker mussten sich bereits Kopien daraus verschaffen. Das Schicksal Wilhelm Freunds vor Augen, kann sie im Moment nichts davon in die Hand nehmen.

Seit der Denunziation folgten weitere Verhöre, die dem »Mischling« Freund schließlich klarmachten, dass er in seiner »rassischen« Lage dem Unrecht schutzlos ausgeliefert war und es nun um sein Leben ging. Allmählich zerstörte die ständige Nervenpresse seine Konstitution, sodass er praktisch gar nicht mehr schlafen konnte. Und so sah der sensible Mann zuletzt auch aus.

Frau Hammer macht sich einen Tee und schaut hinaus auf die Straße.

Das Curiohaus gegenüber dient als voll besetztes Wehrmachtstagesheim, vor allem für kriegsversehrte Soldaten. Täglich, außer montags, unterhält man Verletzte und Versehrte mit Walzer- und Operettenabenden sowie Boxveranstaltungen; Sportler der Polizei, Reichsbahn und Luftwaffe treten gegeneinander an, namhafte Künstler der hamburgischen Bühnen geben Proben ihres Repertoires. Für die Soldatenfrauen richten die NS-Kreisleiter unterhaltsame und vor allem nahrhafte Kaffeestunden ein. Morgen wird Kammersängerin Hammer auf den Wochenspielplan der Staatsoper schauen und sehen, ob und wann sie wieder zu einem Lazaretteinsatz eingeteilt ist oder ob ein Auftritt im Curiohaus ansteht.

Auch auf dieser Seite der Rothenbaumchaussee, im gutbürgerlichen Haus Nr. 26, hat sich die deutsche Misere aus Krieg und Verfolgung weiter ausgebreitet. Der jüdische Nachbar unter Gusta Hammer im 4. Stock, Kaufmann Richard Behr, krank und erschöpft, war kurz über die Straße gegangen und hatte sich im Curiohaus ins Restaurant gesetzt. Prompt wurde er erkannt und verhaftet. Nach Wochen im KZ Fuhlsbüttel – sie nehmen ihn schwer mit – versteckt Richard Behr sich bei einem Bauern in Ölixdorf bei Itzehoe. Zufällig kommt genau zu diesem Bauern auch die Frau seines Sohnes Edgar mit ihren Kindern, sie wurde in Hamburg ausgebombt und ist auf der Suche nach einer Bleibe. Richard Behr hört sie ab jetzt in seinem Kellerversteck über ein Jahr lang, ohne sich den Kindern zeigen zu dürfen, denn sie könnten sich beim Spielen im Dorf verplappern. Über seinem Kopf laufen sie hin und her und ahnen nicht, dass der Opa im Keller ist. Es kostet ihn unfassbare Anstrengung, still zu bleiben.

Zwangsarbeit

Prof. Dr. Theodor Heynemann | Kurt A. Uebel | Dr. Edgar Behr | Wilhelm Lieb | Gusta Hammer

Nach der tatsächlich, entgegen jeder Erwartung, eingetretenen Blüte im Frühjahr wechseln die Kastanien an der Moorweide in die grüne Sommerfarbe ihrer großen fingrigen Blätter, schenken wie selbstverständlich die alte Vertrautheit und Gewissheit der Natur. In Prof. Dr. Heynemanns Frauenklinik bringen Soldatenfrauen Kinder zur Welt, auch nach dem Inferno, und oft sind bei ihrer Geburt die Väter schon tot. Schon lange füllen die Anzeigen gefallener Frontkämpfer halbe und ganze Seiten in der Hamburger Tageszeitung.

»Hitler-Jungen« gehen von Tür zu Tür, klingeln und sammeln alles an Spinnstoffen ein, was die Bevölkerung noch erübrigen kann. Da in den mehr oder weniger unversehrten Quartieren trotz des allgemeinen Weltuntergangs noch die alte Gewohnheit existiert, die Treppenhäuser mehrmals die Woche zu reinigen, und dafür mangels Putztüchern und Reinigungsmaterial viele Spinnstoffabfälle verwendet werden, ergeht die behördliche Aufforderung an Hausbesitzer und Mieter, die Treppe nur noch einmal in der Woche zu putzen.

In der 63. und 64. Zuteilungsperiode der Lebensmittelrationen entfällt die Ausgabe von Fleischschmalz an ausländische Zivilarbeiter, sie erhalten stattdessen Margarine. Zusatzraucherkarten fallen für alle weg. An Nährmitteln können Normalverbraucher Gersten- oder Roggengrütze beziehen, statt Frischfisch kommen Salzheringe zur Verteilung. Auf die F-Abschnitte der Reichsfettkarten werden 187,5 Gramm Käse verteilt. Es ergeht die Aufforderung, Lebensmittelkarten ausreichend zu beschriften, denn es sei vorgekommen, dass vor den Verkaufstischen abgestellte Handtaschen mit nicht namentlich gekennzeichneten Karten entwendet wurden.

Noch einmal ist der NS-Ideologe Alfred Rosenberg in Hamburg, wieder grüßt er die hart getroffene alte Stadt, wieder erinnert er an den NS-Kampf um die Seele des deutschen Volkes, wieder beschwört er das Epos eines schicksalhaften, ja des gewaltigsten Kampfes der Menschheitsgeschichte.

Wenig Pathos heroischer Menschheitsgeschichte empfindet Sackfabrikant Kurt Albert Uebel beim Anblick seines total zerbombten Geländes im schwer getroffenen Stadtteil Hammerbrook. Seine Fabrik in der Victoriastraße 11–17 liegt in Schutt und Asche. Den zugleich mit dem Unternehmen »arisierten« Lastwagen seines Kompagnons Leopold Löwensberg muss Uebel abgeben, die Wehrmacht beschlagnahmt das Fahrzeug.

In Uebels Sackfabrik »Hanseatische Jute-Erzeugnisse GmbH« in der Volksdorfer Straße 169/171 gibt es Schwierigkeiten. Die zwanzigjährige russische Zwangsarbeiterin Anna Kolomicz ist hochschwanger, einen Tag vor der erwarteten Geburt ihres Kindes muss sie Ende Mai 1944 aus dem Lager in die Frauenklinik Finkenau gebracht werden. Eine Chance, am Leben zu bleiben, hat das Neugeborene nicht im Lager. Nach drei Monaten gibt Dr. Otto Blumenthal, Arzt im Allgemeinen Krankenhaus Langenhorn, als Todesursache für den kleinen Wladislaw Kolomicz »Pädatrophie« an, ernährungsbedingte Auszehrung bei Kindern.

Es ist die Zeit der hohen Umsätze in Uebels Geschäft, sie werden laufend gesteigert. Große Waschaufträge für Dänemark sind hereingekommen, in seinem Lager befinden sich einige Hunderttausend Säcke, die samt und sonders für den Transport von Lebensmitteln vorgesehen sind. Im Jahr 1944 arbeiten in seiner Fabrik 28 »Ostarbeiterinnen«, die mit der Reparatur und Instandhaltung der gebrauchten Säcke beschäftigt sind, allerdings muss Uebel auf Veranlassung des Arbeitsamtes sechs der Frauen wieder abgeben. Auch in anderen Betrieben besteht dringender Bedarf an Arbeitskräften.

Hektische Deportationstransporte durchqueren Europa; die Züge mit tourenden Künstlern müssen sie auf den Strecken vorlassen. Anfang Juni 1944 kehrt das Ensemble des Hamburger Schauspielhauses von einem vierzehntägigen Gastspiel in Frankreich zurück, die Hebbel'sche Tragödie »Gyges und sein Ring« wurde gegeben, an vier Abenden in Paris, Vorstellungen vor der Wehrmacht in Bordeaux hatten sich angeschlossen.

Nach dem Attentat auf Hitler am 20. Juli 1944 – diesmal äußert sich Wilhelm Lieb nicht mehr laut – folgen Theatersperre und Rüstungseinsatz für die Kulturschaffenden. Für weibliche Theatermitglieder ist damit das Flicken von Uniformen und Knacken von Nüssen als Sonderverpflegung für die Truppe gemeint. Angehörige des Schauspielhauses machen sich nützlich bei der Errichtung eines Behelfsheims. Staubbrillen tragend, suchen die Schauspielerinnen Gustel Busch in weißer Bluse und Ilse Bally in roter Bluse, neben ihnen das blonde »Urfaust-Gretchen« Helga Göring, aus einer Schutthalde brauchbare Ziegelsteine heraus, putzen harten Mörtel weg und stapeln die rauen Brocken. Auf der Baustelle erleben die darstellenden Künstlerinnen Eva Gotthard, Lotte Brackebusch, Irene Kressel, Verena Breyer den zehnstündigen Arbeitsalltag von Berufsmaurern.

Der Presse präsentiert sich ein fröhliches Ensemble, über andere Arbeitsgruppen wird geschwiegen.

Das Aufräumungsamt Hamburg zieht zahlreiche Brigaden heran für Arbeiten in innerstädtischen Trümmergebieten. Diese Einsätze sind als Strafmaßnahmen gekennzeichnet: durch die Art der Behandlung sowie durch die Art der Überwachung mit Gewehren und Maschinenpistolen unter ständiger Androhung besonderer Strafen, wie etwa der Kürzung von Lebensmittelkarten oder Lagerverbringung. Mit gelben Armbinden versehen, werden die Betroffenen zu ständig wechselnden Arbeitsplätzen und Arbeitszeiten eingeteilt. Die Gruppen setzen sich zusammen aus sogenannten »Mischlingen 1. Grades«, »jüdisch-versippten Ariern«, Roma, Sinti, Zuchthäuslern, italienischen Kriegsgefangenen und sogenannten »Halbjuden«, die sich manchmal selbstironisch als »Semis« bezeichnen.

Als Arbeiter für schwere Aufräumarbeiten, Bergungen, Abbrüche von Fliegerschäden und das Ausheben von Gräben ist »Semi« Dr. Edgar Behr dienstverpflichtet worden. Häufig müssen Nacht- und Sonntagsdienste geleistet werden. Für die Verpflegung hat seine Zwangsarbeitsgruppe selbst zu sorgen, die Unterkünfte werden mit primitivsten Mitteln selbst erstellt. Die Benutzung öffentlicher Luftschutzräume bei Fliegerangriffen ist ihnen untersagt, sie suchen in Erdlöchern fragwürdigen Schutz. Die Bewachung erfolgt durch Beamte des Aufräumungsamtes, darunter ein in SA-Uniform auftretender Polizeiaufseher namens Julius Rousseau. Dieser tituliert Dr. Behr ständig als »üblen Jud«. Ohne Erlaubnis darf das Zwangsarbeitsgebiet in der Steinstraße nicht verlassen werden.

Weiter von der Gestapo verfolgt, leistet auch der politisch vorbestrafte Wilhelm Lieb durchgehend schwere körperliche Zwangsarbeit. Bei seinen Trümmerräumeinsätzen geht es darum, Steine, Eisenträger und Maschinen zu bergen, insbesondere aus einsturzgefährdeten Gebäuden. Bei Luftalarm steht Sondereinsatz an, Lieb und seine Gruppe werden zur eiligen Bergung von Möbeln, Kohlen und anderen noch brauchbaren Materialien eingesetzt. Nach jedem Bombenangriff müssen sie sich innerhalb einer Stunde in der Wendenstraße melden, um gegebenenfalls eingesetzt zu werden, ganz gleich, um welche Tag- oder Nachtstunde es sich handelt. Einige Male werden sie nachts zur

Wiederherstellung von Gleisanlagen herangezogen und um zertrümmerte Waggons wegzuräumen.

Lieb ist hauptsächlich eingesetzt in Rothenburgsort, Hammerbrook und Hamm, in den mit gelben Flaggen gekennzeichneten Gebieten, die von der übrigen Bevölkerung nicht betreten werden dürfen. Später ist er in allen Bereichen der Stadt tätig, wo Schäden entstanden sind, auch in der Innenstadt und in Harburg. Auf Neuhof arbeitet er mit italienischen Kriegsgefangenen zusammen, hier werden auch KZ-Häftlinge eingesetzt, bewacht von Marinesoldaten und SS-Leuten. An einem Sonntag wird seine eigene Unterkunft in der Papenhuder Straße 24 von Bomben getroffen, auch dort muss er selbst räumen.

Der Pianist Wilhelm Freund bekommt von der Gestapo den Befehl, sich auf dem Heiligengeistfeld einzufinden, wo er als »Mischling« bei Aufräumarbeiten eingesetzt werden soll. Es gelingt ihm durch zwei Krankheitsatteste, den Beginn der händezerstörenden Schlepperei zu verschieben. Gusta Hammer ist eingeweiht in seine Situation, ändern kann sie nichts. Im Hausflur trifft sie den Sackgroßhändler Kurt Albert Uebel, der laut und unverhohlen erklärt: »Lieber vorübergehende Fremdherrschaft als das Hitlerregime verewigen!« Seine Belegschaft habe er davon abgehalten, sich am ohnehin wenig beliebten Programm des »Eisernen Sparens« zu beteiligen, um den Krieg nicht zu verlängern. Er hasse, sagt Uebel, den Nationalsozialismus wie die Pest. Von seinen ärgerlichen Auseinandersetzungen mit dem ständig aus seiner Fabrik »Ostarbeiterinnen« abfordernden Arbeitsamt sagt er nichts. Die Behinderung seiner wirtschaftlichen Produktivität stört den vom Rüstungskommando des Wehrkreises bevorzugten Unternehmer enorm.

Frau Hammer ist davon überzeugt, dass ein so scharfer Opponent und fanatischer Anhänger der Meinungsfreiheit kein Parteimitglied sein kann. Langsam geht sie, an stillen Wohnungstüren vorbei, die Treppenstufen hoch zu ihrem kleinen Olymp.

Nacht und Nebel

Yves Saget + Gabrielle Saget | Charles Jules Neukircher + Inge Gonsenheimer geb. Neukircher + Maria Steiner geb. Neukircher

Bei seiner Einlieferung in das KZ Buchenwald wird für den »Pol. Franz.« Yves Saget, den politischen französischen Häftling, am 16. März 1944 eine Karteikarte angelegt mit Krankengeschichte und Einlieferungsbefund. Für 1925 ist eine Malariaerkrankung verzeichnet, für 1929 eine Leberentzündung, für die Zeit seit 1937 ein Rheumaleiden. Der »Architekt/Chemiker«, evangelisch, ledig, trägt, so ist vermerkt, eine Weitsichtigkeitsbrille. Seinen Namen, »Yves Saget«, trägt die Schreibstube des Lagers Buchenwald ein in eine Aufstellung von 110 Neuzugängen bei den sogenannten Schutzhäftlingen. Für den politischen Häftling Saget, Buchenwald-Nummer 14200, besteht Schreibverbot. Dennoch weiß seine Mutter, Gabrielle Saget geb. Campe, um den Aufenthalt ihres Sohnes in Buchenwald. Am 7. Mai 1944 erteilt sie dem »Crédit Lyonnais«, 19 Boulevard des Italiens, Paris, einen Zahlungsauftrag über 30,- RM. Am 12. Juni 1944 bestätigt die Deutsche Verrechnungskasse, Berlin, die Überweisung.

Am 15. Juni stellt das SS-Kommando A 5 in Rottleberode eine Überweisungsliste von französischen Häftlingen aus dem KZ Buchenwald zusammen. Tatsächlich wird der in den Akten als »NN« geführte Häftling Saget verlegt, in das KZ Natzweiler bei Saarbrücken. Er verlässt das KZ Buchenwald am 5. Juli 1944 zusammen mit 133 weiteren Gefangenen – Franzosen, Spaniern, Polen.

Bei Einlieferung im Lager Natzweiler gibt Saget ab: 1 Mantel, 1 Jacke, 1 Hose, 2 Pullover, 2 Oberhemden, 1 Unterhose, 1 Brieftasche mit Papieren, 1 Koffer und 1 alten Ring, Gold mit Steinen. Saget bestätigt die Liste mit seiner Unterschrift. Als Anschrift in Paris gibt er die Adresse seiner Mutter Gabrielle an, Paris XVI, 12, Rue de l'Assomption. Der Lagerarzt in Natzweiler stellt am 7. Juli bei dem 1,78 Meter großen und 59 Kilo schweren Häftling einen ausreichenden Allgemein- und Ernährungszustand fest, ohne Befund bei Haut, Schleimhäuten und

Augen. An sieben Zähnen des Campe-Enkels werden Goldinlays festgestellt. Fünf Tage später, am 12. Juli, wird für den Ingenieur Saget eine Krankmeldung ausgefüllt.

In Hamburg, der Stadt, in der seine Mutter Gabrielle aufgewachsen ist, verschweigt der »Hamburger Anzeiger« derweil nicht die Existenz einer französischen Widerstandsbewegung. Unbekümmert biete sich die Metropole Paris dar, Klaviermusik sei zu hören, sorgfältig geschminkte Damen säßen, Apéritifs schlürfend, vor Kaffeehäusern, als träumten sie bereits von einer Siegesparade, die über die Fahrbahnen der Champs-Élysées führt.

Im KZ Buchenwald sitzt in diesem Sommer 1944 der spanische Kommunist Jorge Semprún, er arbeitet als Häftling in der Zentralkartei der Arbeitskräfte. Ehemalige Angehörige der »Aktion Buckmaster« sind hierher verbracht worden, und eines Tages füllt Semprún mit dem Bleistift die Karteikarte für einen Henri Frager, Architekt, aus. Er weiß, wen er vor sich hat. Den September über haben Semprún und sein früherer Hauptmann Henri »Paul« Frager viel Gelegenheit, miteinander zu sprechen. Beide wissen, dass die Zeit dafür begrenzt ist, und tatsächlich wird Frager schon im Oktober in Buchenwald exekutiert.

Vom Lager Natzweiler gehen am 4. und 5. September 1944 Transporte mit zahlreichen französischen Häftlingen zum Arbeitseinsatz nach Dachau ab. In den Akten werden sie als »NN« geführt. Später wird man sie als »Nacht-und-Nebel-Häftlinge« bezeichnen. Am 6. September wird Yves Saget in Dachau unter der Nummer 103728 registriert.

Eine letzte Station seiner fatalen Odyssee durch die Lager steht ihm noch bevor: Hamburg, die Stadt seiner Großeltern Julius Heinrich Wilhelm und Marie-Angèle Campe. Immer noch gehört ihm die von seiner Großmutter geerbte Wohnung in der Rothenbaumchaussee 26, jetzt bewohnt von Margaretha Thomsen, geschiedene Lieb.

Am 22. Oktober erhält Saget im KZ Neuengamme im Südosten Hamburgs die Häftlingsnummer 62242. Mit der zivilen Kleidung legen alle Häftlinge des Lagers ihren Namen ab, sie bekommen eine Nummer, werden geduscht und von Kopf bis Fuß rasiert, bis auf einen auffallenden Haarstreifen auf dem Schädel. Allen französischen »Nacht-und-Nebel-Häftlingen« der Résistance ist bewusst, dass sie zum Tode verurteilt sind und das Lager nicht mehr verlassen werden.

Zum Lagerleben gehört stundenlanges Stehen auf dem Appellplatz, manchmal im Regen; die verlausten Baracken sind überfüllt, unter den Klängen einer Musikkapelle marschieren Kommandos zur Arbeit und zurück, auch bei Exekutionen spielt die Musik. Neuengamme ist eine Hölle mit Musik und schönen Sonnenuntergängen.

Am 16. Dezember 1944 stirbt Jean Guillaume Yves Saget im Krankenrevier des Hauptlagers KZ Neuengamme am Hausdeich 60. Der stets in Zivil erscheinende Gestapomann Otto Apenburg, Leiter der Politischen Abteilung des Konzentrationslagers und zuständig für die systematische Tarnung von Exekutionen, lässt im Totenbuch des Stammlagers V als Todesursache die Standardeintragung vornehmen: »Magen- und Darmkatarrh«. Der Standesbeamte Brake leistet seine Unterschrift ohne abzusetzen und bestätigt damit dieses letzte Protokoll des »Architekt-Ingenieurs Ives Jean Saget« und seines Todes um 1 Uhr 40 Minuten. Er verzeichnet auch die Namen des Vaters Guillaume Saget und der Mutter Gabrielle geb. »Camp«, beide wohnhaft in Paris, und den Umstand, dass der Verstorbene nicht verheiratet war.

Das Krematorium des Lagers Neuengamme arbeitet Tag und Nacht. Berge von Leichen werden angekarrt, die Körper vor den Heizkesseln auf eine Art Tragbahre geworfen und mit Feuerhaken in die Öfen geschoben. Flammen schlagen den Schornstein hoch und treten oben aus dem Kamin aus. Wenn der Wind aus Nordwest weht, liegen Rauch und der Geruch verbrannter Leichen über dem Lager. Die Asche der Verbrannten, so erleben es Überlebende des Lagers, wird abgeräumt, Kommandos müssen sie auf umliegende Felder, in Gemüsegärten oder in den Rosengarten der SS-Bewachungsgruppe bringen, wo sie als Düngemittel verwendet werden.

In Nordbrabant hatte der amerikanische Pilot Tom Applewhite den Absturz seiner abgeschossenen B-17 überlebt. Ein niederländischer Bauer hatte ihn zunächst versteckt, Mitglieder des Widerstands haben ihn am 16. November 1943 nach Brüssel gebracht, zu Arthur Schrynemakers, wo die Neukirchers versteckt leben. Hier bleibt er 37 Tage.

Zunächst will Charles Neukircher mit dem Amerikaner nichts zu tun haben, er sieht in dessen Anwesenheit ein Risiko für seine Familie, doch bald freundet man sich an. Applewhite erfährt, dass Neukircher seine Tochter Inge als seine Ehefrau ausgibt, um deutsche Informanten zu verwirren. Er sieht, wie die Schwestern einkaufen gehen, die schwere Hausarbeit erledigt eine flämische Haushälterin, während ihr Freund den ganzen Tag offenbar nichts tut, er sieht einen Mann kommen und Rindfleischstücke vom Schwarzmarkt verkaufen. Applewhite wundert sich über so viel Kommen und Gehen bei den Untergetauchten.

Bald nehmen die Neukirchers zusammen mit ihm die Mahlzeiten ein, diskutieren Ereignisse und den Fortgang des Krieges. Charles Jules hat ein Radio und hört einen schwedischen Sender ab. Inge bringt dem Amerikaner bei, wie man vermeidet, den Deutschen seine Identität zu offenbaren: wie man geht, kein Kaugummi zu kauen, die Hände nicht in die Taschen zu stecken, nach europäischer Art zu essen.

Schrynemakers verfügt über eine »Victrola«-Musikbox zum Aufziehen; die lebenslustige Inge, die seinerzeit in San Remo auch schon mal höhere Summen im Spielcasino gelassen hat, legt Platten auf, freut sich, in Applewhite einen Tanzpartner gefunden zu haben, und bringt ihm Tanzschritte bei. Ihre Augen, findet der GI, funkeln dabei. Bald besorgt sie ihm auch noch eine Pfeife und Pfeifentabak.

Der vorsichtige Herr Schrynemakers findet, dass Applewhite zu blass ist, dass er aussieht, als sei er im Gefängnis gewesen. Applewhite setzt sich auf einen Stuhl in den Hof in die Sonne und liest Wildwest-Romane. Aus dem Fenster im 1. Stock winkt ihm die ebenfalls versteckte Frau Schmidt, er solle sofort wieder heraufkommen. Oben schreit sie ihn voller Wut und in Panik an, überschüttet ihn auf Jiddisch und Englisch mit übelsten Namen und lässt seinen Einwand nicht gelten, dass er zwar draußen, aber immerhin hinter einer zehn Meter hohen Mauer gesessen habe. Als Vermieter Schrynemakers mit ihr spricht und ihr sagt, dass sie und ihr Mann doch auch jüdisch seien, hält sie einen Ausschnitt aus einer Brüsseler Zeitung hoch. In einem Aufruf wird jedem, der einen amerikanischen oder englischen Flieger anzeigt, Amnestie versprochen.

Schrynemakers handelt. Herr und Frau Schmidt müssen umziehen, aber auch Tom Applewhite hat das Haus zu verlassen, für ihn ist ein Fluchtweg nach Gibraltar vorgesehen. Neukircher trägt ihm auf, nach dem Krieg zu William Steinway in New York, seinem einstigen Golfpartner im Hamburger Golfclub, zu gehen und ihm auszurichten, sie – die Neukirchers – hätten es auf jeden Fall bis Brüssel geschafft. Als es für Tom Zeit wird zu gehen, verabschieden sich alle Neukirchers von ihm. Er küsst Inge zweimal auf die Wange. Sie sagt: »Dies ist eine verdammt gute Zeit, um eine Romanze zu beginnen!«

Bei einer Razzia in der Nacht vom 4. auf den 5. August 1944, um 3 Uhr 30 morgens, nimmt die Gestapo Charles Jules, Inge, »Mia«, Dr. Steiner und auch den Hund Pat fest und bringt sie in die Keller der Sicherheitspolizei in der Avenue Louise. Pat reißt sich kurze Zeit später los und rennt durch Brüssel davon. Neukirchers Eigentum wird konfisziert, es soll als »Geschenk des belgischen Volkes an die deutschen Ausgebombten« verwendet werden.

In den Baracken des SS-Sammel- und Durchgangslagers Malines – Mechelen –, zwölf Kilometer nördlich von Brüssel in der Kaserne Dossin, warten die Gefangenen auf ihren Abtransport in ein Vernichtungslager. In rascher Folge gehen die Transporte per Zug nach Auschwitz-Birkenau ab. Die Neukirchers sind für den Konvoi 27 vorgesehen. Vater Charles hat die Nummer 124, Inge die Nummer 125. »Mia« wird von ihnen getrennt, sie hat die Nummer 254.

In der Nacht vom 3. auf den 4. September 1944 stoßen alliierte Truppen so weit vor, dass die fliehende SS das Lager, aus dem bereits über 26 000 Menschen deportiert wurden, und die letzten 527 Insassen der Dossin-Baracken zurücklässt. Unter ihnen sind die Neukirchers. Sie kehren nach Brüssel zurück, wo tatsächlich Pat, der Hund, sie erwartet.

Nie werden Inge und »Mia« darüber sprechen, was mit ihnen im Lager geschehen ist.

Abwesenheiten

Eduard Falckenberg | Dr. Rudolf Brinckmann | Gusta Hammer | Prof. Dr. Theodor Heynemann | Frieda Dessart | Alfred Levy

Albin und Minka Wendts Sohn Erik hat, durch Freunde gewarnt, schon Ende 1943 Hamburg verlassen. Die Gestapo dringt in seine Wohnung in der Johnsallee 2 ein und konfisziert wertvolle Bücher, einen »Telefunken«-Radioapparat mit Grammophon – ein Acht-Röhren-Gerät in Luxusausführung – und die komplette Münzsammlung mit den alten schwedischen Gold- und Silbermünzen.

Spediteur Eduard Falckenberg hält sich mit seinen Angehörigen während des letzten Kriegsjahres in seiner Jagdhütte in Zarpen auf, Banker Dr. Rudolf Brinckmann in Aumühle, Altistin Gusta Hammer fährt, sofern sie in der Staatsoper abkömmlich ist, in die Altmark. Die Bürokratie der Kulturverwaltung erreicht sie auch dort. Einkommensnachweise für vergangene kulturelle Tätigkeit sind zu erbringen, im Hinblick auf Honorarfestsetzungen für zukünftige kulturelle Tätigkeit. Also füllt Frau Hammer wieder den Personalfragebogen der Reichstheaterkammer, Fachschaft Bühne, aus, dass sie deutsch, evangelisch und ledig sei, in der Rothenbaumchaussee 26 wohne und dort ihre ständige Adresse habe, seit 1934 der Staatsoper Hamburg angehöre, kein Mitglied der NSDAP oder einer ihrer Gliederungen und Organisationen sei und dass sie während ihres Studiums nie eine Abschlussprüfung abgelegt habe.

Die für die Nachweise erforderlichen Unterlagen seien zurzeit nicht greifbar, da sie sich zum Teil in ihrem Ausweichquartier in der Altmark, dem Pfarrhaus ihrer Kindheit, bzw. bei ihrem Steuerberater befänden, der im Augenblick nicht zu erreichen sei. Die Mitgliedschaft in der »NSV«, der »Nationalsozialistischen Volkswohlfahrt« – eine bekannte, weitverbreitete Konzession an das Regime – wird im Fragebogen nicht von ihr erwähnt. Die Prokuristin Else Griese im Hindenburghaus am Großen Burstah, in dem auch die Devisenstelle des Oberfinanzpräsidenten und der Verlag Carl H. Dieckmann untergebracht sind, unterzeichnet für sie die Angabe über ihre Gagenhöhe mit »Heil Hitler!«.

Bis zum 21. September 1944, so hält es ein Vermerk abschließend fest, habe sie eine bühnenberufliche Tätigkeit ausgeübt. Der Eintrag ist nicht zutreffend. Tatsächlich arbeitet sie weiter öffentlich in ihrem Fach, und ihr Pensum ist beträchtlich. Am 18. September hat sie gerade wieder einen Liederabend gegeben, bei Schuberts »Gruppe aus dem Tartarus« war ihr anzusehen, dass sie große und metaphysische Themen auch vortraglich ins Große steigern will. An der Seite von Ilse Koegel, Lisa Jungkind und Martina Wulf präsentiert sie im November Arien aus Bizets »Carmen« und Puccinis »Bohème«. Beim Totensonntagskonzert, vier Tage später, singt sie unter Stabführung Eugen Jochums in ihrer Lieblingshaltung, aufrecht stehend, wie immer edel und feierlich. Außer von Max Reger gibt es – unausweichlich, wenn es um Totengedenken und tröstlichen Aufschwung geht – Musik von Bruckner. Eine Woche danach gestaltet sie in der Musikhalle, neben dem Thalia Theater weiterhin Ausweichquartier der Oper, Arien aus Verdis »Troubadour« und »Ein Maskenball«.

Die Gattung »Opernkonzert« ist neu entstanden, sie bezeichnet die Übertragung ganzer Opernabschitte in den Konzertsaal, wo sie in szenischer Reduktion dargeboten werden. Die Beanspruchung der Künstler im Kriegseinsatz lässt keine andere Lösung mehr zu, darstellerisch kann Gusta Hammer aber zu ihren Anfängen zurückkehren. Und die Nähe zum Publikum beseelt.

In den Kinos laufen Filme wie »Blutzeugen«, »Opfergang«, »Choral von Leuthen«. Die »Thalia-Lichtspiele« der ehemaligen jüdischen Besitzerin Ranette Salfeld in der Grindelallee bevorzugen einlullende Bildware wie »Träumerei«, »Stern von Rio« und »Opernball«. Mitte November 1944 erklingt unter der Stabführung von Eugen Jochum beim »4. Philharmonischen Konzert« die Ouvertüre zu »Iphigenie in Aulis«. In musikalischer Wucht soll der tragische Sinn des Geschehens als unabwendbare Schicksalhaftigkeit erscheinen. Mehrere Lichtspielhäuser zeigen »Philharmoniker«, Episoden des Konzertlebens der »Berliner Philharmoniker« mit Aufnahmen der Probenarbeit Eugen Jochums und seiner urmusikalischen Bewegungen. Wegen des Kriegseinsatzes der Ensembles und fehlender Präsenz der Schauspieler werden bald auch die Theater zu Kinos.

Härter als die darstellenden Künstler ist das ambulante Gewerbe in seiner Berufsausübung betroffen. Im Zeichen des totalen Kriegseinsatzes werden Veranstaltungen von öffentlichen Lustbarkeiten für unzeitgemäß erklärt. Schaustellern ist der Betrieb von Karussells, Schaukeln, Schießbuden für die Dauer des Krieges untersagt. Veranstaltungen für Kinder wie Kasperle- und Marionettenvorführungen bleiben ausgenommen.

Aus Posen, der Stadt der Reichsuniversität, kommt Prof. Dr. Willi Schultz nach Hamburg, er will Weihnachten in der Stadt verbringen. Beim Verlassen des Hauptbahnhofs stellt er sogleich fest, welch außerordentlicher Kontrast zwischen den beiden Städten besteht. In Posen sind sie bisher von Luftangriffen praktisch ganz verschont geblieben. Doch hier, muss er erkennen, scheint der feindliche Druck nicht mehr aufzuhalten zu sein. Seinem alten Ordinarius, Prof. Dr. Theodor Heynemann, schickt er beste Festtagswünsche.

Den »Hamburger Anzeiger« beschäftigt die Frage, ob amerikanische und britische Soldaten zu Weihnachten schon am Rhein stehen.

Während in vielen Familien an die noch im Felde stehenden Väter kindliche Grüße geschrieben werden, bleibt das Feldpostpapier bei den Dessarts, wie bereits in den Vorjahren, in der Schublade liegen. Die Erinnerung an den sportlichen Vater und Ehemann ist immer noch schmerzhaft frisch.

Frieda Dessart geht los, mit den Lebensmittelkarten der Familie. Wie an allen Tagen haben sich vor den Geschäften lange Schlangen gebildet, es geht der Reihe nach und dauert, bis man endlich an die vergitterte Ladenfront kommt. Viele der wartenden Frauen sind gekleidet in ihre Garderobe aus Friedenszeiten, schöne Pelze sind zu sehen, wie als Widerstand gegen das allgemeine Elend und als Beweis, sozial noch nicht heruntergekommen zu sein.

In der 70. Zuteilungsperiode vom 11. Dezember 1944 bis zum 7. Januar 1945 bleiben die Rationen unverändert. Auf die Abschnitte C und D der Grundkarte für Normalverbraucher sowie C, D, E und F für Jugendliche werden je 125 Gramm Butter abgegeben. Die Bestimmungen über die Abgabe von Sauermilch-, von Koch- oder Schichtkäse anstelle von Quark bleiben ebenfalls unberührt. Mit Rücksicht auf die Versorgungslage wird künftig in verstärktem Maße Kunsthonig anstelle von Marmelade ausgegeben. Zu Weihnachten erfolgt in diesem Jahr lediglich eine Sonderzuteilung von 250 Gramm Fleisch oder Fleischwaren und zwei Eiern für alle Verbraucher. Um die prall gefüllten Zuckergroßlager zu entlasten, soll der Zucker der beiden folgenden Zuteilungsperioden vorweg bezogen werden können. An Zucker mangelt es bis zuletzt nicht.

Mit den Rationen ihrer Lebensmittelkarten in der Tasche kehrt Frieda Dessart zurück nach Hause. Der Mitte November gefallene Schnee ist besonders nass und schwer gewesen, immer noch ist es feucht auf den Straßen, aber solche Befindlichkeiten kümmern die ehemals routinierte Tennisspielerin kaum. In der Wohnung durchquert sie die Halle, wo sie einen kurzen prüfenden Blick auf ihr erschöpftes Gesicht im großen Spiegel wirft, dann geht sie in Hausschuhen durch die Pantry. Auch wenn die Pokale und Preise ihres Mannes alle weggepackt wurden, die Fotos des Mannes in Weiß sind noch präsent; hell gerahmt und mit schwarzer Schleife versehen, blicken sie auf die Witwe Dessart, die jetzt ihre wenigen Einkäufe auf den Küchentisch legt. Dann bereitet sie den noch vorhandenen Ersatzkaffee vor, nachmittags wird wieder mal Frau Ringel zu Besuch kommen, und beide Arztwitwen werden die kostbaren Momente mit dem scheußlichen Getränk genießen, bevor die Sirenen wieder heulen.

Am 15. Januar meldet Prof. Dr. Willi Schultz sich wieder zurück in der Festung Posen an der Reichsuniversität der NSDAP, doch die Rückkehr ist sinnlos. Am 25. Januar 1945 beginnt die Rote Armee, die Stadt Posen und die darin befindlichen deutschen Streitkräfte einzuschließen. Im Kerngebiet von Posen toben bald schwere Häuserkämpfe, es bleibt nur panische Flucht. In den chaotischen Wirren gelingt es Dr. Schultz, sich nach Boltenhagen an der Ostsee und mühsam weiter nach Hamburg durchzuschlagen.

Prof. Heynemann beschließt, ein Schreiben an den leitenden Arzt des »Volkssturm«-Sanitätswesens, den Theaterarzt der Staatsoper und SA-Brigadeführer Dr. Wilhelm Lochmann, zu richten. Er bittet darum, seinen Oberarzt Prof. Dr. Dietel vom Dienst beim »Volkssturm« zu befreien. Es sei unumgänglich notwendig, dass Dietel jederzeit erreichbar sei, außerdem sei er verantwortlich für den Betrieb im Bunker, in den auch Bombenverletzte aus dem Stadtteil eingeliefert würden. Er selbst, Heynemann, wohne in der Stadt, es sei ganz unmöglich, bei Alarm während seiner Sprechstunde schnell im Eppendorfer Bunker zu sein. Mit Dietel würde Heynemann seinen letzten operierenden Kollegen verlieren, denn Assistent Dr. Emmerich Antonowitsch sei zur SS beordert.

Weiter strömen in diesen Wochen Flüchtende aus den Ostgebieten in den Westen. In die Gegenrichtung wird noch am 14. Februar 1945 Paul und Anna Levys Sohn Alfred deportiert. Als Nummer 66 des Transports schafft die Deutsche Reichsbahn den Bankangestellten auf Anordnung der Gestapo von Hamburg nach Theresienstadt.

Endzeit

Dr. Rudolf Brinckmann | Gusta Hammer

Das Oberkommando der Wehrmacht gibt bekannt, dass das Vergeltungsfeuer auf London andauere.

Der »Hamburger Anzeiger« hat viel zu melden.

An den Wochenenden bilden sich von Neuem endlos lange Schlangen vor den Lebensmittelläden; Hamsterkäufe und trotz Rationierung achtloser Umgang mit noch verwertbaren Lebensmitteln werden angeprangert. Der aufgedruckte Buchstabe »V« weist minderwertige Mehlprodukte als »Vollkornbrot« aus; Stärkeerzeugnisse werden nicht mehr ausgegeben.

Familien und vor allem Hausfrauen müssen mit »Bombengästen« und »Einquartierten« in Stube und Küche zurechtkommen.

Radios, Schreibmaschinen und »Photocopie-Platten« sind äußerst nachgefragt.

Gas wird gesperrt, der Stromverbrauch weiter eingeschränkt.

Männliche Jugendliche haben sich zum »Volkssturm« zu melden.

Das »Volksopfer« – die Abgabe von Kleidungen, Wäsche, Decken und Spinnstoffen – wird verlängert, um die Notbataillone, bestehend aus Schulkindern und Senioren, auszustatten.

Noch finden Versteigerungen statt, im Auftrag des Polizeipräsidenten schlägt Gerichtsvollzieher Bobsien Fundsachen und herrenlose Hunde zu.

Das früher auch im Dammtorbahnhof vertretene Reisebüro »Gebr. Schnieder« ist nur noch im Bahnhof Altona tätig, dort ist die Reisegenehmigungsstelle der Reichsbahndirektion untergebracht.

Die Polizei sorgt sich um die Folgen privater Unterbringung ausländischer Arbeitskräfte.

Im »Julius Campe Haus« am Jungfernstieg kommt ein »Hansa«-Damenfahrrad abhanden.

Der im »Museum für Völkerkunde«, Rothenbaumchaussee 64, angekündigte Vortrag griechischer Gedichte der Schauspielerin Maria Wimmer findet nicht statt.

Das »Hanseatische Sondergericht« fällt Todesurteile.

Dennoch vergeht kaum ein Tag ohne aufmunternde, heitere Döntjes im »Anzeiger«.

Es ist Endzeit.

Hans Hirschfeld ist zu dieser Zeit immer noch beschäftigt bei der »Hamburger Flugzeugbau GmbH«, einem Tochterunternehmen der Schiffswerft »Blohm & Voss« in Finkenwerder; er baut Teile ein in Jagdflugzeuge vom Typ »Messerschmidt Bf 109«, genannt ME 109. In Bremen hatte er bei der Firma »Borgward-Werke AG« Motorschlosser gelernt, in Berlin bei der »Daimler Benz AG« auf dem Prüfstand gearbeitet. Wegen seiner Begeisterung für komplizierte Motoren ist er meistens in der Lage, Fehlerursachen schnell zu finden.

Wie in frühester Jugend geht es auch in diesen Tagen wieder um ein Wettlaufen für ihn, wenn auch auf ganz anderer Ebene. Ende Januar 1945 erhält er, der Halbjude, eine Vorladung von der Gestapo, die ihre Abteilung IV, Judenreferat, inzwischen nicht mehr in der Rothenbaumchaussee, sondern an den Vorsetzen unterhält. Mit einer sehr kräftigen Ohrfeige wird Hans Hirschfeld vom Leiter des Referats Hans Stephan empfangen. Es sei unfassbar, bekommt Hirschfeld zu hören, dass er immer noch in einem Hochrüstungsbereich beschäftigt werde, da gehöre er nicht hin. Man werde ihn in entsprechender KZ-Arbeitskleidung der »Organisation Todt« zuordnen, einer Bautruppe, die auch zum Trümmerräumen und Bergen von Leichen eingesetzt wurde.

Hirschfeld lässt sich nicht einschüchtern. Man wisse doch, dass er wegen seiner speziellen technischen Fachkenntnisse ganz hoch »UK« gestellt sei, unabkömmlich, er sei Prüfstandführer beim Jagdflugzeugbau und nicht einfach ersetzbar, ohne ihn würde die »ME 109 Dora« auf dem Rollfeld stehen bleiben und nicht an die Front kommen. Zähneknirschend wird er entlassen, doch die Drohung bleibt bestehen.

Hirschfeld eilt zu »Blohm & Voss«, er weiß, einer seiner besten Freunde, Friedrich Höger, Sohn des berühmten Architekten, ist die rechte Hand des hier stationierten Adjutanten des Verteidigungsministers. Er bittet Höger, einen Brief zu schreiben mit der Bestätigung, dass er unabkömmlich sei. Dann solle er ein Paket packen mit einem Ziegelstein drin, den Brief beilegen, alles säuberlich umwickeln und verschnüren, alle offiziellen Stempel und Siegel daraufsetzen und es mit der Aufschrift »Streng geheim!« an das Hauptquartier der Gestapo in Berlin adressieren. Hans Hirschfeld will das Paket selbst hinbringen.

Bei Wittenberge übersteht er im Zug eine Kontrolle durch die Feldpolizei, in Berlin öffnet er das Paket mit seinem Taschenmesser, wirft den Stein weg, zerfetzt die Verpackung, dann eilt er in die Prinz-

Albrecht-Straße. Der Pförtner schickt ihn hoch, er klopft an eine Tür, drinnen sitzt hinter einem wunderschönen französischen Schreibtisch ein SS-Obersturmbannführer. Hirschfeld erklärt, einen Brief zwecks Entscheidung übergeben zu wollen. Mit eleganter Handbewegung wird der Brief entfaltet, gelesen, wieder zusammengefaltet. Mit den Worten »Die Sache ist in Ordnung« kann er gehen.

Von der Hamburger Gestapo hört Hirschfeld nichts mehr.

Für seine Bank schreibt Dr. Rudolf Brinckmann den gewohnten streng vertraulichen Jahresbericht. Der Jahresabschluss 1944 der Firma »Brinckmann, Wirtz & Co.« weist einen Reingewinn von rund 1 046 700,- RM aus, im Vorjahr waren es rund 1 415 400,- RM.

Die deutsche Wirtschaft, hält Dr. Brinckmann fest, insbesondere der Außenhandel, dessen Finanzierung man immer als Hauptaufgabe betrachtet habe, wurde im Berichtsjahr in noch größerem Maße als vorher von den Auswirkungen des Krieges beeinträchtigt. Durch die Aufgabe fast aller von Deutschland besetzten europäischen Länder kamen Einfuhr und Ausfuhr fast gänzlich zum Erliegen. Ferner schränkten Schweden und die Schweiz den Warenaustausch mit Deutschland zum Teil auf Druck der Feindmächte wesentlich ein. Auch das Geschäft mit Spanien und Portugal schrumpfte im letzten Halbjahr auf ein Minimum zusammen, in der Hauptsache als Folge der schwierigen Transportverhältnisse. Der Gesamtumsatz an der Börse für 1944 wird auf die Hälfte des Jahres 1943 geschätzt.

Im Kampf für »Groß-Deutschland« fielen im Osten die Leutnants Kurt Burchett und Hans Schlosser. Den Toten werde man ein ehrendes Andenken bewahren. Vom Personal waren Ende des Jahres 74 Angestellte und zwei Lehrlinge zur Wehrmacht oder sonstigen Dienstleistungen einberufen. Nach Möglichkeit habe man die Verbindung zu den Kameraden an der Front aufrechterhalten.

Dr. Brinckmann unterschreibt seinen Bericht.

Die Kapitaleinlagen der persönlich haftenden Gesellschafter Dr. Brinckmann und Paul Wirtz werden wie in den Vorjahren erhöht, mit Wirkung vom Beginn des Berichtsjahres 1944 an um 100000,- RM.

Im Übrigen löst sich die Welt auf.

In der Zeitung kommen jetzt sogar offene Erwähnungen über Lagerinsassen und ihren Einsatz in der Innenstadt vor: Am 1. März 1945 stürzt durch den über der Stadt herrschenden Sturm die Vorderfront eines Hauses im Steindamm in dem Augenblick auf die Fahrbahn, als ein Sonderzug der Straßenbahn vorbeifährt. Durch die herabfallenden Brocken werden der Straßenbahnfahrer, zwei Mann Überwachung und 14 Häftlinge getötet sowie mehrere Personen schwer verletzt.

Gauleiter Kaufmann hat nach der Schließung der deutschen Theater für den »totalen Krieg« im September 1944 die Wiederaufnahme des Spielbetriebs der Staatsoper ab 28. Januar angeordnet. Für den 4. März sieht der Wochenspielplan für die Mitglieder der Hamburgischen Staatsoper ein Wagner-Programm um 16 Uhr nachmittags vor. Gusta Hammer ist besetzt, ebenso hat sie an einer Lazarettveranstaltung am 9. März teilzunehmen. Ihre Vormittage sind mit Industrie-Einsätzen belegt.

Wer Glück hat, kommt mit Nüsseknacken oder, wie die Sopranistin Erna Schlüter, dem Annähen von Knöpfen davon. Es gibt Kapellmeister, die in einer Wehrmachtsdienststelle arbeiten, einen Orchestergeiger verschlägt es in ein technisches Büro, junge Schauspielerinnen hämmern Nieten ein.

Die Mitglieder der Kulturkammer haben eine Verschwiegenheitserklärung unterschrieben und als Nachweis eine kleine Blechmarke mit einer Nummer erhalten.

Eine letzte Premiere steht für die Hamburgische Staatsoper noch an, wieder ist sie ein Kommentar zur Gegenwart im Gewand barocker Affekte. Am 25. März 1945 wird in der Musikhalle »Iphigenie auf Tauris« gegeben, Christoph Willibald Glucks 1779 uraufgeführtes zweites Musikdrama über die Königstochter Iphigenie, deren Familiengeschichte seit Generationen mit Blut geschrieben ist. Diese von abendländischen Autoren und Komponisten vielfach bearbeitete Geschichte von Erlösung und Versöhnung statt blutiger Menschenopfer und monströser Verbrechen steht mit einer düster inszenierten Totenfeier in Caspar Nehers Bühnenbild am Ende der Epoche unter dem Hakenkreuz.

Es werden 1 335 Besucher bei der Premierenvorstellung gezählt, bei Tageseinnahmen von 7 023,10 RM. Mit 1 885 Besuchern am Freitag, den 30. März, findet ein Richard-Wagner-Konzert, allerdings durch den Wochentag begünstigt, noch deutlich mehr Zustimmung. Insgesamt 17 531 Menschen machen sich im März des Jahres 1945 auf den Weg zu den Aufführungen der Staatsoper.

Auf eine kurze, aber harte Frost- und Schneeperiode folgen milde Tage, die ersten grünen Knospen springen. Auf der Moorweide wird eine hastige Vereidigung vorgenommen. Angetreten ist eine aus mehreren Kompanien und einer weiblichen Bereitschaft bestehende Sanitätsabteilung des Volkssturms. Gewohnheitsmäßig und mit geputzten Stiefeln schreiten Gau-, Stabs-, Gruppen- und Landesführer die in einem großen Viereck aufgestellten Einheiten ab.

Die Hamburger Fußball-Gauklasse trägt die letzten Spiele aus. Heinrich Beines ehemaliger »SC Victoria« kann auf sein fünfzigjähriges Bestehen zurückblicken und schlägt die »Barmbeker SG« mit 7 : 0. Dr. Walter Dessarts früherer Hockeyklub »HTHC« gewinnt mit 10 : 2 gegen die »HT 1816, Flottbek«.

In den letzten Wochen des Krieges fällt die Großstadt schlagartig zurück auf die Anfänge rudimentären Ackerbaus. Ein geradezu dörfliches Bild bäuerlicher Arbeit bietet sich seit März 1945 am Dammtor. Inmitten einer Szenerie der Zerstörung pflügen Zugochsen den Universitätsgarten um, werden vor Pflug und Fräse gespannt, bevor sie wieder in den Straßen der Stadt hoch beladene Lastwagen mit gerettetem Hausrat ziehen. Seitdem die Hamburger »Grünland-Aktion« angelaufen ist, hat die Bauverwaltung die größeren öffentlichen Grünflächen der Parks und Anlagen, soweit geeignet, in feldmäßige Bearbeitung genommen.

Bilder, die nicht zum Ernst der Lage dieser letzten Kriegstage passen, werden erstaunt registriert, etwa der alte Mann, der eine große taufrische gelbe Blume im Knopfloch trägt, oder der Zigarettenhändler, dessen winzig kleiner Laden sich zwischen schroff aufragenden Ruinen erhalten hat, wenn auch ohne Zigaretten.

Das Elbstädtchen Boizenburg füllt sich mit Flüchtlingen aus dem Osten. In den Hallen des dortigen zum Rüstungsbetrieb gewordenen »Duensing-Bicheroux«-Werks stellen die »Norddeutschen Dornier-Werke« Wismar die Produktion von Bauteilen für »Junkers«- und »Heinkel«-Jagdbomber ein. Der dort angestellte, aber beschäftigungslose Dr. Gerhard von Löbbecke trinkt viel. Im angetrunkenen Zustand erscheint er freigiebig und sozial. Meistens meldet er sich nach solchen Feiern krank und bleibt dem Werk fern.

Auf dem Elbberg, einem Außenlager des KZ Neuengamme für Kriegsgefangene und Zwangsarbeiter zum Einsatz in der »Elbewerft Boizenburg«, beginnt die SS Ende April 1945 mit der Räumung und treibt die dort inhaftierten 400 ungarischen Jüdinnen aus dem KZ Auschwitz auf einen Todesmarsch.

In Hamburg wird die Kampfkommandantur mit Befehlsbunker des Generalmajors Alwin Wolz an der Rothenbaumchaussee, am Ort der einstigen Rothenbaumer Reitschule, aufgegeben und steht leer.

Der Rundfunk verstummt nach einem letzten »Deutschland über alles« ohne den Zusatz »Die Fahne hoch«. Der »Reichssender Hamburg« stellt den Betrieb ein, die Programme des »Deutschlandsenders« und des »Reichssenders Berlin« mit Konzerten der »Hamburger Philharmoniker« unter Eugen Jochum, Ausschnitten aus Wagner-Opern sowie »Bunte Klänge im Abendlicht« entfallen.

Dr. Rudolf Brinckmann erlebt den Tag des Kriegsendes für Hamburg in seinem Haus in Aumühle. Zuletzt hatte der NS-Parteigenosse und Direktor des Museums für Kunst und Gewerbe, Prof. Dr. Konrad Hüseler, als einer von zwei »Kampfkommandanten« des »Volkssturms« völlig hilflose Versuche angestellt, den kleinen Ort gegen die heranziehenden Briten zu verteidigen.

In der offenen Stadt Hamburg fallen sich am 3. Mai 1945 Menschen in die Arme, lachen mit Tränen in den Augen, wünschen sich Glück, es kommt auf Plätzen der Innenstadt zu Tumulten der Freude.

Militärfahrzeuge der britischen »21. Army Group« fahren durch die Rothenbaumchaussee, vorbei am Haus Nr. 26: Major John MacMillan besetzt das »NWDR«-Funkhaus in der Rothenbaumchaussee Nr. 132. Am Abend des 4. Mai 1945 gehen die britische Nationalhymne und die Ansage »Here is Radio Hamburg, a Station for the Allied Military Government« über den Sender.

Hamburg, heißt es, »ist aus«.

In New York stürmt der Pilot Tom Applewhite, in der Uniform eines Leutnants des US Army Air Corps, in das Büro von William Steinway und fragt ihn: »Kennen Sie Carl Julius?« Steinway antwortet: »Aus Hamburg?« Steinway ist überglücklich, dass die Familie seines ehemaligen Golffreundes Neukircher überlebt hat und sich jetzt wieder in Brüssel befindet.

Arthur Schrynemakers' Sohn, der in der englischen Armee als Sergeant dient und sich wegen der Schwierigkeiten vieler Vorgesetzten, seinen Namen auszusprechen, nach seinem Paten »Arthur Britton« nennt, ist am 22. Mai 1945, nachmittags 17 Uhr, an einem Kontrollpunkt in der Nähe von Bremervörde zur Streife eingeteilt. Zwei russische Soldaten haben drei Deutsche aufgegriffen, zwei SS-Männer und einen Zivilisten mit schwarzer Augenklappe. Britton merkt sehr schnell, dass die vorgezeigten Papiere nicht echt sind, und lässt die Festgenommenen abführen.

Der Zivilist, stellt sich heraus, ist Heinrich Himmler.

Trakehner und Ackergäule

Jacques Sander | Eduard Falckenberg | Dr. Rudolf Brinckmann

Krieg und brauner Spuk sind vorbei, die Führerbilder aus dem Haus Rothenbaumchaussee 26 verschwunden. Auch Walter Gloy, Staatsrat und NS-Kreisleiter für Rotherbaum, taucht ab von der Bildfläche, seine Plakette im »Schinkenkrug« hinterlässt nur vier Schraubenlöcher in der Wand. Britische Militärpolizei nimmt den alten Kämpfer der braunen Bewegung fest und interniert ihn.

Die Straßenbahn der Linie 18 fährt nicht mehr, das rote Hakenkreuz auf dem Briefpapier der Hamburgischen Staatsoper ist mit einem schwarzen rechteckigen Feld überdruckt.

Für Kapitän Jacques Sander endet der Krieg in Italien, er kommt in amerikanische Kriegsgefangenschaft.

Englische Panzer durchqueren das holsteinische Reinfeld. In Zarpen akquirieren die Briten das Haus des Bauern Rieck als Hauptquartier. Hans Rieck hat Glück, dass er »seine« polnischen und französischen Kriegsgefangenen gut behandelt hat. Sie verhindern, dass die Engländer ihn direkt zur Rechenschaft ziehen. Den brutalen Nazibauern Herbst dagegen haben polnische Zwangsarbeiter totgeschlagen und im Wald verscharrt.

In dem kleinen Ort verteilen Eduard Falckenberg und Direktor Ewald Eylmann zwei Zentner Margarine an die Zarpener Bevölkerung, was sie zu beliebten Gönnern macht. Der Umstand, dass die »Hamburger Margarine-Werke von Hinrich Voss« auch Zwangsarbeiter beschäftigt haben, kümmert jetzt gerade niemanden mehr.

Viel Papier verbrennt dieser Tage in diversen Gärten. Familiensilber wird vergraben.

Flüchtlinge und Vertriebene verdoppeln die Bewohnerzahl von Zarpen. Viele Bauern nutzen das aus und beuten die Arbeitskraft der Flüchtlinge aus. Noch im letzten Kriegsmonat, im April 1945, ist mit

Resten der Wehrmacht auf dem Rückzug ein Transport von 100 bis 150 ostpreußischen Pferden durch Zarpen gekommen. Der große Treck hat sie nach Westen verschlagen, sie suchen in Holstein Unterkunft. Nach der britischen Einnahme schrumpfen angesichts der Zahl der Tiere die Bestände an Stroh und Heu zusammen, sodass die englischen Besatzer sich entschließen, einen Teil der Pferde zu verkaufen.

Dem Bauern Fritz Rieck sind vier ostpreußische Trakehner wild zugelaufen. Falckenberg, der vor dem Krieg einige Holsteiner und Hannoveraner besessen hat, tauscht zwei Stuten gegen einen hoch aufgeschossenen und schmalen Hengst, den er auf den Namen »Bautz« tauft. Er gibt das Pferd zu Bauer Hans Rieck, doch ist die dortige Arbeit für das junge Tier – schwerer Boden – auch als drittes Pferd im Pflug zu schwer. Ein edler Trakehner, begehrtes Reit- und Kavalleriepferd, ist kein Ackergaul. Falckenberg wartet ab, auf dem Land ist die Versorgung auf jeden Fall besser als in der Ruinenstadt Hamburg.

Aus Süddeutschland, Bad Kissingen, eilt im Jeep als amerikanischer Offizier Eric M. Warburg, vor seiner New Yorker Zeit Erich Hermann Max Warburg, hoch an die Elbe. Dr. Rudolf Brinckmann und Paul Wirtz haben Hausarrest und dürfen die Bank in der Ferdinandstraße nicht betreten, ihn aber zieht es sofort wieder zum alten Stammhaus der Warburgs. Drei Bilder findet er dort, ein Ölgemälde von Adolf Hitler, ein schlechtes Porträt von Bismarck und eine englische Jagdszene. Er weiß, er kann nur kurze Zeit bleiben, die Engländer haben etwas dagegen, dass er als Amerikaner sich in ihrem Sektor aufhält, er fährt also weiter nach Aumühle. Dr. Brinckmann kommt ihm vor dem Haus weinend entgegen. Auf Vermittlung von Eric M. Warburg hat er bereits Lebensmittel erhalten, und sein Haus wird durch »Off Limit«-Plakate geschützt. Sein Auto wurde aus Bremen, der amerikanischen Enklave in der britischen Zone, zurückgebracht. »Der Teufel ist tot«, sagt Brinckmann, »lassen Sie uns wieder anfangen.« »Vielleicht später«, sagt Warburg.

Fremde Fahrzeuge bestimmen das Straßenbild der Stadt, es gelten britische Regeln. Die Welt hat sich gedreht, wenn auch nicht die Fahrtrichtung. Ein englischer Soldat, einen Tag zuvor aus London versetzt, fährt seinen Lkw gewohnheitsmäßig auf der linken, der auf dem Kontinent verkehrten Seite, erfasst auf der Straße einen siebenjährigen Jungen, schleift ihn fünfzig Meter weit mit. Das Kind stirbt an Ort und Stelle.

Um dem »Volkssturm« zu entgehen, hat Bariton und Pg. Josef Degler sich in den letzten Kriegsmonaten erst krankschreiben, dann bei halben Bezügen beurlauben lassen. Von Rüstungseinsätzen und privaten Fluchtorten zurückgekehrt, stellen sich die Mitglieder der

Staatsoper nach und nach wieder ein. Gusta Hammer freut sich, dass auch Wilhelm Freund nun gerettet ist. Die gemeinsame entlastende Formel für die vergangenen zwölf Jahre lautet, dass man zum Glück alles überstanden habe, die Nazis ebenso wie den Krieg. Auch die Welt der Künste hat sich gedreht, doch Musik bleibt eben Musik, ausgestattet mit dem Privileg, sich selbst zu genügen.

In New York ergreift Frau Hermann Aschaffenburg, geb. Anna Lilienthal, im Oktober 1936 emigriert, Partei für den Dirigenten Eugen Jochum und verbürgt sich für die Zuverlässigkeit seiner Gesinnung. Sie kenne Jochum seit vielen Jahren, habe die letzten Tage vor ihrer Auswanderung in seinem Haus in Hamburg verbracht, daher stellt sich die Witwe des jüdischen Tuchfabrikanten und Kunstmäzens aus Mönchengladbach gegen eine im »Aufbau« erschienene abfällige Äußerung über den »Nazi Eugen Jochum«. »Gesinnungstüchtig«, lautet der dortige Vorwurf, sei Jochum gewesen, habe mit allen Nazi-»Großkopfeten« auf Du und Du gestanden und vor den Großen des »Dritten Reichs« musiziert, und nun, 1945, wolle er ausgerechnet in München den so lange verfemten Juden Mendelssohn aufführen.

Sehr viel Bitterkeit spricht aus diesen Worten.

Vergnügungspark

Olga von Löbbecke | Margrit Mary Dessart

Am 9. August 1945, der Krieg ist seit drei Monaten beendet, wird die Wirtschaftsgruppe »Ambulantes Gewerbe«, Bezirksgruppe Hamburg, bei Regierungsrat Hans Bruns vorstellig. Die Herren möchten einen Antrag auf Zulassung einer Volksbelustigung auf der Moorweide einreichen. Es ist beabsichtigt, in der Zeit vom 1. September bis zum 1. November 1945 eine Anzahl Fahr-, Spiel- und Verkaufsgeschäfte, auch Spielbuden, aufzustellen, um den Schaustellern einen Verdienst zu ermöglichen. In ihrer Begründung verweisen sie darauf, dass seit dem 15. Juni 1945 die AWS, die »Army Welfare Services«, zu Zwecken der Truppenbetreuung schon einen Vergnügungspark auf dem Geländedreieck zwischen der Neuen Rabenstraße und dem Mittelweg unterhalten, dessen Besuch der deutschen Bevölkerung aus sicherheitspolizeilichen Gründen aber streng verboten ist. Ein ähnlicher Park werde von allen Teilen der Einwohnerschaft lebhaft gewünscht, außerdem habe der »Zirkus Belly« die Moorweide bereits für ein Gastspiel genutzt. Die englische Militärregierung, Kommandostelle Herford, genehmigt die »Entertainments at the fairgrounds Moorweide«. Längst sind die nach Kriegsende schnell aufgestellten Biwaks britischer Truppen unter den Kastanien geräumt.

Treibende Kraft hinter der Initiative für den Lunapark ist das bekannte Schaustellerunternehmen »Schippers & van der Ville«, Karussells und Vergnügungs-Geschäfte aller Art. Nach dem Aufbau ihrer Fahrgeschäfte auf dem »AWS«-Vergnügungspark der Engländer wünscht »der Lange« Joseph Schippers, einst der größte Soldat der deutschen Armee beim 1. Garde-Regiment zu Fuß, nun eine Fortsetzung des Geschäftsbetriebs auf dem größeren Teil der Moorweide, wo Georg van der Ville auch seinen Wohnwagen stehen hat.

Oberbaurat Moritz Baeumer vom Garten- und Friedhofsamt der Gemeinde Hamburg, zuständig für die Moorweide, stellt die Bedingung, dass die am Rande der Moorweide stehenden Bäume unbedingt gesichert werden müssen und in die Bäume keine Leitungen gelegt werden.

Jeden Tag ist Papier aufzulesen, müssen Unrat und Abfälle abgefahren werden. Die Rasenflächen sind von Schlacke frei zu halten, zwei Toiletten aufzustellen. Die Wirtschaftsgruppe als Veranstalter wird aufgefordert zu prüfen, ob nicht Toiletten im Luftschutzturm, dem Zombeck'schen Bunker, für weibliche Personen freigegeben werden können.

Die an die Moorweide angrenzenden Straßen sind nebst Geh- und Radwegen für den Fuhr- und Fußgängerverkehr frei zu lassen. Das Aufstellen von Wohnwagen unter den Bäumen ist verboten. Als Betriebszeit wird die Zeit von 14 bis 21 Uhr vorgeschlagen. Die Militärregierung verlangt ausdrücklich, dass alle Geschäfte hinter dem Zaun aufgebaut würden, da sie sie unter Kontrolle haben möchte. Auch der Fischbrötchenstand des Unternehmers Emil Heinrich ist so aufzubauen, dass nur zum Inneren des Platzes hin abgegeben werden kann. Der Verkauf von Konfetti, Papierschlangen und anderen die Besucher belästigenden Gegenständen ist verboten.

Von Seiten der »Army Welfare Services« wird die Wirtschaftsgruppe »Ambulantes Gewerbe« darauf aufmerksam gemacht, sie möge unter Umständen damit rechnen, dass schon in kurzer Zeit eine englische Baustelle die große Moorweide ganz oder teilweise mit Wohnbaracken belegen will.

Die Preisbildungs- und Preisüberwachungsstelle setzt als Schaustellerpreise fest: Achterbahn, Scooter, Spinne, Hammer, Hollywood: 0,50 RM, sonntags 1,- RM; Boden- und Kinder-Karussells: 0,10 RM, nach 18 Uhr 0,20 RM; Schaugeschäfte: 0,20 RM für Kinder, 0,30 RM für Erwachsene; Zirkussitzplätze bei Vorstellungsdauer von einer Stunde: 0,80 RM; Pony-Wagenfahrt: 0,20 RM; Kaspertheater bei einer Spielzeit von mindestens einer Viertelstunde: 0,10 RM. Des Weiteren gibt es Schießbuden, Kettenflieger, Drachenbahn, Schiffsschaukeln, Raupenbahn, Russenrad, Rakete, Peitsche.

Obwohl sich 157 Geschäfte, gegen die keine staatspolitischen Bedenken vorliegen, angemeldet haben, darunter Lorenz Hagenbeck aus der Zoo-Dynastie, leidet das Aufbaubild des Vergnügungsparks darunter, dass eine Reihe von eigentlich angemeldeten Schaustellern ihren Platz auf Hamburgs zentraler Aufmarschbühne nicht besetzen. Zu den Schaustellern, die kommen, zählen Inhaber und Pächter von Schießständen auf St. Pauli aus den bekannten Lokalen »Liliput«, »Allotria«, »Zillertal«, »Trichter«. Unter ihnen ist auch Herbert Krischker, der nach dem Feuersturm dringend neue Kleinkalibergewehre aller Art sowie Unterhaltungsautomaten, auch defekte, suchen musste, um sein Gewerbe fortführen zu können.

Bei überwiegend gutem Wetter findet der Volks- und Vergnügungspark ab dem 22. September wie geplant statt, allerdings wird der unwirkliche Ort kleiner Freuden früher beendet als geplant. Schon am 2. Oktober 1945 ergeht strikter Bescheid an den Kommandeur der Hamburger Schutzpolizei, Oberst Bruno Georges, dass der Gebrauch von Luftgewehren auf der Moorweide ausschließlich britischem Personal erlaubt sei. Da der Vergnügungspark jetzt der deutschen Öffentlichkeit zugänglich sei, sei die alte nur für alliierte Truppen geltende Erlaubnis erloschen und der Betrieb jeglicher Schießbude ungesetzlich. Die in Gebrauch befindlichen Waffen seien zu beschlagnahmen. Tatsächlich müssen sämtliche Schießbuden des Lunaparks sofort ihren Betrieb einstellen, 100 Luftgewehre werden eingesammelt und bei der Sammelstelle der Kaserne Bundesstraße abgeliefert. Auf Anordnung der Militärregierung enden damit die Volkspark-Veranstaltungen auf der Moorweide. Alle Fahrgeschäfte, Schaubuden, Verkaufsstände, Wohn- und Packwagen werden abgebaut.

Während Marktmeister Schacht in seinem Abschlussbericht über die Lustbarkeits-Veranstaltung auf der Moorweide formuliert, dass der Platz von den mit ihrem Geschäft sehr zufriedenen Schaustellern in der festgesetzten Zeit geräumt und sauber hinterlassen worden sei, stellt der Erfahrungsbericht des 26. Polizeireviers fest, dass die Moorweide nach der Räumung verunstaltet gewesen sei. Der Rasen sei fast vollständig verschwunden, Radspuren hätten sich tief in die Erde eingemahlen, die Platten der Gehwege seien größtenteils beschädigt. Was der »Zirkus Belly« noch übrig gelassen habe, hätte der Volkspark vernichtet. Anklang, so die Polizisten, habe der Volkspark bei den Bewohnern des Rothenbaums nicht gefunden, umso mehr aber bei den englischen Soldaten und der Jugend anderer Stadtteile. Der Besuch sei durchweg nicht gut gewesen. Zur Aufrechterhaltung der Ordnung hätten zwölf Wachtmeister abgestellt werden müssen.

Olga von Löbbecke geb. Münchmeyer geht an der Moorweide vorbei, am zerfurchten, tatsächlich kaum noch vorhandenen Grün. An der einmündenden Tesdorpfstraße schaut sie kurz in Richtung des Stadthauses der Alwine Münchmeyer, es ist nicht zerstört, englische Fahrzeuge und Offiziere sind davor zu sehen. In unwirklicher Ferne liegt die Zeit ihrer Mutter.

Wie ein großes dunkles Gefäß für seine Geschichten steht das Haus Nr. 26 in der Rothenbaumchaussee da, als den Bomben entgangenes Sammelbecken einstiger Hoffnungen, schroffer Vertreibung, zeitweiliger Rettungen, günstiger Übernahmen. Der Aufzug ist außer Betrieb, Frau von Löbbecke nimmt die Treppe. Vor den Türen stapeln sich gerettete Gegenstände, meist Hausrat fremder Personen in wilden, zufälligen Zusammenstellungen. Die unzerstörten großen Etagenräume – ihrer Ausstattungspracht und Bequemlichkeit entkleidet, still ohne die durch das Treppenhaus klingende Musik und das Lachen der Kinder – nehmen alle Bewohner nur noch als bloßen Platz wahr, für den sie äußerst dankbar sind.

Keinen Augenblick lang erinnert sich die gealterte Turnierreiterin von Löbbecke, während sie von Stockwerk zu Stockwerk hochsteigt, ohne den schwarzen Handlauf zu berühren, an die jüdischen ehemaligen Gründer des Hauses. Vergessen ist das Andenken an die Architekten der »Neuen Sachlichkeit«, die Gebrüder Gerson, an den unglücklichen Juristen Dr. Rudolf Magnus, die energische Wohltäterin Stephanie Nordheim und den sanft lächelnden Bankier Martin Eduard Friedburg. Der Überseer Harry Meyer, Konsul von Bolivien, die einst so fröhliche Familie Dr. Henri Hirsch, auch Paul und Anna Levy – im Zuge der vielen Aus- und Einzüge sind ihre Spuren im Quartier ausgelöscht.

Das Haus aber ist noch da.

Hamburg ist britisch regiert und mehr und mehr auch verwaltet, Tausende Hamburger finden bei den Besatzern als Büro- und Servicepersonal Beschäftigung. Margrit Mary Dessart, die fließend Englisch spricht, gehört zu ihnen.

Peter Kenneth Westlake Orgar aus Deal in Kent ist auf einem Zerstörer der britischen Navy nach Hamburg gekommen, zusammen mit den ersten Marineeinheiten, die den Hafen erreichten. Ihre Aufgabe ist es, die Räumung der Schifffahrtswege von Minen zu überwachen und eine Rückführung gekaperter Schiffe in das jeweilige Herkunftsland zu veranlassen. Peter Orgar, achtzehn Jahre alt, ist Büroführer des englischen Captains und eigentlich nicht geeignet für das Militär. Im Alter von vier Jahren war er von einem Auto angefahren worden und hatte sechs Jahre im Krankenhaus verbracht, danach aber das Gymnasium besucht und seinen Bachelor gemacht. Sein Vater Henry Orgar, der bei der britischen Marine als Quartiermeister gedient hatte, vermittelte ihn an die Army. Nach einem Russlandaufenthalt war Mr. Orgar als überzeugter Anhänger kommunistischer Ideen nach Hause zurückgekehrt, und bald sympathisierte auch sein Sohn mit ihnen.

Peter Orgar sucht für Papierkram und Übersetzungen eine deutsche Schreibhilfe und fasst schnell Vertrauen zu dem deutschen »Fraulein« mit dem englischen Vornamen, der schottischen Großmutter und der Mutter, die hinreißend Piano und ebenso gut Bridge spielt. Margrit Mary Dessart, das ehemalige »BDM«-Mädchen, wird seine Hamburger Bürokraft.

Die britischen Militärs haben alles, was für die deutsche Bevölkerung längst Mangelware ist. Es gibt Arsenale voller Lebensmittel mit riesigen Einkaufstresen für die Seeleute, und es gibt vor allem Zigaretten, die Währung der Schwarzmärkte. Peter Orgar beginnt, Margrit Mary einiges an »food« zukommen zu lassen, was den Dessarts in der allgemeinen Notsituation ungemein hilft.

Britische Quartiermeister haben gleich nach der Besetzung Hamburgs damit begonnen, noch verfügbaren Wohnraum in der zur Hälfte zerstörten Stadt zu beschlagnahmen. Die weitgehend erhaltenen Viertel Rotherbaum und Harvestehude sind davon besonders betroffen, sodass britische Soldaten in der Rothenbaumchaussee und auch im Haus Nr. 26 zum alltäglichen Bild gehören.

Orgar besucht seine gleichaltrige Sekretärin, stellt fest, dass das britische Konsulat sich ganz in der Nähe dieses bemerkenswerten Hauses befindet, das so viele Menschen beherbergt. Größe und Einrichtung der Wohnung beeindrucken ihn ebenso wie die Upper-Class-Umgangsformen der Dessarts, ihre Weltläufigkeit, ihr Sportsgeist und ihre Kenntnis englischer Tennisspieler. Für die oft aus sehr einfachen Verhältnissen stammenden britischen Soldaten ist es ein Kulturschock, zu erleben, dass selbst Hamburger Hafenarbeiter Tapeten an den Wänden haben und meist auch eine Toilette in der Wohnung.

Orgar beginnt, mit Margrit Mary, der Tochter aus so gehobener Familie, auszugehen. Das Verbot der Fraternisierung zwischen englischen Soldaten und deutschen Frauen ist im September 1945 offiziell weggefallen, auch vorher hat es nur begrenzt Beachtung gefunden; es spricht nichts mehr dagegen, sich öffentlich sehen zu lassen. Der Vergnügungspark mit den heruntergekommenen Fahrgeschäften auf der Moorweide und ihren ausgezehrten Betreibern – viele hausen in den Wohnwagen – bietet nicht die Art Unterhaltung, die sie suchen, aber deutsche Bierlokale sind bereits freigegeben. Von der Hamburger Musikhalle aus sendet der Soldatensender BFN, »British Forces Network«, und seit Herbst 1945 tanzen die »Tommies« selbstverständlich mit deutschen »Fraus«.

Ohne Kenntnis davon zu haben, dass sie die Tochter nicht nur eines wohlhabenden Zahnarztes und berühmten Tennisstars, sondern auch eines vorbildlichen SS-Offiziers ist, verliebt sich der Besatzungssoldat Peter Orgar in die Angehörige des besiegten deutschen Volkes Margrit Mary »Puppele« Dessart.

Der graue Markt der Entlastungsgeschichten

Olga von Löbbecke + Ilse Selma von Löbbecke | Eduard Gleichman | Prof. Dr. Theodor Heynemann

Enthusiasten des Pferdesports treffen sich nach und nach wieder im Trümmerhaufen Hamburg. Am 27. November 1945 findet in den Räumen des »Hamburger Verbandes für Leibesübungen« im Mittelweg 14 zwecks Neubildung und Zusammenschluss von Pferdesportvereinen eine Mitgliederversammlung statt, an der der »Norddeutsche Verein für Zucht und Prüfung deutschen Halbblutes e.V.«, der »Hamburgische Verein für Pferdesport und Pferdezucht e.V.«, der »Reiterverein Rotherbaum« und der »Borsteler Reiterverein« teilnehmen. Die Vereinsmitglieder Oberstleutnant a.D. Georg von Watzdorf, Frieda von Watzdorf, Kaffeehändler Hugo Jansen, Rechtsanwalt Dr. Bruno Schaper, Direktor Dr. Walter Bartram, Olga von Löbbecke und Ilse Selma von Löbbecke diskutieren die Zukunft. Als Mitglied des »Reitervereins Rotherbaum« glaubt Frau von Löbbecke, dass für ihren Verein der Anschluss an den »Uhlenhorster Reiterverein« vorzuziehen sei, da sowohl der »Norddeutsche« als auch der »Hamburgische« ausschließlich auf Turnierveranstaltungen ausgerichtete Vereine seien. Denn an Turniere, besonders solche mit Uniformen und Zeremoniell, ist Ende 1945 nicht zu denken. Und dann ist es ja auch immer noch eine Frage der Vornehmheit.

Die Zeiten stimmen wehmütig. Olga von Löbbeckes Vereinskollegin, die Reiterin und Hundezüchterin Frieda von Watzdorf, tröstet sich auf eigener Windhundrennbahn mit einer bewegten Meute halbwegs über den Mangel an dressurfähigen Pferden hinweg.

Kohlenhändler Eduard Gleichman – er hat seine Verwendungen bei der Kavallerie heil überstanden – füllt am 27. Dezember 1945 einen Fragebogen des »Military Government of Germany« aus. Er hat die

Warnung oben auf der Seite gelesen, dass im Interesse der Klarheit dieser Fragebogen in Deutsch und Englisch verfasst ist und dass in Zweifelsfällen der englische Text maßgeblich sei. Dass jede Frage so beantwortet werden müsse, wie sie gestellt ist. Dass Unterlassung der Beantwortung, unrichtige oder unvollständige Angaben wegen Zuwiderhandlung gegen militärische Verordnungen gerichtlich verfolgt würden. Falls mehr Raum benötigt werde, seien weitere Bogen anzuheften.

Eduard Gleichman gibt an, dass er Großhändler für Kohle, »Coal Re- & Detail«, in eigener Firma, »own firm« sei, und seine Anschrift in der Rothenbaumchaussee 26 habe. Er bestätigt seine Mitgliedschaft in der NSDAP seit Mai 1933 und im »NS-Reichskriegerbund« »by membership of the Hamburg Kavallerie Kameradschaft since 1900«. Genauere Daten aus der Vergangenheit könnten nicht angegeben werden, wegen Zerstörung aller Unterlagen 1943 durch Feuer. Als Zeugen von deren Vernichtung benennt er den Buchhalter Willy Troisch. Dann folgt Gleichman der Anweisung des Fragebogens und heftet einen Bogen Papier an, auf den er seine Auslandsreisen von 1934 bis 1939 auflistet: New York und immer wieder Brüssel. Und nein, Freimaurer sei er nicht gewesen.

Lieutenant Colonel W. W. Thompson von der »S. O. L. Coal Control« bescheinigt: »Preliminary investigation with Advisory Board has disclosed no ground for suspicion and the above named will remain in his appointment unless instructions are received to the contrary.« Diese Bestätigung muss jedes Jahr erneuert werden.

Bereits am 7. Mai 1945 richtet die Medizinische Fakultät der »Hansischen Universität Hamburg« ein Schreiben an die Hamburger Staatsverwaltung. Ein Ausschuss von Instituts- und Klinikdirektoren, Oberärzten, Assistenten, Beamten und Studenten hat sich gebildet, die seit Jahren die Methoden des Nationalsozialismus entschieden abgelehnt haben. Dieser Ausschuss hält es für seine Pflicht, vorläufige Maßnahmen zu ergreifen, um Einzelaktionen und Störungen des Betriebes zu vermeiden, die aus der gegenwärtigen Lage zu entstehen drohen. Bezeichnet werden zunächst jene Personen in leitender Stellung, die nach ihrer Gesinnung und wegen ihrer Handlungen unter keinen Umständen weiter tragbar seien. Es handelt sich um die ordentlichen Professoren Dr. Mulzer und Dr. Bürger-Prinz sowie den Verwaltungsdirektor Natskow und den Ökonomen Prignitz.

Prof. Dr. Theodor Heynemann – der Ausschuss erwähnt ihn nicht – wird bei der universitären Entnazifizierung als »einwandfrei« eingestuft. Keine Rolle bei der Entnazifizierung spielt die Entwicklung seines Einkommens im »Dritten Reich«: eine sprunghafte Steigerung von

19 288,- RM im Jahr 1933 auf 81 711,- RM im Jahre 1944. Vor allem die Jahre 1943 und 1944 verzeichnen Zuwächse von mehr als 20 000,- RM.

Heynemann, im erklärten Bestreben, den wertvollsten Teil des wissenschaftlichen Nachwuchses von Fakultät und Frauenklinik zu erhalten, ist damit beschäftigt, seinen Ärztestab politisch zu entlasten. Der frühere Oberarzt der Universitäts-Frauenklinik Prof. Dr. Hanns Dietel und der frühere 1. Wissenschaftliche Assistent Dozent Dr. Hans Mittelstrass sind aufgrund ihrer Mitgliedschaft in der NSDAP und der SA entlassen worden. Heynemann argumentiert, dass beide Herren ohne ihren Beitritt zur Partei beruflich nicht weitergekommen wären. Es habe keinen wissenschaftlichen Assistenten im UKE gegeben, der nicht zum Beitritt in die Partei oder eine ihrer Organisationen gezwungen worden sei. Das ganze Verhalten seiner früheren Schüler Prof. Dr. Dietel und Dr. Mittelstrass zeige, dass sie in keiner Weise als aktive Nationalsozialisten, sondern vielmehr als Gegner des Nationalsozialismus angesehen werden müssten. Sturmführer der SA bzw. des NSFK, des »Nationalsozialistischen Fliegerkorps«, gewesen zu sein, nennt er bloße Äußerlichkeiten. Heynemann, der sich wie schon früher vor seine Leute stellt, gibt schriftliche Erklärungen ab, dass Prof. Dr. med. Willi Schultz sich stets entschlossen gegen die Partei und ihre Ziele gestellt habe. Mit seiner Hilfe deuten sämtliche Oberärzte und Assistenten der Frauenklinik ihre NS-Vergangenheit in Partei, SA und SS zu aktiver, offener Widerstandstätigkeit um.

Neben dem schwarzen Markt der Dinge breitet sich ein grauer Markt der Entlastungsgeschichten aus.

Obwohl kein Beispiel einer gelungenen Flucht aus dem KZ Neuengamme bekannt ist, gibt Dr. Dietel an, von dort geflohene Häftlinge unterstützt zu haben. Bereits im Juni 1945 bescheinigt Frau Hertha Clemen geb. Simonsohn, dass Prof. Dietel ihr als Jüdin geholfen und vor dem Zugriff der Gestapo einen rettenden Ausweg für sie gefunden habe, indem er ihr den Rat gab, Veronal zu nehmen, in einer Dosis, die nur dafür berechnet war, eine begrenzte Zeit einzuschlafen, während der Transport abging. Als er ihr die Tabletten brachte, sei ihr bang ums Herz gewesen, doch alles sei planmäßig verlaufen, sie sei eingeschlafen, der Transport ging ohne sie ab, sie sei wieder wach und gesund geworden und somit der Evakuierung und dem damit verbundenen Schicksal entronnen.

Mehrere von Heynemanns wissenschaftlichen Assistenten befinden sich noch in Kriegsgefangenschaft, im Krankenhaus selbst herrschen unzureichende hygienische Verhältnisse. Es fehlt an Wäsche, es mangelt an Putzmitteln. Auf dem Schwarzmarkt sind Rauschmittel wie Kokain,

Morphium, Alkohol aufgetaucht, die aus hiesigen Krankenhäusern stammen sollen. Senator Heinrich Landahl mahnt eine sorgsame Überwachung des Verbrauchs an Rauschmitteln an.

Am 15. Januar 1946 schreibt Dr. Rudolf Brinckmann den streng vertraulichen Jahresbericht seiner Firma für 1945.

Das vergangene Jahr, führt er aus, war durch die Kriegsereignisse maßgebend beeinflusst, und die Auswirkungen auf das Geschäft waren derartig durchgreifend, dass ein Vergleich mit dem Vorjahr kaum möglich ist. In den ersten Wochen nach der Besetzung trat eine allgemeine Stagnation ein, deren Auswirkung für die Firma noch dadurch verschärft wurde, dass die Geschäftsinhaber der Bank – Dr. Brinckmann und Wirtz –, ebenso wie fast alle Leiter größerer Finanzinstitute, ihres Amtes suspendiert wurden. Diese Suspension wurde erst nach sechs Wochen ausgehoben.

Infolge einer Anordnung der Militärregierung mussten folgende Angestellte fristlos entlassen werden: H. Cordua, G. Mattissek, K. Peters, P. Rolf.

Gefallen sind die Mitarbeiter Hans-Joachim von der Lübe und Else Grube.

Eine Senkung der höheren Gehälter wurde mit Wirkung vom 1. Juli 1945 vorgenommen. Urlaubsbeihilfe und Weihnachtsvergütung kamen im Berichtsjahr 1945 nicht zur Auszahlung.

Dr. Brinckmann unterschreibt seinen Bericht.

Wieder hat sich seine Kapitaleinlage erhöht, auf 350000,- RM.

Das Bankgebäude in der Ferdinandstraße hat keine Heizung mehr. Im Winter wird ein eiserner Ofen aufgestellt mitten im großen Sitzungssaal, der Rauch wird über ein Rohr aus dem Fenster geleitet. Die Abteilungen, die nicht direkt mit dem Schaltergeschäft zu tun haben, stellen ihre Schreibtische über den ganzen Raum verteilt auf und erledigen ihre Arbeiten hier. Der Ofen gibt nicht viel Wärme ab, sodass man meist in Hut und Mantel dasitzt. Die Boten, die zwischen ihren Gängen kurz zurückkommen, versuchen, sich hier etwas aufzuwärmen.

Eine außerordentlich tüchtige Köchin bringt es trotz knapper Lebensmittelzuteilung zuwege, immer ein warmes Mittagessen in der Kantine der Bank zu bereiten, sie hat Verbindungen zu einem Schlachter in Holstein, außerdem bekommt sie Kartoffeln und Wintergemüse von einer Kundin der Bank, der Gräfin Platen.

Als fraktionsloser Abgeordneter mit Hauptsitz Aumühle hat Dr. Brinckmann kurze Zeit dem Schleswig-Holsteinischen Landtag angehört, seit Januar 1946 wird er nun auf der Liste der CDU-Fraktion für den Kreistag geführt. Im Entnazifizierungsfragebogen der

Militärregierung, den er am 10. Dezember 1945 unterschrieben hat, gibt er an, lediglich der »Deutschen Arbeitsfront«, seit 1938, und der »NS-Volkswohlfahrt«, seit August 1940, angehört zu haben.

Im Januar 1946 begrüßt Lieutenant Colonel R. S. N. Clarke, der britische Militärgouverneur des Kreises Herzogtum Lauenburg, die erste frei gewählte politische Vertretung auf ihrer konstituierenden Sitzung. Nach seinen Worten hätte es eine verordnete Demokratie oder eine Regierungspeitsche von oben in England nie geben können. Wahre Demokratie, belehrt er die Deutschen, baue sich von unten auf. Damit sich die Schrecken der vergangenen zwölf Jahre nicht wiederholten und die Entwicklung eines neuen Deutschlands gelinge, müsse im Geiste des Rechts, des Mutes und der Freiheit gehandelt werden. Außerdem hält er es für eine gute Idee, wenn deutlich mehr Frauen am politischen Geschehen beteiligt würden.

Da er für den Oktober 1946 wieder als Kandidat der CDU für den Kreistag im Wahlbezirk 4, Herzogtum Lauenburg, antreten will, unterschreibt Dr. Brinckmann am 28. August 1946 eine Erklärung, dass er durch keine Bestimmung der Verordnung Nr. 28 der Militärregierung vom Wahlrecht ausgeschlossen sei. Der zuständige Entnazifizierungsausschuss hält ihn mit 8 : 0 Stimmen für einwandfrei.

Dann steht ihm eine unangenehme Aufgabe bevor. Er selbst wird zum Vorsitzenden des Entnazifizierungsausschusses des Herzogtums Lauenburg berufen, eine Verpflichtung, die ihm sehr peinlich ist. Die sachliche Tätigkeit im Finanzausschuss des Kreistages liegt dem Banker eindeutig näher als die unmittelbare Beschäftigung mit NS-belasteten Personen aus – wie er es ausdrückt – der Zeit des Teufels.

Shakespeare

Karen Saturski | Edgar Hirsch + Luis Hirsch + Owen Benjamin Hirsch | Margaretha Thomsen geschiedene Lieb

Unübersehbar, am Tage und seit Wochen, ist für die Bewohner der Rothenbaumchaussee 26 die Präsenz britischer Wachposten vor dem Curiohaus. Täglich eskortieren Militärfahrzeuge Busse mit Gefangenen hinter verhängten Fenstern, kommen und gehen britische Offiziere und deutsche Rechtsanwälte. Karen Saturski, die jüngere Tochter des Frauenarztes Dr. Adalbert Saturski, steht lange am Fenster und sieht, wie gefangene Männer in Handschellen aus den Bussen aussteigen, abends werden sie wieder abtransportiert. Sie weiß nicht, wer diese Männer sind.

Von März 1946 an ist das Gebäude mit seinem großen Saal Schauplatz englischer Militärgerichtsbarkeit. Leitende Angehörige der Firma »Tesch & Stabenow« – exklusive Agentur mit Monopol für die Lieferung des Giftgases Zyklon B in Groß-Deutschland für die Gebiete östlich der Elbe einschließlich der Vernichtungslager im Osten – sowie die gesamte Lagerleitung des KZ Neuengamme werden angeklagt und abgeurteilt. Es sind Akteure des Holocaust und des NS-Lagersystems.

Die Prozesse finden statt nach britischem Recht. Major Gerald Draper klagt an, in Verletzung der Gesetze und Gebräuche des Krieges sei Giftgas geliefert worden für die Vernichtung alliierter Staatsangehöriger, die in Konzentrationslagern interniert waren. Major Stephen Malcolm Stewart, geboren in Wien als Karl Stephan Strauss, klagt an wegen Verbrechen gegen Angehörige alliierter Mächte. Als Dolmetscher fungiert Major Peter Eric Forest, geboren in Tschechien als Peter Emmerich Fröhlich, von Beruf Schauspieler. Über Monate ziehen sich die Verhandlungen hin, es sind über 180 Einzelverfahren, die direkt gegenüber den Loggien der Hausnummer 26 stattfinden. Die Bewohner des Hauses haben einen Logenplatz der Zeitgeschichte, und das nicht erst seit jetzt.

Während man in der Rothenbaumchaussee aus den Fenstern schaut, annoncieren frühere Bewohner des Hauses im »Aufbau« in New York. Edgar Hirsch verlobt sich am 26. April 1946 mit Lore Stern, einen Tag später geben Luis Hirsch und Frau Hilde geb. Cohn-Oettinger die Geburt ihrer Tochter Beatriz Miriam in Buenos Aires bekannt. Edgar braucht im hektischen, nervenenaufreibenden New York einige Zeit, um sich nach drei Jahren in der Armee wieder ans Zivilleben zu gewöhnen. Am Anfang macht auch ihm das verbreitete Vorurteil zu schaffen, dass sich die GIs auf Kosten der amerikanischen Steuerzahler in Europa nur gut amüsiert hätten. Bruder Owen, einst Otto Benjamin, der nicht zur Army einberufen war, ist Geschäftsmann mit Büro in der 5th Avenue. Gemeinsam schicken sie an Alfred und Julius in London Pakete mit koscheren Lebensmitteln, »dried eggs« und harte Salamis, und setzen alle Räder in Bewegung, um die Brüder mit ihren Familien herüberzuholen. Nichts wünschen sie sich sehnlicher, als noch einmal gemeinsam einen riesigen Sedertisch zu haben wie bei Großmama Charlotte Hirsch einstmals in der Rothenbaumchaussee.

Anna Liebmann muss in New York immer wieder an ihre Schwestern denken. Nach dem Tod ihres Schwagers war Schwester Ida mit dem Sohn Max 1941 nach Buenos Aires geflohen, in die Stadt, wo so viele deutsche Emigranten lebten, auch Gretchen Meyer und Ludwig Hirsch mit seiner Familie. Ruhe hatte sie dort nicht gefunden, 1944 war sie verstorben. Schwester Lilly dagegen lebt mit ihrem Mann in Turin, auch sie haben Zeiten der Bedrängnis hinter sich.

In Hamburg sind es die Briten, die mit der Aufarbeitung der NS-Verbrechen begonnen haben. Am 38. Tag der Verhandlung im Curiohaus, es ist der 2. Mai 1946, wendet sich Carl Ludwig Stirling, Barrister-at-Law und Judge Advocate General of His Majesty's Forces, an das Gericht unter Vorsitz von Brigadier Reginald Barry Lovaine Persse: »May it please the Court …« Seit vielen Wochen habe der Staatsanwalt, Major Stephen Malcolm Stewart, ein »gigantisches« Bild der vielen Ereignisse und Personen ausgebreitet, die geschehen seien. Nun gehe es nicht um einzelne Verletzungen von Kriegsrecht, sondern um Verbrechen gegen die Menschlichkeit. Um eine Sprache für die monströsen Ereignisse im Lager Neuengamme zu finden, müssen sowohl die Anklage wie auch die Verteidigung zu Worten von Shakespeare greifen. Aus »Heinrich VIII.« wird der Satz zitiert, dass die bösen Verhaltensweisen der Menschen in Messing festgehalten sind, die Tugenden aber in Wasser geschrieben werden. Die Tragödie »Richard III.« – »Du sollst nicht töten!« – und der »Kaufmann von Venedig« – »Die Art der Gnade weiß von keinem Zwang, sie träufelt wie des Himmels milder Regen zur Erde unter ihr.« – sind weitere

Dramen, die prägnante Sentenzen liefern und zum Abschluss des Prozesses im Saal des Curiohauses einen literarischen Raum über die verstörenden Taten und Leiden zu spannen versuchen.

Mit Todesurteilen und abgelehnten Gnadengesuchen endet dieser Prozess. Den Verurteilten werden die angesteckten großen Nummern von der Brust genommen.

Ohne von seinem Schicksal Kenntnis zu haben, lebt Margaretha Thomsen in der ehemaligen Wohnung des Yves Saget in dem dunklen Gebäude schräg gegenüber dem Curiohaus. Sie ahnt nichts davon, dass der frühere Besitzer ihrer Wohnung als »Nacht-und-Nebel-Häftling« in Neuengamme umgekommen ist. Es ist ihr nicht bewusst, dass die im Curiohaus vor Gericht stehenden SS-Männer diejenigen Täter aus dem KZ Neuengamme sind, die mitschuldig sind am Tod von Zehntausenden Verschleppten aus sechzehn Nationen.

In das Lager Bergen-Belsen deportierte Franzosen – auch unter ihnen Mitglieder der Résistance, die zur gleichen Zeit wie Yves Saget im KZ Neuengamme einsaßen – hatten nach der Befreiung am 15. April 1945 einen Siegeszug organisiert, aus Lumpen eine blau-weiß-rote Trikolore angefertigt und die »Marseillaise« angestimmt. Nach Osten ausgerichtet, hatten sie eine Schweigeminute eingehalten, um den in Deutschland zurückgelassenen Kameraden und allen Landsleuten, die ihre Familien und ihre Heimat nie wieder sehen würden, eine letzte Ehre zu erweisen. Dieser Moment ist für alle, die ihm beiwohnen, unvergesslich.

Sagets Mutter, Gabrielle Saget geb. Campe, ist am 21. April 1945 in Paris gestorben, in Trauer und Gram über die Schicksalsschläge, die sie getroffen hatten. Der deutsche Vater, Julius Hinrich Wilhelm Campe, hatte sie im Scheidungskrieg einst der Mutter, Marie-Angèle Campe, entreißen wollen, ihre eigene Ehe mit Guillaume Saget war im November 1938 nach quälender Auseinandersetzung geschieden worden. Sohn Yves lange Jahre in einer, wie es die Pariser Gesellschaft empfand, nicht standesgemäßen Beziehung mit der früheren Haushälterin Jeanne Robert zu sehen, überhaupt seine an den Vater Campe erinnernde laxe Lebensführung mitzuerleben, schließlich Yves' Verschleppung und Ermordung durch die deutschen Nazis und zuletzt das schlimme Gerücht, der Enkel Myrian hätte seinen Vater bei der Gestapo denunziert – das war an Schmerz sehr viel gewesen.

Tapfer bemüht sich die als Schneiderin arbeitende Jeanne Robert um die Anerkennung von Yves Saget als Widerstandskämpfer und um die damit verbundene finanzielle Unterstützung. Ihr Sohn Myrian, der auch der Sohn von Yves Saget sei, leide derzeit an einer ernsten tuberkulösen Krankheit. Der Fall Saget möge bitte untersucht werden, um ihr die finanziellen Mittel zu gewähren, die es erlauben würden, ihren Sohn zu heilen. Das teilt sie in einer Befragung durch das BRAAEA, das »Bureau de recherches sur l'aide apportée aux evadés alliés«, am 7. März 1946 mit. Doch die Anerkennung Yves Sagets als »deporté résistant« wird sich noch Jahre hinziehen.

In der Familie hält sich die Erinnerung, dass Oliva Bouchard einen Prozess gegen Myrian Saget angestrengt habe, wegen seiner angeblichen Denunziation. Solche Prozesse gibt es nach Ende des Krieges viele, längst nicht alle werden dokumentiert. Von Myrian Saget, der zu der Zeit zwanzig Jahre alt ist, verliert sich jede Spur.

1947*

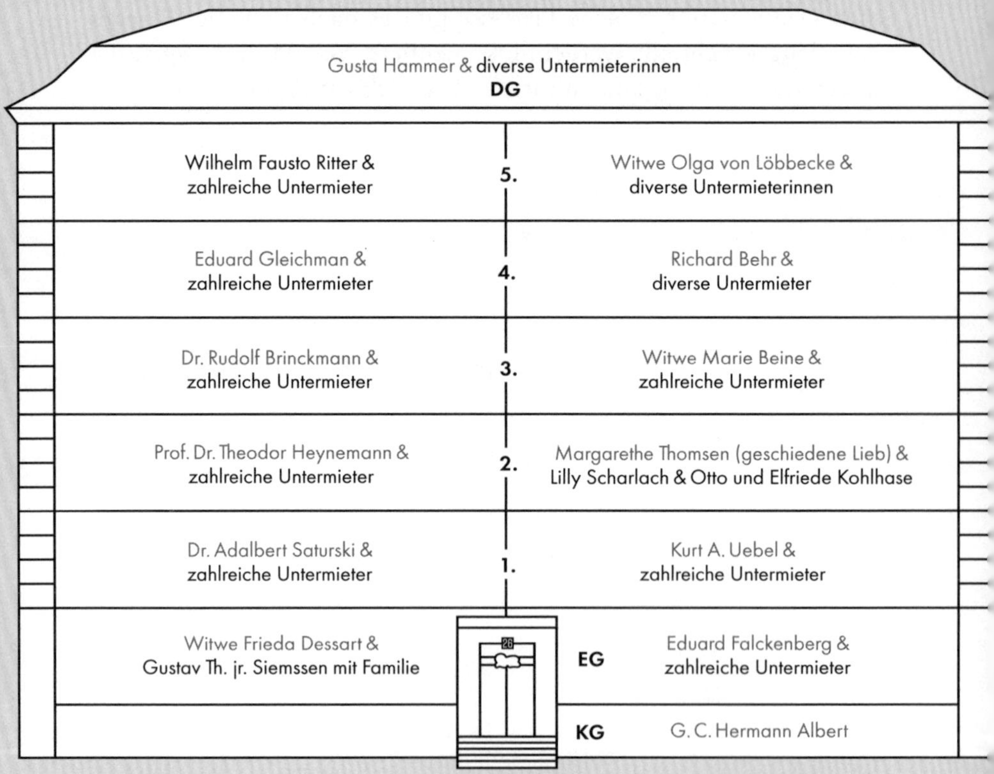

* Das hier verwendete Wort »Untermieter« umfasst in vielen Fällen auch »Einquartierte«. Inwieweit tatsächlich Mietzahlungen geleistet wurden, ist nicht mehr feststellbar. Auch sind etwaige Beschlagnahmungen von Wohnraum im Haus durch britische Militärbehörden – wie sie in Harvestehude und Rotherbaum in den Jahren 1945 und 1946 zahlreich vorkamen – nicht dokumentiert.

Verschneite Landschaften

Dr. Rudolf Brinckmann | Dr. Frederick J. Liebmann | Margrit Dessart + Frieda Dessart | Gustav Theodor Siemssen jr. | Margaretha Thomsen geschiedene Lieb | Wilhelm Lieb | Kurt A. Uebel | Richard Behr | Prof. Dr. Theodor Heynemann | Gusta Hammer | Eduard Gleichman | Curt Aleff

22. November 1946. Festliche Musik, berichtet der Reporter im Rundfunk, rauscht auf. Unter erneuter Stabführung von Eugen Jochum leitet das »Philharmonische Staatsorchester« mit der Ouvertüre zu »Iphigenie in Aulis« die Vereidigung der neu gewählten Mitglieder des Senats der Hansestadt Hamburg ein, der ersten gewählten Landesregierung in der britischen Zone. Aus diesem Grund, fährt der Berichterstatter fort, hat man sich hier im Großen Festsaal des Hamburger Rathauses versammelt, der mit seinen leuchtenden Wandgemälden, dem Glanz der Kronleuchter und dem Reichtum einer vergangenen Epoche so beredt von Hamburgs Bedeutung spricht. Gemeint ist die Zeit lange vor dem »Dritten Reich«.

Weitab von barocken, auch in der neuen Demokratie ohne Umstände einsetzbaren Klängen unter Kronleuchterglanz treffen jüdische Waisenkinder aus dem Konzentrationslager Bergen-Belsen in Blankenese ein, erhalten Quartier auf dem Kösterberg, dem Besitz der Familie Warburg, der 1938 beschlagnahmt worden war.

Vom Tod Max M. Warburgs im Dezember 1946 erfährt Dr. Rudolf Brinckmann in Hamburg, in New York nimmt Dr. Fritz Liebmann an den Trauerfeierlichkeiten teil. In der »Steinway Hall« an der 57. Straße findet das »Memorial Meeting« für »Herrn Max« statt, trotz eisiger Kälte finden sich mehr als 150 Freunde und Vertreter von Immigranten-Organisationen ein. Redner schildern Leben und Persönlichkeit des Dahingeschiedenen, im Anschluss erklingen »Vier ernste Gesänge« von Johannes Brahms.

Es ist das zweite Mal, dass Dr. Liebmann sich von Max M. Warburg verabschiedet. Ende Mai 1938 war der Mann mit den wachen Augen und dem Hamburger Klang in der Stimme in der Kasinohalle der Ferdinandstraße vor seine schluchzenden Angestellten getreten. Um die Lebensarbeit von Generationen nicht zu zerstören, hatten die Warburgs die Firma abgegeben und allen Zurückbleibenden noch einmal die Hand gereicht. Max M. Warburg war es vorgekommen, als stünde er vor seinem eigenen Sarg. Schweigend hatten sich die Herren Dr. Liebmann und Dr. Brinckmann getrennt.

In Hamburg treffen sich zum Gedenken an Warburg Mitglieder des Bankhauses »Brinckmann, Wirtz & Co.« mit Oberbürgermeister Max Brauer und Vertretern der »Notgemeinschaft der durch die Nürnberger Gesetze Betroffenen« in der Synagoge Kielortallee. Wie in New York wird auch hier »Psalm 90« vorgetragen, der Text über Mühe und Leben, Zeit und Ewigkeit.

In der Rothenbaumchaussee 26 sind die Etagen gestopft voll mit Einquartierten, viele Flüchtlinge aus Ostdeutschland haben hier Unterschlupf gefunden. Im 2. Stock wird ein Schwein großgezogen, quiekend in die Badewanne geschleift, dabei die Musik eines noch vorhandenen Volksempfängers laut aufgedreht. Da die Schwarzschlachtung nicht zu verheimlichen ist, bekommen alle Parteien im Haus hinterher etwas vom Fleisch ab.

Seit bekannt geworden ist, dass die britische Militärregierung ihren Hauptsitz aus der Gegend zwischen Minden, Herford und Detmold nach Hamburg verlegen will, was die Beschlagnahme und Räumung von Wohnraum zur Folge haben wird, wächst die Unruhe in der Bevölkerung. Gerüchte über den Abbruch ganzer Viertel kursieren, Empörung kommt auf, da doch nach den Kriegszerstörungen ohnehin viele Zehntausende von Menschen nur in provisorischen Notunterkünften hausen. Tatsächlich wird im Rahmen des »Hamburg Project« eine Enklave ausgewiesen, die von der Militärregierung für die ausschließliche Unterbringung von Angehörigen der Militär- und Zivilverwaltung – man schätzt 600 englische Familien – vorgesehen ist. Dieses Areal soll den ganzen Stadtteil Harvestehude zwischen Grindelberg und Krugkoppel bis zur Außenalster umfassen und komplett von deutschen Bewohnern, ob belastet oder nicht, geräumt werden.

Am 1. Juni 1946 meldet die »Hamburger Freie Presse« den Beginn der Räumung Harvestehudes. Zunächst, bis Mitte Juni, müssten 813 Personen eine andere Behausung gefunden haben. Soweit es sich um Familien mit Anspruch auf abgeschlossenen Wohnraum handele, würden dafür Wohnungen ehemaliger Nationalsozialisten bereitgestellt. Im Haus Rothenbaumchaussee 26 bewirkt diese Nachricht einen

Schock. Sie betrifft gleichermaßen Frieda Dessart, Eduard und Polly Gleichman, Prof. Dr. Theodor Heynemann, Dr. Adalbert Saturski und Kurt Albert Uebel, der im August 1945 bereits 6560 Säcke mit Garn und Stoffen ohne Entschädigung an die O. C. 338 Batterie R. A. der britischen Army of the Rhine abgegeben hatte.

Nach der Ankündigung in der Presse, dass 20000 bis 30000 Hamburger umgesiedelt werden müssten, erscheint am 19. Juni 1946 eine Kartierung der vorgesehenen Enklave, eingeteilt in die Zonen A und B. Erleichtert stellen die Bewohner der Nr. 26 fest, dass sich ihr Haus nicht im Räumungsgebiet befindet, die Grenze verläuft knapp weiter nördlich durch die Möllerstraße.

Doch auch ohne drohende Ausquartierung verursachen Meldungen rigoroser Beschlagnahmungen von Möbeln, Teppichen und Hausrat durch englische Militärangehörige in verschiedenen Stadtteilen mit vorgehaltener Waffe zusätzlich Erregung und Erbitterung in der Bevölkerung. »An English officer takes what he wants«, bekommt ein Hauseigentümer von einem englischen Offizier zu hören – und beschwert sich brieflich bei Bürgermeister Petersen. Selbst Ausweise ehemaliger KZ-Häftlinge würden von den Eindringlingen nicht respektiert. Wo, lautet der gegen die Engländer gerichtete Vorwurf, sind denn die Befreier, die die Deutschen vom Moloch des Nazismus erretten und ihnen die beglückende Demokratie als Freunde bringen wollen?

Die befohlenen Umzüge verlaufen oft chaotisch. Es fehlt an Ersatzwohnungen, Möbeltransporteure sind nicht in der Lage, die anfallenden Lasten zügig zu bewältigen, ihr Personal ist entkräftet. In den geräumten Blocks werden Gärten mutwillig zerstört, entgegen den Anordnungen nehmen die Vertriebenen Fenster, Türen, Bodenbeläge, elektrische Anlagen und Leuchten einfach mit.

Am 27. Juni kommt es auf dem Rathausmarkt zu einer lautstarken Protestveranstaltung, für das »Hamburger Echo« handelt es sich dabei zum großen Teil um die »Ewig-Gestrigen«, die nie gegen den Hitler-Krieg protestiert hätten. Im Gegenteil, nach Lage der Wahlergebnisse habe der Nationalsozialismus gerade in den materiell bessergestellten Quartieren wie Harvestehude und Rotherbaum breite Zustimmung gefunden. Noch weit über den Sommer hinaus setzen sich die Räumungen fort.

Im kalten Winter 1946 – Eiskristalle glänzen an den Wänden der ungeheizten Station 34 des Eppendorfer Universitätskrankenhauses – wartet Prof. Heynemann, bis eine Patientin nach einer Evipan-Spritze narkotisiert ist. Wie immer trägt er einen weißen Kittel, unter dem sein schwarzer Herrenmantel mit Samtkragen hervorschaut. Dann setzt er seinen Hut, den er in einem Elektroofen warm gehalten hat, auf seinen kahlen Kopf und beginnt den Eingriff. Den Hut setzt er nicht mehr ab, bis er wieder zu Hause in der Rothenbaumchaussee ist.

Für die Dessarts wirkt sich günstig aus, dass 1946 das Eheverbot für britische Soldaten und Zivilisten mit deutschen Frauen aufgehoben wird. Noch vor dem katastrophalen Winter 1946/47, einem der härtesten in Europa seit Jahrzehnten – frierende Menschen legen in der Dämmerung mit Äxten und Sägen Hand an die Chausseebäume für Brennholz –, fassen Peter Orgar und Margrit Mary Dessart den Entschluss, zusammenzubleiben und sich eine gemeinsame Zukunft in England aufzubauen. Am 12. Februar 1947 geht es los.

Mit Tränen in den Augen schaut Frieda Dessart der Tochter nach: Morgens um 9.20 Uhr fährt der »Bräutezug« vom Hauptbahnhof Hannover nach Hoek van Holland, organisiert vom »Assembly Center of German Movements Branch« in Hannover-Bemerode, dem Sammelpunkt aller England-Reisenden der drei Besatzungszonen. Ein Waggon des Zuges der »Control Commission for Germany«, der auch die Urlauber der Militärregierung befördert, ist den deutschen Bräuten vorbehalten. Sie sind seit 1946 fast die einzigen Zivilistinnen, die sich grenzüberschreitend bewegen dürfen, und nicht wenige von ihnen kommen aus den »besseren« Kreisen. Ein wenig guter Ruf begleitet sie, oft haben Straßenbekanntschaften überstürzt zur Ehe geführt, auch gibt es Not leidende Kriegerwitwen, die ihre Chance suchen. Alle Frauen und Mädchen sind fest entschlossen, nicht zurückzukehren, trotz der demütigenden Feindbeschau, in England wie in Holland.

Im Januar trifft die unerbittliche Kältewelle auch die Britischen Inseln; die Kohlekraftwerke haben zu wenig Kohlen, der Strom wird rationiert. Noch während dieser Kälteperiode heiraten Peter Orgar und Margrit Mary am 3. März 1947 in Bromley, Kent. Dann setzt Tauwetter ein, weite Teile Ostenglands stehen unter Wasser.

Die Konfrontation mit der englischen Wirklichkeit ist für die deutsche Bürgerstochter Margrit Mary hart, sie ist schockiert über Peters bescheidene Herkunft und die Lebensumstände der englischen Familie mit sieben Kindern. Der kommunistisch denkende Vater ist aktiv als Gewerkschaftssekretär in den Kohlengruben von Kent, die Mutter viel beschäftigt mit jüdischen Flüchtlingen vom Kontinent und mit Kindern republikanischer Emigranten aus dem Spanischen Bürgerkrieg. Der Haushalt erweist sich als entsprechend turbulent, es wartet ständig haufenweise Wäsche darauf, gebügelt zu werden. Alles ist katastrophal anders als das Leben, das Margrit Mary erwartet hatte und auch gewohnt ist. Kein Wort verliert sie darüber, dass ihr Vater ein Mitglied der SS war. Für ihre Umgebung genügt bereits die schlichte Tatsache, dass Peter ausgerechnet eine deutsche, bürgerliche Frau aus dem Reich der Nazis mit nach Hause gebracht hat. 1948 wird Margrit von Zwillingen entbunden, die Mädchen Fnu und Vivienne überleben das Jahr nicht. Die Dessart-Tochter kann es in England schließlich nicht mehr aushalten, sie kehrt im Oktober 1951 nach Hamburg zurück, zieht zu ihrer Großmutter Mary in den Leinpfad. Vergeblich reist Peter ihr nach, sie trennt sich von ihm, behält aber bis zur Scheidung 1957 den Namen Orgar.

Das Haus in der Rothenbaumchaussee füllt sich weiter mit Menschen jeden Alters, die dringend Unterkunft brauchen. Bei Frieda Dessart, genannt »Friedel«, hat die Familie Gustav Theodor Siemssen jr., aus Shanghai kommend, Aufnahme gefunden. Der in Foochow als Sohn des gleichnamigen Teekaufmanns Siemssen geborene Mitinhaber der Traditionsfirma »Siemssen & Krohn« hat seine Ablehnung des Nationalsozialismus bereits in China nie verheimlicht. Die Chefs der in Shanghai ansässigen deutschen Handelshäuser sind Kosmopoliten. Den meisten von ihnen ist der Nazi-Rassismus zuwider, das Auftreten herrischer, primitiver Braunhemden vor den Chinesen ist ihnen nur peinlich gewesen. 1945 wird die Firma »Siemssen & Krohn« aufgelöst, sie geht in der Firma »Münchmeyer Petersen & Co.« auf. Im Zuge der Repatriierung von China-Deutschen verlässt die Familie Siemssen ihre chinesische Heimat und beendet damit die Geschichte dieses bedeutenden Hamburger Handelshauses.

Nach einem Leben in einem chinesischen »Schloss« beziehen die Siemssens mit ihren beiden Söhnen Rolf-Hendrik und Kurt Detlev im Erdgeschoss links zweieinhalb Zimmer, die nach hinten zum Hof liegen. In der Wohnung logieren noch drei ältere Damen, das »Publikum« ist gemischt, doch in der Küche regiert die lebensfreudige und stets optimistische Frieda Dessart allein. Grete Siemssen und »Friedel« sind Freundinnen seit ihrer Konfirmationszeit, der Kontakt ist nie abgerissen.

Detlev mag das Haus, in der ganzen Gegend ist von Krieg nichts zu spüren, nette Nachbarn fahren ihn in einem schicken Cabrio spazieren, zum Klavierunterricht geht er über die Straße ins Curiohaus, Gusta Hammer, er trifft sie im Hausflur, findet er ausgesprochen nett.

Margaretha Thomsen hat ihre Freundin Lilly Scharlach, Witwe des Juden Fritz Scharlach, bei sich aufgenommen. Sie schenkt ihrer Freundin Möbel für ein Speisezimmer und beschäftigt Lilly Scharlachs Tochter in ihrem eigenen Betrieb, der »Fußpflegestätte Margaretha Thomsen«, als Lehrling. Wilhelm Lieb, jetzt in Firma »Alles für die Füße« und Herausgeber der Monatszeitschrift für Körperkultur »Von Kopf bis Fuß«, ohne politische Richtung, mit Bild-, Text- und Anzeigenteil, attackiert seine Ex-Frau weiterhin gerichtlich. Ihm ist nicht entgangen, dass sie, im Besitz einer genehmigten Leistungsanforderung, einen Laden am Neuen Jungfernstieg zugesprochen bekommen hatte, den sie allerdings aufgeben musste, als die Engländer die Räume für sich beanspruchten. Als Requisitionsgeschädigte erhielt sie neue Räume im Sprinkenhof und für diese schließlich einen Ersatz am Neuen Wall. Lieb strengt ein Verfahren an wegen »Verbrechens gegen die Menschlichkeit«, reicht dafür Prozessakten auch gegen Lilly Scharlach ein, doch seine Beschwerde wird vom Hanseatischen Oberlandesgericht zurückgewiesen. Dennoch macht er keinen Frieden. Sein Sohn, SS-Totenkopfmann Rolf Lieb, bleibt vermisst im Krieg. Zeit seines Lebens wird Wilhelm Lieb die Auffassung vertreten, dass Margaretha Thomsen für die Tat, einen politisch Unzuverlässigen an die Gestapo ausgeliefert und ihn um seine Existenz gebracht zu haben, belohnt worden sei.

Der jüdische Kaufmann Leopold Löwensberg ist wieder tätig, zunächst als Treuhänder der Firma »Kurt A. Uebel«, der Rechtsnachfolgerin seiner »arisierten« »Hanseatischen Jute-Erzeugnisse GmbH«, später als ihr Teilhaber. Uebel selbst ist bei den britischen Militärbehörden als Parteimitglied mit langjähriger Zugehörigkeit unter die Kategorie »Compulsory Removal«, obligatorische Entfernung, gefallen. Auf dem Fragebogen zur Erfassung von Belasteten ist der Hinweis »Pay attention to his income!« vermerkt. Die Zahlen für Uebels Umsätze sprechen für sich, sie steigen von 94 000,- RM im Jahr 1940 auf 478 000,- RM im Jahr 1944, ein enormer Zuwachs für jemanden, der massive Probleme mit der »Deutschen Arbeitsfront« des NS-Regimes gehabt haben will.

Das Kontor der jetzt zweitgrößten Sackfabrik Hamburgs befindet sich weiter in der Rothenbaumchaussee 26. Die Büroräumlichkeiten des Fabrikbetriebs in Hamburg-Wandsbek, Volksdorfer Straße 169–171, sind ausgebombt. Die Firma, der Löwensberg jetzt vorsteht, beschäftigt 30 bis 40 Leute. Sie ist von der britischen Militärregierung beauftragt zum Einsammeln, zur Herrichtung, Lagerung und Verteilung der bei ihr eingehenden kanadisch-amerikanischen Mehlsäcke. Es liegen laufend Aufträge vor vom »Regional Food Office« auf Umarbeiten, Ausbessern und Trocknen von Mehl-, Saat-, Zementsäcken sowie von der »Treuhandstelle für Säcke für die Nahrungsmittel-, Dünger- und sonstige Industrie« für Lagerung und Verteilung neuer Säcke. Der eigene Bestand der Firma umfasst annähernd 500 000 Leihsäcke für Getreide und sonstiges Gut. Man braucht dringend wieder einen Lastwagen.

Kurt Albert Uebel betreibt seit 1. November 1945 erneut sein eigenes Geschäft in Hamburg als Zweigniederlassung der Firma »Kurt

A. Uebel«, er siedelt sich am Veddeler Damm im Freihafen an. Die Zweigstelle in Wien auf dem Gelände des Zwangsarbeiterlagers ist aufgelöst. Uebels Bilanz zum 31. Dezember 1945 weist einen Betrag von mehr als einer Million Reichsmark auf. In seiner Gewinn- und Verlustrechnung ist ein Kapitalverlust von 752 771,18 RM angegeben. Unter den Verlustposten wird ein abgängiges Grundstück in Bad Reinerz aufgeführt, einem der ältesten Kurorte Niederschlesiens, nunmehr polnisches Gebiet. Unerwähnt bleibt der dortige Einsatz von Zwangsarbeitern.

Uebels Angestellte Hertha Proföhr sagt nach Kriegsende aus, dass ihr Chef die Behandlung der zwangsverschleppten Arbeiter und Kriegsgefangenen besonders scharf verurteilt habe. Er habe angeordnet, die russischen Arbeiter gut zu behandeln, und alles getan, um für ordentliche Unterkünfte zu sorgen. Der Fall der Anna Kolomicz, deren Kind verhungert ist, kommt nicht zur Sprache. Uebel gibt an, dass er den »nichtarischen« Angehörigen seiner Wiener Dependance gestattet habe, die Nächte mit ihren Familien auf seinem Sacklager zu verbringen, da sie gewöhnlich nachts vom SD aus ihren Wohnungen abgeholt und abtransportiert wurden. Auch habe er zwei jüdische Flüchtlinge illegal beschäftigt, bis sie durch Verrat von Glaubensgenossen der Polizei in die Finger gefallen seien. Dem Juden Salzer sei indirekt ermöglicht worden, nach Ungarn zu fliehen. Sein Geschäftsführer Peter Petersen beglaubigt die Aussagen.

Für das ehemals im Besitz der jüdischen Familie Meyer befindliche »arisierte« Grundstück Victoriastraße 11–17 wird vom Landgericht Hamburg gegen Frau Spassena Uebel geb. Balaktschieff Rückerstattung angeordnet zugunsten Hans Jacob Meyer, New York. Die juristische Auseinandersetzung zieht sich hin bis zum August 1951. Hans Jacob Meyers Vater, der Vorbesitzer Otto Meyer, war 1937 mit seiner Frau Ida nach Holland ausgewandert; dort hatten sie den Deportationsbefehl erhalten und sich erneut auf die Flucht begeben, waren gefasst und im Juli 1943 in Auschwitz vergast worden.

Mit Schreiben des Landwirtschaftsamtes Hamburg vom 9. Mai 1946 ist Uebel aufgrund seiner Parteimitgliedschaft seiner Stellung als Inhaber der Firma »Kurt A. Uebel, Sackfabrik« enthoben worden. Gegen diese Maßnahme erhebt er Einspruch und beantragt Rehabilitierung. Gleich eine ganze Reihe von Zeugen und Fürsprechern führt er auf; ehemalige jüdische Geschäftskontakte, Berufskollegen, Angestellte stellen schriftlich eidesstattliche Versicherungen zur Verfügung. Schon im Dezember 1945 hatte Uebel an verschiedenen für ihn vielversprechenden Türen im Haus Nr. 26 geklingelt und seine Sache vorgetragen. Willige Nachbarn helfen ihm nun aus. Richard Behr bestätigt das Schachspiel mit Uebel. Prof. Dr. Theodor Heynemann gibt an, Uebel seit vielen Jahren zu kennen, nie vermutet zu haben, dass er ein Parteimitglied sein könnte, seine gegnerische Einstellung zum Hitlerregime sei im Hause allgemein bekannt gewesen. Kammersängerin Gusta Hammer versichert, in den vergangenen acht Jahren laufend Gelegenheit gehabt zu haben, sich mit Uebel über politische Dinge zu unterhalten, er habe allezeit unverhohlen seine unversöhnliche Feindschaft gegen das Hitlerregime zum Ausdruck gebracht.

Uebel selbst, der in allen seinen Betrieben von der Zwangsarbeit profitiert hat, geht noch einen Schritt weiter. Er schließt sein Schreiben an den Berufungsausschuss vom 23. Januar 1947 mit dem Angebot, zur Wiedergutmachung des von den vergangenen Machthabern begangenen Unrechts einen Betrag von 10 000,- RM an die Notgemeinschaft der durch die »Nürnberger Gesetze Betroffenen in Hamburg zu bezahlen – eine ungewöhnliche Spende angesichts der Darstellungen seiner politischen Haltung. Aufgrund der vorgelegten Aussagen wird seiner Berufung im Februar 1947 stattgegeben.

Das Winterbild aus dem März 1947 zeigt eine verschneite Landschaft vor dem Dammtorbahnhof, mit Trampelpfaden auf den Gehwegen für die Passanten. Zum Ausgang der Rothenbaumchaussee sind die Bäume gefällt, die Allee ist verschwunden. Nur ab und zu fahren Lastwagen vorbei und machen sie bemerkbar, die große Stille, die nun eingetreten ist, nicht nur, weil die Sirenen verstummt sind. Weit über die Zeit in den Luftschutzkellern hinaus halten sich die Schweigegemeinschaften, bei vielen Menschen tritt jäh nachlassendes Erinnerungsvermögen ein.

Unvergessen aber sind die Umstände der Bunkernächte. Ironisch wird das schreiende Geräusch der Sirenen in den Hamburger Kammerspielen als Pausenzeichen eingesetzt. Thornton Wilders »Wir sind noch einmal davongekommen« steht in der Hartungstraße 9/11, dem ehemaligen »Jüdischen Gemeinschaftshaus«, auf dem Programm. Publikum in guter Garderobe strömt zur Premiere in den Theatersaal, der zwischenzeitlich als Versorgungs- und Sammelstelle für Deportationen, Ausweichquartier des ausgebombten Thalia Theaters und Kino gedient hat und bis Dezember 1945 als »Savoy«-Kabarett des britischen »Army Welfare Service« benutzt worden ist.

Wie fast alle Bewohner der Nr. 26 ist auch Gusta »Gustav« Hammer, die »Frau ohne Schatten«, Kundin der »Schuhmacherei Werner Klapper« auf der anderen Straßenseite. Sobald es wieder möglich ist, lässt sie dort auch ihre Füße pflegen, offenbart gewisse Liebesgeschichten und kippt sich einen, wie Edith Klapper es anschaulich ausdrückt. Die Rolle der »Zauberin« in Henry Purcells »Dido und Aeneas«

wartet auf sie. In Benjamin Brittens Oper »Peter Grimes« wird sie im März 1947 die Partie der »Auntie« singen. Auch kulturell haben die Engländer übernommen. Mit ihr wird Erna Schlüter auf der Bühne stehen. Die Kollegin ist bereits verpflichtet von der »Metropolitan Opera« in New York, doch neben der Freude über das Engagement steht ihr die bittere Erfahrung bevor, als deutsche Sängerin vom amerikanischen Publikum so kurz nach Weltkrieg und Holocaust nicht akzeptiert zu werden.

Um Gusta Hammer wird es ruhiger, den langjährigen Fixstern am Bühnenhimmel der Hamburgischen Staatsoper in den Jahren der NS-Herrschaft. Für Wilhelm Freund, der mit seiner Familie nach Schweden ausgewandert ist, steht sie als Zeugin seiner Leiden zur Verfügung, er wird versuchen, eine Wiedergutmachung zu erlangen, sobald dies möglich ist.

Nach wie vor Kunde bei der »Schuhmacherei Klapper« auf der anderen Seite der Straße ist auch Kohlengroßhändler Eduard Gleichman. Sein in den USA geborener Sohn Hanns Eduard befindet sich mittlerweile in Diensten des amerikanischen »Foreign Service«. Bei den Nürnberger Kriegsverbrecherprozessen fungiert er als Clerk of the Court, Gerichtsschreiber, und Vorsteher einer Language Division. Die dort zur Sprache kommenden Gegenden sind seinem alten Herrn nicht unbekannt, und wieder einmal stehen Vater und Sohn auf unterschiedlichen Seiten der Geschichte.

Willy Davidsons früherer Lebensgefährte, der Innenarchitekt Curt Aleff, war 1943 wieder im »Hamburger Adressbuch« unter der Adressangabe Große Allee 6, 3. Stock, im Stadtteil St. Georg erschienen, ohne Angabe eines Telefonanschlusses. Vom 10. November bis 14. Dezember 1937 hatte ihn die Kriminalpolizei im KZ Fuhlsbüttel, das offiziell »Polizeigefängnis« genannt wurde, inhaftieren lassen. Nach seiner Entlassung konnte Aleff untertauchen und blieb zunächst von der öffentlichen Bildfläche verschwunden. Seinem sprühend lebhaften Vater Georg Aleff wird im August 1944 eine Würdigung im Feuilleton gewidmet anlässlich seines 40-jährigen Jubiläums in der Firma »Steinway & Sons«, deren Verkaufs- und Ausstellungsabteilung am Jungfernstieg er seit ihrer Gründung vorsteht, erst in der Nr. 34, später in der Nr. 49. Im März 1944 bereits hatte Werkdirektor Theodor Ehrlich, der frühere Untermieter von Clara Thomann, seine 40-jährige Unternehmenszugehörigkeit gefeiert. Aleffs Sohn Curt stirbt am 27. September 1948, im Allgemeinen Krankenhaus Heidberg, wo er in stark abgemagertem Zustand eingeliefert wurde. Als Todesursache wird ein Gallengangskarzinom festgestellt.

A Place To Be

Maria Steiner geb. Neukircher + Irene Newkirk geb. Neukircher (Inge Gonsenheimer) + Charles Jules Neukircher | Anna Levy + Alfred Lennert (Levy) | Lotte Bilak geb. Liebmann + Dr. Frederick J. Liebmann + Anna Liebmann | Wilhelm Fausto Ritter | Julius Hirsch + Luis Hirsch | Gretchen Meyer | Alfred Benjamin | Dr. Herbert Pardo | Oscar von Laffert + Erica von Laffert + Gotthard von Laffert + Renate von Laffert

Im Mai 1947 aus Brüssel angereist, versucht Charles Jules Neukircher in Hamburg etwas von seinen beschlagnahmten Silbersachen, den alten Andenken und Familienerbstücken, in der Silberbewahrungsstelle am Gänsemarkt wiederzufinden, doch vergebens. Kein siebenarmiger antiker Leuchter ist mehr vorhanden. Groß war seine Befriedigung, als er mit dem Auto nach Deutschland hineinfuhr, nach allem, was ihm und seiner Familie angetan worden ist, wie schön ist es, wie er in seinem Tagebuch schreibt, ohne die Nazis. Den geliebten Golfplatz findet er wieder, auch das Haus in der Rothenbaumchaussee, aber nichts mehr von dem geerbten Silber.

Seine Tochter, Carla Maria Steiner, hat 1947 einen Sohn zur Welt gebracht und ist mit Dr. Béla Steiner nach Budapest gegangen, aber angesichts der dortigen politischen Verhältnisse nach Brüssel zurückgekehrt. Damit Maria das kommunistische Ungarn leichter verlassen kann, lassen sich die Steiners scheiden. Nie hätte die aus so wohlhabenden Verhältnissen stammende Frau erwartet, überhaupt einer Erwerbstätigkeit nachgehen zu müssen, stattdessen kommt es dazu, dass sie ihr ganzes Leben lang hart arbeiten wird.

Zusammen mit ihrem ersten Ehemann, Joop Pimentel, das Verhältnis ist freundschaftlich geblieben, hilft sie in der neu aufgebauten Firma ihres Vaters Charles Neukircher für »cuirs et peaux«, Leder und Häute, in der Avenue Brugmann 94 aus; außerdem ist sie tätig für einen Handelsbetrieb, der Lachs im- und exportiert. Im Quartier des Quais, am alten Fischmarkt bei der Kirche St. Catherine, geht sie täglich an den Bürgerhäusern entlang bis zum Marché aux Cochons, dem ehemaligen Schweinemarkt, der an den Quai au Bois stößt. Die lebhafte, bunte Welt an den lang gezogenen Wasserbassins wird Teil ihrer neuen Heimat. Die Eingewöhnung gelingt, auch dank ihres Naturells, schon immer war sie quirliger als ihre Schwester Inge mit deren zuweilen dunklen Stimmungen.

Charles Jules Neukircher muss bald einsehen, dass Inge auch ein ausgedehnter Skiurlaub in der Schweiz letztlich nicht hilft, über die Leiden der vergangenen Jahre hinwegzukommen. Er spricht mit ihr und bezahlt ihr im Jahr 1947 ein Schiffsticket der »Holland-America Line« von Rotterdam nach New York. Sie soll ihr Leben total ändern und sich durch Abstand von allem lösen können, was sie erlebt hat. Tom Applewhite, ihre Beinaheromanze im Brüsseler Versteck, bürgt für sie bei den US-Behörden und ist sogar bereit, eine Scheinehe ohne jede Verpflichtung mit ihr einzugehen, damit sie die amerikanische Staatsbürgerschaft bekommt. Doch als er sie trifft, in einem Restaurant im Washingtoner Zoo, sei ein Mann in ihrer Begleitung gewesen, der sie nach fünf Minuten weggezerrt habe. Die einst so agile Person erscheint dem verdutzten Applewhite, als habe man alle Energie aus ihr herausgenommen. Weitere Kontakte kommen nicht zustande.

Im Haushalt einer orthodoxen jüdischen Familie findet Inge, die sich in New York Irene Newkirk nennt, einen ihrer ersten Jobs. Da ihr jüdische Traditionen, Bräuche und Vorschriften unbekannt sind, verursacht sie Chaos mit den Kochutensilien. Man trennt sich schnell. Als Sprechstundenhilfe arbeitet sie eine Zeit lang bei Dr. Leopold Seidenberg, sie jobbt bei »Rogers & Rogers, Commercial Collections« in Midtown East, verbringt schließlich lange Jahre als Sekretärin im Büro des »Aufbau«. Und tatsächlich gewinnt sie viel von ihrer Lebendigkeit zurück, auf Freunde wirkt sie »a lot happier«.

Anna Levy ist in New York umgezogen, hat eine Wohnung in Kew Gardens bezogen. Das 1937 gebaute sechsstöckige Apartmenthaus 88–11 Elmhurst Avenue hat 82 Einheiten, ein mächtiges, helles Portal mit Säulendekor, und trotz der Größe wirkt die rote Backsteinfassade auch hier vertraut, wie eine gebaute Erinnerung.

Seit Beginn des 20. Jahrhunderts prägt eine Gartenstadt-Bewegung die Stadtentwicklung in diesen Bereichen New Yorks, es geht darum, attraktive Wohnprojekte mit privaten Grünflächen zu schaffen, oft in Form von Genossenschaften. Diese Blocks ziehen die weiße Mittelschicht und jüdische Immigranten an, und – in Erinnerung an Hamburger Zeiten – auch die Liebmanns und Anna Levy.

Ihr in Hamburg verbliebener Sohn Alfred – auch er nimmt wie sein Bruder Heinz den Nachnamen »Lennert« an – führt in einem Antrag auf Wiedergutmachung im März 1948 aus, dass sich im Jahre 1921 mehrere Personen, neben anderen auch sein Vater Paul Levy, zusammengetan und die »Wohnhaus Rothenbaum GmbH« gegründet hätten. Es sei ein sechsstöckiges Etagenhaus gebaut worden, mit einheitlichen Wohnungen, die der Levys habe im zweiten Stockwerk links gelegen. Wieder sind Einsprüche zu überstehen. Martha Bertha Cuno, die die Wohnung 1940 übernommen hatte, zahlt an Anna Levy schließlich in einem Vergleich eine Entschädigung für die Übergabe des Hausanteils unter Zwang. Dass ihre Schwester Paula und deren Mann Dr. Julius Lewinnek in Sobibor umgebracht worden sind, diese Nachricht hat sich eingereiht in die gewaltige Zahl der Meldungen, mit der seit dem Zusammenbruch von Nazi-Deutschland alle Emigranten konfrontiert sind.

»Früher Eschwege« – diese Erinnerung teilt Anna Levy jetzt umso stärker mit ihrer im chilenischen Exil lebenden Schwester Käthe Doernberg. Es braucht seine Zeit, dann wird Käthe, die jüngste der vier Schwestern, auf Besuch nach New York kommen. Und für Anna Levy steht unbedingt fest, dass sie ihren Sohn Alfred, der weiterhin in Hamburg lebt, noch einmal sehen will.

Nach zehn Jahren Ehe verlässt Lotte Bilak geb. Liebmann – sie ist 31 Jahre alt – Guatemala und siedelt mit Tochter Rita zu ihren Eltern nach New York über. Wieder verliert sie ihre Staatsangehörigkeit, diesmal durch ihre Scheidung von Léon Bilak. Noch bis Oktober 1948 gelten nach einer von der Regierung Guatemalas herausgegebenen Verordnung die aus Deutschland eingewanderten Juden als »feindliche Ausländer«. Ihre Lage dort, und das bekommen auch bereits langjährig wohnende Residenten mit, ist unangenehm, zuweilen unerträglich. Dr. Fritz Liebmann und seine Frau nehmen Tochter und Enkelin in ihrer Wohnung in Kew Gardens auf. Nach einer Weile fängt Lotte Bilak an, als Sekretärin in ihrer neuen New Yorker Heimat zu arbeiten. Auch ihr entgeht die Ähnlichkeit der Häuser im Lefferts Boulevard mit denen in der Rothenbaumchaussee nicht, doch zu viel ist in der Zwischenzeit passiert, als dass diese Gemeinsamkeit von Bedeutung wäre.

It's just a place to be.

Deutsch, Englisch, Französisch, Spanisch, Schreibmaschine für Abschriften, Diktate, Vervielfältigungen – diese Kenntnisse sind beste Voraussetzungen, um einen Job zu kriegen, vielleicht zunächst parttime, am besten aber full-time. Auch sie macht die Erfahrung aller Entwurzelten, dass Überleben heißt, verschiedene Sprachen zu beherrschen. Jahre später erwirbt sie die amerikanische »citizenship«. Ihre Tochter geht in die Public School 99, die von fast allen jüdischen

Kindern besucht wird. Beim Klassenfoto mit Klassenlehrerin Mrs. Fuller steht auch der Name »Rita Bilak« an der Tafel. Es ist des Großvaters größte Freude, Rita nachmittags von der Schule an der Ecke der Kew Gardens Road abzuholen. Er achtet dabei sehr darauf, in der Öffentlichkeit nicht deutsch zu sprechen, ebenso wie in der Bank, wo längst »Frederick J.« auf seinem Namensschild steht. Zu Hause und wenn Besuch kommt, ist er wieder »Fritz« und wird es in der Erinnerung der Familie immer bleiben.

Seitdem auch Julius Hirsch und seine Familie in New York leben, sind die drei jüngeren Hirsch-Brüder wieder vereint. Der alten, treuen Schwester Grete Weise schicken sie Lebensmittelpakete und Wintersachen. »Deda« antwortet aus Horneburg bei Stade, dass sie vor Freude geweint habe. Alt sei sie jetzt, und ihr schönes Hamburg sei nicht wiederzuerkennen. Niemand in Horneburg sieht ihr an, dass sie Jahre zuvor lange, anstrengende Touren durch Italien gemacht hat, bei Sonne und Regen, Tag und Nacht, vorbei an grandiosen Landschaften und Städten voller Kunstgeschichte, zusammen mit jüdischen Menschen, bei denen sie sich immer wohlgefühlt hat, obwohl die Gestapo auch sie deswegen einmal zum Verhör geholt hatte.

In Buenos Aires, Ayacucho 454, in einem hellen Etagenhaus mit halboval geschwungenen Balkonen, gedenkt Ludwig »Luis« Hirsch des ehemaligen Oberrabbiners und Freundes der Familie Dr. Joseph Carlebach, der nach seiner Deportation in Riga zusammen mit Frau und drei Töchtern ermordet worden ist. Er erinnert sich, vor langer Zeit in Hamburg Verse von Carlebach in einem Purimspiel aufgesagt zu haben; er hat sie noch im Kopf, ebenso wie Carlebachs Worte über das Wesen der jüdischen Wohltätigkeit als oberstes Gesetz der Religion. Durch die Barmherzigkeit, hatte Carlebach gesagt, ist der Mensch berufen, das unvollkommene Recht auf Erden zu vollenden.

Die Firma »Luis Hirsch y Cia.« ist im Exporthandel von Getreide, Reis, Schaffleisch gewachsen. Ludwig und Hilde Hirsch haben sich schnell eingefunden in die Gemeinde der bonarenser Juden. Wenn es finanziell möglich ist, werden zu »Rosh Hashana«, dem Neujahrsfest, Inserate aufgegeben in der zionistisch orientierten »Jüdischen Wochenschau«, der »La Semana Israelita«. Sie wünschen allen Verwandten, Freunden und Bekannten Glück und Gesundheit. Morgens, wenn zur Feier der Schofar geblasen wird, sind sie anwesend in der Synagoge. Alljährlich bietet das Fest Anlass, sich auf die Quellen ihrer jüdischen Existenz zu besinnen. Zerstreut in alle Länder, vielgestaltig in der Zugehörigkeit zu unterschiedlichsten Kulturkreisen und Sprachen, stiftet das Erbe doch Gemeinsamkeit, jenseits aller Äußerlichkeiten.

Dies ist eine Tatsache, die auch Gretchen Meyer an sich erlebt. Zusammen mit Schwiegersohn Felix Gross und Tochter Lotte grüßt sie in einer Gruppe emigrierter Juden aus Deutschland und Österreich im »Aufbau« zum Neujahrsfest, zugleich in tiefer Trauer um ihren Bruder Siegfried Plaut. Vom Tod ihrer Schwester Else in Theresienstadt wird sie erst später erfahren.

1947 besucht Luis Hirsch seinen Bruder Alfred in London und alte Bekannte in Brüssel, auch solche, die aus Hamburg stammen. In ihre Gesichter haben sich die Spuren der vergangenen Jahre eingegraben. Im Dezember 1947 ziehen Alfred und Selma Benjamin mit den Töchtern aus London weg, sie gehen nach New York, Chicago, schließlich nach Los Angeles. Die schweren Anfangsjahre in den USA bis zum Erwerb der »citizenship« gehen vorüber, er arbeitet als sehr gefragter medizinischer Fachfotograf, seine speziellen Techniken, Operationen zu dokumentieren, finden schnell große Anerkennung.

Im Mai 1948 wird der neu gegründete Staat Israel ausgerufen. Dr. Henri Hirschs Sohn Prof. Dr. Hermann Hirsch verlässt mit seiner Frau Bolivien, um nach Israel zu gehen. Im flachen Wasser des Hafens von Tel Aviv müssen sie in einem Boot an Land gebracht werden.

Nicht mehr in Israel, sondern in Caracas, Venezuela, werden mit den Jahren die beiden Töchter von Eva und Leo Rückhaus groß. Die Enkelinnen von Dr. Rudolf und Dr. Lilly Magnus sprechen Spanisch miteinander, Englisch mit den Eltern. Die Eltern unterhalten sich auf Deutsch, und als die Mädchen anfangen, sie zu verstehen, wechseln sie ins Hebräische. Im Vergleich zu den Müttern ihrer Freundinnen empfinden die Schwestern ihre Mutter als recht »deutsch«, »a bit rigid«. Fast alle Freunde und Bekannten der Familie in Caracas sind europäische Juden, die den Holocaust überlebt haben. Seitdem die finanziellen Probleme gelöst sind, lässt es sich in der großen Stadt angenehm leben. Das Wetter ist ganzjährig fantastisch, an den Wochenenden geht es abwechselnd an den Strand oder in die Berge. Für Dr. Magnus' Enkelinnen ist Deutschland weit weg, anderen Betroffenen dagegen hängt es als Schicksal nach.

Seit November 1948 gibt es in Hamburg wieder eine Jüdische Gemeinde. Am 18. September 1945 hatten sich 72 Personen in der Rothenbaumchaussee 38 versammelt. Die Fensterrahmen des früheren Gemeindehauses und späteren Sitzes der Gestapo waren immer noch elfenbeinfarben gestrichen, noch immer gab es die Vergitterung der Fenster im Parterre, und alles Bewegliche hatte die Gestapo bei ihrem Auszug fortgeschafft. Mitglied der Gemeinde konnten nun auch alle diejenigen Personen werden, die sich während der letzten Jahre als glaubenslos oder als »gottgläubig«, ohne Zugehörigkeit zu einer Religionsgemeinschaft, bezeichnet hatten. Am 14. April 1946 kam es dann im ehemaligen Gemeinschaftshaus in der Hartungstraße 9/11 zur ersten Wahlversammlung der Jüdischen Gemeinde nach dem Krieg. Jetzt, im November 1948, ist durch Senatsbeschluss die neu formierte Gemeinde als erste in der britischen Zone zu einer Körperschaft des öffentlichen Rechts erklärt worden. Zu mehr als einer Notiz reicht es im »Hamburger Abendblatt« nicht. Eine Mordgeschichte, ein Fettskandal und der Sportteil füllen fast die ganze Seite.

Seine Ansprüche auf Wiedergutmachung trägt der staatenlose Charles Jules Neukircher in Hamburg immer wieder persönlich vor; im November 1954 erscheint der ruhelos zwischen den Städten pendelnde Autofahrer unvorgeladen und ohne Termin im Amt, gibt zu Protokoll, in der Rothenbaumchaussee in angenehmen Verhältnissen gelebt zu haben, bei einer Miete von 300.- RM, und berichtet noch einmal von seiner Verfolgung. Man hört höflich zu. Im Dezember 1955 ist seine finanzielle Lage unhaltbar geworden. Mitte März 1956 wird sein Antrag abgelehnt, ihn für den seinerzeit erlittenen Verlust von Silbersachen zu entschädigen. Im Juni 1956 stirbt Charles Jules Neukircher in Brüssel, er wird beerdigt in Ixelles.

Lange Linien vertrauter Namen bilden sich auch in den ausufernden Adressverzeichnissen der 1950er-Jahre für das Haus ab. Immer noch erscheint Olga von Löbbecke, immer noch Marie Beine, auch Marie Heynemann, immer noch Eduard und Polly Gleichman, Gusta Hammer, Kurt A. Uebel, Kapitän Jacques Sander, auch die Falckenbergs mit Otto Tesch und die Behrs sind weiterhin verzeichnet.

Ein paar Dutzend Namen sind neu hinzugekommen: Da gibt es Menschen, die im Hafen arbeiten, wie den Tallymann Eggers, in Kliniken, wie den Chirurg Dr. Völker, in einer Bibliothek, wie Frl. Regensburger, oder als Kunstgraphikerin, wie Frl. Lietz. Als Kauffrau tätig ist Frau Fahr, als Angestellte Frau Schnabel, als Oberkellner Herr Grobe. Die »Schuhmacherei Werner Klapper« auf der anderen Straßenseite hat in diesen Jahren reichlich zu tun, aber viele Kunden lassen anschreiben. Ständig sind die Menschen unterwegs, und meistens zu Fuß.

Weit entfernt von seiner ursprünglichen Bestimmung, Alters- und Wohnsitz vor allem jüdischer Menschen zu sein, zeigt sich das Haus in den beginnenden Jahren des Wiederaufbaus der Stadt. Gesamtdeutsche Nachkriegsgeschichte bildet sich ab, »Vertriebene« aus dem Osten treten in Erscheinung.

Am 17. März 1952 inserieren Angehörige der Familie von Laffert die Traueranzeige für Oscar von Laffert, Rothenbaumchaussee 26. Es zeichnen neben der Witwe Erica von Laffert geb. von Pressentin auch

Irene Evans geb. von Laffert, Gotthard von Laffert mit Frau Renate geb. von Putlitz und Sigrid Gräfin von Welczeck geb. von Laffert. Zusammen mit dem bürgerlichen Schwager, dem Fettwarengroßhändler Anton Hannemann, und seiner Frau Alice geb. von Pressentin hatte die Familie des früheren Rittergutsbesitzers im mecklenburgischen Dersenow bei Brahlstorf im September 1948 Aufnahme im Haus gefunden, in der früheren Wohnung der Saturskis im 1. Stock und bei Marie Heynemann im 2. Stock. Tochter Irene, in erster Ehe verheiratet mit Otto Stinnes, dem drittältesten Sohn des deutschen Industriellen Hugo Stinnes, besuchte die Eltern nach einem Spanienaufenthalt einige Zeit im Haus. Ihre Schwester Sigrid hat eine gewisse Berühmtheit erlangt als gelegentliche Begleiterin von Adolf Hitler. 1934 war das frühe »BDM«-Mitglied zur Feier des 1. Mai eingeladen, 1935 mit dem »Führer« in der Deutschen Oper in Berlin gewesen, und es gab Stimmen, die das Verhältnis als »romantisch« beschrieben.

Alice Hannemann hat ihre beiden Söhne aus erster Ehe mit Ernst von Bülow im Krieg verloren. Bereits vorher, 1932, war sie nach der Scheidung von ihrem ersten Gatten eine zweite – bürgerliche – Ehe mit Anton Hannemann eingegangen, der als Hauptmann der Reserve a. D. des ehem. Feld-Artillerie-Regiments General-Feldmarschall Graf Waldersee Nr. 9 akzeptable militärische Meriten aufwies. Annähernd zwanzig Jahre lang, bis 1967, wohnen die beiden Schwestern aus dem mecklenburgischen Adelsgeschlecht in den Wohnungen der jüdischen Vertriebenen Gretchen Meyer sowie Paul und Anna Levy.

Der Aufzug ruckelt und wackelt, wenn die Schülerin Iris, die nicht mehr Barbara heißen muss, ihre Großeltern Behr im 4. Stock besucht. Draußen ist sie an der kahlen Moorweide und dem Zombeck'schen Bunker vorbeigegangen, hat das Geklingel der Straßenbahn gehört, die 1947 nach fast vier Jahren Unterbrechnung wieder fährt, vor dem Haus stehen Mülltonnen, an die sind Fahrräder gelehnt. Sie schließt die stark zerkratzte Tür des Lifts, drückt den Knopf, genießt die kleine Schaukeltour aufwärts, voller Erwartung. Die Wohnung der Behrs, wie alle Wohnungen im Haus, ist voll mit hier untergebrachten Personen belegt, überall steht, sitzt, redet jemand, die Türen der vielen Zimmer öffnen und schließen sich ständig, die Küche ist beund umlagert.

Tatsächlich, es gibt Omas selig machende Orangenmarmelade für sie. Aus Kolumbien sollen die Früchte gekommen sein in dieses Haus, das schon immer mit fernen Ländern verbunden gewesen ist. Onkel Rolf, hört sie, ist gerade wieder für die Firma unterwegs, sogar nach Moskau und China, um Daunen einzukaufen. Eigentlich sei er ein Mensch der Bücher, könne sieben Sprachen, aber eben auch mit den

Fingern fühlen, ob Federn wirklich gute Federn sind. Genau solche, die man gern im eigenen Bett haben möchte. Also, wenn sie schlafen geht, liegt sie eigentlich ein bisschen in China. Von den Mädchen, die vor Jahren das Haus verlassen mussten – Lotte Liebmann und Eva Magnus – und am Ende dorthin gingen, von wo die Orangen kommen, ist keine Rede, im Moment ist alles süß und gut und familiär.

Der andere Großvater, auch die Geschichte hört sie, habe sich einst während eines vorübergehenden Aufenthalts in Breslau verliebt, aber nie einen Antrag gewagt. Dann habe er aus weiter Ferne sieben Jahre lang jede Woche einen Brief an die Angebetete geschrieben, aber nie abgeschickt, sondern in einer Kiste verwahrt. Erst nach sieben Jahren gingen alle Briefe auf einmal in die Post, und, ein Wunder, die Frau seines Herzens war tatsächlich noch nicht verheiratet. Und wenn er die Briefe nicht geschickt hätte, würde die kleine Iris jetzt nicht hier in der Küche sitzen. Mit Geschichten wie Märchen verlässt Iris die Wohnung. Wieder ruckelt der Fahrstuhl, diesmal abwärts, wie ein guter Bekannter, der stur an seinen Eigenarten festhält. Angst hat sie nicht.

Der ältere Herr, den Iris Behr unten vor der Tür antrifft, atmet schwer. Sie grüßt und geht weiter, ohne sich nach Wilhelm Fausto Ritter, Generalmajor a. D., umzudrehen. Elisa Ritter begleitet ihren Mann, der infolge einer schweren Kriegsverletzung nicht mehr gut zu Fuß ist, in den 5. Stock. In Kolberg war Ritter, der es im Ersten Weltkrieg fertiggebracht hatte, aus russischer Gefangenschaft zu entfliehen, stationiert gewesen, als Kommandeur z. b. V. des Grenadier-Ersatz-Regiments 258 in der Division 402 für Ausbildungs- und Trainingsaufgaben. Bereits 1943 hatte er die Truppe invalide verlassen müssen, lange vor den schweren Häuserkämpfen und dem Fall der Festung Kolberg. Als Zivilist beschränkte sich der frühere »Stahlhelmer«, Führer der SA-Reserve II, Brigade 75, Hamburg, Polizist auf Zeit und Propagandist für Luftstrecken Wilhelm Fausto Ritter auf die Beschwernisse seines Alltags. Der einzige Mensch im Haus, mit dem er Erlebnisse und Legenden des in Trümmern und Traumata noch sehr gegenwärtigen Krieges wirklich teilen kann, ist Kohlenhändler und Kavallerist mit Osterfahrung Eduard Gleichman. Die beiden ehemaligen Offiziere »zur Verfügung« grüßen sich, sie ziehen die Hüte, sie schauen sich an. Einig sind sie in dem, was sie nicht sagen und auch nicht zu sagen brauchen, in der Überzeugung, man habe bei all dem, was da war, nicht anders gekonnt. Die Tatsache, dass sich nach dem Fall des Kaiserreichs auch jüdische Frontsoldaten wie die ehemaligen Hausbewohner Paul Levy, Dr. Rudolf Magnus und Dr. Henri Hirsch auf selbstlose Disziplin, Treue, Vaterlandsliebe und Pflichterfüllung berufen konnten, gehört zu den Wahrheiten einer lange ausgelöschten und geleugneten Vergangenheit.

Wenig judenfreundlich ist nach wie vor die Grundstimmung in großen Teilen der Bevölkerung. Umso erstaunlicher erscheint Freunden und Kollegen die Anwesenheit des jüdischen Rechtsanwalts Dr. Herbert Pardo in Hamburg. Im September 1947 ist der palästinensische Staatsbürger nach vierzehn Jahren im Exil in seine Heimatstadt Hamburg zurückgekehrt. Mit Datum vom 7. November 1947 ist er wieder zur Rechtsanwaltschaft zugelassen. Als Remigrant in ein Land, in dem seine Schwestern Angela und Gertrud dem Holocaust zum Opfer gefallen sind, sieht er sich hüben wie drüben konfrontiert mit Erregung und Unverständnis. Doch Deutschland geht ihn nichts mehr an, es ist seine Heimatstadt Hamburg, die Stadt mit der republikanischen Tradition, die ihn nicht losgelassen hat. Nach wirtschaftlichen Misserfolgen als Unternehmer verbindet er nun den erlernten Beruf mit einer politischen Aufgabe jenseits einer förmlichen Mandatsübernahme. Er wird in den Vorstand der Jüdischen Gemeinde gewählt, als deren Justiziar vertritt er Ansprüche politisch und »rassisch« Verfolgter in Wiedergutmachungsangelegenheiten. Sein Büro bezieht er in der Mönckebergstraße 31, in dem Haus, das vormals die Hamburger Kulturgemeinde »Kraft durch Freude« beherbergte, aber eben auch die nach wie vor bestehende Exportfirma »Karl G. Pardo de Leygomie«.

Von der Residenzpflicht befreit, praktiziert Dr. Pardo ab 1950 von Haifa aus. Es sind Mandanten wie Marianne Dessauer, Henry Cohen, Fritz Blankenstein, Cilly Meyer, Wilhelm Riese, Menschen, denen das Tragen des Judensterns und der Umzug in ein Judenhaus aufgezwungen wurde, Personen, die nach dem KZ körperlich und psychisch gebrochen und zerschlagen in die Shanghaier Emigration und anderswohin geflüchtet sind. Quälend lang ziehen sich die Verfahren hin, bitter waren die Erfahrungen der Verfolgung durch das NS-Regime für die Antragsteller, noch bitterer sind oft die Verfahrensweisen der bürokratischen Wiedergutmachung oder gar die Ablehnung einer Anerkennung erlittenen Unrechts und somit einer Entschädigung.

Fünf Jahre vergehen in der Rückerstattungssache der Reichsfluchtsteuer für die Erben des Dr. Henri Hirsch; am Anfang steht eine irrtümliche Verwechselung mit dem namensgleichen Hamburger Henri Hirsch, der 1944 nach Litzmannstadt deportiert worden ist und für den der Oberfinanzpräsident i. R. Heinrich Bierstedt als Nachlasspfleger bestimmt wurde. Dr. Pardo erreicht die Berichtigung der rechtlichen Zuständigkeit durch Vergleich vor dem Hamburger Landgericht und vertritt nun seinerseits die Erbengemeinschaft seiner früheren Nachbarn, der Söhne Benjamin und Hirsch, in ihren Ansprüchen gegen das Deutsche Reich. Eine unbegreiflich lange und verstörende Zeit ist vergangen, seit er die aufgeweckten Jungs im Treppenhaus der Rothenbaumchaussee 26 erlebt hat, ohne dass sie damals ahnen konnten, einmal in alle Welt verstreut zu werden.

Und während er die Liste seiner Mandanten mit Namen, Geburtsdaten und Adressen in den USA, Argentinien und Israel zusammenstellt, holt er die Bilder von damals, für die so wenig Raum in der Gegenwart der Nachkriegszeit ist, in die Erinnerung zurück, um sie umzuformulieren in Ansprüche, die jetzt einer Rechtfertigung und der Beibringung von Belegen bedürfen. Das Tragen von Judensternen, der Umzug in ein Judenhaus, die Darstellung genauer Daten, die bestätigten Kosten von Fahrkarten, Abgaben und Steuern, »Arisierungen« und Versteigerungen, medizinische Atteste, eidesstattliche Versicherungen von Zeugen – Fakten und Feststellungen aus einer sich entziehenden Vergangenheit – treffen auf eine Politik der Verzögerung. Sie ist lange Zeit bedingt durch das Fehlen klarer Rechtsgrundlagen in der britischen Zone. Vieles bleibt abzuwägen, bei manchen Entscheidungen erscheint es besser, sie bis zum Erlass einer Novelle zum Bundesergänzungsgesetz zur Entschädigung für Opfer der nationalsozialistischen Verfolgung zurückzustellen. Für die meist betagten und erschöpften Betroffenen, die vor dem Nichts stehen, bedeutet das, nach allen Schrecken und Entbehrungen noch länger in der Ungewissheit zu warten oder, bei laufendem Antrag, zu sterben. Noch in Amt und Besoldung dagegen befinden sich viele Richter und Staatsanwälte, die an Hamburger Sondergerichten tätig gewesen waren und an der NS-Blutjustiz durch Todesurteile mitgewirkt hatten.

Nach Jahren der Beschäftigung mit Geschichten, die alle von Unrecht und Gewalt, Krankheit und Tod handeln, und der zähen juristischen Auseinandersetzung mit ihnen wird für Dr. Herbert Pardo der Abschied von Hamburg ein trauriger und langer. 1971 schließlich fährt er unstet mit der geliebten Straßenbahn durch sein Hamburg, durch Straßen wie die Rothenbaumchaussee, allein und in Gedanken versunken, immer wieder. Wie einst steht nahe dem Gebäude der Universität noch die alte Litfaßsäule, an der Ecke zur Edmund-Siemers-Allee, eine Eisenkonstruktion auf gemauertem Sockel mit Rosettenkranz, oben mit einem Kegeldach versehen. »Hamburger Rose« nennt sich der spitze Zierrat, der diesen Abschluss bildet. Allen Wettern, Stürmen und Bomben zum Trotz hat der runde Säulenkörper den Reklamen und Aufrufen des Jahrhunderts Platz geboten, hat informiert, geworben, dem Kommerz gedient, der Unterhaltung, der ernsten Mahnung und dem leichten Amüsement, allen vorbeiziehenden Betrachtern ohne Unterschied. Spielpläne der Theater, Konzerthäuser und Kinos hatten dort kunterbunt ausgehangen, amtliche Anschläge, Zigarettenwerbungen, weithin sichtbar auch die großen roten Plakate mit den Anordnungen zum zivilen Luftschutz.

Nicht anders als alle früheren Bewohner des Hauses, die Levys, Meyers, Hirschs, Liebmanns, Glasers, Neukirchers, Wendts fährt Dr. Pardo noch mehrmals an diesem bunt behangenen Rundbau in Sichtweite des Dammtorbahnhofs vorbei. Dann verlässt er Hamburg und geht endgültig zurück nach Haifa, so wie es die Familie Dr. Magnus schon fast vier Jahrzehnte zuvor getan hatte.

Memories: He was a Mensch

Julius Hirsch + Luis Hirsch + Owen Benjamin Hirsch + Alfred Benjamin

In den 1970er-Jahren überlegt Julius Hirsch, seine alte Heimatstadt Hamburg zu besuchen. Mit Ruth Blum, in der Senatskanzlei der Freien und Hansestadt Hamburg zuständig für das »Besuchsprogramm ehemaliger Hamburger und Hamburgerinnen«, steht er deswegen in brieflichem Kontakt. Frau Blum gibt einem jungen, engagierten Geschichtslehrer, der eine Ausstellung über die nationalsozialistische Vergangenheit der Heinrich-Hertz-Schule plant, die Namen ehemaliger Schüler, zu denen auch »Ulli« Hirsch gehört.

Im Mai 1978, mehr als vierzig Jahre nach seinem Weggang aus der Rothenbaumchaussee, erhält Julius Hirsch einen Brief aus Hamburg. Der Schüler Michael Hahn schreibt dem »Sehr geehrten Herrn Hirsch«, dass die Teilnehmer des Geschichtskurses der 13. Klasse der Heinrich-Hertz-Schule sich vorgenommen hätten, etwas über die Schicksale der jüdischen Schüler – es war eine reine Jungenschule zur Zeit Ulli Hirschs – in Erfahrung zu bringen, die während der nationalsozialistischen Herrschaft von der Schule abgehen mussten. Ziel ihrer Arbeit sei eine Dokumentation in Form einer Ausstellung.

Julius Hirsch antwortet, dass er sich über den Brief sehr gefreut habe. Und dass er sich an seinen Geschichtslehrer Prof. Lundius erinnere, damals im Heinrich-Hertz-Realgymnasium, das er als Jude wegen nationalsozialistischer Umtriebe im April 1933 aufgeben musste. Sein Vater, Dr. Henri Hirsch, der die Stadt fluchtartig verlassen habe, sei wegen seiner Erlebnisse im Ersten Weltkrieg immer vom Wunsch nach Frieden beseelt gewesen. Jetzt sei die Familie Hirsch in alle Länder der Welt zerstreut, in Israel, England, USA, Schweiz, vor allem aber in Südamerika, Kolumbien, Brasilien, Panama, Argentinien. Er selbst schreibe gern, befasse sich mit den Annalen der Familie und sei im Exportgeschäft tätig. Er spreche viele Sprachen, am besten Englisch.

Und er fährt fort: Eine nette kleine Geschichte müsse er noch erwähnen. 1933, bereits unter den Nazis, hätten sie einen deutschen Aufsatz schreiben müssen, über das Drama »Agnes Bernauer« von Friedrich Hebbel. Er habe fünf Seiten geschrieben und sei nach einer Stunde fertig gewesen und nach Hause gegangen, während die Klassenkameraden eifrig weiterschwitzten. Bei Rückgabe der Arbeiten habe Dr. Hans Gerdau, der rechtsnational eingestellte Deutschlehrer, eine kleine Ansprache gehalten, weil er glaubte, sich vor der Klasse rechtfertigen zu müssen, denn einige der Schüler saßen schon in SA-Uniform da. Als Lehrer müsse er anerkennen, dass der jüdische Schüler Julius Hirsch die beste Arbeit geschrieben habe, im nationalsozialistischen Deutschland dürften Juden aber im Fach Deutsch keine guten Schulleistungen erbringen, er könne darum keine Eins geben, sondern nur eine Eins minus. Er habe, so schreibt Julius Hirsch, diese Lehre nie vergessen, die Fairness des Lehrers trotz seiner politischen Einstellung. Man solle, schreibt er dem Schüler Michael Hahn, Hass nicht verewigen, Deutschland sei das einzige Land der Weltgeschichte, das den Begriff einer »Wiedergutmachung« geschaffen habe.

Der Geschichtslehrer der Heinrich-Hertz-Schule Rüdiger Jung schreibt im Oktober 1978 an Julius Hirsch, dass dieser Brief auf alle Schüler und Schülerinnen und auch auf ihn, der zu der Zeit geboren wurde, als Hirsch Hamburg verlassen habe, tiefen Eindruck gemacht habe. Leider sei es wegen des Abiturs der Klasse nicht mehr zu einer Ausstellung gekommen, er bereite aber nun mit einer 12. Klasse eine Ausstellung über die sogenannte »Reichskristallnacht« vor.

Julius Hirsch, der sich immer noch als Hamburger empfindet und ausgestattet ist mit Hamburger Humor, hanseatischer Gradlinigkeit und der Neugierde auf das, was in der Welt vorgeht, ist nach wie vor Feuer und Flamme für das Projekt der Ausstellung und seine humanistische Idee. Dieser lebendige Geschichtsunterricht, der die Menschen mit hineinziehe in das Geschehen, sei es der Vergangenheit oder der Gegenwart, stelle eine solch natürliche Art des Denkens dar, dass man sich eigentlich fragen müsse, warum das nicht schon lange so gemacht würde.

Lehrer Jung schickt ein Klassenfoto aus dem Jahr 1932 an Julius Hirsch, der bei der Betrachtung von Erinnerungen überwältigt wird, Erinnerungen an den Klassenlehrer Dr. Plett und viele seiner ehemaligen Mitschüler wie Queisser, Reiner, Bondi, Hanauer, an Eckelmann aus der Ewerführerfamilie und natürlich an seinen Stiefbruder Alfred. Es freut Julius Hirsch sehr, dass die Ausstellung der Schule ein Erfolg zu werden scheint – »für den Humanismus und die Humanität«, denn die Aufklärung über das Geschehene sei die Voraussetzung für alles.

Er hoffe, schreibt er dem Lehrer, dass es ihm gelinge, mit seiner Frau im Sommer 1979 nach Hamburg zu kommen.

Julius Hirsch, der nach einer Rückgratoperation nur begrenzte Zeit sitzend verbringen kann, schafft es im Laufe des Jahres 1979 nicht, Hamburg zu besuchen. Am 1. Dezember 1979 aber kommen die noch lebenden Mitglieder der Familien Hirsch-Benjamin, zum vierzigjährigen Hochzeitsjubiläum von Julius und Elisabeth Hirsch, noch einmal zusammen, sie reisen an aus Israel, Argentinien, London, Los Angeles und Toronto. Für Bruder Ludwig »Luis« Hirsch, »früher Hamburg«, wurde das Kaddish bereits im April 1969 gesprochen, in Buenos Aires. Sein Leben sei Vorbild und Liebe und Hingabe für andere im Ideal jüdischer Frömmigkeit gewesen. In Erinnerung an den Vater und Stiefvater Dr. Henri Hirsch bezeichnen die Brüder auch ihn als »Freund«.

Otto »Owen« Hirsch stirbt im Juni 1998 im Alter von 77 Jahren in New York. Als Präsident der Exportfirma »O. B. Hirsch & Co., Inc.« hat er bereits seit den frühen 1940er-Jahren lateinamerikanische Länder mit Macheten des Modells »Condor« beliefert. Achtzig Jahre zuvor hatte Morris Goldtree, der unvergessene Großvater der Brüder Benjamin, die »Casa Goldtree« in San Salvador aufgebaut, Werkzeuge, Kleidung, landwirtschaftliche Handelsartikel gegen Kaffee getauscht. An diese Tradition anknüpfend, war es Owen Benjamin Hirsch gelungen, Absatzmärkte in Provinzen Süd- und Zentralamerikas zu erschließen, wo Gebrauchsgegenstände wie Macheten so unverzichtbar sind wie Uhren im Leben von Stadtbewohnern.

Alfred Benjamin wird das Thema der Verfolgung als Maler und Autor lebenslang beschäftigen. Erinnerungen an das Haus seiner Hamburger Kindheit begleiten ihn bis hinein in seine Träume. Er sieht seine Mutter Roberta im Fenster der Wohnung sitzen, bereit, nach draußen zu springen. Er sieht, wie sein Stiefvater Henri Hirsch sie wieder ins Zimmer zurückzieht. Er hört das Dienstmädchen schreien. Er meint, sieben Jahre alt zu sein. Amerikanischen Schülern und Studenten berichtet er von seinem Leben. Kurzgeschichten und Collagen entstehen: die »Holocaust Series« und das Buch »Journey to self«. Die Rothenbaumchaussee findet sich darin ebenso erwähnt wie das Curiohaus, als realer Ort und als imaginärer Raum einer existenziellen Diaspora.

Alfred Benjamin stirbt im Oktober 2014 im Alter von 98 Jahren.

1987 besucht Julius Hirsch auf Einladung des Senats endlich seine alte Heimatstadt, betrachtet nach 51 Jahren wieder das dunkelrote Haus mit den zwei Kaminen, das er als Jugendlicher gezeichnet hatte. Einquartiert wird er im »Hotel Vorbach« in der Johnsallee 67. Erstaunen und starke Emotionen stellen sich ein, als ihm bewusst wird, dass der Frühstücksraum des Hotels einmal das Wohnzimmer seines Onkels Willy Hirsch gewesen war. Während des Frühstücks schaut Julius Hirsch durch das Fenster auf die ehemalige Frauenklinik des Dr. Ascher Adolph Calmann, auch an ihn kann er sich erinnern. Er ist sehr bewegt. Und erinnert sich ...

Damals in London, Weihnachten 1944, hatte er etwas Zeit und Ruhe, die zweite Tochter Susi schlief, er schrieb an die Brüder und ratterte auf der Schreibmaschine herunter, was sein Herz bewegte. Briefe von den Brüdern Hermann, Ludwig, Otto und Edgar waren angekommen, manche erst nach Wochen. Er liebte sie alle, die Schreiben, selbst wenn sie nur Platitüden oder Aussagen zum Wetter, Anmerkungen zur täglichen monotonen Routine oder hochtrabende ideologische Thesen enthielten. Hauptsache, sie waren von ihnen, seinen Brüdern.

Eine Grabinschrift für die Mutter Roberta hatte er entworfen und ihnen zugeschickt, um ihre Meinung zu hören. Mit den Brüdern freute er sich über die Kinder, es waren jetzt schon einige, allen wünschte er »best of luck«. Was sie im kommenden Jahr, das gerade begann, erwartete ... niemand konnte es wissen, doch die Hoffnung war da, dass die Fackel der Freiheit und des Friedens hell aufleuchten und die Nebel des Krieges für immer vertreiben würde. Liebe, schrieb er, damals mit Blick auf »Lusch«, könne Berge versetzen, und obwohl er, Julius, die Traditionen sehr strikt einhalte, habe er Verständnis dafür, wenn Juden nicht nach theologischen Vorschriften, sondern nach ihrem Gewissen heirateten, also auch eine »gojte«, eine nichtjüdische Frau. Den lieben Bruder Otto wies er darauf hin, dass es für echtes traditionelles Leben nicht ausreiche, das zu tun, was geboten sei, sondern es gehöre auch dazu, zu wissen, warum. Er selbst hätte ohne Kenntnis der Gründe nie ein »koscherer Jude« sein können.

Den Kindern sei eine erstklassische jüdische Erziehung mitzugeben, wenn sie den Kontakt zu den hohen Idealen des Judentums nicht verlieren sollen. In diesem Zusammenhang erinnerte Julius sich an Gespräche mit seinem Vater in Meran; er hatte ihn damals einmal gefragt, ob er, der Vater, bei all seinen naturwissenschaftlichen Erkenntnissen wirklich »fromm« sei? Der Vater hätte offen geantwortet, dass er verstandesmäßig kein orthodoxer Jude sei, weil er an viele Dinge der Religion nicht glauben könne, aber er wolle seine Eltern nicht beschämen und ihr Erbe aus Pietät aufrechterhalten. Seinerzeit in Antwerpen dem Vater gegenüber so jugendlich harsch gewesen zu sein, bedauerte Julius in dem Brief, denn ein Bruch mit den Eltern bedeute, die Kette der Generationen zu brechen. Eine Tradition über zweitausend Jahre sei nicht einfach abzutun, und verstehe man auch trotz sorgfältiger Suche nach der Wahrheit ein Gesetz nicht und halte es für antiquiert, so solle doch Disziplin das geistige Leben beherrschen, nicht Leichtherzigkeit. Dies schreibt er auch angesichts der erzieherischen Probleme mit seinen eigenen Kindern. Es gehe jetzt darum, die alten Gesetze und die Tradition mit den Augen von Juden des 20. Jahrhunderts zu sehen, sie lebendig zu machen im Geist ihrer Zeit und ihnen eine neue Bedeutung zu geben. Das sei immer schon der jüdische Weg gewesen: ein Gesetz nicht zu verwerfen, sondern ihm einen Sinn zu geben, um es lebendig zu halten. Aus diesem Grund hätten die Juden nach zweitausend Jahren der Wanderung immer noch die Tora.

Als persönliches Motiv kommt Julius ein Gelübde aus dem Frühjahr 1934 wieder in den Sinn. Als die geliebte Großmutter Charlotte starb – sie lag in dem schwach erleuchteten Zimmer mit geschlossenen Augen auf dem Bett, Vater Henri Hirsch hielt ihren Puls –, da hatte er sich geschworen: Wenn er im Leben in Situationen kommen sollte, die ihn dazu brächten, seinen Glauben über Bord zu werfen, dann würde er es bei ihrem Angedenken nicht tun.

Tatsächlich hat er sein Gelübde gehalten.

Noch in London, vor dem Weggang in die USA, hatte Julius seinen Brüdern gegenüber erwähnt, dass »Lisl« und er daran dächten, mit den Töchtern ins Theater zu gehen und vielleicht auch ins Kino, um »Wizard of Oz« sehen. Es sei seltsam für ihn, seine Kinder ins Theater mitzunehmen; nur ein paar Jahre sei es her, dass Vater Henri Hirsch sie in die Kammerspiele mitgenommen hatte, um »Rumpelstilzchen« mit dem komischen Schauspieler Paul Kemp zu sehen. Oder, als sie größer waren, zu »Wilhelm Tell« und in die Oper. Die Erinnerung, schrieb er, sei wie ein Spiegel mit tausend Brüchen. Und damit hatte er den Brief beendet.

Julius Esaias Friedekomm Hirsch, »formerly Hamburg«, stirbt in seinem 80. Lebensjahr am 16. September 1996. Seine Frau Elisabeth, »Lisl«, geb. Schiff, folgt ihm erst zwei Jahrzehnte später, im Februar 2014. Seine große, weitverzweigte amerikanische, argentinische, israelische Familie betrauert »with deep sadness … an intellectual, a writer and a poet«. Am Ende der Traueranzeige steht ein deutsches Wort:

»He was a Mensch.«

Kapitel 100

Die Klarinette. Nachklang

Prof. Dr. Theodor Heynemann – Charles Jules Neukircher – Frieda Dessart + Klaus Dessart + Margrit Orgar geb. Dessart | Kurt A. Uebel | Dr. Adalbert Saturski | Dr. Edgar Behr + Richard Behr | Jacques Sander | Olga von Löbbecke + Dr. Gerhard von Löbbecke | Dr. Frederick J. Liebmann | Gretchen Meyer | Anna Levy + Henry B. Lennert + Carla Zeelens geb. Levy + Alfred Lennert – Dr. Rudolf Brinckmann | Marie Beine | Gusta Hammer | Anna Liebmann | Eduard Falckenberg + Karin Falckenberg | Otto Tesch | Maria Steiner geb. Neukircher + Irene Newkirk geb. Inge Neukircher | Carl de Sola Glaser | Eva Rückhaus geb. Magnus

Wie ein Spiegelbild des Versiegens und Versagens von Sprache und Auskünften während jener »schlimmen Jahre« und in der Zeit danach – selbst bei den Personen, die keineswegs als belastet gelten können – erscheint das Verbergen der Klarinette auf dem Dachboden des Hauses Rothenbaumchaussee Nr. 26. Irgendwann einmal hat jemand in der Bodenkammer die Holzbohlen aufgenommen – ein Versteck wie dieses wird nicht aus zufälliger Laune angelegt, es braucht einen Entschluss und einen passenden, unbeobachteten Moment. Und gewiss ein Motiv.

Klarinetten, das bevorzugte Instrument aschkenasischer Klezmer-Musik, wurden in Militärkapellen früherer jüdischer Frontsoldaten eingesetzt, nicht anders als bei der preußischen Kavallerie, wenngleich dort vermutlich kein Modell der Firma »Harry Pedler & Co., Band Instrument Manufacturers, 430 Baldwin, Elkhart City, Indiana, USA« zum Einsatz kam. Jüdische Bewohner des Hauses könnten das Instrument vor ihrem Exodus zurückgelassen haben, um es vor der Beschlagnahmung oder einer Besteuerung zu schützen. Für die späteren Jahre der Bombardierung Hamburgs ist es wenig wahrscheinlich, dass jemand den Dachboden für geeignet hielt, dort das wertvolle Stück unter Holzbrettern zu verstecken. Nach Kriegsende, in den ersten turbulentanarchischen Monaten, käme als Motiv nur die Angst vor Einbruch, Plünderung oder, wohl eher abwegig, vor Beschlagnahme durch britische Besatzer in Frage. Es mag eine Hinterlassenschaft als Pfand gewesen sein, das nie wieder ausgelöst wurde, oder eine drohende eigene Pfändung hat eine Rolle gespielt. Solche Kalamitäten sind in den schwierigen 1920er-Jahren häufig vorgekommen, auch in der stets klammen Künstlerschaft der wilden Curiohausfeste und der Nachfeiern im Dachatelier Willy Davidsons, des Bühnenbildners der Hamburger Oper.

Vieles ist denkbar, nichts lässt sich belegen. Wie aus einem Grab entnommen scheint sie bei ihrer zufälligen Entdeckung 1987. Heute, Jahrzehnte später, wird die Klarinette wieder gespielt. Es braucht einen leicht festeren Ansatz, ihr Klang wirkt nicht zu weich und etwas dunkel, der Ton ist weniger laut und durchdringend als bei Instrumenten aus Holz. Da sie für den Jazz gebaut wurde, bleiben auch die Stimmungen, die ihre Musik mitschwingen lässt, immer etwas gefärbt, im Übermut ebenso wie in der Melancholie. Viele Abschiede hätte sie begleiten können.

Weil der Universität der Wunsch des Entschlafenen bekannt ist, dass über sein Scheiden aus dieser Welt nicht gesprochen wird, wird Prof. Dr. Theodor Heynemann, der Ordinarius mit Schmiss und Samtkragen, nach seinem Tod im Dezember 1951 eingeäschert und in aller Stille auf dem Friedhof Ohlsdorf beigesetzt. Die von ihm 1937 operierte Angela Baldy kann die Wiederherstellung ihrer »Zeugungsfähigkeit« aufgrund ihrer damals nicht erfolgten Zustimmung durchführen lassen. Heynemanns Eingriff, es ist ein kleines Wunder, wird rückgängig gemacht.

Die aus Schottland stammende Mary Krüder geb. Webster stirbt im Februar 1952. In Trauer vereint sind Frieda Dessart und ihre Kinder Klaus und Margrit sowie ihr früherer Mann Peter Orgar, jetzt in Leicester, England.

Leopold Löwensberg stirbt im Januar 1953. Die Firma »Kurt A. Uebel, Sackfabrik« schreibt in der Traueranzeige, man werde ihn stets in dankbarer Erinnerung behalten. Das Grundstück Victoriastraße 11–17 geht nun zurück an die Erben des in Auschwitz umgekommenen Vorbesitzers Otto Meyer. Es hatte erst eines Beschlusses der Wiedergutmachungskammer beim Landgericht Hamburg bedurft, um Uebel, diesen für Juden angeblich so eingenommenen Mann, und seine Frau Spassena nach längerer Auseinandersetzung zur Rückerstattung des »arisierten« Eigentums zu bewegen.

Im Februar 1956 wird Polly Gleichman zur Witwe. Sie verlässt das Haus in der Rothenbaumchaussee und zieht zu ihrem Sohn Hanns Eduard nach Sarasota, Florida.

Am 18. September 1956 zitiert der Präsident der »Deutschen Gesellschaft für Gynäkologie«, Prof. Dr. Hans Runge, in seinem Nachruf auf Dr. Adalbert Saturski aus Friedrich Schillers »Wallensteins Tod«:

»Für ihn ist keine Zukunft mehr, ihm spinnt
Das Schicksal keine Tücke mehr, – sein Leben
Liegt faltenlos und leuchtend ausgebreitet,
Kein dunkler Flecken blieb darin zurück,
und unglückbringend pocht ihm keine Stunde.«

Dr. Edgar Behr ist mit seiner Familie auf den Kösterberg in Blankenese gezogen und hat ein Haus auf einem Grundstück der Familie Warburg gebaut. Seine Firma ist auf den alten Stand zurückgeführt worden, hat eine führende Position erreicht in den Warengattungen Wolle, Tierhaare, Hanf, Flachs, Jute, Sisal, Faserstoffe, Borsten, Polstermaterialien und Federn, aber auch bei Trockenfrüchten und Fischkonserven. Vater Richard Behr sitzt in der Wohnung am Tisch, abseits, das Glas Rotwein vor sich, stumm. Die Enkelinnen hören ihn nie wieder ein Wort sprechen.

Kapitän Jacques Sander geht nach seiner Entlassung aus der Kriegsgefangenschaft zunächst in die Filmverleih-Branche, dann zieht es ihn wieder hin zur See. Für die »Onassis«-, die »Levante«- und die »Niarchos-Linie« fährt er Tankschiffe auf denselben Mittelmeerrouten, die er aus dem Weltkrieg kennt. Seit er Ilse Albert geheiratet hat, fährt er beruhigt seine Destinationen ab in dem immer noch enorm hellen Licht, und die Gedanken gelten jetzt auch dem gemeinsamen Sohn Jack. Vom Keller in der Rothenbaumchaussee ist man in die 1. Etage hochgezogen, in jene Wohnung, in der nacheinander die Witwe Stephanie Nordheim, die Familien Dr. Benjamin und Dr. Hirsch sowie Dr. Saturski eingetragen waren. 1958, am 12. August, sind Hermann und Anna Albert aus dem Leben geschieden, die Sanders wechseln danach in die nahegelegene Bornstraße im Grindelviertel. Ein Fernsehapparat hat in ihre Wohnung Einzug gehalten, die Sendungen zum dramatischen Untergang der Viermastbark »Pamir« erschüttern ihn. Ein solches Schicksal, wie leicht hätte es auch ihn damals auf dem P-Liner »Peking« ereilen können. Der kleine Jack muss erleben, was es heißt, Sohn eines Seemanns zu sein, immer wieder ist der Vater für Wochen unterwegs. Jacques Sander lässt sich verbeamten, für das Bundesernäherungsministerium führt er als Hauptkapitän Fischereischutzboote wie die »Meerkatze« in der Nordsee, bis er in den Ruhestand tritt. Danach zählen angesichts der Tatsache, dass von der »Amicale« der alten Cap Horniers immer mehr Mitglieder die letzte Reise antreten, nur noch Erinnerungen an das Meer und das Licht.

Im März 1958 stirbt in Hamburg nach schwerem Leiden die Husaren-Witwe Olga von Löbbecke, betrauert von Kindern und Enkelkindern, auch sie wird bestattet auf dem Ohlsdorfer Friedhof.

Dr. Gerhard von Löbbecke, ihr Sohn, ist in Boizenburg geblieben, er hat sich für ein Leben als Genosse in der DDR entschieden. In den früheren »Duensing-Bicheroux«-Werken, jetzt »VEB Fliesenwerke Kurt Bürger«, bringt er seine Erfahrungen auf dem Gebiet der Keramik ein, zunächst weiterhin als Leiter der Gütekontrolle, später als Technischer Direktor, um der sozialistischen Industrie bei der Plattenerzeugung die gebührende Geltung zu verschaffen. Persönlich gilt er als »unnahbar«. In der Beurteilung durch seine Vorgesetzten erscheint von Löbbecke, der »bürgerlich feudalen Kreisen« entstammt, als Individualist, dessen Verbindung zur Arbeiterklasse nur formell vorhanden sei.

Im Mai 1958 stirbt in New York Frederick J. »Fritz« Liebmann, betrauert von den Hinterbliebenen Anna Liebmann geb. Oppenheimer, Lottie Bilak geb. Liebmann und von seiner Enkelin Rita Bilak. Die Stimme ihres Großvaters mit dem deutschen Akzent wird sie so wenig vergessen wie sein Winken vor der Public School 99 in der Kew Gardens Road. Auf dem Linden Hill Jewish Cemetery in Ridgewood, Queens, wird er bestattet.

Ebenfalls im Jahr 1958 stirbt in Buenos Aires die Witwe Gretchen Meyer, fast zwei Jahre nach dem Tod von Schwiegersohn Felix Gross. Ihre Tochter Lotte Meyer de Gross besucht die beiden Gräber auf dem jüdischen Friedhof von La Tablada, einem ausgedehnten Komplex aschkenasischer Ruhestätten, noch jahrzehntelang. Über den Haupteingang an der Avenida Crovara führt der Weg im »Haus des Lebens« durch Blocks, Sektionen und Reihen eng nebeneinanderstehender Namenssteine, die zu Zehntausenden hier aufgerichtet sind. Während sie langsam an Namen, Zahlen und Zeichen vorbeigeht, kehrt die Erinnerung zurück an jenen Nachmittag im Herbst 1929, als der Verein der »Hamburger Radtouristen von 1894« seine beliebte Preisfahrt ausrichtete. Als Teilnehmerin am Damen-Langsamfahren hatte auch sie versucht, zur Belustigung des zahlreichen Publikums, möglichst wenig voranzukommen, hatte sich beim Bremsen und Balancieren im Stand eine amüsante Konkurrenz geliefert mit den Fräulein Langmaak und Ott und doch nur den letzten Platz belegt. Die Gabe des völligen Stillstehens ist ihr nicht vergönnt, nicht auf dem Fahrrad und nicht im Leben. Und auch jetzt lassen die reglos verharrenden Steine des Friedhofs bei jedem ihrer Schritte das Gefühl aufkommen, zu schnell zu sein.

April 1961: In Brüssel, in der Rue Darwin 50 im Stadtteil Ixelles, unweit der Avenue Brugman, dem einstigen Fluchtort und Versteck bei Arthur Schrynemakers, fertigt Carla Maria Steiner geb. Neukircher eine Liste an, die sie ihrem Antrag beim Amt für Wiedergutmachung in Hamburg beilegen will. Es geht um die Entschädigung für den Verlust ihrer Wohnungseinrichtung. Sie ist morgens durch die Straße mit den Jugendstilhäusern und dem Pariser Flair gegangen, ist mit den Einkäufen für den Tag zurückgekehrt, hat sich einen Kaffee gemacht und einen Bogen Papier auf den Tisch gelegt. Jetzt liefert sie sich entschlossen einem Teil ihrer Erinnerung aus, geht eingefangen von ihm noch einmal die letzten Treppenstufen hoch im Haus Rothenbaumchaussee 26, lässt den schwarzen Handlauf los und öffnet die Wohnungstür. Sie blickt in die Halle mit dem Teppich aus Täbris, hinter dem das Ecksofa und die drei rosafarbenen Sessel stehen. Dann fliegen die inneren Bilder der Rückkehr nur so heran.

Bunt war es gewesen in der Wohnung, blumenbunt und fröhlich, Terrier Pat war von Farbe zu Farbe gesprungen, hinter samtenen Übergardinen verschwunden in freudiger Erwartung, entdeckt zu werden. Im Esszimmerbuffet hatte das Porzellan gestanden, das Meißener Service und das Rosenthal-Goldrand, beide für 24 Personen und nicht selten im Einsatz, Tische mussten für die Gäste zusammengestellt werden, für zwölf Personen gab es zum Mokka das kleine Rosenmuster aus Meißen. Nussbaum, Schleiflack und Spitzen, Seide und Damast, in einer schön gewollten, schön gemachten Welt hatten die Neukirchers gelebt.

Wieder kommen die Stimmen zurück, die vielsprachig in der Wohnung zu vernehmen gewesen waren, darunter Verwandte, Bekannte aus dem Viertel, höflich zumeist, zuweilen vertraulich, Geschäftsfreunde, die sich lachend verabschiedeten, Golfpartner des Vaters, Lieferanten, Handwerker, die Bediensteten. Der Rauchtisch in der Halle, der Nähtisch im Wohnzimmer, der kleine Sekretär im Schlafzimmer der Eltern, sie werden erinnert, sie werden notiert. Madame Steiner vervollständigt nach und nach die Liste des früheren Inventars in der Rothenbaumchaussee 26, 3. Stock links, Raum für Raum, und hebt besonders hervor, dass die gesamte Einrichtung von der bedeutenden Innenarchitekturfirma Schneider & Hanau, Frankfurt am Main, angefertigt worden sei.

Einsam war es nach dem Weggang der Eltern in der Wohnung gewesen, so still, dass sie aufgeschreckt wurde, wenn Mr. Godwin, der englische Sekretär und Untermieter der Neukirchers, spätabends oder nachts in sein Logis kam und sich noch ein Glas Wasser aus der Küche holte. Ein paarmal war sie mit ihm ausgegangen, zum Zweck der Ablenkung und als gelegentliche Hilfe gegen das Alleinsein. Außerdem brauchte sie bei ihm keine Denunziation zu befürchten. Manchmal hatte Schwester Inge angerufen, aus Nizza, es sei traumhaft schön dort, aber teuer, hatte sie gesagt.

Nicht mehr zurückdenken möchte »Mia« an die Zollbeamten, deren rabiate Durchsuchung der Zimmer, die spätere eigene Vernehmung, an die Versteigerung des Mobiliars, an den verstört-aufgeregten Pat. Über die Zeit des Krieges und des Lagers spricht sie nie. Ihrem Sohn wird sie erst, wenn er achtzehn Jahre alt ist, erzählen, dass sein Großvater Charles Jules deutsch und jüdisch war. Schützen will sie ihn, so lange es geht. Sein Vater Dr. Béla Steiner, ihr zweiter Mann, ist in Budapest gestorben, bei einem Autounfall. Dass er aus einer früheren Ehe bereits einen Sohn hatte, der in einem Konzentrationslager umgekommen ist, auch das wird sie vorerst für sich behalten.

Maria Steiner geb. Neukircher schließt ihre Aufstellung mit der Formel einer eidesstattlichen Versicherung, auf Bedeutung und strafrechtliche Folgen einer falschen Erklärung hingewiesen worden zu sein. Lange Jahre werden vergehen, ohne dass in der Sache etwas passiert. Man bittet die Antragstellerin allerdings, ihre Ansprüche zu substantiieren. Kein Gegenstand der Liste wird jemals rückerstattet oder ersetzt.

Im September 1963 stirbt Anna Levy in Elmhurst, New York, im Alter von 83 Jahren, ihre Kinder Carla und Henry hinterlassend, außerdem Alfred mit seiner Frieda in Hamburg.

Für Carla geht das Jahr 1963 so traurig zu Ende, wie es begonnen hat. Mitte Januar bereits war ihr Ehemann Dr. Rudolf Zeelens verstorben. Was die Kinder Barbara und Ronald von den Erinnerungen der Eltern behalten, hat sich sehr verschieden auf zwei Städte verteilt: In Berlin sind es frühere Dirigenten, in Hamburg ist es die stets weiterfließende Elbe. Aufregend, hat ihnen Carla erzählt, sei es gewesen, an den Landungsbrücken mit dem Aufzug in die Tiefe zu fahren, großartig ziehe sich der lange Tunnel unter dem Wasser dahin. Und glücklich sei sie als Kind gewesen, sei im Winter morgens mit ihren Freundinnen auf Schlittschuhen zur Schule gelaufen, im Sommer habe sie Tennis gespielt auf den nahegelegenen Plätzen am Rotherbaum.

Und tatsächlich, bei ihrem Besuch 1970 in Hamburg findet Paul Levys Enkelin Barbara heraus, sie stimmt, die Geschichte mit dem Elbtunnel. So wie es zutrifft, dass es das dunkle Haus des nicht gekannten Großvaters wirklich gibt. Da oben, zeigt Carla, haben sie, die Levys, mal gewohnt.

Am 25. Januar 1960 erlischt laut Verfügung des Amtsgerichts die Firma »Wohnhaus Rothenbaum GmbH«, HR Nr. B 2263, Geschäftszweig: Erwerb von Grundstücken, letzte Anschrift: Hamburg 1, Ferdinandstraße 75 I. Durch Gesellschafterbeschluss vom 18. Dezember 1959 hat sich die Gesellschaft gemäß Umwandlungsgesetz vom

12. November 1956 durch Übertragung ihres Vermögens auf die Hauptgesellschafterin, die KG in Firma »Brinckmann, Wirtz & Co.«, A 41440, umgewandelt. Bei allen Veräußerungen ist vom Vorkaufsrecht Gebrauch gemacht worden, als Eigentümerin des Hauses zeichnet die »Allgemeine Verwaltungsgesellschaft mbH«, Ferdinandstraße 75. Dr. Rudolf Brinckmann, ein Meister in der Kunst der geräuschlosen Führung, ist praktisch der Mehrheitsgesellschafter der Kapitalgesellschaft geworden.

Im Juni 1966 bescheinigt das Verkehrsamt für Grundsteuern, dass als Eigentümer des im »Grundbuch von Rotherbaum«, Band 49, Blatt 1937, eingetragenen Grundstücks Rothenbaumchaussee 26 die Firma »Brinckmann, Wirtz & Co. KG« eingetragen ist. Im April 1970 zeigt die Bank dem Amtsgericht Hamburg, Grundbuchamt, an, dass sich mit Wirkung vom 12. Januar 1970 der Name des Eigentümers in »M. M. Warburg – Brinckmann, Wirtz & Co.« geändert habe. Man bitte um Eintrag ins Grundbuch.

Fußpraktiker Wilhelm Lieb, 1. Vorsitzender der »Fußpraktiker e. V. Deutschland«, Sitz Hamburg, stirbt nach einer vierten, ebenfalls geschiedenen Ehe plötzlich und von den Angestellten seiner Firma unerwartet am 17. September 1969. Die Todesanzeige für ihn enthält ein Kreuz, aber keinen weiteren Namen.

Marie Beine wohnt bis 1982 in der Rothenbaumchaussee 26, mehr als ein halbes Jahrhundert, niemand außer ihr ist so lange ein und aus gegangen in dem großen Backsteinhaus, auch Witwe Iris Behr geb. Möller nicht, die »Engländerin« mit dem königlichen Rezept, das sie zum Schluss nicht mehr lesen konnte, weil sie erblindet war.

Mit einigen der in der Nachkriegszeit Zugezogenen schreiben sich Motive der Rückkehr ein in das Haus. So übernimmt 1962 nach fast dreißig Jahren Exil in den USA der jüdische Sozialwissenschaftler Prof. Dr. Eduard Heimann, bis 1933 Direktor des Sozialökonomischen Seminars der Universität, die Wohnung der Witwe Elfriede Kohlhase im 2. Stock. Und bereits 1959 konnte der expressionistische Maler und Bühnenbildner Rudolf Bunk, dessen Werke in der NS-Zeit als »entartet« galten, mit seiner Familie im 4. Stock unterkommen, nach Jahrzehnten des Exils in Kroatien. Gerade ihre Emigrantengeschichte ist es, die Iris Behr bewegt, sie aufzunehmen. Im Deutschen Schauspielhaus assistiert er Caspar Neher.

Seit der Spielzeit 1951/52 hat Gusta Hammer einen Gastspielvertrag mit der Staatsoper, der ihr zwanzig Auftritte im Jahr zu je 250,- DM garantiert, außerdem steht ihr als Kammersängerin ein monatlicher Ehrensold von 50,- DM zu. Um ihr eine zwanzigjährige Zugehörigkeit zum Haus und damit den Ehrensold von 100,- DM zu ermöglichen, hat man den Vertrag noch einmal um weitere fünf Jahre verlängert. Die »Brangäne« kann sie noch geben, im Berliner »Admiralspalast« und bei der »Kieler Woche«, Hauskonzerte schließen sich an. Am Freitag, dem 7. Juni 1957, steht sie zur Abschiedsvorstellung auf der Bühne der Hamburgischen Staatsoper in ihrer Paraderolle der »Fricka«.

In der Zeit von 11 bis 12 Uhr hat man einen Empfang arrangiert für etwa fünfzehn Personen. Von Kultursenator Hans-Harder Biermann-Ratjen erhält Operndirektor Herbert Paris eine Absage, auch der Musikdirektor fehlt. Dafür erscheint jemand vom Aufsichtsrat. Glücklich sei sie, sagt die Kammersängerin im Kurzporträt »Menschlich gesehen« des »Hamburger Abendblatts«, ihre schöne kleine Wohnung hoch über der Rothenbaumchaussee durch die Zeitläufte gerettet zu haben, und dass sie gern und gut koche und die Tiere liebe.

Für das »Hamburger Adressbuch« legt Frau Hammer den Künstlernamen »Gusta« ab, sie heißt nun wieder Auguste. Als Gesangspädagogin arbeitet sie, mit einer gewissen Strenge, einige Zeit an der Musikhochschule Hamburg. 1957 wechselt sie nach München, behält die Wohnung aber bis 1966, erst dann löst sie die Verbindung auf zur Stadt ihrer großen Erfolge und zu dem Haus mit der schönen Dachwohnung. Dort wohnt inzwischen die Musikwissenschaftlerin Dr. Lydia Schierning zur Untermiete, sie ist angestellt beim »Norddeutschen Rundfunk«. Gusta Hammer, die frühere dramatische Altistin, stirbt im Alter von achtzig Jahren im Januar 1977 in München, nach einem Verkehrsunfall.

Carl Werckshagen, bis 1945 Chefdramaturg der Hamburgischen Staatsoper, bringt im Januar 1974 unter dem Titel »Früher und später« einen Band heraus mit gesammelten Gedichten vergangener Jahrzehnte. Sein »Trommellied« fehlt, ebenso das »Hamburg-Gedicht« mit der Zeile »Schwur um Schwur«. Sich selbst beschreibt er als »eine durchschnittliche, spätbürgerliche Existenz (besondere Kennzeichen: keine)«. In dem Text »Ohne Antwort« formuliert er seine persönliche Entlastung in Form von Fragen: »Ein Bündel von Nächten und Tagen, man war darin verstrickt – dafür Verantwortung tragen? Wer hat denn das alles geschickt? Wie ist das alles gekommen? Wer wollte das so vorher? Man hat es auf sich genommen – aber gewollt? Wer? Wer?« Nicht nur der Verherrlicher der Westfeldzüge, der Werckshagen war, sondern ein großer Teil seiner Generation vermeidet, auf solche Fragen eine Antwort zu geben.

1945 haben die Warburgs gezögert, ihre Bank mit Verlusten und unüberschaubaren Risiken wieder von Dr. Rudolf Brinckmann zu übernehmen. Zu chaotisch waren die Verhältnisse, zu antisemitisch noch die Stimmung im Land, zu nah »die Russen« herangerückt. Eine

Rückkehr nach Deutschland – dieser Gedanke erschien in sehr weiter Ferne, einigen Familienmitgliedern sogar unerträglich. Mit Eintritt des Wirtschaftswunders aber und der wieder zunehmenden Bedeutung der Bank ändern sich die Perspektiven. Für die Warburgs wird der angestammte Besitz wieder interessant, doch aus dem einst loyalen Treuhänder Brinckmann ist mittlerweile der Stratege seines eigenen Glücks geworden. Jahrzehntelang ist Brinckmann, Ritter der französischen Ehrenlegion, Träger des vom Schah von Persien verliehenen »Homayoun«-Ordens, nur zu wenigen Konzessionen bereit. Erst 1974, im Alter von 84 Jahren, gibt er auf, er bricht auf dem Weg zu einem Neujahrsempfang nach einem Herzinfarkt zusammen, im Beisein von Eric M. Warburg. Für seinen Grabstein hat er sich den Satz ausgesucht: »Die Liebe höret nimmer auf.«

Die Liebe und die Demut, sagt Pastor Reinhard Schröder bei der Trauerfeier in der Kirche zu Aumühle, hätten Rudolf Brinckmann durch sein ganzes Leben begleitet. Von jener schweren Zeit spricht der Kirchenmann, von bedrückenden und schwierigen Zeiten und von der Güte des Herzens und dann wieder von der Liebe und der Demut, die allein die Frage beantworten können, wie wir unser Leben richtig erkennen und verstehen. Eric M. Warburg erinnert an den Weltbürger Brinckmann und daran, dass er nie mit den Mächten des Unrechts paktiert habe. Er äußert seinen Dank. Über 50 Jahre liegt jener Abend der Jubiläumsfeier zum 125-jährigen Bestehen der Firma »M. M. Warburg & Co.« zurück, an dem über die Aufgaben einer deutschen Bank und den Zusammenhang von Unglück und Liebe gesprochen wurde.

In der gealterten New Yorker Emigrantengemeinde ist es zur Gewohnheit geworden, in jeder neuen Ausgabe des »Aufbau« sogleich die Seiten mit den Todesanzeigen aufzuschlagen und zu schauen, ob man schon drinsteht.

Am 20. November 1980 folgt Anna Liebmann geb. Oppenheimer in Kew Gardens ihrem bereits 1964 verstorbenen Bruder Stephan Oppenheimer. Der frühere Berliner Rechtsanwalt war wie sie nach New York emigriert. Tochter Lottie zeichnet für die Traueranzeige, ebenso die Schwester Lilly Malvano, die hochbetagt in Israel lebt. Mehrfach hatte Anna Liebmann Europa und die alte deutsche Heimat besucht, 1955 noch zusammen mit Ehemann Fritz, 1962 mit Lottie, der Flug ging über die Schweiz. Lange blieben ihre kleinen Steine auf den Gräbern der Eltern in Wiesbaden liegen.

Sonntag, 5. November 1950: Auf Schimmel Bautz sitzend, bläst Spediteur Eduard Falckenberg das »Halali« der Hubertusjagd des »Hamburger Schleppjägervereins«. Mit Frau und Töchtern wird er in die Heilwigstraße in Eppendorf ziehen, dort eine Stadtvilla aus ehemals jüdischem Besitz kaufen; 1937 gehörte dieses Haus Frau Dr. Alice Enoch und ihrem Sohn Dr. med. Hans Emanuel Enoch. Otto Tesch, sein Schwiegervater und Hamburgs ältester Polizist, erreicht das 99. Lebensjahr. Das ist auch Eduard Falckenberg vergönnt, er stirbt 1996. Bestattungsunternehmer Meyer erinnert sich an die Holzkiste, die bei Falckenberg im Keller stand, angestrichen mit schwarzer Plaka-Farbe. Diese Kiste war bestimmt als sein Sarg, und sie wurde es. Auf den früheren Pferdezüchter angesprochen, reagiert Edith Klapper in der »Schuhmacher-Werkstatt Werner Klapper« lange Jahre danach, ohne zu zögern, mit dem Satz: »Der schuldet mir noch einen Sack Kartoffeln.«

In Paris stirbt Mademoiselle Jeanne Robert, am 24. September 1986. Sie ist unverheiratet geblieben, célibataire. Ihren in Neuengamme ermordeten Yves, der den letzten Schritt zu ihrer Anerkennung nie getan hat, überlebt sie um 42 Jahre.

Frieda »Friedel« Dessart geb. Krüder, sie stirbt im Mai 1987, überlebt Dr. Walther Dessart um 46 Jahre.

Carla Maria »Mia« Steiner stirbt 2002 in Brüssel. Ihre Schwester Irene Newkirk, früher Inge Neukircher, die Frau mit den blauen Augen und dem deutschen Akzent, tanzt noch im Alter von 94 Jahren Foxtrott und Tango, bis sie stürzt und sich die Knochen bricht. Erinnerungen hat sie nicht mehr, die Alzheimer-Krankheit hat sie ihr geraubt. Wenn man ihr sagt, dass der Grabstein für Charles Jules Neukircher im Brüsseler Ortsteil Ixelles nicht mehr existiert, fragt sie, wer das sei.

Die beiden Heine-Denkmale der Kaiserin Sissi von Österreich haben sich allen Anfeindungen zum Trotz erhalten. Ernst Herters »Brunnen«, verlegt an die Ecke 161. Straße in den Joyce-Kilmer-Park, leuchtet renoviert und hell in der Bronx. Das »Hasselriis-Denkmal« hat die Jahre des Krieges überstanden in Toulon. Auf der Transportkiste klebten noch die Zettel mit den Hinweisen auf Deutsch: »Oben, unten, Bahnhof Hamburg«. Seit dem 100. Todestag des Dichters Heinrich Heine steht die Statue im Park Frédéric Mistral mit Blick aufs Meer. Die feierliche Errichtung der Statue am 24. November 1956 erlebten Edmond und Oliva Bouchard geb. Campe nicht mehr.

Noch bis ins Jahr 1967 kämpft Carl de Sola Glaser von Montreal aus um Wiedergutmachung. Dr. Joseph Preuss, nunmehr in New York, bestätigt mit eidesstattlicher Erklärung seine frühere medizinische Hilfeleistung für Glaser in Shanghai. Auch über die ärztliche Tätigkeit hinaus war Dr. Preuss seinerzeit in Erscheinung getreten. Nicht anders als die gesamte jüdische Kolonie dort beschäftigten ihn damals Fragen von Identität, Fremdheit und die unbestimmte Dauer der Erwartung des Heils. Er hielt Vorträge über die Ergebnisse seiner privaten Forschungen, bei denen er herausgefunden hatte, dass sich schon sehr früh jüdische Seidenhändler in China niedergelassen und Synagogen gegründet hatten. Sogenannte Kaifeng-Juden konnten ihre eigene Tradition sogar über einen Zeitraum von achtzehn Jahrhunderten bewahren, bevor sie sich assimilierten, wie er an überlieferten Texten und alten Grabsteinen nachwies. Er hatte einen weiteren historischen Beleg für die so eigene jüdische Geschichte gefunden.

Carl de Sola Glaser war in Kontakt zu Dr. Preuss geblieben. Bei der amtlichen Untersuchung im Rahmen des Wiedergutmachungsverfahrens wurde Glaser ein angenehmes, freundliches, ruhiges und kooperatives Verhalten bescheinigt, er sei ein intelligenter Mann mit voll erhaltenen geistigen Funktionen. Fünf Stunden Arbeit als kaufmännischer Angestellter bei der Firma »Bunge Canadian Trading Co. Ltd.«, Montreal, seien ihm körperlich noch möglich. Seine Vorgeschichte gelte als glaubwürdig, Übertreibungen würden nicht auffallen. Man nehme zur Kenntnis, dass sein Vater aus einem Altenheim in Berlin deportiert worden und mit etwa 83 Jahren umgekommen sei. Es sei Coronarinsuffizienz bei Carl de Sola Glaser diagnostiziert worden. Die Verursachung durch Verfolgung und Anspruch auf rentenberechtigende Erwerbsminderung schließt der Vertrauensarzt des Generalkonsulats der Bundesrepublik Deutschland in Montreal, Dr. Ernest Bien, gleichwohl aus. Der Antragsteller sei nicht so hilflos, dass er fremder Pflege bedürfe.

Um Schaden im beruflichen Fortkommen belegen zu können, verweist Glaser auf seine Einkommensverhältnisse vor der Auswanderung. Doch Dokumente kann er nicht mehr beibringen, da nach Auskunft des Finanzamtes Hamburg-Eimsbüttel sämtliche Unterlagen 1939 im Freihafen ausgelagert und dort abhandengekommen seien.

Schwiegervater Alexander Goldschmidt – auch er war mit nach Kanada weitergewandert – hat bis zu seinem Tod im September 1961 schließlich noch eine Rente vom Hamburger Amt für Wiedergutmachung bekommen, nachdem seine Tochter Alice Clara im Sommer 1958 zum deutschen Konsulat in Montreal gegangen war und darum gebeten hatte, den Antrag ihres Vaters endlich zu entscheiden. Da saß der 87-Jährige nach einem Sturz bereits im Rollstuhl, und er wusste, er würde das Krankenhaus nicht mehr verlassen.

Jahrzehnte vergehen, und Carl Glaser muss mit Verbitterung sehen, wie sein Leben sich dem Ende zuneigt und seine Ansprüche auf Entschädigung für den Raub seiner Existenz nur schleppend bearbeitet werden. Am Ende steht, wie so häufig, ein Vergleich, der nichts vergleicht. Es bestätigt sich die menschliche Erfahrung allen Unglücks, dass eine Gleichung ohne Rest nicht stimmen kann. Sehr viele Reste lassen die Gleichungen der Gerechtigkeit stehen, und auch das Kinderlied »Chad Gadjo«, das Julius Hirsch seit seiner Kindheit aufbewahrt hat und das von der Gerechtigkeit Gottes handelt, lässt Fragen offen. Warum muss ein Engel sterben und warum das Lämmchen, und warum muss erst einer den anderen vernichtet haben, bis am Ende allen Umbringens Gerechtigkeit eintritt?

Noch in hohem Alter meint Karin, die jüngere Tochter des Spediteurs und Pferdezüchters Eduard Falckenberg, sich zu entsinnen, dass während des Krieges unten im Haus Juden versteckt gewesen seien. Nichts existiert, was eine solche Überlieferung – zustandegekommen entweder durch Hörensagen oder weitergetragene Imagination – bestätigen kann.

Nie vergessen hat Eva Rückhaus, die Tochter von Dr. Rudolf und Dr. Lilly Magnus, die »Südseegeschichten«. Noch im Alter von hundert Jahren erinnert sie sich an das Buch und wie ihr Vater daraus vorlas, an die Insel Hikueru und den Tahitianer Maphui, der eine unvergleichlich schöne Perle fand, für die er kein Geld, sondern ein Haus haben wollte, sechs Faden lang mit einer Säulenhalle rundherum und einem Dach aus verzinktem Eisenblech. Vier Schlafzimmer sollte es geben und ein großes Zimmer mit einem runden Tisch in der Mitte. Die kleine Eva hatte der leisen Stimme des Vaters zugehört, die von den Atollen im Pazifik erzählte, den weißen Händlern, dem mörderischen, alles vernichtenden Orkan, dem Mut einer alten Frau, die von ihrem Kanu aus einen Hai angriff und die Perle rettete für Maphui, der keine Chile-Dollar haben wollte, sondern lieber ein Haus mit Säulenhalle und einer achteckigen Wanduhr.

Ein Jahrhundert später sind es Stolpersteine, die Erinnerungen an Häuser und an manche ihrer Bewohner bewahren. Vor der Rothenbaumchaussee 26 liegt ein Stein für Richard Behr. In der Rothenbaumchaussee 217 findet sich der kleine metallene Hinweis auf Ida Koopmann, Harry Meyers Schwester, Gretchen Meyers Schwägerin. 1940, zwei Tage nach ihrem 70. Geburtstag, war Ida Koopmann durch die Gestapo von Berne aus nach Hamburg gebracht worden, in das Jüdische Altersheim, und von dort 1942 in das Ghetto Theresienstadt. Wer nicht am Stolperstein stehen bleibt, sondern eintritt in das Haus des Paul Levy, geht noch heute hinein unter dem hölzernen Bild des »Löwen von Juda«.

Die Klarinette vom Dachboden des Hauses Rothenbaumchaussee Nr. 26, deren Geschichte bis heute unaufgedeckt ist, erklingt wieder. Das Rätsel, das sie aufgab, hatte zur Folge, dass viele andere Geschichten wiederkehren konnten. Es gehört zu ihrem Geheimnis, dass sie bereit ist, alles zu sagen, ohne es zu tun.

ANHANG

Quellen

Alle genannten Personen und Fakten sind historisch, auch halten manche Formulierungen sich eng an den Wortlaut damaliger Veröffentlichungen, etwa aus Zeitungen, um den zeitgenössischen Kenntnisstand oder den Grad möglichen Wissens darzustellen. Szenisch-situative Miniaturen, als solche leicht erkennbar, sind eingewoben, wo eine zumindest größere Wahrscheinlichkeit eines solchen Vorgangs oder eines ähnlichen Ereignisses anzunehmen ist. Sämtliche Angaben sind im Detail recherchiert und nach bestem Wissen mitgeteilt. Sollten dennoch sachliche Unrichtigkeiten vorliegen, bitte ich um Nachricht an: kontakt@michaelbatz.de.

Recherche

- Michael Batz
- Sybille Baumbach, Historische Dienstleistungen, Hamburg
- René Loeb, Schweizerische Vereinigung für jüdische Genealogie, Zürich

Archive

- Arolsen Archives, International Center on Nazi Persecution, Bad Arolsen
- Stadtarchiv Bayreuth
- Bundesarchiv Militärarchiv, Berlin und Freiburg
- Der Bundesbeauftragte für die Stasi-Unterlagen, BStU, Berlin
- Bundesarchiv, früher Deutsche Dienststelle (WASt), Berlin
- Standesamt der Stadt Boizenburg/Elbe
- Archiv der Hamburgischen Bürgerschaft
- Amtsgericht Hamburg, Grundbuchamt
- Archiv der Handelskammer Hamburg, Commerzbibliothek
- Archiv Hamburger Friedhöfe, Friedhof Ohlsdorf
- Hamburgisches Architekturarchiv
- Forschungsstelle für Zeitgeschichte, Hamburg
- Archiv der Gebr. Sauerland Wohnungsunternehmen GmbH & Co. KG, Hamburg
- Stiftung Hamburger Gedenkstätten und Lernorte/Gedenkstätte Neuengamme
- Staatsarchiv Hamburg
- Staats- und Universitätsbibliothek Carl von Ossietzky Hamburg
- Stiftung Warburg Archiv, Hamburg
- Theaterwissenschaftliche Sammlung der Stadt Hamburg
- Zentrum für Wirtschaftsförderung, Bauen und Umwelt – WBZ, Bezirk Hamburg-Eimsbüttel
- Niedersächsisches Landesarchiv, Oldenburg
- Kreisarchiv Ludwigslust-Parchim
- Biblioteca Nacional de España, Madrid
- Barclays Group Archives, Manchester
- The Julius and Elisabeth Hirsch Collection, Leo Baeck Institute Archives, New York und Berlin
- Archiv Ministère des Armées, Paris
- Archiv Mairie de Paris, Archives Paris
- Stadtarchiv der Stadt Posznan
- Standesamt der Stadt Reinfeld/Schleswig-Holstein
- Landesarchiv Schleswig-Holstein, Schleswig
- The Bruce C. Bolinger Collection of the St. Louis Kaplan Feldman Holocaust Museum Archives, St. Louis, Missouri
- Archiv des Deutschen Pferdemuseums (DPM), Verden/Aller

Archive bestehender Zeitungen

- La Vanguardia, Barcelona
- Die Welt, Berlin und Hamburg
- Hamburger Abendblatt
- Le Figaro, Paris
- Der Spiegel, Hamburg
- Die Zeit, Hamburg

Historische Zeitungen

- Caras y Caretas, Buenos Aires
- Das Andere Deutschland (La Otra Alemania), Buenos Aires
- Jüdische Wochenschau, Semana Israelita, Buenos Aires
- Das Ostpreußenblatt, Preußische Allgemeine Zeitung, Hamburg
- Gemeindeblatt der Deutsch-Israelitischen Gemeinde zu Hamburg
- Hamburger Anzeiger
- Hamburgischer Correspondent
- Hamburger Echo
- Hamburger Fremdenblatt
- Hamburger Nachrichten
- Hamburger neueste Zeitung
- Aufbau. Nachrichtenblatt des German-Jewish Club Inc., New York
- Gil Blas, Paris

Literatur

- Alfred Benjamin, Journey to Self, A true story, Bloomington 2005
- Max W. Busch und Peter Dannenberg (Hrsg.), Die Hamburgische Staatsoper 1678 bis 1945, Zürich 1988
- Hans Hotter, »Der Mai war mir gewogen …« Erinnerungen, München 1996
- Hamburger Bühnenalmanach 1940/41, Hamburg 1941
- Hamburgische Staatsoper, 260 Jahre Hamburger Oper 1678–1938, Heft 6, Hamburg 1938/39
- Roswitha Quadflieg, Beckett was here. Hamburg im Tagebuch Samuel Becketts von 1936, Hamburg 2006
- Hermione Ranfurly, To War with Whitaker. Wartime Diaries of the Countess of Ranfurly, 1939–45, London 1995
- Ernst von Hesse-Wartegg, Zwischen Anden und Amazonas, Berlin/Leipzig 1915
- Adolf N. Schuster, Argentinien, 2 Bände, München 1913
- Staats- und Universitätsbibliothek Hamburg Carl von Ossietzky, Online-Fassung der Ausstellung von Roswitha Quadflieg »Beckett in Hamburg 1936« (10.11.2006–14.1.2007)
- Christina Quellmann: Theodor Friedrich Ernst Heynemann (1878–1951) – Ein Leben für die Universitäts-Frauenklinik Hamburg-Eppendorf. Hamburger Studien zur Geschichte der Medizin, Bd. 4, Hamburg 2002
- Verband der Jüdischen Gemeinden Schleswig-Holsteins und der Hansestädte, Jahrbuch für die Jüdischen Gemeinden Schleswig-Holsteins und der Hansestädte und der Landesgemeinde Oldenburg 1929–1938
- Stefanie von Viereck, Hinter weißen Fassaden, Alwin Münchmeyer – Ein Bankier betrachtet sein Leben, Hamburg 1988
- Harald Vieth, Hier lebten sie miteinander in Harvestehude-Rotherbaum, Jüdische Schicksale, Alltägliches, Heutiges, Hamburg 1994
- Ursula Wamser, Wilfried Weinke (Hrsg.), Eine verschwundene Welt, Jüdisches Leben am Grindel, Springe 2006
- Carl Werckshagen, Früher und Später, Gereimtes und Ungereimtes aus einem Dramaturgenleben, Rommerskirchen 1974

Abbildungsnachweis

U = Bildblock »Umgebung« (S. 33–49)
F = Bildblock »Familien« (S. 273–288)

- Archiv Michael Batz: *U 40 unten, 41 oben (Fotos: August Rupp), 41 unten, 42 unten (Foto: August Rupp), 44 oben, 47 oben; F 273 oben links, 274 Mitte rechts und unten, 276 Mitte und unten, 278 oben rechts und Mitte, 281 Mitte rechts, 283 oben, 288 oben*
- Archiv Christian Quadflieg: *F 278 unten rechts*
- Archiv Dr. Kurt Detlev Siemssen: *F 283 unten*
- Archiv Steinway & Sons: *F 281 oben*
- Archiv Manfred Stempels: *44 unten (Foto: Gustav Werbeck)*
- Archiv Dr. Michael Studemund-Halévy: *F 281 unten links und unten rechts*
- Barclays Group Archives: *F 281 Mitte links*
- Behn, Meyer & Co., Arnold Otto Meyer, Band II: *F 275 unten*
- Bildarchiv-Hamburg 1860 bis 1955: *U 35, 36 oben und unten, 37 oben und unten, 38 oben und unten, 40 oben*
- Hamburgisches Architekturarchiv, Hamburg: *U 33, 34 und Umschlag (Fotos: Gebr. Dransfeld)*
- Internationales Maritimes Museum Hamburg: *U 48 ganze Seite*
- privat: *F 284 oben rechts (Foto: Raimund Ferdinand Schmiedt)*
- Sammlung Behr: *F 282 oben, Mitte rechts und unten rechts*
- Sammlung Peter C. Möller: *F 282 Mitte links*
- Sammlung Andreas Pahl: *U 42 oben*
- Sammlung Doris von Zitzewitz: *F 279 unten links*
- Staatsarchiv Hamburg: *U 39 (Foto: Atelier Schaul), 43 oben, 44 Mitte, 45, 46 ganze Seite, 47 unten; F 274 oben, 276 oben, 277 links, 278 Mitte links, 279 Mitte rechts, 284 Mitte und unten rechts, 286 ganze Seite, 287 ganze Seite, 288 unten*
- Staats- und Universitätsbibliothek Carl von Ossietzky, Hamburg: *U 43 unten links und unten rechts*
- Stiftung Warburg Archiv: *F 275 Mitte rechts und Mitte links, 279 oben links und oben rechts*
- The Bruce C. Bolinger Collection of the St. Louis Kaplan Feldman Holocaust Museum Archives: *F 285 ganze Seite*
- The Julius and Elisabeth Hirsch Collection, Leo Baeck Institute Archives, New York/Berlin: *F 280 ganze Seite*
- The Barbara Lehman Collection: *F 273 Mitte, oben rechts und unten rechts*
- The Magnus/Ruckhaus Family Collection: *F 277 ganze Seite*
- Annalena Weber: *alle Grafiken*
- Wirtschaftsgeschichtliche Forschungsstelle e.V.: *F 275 oben (Gemälde: Theodor Zeller)*
- www.christian-terstegge.de: *Karte Umschlaginnenseiten*

Ein Gespräch mit Michael Batz über seine Arbeit

Herr Batz, Sie sind als Lichtkünstler und Autor bekannt, Sie forschen in Archiven, Sie schreiben und inszenieren Dokumentarstücke über den Holocaust in Hamburg. Wie bringen Sie das zusammen?

Ich bin vom Schreiben zum Theater gekommen, vom Theater zum Licht und vom Licht wieder zu dem, was ich als »Schreiben mit Leuchtmitteln« verstehe. Lichtgestaltung ist für mich nichts anderes als eine »Literatur der Nacht«, eben auch ein Text, mit einer Grammatik aus Sichtbarkeiten und Vorstellbarkeiten.

Da gibt es ein Schlüsselerlebnis. In der Studiobühne Marburg bin ich als Student beim Lichtstellpult eingesprungen, weil der Beleuchter nicht da war. Als Stückeschreiber hat man bei der Probe ja auch nichts zu tun, also musste ich rauf, hatte als typischer Literat natürlich von der ganzen Technik überhaupt keine Ahnung. Ich schob und zog dann blind irgendwelche Regler und fing plötzlich an zu begreifen: Mit dieser kleinen Bewegung, die eine Lichtstimmung auslöst, kann man einen Schauspieler oder eine Situation heben, unterstützen oder verfunzeln, überstrahlen und durch Geheimnislosigkeit umbringen.

Seitdem ist Licht für mich eine Sprache, und Dunkelheit ein kostbarer Rohstoff. Gattungsgeschichtlich war und ist Dunkelheit für den Menschen ja immer eher etwas Feindliches und Unheimliches. Deshalb musste man sie vertreiben, allerlei Rituale anstellen, religiöse und weltanschauliche Symboliken produzieren, auf den Frühling hoffen ... Heutzutage sind wir durch Elektrifizierung und Technik weitgehend vom Naturzwang »Nacht« emanzipiert, oder glauben es zumindest zu sein, jedenfalls ist artifizielles Licht im Übermaß verfügbar.

Wenn ich Licht nicht als simples Mittel zum Anstrahlen, sondern als Erkenntnis- und Ausdrucksmedium begreife, dann ist der Umgang damit nichts anderes als eine Arbeit des Formulierens, nur eben eine bildnerische und beim Texten eben eine sprachliche.

Das war dann sozusagen der Sprung über den Rubikon. Und später eben die Übertragung von den Innenräumen auf den öffentlichen Raum. Stadt als Bühne.

Es geht ja immer darum, die Bildschwelle zu finden: Wie viel Licht muss ich einsetzen, welches Quantum brauche ich, um nicht nur eine Helligkeit zu erzeugen, sondern auch ein Bild. Erst wenn ich ein Bild konstituiere, fängt ein Narrativ, fängt eine Erzählung an. Da suche ich eine subtile Balance zwischen eingesetztem Licht und dem jeweils gemeinten Objekt. Erst dann, mit dem Entstehen eines Bildes, bekomme ich einen Dialog, der herrschaftsfrei ist, wie Gadamer sagen würde. Wo ich nicht einfach versuche, die Welt platt zu machen, indem ich sie mit aller Macht ausleuchte.

Das Ausleuchten ist ein anderer Traditionsstrang, bei dem man vorhat, die Nacht zum Tag zu machen. Etwa auch im militärischen Bereich, wo Licht seit seiner technischen Beherrschbarkeit dafür verwendet worden ist, um Frontabschnitte schlagartig aufzuklären, um Gegner auszulöschen im wahrsten Sinne des Wortes. Die Berufsbezeichnung »Ingenieur« war übrigens in früheren Jahrhunderten nur fürs Militär gebräuchlich, sonst sprach man vom »Zivil-Ingenieur«.

In Hamburg hatten wir eine sehr große Lichtdebatte in den 1920er-Jahren, mit dem damaligen Oberbaudirektor Prof. Fritz Schumacher, im Zuge der sogenannten Piccadilly-Circus-Debatte um die Lichtreklamen. Neu war seinerzeit die Neon-Technologie, die sprang natürlich sofort an die Fassaden, so wie die Glühlampen vorher schon und in großen Massen an die

Flächen am Broadway ... Da wurde Lichtwerbung eingesetzt ohne Gnade. Und das sollte natürlich auch in Hamburg passieren, wo eine Ästhetik des Kommerziellen als Urbanität der Moderne behauptet wurde. Da standen die ganzen 1920er-Jahre unter der Überschrift: Die Modernen, die wollen grenzenlose Lichtflut, die Rückständigen wollen Finsternis.

Schumacher hat das sektioniert: Am Gänsemarkt, na gut, geht eben »Piccadilly«, aber am Rathausmarkt und an der Binnenalster: Nein! Da gibt es nur weißes, statisches Licht, keine Farben, kein Wechsellicht. Das gilt bis heute. Das war der erste wirkliche Lichtmasterplan einer Großstadt.

Schumacher hatte eigentlich recht gehabt, dass es immer auch um die Sparsamkeit des Einsatzes geht.
Wenn man in Shanghai aus einem der großen Hoteltürme guckt, dann sieht man die Nanjing Road, die große Hauptstraße, die ist knallhell, aber zehn Meter dahinter ist es knalldunkel, da hört es sofort auf. Es ist wirklich nur eine Kulissenwelt, die sich über Lichtmengen definiert, wie in allen Megacities. Das Zentrum ist nicht unbedingt topographisch erfassbar. Es ist dort, wo es am hellsten ist. Aber, wie wir in der Klimadiskussion sehen, die Welt ist nicht nur eine Ansammlung von Showrooms.

Und das Narrativ der Akte?
Der Urimpuls war eher zufällig. Ende 1997 habe ich der Hamburger Bürgerschaft für ihre Gedenkveranstaltungen zum Holocaust die Form verdichteter Dokumentarstücke vorgeschlagen, in szenischer Lesung mit Musik. Ich habe schließlich eine Art Tradition erreicht, mit einem mehr oder weniger festen Kreis von Schauspielern und Musikern. Da sagte eines Tages der Saxofonist Edgar Herzog: »Weißt du eigentlich, dass in einem Haus in der Rothenbaumchaussee in den 1980ern eine Klarinette gefunden worden ist, die dort versteckt war?« Nein, wusste ich natürlich nicht. Aber ihm war bekannt, dass ich mich in einem früheren Stück schon einmal mit einem anderen Haus befasst hatte, in der Bornstraße 16. Dort hatte eine jüdische Familie bis in die ersten 1940er-Jahre heimlich Kulturabende veranstaltet. Jahrzehnte später wurden dann unter den Bodendielen Noten und Programmzettel entdeckt. Und so kam Edgar darauf, mir diesen Hinweis auf die Rothenbaumchaussee zu geben. Nun fand ich das tatsächlich interessant und sagte mir: »Klarinette versteckt, in einer Gegend, die einmal stark jüdisch geprägt war, was kann das sein?«

Dann ging die Recherche erst richtig los.
Natürlich, ja, klar. Daraus entwickelte sich meine umfangreichste Recherche über insgesamt 50 Personen in einem Zeitraum fast eines halben Jahrhunderts. Da muss man viel Handwerk einsetzen und zum Teil überhaupt erst lernen. Als mächtiges Werkzeug stellte sich das von der Hamburger Staats- und Universitätsbibliothek digitalisierte Adressbuch der Stadt heraus. Menschen werden bürokratisch erfasst, bei Geburt und Tod und fast immer auch bei ihrer Wohnung. Wenn man dort nachsieht, findet man natürlich die Rothenbaumchaussee 26 und unter den aufgeführten Personen eine »Frau J. Campe«. Wenn man mit heutigen Annahmen herangeht, sucht man nach einem Frauennamen: Johanna Campe, Jutta, Josefine, Julia, Jacqueline, ohne Ergebnis. Bis man darauf kommt, dass Frauen damals über den Männernamen eingetragen waren: Frau Julius Campe alias Marie-Angèle Lunot, geschiedene Campe.

Wie Frau Dr. Thomas Mann.
Ohne dieses Wissen kann man endlos suchen. Der Gatte war Julius Heinrich Wilhelm Campe, der Sohn des berühmten Verlegers. Der Schauspieler Christian Quadflieg hatte sich bei dem Versuch, das nach Toulon gebrachte Hasselriis-Denkmal Heinrich Heines zurück nach Hamburg zu

holen, bereits mit der Familiengeschichte der Campes befasst und konnte gute Hinweise beisteuern.

Ein anderes Beispiel für Schwierigkeiten bei der Suche ist Julius Polak, auch der Name steht unter den Meldungen. Man ist glücklich, wenn sich im Archiv etwas findet. Bis man merkt, irgendetwas stimmt da nicht, Adresse, Geburtsdatum, Art des Geschäfts. Und es stellt sich heraus, es gab in Hamburg zeitgleich drei jüdische Herren Julius Polak, mit identischem Namen. Aber welcher ist der Richtige? Welcher von ihnen hat in dem Haus gewohnt?

Oder die Frau Heinemann, von der ich dachte, es könnte die Frau eines Bankdirektors in Hamburg gewesen sein. Wieder muss man über den Mann suchen. Über ein Archivportal historischer Zeitungen findet man einen Herrn Heinemann. Sozialer Stand, Vermögenslage, alles kommt hin, aber falsch: Sie war nicht die Frau eines Hamburger Bankers, sie war die Frau eines Münchner Kunsthändlers.

Das hat was von Detektivarbeit. Sandwaschen, bis man das Goldkörnchen findet. Dann sind es auch »Nachverfolgungsketten«. Man muss irgendwann zu einem Punkt kommen, wo sich dann wieder ein anderes Fenster öffnet, oder eine andere Tür, um dann dort durchzugehen, und so weiter. Erst mit der Kenntnis des Kunsthandels kommt man dann auf Nizza usw.

Manchmal geht es aber auch nicht ohne spezielle Hilfe, etwa bei der Suche in französischen Archiven war René Loeb in Zürich eine ganz große Hilfe, ebenso wie Sybille Baumbach oder Dorothea Hauser im Warburg-Archiv oder Dr. Mecklenburg im Leo Baeck Institute in New York.

Sind Sie in den Archiven auch noch auf Akten gestoßen, die noch nicht katalogisiert waren?

Nein. Was nicht katalogisiert ist, ist auch nicht zugänglich. Nur, das ist immer auch eine Frage der Zeit. Zum Beispiel gab es den Künstler Willy Davidson mit seinem Lebensgefährten Curt Aleff. Dieser Curt Aleff ist 1948 verstorben. Es gab eine Todesbescheinigung mit seiner Todesursache, die ein Arzt unterschrieben hat. Solche Karten waren tatsächlich vorhanden in der Größenordnung von 1 Million. Die sind alle weggeschmissen worden. Vor einem Jahr circa. Die sind entsorgt worden, vom Staatsarchiv, mit der Überlegung: Schaffen wir Platz. Das war ein richtiger Skandal in Hamburg. Wenn ich nicht vorher in die damals noch vorhandene Karte hätte hineinschauen können, würde ich bis heute nicht wissen, was die Todesursache von Curt Aleff war. Und jetzt ist so etwas weg.

Umgekehrt gibt es Bestände, die noch auf Erschließung warten. Das ist mir begegnet bei Professor Dr. Theodor Heynemann, dem Gynäkologen, betreffend die Fragen eugenisch motivierter Sterilisierungen. Es gibt Krankenakten, die nicht katalogisiert sind, ungefähr 9000 Stück. Die Historikerin Sybille Baumbach, die mich bei dem Projekt begleitet hat, hat Zugang bekommen, Studenten beauftragt und gesagt: »Ihr müsst da jetzt durch. Ihr müsst alles komplett durchschauen, und zwar nur auf den Namen Heynemann.« Im Fließbandverfahren. In welchen Fällen hat Heynemann selbst oder einer seiner Assistenzärzte operiert? Dann hat man ihn auch tatsächlich ein paar Mal gefunden. Konkrete Fälle, wo er selber sterilisiert hatte, auf die Entscheidungen der Erbgesundheits-Gerichte hin. So etwas zu finden heißt Sandwaschen. Das gehört dann eben auch dazu.

Bei digitalen Recherchen, etwa bei den historischen Zeitungen, kommt es auf das verwendete Stichwort an. Häufig kommt man mit dem Namen eines Gesuchten gar nicht weiter. Da muss man schon eher ein Netz an Suchworten auswerfen.

Was hat der Gynäkologe Heynemann mit Tropenmedizin zu tun? Zunächst gar nichts. Und doch ergibt sich über dieses Stichwort etwas auch über ihn.

Im Oktober 1941 wurde in Hamburg-Wandsbek eine neue Akademie gegründet, eine sogenannte Tropenakademie für angehende Kolonialärzte. Staatskapellmeister Hans Schmidt-Isserstedt hat zur Eröffnung dirigiert.

Es gab die politische Zielsetzung, die deutschen Kolonien alle wiederzuholen, und dann brauchte man für neuen Siedlungsraum entsprechende Ärzte. Die sollten nicht nur fachlich-medizinisch ausgebildet werden, sondern auch weltanschaulich. Man wollte ideologisch gefestigte Nationalsozialisten heranzüchten.

Da man Neuland besiedeln musste, war eben auch Geburtshilfe und Frauenheilkunde erforderlich. Dafür stand als Lehrer dieser Theodor Heynemann zur Verfügung. Und offenbar stand weltanschaulich bei ihm nichts im Wege.

Wie ging es mit Theodor Heynemann nach dem Krieg weiter?

Er blieb in der Universitätsklinik. Hatte aber Beschwerden und sich mehr und mehr herausgezogen. Er ist 1951 gestorben.

Es gibt ein Schreiben des damaligen Universitätsrektors aus Anlass des Ablebens, in dem er sagt, Heynemann hätte ausdrücklich gewünscht, dass er in aller Stille aus der Welt scheiden will. Keine Nachrufe.

Heynemanns Witwe, die ursprünglich seine Haushälterin war, die er aus jungen Assistenzarzt-Jahren noch mitgenommen hatte, hatte er aus Versorgungsgründen geheiratet. Sie blieb noch relativ lange in der Wohnung und hat als Untermieter einen seiner Assistenzärzte aufgenommen. Die Wohnung war groß.

Theodor Heynemann wurde entnazifiziert in Stufe 5, also als »nicht belastet«. Er hat einen vehementen Kampf geführt für seine Assistenzärzte. Heynemann hat in den 1930er-Jahren bei den Nazis in der Korrespondenz mit der Hochschulbehörde darauf hingewiesen, dass seine Assistenzärzte samt und sonders der SA und SS angehören, was auch so war. Er selber ist dann noch 1937 in die NSDAP eingetreten.

Nach 1945 hat er die historische Kehrtwende jener Zeit vollzogen und Persilscheine für seine Mitarbeiter verfasst, dass sie samt und sonders gegen das Regime und sogar Widerstandskämpfer gewesen waren.

Übrigens galt er als beliebter Lehrer. Seine Schüler haben nur gut über ihn gesprochen und erreicht, dass eine Straße nach Theodor Heynemann benannt wurde. Das Besondere dieser Straße ist, sie ist eine Sackgasse.

Es gibt in Ihren Dokumentarstücken Stellen, bei denen es einem als Leser den Magen zusammenschnürt. Szenen, bei denen ein Polizist eine Mutter erschießen musste, vor den Augen der Tochter, und er dann in den 1960er-Jahren vor einem deutschen Gericht aussagt, dass er mit der Tochter Mitleid bekommen hatte, die das mitansehen musste, und er sie deshalb auch erschossen hatte. (Das Hamburger Polizei-Bataillon 101 in Polen 1942–1944)

Da waren sehr namhafte Schauspieler beteiligt in Hamburg: Christoph Bantzer, Matthias Fuchs, Edgar Bessen, Rolf Becker und andere. Gestandene Leute, die nun alles im Theater kennen. Die haben weinend in der Probe gesessen und gesagt, sie könnten das nicht lesen.

Und wie ging es Ihnen, als Sie diese Dokumente entdeckten?

Ja, ich durfte hier in Hamburg nicht an die Akten ran. Es gab das bekannte Buch »Ganz normale Männer« von Christopher Browning. Der hatte Zugang zu den Akten bekommen, von der damaligen zuständigen Oberstaatsanwältin, sie war das letzte Mitglied dieser sogenannten NSG-Abteilung »Nationalsozialistische Gewaltverbrechen«. Daraufhin hat er das Buch gemacht, als historische Darstellung des Einsatzes dieser Männer in Polen. Im Text stieß ich auf das Stichwort »Sternschanze«, den Ort ihrer Abfahrt von Hamburg. Da ich da mal gewohnt hatte, um die Ecke, interessierte mich die Geschichte mehr und mehr persönlich, ich wollte daher die Protokolle sehen, die Originalprotokolle. So bin ich hin zu der Staatsanwaltschaft beim Landgericht Hamburg, Abteilung NSG (Nationalsozialistische Gewaltverbrechen). Und da kam diese sehr streng blickende, kettenrauchende Oberstaatsanwältin raus, Frau Dr. Grabitz-Scheffler, wohlgemerkt draußen, wir standen vor dem Gebäude auf der Straße. Guckte mich nur kurz an, fragte, was ich bin, ja Künstler usw. »Kommt gar nicht in Frage.« Da habe ich es versucht über den Justizsenator Hoffmann-Riem, der hat ihr einen Brief geschrieben. Das hat sie ignoriert. Dann dachte ich, es gibt nur eine Chance: nach Ludwigsburg, zur Zentralen Stelle der Landesjustizverwaltungen. Die haben ja Duplikate. Dort wurde ich stramm auf glaubwürdiges Interesse examiniert, aber zugelassen. Ich bekam ein Zimmer zugewiesen, dort war nichts drin, außer Stuhl und Tisch. Dann legte man nur eine Akte nach der anderen hin und nahm sie auch gleich wieder raus. Und ich hatte nur Bleistift und Papier. Die Situation ist so, dass man da nicht mehr rauskann, man kann nicht mehr weg. Die Zeit ist begrenzt, und man weiß das auch. Man landet an irgendeinem Punkt des protokollierten Verfahrens, versucht, irgendwelche Zusammenhänge zu verstehen, und schreibt wie ein Irrer, und weiß im Moment noch gar nicht, was man da eigentlich schreibt. Hauptsache, man hat es, um es später nachlesen zu können. Und jedes Mal bin ich ausgewrungen rausgegangen, mit einem antiken Gefühl der Katharsis. Man musste sich diesen Tragödien unmittelbar stellen, hat sie überhaupt nicht wirklich verstanden, aber allein durch die Schilderung von Mordtaten in der Ich-Form ist man wie durchgeboxt und gerädert. Das ist ein ganz tiefes Gefühl, das auch körperlich enorm spürbar ist.

Das ist dann so, dass man erst mal gar nichts sagen kann und am nächsten Tag wieder antritt. Mit dem Ergebnis – das war vom Umfang erst mal gar nicht so viel – bin ich zurück nach Hamburg. Frau Dr. Peschel-Gutzeit war gerade Justizsenatorin geworden. Die hat dann ganz energisch betrieben, dass ich Zugang bekam zu dem Hamburger Gesamtbestand, und zwar an einem Wochenende. Unter Bewachung wurden mir im Gebäude der Justizbehörde 14 Umzugskartons hingestellt. Bewusst ohne Reihenfolge waren die Akten reingetan worden, – aus irgendeinem Regal oder aus dem Keller einfach zusammengelegt. Ohne Chance, systematisch nachschauen zu können. Ich habe dann gesucht und zum Glück gefunden, was ich wollte. Manches taucht durch Zufall auf wie der Schlager: »Wovon kann der Landser denn schon träumen«, ein UFA-Hit des Jahres 1942, gesungen von Willy Schneider – verwendet in Polen, um Erschießungen zu übertönen. Das war so eine echte Entdeckung. Weil in den Protokollen beschrieben wurde, von dem einen oder anderen ehemaligen Polizisten, wie er mit dem Opfer in den Wald geht, an eine abgelegene Stelle, und das Opfer dort erschießt. Dazu ertönte eben dieser Schlager, es wurde die Platte immer wieder aufgelegt und über Lautsprecher dröhnend laut abgespielt. Der Text dieses Liedes geht: »Wovon kann der Landser denn schon träumen? Er träumt von seinem Mägdelein, das er küsste unter Waldesbäumen, bei manch verliebtem Stelldichein. Wovon kann der Landser denn schon träumen? Er träumt vom nächsten Wiedersehn unter den verschwieg'nen Waldesbäumen, wo stets Verliebte geh'n.«

Wenn man jetzt beide Aussagen übereinanderlegt: Ich ging mit meinem Opfer in den Wald, um es zu erschießen (Protokoll) und »Ich geh' mit meinem Mägdelein zu manch verschwieg'nem Stelldichein unter Waldesbäumen« (Schlager), dann tut sich wirklich ein Fenster auf, auf die Situation und die Befindlichkeit der Männer, die damals beteiligt waren. Das war so eine Entdeckung, wo der Kern dessen, was geschehen war, unmittelbar sichtbar wurde. Eigentlich ist es eine Nebenbei-Geschichte. Aber Nebenbei-Geschichten erzählen oft etwas ganz Wesentliches. In den Beiläufigkeiten verbergen sich manchmal die wirklichen Vorgänge.

Warum wurde gerade dieser Text, dieses Lied damals gespielt? Das ist so zynisch, dass es auch schon wieder durchdreht. Es entreißt das Ganze für uns, und wahrscheinlich auch für die Täter damals, der Fasslichkeit. Es ist nur noch ein Irrenhaus. In dem es kein Gut und Böse mehr gibt, sondern alles nur noch irre ist. Aber psychologisch hochinteressant, wie vorgegangen wurde, die Leute dazu zu bringen, solche Verbrechen zu begehen. Das waren ja ursprünglich keine kaltblütigen Mörder.

Die schon gar nicht, das waren überwiegend ältere, eben normale Männer …

Bundespräsident Roman Herzog hatte im Januar 1996 den 27. Januar zum Tag des Gedenkens für die Opfer des Nationalsozialismus erklärt. Ich fand, das ist jetzt die Gelegenheit, um diese Hamburger Geschichte auf der zentralen politischen Bühne zu erzählen, da gehört sie doch hin, auf dieser Ebene sollte man sich damit auseinandersetzen. Da bin ich zur Bürgerschaft gegangen und habe gesagt: Das biete ich an, eine Gedenkveranstaltung in dieser Form. Daraufhin wurde ein interfraktionelles Bild erstellt mit dem Ergebnis, dass man es erst nicht machen wollte. Politisch sah es seinerzeit schon etwas schräg aus in der Bürgerschaft. Ich wurde etwas bockig und meinte: »Entweder Sie überlegen es sich noch mal und machen es doch, oder ich baue vor dem Hamburger Rathaus auf dem großen Platz zehn Tische und Stühle mit Schauspielern auf, und Sie erklären der Presse, warum ich es draußen machen muss.«

Das war wohl die richtige Sprache.

Der Festsaal war dann gestopft voll, es müssen an die 600 Leute dort gewesen sein. Gerade am Ende des Leseteils war es uferlos still … Diese berühmte erdrückende Stille. Diese Lähmung. Sowohl bei den Schauspielern als auch bei dem Publikum. Es war total atemlos. Dann ging die Tür auf, es kamen vier Musiker herein, die spielten »Sog nit keynmol« von Glik Hirsch, dieses Partisanenlied. Die Musiker waren Roma und Sinti und ein Jude. Also diejenigen, die eigentlich während der ganzen Aufführung in den gelesenen Aussagen umgebracht worden waren … Das war der Beginn der Stücke bis zum Haus Levy und darüber hinaus.

Die eine Frage, die sich grundsätzlich stellt, ist: Was Sie antreibt? Es ist etwas Besonderes, was Sie tun, dem Sie sich aussetzen. Was ist das?

Das fing relativ spät an bei mir, 1995. Es gab damals das Gedenkjahr zum Kriegsende. Was da die Stadt Hamburg aufgeboten hat, um ihr offizielles Gedenken zu begehen, das fand ich wirklich zu wenig. Die Repräsentation von Betroffenheit im Format einer geschlossenen Gesellschaft: Violine, Bratsche, die Rede, was man so kennt, vielleicht noch ein paar Bilder …

Da meinte ich, ich müsse einen eigenen Beitrag leisten, und tat mich mit dem Hamburger Künstler Gert Stange zusammen. Er hatte die Idee, aus einem Bunker in Eppendorf eine Subbühne zu machen. Da haben wir erst einmal dieses unterirdische Monument deutscher Kriegsvergangenheit entwässert und wieder begehbar gemacht und ein richtiges eigenes Programm realisiert, vier Wochen lang. Am authentischen Ort, mit allen seinen Dämonen. Künstler, Schauspieler, Musiker, Zeitzeugen, Schüler, alle gingen diese Treppe hinunter zum Gedenken, aber auch zum Diskutieren, Zuhören und sogar Lachen.

Uwe Seeler hatte als Kind auch in dem Röhrenbunker gesessen, tatsächlich traute er sich noch einmal wieder hinein.

Nach der Erfahrung mit dem ersten Dokumentarstück 1998 hat sich diese Form fortgesetzt, allerdings von Jahr zu Jahr gab es ein anderes Thema. Etwa die Versteigerungen jüdischen Eigentums und »Arisierungen«. Dazu habe ich schon relativ früh Quellen gesucht, da hat Prof. Uwe Schneede später bei seinen Recherchen im Zuge der ganzen Restitutionsfragen, Raubgut und dergleichen, darauf zurückgegriffen. Auch das Thalia Theater, die Oper, das Kunst- und Gewerbemuseum sind von dem Thema betroffen.

Der Hannoversche Deportationsbahnhof, die Chinesenstraße in St. Pauli, das waren auch bereits frühe Stücke.

Im Laufe der Zeit entsteht so etwas wie eine Art Auftrag, Verantwortung, Überzeugung. Auch eine Art Stellvertretung, weil Zeitzeugen, die wahren Erzähler, immer weniger werden. Es kam noch hinzu, dass die Stadt Hamburg es möglich gemacht hat, dass wir das erste Stück damals, 1999, in der Landesvertretung in Bonn, im Haus der Geschichte, wiederholen konnten. Darauf ist der WDR Köln aufmerksam geworden, hat live übertragen, immerhin damals eineinhalb Stunden. Das ist viel gehört worden.

Danach waren wir mit den folgenden Stücken 20 Jahre lang in der Hamburger Landesvertretung in Berlin. Da hat sich Hamburg als Staat wirklich sehr engagiert.

Aber, als Sie damals recherchierten, waren doch noch gar nicht alle »Arisierungs«-Akten frei. Zum Beispiel die Akten der Finanzämter und der Stadtarchive mit steuerlichen Tatbeständen sind erst nach 30 Jahren freigegeben worden.

Ja, ja.

Sie waren damals Vorreiter. Meinen Sie, man könnte mit Hilfe der jetzigen Aktenlage noch einmal weiter kommen?

Ja, ich will es nicht ausschließen. Aber ich bin jemand, der gern eigene Wege geht und da sucht, wo es zunächst einmal nicht wahrscheinlich erscheinen würde, dass sich dort etwas verbirgt. Wenn Sie den Lichtkünstler fragen: Es kommt nicht nur auf das gerichtete Licht an, sondern auch auf die Umgebungshelligkeiten …

Wo haben Sie dann die »Arisierungs«-Akten gefunden?

Zum Beispiel im Zusammenhang mit Galerien, »Commeter«, »Modschiedler« … die haben ja am laufenden Band Kunstwerke erworben. Es gab Protokolle über die Käufer in Akten der Versteigerer. Da tauchte dann das Thalia Theater auf. Hätte ich »Arisierung Thalia Theater« gesucht, hätte ich nie was gefunden. Wenn man ein bisschen Glück hat und über vier Ecken und drei Banden betrachtet, dann kommt man manchmal weiter. Das macht es natürlich mühsam und zeitaufwendig.

Und dann gab es bei den Versteigerungsakten die Signatur »Walter Pempe«. Das war ein deutscher Sinto. Die Akte bestand aus einer einzigen Seite. Versteigerungsprotokoll: »Ein Löffel«. Symbolischer geht es nicht mehr. Da hat einer den Löffel nicht nur abgegeben. Der Löffel wurde dann auch noch versteigert.

So kam ich auf das Thema Roma und Sinti, und daraus entstand das Oratorium »Pempe, Albine und das ewige Leben«. So hat sich die Sequenz aufgebaut, fast schon organisch.

Sehr spät kam ein überraschender persönlicher Bezug hinzu. Die Verwandtschaft väterlicherseits hat meine Mutter nie thematisiert, sie spielte auch keine Rolle. Es zählte nur die mütterliche Seite, insofern wusste ich auch nichts darüber. Das war 2006, da erhielt ich einen Anruf von einer entfernten Verwandten aus eben dieser väterlichen Seite, ich besuchte sie, und sie zeigte mir alte Bilder, die ihre Enkel nicht aufheben wollten.

Gehört hatte ich mal von zwei Cousins meines Vaters, Karl und Georg. Die alte Dame schüttelte den Kopf: »Da gab es noch einen Rudolf.« »Ja, nicht gehört, weiß ich nicht …« »Ja, der war SS.« Ein Vetter meines Vaters, von dem ich nichts wusste.

Ich suchte im Internet: Rudolf Batz. Und ein Riesendossier fiel mir entgegen. Der war nicht irgendwer gewesen, der war bei der Einsatzgruppe A gewesen, in Riga, hatte es zum Schluss noch zum SS-Standartenführer gebracht. Eine mir unbekannte Geschichte. Da war sie dann, die Erfahrung meiner Generation: das Schweigen der Eltern. Und die Erfahrung, dass man doch irgendwie spürt, dass da etwas ist. Etwas Unausgesprochenes. Ich kann nur spekulieren, vielleicht habe ich auch bei diesen Stücken unterschwellig irgendetwas mit mir herumgetragen, von dem ich nicht die leiseste Ahnung hatte, dass es da war.

Haben Sie ihm noch nachgeforscht?
Ja, er hat sich 1961 in Wuppertal im örtlichen Untersuchungsgefängnis in seiner Zelle aufgehängt. Er war 15 Jahre bei Bielefeld untergetaucht. Es gibt Protokolle der Vernehmungen. Die übliche Leugnungsstrategie, die man von fast allen Herren damals kennt.

Oder die irgendwann ihre Lügen selbst glaubten.
Der Schock war, ich habe zwar von nichts gewusst, aber wie nah ist es gewesen …

Aber da wir gerade dabei sind, was Recherche angeht: Seit heute habe ich eine Ansichtskarte in der Hand, eine »carte postale«, aus Frankreich. Sie zeigt die »Splendid Garage« in einem vornehmen Ortsteil von Paris. Eine Kombination aus Autohaus, Werkstatt, Unterstellhaus für 120 »voitures«, in einer Ansicht von 1931. Diese Garage wurde ein paar Jahre später von Guillaume Saget übernommen, er ist einer der Schwiegersöhne von Angèle Campe. Sie hatte zwei Töchter: Gabrielle und Oliva. Die Ältere, Gabrielle, hat diesen Guillaume Saget geheiratet. Er ist der Vater von Yves Saget, das ist der, der die Wohnung in der Rothenbaumchaussee 26 geerbt hat, später Widerstandskämpfer wurde und über das KZ Buchenwald nach Neuengamme gebracht wurde und dort zu Tode kam.

Diese Karte habe ich jetzt in der Hand. Und woher kommt sie? Über eine Versteigerung bei eBay.

Das sind so diese Zufälle, die schon Harry Meyer betroffen haben, den Konsul von Bolivien. Eine an ihn gerichtete Karte fand ich im Internet: »Señor Harry Meyer« in Buenos Aires. Die hatte ich mir natürlich besorgt, und darauf stand dann in Bleistift auch seine Geschäftsadresse verzeichnet.

Plötzlich schwimmen an der Oberfläche solche Perlen. Man fragt sich, wie kommen die dahin? Über welche Wege? Welche Sammlungen? Welche Auflösungen? Warum hat die Vergangenheit das noch mal preisgegeben? Durch reinen Zufall sieht man es und sagt: »Her damit.« »Splendid Garage«? Her damit. Ich muss diese Karte haben.

Das heißt aber auch: Sie suchen weiter. Das Haus lässt Sie nicht los.
Nein, nein. Zwischendurch hatte ich eine kleine schriftliche Korrespondenz mit Selma Benjamin. Sie ist jetzt 104 Jahre alt und wohnt in Kalifornien. Ihr verstorbener Mann Alfred Benjamin hat als Kind und Jugendlicher im ersten Stock des Hauses gewohnt. Der Vater, Dr. Martin Benjamin, ein Rechtsanwalt, ist früh verstorben, die Mutter Roberta hat den Arzt Dr. Henri Hirsch geheiratet. Das ist die Geschichte der Benjamin-Hirsch Familie. Alle mussten fliehen zwischen 1934 und 36. Erst nach Meran, London, später Amerika. Es ist schön, dass ich der Frau Benjamin noch schreiben darf. Überhaupt fällt auf, wie viele Hundertjährige oder Beinahe-Hundertjährige die Geschichte des Hauses aufweist. Beispielsweise Eva Magnus, die letzte noch lebende Erstbewohnerin, wird im Juli 100 Jahre alt. Sie war ein Jahr alt, als sie eingezogen ist. Carla Levy, Alfred Benjamin, Marie Beine, Jacques Sander, Eduard Falckenberg, sie alle haben ein hohes oder sehr hohes Alter erreicht. Auch in dieser Hinsicht ist es ein Jahrhunderthaus.

Und von der zweiten und dritten Generation?
Als wir 2016 das Dokumentarstück »Das Haus des Paul Levy« in der kurzen Fassung für die Bürgerschaft aufführten, hat das »Hamburger Abendblatt« berichtet. Darauf hat sich eine Dame gemeldet: »Dieser Paul Levy, das war mein Urgroßvater.« Mit ihr habe ich mich getroffen. Die war sehr begeistert, auch weil sie ihren Kindern nahe-

bringen konnte, welche Vergangenheit ihre Familie hat.

Und jetzt gibt es Kontakte zu den Urenkeln der Familie Dr. Magnus und einem Urgroßneffen der Familie Dr. Liebmann.

Um Klarheit zu bekommen, etwa über die Lage der Wohnung, ob links oder rechts von der Straße aus gesehen, so etwas steht ja nicht im Adressbuch, habe ich nach weiteren Quellen gesucht. Da braucht es dann eine kleine Zeichnung von Julius Hirsch oder die Erinnerungen von Dr. Kurt Detlev Siemssen und Tomas »Tom« Bunk, um die jeweilige Seite zu lokalisieren.

Und zum Glück erfährt man über persönliche Kontakte dann noch mehr. Die Familie des Malers Rudolf Bunk etwa wohnte ab 1959 zur Straße hin, mit Balkon, tatsächlich rechts, der Künstler hatte ein großes Zimmer, das ihm als Atelier diente, sein Sohn Tom beschreibt es als Riesendurcheinander, Farben, Leinwände, Staffeleien, Papiere, Bücher. Bei Willy Davidson seinerzeit wird es kaum anders ausgesehen haben.

Eigentlich hatte ich nur nach der Lage einer Wohnung gesucht, aber begegnet bin ich wiederum einem Grundthema der Nr. 26: Emigranten beziehen ein Haus, das so viel Emigration und Verlust erlebt hat, gewissermaßen ein Motiv kehrt zurück.

Ich hatte den Cartoonisten Tom Bunk in New York angeschrieben, es dauerte keinen Tag, dass er antwortete, das Haus stand ihm sofort wieder vor Augen, nach 60 Jahren, der antiquierte Fahrstuhl, die Eingangstür. Auch seine ältere Schwester, Dr. Bojana Denegri, konnte sofort von Richard Behrs Witwe Iris Behr berichten, die alte Dame benutzte die Räume zur Hofseite, ihre Haushälterin war eine bodenständige Frau Jakobs aus Altona mit einem unglaublichen Zahlengedächtnis. Und einer sehr hamburgischen Sprache.

Wie behalten Sie das alles im Kopf?
Durch Archivierung der Archive und durch Auffälligkeiten. Beispiel Adressbücher, die sind ja manchmal recht widersprüchlich. Die Opernsängerin Gusta Hammer, 1935 für den 4. Stock gelistet, erscheint 1936 im 5. Stock, 1937 wieder im 4. Stock, 1939 im 6. Stock ... Sie dürfte schwerlich von Jahr zu Jahr die Etage gewechselt haben. Aber so etwas bleibt in Erinnerung.

Konnten Sie die Räume alle betreten?
In einer der ehemaligen Wohnungen, heute Büro, war ich drin. 220 qm. Beeindruckend allein durch seine Größe. Insgesamt fällt auf, dass sich jetzt viele Arzt- und Therapiepraxen im Haus befinden. Als würde sich die Geschichte eines noch nicht erledigten Schmerzes abbilden, mit Resonanzen bis in die Gegenwart.

Hatten die heutigen Bewohner eine Ahnung von der Geschichte des Hauses?
Nein, gar nicht. Gerne würde ich, wenn das Buch da ist, eine Präsentation machen in einer der Wohnungen. Vielleicht ist das ja eine unendliche Geschichte.

Vielen Dank. Hochspannend, etwas in Ihre Gedankenwerkstatt gucken zu können.

Das Interview führte Robert Galitz im Februar 2021.

Vita Michael Batz

- 1951 geboren in Hannover
- 1970–1976 Studium der Gemanistik, Geschichte, Philosophie und Kunstgeschichte in Marburg/Lahn
- seit 1971 zahlreiche Theaterproduktionen und künstlerische Leitung von Festivals
- 1990–1994 Dramaturg bei »Kampnagel, Internationale Kulturfabrik«, Hamburg
- 1994 Gründung des Theater- und Kunstprojektes »Hamburg Art Ensemble« als künstlerischer Leiter
- 1994–2018 Autor und Dramaturg des »Theater in der Speicherstadt«, Hamburg, u. a. »Der Hamburger Jedermann«
- seit 1998 jährlich fortlaufend Dokumentarstücke für die Hamburgische Bürgerschaft
- Veröffentlichungen Diverse Buchveröffentlichungen, Hörspiele, Literaturperformances, Theatertexte sowie Stücke für das »Deutsche Schauspielhaus Hamburg«, die »Hamburger Kammerspiele«, die »Landesbühne Wilhelmshaven« und das »Theater Kiel«
- Theaterprojekte mit dem »Hamburg Art Ensemble«: »An den Wassern Altonas«, »Tenebrae«, »Hiev op! Requiem auf die Krane«; »Portalspiele« an der Hauptkirche St. Michaelis, Hamburg
- Urbane Lichtgestaltungen Reichstag Berlin, Kaiviertel und Getreidegasse Salzburg, Speicherstadt Hamburg, Innenstadt Münster, Altstadt Schwäbisch Hall u. a.
- Lichtinszenierungen Theatro Municipal São Paulo, »Blue Lights River« in Shanghai, »Sommerfest« am Schloss Bellevue in Berlin, »Soul Map« am Trierer Dom, »Luminale« an der Börse Frankfurt am Main, »Blue Goals« und »Blue Port« im Hamburger Hafen (Biennale), »Hamburg, Hoffnungsleuchten«, Inszenierung von 12 Kirchtürmen in Zusammenarbeit mit der Evangelischen Nordkirche
- Auszeichnungen International City-People-Light Award (LUCI), Theaterpreis Hamburg – Rolf Mares, Senator Biermann-Ratjen-Medaille des Hamburger Senats, HamburgLesen – Buchpreis der Staats- und Universitätsbibliothek Hamburg, Obermayer German Jewish History Award

Die Dokumentarstücke für die Hamburgische Bürgerschaft

- Seit 1998 schreibt Michael Batz jedes Jahr für die Gedenkveranstaltung der Hamburgischen Bürgerschaft zum 27. Januar, dem Tag des Gedenkens an die Befreiung des KZ Auschwitz, ein Dokumentarstück. Das Stück »Das Haus des Paul Levy«, auf dem dieses Buch basiert, wurde als 17. von bisher 23 Stücken 2016 im Festsaal des Hamburger Rathauses von Michael Batz in szenischer Lesung aufgeführt.
- 1998 Festsaal mit Blick auf Bahnhof, Wald und uns. Das Hamburger Polizei-Bataillon 101 in Polen 1942–1944
- 2000 Betr.: Ehem. jüd. Eigentum. Die Versteigerungen beweglicher jüdischer Habe in Hamburg
- 2001 Pempe, Albine und das ewige Leben der Roma und Sinti. Oratorium zum Holocaust am fahrenden Volk
- 2002 Spiegelgrund und der Weg dorthin. Zur Geschichte der Alsterdorfer Anstalten 1933–1945
- 2003 Hafenrundfahrt zur Erinnerung. Der Hamburger Hafen 1933–1945
- 2004 Morgen und Abend der Chinesen. Das Schicksal der chinesischen Kolonie in Hamburg 1933–1944
- 2005 Der Hannoversche Bahnhof. Zur Geschichte des Hamburger Deportationsbahnhofes am Lohseplatz
- 2006 Hamburg Hongkew. Die Emigration Hamburger Juden nach Shanghai
- 2007 Es sollte eigentlich ein Musik-Abend sein. Die Kulturabende der jüdischen Hausgemeinschaft Bornstraße 16

- 2008 Bitte nicht wecken. Suizide Hamburger Juden am Vorabend der Deportationen
- 2010 Nach Riga. Die Deportation Hamburger Juden nach Riga
- 2011 39 Tage Curiohaus. Der Hauptprozess gegen die SS des KZ Neuengamme
- 2012 Sonderbehandlung nach Abschluss der Akte. Der Gestapobeamte Albert Schweim
- 2013 Plötzlicher Herztod durch Erschießen. NS-Wehrmachtsjustiz und Hinrichtungen
- 2014 Reichsausschusskinder. Euthanasie an Kleinkindern in Hamburger Krankenhäusern
- 2015 Briefe an die Stille. Krankengeschichten der Heil- und Pflegeanstalt Hamburg-Langenhorn
- 2016 Das Haus des Paul Levy. Eine Geschichte des Hauses Rothenbaumchaussee 26
- 2017 Zyklon B. Der Prozess gegen leitende Angehörige der Firma Tesch & Stabenow
- 2018 Hört damit auf! Aus den Erinnerungen der ehemaligen Oberstaatsanwälte Jochen Kuhlmann und Dr. Udo Löhr an Hamburger NS-Verfahren
- 2019 Sog nit kejnmol. Lieder aus Lagern und Gettos 1933–1944
- 2020 Berichte der Schatten. Erinnerungen von Überlebenden aus dem KZ Neuengamme
- 2021 Stolpersteine und ihr Gesicht. Gedenken für Walter Erich Cohen, Rena Renata Drehmel und Johann »Rukeli« Trollmann

Herzlicher Dank für Auskünfte, Hinweise, Materialien und Unterstützung

- Dr. Linde Apel
- Thomas Bantle
- Sybille Baumbach
- Caroline Besendahl
- Dr. Alyn Bessmann
- Bruce C. Bolinger
- Ulf Bollmann
- Tiiu Bolzmann
- Tom Bunk
- Prof. Dr. Henrik van den Bussche
- James Darby
- Prof. Dr. Juan D. Delius
- Dr. Bojana Denegri
- Ulrich C. Deus
- Herbert Diercks
- David Diwiak
- Diane Everman
- Dr. Nele Fahnenbruck
- Rosie Fogarty
- Joachim Frank
- Dr. Robert Galitz
- Prof. Dr. Detlef Garbe
- Dr. Hans Giese
- Karin Greeve
- Iris von Hänisch
- Dorothea Hauser
- Prof. Dr. Rainer Hering
- Gerd Hermann
- Henrik Hertz
- Edgar Herzog
- Esteban Hirschfeld
- Hans Hirschfeld †
- Dr. Michael Holtmann
- Corinna Jockel
- Dr. Christine Joffe
- Dr. Josef Joffe
- Edith Klapper
- Dr. Klaus Klingner
- Sabine Kock
- Karen Leffers
- Barbara Lehman
- Prof. Dr. Ina S. Lorenz
- Dr. Christine Maiwald
- Dr. Frank Mecklenburg
- Peter C. Möller
- Prof. Veronica Jochum von Moltke
- Sabine Niemann
- Samm Orgar
- Peter Pirck
- Christian Quadflieg
- Lutz Rehkopf
- Olaf Rieck
- Oswald Rieck
- Karin Ruckhaus
- Prof. Dr. Miriam Rürup
- Kai Sauerland
- Luciana Sce
- Klaus Schiller
- Jürgen Sielemann
- Dr. Kurt Detlev Siemssen
- Uwe Storjohann †
- Dr. Michael Studemund-Halévy
- Tracy Allison Teweles
- Claudia Thorn
- Christine Uhde
- Dr. Renate Ulm
- Carola Veit
- Stefanie von Viereck
- Dr. Justus Warburg
- Annalena Weber
- Christian Wöhrl
- Klaus Wottawa
- Andrea Zierer

Personenregister

(**schwarz** = Bewohner:in oder Anteilseigner:in des Hauses Rothenbaumchaussee 26)

Eppendorf
Hoheluft
Harvestehude
Eimsbüttel
Rotherbaum
Luna-Park
Altona
St. Pauli
Steinwärder
Binnenhafen
Niederhafen
Werfthafen
Spielbudenplatz
Kreuzweg
Haferweg
Bundesstr.
Jungfrauenthal
Neuer Kohlenschiff
Köhlbrand
Sandthor Hafen
Grasbrook Hafen
Strand Hafen
Kuhwärderhafen
Blohm u. Voss
Grevenhof
Jasbeckweg
Kaltenkirchn. Bhf.
An der Verbindungsbahn
Tiergarten-Str.
Zoologischer Garten
Binnen-Alster
Alster-Pavillon
Heiligengeist
Sternschanze
Bhf. Sternschanze
Holstenstr.
Große Elbstr.
Palmaille
Königstr.
Ost-Kai
1
2
3
4
5
7
8
10
11
12
13
16
17
21